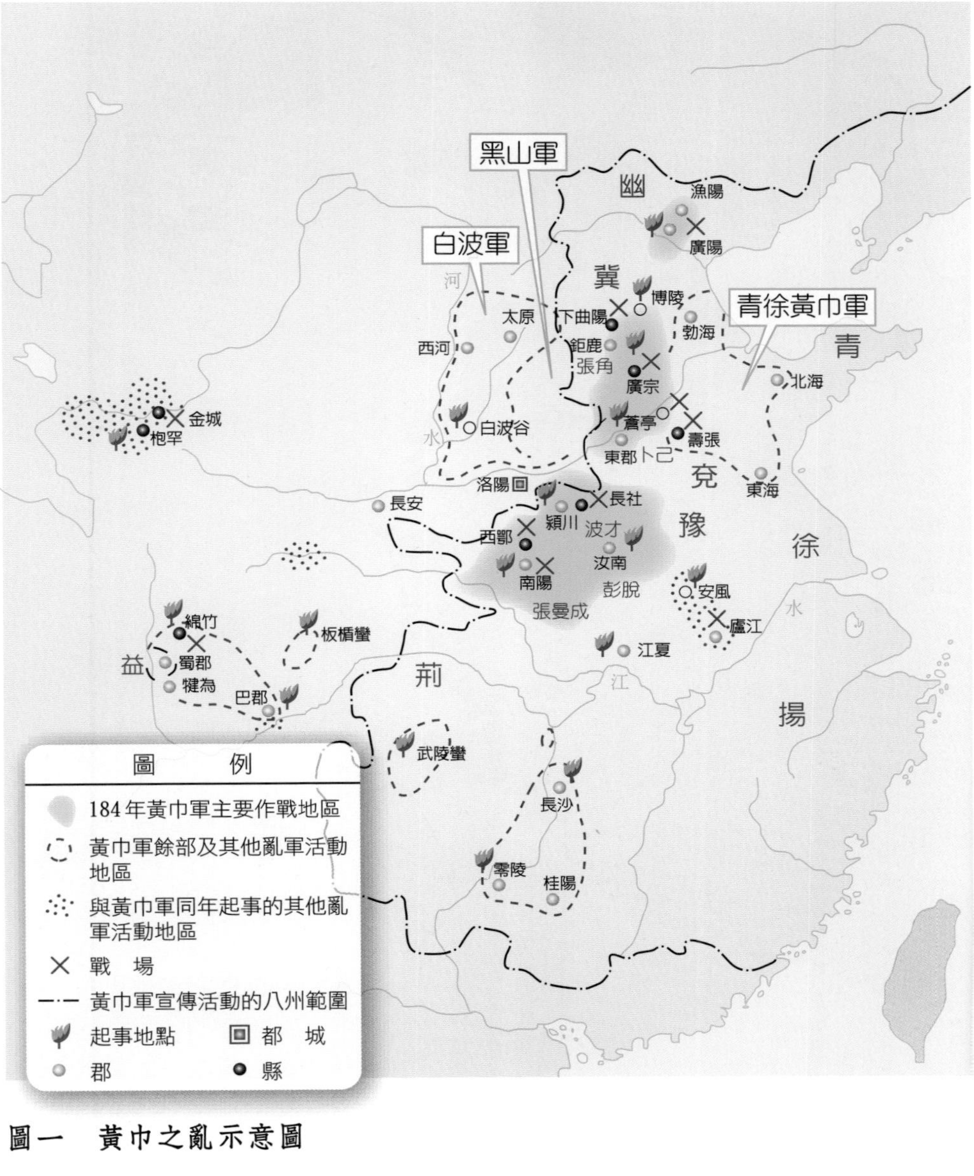
黑山軍
白波軍
青徐黃巾軍
幽
漁陽
廣陽
冀
博陵
下曲陽
勃海
青
河
太原
西河
鉅鹿
張角
廣宗
北海
金城
枹罕
水
白波谷
蒼亭
壽張
東郡
卜己
兗
東海
洛陽
長安
長社
潁川
波才
豫
徐
西鄂
汝南
南陽
彭脫
安風
張曼成
水
廬江
綿竹
板楯蠻
蜀郡
益
犍為
巴郡
荊
江夏
江
揚
武陵蠻
長沙
零陵
桂陽
圖例
184年黃巾軍主要作戰地區
黃巾軍餘部及其他亂軍活動地區
與黃巾軍同年起事的其他亂軍活動地區
戰場
黃巾軍宣傳活動的八州範圍
起事地點
都城
郡
縣

圖一　黃巾之亂示意圖

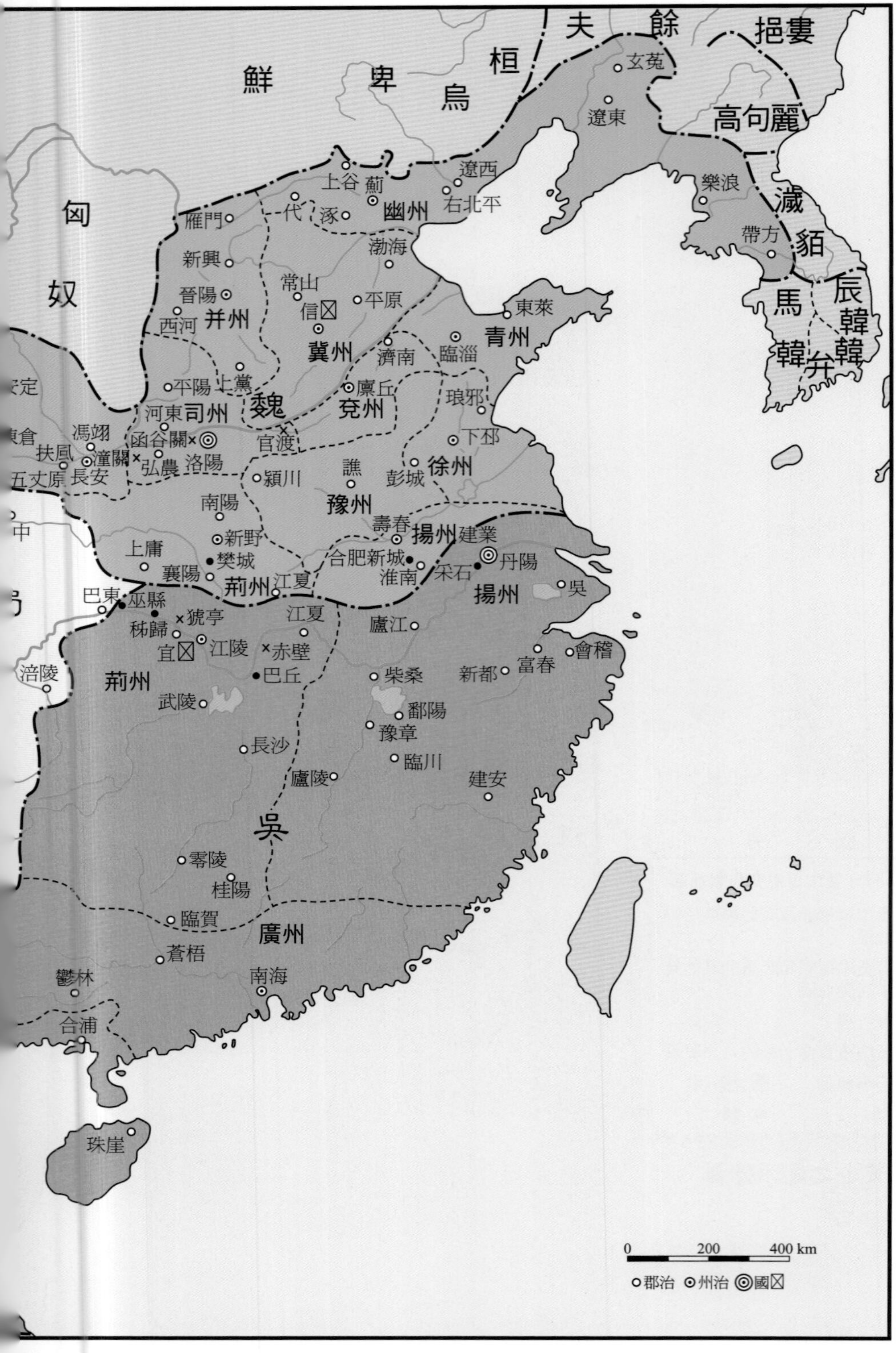

鮮
卑
烏
桓
夫
餘
挹婁
玄菟
遼東
高句麗
匈
奴
上谷
薊
遼西
右北平
幽州
代
涿
雁門
樂浪
濊
貊
帶方
新興
渤海
常山
平原
晉陽
信☒
并州
西河
冀州
東萊
青州
辰韓
馬韓
弁韓
濟南
臨淄
安定
平陽
上黨
魏
廩丘
兗州
琅邪
河東
司州
陳倉
馮翊
函谷關
扶風
潼關
弘農
洛陽
官渡
下邳
五丈原
長安
潁川
譙
彭城
徐州
南陽
豫州
新野
壽春
揚州
建業
上庸
樊城
合肥新城
丹陽
襄陽
淮南
采石
荊州
江夏
揚州
吳
巴東
巫縣
秭歸
猇亭
江夏
盧江
宜☒
江陵
赤壁
會稽
富春
新都
涪陵
荊州
巴丘
柴桑
武陵
鄱陽
豫章
長沙
臨川
盧陵
建安
吳
零陵
桂陽
臨賀
廣州
蒼梧
鬱林
南海
合浦
珠崖
0 200 400 km
郡治 州治 國☒

圖二　三國鼎立圖
（西元262年。曹魏景元三年、蜀漢景耀五年、東吳永安五年）

圖三　金鳳臺俯瞰 （fotoe圖片庫）

金鳳臺（原名金虎臺）與銅雀臺、冰井臺合稱鄴城三臺，位於今河北臨漳。

圖四　煙水亭　(中華古文明大圖集)
位於今江西九江，相傳為周瑜操練水軍之處。

圖五　赤壁　（文化中國之旅全集）

西元208年，曹操率大軍南下，至赤壁時被劉備與孫權的聯軍打敗，此為三國時期著名的戰役之一，也促成了三國鼎立的形成。

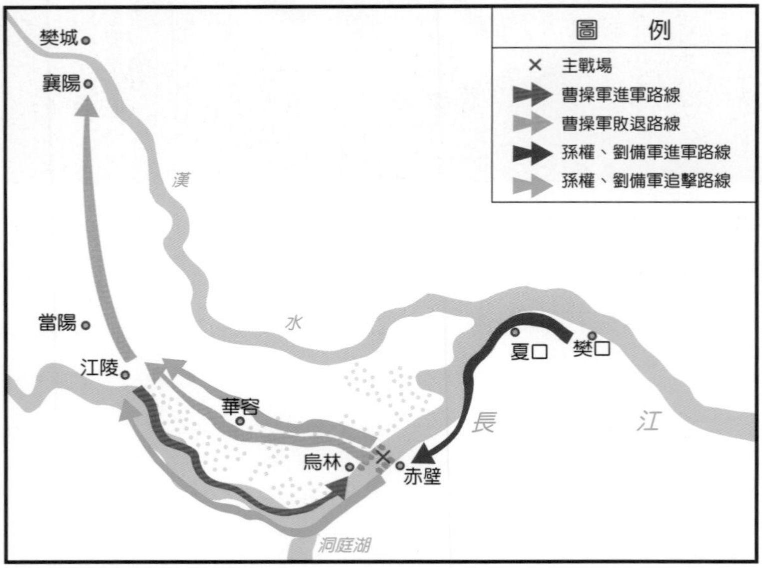

圖六　赤壁之戰示意圖

圖七　荊州古城　(中華古文明大圖集)

位於今湖北江陵，自古便是兵家必爭之地。赤壁之戰後，荊州成為三分割據的局面，劉備成為荊州牧，並占據了荊州大部分地區，孫權占領中南部長沙一帶，曹操則退回北方，只據有荊州北部。

圖八　白帝城　（文化中國之旅全集）

劉備夷陵之戰大敗後憂傷成疾，病終前於此向諸葛亮託孤。

新譯

三國志(一)魏書 一

梁滿倉
吳樹平 等 注譯

三民書局

國家圖書館出版品預行編目資料

新譯三國志(一)魏書㊀／梁滿倉,吳樹平等注譯.——
初版四刷.——臺北市：三民，2024
面； 公分.——(古籍今注新譯叢書)

ISBN 978-957-14-5772-7 （平裝）
1.三國志 2.注釋

622.301 102004671

古籍今注新譯叢書

新譯三國志（一）魏書㊀

注譯者 梁滿倉 吳樹平等
創辦人 劉振強
發行人 劉仲傑
出版者 三民書局股份有限公司（成立於1953年）

三民網路書店
https://www.sanmin.com.tw

地址 臺北市復興北路386號 （復北門市） (02)2500-6600
臺北市重慶南路一段61號（重南門市） (02)2361-7511

出版日期 初版一刷 2013年5月
初版四刷 2024年4月
書籍編號 S033670
ISBN 978-957-14-5772-7

刊印古籍今注新譯叢書緣起

劉振強

人類歷史發展，每至偏執一端，往而不返的關頭，總有一股新興的反本運動繼起，要求回顧過往的源頭，從中汲取新生的創造力量。孔子所謂的述而不作，溫故知新，以及西方文藝復興所強調的再生精神，都體現了創造源頭這股日新不竭的力量。古典之所以重要，古籍之所以不可不讀，正在這層尋本與啟示的意義上。處於現代世界而倡言讀古書，並不是迷信傳統，更不是故步自封；而是當我們愈懂得聆聽來自根源的聲音，我們就愈懂得如何向歷史追問，也就愈能夠清醒正對當世的苦厄。要擴大心量，冥契古今心靈，會通宇宙精神，不能不由學會讀古書這一層根本的工夫做起。

基於這樣的想法，本局自草創以來，即懷著注譯傳統重要典籍的理想，由第一部的四書做起，希望藉由文字障礙的掃除，幫助有心的讀者，打開禁錮於古老話語中的豐沛寶藏。我們工作的原則是「兼取諸家，直注明解」。一方面熔鑄眾說，擇善而從；一方面也力求明白可喻，達到學術普及化的要求。叢書自陸續出刊以來，頗受各界的喜愛，使我們得到很大的鼓勵，也有信心繼續推廣這項工作。隨著海峽兩岸的交流，我們注譯的成員，也由臺灣各大學的教授，擴及大陸各有專長的學者。陣容的充實，使我們有更多的資源，整理更多樣化的古籍。兼採經、史、子、集四部的要典，重拾對通才器識的重視，將是我們進一步工作的目標。

古籍的注譯，固然是一件繁難的工作，但其實也只是整個工作的開端而已，最後的完成與意義的賦予，全賴讀者的閱讀與自得自證。我們期望這項工作能有助於為世界文化的未來匯流，注入一股源頭活水；也希望各界博雅君子不吝指正，讓我們的步伐能夠更堅穩地走下去。

新譯三國志 目次

第二冊

魏書㈡

第三冊 魏書㊂

第四冊

蜀書

第五冊　吳書(一)

第六冊

吳書(二)

導讀

一、陳壽的生平與《三國志》的結構

《三國志》作者陳壽，字承祚，巴西郡安漢縣（今四川南充）人。生於蜀漢建興十一年（西元二三三年），卒於晉惠帝元康七年（西元二九七年）。

陳壽早年受學於同郡著名的史學家譙周，攻習《尚書》、《春秋》三傳，精讀《史記》、《漢書》，聰敏機警，屬文富豔。在蜀漢時，曾為衛將軍主簿、東觀祕書郎、散騎黃門侍郎。他為人正直，宦官黃皓專權，朝中大臣曲意阿附，陳壽卻不去逢迎，因此一再受到譴黜。他居父喪時，患有疾病，讓侍婢調治藥丸。按照當時的封建禮教規範，是不允許的，由此引起了鄉黨的貶議。蜀漢滅亡以後，陳壽多年被排斥在仕途之外。

魏元帝景元三年（西元二六二年），蜀漢滅亡，過了兩年，司馬炎奪取了曹魏政權，建立了晉朝，陳壽時年三十三歲。司空張華是個愛才的人，十分賞識陳壽，認為他雖然不能遠避嫌疑，但揆以情理，不應受到貶廢的懲罰。於是陳壽被舉為孝廉，領本郡中正，官佐著作郎、著作郎，又出補平陽侯相。晉武帝泰始十年（西元二七四年）以後，他又回到京師，在中央機構擔任著作郎。

陳壽撰成《三國志》一書後，更加受到張華的賞識，準備推薦為中書郎。權臣荀勗忌恨張華，自然對陳壽不滿，再加上《三國志・魏書》不符合荀勗的意願。所以，荀勗極力排斥陳壽，授意吏部把陳壽調任長廣太守。長廣郡郡治在不其（今山東即墨西南），其地遠離京師。他以母親年老為藉口，辭官不就。鎮南大將軍杜預即將離開京師赴任時，上表薦舉陳壽，說他知識通博，可任散騎侍郎。正巧皇帝剛剛任命壽良擔任這一職務，便改任陳壽為治書御史，成為皇帝左右的侍從官員。這是陳壽一生中擔任的最重要的職務。後來他在母親去世時，辭掉了這一官職。陳壽母親臨終前留下遺囑，要把她埋葬在京師洛陽。陳壽遵照遺囑辦理，遭到世人的非難，認為不把母親歸葬故土蜀中有違禮教，由此又蒙受了貶議。過了幾年，起用為太子中庶子，沒有就職就病逝了。

綜觀陳壽的一生，仕途並非一帆風順，前後兩次出現坎坷，沉滯累年。凡是官場人物的升降進退，總是與政治氣候息息相關。西晉政權與曹魏政權有著直接的承襲關係，陳壽是蜀漢文士，到京師做官，等於是外來戶，總會受到有意或無意的排擠。西晉朝政紊亂，派系林立，權貴恣肆。陳壽的從政道路受到了這股政治洪流的衝擊和阻斷。

中國古代的歷史學家創造了多種史書編撰體例，主要有編年體、紀事本末體和紀傳體三種。紀傳體創始於西漢司馬遷撰寫的《史記》。這種史書體例以本紀和列傳為主體，本紀按年月次序記載帝王的言行政績，兼述當時的政治、經濟、軍事、文化、外交等重大事件，排列在全書之前。列傳主要是各類代表人物的傳記，在全書中篇幅最多。陳壽撰寫《三國志》就是採用了紀傳體。

《三國志》共六十五卷。包括〈魏書〉三十卷、〈蜀書〉十五卷、〈吳書〉二十卷。〈魏書〉由「紀」、「傳」兩部分組成，紀包括〈武帝紀〉〈文帝紀〉〈明帝紀〉〈三少帝紀〉四篇，傳以〈后妃傳〉居首。〈蜀書〉和〈吳書〉只有傳而無紀，傳在順序排列上，猶如一部獨立的紀傳體史作，居首的是兩國君主的傳記，以及與蜀、吳有承襲關係的人物傳記。〈蜀書〉把劉焉、劉璋傳放在最前面，其後便是〈先主傳〉〈後主傳〉，再接以〈二主妃子傳〉。〈吳書〉以孫堅、孫策二人傳記居前，後面便是〈吳主傳〉〈三嗣主傳〉。與〈魏書〉〈蜀書〉不同的是，〈吳書〉於諸君傳記之後，沒有以后妃傳相接，而是排列了一篇一般人物的傳記，然後才是〈妃嬪傳〉。就一般的紀傳體史書通例，妃嬪傳大多數安排在帝王專篇之後。有志、表的，排除志、表，也與帝王專篇銜接。這是封建時代等級制度和倫理綱常的真實反映。〈吳書〉中〈妃嬪傳〉的這種編排方法是特殊的一例。

二、三國鼎立的形成與時代格局

東漢末年，黃巾起事失敗後，中央朝廷已無法維持對全國的統治。在京師，外戚和宦官的鬥爭熾熱化。少帝劉辯繼位，握有實權的大將軍何進聯絡袁紹，起用名士，處死統領西園八校尉軍的宦官蹇碩。又讓并州牧董卓進京，協助他掃除宦官餘孽。宦官乘機殺死何進，袁紹又把宦官一網打盡。董卓旋即統兵進入京城洛陽。

董卓專權施暴，本來就盤據一方的州郡牧守，紛紛以討伐董卓為名，各樹一幟，擁兵割據。獻帝初平元年（西元一九〇年），以袁紹為盟主的關東同盟軍進屯洛陽周圍，董卓挾持獻帝西遷長安。洛陽一帶飽受戰爭災難，變為廢墟。初平三年（西元一九二年），王允、呂布殺死董卓，討伐董卓的關東同盟軍解體，開始了爭奪地盤的長期混戰。經過多年的混戰，全國形成了大大小小的許多割據勢力，袁紹占據冀州（今河北中部和南部）等地，曹操占據兗、豫二州（今山東西南和河南東部），公孫瓚占據幽州（今河北東部和北部），公孫度占據遼東（今遼寧），劉備、呂布在陶謙之後占據徐州（今江蘇北部），馬騰、韓遂占據涼州（今甘肅），袁術占據揚州的淮南部分（今淮河下游一帶），劉表占據荊州（今湖北、湖南一帶），劉焉占據益州（今四川），孫策占據江東（今長江下游以南）。

建安五年（西元二〇〇元），袁紹與曹操在官渡北面的陽武（今河南原陽東南）展開大規模的決戰，曹操擊潰袁紹的軍隊，奠定了統一北方的基礎。建安十二年（西元二〇七年），曹操率軍北征與袁氏勢力相勾結的烏桓，取得了勝利，消滅了袁氏殘餘勢力，使北方大部分地區歸於統一。建安十三年（西元二〇八年），曹操把兵鋒指向南方，企圖統一全國。當年七月進攻荊州，荊州牧劉琮不戰而降，依託於荊州的劉備屢屢退卻。當時，統治東南的孫權極為震驚。劉備、孫權為了自身的存亡，攜手抗曹。在赤壁（今湖北嘉魚東北），孫劉聯軍大敗曹軍，這就是歷史上有名的赤壁之戰。戰後，曹操北歸，孫權在東南擴張，劉備則向西南發展，基本形成了三國鼎立的格局。延康元年（西元二二〇年）十月，曹操之子曹丕即帝位，建都洛陽，國號魏。次年，劉備稱帝，建都成都，國號漢，後人稱作蜀漢。孫權接受了曹丕的封號，稱吳王。魏明帝太和三年（西元二二九年），孫權稱帝，建都建業（今江蘇南京），國號吳。

在三國對峙時期，不論是經濟上的實力，還是軍事上的實力，曹魏都強於蜀漢和吳國。但是，這三個國家，不論實力強弱，都想不斷擴充地盤，兼併他國。軍事上的較量，政治上的對抗，經濟上的衝突，乃至思想文化上的對立，可以說是三國時代的主調。

三、《三國志》的內容特色與編纂方法

歷史學是現實的反映，無法割斷與現實的聯繫。在我們了解了三國時代的社會情況之後，再來討論《三國志》的內容特色和編纂方法，也就容易理解了。

我們閱讀《三國志》，會發現有關戰爭的內容比比皆是。魏、蜀、吳三國上至皇帝，下至州郡牧守，所考慮的多是軍事力量的積累，戰爭時機的選擇，戰略和戰役的勝負。即使所記載的各國採取的農業生產政策和措施，各國選官用人標準，各國縱橫變化的外交策略，乃至各國上層統治者的婚姻關係，都與戰爭有著直接或間接的聯繫。因此，全書中設立的軍事將領的傳記特別多，在許多地方大吏的傳記中

也特別重視武功的記載。《三國志》內容上的這一特徵，倒不是陳壽心存尚武之意，而是三國時代的實際狀況使然。

《三國志》是斷代為史的，三國的時間斷限，嚴格的說，應起自東漢獻帝建安二十五年（西元二二〇年）曹丕稱帝，建立魏政權，終於晉武帝太康元年（西元二八〇年）吳國滅亡，其間歷時六十年。陳壽如果拘泥於斷代為史的原則，只記載三國六十年的史事，那麼，就會割斷三國的醞釀期，使人們對三國歷史的認識缺乏完整性和系統性。三國的奠基人曹操父子、劉備和孫權兄弟，都起於東漢末年。奠定曹操發展基礎的曹、袁官渡之戰，導致三國鼎立的關鍵戰役赤壁之戰，都發生在東漢末年。假使固守三國的上下時間斷限，勢必造成曹、劉、孫三氏許多重大史事失載。陳壽撰《三國志》，實事求是，從實際出發，把《三國志》的記事上限提前到東漢末年，大體起自東漢靈帝晚季，他不但記述曹、劉、孫三氏在東漢末年的活動，而且一些與三氏史事相關連或言行無涉的重要人物，也網羅到了書中。這樣，從曹丕稱帝算起，《三國志》記事向前追溯了三十多年。

陳壽不拘泥時代斷限的記事方法，曾遭到非議。唐朝史學家劉知幾《史通・斷限》就對追述曹操與之有關的東漢末年人物進行批評，認為不該記載與曹操沒有直接關係的人物，如董卓、臧洪、陶謙、劉虞、公孫瓚。筆者認為，這些人都曾風雲一時，東漢末年的社會動盪與他們的所作所為密不可分。為他們立傳，才能展示東漢末年的社會大氣氛。在這一社會大氣氛下活動的曹操，更具有廣泛的社會色彩，讓人們更加容易觸摸到他的社會脈搏，把握他的軍事、政治生涯的起落規律和作為。立足曹操一人的小氛圍，可以說董卓等人與曹操沒有緊要關係；但著眼於社會大氛圍，就不能得出這一結論了。所以，劉知幾對陳壽《三國志》斷限上的批評，並不可取。

在陳壽撰寫《三國志》之前，用紀傳體編寫的史書出現了三部代表作，即西漢司馬遷的《史記》，東漢班固的《漢書》和劉珍等人的《東觀漢記》，前者是跨越數千年的通史，後兩部史書是斷代為史，與《三國志》相同。由於西漢、東漢是劉氏的一統天下，所以《漢書》和《東觀漢記》記載的都是一個國家政權的專史。三國時代，魏、蜀、吳鼎立，採用《漢書》和《東觀漢記》那種編纂方法，顯然無法記述三國的歷史，不可能恰當的反映歷史的實際狀況。陳壽在採用前人開創的紀傳體的同時，以魏、蜀、吳三國各自成史，自成體系，合則為一歷史時期的紀傳體斷代史，分則為紀傳體國別史。這種修史的方法，在中國史學發展史上尚屬首創。

在中國封建社會，幾個政權並立時，總是有正閏之爭，也就是哪一個政權是「正統」，哪一個政權是「閏偽」。每個修史者都有自己鮮明的政治態度和思想傾向，在撰寫歷史時，無法超脫正閏的觀念，總是把他所擁護的政權置於「正統」地位。陳壽《三國志》也表現出明顯的「正統」觀念。對魏、蜀、吳三國，他奉魏為「正統」。這主要表現在以下幾個方面：

第一，曹丕、劉備、孫權均自封為皇帝，獨自立國，本沒有主次之別。巴蜀是陳壽的故鄉，他生於斯，長於斯，仕於斯，對巴蜀的情愫是不言自明的。另外，劉備是漢景帝子中山靖王劉勝的後裔，蜀漢君臣都把自己的政權與兩漢看作有直接的承襲關係，劉備即帝位前太傅許靖、軍師將軍諸葛亮等人勸進表文即稱劉備「出自孝景皇帝中山靖王之胄」，強調了與漢高祖劉邦的關係。劉備祭告天地踐帝位之文，申明劉氏「祖業不可以久替」。劉備以中興漢室為號召，在輿論上居於有利的地位。但是，陳壽並沒有因為以上各種因素而把〈蜀書〉置於首位。他有意識的把〈魏書〉排列在前，突出曹魏，以示「正統」。

第二，根據紀傳體史書的常例，魏、蜀、吳三國的君主均應設立帝紀。但是，陳壽僅把魏國幾代君主納入帝紀，而把蜀、吳諸帝編次於傳中。從編纂體例上降低了蜀、吳諸帝的地位，等同於王侯。這是以魏為「正統」的重要標誌。

第三，在《三國志》的行文中，不少地方也表現了陳壽以魏為「正統」。在〈魏書〉中，對文帝曹丕、明帝曹叡和三少帝曹芳、曹髦、曹奐皆稱「帝」；而〈蜀書〉中，對蜀漢君主劉備、劉禪稱「先主」、

「後主」；〈吳書〉中，對吳國君主孫權稱「吳主」，或直書其名。古人對死的用辭頗為嚴格，最能體現尊卑等級。按規定，皇帝、皇太后、皇后死曰「崩」，諸侯王和身分地位與之相埒的人死曰「薨」。陳壽撰《三國志》，記載魏國君主和皇太后之死皆曰「崩」，對吳國君主則稱「薨」，而記劉備之死則稱「殂」。「殂」者，亡也。既不同於「崩」，也不同於「薨」，在禮制等級上沒有嚴格的定義。選用一個「殂」字，既與奉魏為正統不相扞格，又沒有明顯的把劉備視作侯王。陳壽在政治現實和懷念蜀漢的思想矛盾中找到了一個平衡點。

陳壽以魏為「正統」，是容易理解的。司馬氏的西晉政權直接從曹魏手中奪取過來。魏明帝死後，養子曹芳繼承帝位，年僅八歲，大將軍曹爽、太尉司馬懿輔政，正始十年（西元二四九年），司馬懿發動政變，殺死曹爽，控制了曹魏的軍政大權。嘉平三年（西元二五一年），司馬懿去世，其子司馬師專擅朝政。曹髦正元二年（西元二五五年），司馬師去世，其弟司馬昭把持國柄。司馬氏利用手中握有的軍政實權，經過十幾年的酷烈鬥爭，終於摧毀了親曹魏的勢力。曹奐咸熙二年（西元二六五年），司馬昭去世，其子司馬炎繼昭為丞相、晉王，很快廢掉了曹奐，自立為帝，建立晉朝。陳壽著手撰寫《三國志》，時值晉武帝年間。他立身於晉，維護晉政權也是不言而喻的。既然晉政權脫胎於曹魏，那麼，陳壽撰修三國史，必定要尊魏為「正統」。因為只有魏是「正統」，與它國運相承的晉才是「正統」。這裏所反映的正是史學與現實的底蘊。

我們指出陳壽《三國志》以魏為「正統」，與此同時，也應該看到，陳壽並沒有把蜀漢和吳國當作僭偽政權，而是從客觀的政治環境和他自身的史學膽識出發，考慮了歷史的實際狀況，賦予蜀漢和吳國一定的歷史地位。他把〈蜀書〉〈吳書〉單獨成帙，與〈魏書〉並列。紀傳體史書中一般人物傳記的撰寫方法是摘取傳主一生典型事跡進行編次，內容通常不超出傳主的活動範圍。〈蜀書〉〈吳書〉中的諸帝傳記，沒有採用這種敘事方法，而是按年月記事，所載內容既有諸君的重要言行，更多的則是有關蜀漢和吳國的軍事、政治、經濟、文化以及皇室的重要活動和變化，這與紀傳體史書中帝紀的編纂體例和方法是完全相同的。所以劉知幾在《史通・列傳》中說：「陳壽《國志》載孫、劉二帝，其實紀也，而呼之傳。」蜀漢和吳國的妃嬪，陳壽在〈蜀書〉〈吳書〉中闢有專篇，繫於諸君傳記之後，這也表明陳壽正視了蜀漢和孫吳二國的獨立性。

古人修史，通常都有一些現成的材料可供採摘和參考。陳壽撰寫《三國志》，在材料上也有所依傍。魏文帝黃初年間和魏明帝太和時期，曾命衛覬、繆襲用紀傳體編修魏史，歷時多年，沒有完成。又命韋誕、應璩、王沈、阮籍、孫該、傅玄等繼續撰修。後來只有王沈完成了修史工作，勒成《魏書》，這是官方控制下撰成的第一部曹魏專史。王沈《魏書》卷帙頗多，《史通・古今正史》和《舊唐書・經籍志》記為四十四卷，《隋書・經籍志》著錄為四十八卷，《新唐書・藝文志》載為四十七卷。大體在同一個時期，京兆人魚豢以私人的身分撰成《魏略》，記事止於魏明帝。同王沈《魏書》一樣，此書亦是紀傳體裁，它是私家撰修的第一部曹魏專史。

孫吳也曾下令組織人力撰寫本國當代史。孫權在位後期，即命丁孚、項峻編寫《吳書》。他們缺乏史學才能，不能勝任史職，結果失敗了。到孫亮時，又下令讓韋曜、周昭、薛瑩等人訪求往事，共同著述，使《吳書》粗具規模。後來經過韋曜的不懈努力，終於撰成《吳書》五十五卷，篇幅超過了王沈《魏書》和魚豢《魏略》。

曹魏和孫吳兩國史學家撰修的本國當代史，卷帙龐大，內容豐富，這就為陳壽撰寫《三國志》中的魏、吳二志，提供了大量的材料，供他篩選。《三國志》裴松之注文中屢引魚豢《魏略》，只要拿《魏略》遺存的文字與陳壽的史文相互對比，就不難發現陳壽對《魏略》既有大量材料的淘汰，又有大量材料的吸取。

蜀漢沒有嚴格意義上的史官，《三國志・蜀書・後主傳》評語中說：「國不置史，注記無官，是以行事多遺，災異靡書。」這就使蜀漢沒有產生當代人撰寫的蜀漢專史，陳壽修〈蜀書〉，無可憑藉。但是，陳壽畢竟是蜀地人，又做過蜀漢官吏，有條件耳聞目睹當時的重大歷史事件，了解上層統治者的經歷，熟悉當世的典章制度。加上他又編輯整理過《諸葛亮集》，對諸葛亮自然有深入系統的了解，抓住了撰寫蜀漢專史的一條重要脈絡。另外，陳壽在仕途中，先後擔任過史官之職，如蜀漢時做過東觀祕書郎，晉朝初年做過佐著作郎、著作郎，這些職務使他有機會看到國家收藏的圖書檔案。陳壽能夠在沒有前人蜀漢專史可資借鑑的情況下完成《三國志》中的〈蜀書〉，與他個人具有的這些有利因素密不可分。

四、陳壽的史學才能與成就

對一個修史者來說，在掌握了大量的材料之後，能不能產生成功的史作，這就要看個人的史學才能了。在三國和晉朝初年的史壇上，陳壽稱得上是佼佼者。《晉書・陳壽傳》評論說：「丘明既沒，班、馬迭興，奮鴻筆於西京，騁直詞於東觀。自斯以降，分明競爽，可以繼明先典者，陳壽得之乎！江漢英靈，信有之矣。」把陳壽看作繼左丘明、司馬遷、班固之後出現的可以與他們相提並論的史學大家。

陳壽的史學才能是多方面的，但突出表現在「善敘事」方面。所謂「善敘事」，首先應該包括修史的求實態度。裴松之〈上三國志表〉中說《三國志》「事多審正」，這是對陳壽求實態度最妥貼的概括。秉筆修史者能不能不溢美，不隱惡，如實記載筆下的人物和事件，直接關係到一部史作的成敗。王沈修《魏書》，是當代人修當代史，顧忌較多，不能秉筆直書，為當權者曲為回護，隱惡溢美，因而遭到後人的批評。陳壽撰寫《三國志》，是後代人修前代史，顧忌較少。再加上他對待不同的史料，能夠審慎的進行對比，分析研究，捨棄不可信據的記載。

其次，所謂「善敘事」，還包括對史事編次得體。裴松之〈上三國志表〉認為「壽書銓敘可觀」，說的就是編次得體之意。撰修任何史書，對所選取的史事編次得如何，關係到史書的可讀性。特別是撰寫曹魏、蜀漢、孫吳三國並列的史作，如果不善於編次和銓敘，就會出現不同史之間的重複和矛盾。陳壽依靠自身的史學才能，與其他三國史的作者相比，較為成功的解決了這一問題。三個國家交錯的同一個歷史事件，〈魏書〉中詳細記載了的，〈蜀書〉〈吳書〉的記載則從略，反之亦然。著名的赤壁之戰，詳載於〈吳書・周瑜傳〉，〈魏書〉〈蜀書〉就敘述得較為簡略。由於有詳有略，史文避免了重複、煩冗的弊端。每一個歷史事件都帶有群體性，究竟記載在哪一個人物傳記中，也需要一定的敘事技巧。清人趙翼在《廿二史劄記》中討論《三國志》時，曾推許陳壽善於把所記史事安排到合適的傳記中。他說：「董卓之亂，曹操尚未輔政，故〈魏紀〉內不能詳述，而其事又不可不記，則於〈董傳〉內詳之，此敘事善於位置也。」在一個人的傳記中，敘事也應該有主次之分，取捨得當，不能不分輕重，隨意臚列，造成傳文枝蔓無邊。陳壽擅長剪裁，一傳之中，棄其所當棄，取其所當取，沒有鋪陳堆砌之嫌。漢獻帝與曹丕禪代之際，先後有李伏、劉廙、許芝等人勸進表十一道，曹丕下令辭讓，亦十餘道，陳壽全部刪去不錄，僅於《魏書・文帝紀》載錄〈禪位策〉一通而已。那些勸進表，盡是阿諛逢迎之辭，沒有內在的價值。而〈禪位策〉是禪代之際重要的歷史文獻，如實記錄下來是必要的。棄取之間，表現了陳壽的鑑別能力和剪裁功力。

另外，所謂「善敘事」，還應包括文筆的簡練。陳壽有較高的文學修養，又勤於著述，因而把文字鍛鍊得質直而簡潔。例如〈蜀書・諸葛亮傳〉關於劉備去世前與諸葛亮的對話，便是一段典型文字。文云：「章武三年春，先主於永安病篤，召亮於成都，屬以後事。謂亮曰：『君才十倍曹丕，必能安國，終定大事。若嗣子可輔，輔之；如其不才，君可自取。』亮涕泣曰：『臣敢竭股肱之力，效忠貞之節，繼之以死！』先主又為詔敕後主曰：『汝與丞相從事，事之如父。』」短短的一段文字，僅僅數語的對話，把君明臣忠、肝膽相照的情景表達得有聲有色，催人淚下。

由於陳壽不論在客觀方面，或是主觀方面，都具備了良好的修史條件，所以，他筆下的《三國志》，成為中國史學發展史上的一部傑作，既超越了早出的魏、蜀、吳專史，也高出於晚出的有關三國的史著。史學著作的存帙有一條規律，即劣者汰，優者存。隨著時間的推移，諸家有關三國的專史均先後亡佚，唯獨陳壽《三國志》一直流傳至今，成為「二十四史」中的一史，千古不替，這是人們對《三國志》最公允的評價。

五、《三國志》的不足之處

《三國志》同中國歷史上產生的其他史著一樣，不可避免的存在一些缺點。

在筆者看來，《三國志》比較嚴重的缺點是沒有志，紀傳體雖然以紀和傳為主體，但志在紀傳體史書中十分重要。舉凡經濟制度、錢幣制度、地理沿革、天文律曆、禮樂刑法等一代典制，都是志中記述的內容，它反映了一個歷史時期的重大社會內涵，成為後人了解和研究歷史不可缺少的材料。紀傳體史書的創始者司馬遷撰寫《史記》，即設立八書，其後班固撰《漢書》，改書為志，撰寫了十志。東漢時劉珍等幾代史學家相繼編寫《東觀漢記》，蔡邕為之作志。到陳壽修《三國志》，沒有寫志，實在是一大缺憾。

《三國志》內容失之簡略，也是一個重大的缺點。我們閱讀《三國志》，很容易發現陳壽修史時遇到了史料不足的困難，不少重要人物，如徐幹、陳琳、應瑒、丁儀、丁廙等都沒有專傳。某些有專傳的人，所載內容顯得不夠充實。〈魏書〉〈蜀書〉〈吳書〉相比，以〈蜀書〉內容最為簡略，關羽、張飛、馬超、黃忠、趙雲是劉備的大將，傳中記述的行跡略顯疏略。至於王連、向朗、張裔諸傳，幾乎類同簡單履歷。之所以出現這種情況，原因在於陳壽掌握的蜀漢史料不夠豐富。

在行文方面，《三國志》質樸有餘，而文采不足。如果同《史記》對比，它要遜色得多。司馬遷修《史記》曾運用了高度的藝術語言和藝術手法，塑造了許多栩栩如生的人物形象，在中國文學發展史上堪稱傳記文學方面劃時代的作品。班固的《漢書》，文采已在《史記》之下。至於《三國志》，就更不如《史記》了。三國時代，羣雄逐鹿，人才輩出，政治、軍事和外交上出現了許多有聲有色的場面。但陳壽卻沒有注意利用時代賦予的有利條件，把《三國志》提昇到更完美的高度。清朝李慈銘《越縵堂讀書記》評論《三國志》時就說：「承祚固稱良史，然其意務簡潔，故裁制有餘，文采不足。當時人物，不減秦、漢之際。乃子長作《史記》，聲色百倍，承祚此書，暗然無華。」

六、《三國志》的注釋與版本

東漢時期，為史書注音釋義的工作已受到重視。及至魏晉南北朝，詮釋前人史著，蔚然成風。據《隋書・經籍志》著錄，這一時期，訓注《史記》《漢書》二史的多達十多家。《三國志》也成為史學家注釋的對象，南朝宋人裴松之第一個出來為《三國志》作了注釋。

裴松之注釋《三國志》，概括起來，不外四點，一為補闕，二為備異，三為矯枉，四為論辯。所謂補闕，就是在《三國志》之外，增加新的內容，彌補《三國志》的缺略。所謂備異，就是羅列各國異聞異說，供讀者參酌，判別虛實。所謂矯枉，就是指出陳壽《三國志》的錯誤。所謂論辯，大多是針對歷史人物和歷史事件進行的評論。

裴松之的《三國志》注，廣徵博引，搜羅宏富，注文字數超出正文三倍，曾經摘錄過的魏晉人著作有二百餘種。而徵引的文字多數比較完整，敘事細密，為治史者提供了大量史料。所以，我們可以把裴松之注看成是史外之史，不論是閱讀《三國志》，還是研究三國史，都離不開裴松之注。

歷代《三國志》刻本、抄本頗多，但流傳較廣、影響較大的有清武英殿刻本、百衲本、金陵書局刻本三種。武英殿刻本係據明北監本校刻，百衲本係據宋紹興、紹熙兩種刻本補配影印，金陵書局刻本係用毛氏汲古閣本為底本。金陵書局本刊刻時，對毛本多所校正。清人盧弼撰《三國志集解》，集校勘、注釋之大成，是一質量較好的版本。盧氏在《集解》中說：「是書雖依據毛本，然局本（即金陵書局刻本）校改之善者多從之，復以歷朝官私刊本及各家評校本參校，分注如下。」實際上，《集解》本是在毛本、局本的基礎上形成的新本，一九五七年古籍出版社出版了排印本。這次譯注《三國志》，便採用盧氏《集解》本作為底本。此本失當之處，均以別本、他書校正，並作簡明的交代。

本書注譯工作由多人完成，具體分工如下：卷一、二十一—二十四，王樹林；卷二—八、十四、十五、二十、二十八、三十一—三十三、三十五—四十六、五十，梁滿倉；卷五十一—六十，何德章；卷六十一—六十五，余鵬飛；卷九—十二，魏連科；卷十三、十六、三十，王明信；卷十七、十八、二十九，楊天宇、梁錫鋒；卷十九，孟慶錫；卷二十五，王樹林；卷二十六—二十七，楊寄林；卷三十四、四十九，于濤；卷四十七，張文質；卷四十八，李解民。本人負責最後的審閱和定稿。限於學識，注譯錯誤和失當之處，實所難免，尚祈專家與讀者隨時指正。

吳樹平

卷一　魏書一

武帝紀第一

【題解】此開卷首篇，為魏武帝曹操一生紀傳。曹操生前以丞相封爵魏王，其子曹丕稱帝後，追尊為武皇帝，堪稱三國羣雄中首位英雄。此卷詳細記載了他的出身，早年仕履，黃巾亂國及董卓亂政時的作為，為漢丞相、封魏公、魏王時的功業。陳壽評價說：當天下大亂、雄豪並起之時，他能「運籌演謀，鞭撻宇內，擥申、商之法術，該韓、白之奇策，官方授材，各因其器，矯情任算，不念舊惡，終能總御皇機，克成洪業」。此論尚屬公允。

1 太祖❶武皇帝❷，沛國❸譙❹人也，姓曹，諱❺操，字孟德，漢相國❻參❼之後。桓帝❽世，曹騰❾為中常侍❿大長秋⓫，封費亭⓬侯。養子嵩⓭嗣，官至太尉⓮，莫能審其生出本末⓯。嵩生太祖。

2 太祖少機警，有權數⓰，而任俠⓱放蕩，不治⓲行業⓳，故世人未之奇⓴也；

惟梁國㉑橋玄㉒、南陽㉓何顒㉔異焉。玄謂太祖曰：「天下將亂，非命世之才㉕不能濟㉖也，能安之者，其在君乎！」年二十，舉㉗孝廉㉘為郎㉙，除㉚洛陽㉛北部尉㉜，遷㉝頓丘令㉞，徵拜㉟議郎㊱。

【章旨】以上是本卷第一部分，述曹操家世及青少年時期。

【注釋】❶太祖　廟號。帝王死後，太廟立室祭祀，並追尊以名號。太祖之廟號，一般贈予開國皇帝或王朝始創者。❷武皇帝　指曹操。曹操生前以漢丞相封爵魏王而終，沒有正式代漢稱帝。他的兒子曹丕稱帝後，追尊他為武皇帝，並定廟號為太祖。本書卷二〈文帝紀〉：漢獻帝建安二十五年正月，操死；十月，曹丕代漢稱帝，國號魏，改年號黃初，「追尊皇祖太王（指曹嵩）曰太皇帝，考（指曹操）曰武皇帝。」按：諡法，克定禍亂曰武。❸沛國　王國名。治所在今安徽濉溪縣西北。東漢封爵制，同姓宗王的封地為郡，凡郡成為宗王封地則改稱國，其行政長官郡太守也隨之改稱王國相。❹譙　縣名。治所在今安徽亳州。一九七四年以來，在亳州南郊發現曹氏宗族墓葬羣，陸續出土帶字墓磚、銀縷玉衣等文物。❺諱　避忌。古代帝王和尊長的名字不能直呼，如果提到要在前面加一「諱」字，以示尊敬。按：曹操除名操字孟德外，據裴松之注引吳國人《曹瞞傳》曰：「太祖一名吉利，小字阿瞞。」❻相國　官名。朝廷最高行政長官，輔佐皇帝治理全國。後改稱丞相。❼參　指曹參，沛（今江蘇沛縣）人。秦末隨劉邦起兵。西漢建立，以功封平陽侯。後繼蕭何為相國。《史記》卷五十四、《漢書》卷三十九有傳。❽桓帝　東漢第八代皇帝劉志。西元一四六至一六七年在位。崇用宦官，封五人為列侯；大興黨獄，直士被錮終身，國勢以此衰落。事詳《後漢書・孝桓帝紀》。❾曹騰　字季興。東漢宦官。安帝時，鄧太后以其年少謹厚，選為侍太子書。順帝即位，升小黃門、中常侍。以擁立桓帝功，封費亭侯，遷大長秋。在宮廷掌權三十多年。事見《後漢書・宦者列傳》。❿中常侍　官名。皇帝的隨身侍從宦官，傳達詔命和處理文書，實權很大。⓫大長秋　宦官名。皇后的侍從長官，負責處理皇后宮中事務。⓬費亭　地名。屬沛國酇縣地，今河南永城西南之酇城附近。⓭嵩　裴松之注引《續漢書》曰：「嵩字巨高。質性敦慎，所在忠孝。為司隸校尉，靈帝擢拜大司農、大鴻臚，代崔烈為太尉。黃初元年，追尊嵩曰太皇帝。」按：《後漢書・袁紹列傳上》「司空曹操祖父騰」句李賢注引《續漢志》謂「靈帝時賣官，嵩以貨得拜大司農、大鴻臚，代崔烈為太尉」。又同書〈宦者列傳．曹騰傳〉亦云「嵩，靈帝時貨賂中官及輸西園錢一億萬，故位至太尉」。由此看：嵩是位貪冒斂財，買官竊位之人。⓮太尉　官名。為全國軍事長官，與司徒、司空並稱三公。⓯莫能審其生出本末　審，弄清楚；確知。生出，出生身世。出生時地及其姓氏名號為生，父祖先世及宗族即望為出。按：曹嵩的家世，裴松之注引吳人作《曹瞞傳》及郭頒《世語》並云：「嵩，夏侯氏之子，夏侯惇之叔父。太祖於惇為從父兄弟。」陳壽雖然沒有直接採用這一說法，但本書卷九記述曹氏宗族大將時，把夏侯惇、夏侯淵、夏侯尚與曹仁、曹洪、曹休、曹真並列，可見其用心。另，一九七四年以來亳州出土的曹氏宗族墓磚中，有夏侯氏成員姓名在內。⓰權數　權變心計。裴松之注引《曹瞞傳》云：「太祖少好飛鷹走狗，游蕩無度，其叔父數言之於嵩。太祖患之，後逢叔父於路，乃佯敗面喎口；叔父怪而問其故，太祖曰：『猝中惡風。』叔父以告嵩。嵩驚愕，呼太祖，太祖口貌如故。嵩問曰：『叔父言汝中風，已差乎？』太祖曰：『初不中風，但失愛於叔父，故見罔耳。』嵩乃疑焉。自後叔父有所告，嵩終不復信。太祖於是益得肆意矣。」⓱任俠　指愛交結和幫助朋友。⓲治　修養；從事。⓳行業　操行和學業。⓴未之奇　並不看重他。㉑梁國　西漢景帝時梁孝王劉武封國，治所在今河南商丘。㉒橋玄　字公祖，梁國睢陽（今河南商丘南）人。東漢靈帝時歷任三公。謙儉下士。及卒，家無居業，時人稱之。傳見《後漢書．橋玄列傳》。㉓南陽　郡名。治所在今河南南陽。㉔何顒　字伯求，南陽郡襄鄉（今湖北棗陽東北）人。少遊學洛陽，顯名太學。東漢黨錮名士集團的重要人物。曾密謀殺董卓，未成功。為卓所繫，憂憤而死。事見《後漢書．黨錮列傳》。㉕命世之才　經邦濟世，定國安天下的傑出人才。㉖濟　匡救；拯救。《後漢書．橋玄列傳》云：「初，曹操微時，人莫知者。嘗往候玄，玄見而異焉，謂曰：今天下將亂，安生民者，其在君乎！」㉗舉　被推舉。㉘孝廉　漢代選拔人才的常設科目之一。孝，孝敬父母。廉，行為廉潔。故名。㉙郎　皇帝侍衛官員的總稱。有中郎、侍郎、郎中之分。平時侍從更值宿衛，戰時隨從出征護駕。郎官的來源有多種，以孝廉充任是其中之一。中央機構的官吏常從郎官中選拔。㉚除　任命；拜官授職。㉛洛陽　縣名。治所在今河南洛陽東。為東漢首都。㉜尉　官名。東漢時縣令之下設尉，小縣一人，大縣二人，負責維持治安，捉拿盜賊。惟洛陽為京城重地，分東南西北部尉。魏因之。㉝遷　升職。㉞頓丘令　頓丘縣縣令。頓丘，縣名。治所在今河南內黃東。令，一縣行政長官。萬戶以上轄縣稱為令，萬戶以下縣稱為長。㉟徵拜　徵召入京並且任命。㊱議郎　官名。掌顧問應對，無常事，唯召令所使。

【語　譯】太祖武皇帝，沛國譙縣人，姓曹，名操，字孟德，為西漢相國曹參的後裔。東漢桓帝時，曹騰擔任過中常侍、大長秋，被封為費亭侯。養子曹嵩繼承封爵，官做到太尉，但不清楚他的身世本末。曹嵩生太祖。

2 太祖從小就很機警，懂得權變，工於心計，喜愛結交和幫助朋友，生性放蕩不羈，不修養操行和從事學業，所以沒有受到世人的重視；只有梁國的橋玄、南陽郡的何顒對他另眼看待。橋玄對太祖說：「天下即將大亂，沒有經邦濟世的傑出人才，是拯救不了的，而能夠安定天下的人，大概就是您吧！」太祖二十歲時，被推舉為孝廉，擔任郎官，後來被任命為洛陽縣的北部尉，升任頓丘縣令，被徵召入京擔任議郎。

1 光和❶末，黃巾❷起。拜騎都尉❸，討潁川❹賊。遷為濟南❺相❻，國有十餘縣，長吏❼多阿附貴戚，贓汙狼藉，於是奏免其八；禁斷淫祀❽，姦宄❾逃竄，郡界肅然。久之，徵還為東郡❿太守；不就，稱疾⓫歸鄉里。

2 頃之，冀州⓬刺史⓭王芬⓮、南陽許攸⓯、沛國周旌等連結豪傑，謀廢靈帝，立合肥侯，以告太祖，太祖拒之。芬等遂敗⓰。

3 金城⓱邊章、韓遂⓲殺刺史郡守以叛，眾十餘萬，天下騷動。徵太祖為典軍校尉⓳。會靈帝崩，太子即位，太后臨朝⓴。大將軍㉑何進㉒與袁紹㉓謀誅宦官㉔，太后不聽。進乃召董卓㉕，欲以脅太后，卓未至而進見殺㉖。卓到，廢帝為弘農王而立獻帝㉗，京都大亂。卓表㉘太祖為驍騎校尉㉙，欲與計事。太祖乃變易姓名，間行㉚東歸。出關㉛，過中牟㉜，為亭長㉝所疑，執詣㉞縣，邑中或竊識之，為請得解。卓遂殺太后及弘農王㉟。太祖至陳留㊱，散家財㊲，合義兵，將以誅卓。冬十二月，始起兵於己吾㊳，是歲中平六年也。

【章　旨】以上為本卷第二部分，敘漢靈帝末年大亂初起時曹操的傳奇經歷。

【注　釋】❶光和　東漢靈帝劉宏年號，西元一七八—一八四年。❷黃巾　靈帝時張角兄弟用太平道組織起來的民眾起事者。他們以黃巾裹頭為標識，故名。❸騎都尉　官名。東漢羽林軍將領，統皇帝侍衛的騎兵，秩比二千石。❹潁川　郡名。治所在今河南禹州。此郡為黃巾軍首發地之一。❺濟南　王國名。區治如郡，故後文亦曰「郡界肅然」。治所在今山東濟南東。❻相　封王國之行政長官。職如郡太守。《後漢書・百官志》：「皇子封王，其郡為國，每置傅一人，相一人。」傅主導王以善，相如郡之太守。西漢八王之亂後，諸王不得管封國政事，僅食國之租稅，改令相主理。❼長吏　吏之尊者。此為縣長、縣令的別稱。❽淫祀　不合政府禮法制度規定的、未經官方正式批准的祭祀活動。《禮記・曲禮下》：「非其所祭而祭之，名曰淫祀。」❾姦宄　違法亂紀的人。宄，竊賊。《國語・晉語六》：「亂在內為宄，在外為奸。」❿東郡　郡名。治所在今河南濮陽西南。⓫稱疾　聲言有病而請假休養。裴松之注引《魏書》曰：「於是權臣專朝，貴戚橫恣。太祖不能違道取容，數數干忤，恐為家禍，遂乞留宿衛。拜議郎，常托疾病，輒告歸鄉里，築室城外，春夏習讀書傳，秋冬弋獵，以自娛樂。」⓬冀州　漢武帝「十三刺史部」之一，轄境約今河北中南部及河南北部地區。治鄴，故址在今河北臨漳與河南安陽間。⓭刺史　官名。西漢時本為皇帝派出使者，巡察一州內官員和豪強的不法行為。東漢後期成為一州的行政長官。亦稱「牧」。⓮王芬　事跡不詳。《三國志・華歆傳》裴注引《魏書》稱「芬有大名於天下」。⓯許攸　字子遠，南陽（今屬河南）人。曾任袁紹謀士，後投奔曹操，因不敬被曹操所殺。事見《三國志・崔琰傳》裴注引《魏略》。⓰芬等遂敗　據裴松之注引司馬彪《九州春秋》載：王芬與陳逸及術士平原郡襄楷等密謀，欲乘靈帝北巡河間舊宅（靈帝劉宏的曾祖封河間王，子孫世居其地）之機發難。結果靈帝止行。敕芬罷兵，俄而征之。芬懼，自殺。太祖拒芬辭見裴松之注引《魏書》中，此略。⓱金城　郡名。治所在今甘肅蘭州皋蘭西北。一說今甘肅永靖北（《歷史研究》一九七八年十期王仁康〈東漢金城郡治地理位置考〉）。⓲邊章韓遂　邊章，東漢末西北將領督軍從事。韓遂，字文約，與馬超等皆為原關中漢將。因抗擊曹操失敗而退居金城。二人俱著名西州。後涼州北宮玉反，擁立章、遂為盟主。遂割據一方。⑲典軍校尉　官名。東漢靈帝中平五年（西元一八八年）設西園八校尉，分統京城駐軍。典軍校尉為其中之一。⑳會靈帝崩三句　《後漢書・孝靈帝紀》：中平六年夏四月丙辰，「帝崩於南宮嘉德殿，年三十四。戊午，皇子辯即皇帝位，年十七，尊皇后曰皇太后，太后臨朝。」按：皇子劉辯即少帝，何進之妹何皇后生，即位後，何太后臨朝聽政。㉑大將軍　官名。領兵將軍的最高一級稱號，地位在三公之上。領兵征伐並且執掌朝政。因其權力太大，所以不常設。㉒何進　字遂高，南陽宛（今河南南陽）人。何太后的異母兄。出身屠戶。劉辯即位，以帝舅任大將軍輔政。事見《後漢書》卷六十九本傳。㉓袁紹　字本初，汝南汝陽（今河南商水縣西南）人，祖上四世三公。有清名，好交結，與曹操友善。東漢末與何進謀誅宦官，董卓之亂起，在冀州起兵討董卓，為關東聯軍盟主。後占據冀、青、幽、并四州，成為北方最強大的割據勢力。在官渡之戰中被曹操打敗，後病死。詳見《後漢書・袁紹列傳》、本書卷六〈袁紹傳〉。㉔謀誅宦官　何皇后生子辯，王貴人生子協（即後之獻帝）。羣臣請靈帝立太子，帝以辯輕佻無威儀，不可為人主，然皇后有寵，且何進入居重權，故久不決。中平六年，帝疾篤，囑宦官蹇碩立協。碩即受遺詔，欲先誅何進，謀洩被殺。劉辯即位，何太后臨朝，進與太傅袁隗輔政。袁紹趁機勸何進盡誅宦官者。㉕董卓　字仲穎，隴西臨洮（今甘肅岷縣）人，剛猛有謀，廣交豪帥。東漢桓帝末從中郎將張奐為軍司馬，以後歷任并州刺史、河東太守、并州牧。昭寧元年（西元一八九年），率兵進入洛陽，廢少帝，立獻帝，專擅朝政，遭到關東諸侯反對。後遷獻帝至長安，不久被呂布所殺。詳見《後漢書・董卓列傳》、本書卷六〈董卓傳〉。㉖進見殺　何進被殺。何進謀誅宦官既久，計謀頗洩。中常侍張讓、段珪、畢嵐等，乘進入見何太后之機，殺進於嘉德殿前。㉗廢帝為弘農王句　何進部將吳匡與袁紹等聞進被殺，引兵入宮，授誅宦者二千餘人。張讓等劫少帝與陳留王劉協逃至黃河渡口小平津，讓等投河死。董卓入洛陽，迎少帝回宮，廢帝為弘農王而立陳留王協為獻帝。弘農，王國名。治所在今河南靈寶北。㉘表　上表推薦。㉙驍騎校尉　官名。東漢時京城駐有禁衛軍五營，統稱北軍。每營置校尉一人指揮，驍騎校尉是其中之一。後改稱屯騎校尉。㉚間行　從小路悄悄走。㉛關　指旋門關，在今河南滎陽西北。中平元年（西元一八四年），東漢在京城洛陽周圍設立八關，置衛把守。旋門關作為洛陽東面的要隘亦列入其中。㉜中牟　縣名。治所在今河南中牟東。㉝亭長　官名。漢代鄉村每十里設一亭，置亭長一人，負責維持治安。㉞詣　到；至。㉟殺太后及弘農王　董卓殺何太后在中平六年（西元一八九年），但殺弘農王則在第二年的正月。詳見《後漢書・孝靈帝紀》、〈孝獻帝紀〉。㊱陳留　郡名。今河南開封東南有陳留鎮即此。㊲散家財　裴松之注引《世語》曰：「陳留孝廉衛茲以家財資太祖，使起兵，眾有五千人。」㊳己吾　縣名。治所在今河南寧陵西南。

【語譯】東漢靈帝光和末年，發生黃巾之亂。太祖被任命為騎都尉，討伐潁川郡的賊寇。之後升任濟南國相，濟南國中有十幾個縣，縣長、縣令大都依附當朝權貴和皇親國戚，貪贓枉法，聲名狼藉，太祖於是奏請免除其中八人的官職；禁止百姓從事不合禮法的祭祀活動，違法亂紀的人都逃了，境內秩序井然。經過很久之後，太祖被朝廷召回擔任東郡太守；他沒有接受任命，藉養病的名義回到鄉里。

2 不久，冀州刺史王芬、南陽郡許攸、沛國周旌等人連結各地豪傑，圖謀廢掉靈帝，改立合肥侯為帝，他們把計畫告訴太祖，太祖拒絕此事。王芬等人最終以失敗收場。

3 金城郡的邊章、韓遂殺死刺史與郡守舉兵叛亂，部眾十餘萬人，天下騷動不安。朝廷徵召太祖擔任典軍校尉。適逢靈帝去世，太子劉辨即帝位，何太后臨朝聽政。大將軍何進和袁紹密謀誅殺宦官，何太后不聽從他們的計畫。何進於是召喚董卓入京，想藉此脅迫太后，但董卓尚未到達何進就被殺了。董卓一到，便廢黜少帝劉辨為弘農王而改立劉協為獻帝，京都大亂。董卓上表推薦太祖出任驍騎校尉，想與他共計大事。太祖便改名換姓，從小路暗暗向東潛回家鄉。出了旋門關，經過中牟縣，被一個亭長所懷疑，將他抓到縣裏去，縣城中有人暗中認出他，為他求情才得到釋放。董卓最後殺掉了何太后和弘農王。太祖到了陳留郡，散發家中財產，招聚義軍，準備誅討董卓。那年冬季十二月，太祖開始在己吾縣起兵，這一年是靈帝中平六年。

1 初平❶元年春正月，後將軍❷袁術❸、冀州牧韓馥❹、豫州❺刺史孔伷❻、兗州❼刺史劉岱❽、河內❾太守王匡❿、勃海⓫太守袁紹、陳留太守張邈⓬、東郡太守橋瑁⓭、山陽⓮太守袁遺⓯、濟北⓰相鮑信⓱同時俱起兵，眾各數萬，推紹為盟主⓲。太祖行⓳奮武將軍⓴。

2 二月，卓聞兵起，乃徙天子都長安㉑。卓留屯洛陽，遂焚宮室㉒。是時紹屯河內，邈、岱、瑁、遺屯酸棗㉓，術屯南陽㉔，伷屯潁川，馥在鄴㉕。卓兵彊，紹等莫敢先進。太祖曰：「舉義兵以誅暴亂，大眾已合，諸君何疑？向使㉖董卓聞山東㉗兵起，倚王室之重，據二周㉘之險，東向以臨天下；雖以無道行之，猶足為患。今焚燒宮室，劫遷天子，海內震動，不知所歸，此天亡之時也。一戰而天下定矣，不可失也。」遂引兵西，將據成皐㉙。邈遣將衛茲㉚分兵隨太祖。到滎陽㉛汴水㉜，遇卓將徐榮㉝，與戰不利，士卒死傷甚多。太祖為流矢所中，所乘馬被創㉞，從弟洪以馬與太祖㉟，得夜遁去。榮見太祖所將兵少，力戰盡日，謂酸棗未易攻也，亦引兵還。

3 太祖到酸棗，諸軍兵十餘萬，日置酒高會㊱，不圖進取。太祖責讓㊲之，因為謀曰：「諸君聽吾計，使勃海㊳引河內之眾臨孟津㊴，酸棗諸將守成皐，據敖倉㊵，塞轘轅㊶、太谷㊷，全制其險；使袁將軍㊸率南陽之軍軍丹、析㊹，入武關㊺，以震三輔㊻。皆高壘深壁，勿與戰，益㊼為疑兵，示天下形勢，以順誅逆，可立定也。今兵以義動，持疑而不進，失天下之望，竊為諸君恥之！」邈等不能用。

4 太祖兵少，乃與夏侯惇㊽等詣揚州㊾募兵，刺史陳溫㊿、丹楊太守周昕(51)與兵四千餘人。還到龍亢(52)，士卒多叛(53)。至銍(54)、建平(55)，復收兵得千餘人，進屯河內。

5 劉岱與橋瑁相惡(56)，岱殺瑁，以王肱領(57)東郡太守。

6 袁紹與韓馥謀立幽州牧(58)劉虞(59)為帝，太祖拒之(60)。紹又嘗得一玉印(61)，於太祖坐中舉向其肘(62)，太祖由是笑而惡焉。

7 二年(63)春，紹、馥遂立虞為帝，虞終不敢當。

8 夏四月，卓還長安。

9 秋七月，袁紹脅韓馥，取冀州。

10 黑山(64)賊于毒、白繞、眭固(65)等十餘萬眾略魏郡(66)、東郡(67)，王肱不能禦，太祖引兵入東郡，擊白繞於濮陽，破之。袁紹因表太祖為東郡太守，治東武陽(68)。

11 三年(69)春，太祖軍(70)頓丘(71)，毒等攻東武陽。太祖乃引兵西入山，攻毒等本屯(72)。毒聞之，棄武陽(73)還。太祖要擊(74)眭固，又擊匈奴(75)於夫羅(76)於內黃(77)，皆大破之。

12 夏四月，司徒(78)王允(79)與呂布(80)共殺卓。卓將李傕(81)、郭汜(82)等殺允攻布，布敗，東出武關(83)。傕等擅朝政。

13 青州(84)黃巾眾百萬入兗州(85)，殺任城相鄭遂，轉入東平(86)。劉岱欲擊之，鮑信諫曰：「今賊眾百萬，百姓皆震恐，士卒無鬭志，不可敵也。觀賊眾羣輩相隨[87]，軍無輜重[88]，唯以鈔略[89]為資，今不若畜士眾之力，先為固守。彼欲戰不得，攻又不能，其勢必離散，後選精銳，據其要害，擊之可破也。」岱不從，遂與戰，果為所殺。信乃與州吏[90]萬潛等至東郡迎太祖領兗州牧[91]。遂進兵擊黃巾於壽張[92]東。信力戰鬭死，僅而破之[93]。購求信喪[94]不得，眾乃刻木如信形狀，祭而哭焉。追黃巾至濟北。乞降。冬，受降卒三十餘萬，男女百餘萬口，收其精銳者，號為青州兵。

14 袁術與紹有隙[95]，術求援於公孫瓚[96]，瓚使劉備[97]屯高唐[98]，單經[99]屯平原[100]，陶謙[101]屯發干[102]，以逼紹。太祖與紹會擊，皆破之。

15 四年[103]春，軍鄄城[104]。荊州牧劉表[105]斷術糧道，術引軍入陳留，屯封丘[106]，黑山餘賊及於夫羅等佐之。術使將劉詳屯匡亭[107]。太祖擊詳，術救之，與戰，大破之。術退保封丘，遂圍之，未合，術走[108]襄邑[109]，追到太壽[110]，決渠水灌城。走寧陵[111]，又追之，走九江[112]。夏，太祖還軍定陶[113]。

16 下邳[114]闕宣聚眾數千人，自稱天子。徐州牧陶謙與共舉兵，取泰山[115]華[116]、費[117]，略[118]任城[119]。秋，太祖征陶謙，下十餘城，謙守城不敢出。

17 是歲，孫策[120]受袁術使渡江[121]，數年間遂有江東[122]。

【章旨】以上是本卷第三部分，述獻帝初平年間諸路豪強討董卓、天下陷入混戰，曹操於亂中逐漸壯大力量的經過。

【注釋】❶初平　東漢獻帝劉協年號，西元一九〇—一九三年。❷後將軍　官名。漢代設前、後、左、右四將軍，位次上卿，掌京師兵衛，四夷屯警，領兵征伐。❸袁術　字公路，汝南汝陽（今河南商水縣西南）人，袁紹從弟。少以俠氣聞名，歷任郎中、河南尹、虎賁中郎將。董卓之亂起，出奔南陽，後割據揚州。建安二年（西元一九七年）稱帝，後因眾人反對，糧盡眾散，欲往青州依袁譚，於途中病死。詳見《後漢書・袁術列傳》、本書卷六〈袁術傳〉。❹韓馥　裴松之注引《英雄記》曰：馥字文節，潁川人。為御史中丞。董卓舉為冀州牧。時冀州民人殷盛，兵糧優足。袁紹之在勃海，馥恐其興兵，遣數部從事守之，不得動搖。東郡太守橋瑁詐作京師三公移書與州郡，陳卓罪惡，云見逼迫，無以自救，企望義兵，解國患難。馥得移，請諸從事，依治中從事劉子惠議，乃作書與紹，道卓之惡，聽其舉兵。❺豫州　州名。東漢治所在今安徽亳州。❻孔伷　伷，同「胄」。裴松之注引《英雄記》曰：「伷字公緒，陳留人。」又引張璠《漢紀》載鄭泰說卓云：「孔公緒能清談高論，噓枯吹生。」按：其事跡史多缺略，可參本書卷七〈臧洪傳〉。❼兗州　州名。治所在今山東鄄城東北。❽劉岱　字公山，東萊牟平（今山東牟平）人。東漢末為兗州刺史，人稱「劉兗州」。初平元年（西元一九〇年）率兵從袁紹討董卓，殺東郡太守橋瑁。初平三年，黃巾軍攻破兗州被殺。《後漢書・循吏傳》後有附傳。❾河內　郡名。治所在今河南武陟西南。❿王匡　裴松之注引《英雄記》曰：「匡字公節，泰山人。輕財好施，以任俠聞。辟大將軍何進府，進符使匡於徐州發強弩五百西詣京師。會進敗，匡還州里。起家，拜河內太守。」又引謝承《後漢書》曰：「匡少與蔡邕善。其年為卓軍所敗，走還泰山，收集勁勇得數千人，欲與張邈合。匡先殺執金吾胡母班。班親屬不勝憤怒，與太祖并勢，共殺匡。」⓫勃海　郡名。治所在今河北南皮東北。⓬張邈　字孟卓，東平壽張（今山東東平東南）人。少以俠聞。初辟公府，後遷陳留太守。其事跡附本書卷七〈呂布傳〉後。⓭橋瑁　字元偉，橋玄族子。先為兗州刺史，甚有威惠。董卓亂，慷慨起兵討之。後與劉岱相惡，為岱所殺。⓮山陽　郡名。治所在今山東金鄉西北。⓯袁遺　字伯業，袁紹從兄。裴松之注：「為長安令。河間張超嘗薦遺於太尉朱儁，稱遺有冠世之懿，干時之量。其忠允亮直，固天所縱；若乃包羅載籍，管綜百氏，登高能賦，睹物知名，求之今日，邈焉靡儔。」⑯濟北　王國名。治所在今山東長清東南。按：據《三國志・鮑勛傳》裴注引《魏書》，此時鮑信的官職為代理破虜將軍，任濟北相係一年以後事。⑰鮑信　泰山平陽（今山東新泰）人。靈帝時為騎都尉。董卓專權，還鄉，收徒眾二萬餘。起兵應曹操，任破虜將軍。與操相親善。操薦任濟北相。後與黃巾軍遭遇戰中，為救曹操力戰而死。本書卷十二其子〈鮑勛傳〉附其事。⑱盟主　聯盟集團首領。⑲行　權攝；代理。⑳奮武將軍　官名。西漢始置。漢末為雜號將軍之一。三國時各國均設，四品。㉑都長安　遷國於長安。長安，今陝西西安西北，為西漢都城。董卓見聯軍勢大，且西北為其根據舊地，故由洛陽遷之。㉒遂焚宮室　《後漢書・董卓傳》：卓及聞東方起兵，懼，於是遷天子西都（長安）。盡徙洛陽人數百萬口於長安，步騎驅蹙，更相蹈藉，飢餓寇掠，積屍盈路。卓自屯留畢圭苑中，悉燒宮廟、官府、居家，二百里內無復孑遺。㉓酸棗　縣名。治所在今河南延津西南。㉔南陽　郡名。治所在今河南南陽。㉕鄴　縣名。治所在今河北臨漳西南。按：後漢時冀州及魏郡治皆在鄴，故冀州刺史韓馥駐鄴。馥名義討卓，實按兵未動。㉖向使　假使；不久之前。㉗山東　地區名。此指崤山以東地區，與「關東」含義相同。㉘二周　這裏設想董卓固守洛陽不西遷長安的情況，所以「二周」指洛陽近郊的兩處屏障，即河南縣、鞏縣二城。《史記・周本紀》記載，戰國時周考王封其弟於河南城（今河南洛陽王城公園一帶），因其地在王都洛陽西面，故稱為西周桓公。桓公之孫惠公，又封自己的小兒子在洛陽東面的鞏（今河南鞏縣），稱為東周惠公。合稱「二周」。㉙成皋　縣名。治所在今河南滎陽西北。㉚衛茲　字子許，陳留襄邑（今河南睢縣）人。事見本書卷二十二〈衛臻傳〉及裴松之注引《先賢行狀》。㉛滎陽　縣名。治所在今河南滎陽東北。㉜汴水　又名南濟、汴渠。其上游為古之滎澤，首受黃河水曰浪蕩渠，東流中牟曰官渡水，又經大梁（開封）北曰陰溝水，總稱汴水。㉝徐榮　遼東郡（今遼寧遼陽北）人。時為董卓中郎將。曾薦同郡公孫度為遼東太守。㉞被創　受傷。㉟從弟洪以馬與太祖　本書卷九〈曹洪傳〉載：「太祖起兵討董卓，至滎陽，為卓將徐榮所敗。太祖失馬，賊追甚急，洪下，以馬授太祖。太祖辭讓，洪曰：天下可無洪，不可無君。遂步從到汴水。水深不得渡，洪循水得船，與太祖俱濟。」從弟，堂弟。㊱高會　大設宴會。㊲讓　責備。㊳勃海　郡名。治所在今河北南皮北。這裏指任勃海太守的袁紹。㊴孟津　古黃河津渡名。在今河南偃師北。東漢在此設關，為洛陽周圍八關之一。㊵敖倉　從秦代開始在敖山建立的大型穀倉羣。在今河南滎陽東北，位於古黃河漕運樞紐處。㊶轘轅　關隘名。在今河南登封西北。山路險阻，凡十二曲，循環往復。為洛陽八關之一。㊷太谷　關隘名。一名大谷。在今河南洛陽東南大谷口。一名水泉關，兩岸陡絕，山徑崎嶇，為洛陽八關之一。㊸袁將軍　指擔任後將軍的袁術。時屯兵南陽。㊹丹析　南陽郡所屬之丹水縣和析縣。丹水縣，治所在今河南淅川縣西之丹水之陽。析縣，治所在今河南西峽境內。㊺武關　關隘名。在今陝西丹鳳東南。為古代關中通往荊、湘的要隘。㊻三輔　地區名。西漢景帝時，左內史、右內史、主爵中尉三者分管京都地區，合稱「三輔」。漢武帝時改稱京兆尹、左馮翊、右扶風。三者的轄地相當於今陝西中部的渭水流域，以後即習稱這一地區為三輔。此代指董卓新遷都長安。㊼益　增設。㊽夏侯惇　字元讓，沛國譙（今安徽亳州）人，少以烈氣聞名。隨曹操起兵，從征呂布時被流矢傷左目。尊重學人，生性節儉，樂於施捨。詳見本書卷九〈夏侯惇傳〉。㊾揚州　州名。東漢末治所在今安徽和縣。三國時，曹魏和孫吳各占了揚州的一部分，分置揚州。㊿陳溫　字元悌，汝南（今河南平輿）人。時任揚州刺史。後為袁術所殺，奪其州。事見《三國志・袁術傳》裴松之注引《英雄記》。(51)周昕　字大明，會稽（今浙江紹興）人。少師陳蕃，博覽羣書，明於風角占卜。辟太尉府，舉高第，曾官丹楊太守。前後遣兵萬餘助曹操。後為孫策所殺。事見本書卷五十一〈孫靜傳〉及裴松之注引《會稽典錄》。(52)龍亢　縣名。治所在今安徽懷遠西北之龍亢集。本書卷九〈曹洪傳〉：揚州刺史陳溫素與洪善，洪將家兵千餘人，就溫募兵，得廬江上甲二千人。東至丹楊，復得數千人，與太祖會龍亢。(53)士卒多叛　裴松之注引《魏書》曰：「兵謀反，夜燒太祖帳，太祖手劍殺數十人，餘皆披靡，乃得出營；其不叛者五百餘人。」(54)銍　縣名。治所在今安徽宿州西南。(55)建平　縣名。治所在今河南永城西南。(56)相惡　相互仇視、攻擊。(57)領　兼任。(58)幽州牧　幽州郡最高行政長官。幽州，治所在今北京市大興西南。牧，州牧。自西漢成帝起至東漢末，州刺史改稱州牧有數次。東漢末州刺史、州牧並存，同為州行政長官，只是刺史的品級和權力比州牧低和小，刺史有功才能晉升州牧。(59)劉虞　字伯安，東漢皇室的遠房宗親。《後漢書》卷七十三有傳。(60)太祖拒之　裴松之注引《魏書》載太祖答紹曰：「董卓之罪，暴於四海，吾等合大眾、興義兵而遠近莫不響應，此以義動故也。今幼主微弱，制於奸臣，未有昌邑亡國之釁。而一旦改易，天下其孰安之？諸君北面，我自西向。」(61)玉印　皇帝的印章。東漢時皇帝的印章以玉刻製，王侯官員用金、銀、銅製印。(62)舉向其肘　據《後漢書・徐璆列傳》李賢注引衛宏的敘述，舉玉印示人的是袁術而不是袁紹。袁術的部將孫堅進攻董卓，在洛陽得到漢朝皇帝的傳國玉璽。玉璽後來落到袁術之手，袁術因此想當皇帝。(63)二年　漢獻帝初平二年（西元一九一年）。(64)黑山　一名墨山，在今河南淇縣西北五十里，乃太行山之支脈。此指以此為主要根據地的東漢末年北方的一支黃巾軍。時常山人張燕以豫北黑山為基地，聯絡中山、常山、趙郡、上黨、河內諸山黃巾軍，更相交通，眾約百萬，號曰「黑山」。事見本書卷八〈張燕傳〉。(65)于毒白繞眭固　皆黃巾軍首領，後為張燕屬下部將。(66)魏郡　郡名。治所在今河北臨漳西南。(67)東郡　郡名。治所在今河南濮陽西南。時王肱為太守。(68)東武陽　縣名。治所在今山東莘縣南。曹操將東郡的治所由濮陽遷此。(69)三年　漢獻帝初平三年（西元一九二年）。(70)軍　駐紮。(71)頓丘　縣名。治所在今河南清豐西南。曹操曾為頓丘令。(72)本屯　大本營。裴松之注引《魏書》曰：「諸將皆以為當還自救。太祖曰：『孫臏救趙而攻魏，耿弇欲走西安攻臨淄。使賊聞我西而還，武陽自解也；不還，我能敗其本屯，虜不能拔武陽必矣。』遂乃行。」(73)武陽　即東武陽。(74)要擊　半路截擊。(75)匈奴　北方少數民族名。東漢時匈奴分化為南北二部。這裏指移居塞內的南匈奴。(76)於夫羅　南匈奴的首領。裴松之注引《魏書》曰：「於夫羅者，南單于子也。中平中，發匈奴兵，於夫羅率以助漢。會本國反，殺南單于，於夫羅遂將其眾留中國。因天下撓亂，與西河白波賊合，破太原、河內，抄略諸郡為寇。」(77)內黃　縣名。治所在今河南內黃西。(78)司徒　官名。東漢三公之一，主管全國民政。(79)王允　字子師，太原郡祁縣（今山西祁縣）人。初平元年（西元一九〇年），代楊彪為司徒，密與司隸校尉黃琬、尚書鄭公業等謀，潛結呂布，刺殺董卓。《後漢書》卷六十六有傳。(80)呂布　字奉先，五原九原（今內蒙古包頭西南）人，善弓馬，武勇過人，先為并州刺史丁原部將，後殺丁原投董卓，任騎都尉、中郎將等職。又與王允合謀誅殺董卓，被董卓餘黨打敗，東依袁術，又割據徐州，終被曹操打敗絞殺。詳見《後漢書・呂布列傳》、本書卷七〈呂布傳〉。(81)李傕　字稚然，北地（今寧夏青銅峽市南）人。時官校尉。事附本書卷六〈董卓傳〉。(82)郭汜　又名多，張掖（今甘肅張掖西北）人。時官校尉。事附本書卷六〈董卓傳〉。(83)武關　關隘名。故址在今陝西丹鳳東南。為沿漢水進入關中的重要門戶。(84)青州　州名。治所在今山東淄博東北。(85)兗州　州名。治所在今山東巨野南。(86)東平　王國名。治所在今山東東平東。(87)羣輩相隨　成羣結隊在一起。(88)輜重　用車輛運載的大批軍用物資。(89)鈔略　搶掠。略，同「掠」。(90)州吏　指兗州的官吏。(91)迎太祖領兗州牧　裴松之注引《世語》曰：岱既死，陳宮謂太祖曰：「州今無主，而王命斷絕，宮請說州中，明府尋往牧之，資之以收天下。此霸王之業也。」宮說別駕、治中曰：「今天下分裂而州無主；曹東郡，命世之才也，若迎以牧州，必寧生民。」鮑信等亦謂之然。(92)壽張　縣名。治所在今山東東平西南。(93)僅而破之　竭盡全力才擊破敵人。僅，才。有「勉強」義。(94)喪　遺體。據《三國志・鮑勛傳》裴注引《魏書》載，鮑信是為救曹操而戰死，所以曹操對鮑信的喪事辦理特別盡心。(95)有隙　有嫌隙。《後漢書・袁術傳》載：「紹欲立劉虞為帝，術好放縱，憚立長君，托以公義而不肯同，積此釁隙遂成。乃各外交黨援，以相圖謀。術結公孫瓚，而紹連劉表。」(96)公孫瓚　字伯珪，遼西令支（今河北遷安）人，從盧植讀經，歷任遼東屬國長史、涿令、騎都尉等職。董卓之亂後割據幽州，後被袁紹打敗。詳見《後漢書・公孫瓚列傳》、本書卷八〈公孫瓚傳〉等。(97)劉備　字玄德，涿郡涿縣（今河北涿州）人，自稱中山靖王之後。東漢末年起兵，參加征伐黃巾，先後投靠公孫瓚、陶謙、曹操、袁紹、劉表。後得諸葛亮輔助，占領荊州、益州，建立蜀漢。詳見本書卷三十二〈先主傳〉。(98)高唐　縣名。治所在今山東高唐東北。(99)單經　公孫瓚部將，獻帝初平中，瓚以單經為兗州刺史。(100)平原　縣名。治所在今山東平原南。(101)陶謙字恭祖，丹陽（今安徽宣州）人。好學，舉茂才，歷任盧縣令、幽州刺史、徐州刺史等職。因部下殺害曹操的父親曹嵩，徐州受到曹操的兩次討伐。陶謙兵敗，東漢興平元年（西元一九四年）病卒。詳見《後漢書‧陶謙列傳》、本書卷八〈陶謙傳〉。(102)發干　縣名。治所在今山東堂邑西南。(103)四年　獻帝初平四年（西元一九三年）。(104)鄄城　縣名。治所在今山東鄄城北之舊城鎮。(105)劉表　字景升，山陽高平（今山東微山縣西北）人。東漢遠支皇族。曾任荊州刺史，據有今湖南、湖北地方。後為荊州牧。他在羣雄混戰中，採取觀望態度，轄區破壞較小，中原人來避難者甚眾。後病死，其子劉琮降於曹操。詳見本書卷六〈劉表傳〉。(106)封丘　縣名。治所在今河南封丘西南。(107)匡亭　地名。治所在今河南長垣南。(108)走　逃奔。(109)襄邑　縣名。治所在今河南睢縣。(110)太壽　地名。在今寧陵、睢縣二縣之間。(111)寧陵　縣名。治所在今河南寧陵。(112)九江　郡名。治所在今安徽壽縣。(113)定陶　縣名。治所在今山東定陶西北。(114)下邳　國名。治所在今江蘇邳州南古邳鎮。(115)泰山　郡名。治所在今山東泰安東。(116)華　縣名。治所在今山東費縣東北。(117)費　縣名。治所在今山東費縣西北。(118)略　攻取。(119)任城　王國名。治所在今山東濟寧東南。(120)孫策　字伯符，吳郡富春（今浙江富陽）人。孫堅子。東漢興平二年（西元一九五年）率軍渡江，削平當地的割據勢力，據有吳、會稽五郡。其後又奪取廬江郡，依靠南北士族，在江東地區建立了孫氏政權。事見本書卷四十六〈孫策傳〉。(121)江　即長江。古稱長江為江，黃河為河。(122)江東　地區名。長江在今蕪湖至南京間，流向幾乎是由南向北，所以古代稱自此以下的長江南岸地區為江東或江左，北岸地區為江西或江右。

【語譯】獻帝初平元年春季正月，後將軍袁術、冀州牧韓馥、豫州刺史孔伷、兗州刺史劉岱、河內郡太守王匡、勃海郡太守袁紹、陳留郡太守張邈、東郡太守橋瑁、山陽郡太守袁遺、濟北國相鮑信等人都同時起兵，兵眾各有數萬人，推袁紹為盟主。太祖代理奮武將軍。

2　二月，董卓聽說袁紹等人起兵，於是遷徙獻帝到長安定都。董卓領兵留守洛陽，竟放火焚燒宮殿、房屋。這時袁紹駐紮在河內郡，張邈、劉岱、橋瑁和袁遺駐紮在酸棗縣，袁術駐紮在南陽郡，孔伷駐紮在潁川郡，韓馥駐紮在鄴縣。董卓兵力強大，袁紹等沒有人敢率先進攻。太祖說：「我們發動義軍用來誅討暴亂，現在大軍已經會合，各位在遲疑什麼呢？假使當初董卓得知我們在山東起兵，他倚仗朝廷的威勢，據守洛陽二周故地的險要屏障，揮軍向東以控制天下；即使他的舉動毫無道義可言，仍然足以成為禍患。現在他放火焚燒宮殿屋室，劫持遷徙天子，天下為之震驚，人們不知何去何從，這是上天要滅亡他的時刻啊。我們奮勇一戰便能平定天下，不要失去大好時機啊。」太祖於是領兵西進，打算占據成皋。張邈派遣部將衛茲帶領部分軍隊跟隨太祖。到達滎陽縣的汴水邊時，遭遇董卓部將徐榮，跟他交戰失利，士兵死傷很多。太祖被流箭射中，坐騎也受了傷。堂弟曹洪把自己的馬讓給太祖，他才得以在夜色中逃脫。徐榮看到太祖所率領的兵力不多，卻能奮戰一整天，認為酸棗城不容易攻下，也就領兵撤回。

3 太祖到達酸棗，各路兵力總共有十多萬人，將領們天天擺酒大開宴會，不想出兵進攻。太祖責備他們，順勢提出謀劃說：「各位聽聽我的計策，讓勃海太守袁紹帶領河內郡的大軍進逼孟津，酸棗的各位將領防守成皋，占據敖倉，封鎖轘轅關、太谷關，全面控制這些險要之處；使袁術將軍率領南陽軍隊進駐丹水縣和析縣，入據武關，用來震懾三輔地區。各路大軍都築高壘挖深溝，不要與敵人交戰，多多增設疑兵，表明天下的形勢，是以正義討伐叛逆，可以很快平定天下。如今大軍以正義之名出動，卻遲疑觀望不敢向前，讓天下人大失所望，我私下為各位感到羞恥！」張邈等人不肯採用太祖的計策。

4 太祖兵力少，於是和夏侯惇等人到揚州招募士兵。揚州刺史陳溫、丹楊郡太守周昕撥給他兵士四千多人。回程來到龍亢縣，很多士兵趁機叛逃。到了銍縣、建平縣，又招募到兵士一千多人，太祖帶領軍隊進駐河內郡。

5 劉岱與橋瑁互相仇視，劉岱殺死橋瑁，讓王肱兼任東郡太守。

6 袁紹與韓馥打算擁立幽州牧劉虞為皇帝，太祖加以拒絕。袁紹又曾經得到一方皇帝玉璽，在太祖在座時舉向他的胳膊，太祖因此嘲笑而厭惡袁紹。

7 初平二年春天，袁紹、韓馥便擁立劉虞當皇帝，劉虞始終不敢接受。

8 夏季四月，董卓回到長安。

9 秋季七月，袁紹脅迫韓馥，奪取了冀州。

10 黑山賊寇于毒、白繞、眭固等十多萬部眾掠奪魏郡、東郡，王肱無法抵擋。太祖領兵進入東郡，在濮陽進擊白繞，攻破了白繞。袁紹因此上表推薦太祖擔任東郡太守，郡治在東武陽縣城。

11 初平三年春季，太祖駐紮在頓丘縣，于毒等人進攻東武陽縣。太祖於是領兵向西進入黑山，進擊于毒等人的大本營。于毒聽到消息，丟下東武陽回兵救援。太祖在半路截擊眭固，又在內黃縣進擊匈奴族首領於夫羅，都把他們打得大敗。

12 夏季四月，司徒王允與呂布一起殺死了董卓。董卓的部將李傕、郭汜等人殺死王允進攻呂布。呂布戰敗，向東逃出武關。李傕等人專擅朝政。

13 青州的黃巾部眾上百萬人湧入兗州，殺死任城國相鄭遂，又轉進東平國。兗州刺史劉岱想進擊他們，鮑信勸諫說：「現在賊眾多達百萬，百姓都震驚恐懼，士兵也沒有鬥志，賊勢無法抵擋。我觀察賊眾成羣結隊湊在一起，沒有什麼軍用物資，只是靠一路搶掠作為補給，現在我們不如先蓄積軍隊的力量，堅守城池。他們想戰戰不成，想攻城也攻不下，勢必會紛歧渙散。然後我們再挑選精銳部隊，占據他們的要害之處，發動進攻一定可以擊潰他們。」劉岱不聽從，於是出兵交戰，果然被殺害。鮑信便與兗州官吏萬潛等人一起到東郡迎接太祖兼任兗州牧。太祖就出兵在壽張縣東側進擊黃巾。鮑信奮戰而死，太祖才勉力擊敗黃巾軍。太祖懸賞尋求鮑信的屍首，沒能找到，眾人於是將木頭雕刻成鮑信的形狀，對著它祭拜號哭。太祖追擊黃巾到達濟北國境內。黃巾乞求投降。這年冬天，太祖接受黃巾降軍三十多萬人，男男女女一百多萬口，收編其中的精銳士兵，號稱「青州兵」。

14 袁術與袁紹之間產生嫌隙，袁術求助於公孫瓚，公孫瓚派遣劉備駐紮在高唐縣，單經駐紮在平原縣，陶謙駐紮在發干縣，藉此進逼袁紹。太祖與袁紹會合進擊，把他們都打敗了。

15 初平四年春季，太祖駐軍在鄄城縣。荊州牧劉表阻斷袁術的運糧道路，袁術引兵進入陳留郡，駐紮在封丘縣，黑山軍殘餘的賊眾和匈奴首領於夫羅等都來幫他。袁術派部將劉詳駐紮在匡亭。太祖進擊劉詳，袁術趕來援救，雙方交戰，太祖大敗袁軍。袁術退守封丘，太祖進兵包圍，大軍尚未集結，袁術又逃往襄邑縣，太祖追到太壽，掘開渠水淹城。袁術逃往寧陵縣，太祖繼續追擊，袁術逃往九江郡。這年夏天，太祖帶領軍隊回到定陶縣。

16 下邳人闕宣聚合數千名羣眾，自稱天子。徐州牧陶謙與他共同出兵，奪取了泰山郡的華縣、費縣，又進攻任城國。秋天，太祖帶兵征伐陶謙，攻下十多座城池，陶謙據守城中不敢出戰。

17 這一年，孫策受袁術的派遣渡過長江，幾年之間就占領了江東地區。

1 興平元年春，太祖自徐州還。初，太祖父嵩，去官後還譙，董卓之亂，避難琅邪❶，為陶謙所害❷，故太祖志在復讎東伐。夏，使荀彧❸、程昱❹守鄄城，復征陶謙，拔五城，遂略地至東海❺。還過郯❻，謙將曹豹與劉備屯郯東，要❼太祖。太祖擊破之，遂攻拔襄賁❽，所過多所殘戮。

2 會張邈與陳宮❾叛迎呂布，郡縣皆應。荀彧、程昱保鄄城，范❿、東阿⓫二縣固守，太祖乃引軍還。布到，攻鄄城不能下，西屯濮陽。太祖曰：「布一旦得一州⓬，不能據東平，斷亢父⓭、泰山之道乘險要我⓮，而乃屯濮陽，吾知其無能為⓯也。」遂進軍攻之。布出兵戰，先以騎⓰犯⓱青州兵。青州兵奔，太祖陳亂，馳突火出⓲，墜馬，燒左手掌。司馬⓳樓異扶太祖上馬，遂引去。未至營止⓴，諸將未與太祖相見，皆怖。太祖乃自力勞軍㉑，令軍中促為㉒攻具，進復攻之，與布相守百餘日。蝗蟲起，百姓大餓，布糧食亦盡，各引去。

3 秋九月，太祖還鄄城。布到乘氏㉓，為其縣人李進所破，東屯山陽㉔。於是紹使人說太祖，欲連和㉕。太祖新失兗州，軍食盡，將許之。程昱止太祖，太祖從之。冬十月，太祖至東阿。

4 是歲穀一斛㉖五十餘萬錢，人相食，乃罷吏兵新募者。陶謙死，劉備代之㉗。

5 二年㉘春，襲定陶㉙。濟陰太守吳資保南城㉚，未拔㉛。會呂布至，又擊破之。夏，布將㉜薛蘭、李封屯鉅野㉝，太祖攻之，布救蘭，蘭敗，布走，遂斬蘭等。布復從東緡㉞與陳宮將萬餘人來戰，時太祖兵少，設伏，縱奇兵擊，大破之㉟。布夜走，太祖復攻，拔定陶，分兵平諸縣。布東奔劉備，張邈從布，使其弟超㊱將家屬保雍丘㊲。秋八月，圍雍丘。冬十月，天子拜太祖兗州牧。十二月，雍丘潰，超自殺，夷㊳邈三族㊴。邈詣袁術請救，為其眾所殺，兗州平，遂東略陳㊵地。

6 是歲，長安亂，天子東遷，敗于曹陽㊶，渡河幸安邑㊷。

【章旨】以上是第四部分，述獻帝興平兩年間曹操兩件主要事件：一是平張邈，二是敗呂布。從此，曹操有了兗州可憑據之地，以推行其東向戰略。

【注釋】❶瑯邪　王國名。治所在今山東臨沂北。❷為陶謙所害　裴松之注引《世語》曰：「嵩在泰山華縣。太祖令泰山太守應劭送家詣兗州，劭兵未至，陶謙密遣數千騎掩捕。嵩家以為劭迎，不設備。謙兵至，殺太祖弟德於門中。嵩懼，穿後垣，先出其妾，妾肥，不時得出；嵩逃於廁，與妾俱被害，闔門皆死。」又引韋曜《吳書》曰：「太祖迎嵩，輜重百餘輛。陶謙遣都尉張闓將騎二百衛送，闓於泰山華、費間殺嵩，取財物，因奔淮南。太祖歸咎於陶謙，故伐之。」兩說甚異。❸荀彧　字文若，潁川潁陰（今河南許昌）人。曹操的謀士。東漢建安元年（西元一九六年），建議曹操迎獻帝都許，使曹操取得有利的政治形勢。不久，任尚書令，參與軍國大事。事見本書卷十〈荀彧傳〉。❹程昱　字仲德，東郡東阿（今山東東阿）人。受曹操的徵辟，為壽張縣令，又以功遷東平相。曹操迎漢獻帝都許，以程昱為尚書，復以程昱為中郎將，領濟陰太守。劉備失徐州來投曹操，程昱勸曹操殺劉備，曹操不聽，後悔之。因隨曹操擊袁譚、袁尚有功，拜奮武將軍，封安國亭侯。後有人告程昱謀反，曹操不聽，而賜之益厚。曹操為魏王，任程昱為衛尉。文帝曹丕即位，復為衛尉，進封安鄉侯。詳本書卷十四〈程昱傳〉。❺東海　郡名。治所在今山東郯城北。❻郯　縣名。治所在今山東郯城北。當時是徐州和東海郡的治所。❼要　中途截擊。❽襄賁　縣名。治所在今山東蒼山縣南。❾陳宮　字公臺，東郡東武陽（今山東陽谷）人。黃巾軍殺兗州刺史劉岱，說州吏迎曹操為兗州牧，遂為操將。操東擊陶謙，與張邈叛曹操而迎呂布為兗州牧。事附本書卷七〈呂布傳〉。❿范　縣名。治所在今山東梁山縣西。⓫東阿　縣名。治所在今山東東阿西南。⓬一州　指曹操所轄的兗州。⓭亢父　縣名。治所在今山東濟寧南。⓮乘險要我　憑藉險要地形中途截擊我軍。⓯無能為　不會有作為。⓰騎　騎兵。⓱犯　衝擊。⓲馳突火出　裴松之注引袁暐《獻帝春秋》曰：「太祖圍濮陽，濮陽大姓田氏為反間，太祖得入城。燒其東門，示無返意。及戰，軍敗。布騎得太祖而不知是，問曰：『曹操何在？』太祖曰：『乘黃馬走者是也。』布騎乃釋太祖而追黃馬者。門火猶盛，太祖突火而出。」⓳司馬　官名。漢代領兵的將軍，其下屬有司馬一人，主管軍務處理。⓴營止　紮營安頓的地方。㉑自力勞軍　盡力支撐著自己的身體慰勞將士。㉒促為　趕快製作。㉓乘氏　縣名。治所在今山東巨野西南。㉔山陽　郡名。治所在今山東金鄉西北。㉕連和　聯合和好。所謂「連和」是一種掩飾性的說法。事實上是曹操準備投奔袁紹，充當其下屬，並且已經同意把家屬送到袁紹那裏作為人質。詳見本書卷十四〈程昱傳〉。㉖斛　古代為稱量糧食的容量單位。十斗為一斛。㉗劉備代之　本書卷三十二〈先主傳〉謂：徐州牧謙病篤，謂別駕麋竺曰：「非劉備不能安此州也。」謙死，竺率州人迎劉備，劉備未敢當。後經下邳人陳登、北海相孔融相勸，備遂領此州。㉘二年　東漢獻帝興平二年（西元一九五年）。㉙定陶　縣名。治所在今山東定陶西北。㉚南城　指定陶縣的南城。㉛拔　攻克。㉜將　攜帶。㉝鉅野　縣名。治所在今山東巨野南。㉞東緡　縣名。治所在今山東金鄉東北。㉟大破之　裴松之注引《魏書》曰：於是兵皆出取麥，在者不能千人，屯營不固。太祖乃令婦人守陴，悉兵拒之。屯西有大堤，其南樹木幽深。布疑有伏，乃相謂曰：「曹操多譎，勿入伏中。」引軍屯南十餘里。明日復來，太祖隱兵堤裏，出半兵堤外。布益進，乃令輕兵挑戰，既合，伏兵乃悉乘堤，步騎并進，大破之，獲其鼓車，追至其營而還。㊱其弟超　張邈的弟弟張超。張超，靈帝末為廣陵太守。獻帝初與劉岱同舉兵反董卓。興平元年與兄張邈又背操迎呂布。時呂布東奔劉備，邈從布，留超將家屬屯雍丘。其事附本書卷七〈臧洪傳〉。㊲雍丘　縣名。治所在今河南杞縣。㊳夷誅滅。㊴三族　說法不一。據《漢書・刑法志》，應當是指父母、妻室兒女、同胞兄弟姐妹。㊵陳　王國名。治所在今河南淮陽。㊶曹陽　亭名。在今河南靈寶東北黃河南岸。㊷安邑　縣名。治所在今山西夏縣西北。

【語譯】獻帝興平元年春季，太祖從徐州返回。當初，太祖的父親曹嵩，辭官後回到譙縣，董卓之亂時，到琅邪國避難，被陶謙殺害了，所以太祖立志要報殺父之仇東伐陶謙。這年夏天，太祖派荀彧、程昱留守鄄城，再次討伐陶謙，攻下五座城池，於是攻城略地到東海郡。回軍經過郯縣時，陶謙的部將曹豹與劉備駐紮在郯縣東，半途截擊太祖。太祖打敗他們，接著攻下襄賁縣城，所過之處大多遭受破壞和屠殺。

2 適逢張邈和陳宮背叛太祖迎接呂布，各地郡縣都起來響應。荀彧、程昱保住了鄄城，范縣和東阿縣也堅守不失，太祖於是領兵回來。呂布到達，進兵鄄城無法攻下，往西駐紮在濮陽縣。太祖說：「呂布一下子就得到兗州，卻不能占據東平，切斷亢父、泰山一帶的道路，憑藉險要地形截擊我軍，反而駐紮在濮陽，我知道他不會有什麼作為了。」於是進兵攻擊呂布。呂布出兵應戰，先用騎兵衝擊青州兵。青州兵奔散，太祖陣中大亂，太祖從燃燒的城門火勢中突擊衝出，掉下馬來，燒傷了左手掌。司馬樓異扶太祖上馬，太祖這才離去。在他還沒回到營地之前，諸位將領因為沒有看到太祖，都很驚慌。太祖回營後盡力支撐著自己慰勞將士，命令軍中趕快製造進攻用的器械，再次進攻呂布，與呂布相持了一百多天。這時發生蝗災，百姓遭遇大饑荒，呂布的糧食也耗盡了，於是各自撤兵而去。

3 秋季九月，太祖回到鄄城。呂布帶兵來到乘氏縣，被縣中的李進所擊敗，向東駐紮在山陽郡。這時袁紹派人遊說太祖，希望雙方能夠聯合和好。太祖剛剛失掉兗州，軍糧耗盡，準備答應袁紹。程昱勸阻太祖，太祖聽從了他的意見。冬季十月，太祖來到東阿。

4 這一年穀米一斛值五十多萬錢，發生人吃人的事情，太祖於是遣散新招募來的吏員、士兵。陶謙死去，劉備接替他任徐州牧。

5 興平二年春季，太祖襲擊定陶縣。濟陰郡太守吳資守衛南城，沒能攻下。適逢呂布領兵到達，太祖又擊敗了他。夏季，呂布的部將薛蘭、李封駐紮在鉅野縣，太祖進攻他們，呂布援救薛蘭，薛蘭戰敗，呂布逃走，於是殺了薛蘭等人。呂布又從東緡縣與陳宮帶領一萬多人前來挑戰，當時太祖的兵力少，便設下埋伏，出動奇兵襲擊，大敗呂布。呂布連夜逃走，太祖再次進攻，攻下定陶，接著分兵平定各縣。呂布向東投奔劉備，張邈跟隨呂布，派他的弟弟張超帶著家屬據守雍丘縣。秋季八月，太祖圍攻雍丘。冬季十月，獻帝任命太祖為兗州牧。十二月，雍丘縣被攻破，張超自殺，太祖滅了張邈的三族。張邈前往袁術那裏求救，被他的部眾殺死。兗州平定，太祖於是向東攻取陳國之地。

6 這一年，長安動亂，獻帝東遷，護衛軍在曹陽被打敗，獻帝渡過黃河暫駐在安邑縣。

1 建安元年❶春正月，太祖軍臨武平❷，袁術所置陳相袁嗣降。

2 太祖將迎天子，諸將或疑，荀彧、程昱勸之，乃遣曹洪將兵西迎，衛將軍董承❸與袁術將萇奴❹拒險，洪不得進。

3 汝南❺、潁川黃巾何儀、劉辟、黃邵、何曼等，眾各數萬，初應袁術，又附孫堅❻。二月，太祖進軍討破之，斬辟❼、邵等，儀及其眾皆降。天子拜太祖建德將軍❽，夏六月，遷鎮東將軍❾，封費亭侯。秋七月，楊奉、韓暹❿以天子還洛陽⓫，奉別屯梁⓬。太祖遂至洛陽，衛京都，暹遁走⓭。天子假⓮太祖節鉞⓯，錄⓰

尚書⑰事。洛陽殘破，董昭⑱等勸太祖都許⑲。九月，車駕出轘轅而東，以太祖為大將軍，封武平侯。自天子西遷，朝廷日亂，至是宗廟⑳社稷㉑制度始立。

4 天子之東也，奉自梁欲要之，不及㉒。冬十月，公㉓征奉，奉南奔袁術㉔，遂攻其梁屯，拔之。於是以袁紹為太尉，紹恥班在公下㉕，不肯受。公乃固辭，以大將軍讓紹。天子拜公司空㉖，行車騎將軍㉗。是歲用棗祗㉘、韓浩㉙等議，始興屯田㉚。

5 呂布襲劉備㉛，取下邳㉜。備來奔。程昱說公曰：「觀劉備有雄才而甚得眾心，終不為人下，不如早圖㉝之。」公曰：「方今收英雄時也，殺一人而失天下之心，不可。」

6 張濟㉞自關中㉟走南陽。濟死，從子㊱繡㊲領其眾。二年㊳春正月，公到宛㊴。張繡降，既而悔之，復反㊵。公與戰，軍敗，為流矢所中，長子昂㊶、弟子㊷安民遇害。公乃引兵還舞陰㊸，繡將騎來鈔㊹，公擊破之。繡奔穰㊺，與劉表合。公謂諸將曰：「吾降張繡等，失不便取其質㊻，以至於此。吾知所以敗。諸卿觀之，自今已後不復敗矣。」遂還許。

7 袁術欲稱帝於淮南㊼，使人告呂布㊽。布收㊾其使，上其書。術怒，攻布，為布所破。秋九月，術侵陳，公東征之。術聞公自來，棄軍走，留其將橋蕤、李豐、梁綱、樂就。公到，擊破蕤等，皆斬之。術走渡淮㊿。公還許。

8 公之自舞陰還也，南陽、章陵㊶諸縣復叛為㊷繡，公遣曹洪擊之，不利，還屯葉㊸，數㊹為繡、表所侵。冬十一月，公自南征，至宛。表將鄧濟據湖陽㊺。攻拔之，生擒濟，湖陽降。攻舞陰，下之。

【章旨】以上是第五部分，述獻帝建安之初兩年事。寫曹操適時抓住機遇，迎獻帝，遷都許，為以後挾天子以令天下奠定了基礎。

【注釋】❶建安元年　西元一九六年。建安，東漢獻帝劉協年號，西元一九六—二二〇年。❷武平　縣名。治所在今河南柘城南。❸衛將軍董承　衛將軍，官名。漢文帝時始置。三國時各國均置此官。位亞三司，二品，在將軍中僅次大將軍、驃騎和車騎將軍。董承，漢靈帝母親董太后的姪兒。漢獻帝時任車騎將軍。與劉備等人曾密謀誅殺曹操，失敗被殺。事附本書卷三十二〈先主傳〉。❹萇奴　人名。袁術部將。❺汝南　郡名。治所在今河南平輿。❻孫堅　字文臺，吳富春（今浙江富陽）人。世仕於吳。靈帝時曾為長沙太守。舉兵討董卓，為破虜將軍，領豫州刺史。後為劉表部將所殺。其次子孫權稱帝，諡武烈皇帝。本書卷四十六有傳。❼斬辟　本卷後文有「汝南降賊劉辟等叛應紹，略許下」的記載，可見劉辟未死。此處被斬者中不應列入劉辟，應將其人列入投降者中。❽建德將軍　官名。這是為了獎賞曹操而臨時設置的雜號將軍，以後不再授人。❾鎮東將軍　官名。漢魏有鎮東、鎮南、鎮西、鎮北將軍各一人，統稱「四鎮」。❿楊奉韓暹　二人為黃巾起事時以山西曲沃侯馬鎮之北大山谷白波谷為根據地的首領。楊奉後為李傕的部將，卓死，李傕、郭汜爭權，奉叛傕韓，與董承等護獻帝還洛，授車騎將軍。楊奉招韓暹等原白波舊部，聯合進攻李傕、郭汜。二人事附本書卷六〈董卓傳〉。⓫天子還洛陽　裴松之注引《獻帝春秋》曰：「天子初至洛陽，幸城西故中常侍趙忠宅。使張楊繕治宮室，名殿曰楊安殿，八月，帝乃遷居。」⓬梁　縣名。治所在今河南汝州西。⓭暹遁走　《後漢書・董卓傳》：「暹矜功恣睢，干亂政事。董承患之，潛召兗州牧曹操。操乃詣闕貢獻，稟公卿以下，因奏韓暹、張楊之罪。暹懼誅，單騎奔楊奉。」⑭假　授予。⑮節鉞　節，代表天子所授威權的一種器物，以竹、旄製成。假節之後就有權誅殺違犯軍令者。鉞，即黃鉞。一種以黃金為裝飾的大斧形兵器，是皇帝的儀仗之一。大臣領兵出朝，如果皇帝假以黃鉞，就表示是代表皇帝征伐四方，有權指揮全國的軍隊。⑯錄　總領。⑰尚書　這裏指尚書臺。東漢以來，政歸尚書。尚書臺長官為尚書令，以尚書僕射副之。在令和僕射之下，又有尚書多人，分別處理各類政務。按：曹操從此任兼內外，總攬大權。⑱董昭　字公仁，濟陰定陶（今山東定陶）人，任袁紹鉅鹿、魏郡太守，後歸曹操。曹操征烏桓，他建議開渠入海以運軍糧，又倡議封曹操為魏公、魏王。詳見本書卷十四〈董昭傳〉。⑲許　縣名。治所在今河南許昌西南。⑳宗廟　天子祭祀祖宗的廟堂。㉑社稷　社，祭祀土神的祭壇。稷，祭祀穀神的祭壇。古代以土地、糧食為立國之本，所以帝王之都建社稷以祭祀。曹操迎漢獻帝都許後，開始「挾天子以令諸侯」，從此在割據羣雄中取得了政治優勢。㉒不及　沒趕上。㉓公　指曹操。這時曹操任大將軍，位在三公之上；轉任司空後，也是三公之一。所以史文從此稱他為「公」。㉔奉南奔袁術　據《後漢書．董卓傳》載：奉、暹奔袁術，遂縱暴揚、徐之間。明年，左將軍劉備誘奉斬之，暹懼，走還并州，道為人所殺。㉕恥班在公下　以自己官位在曹操之下為恥。按：大將軍雖位比三公（太尉、司空、司徒），但朝班位次在三公之前。㉖司空　官名。三公之一。主管土木建築和水利工程。㉗行車騎將軍　兼任車騎將軍。車騎將軍，官名。位比三公，掌征伐。按：曹操兼任此官，則直接掌握兵權。㉘棗祗　據本書卷十六〈任峻傳〉及裴松之注，此人本姓棘，先人避難易姓棗。早隨曹操，歷陳留太守等。時歲饑旱，軍食不足，任羽林監建置許屯田。㉙韓浩　字元嗣，河內（今河南武陟）人。以忠勇著稱。其事跡見本書卷九夏侯惇附傳。㉚屯田　指曹操創立的民戶屯田制度。據裴松之注引《魏書》：自遭荒亂，糧食極度缺乏。袁紹在河北，軍人仰食桑椹。袁術在江、淮，民人相食。曹操認為：定國之術，在於強兵足食。是歲乃募民屯田許下。於是州郡例置屯田官，屯田農民由專設的屯田官管轄。收穫的穀物，按照規定的比例上交政府，其餘留歸屯田民自己。這一制度的實行，為日後曹操統一北方奠定了雄厚的物質基礎。具有重要意義。㉛呂布襲劉備　東漢興平二年（西元一九五年），曹操攻打呂布，奪回兗州，呂布投奔徐州牧劉備。建安元年（西元一九六年），呂布乘劉備攻打袁術之機，奪取徐州，自稱徐州刺史。㉜下邳　縣名。治所在今江蘇睢寧西北。㉝圖　謀取；密謀殺掉。㉞張濟　原董卓部將，武威祖厲（今甘肅靖遠東南）人。董卓被誅，與李傕、郭汜殺王允，敗呂布，為驃騎將軍，屯守弘農。東漢建安元年（西元一九六年），從關中軍食缺乏，引兵入荊州南陽郡地，為流矢所中而死。㉟關中　地區名。泛指函谷關以西地區或秦嶺以北之地。㊱從子　姪兒。㊲繡　張繡，武威祖厲（今甘肅靖遠東南）人，張濟族子。張濟死後統領其眾，南與劉表和，不久投降曹操。隨曹操戰官渡，破袁譚，皆有功。詳見本書卷八〈張繡傳〉。(38)二年　東漢建安二年（西元一九七年）。(39)宛　縣名。治所在今河南南陽。(40)復反　據本書卷八〈張繡傳〉：「太祖納濟妻，繡恨之。太祖聞其不悅，密有殺繡之計。計漏，繡掩襲太祖。」(41)昂　指曹昂，字子脩，曹操長子，曹丕的異母兄。本書卷二十有傳。裴松之注引《世語》曰：昂不能騎，進馬於公，公故免，而昂遇害。(42)弟子　弟弟之子。即姪兒。曹操有弟名德、疾、玉、彬四人，此姪兒出自何弟不詳。(43)舞陰　縣名。治所在今河南社旗東。(44)鈔　包抄；攻掠。(45)穰　縣名。治所在今河南鄧州。(46)失不便取其質　失算之處在於沒有立即取張繡的家屬作為人質。(47)淮南　這裏指當時的九江郡，治所在今安徽壽縣。九江郡是西漢初淮南王的封國，其地在淮水之南。(48)使人告呂布　《後漢書・呂布傳》載：袁術欲結布為援，派韓胤告以稱帝事，並為自己的兒子向呂布女兒求婚。沛國相陳珪往說呂布，呂布拒絕聯婚，並執韓胤送許，曹操殺之。(49)收　逮捕。(50)淮　即今淮河。(51)章陵　縣名。治所在今湖北棗陽。(52)為　支持。(53)葉　縣名。治所在今河南葉縣南之舊縣鎮。(54)數　多次。(55)湖陽　縣名。治所在今河南唐河南湖陽鎮。

【語譯】 建安元年春季正月，太祖率軍抵達武平縣，袁術所任命的陳國相袁嗣投降。

2 太祖打算迎接獻帝，將領之中有人疑惑，荀彧、程昱鼓勵太祖，於是派遣曹洪率兵西去迎接獻帝，衛將軍董承和袁術的部將萇奴憑藉險要地勢阻擋，曹洪的兵馬無法前進。

3 汝南、潁川兩郡的黃巾首領何儀、劉辟、黃邵、何曼等人，部眾各有數萬人，起初響應袁術，後來又依附孫堅。二月，太祖出兵討伐擊敗了他們，殺了劉辟、黃邵等人，何儀和他的部眾全部投降。天子任命太祖為建德將軍，夏季六月，升任鎮東將軍，封費亭侯。秋季七月，楊奉、韓暹護送獻帝回洛陽，楊奉另外駐軍在梁縣。太祖於是到達洛陽，護衛京都，韓暹逃走。獻帝授予太祖代表天子的節杖和黃鉞，總領尚書臺政務。由於洛陽殘破不堪，董昭等人勸說太祖遷都許縣。九月，天子的車隊出轘轅關向東到許縣，獻帝任命太祖為大將軍，封武平侯。自從獻帝被迫西遷長安後，朝廷一天比一天混亂，至此國家宗廟與社稷制度才又重新建立起來。

4 獻帝東遷時，楊奉想從梁縣出兵攔截，沒有追上。冬季十月，曹公征討楊奉，楊奉往南投奔袁術，曹公於是進攻楊奉在梁縣的軍營，攻下了它。這時獻帝任命袁紹為太尉，袁紹以官位排在曹公之下為恥，不肯接受。曹公於是堅決辭去職務，把大將軍職位讓給袁紹。獻帝任命曹公為司空，兼任車騎將軍。這一年曹公採用棗祇、韓浩等人的建議，開始實施屯田制度。

5 呂布襲擊劉備，攻取了下邳縣城。劉備前來投靠。程昱勸曹公說：「我觀察劉備具有雄才大略又很得民心，他終究不會屈居在別人之下，不如趁早除掉他。」曹公說：「當今正是廣納英雄的時候，殺一個劉備而失去天下人的心，不可以。」

6 張濟從關中逃到南陽郡。張濟死後，姪兒張繡統領他的部隊。建安二年春季正月，曹公到達宛縣，張繡投降，不久又後悔，再次反叛。曹公與張繡交戰，敗戰，曹公被流箭射中，長子曹昂和姪兒曹安民戰死。曹公於是領兵退回舞陰縣，張繡帶領騎兵前來包抄，曹公擊敗了他們。張繡逃奔穰縣，與劉表會合。曹公對將領們說：「我降服了張繡等人，卻失算於沒有立刻收取他們的家屬做人質，以致造成這種後果。我知道導致失敗的原因。諸位看著吧，從今以後我不會再失敗了。」於是返回許都。

7 袁術想在淮南稱帝，派人告訴呂布。呂布逮捕了他的使者，把他的來信上報朝廷。袁術大怒，出兵進攻呂布，被呂布擊敗。秋季九月，袁術入侵陳國，曹公親自帶兵東征討伐他。袁術聽說曹公親自帶兵前來，丟下軍隊逃跑，留下他的部將橋蕤、李豐、梁綱、樂就等人。曹公到了之後，擊破橋蕤等人，把他們全部斬殺。袁術渡過淮河逃跑。曹公回到許都。

8 曹公從舞陰回許都後，南陽、章陵等縣又反叛投靠張繡，曹公派遣曹洪攻打他們，戰事不利，曹洪撤退到葉縣駐紮，屢次受到張繡、劉表的侵擾。冬季十一月，曹公親自帶兵南征，到達宛縣。劉表的部將鄧濟據守在湖陽縣。曹公攻下湖陽縣，活捉了鄧濟，湖陽守軍投降。接著進攻舞陰，也攻下了。

1 三年❶春正月，公還許，初置軍師祭酒❷。三月，公圍張繡於穰。夏五月，劉表遣兵救繡，以絕軍後❸。公將引還，繡兵來追❹，公軍不得進，連營稍❺前。

公與荀彧書曰：「賊來追吾，雖日行數里，吾策⑥之，到安眾⑦，破繡必⑧矣。」到安眾，繡與表兵合守險，公軍前後受敵。公乃夜鑿險為地道，悉過輜重，設奇兵。會明，賊謂公為遁⑨也，悉軍⑩來追。乃縱奇兵步騎夾攻，大破之。秋七月，公還許。荀彧問公：「前以策賊必破，何也？」公曰：「虜遏吾歸師，而與吾死地戰，吾是以知勝矣。⑪」

2 呂布復為袁術使高順⑫攻劉備，公遣夏侯惇⑬救之，不利。備為順所敗。九月，公東征布。冬十月，屠⑭彭城⑮，獲其相侯諧。進至下邳，布自將騎逆擊⑯。大破之，獲其驍將⑰成廉⑱。追至城下，布恐，欲降。陳宮等沮⑲其計，求救於術，勸布出戰，戰又敗，乃還固守，攻之不下。時公連戰，士卒罷，欲還，用荀攸⑳、郭嘉㉑計，遂決泗、沂㉒水以灌城。月餘，布將宋憲、魏續等執陳宮，舉城降，生禽布、宮，皆殺之。太山㉓臧霸㉔、孫觀㉕、吳敦、尹禮㉖、昌豨㉗各聚眾。布之破劉備也，霸等悉從布。布敗，獲霸等，公厚納待，遂割青、徐二州附於海以委焉㉘，分琅邪㉙、東海㉚、北海㉛為城陽㉜、利城㉝、昌慮㉞郡。

3 初，公為兗州，以東平畢諶為別駕㉟。張邈之叛也，邈劫諶母弟妻子；公謝遣之，曰：「卿老母在彼，可去。」諶頓首無二心，公嘉之，為之流涕。既出，遂亡㊱歸。及布破，諶生得，眾為諶懼，公曰：「夫人孝於其親㊲者，豈不亦忠於君乎！吾所求也。」以為魯㊳相。

【章　旨】以上是第六部分，述建安三年敗張繡、殺呂布兩件大事。此年，黃河以南廣大中原地域被曹操漸次平定，為下一步北略、東進、南下創造了條件。

【注　釋】❶三年　東漢建安三年（西元一九八年）。❷軍師祭酒　官名。第五品。曹操於是年始置，負責軍事謀議。後避晉司馬師諱，或稱軍謀祭酒。蜀亦置此官。❸絕軍後　截斷曹軍的後路。❹追　原脫。《三國志集解》云：「官本《考證》云：『《御覽》來下有追字。』」今據補。❺稍　逐漸。❻策　預料。❼安眾　縣名。治所在今河南鄧州東北。❽必　一定。❾遁　逃跑。❿悉軍　全部軍隊。⓫公曰四句　虜，對敵方的蔑稱。遏，阻擋。按：《孫子兵法・軍事》有「餌兵勿食，歸師勿遏」句，〈九地〉有「投之亡地而後存，陷之死地而後生」的說法，操語當源於此。⓬高順　呂布督將。為人有威嚴，將眾整齊，每戰必勝。所將七百餘兵，號「陷陣營」。事見本書卷七〈呂布傳〉。⓭夏侯惇　字元讓，沛國譙（今安徽亳州）人，少以烈氣聞名。隨曹操起兵，從征呂布時被流矢傷左目。尊重學人，生性節儉，樂於施捨。詳見本書卷九〈夏侯惇傳〉。⓮屠　大肆殘殺。⓯彭城　徐州所轄王國名。治所在今江蘇徐州。⓰逆擊　迎頭攻擊。⓱驍將　勇猛矯健之將。⓲成廉　呂布親信大將。事見本書卷七〈呂布傳〉。⓳沮　阻止。⓴荀攸　字公達，潁川潁陽（今河南許昌西）人，曹操謀士。東漢末任黃門侍郎，參與謀殺董卓，後至荊州。曹操聞其名，徵為汝南太守。多智多謀，隨曹操征張繡、呂布、袁紹，常運籌帷幄，屢出奇計。詳見本書卷十〈荀攸傳〉。鍾繇，字元常，潁川長社（今河南長葛東）人，建安年間任大理、相國，後受魏諷謀反牽連被免官。曹魏時復為太尉、太傅，主張恢復肉刑。詳見本書卷十三〈鍾繇傳〉。㉑郭嘉　字奉孝，潁川陽翟（今河南禹州）人。初投袁紹，後由荀彧推薦，歸曹操。多謀善斷，得到重視。運籌策劃，對統一北方有貢獻。詳見本書卷十四〈郭嘉傳〉。㉒泗沂　均河水名。下邳城位於沂水入泗水處。《資治通鑑》獻帝建安三年胡三省注：「泗水東南流，過下邳縣西；沂水南流，亦至下邳縣西而南入於泗，故并引二水以灌城。」㉓太山　即泰山。㉔臧霸　字宣高，泰山華（今山東費縣）人，少以壯用聞名。先在陶謙手下，後任呂布部將。呂布敗後歸降曹操。因屢立戰功，先後進爵為武安鄉侯、開陽侯、良成侯等。詳見本書卷十八

〈臧霸傳〉。㉕孫觀　字仲臺，亦泰山人。事附本書卷十八〈臧霸傳〉。㉖吳敦尹禮　皆臧霸聚眾泰山時的「屯帥」。降曹後吳敦拜利城太守，尹禮拜東莞太守。二人事附本書卷十八〈臧霸傳〉。㉗昌豨　亦臧霸聚眾泰山時的「屯帥」之一。後復叛曹，被臧霸、于禁討平之。事見本書卷十八〈臧霸傳〉。㉘遂割青徐二州句　把青、徐二州的濱海地區分割出來，委託給臧霸等人管轄。所分割者就是下句列出的各郡國。其中，臧霸任琅邪相，昌豨任東海太守，孫觀任北海相，孫康（孫觀之兄）任城陽太守，吳敦任利城太守。分見本書卷十七〈張遼傳〉、卷十八〈臧霸傳〉。㉙琅邪　亦作「琅玡」。王國名。治所在今山東臨沂北。㉚東海　郡名。治郯，今山東郯城西南。㉛北海　王國名。治所在今山東樂昌西。㉜城陽　郡國名。治所在今山東莒縣。㉝利城　一作「利成」。郡名。治所在今江蘇贛榆西。㉞昌慮　郡名。治所在今山東滕州東南。㉟別駕　官名。別駕從事史的簡稱。東漢的司隸校尉和州刺史之下，有從事史多人，別駕是其中之一。別駕主管府中眾事，當主官乘車出巡時，則另乘車在前領路。㊱亡　逃亡。㊲親　指畢諶的母親。古人說「親」，往往指父母。㊳魯　王國名。治所在今山東曲阜。

【語　譯】建安三年春季正月，曹公返回許都，開始設置軍師祭酒一職。三月，曹公在穰縣包圍張繡。夏季五月，劉表派兵援救張繡，打算截斷曹軍的後路。曹公準備率軍撤回，張繡帶兵追來，曹公大軍無法前進，只能讓各個軍營連為一體，逐步向前推進。曹公寫信給荀彧說：「敵軍來追擊我，雖然每天只能前進幾里路，但我預料，到了安眾縣，擊敗張繡是必然的。」到達安眾縣後，張繡與劉表的軍隊聯合據守險要之地，曹公的軍隊腹背受敵。曹公於是下令士兵連夜在險要之處開鑿地道，把軍用物資全都運走，再布設奇兵。這時正好天亮，敵軍以為曹公要率軍逃跑，出動全部軍隊前來追擊。曹公便發動埋伏的步兵和騎兵前後夾擊，大敗敵軍。秋季七月，曹公返回許都。荀彧問曹公說：「您先前預料敵軍必被擊破，為什麼呢？」曹公回答說：「敵人擋住我大軍的退路，而與置之死地的我軍作戰，因此我知道一定能戰勝。」

2　呂布又幫助袁術派遣高順進攻劉備，曹公派遣夏侯惇援救劉備，戰事不利。劉備被高順打敗。九月，曹公東征呂布。冬季十月，在彭城大肆屠殺，擄獲了彭城國相侯諧。進軍到下邳，呂布親自率領騎兵迎戰。曹公大敗呂布，擒獲呂布的勇將成廉。曹公追擊到城下，呂布害怕，打算投降。陳宮等人勸阻他投降的念頭，派人向袁術求援，鼓勵呂布出戰，出戰又被打敗，於是回城固守，曹公攻城不下。當時曹公連續作戰，士卒疲憊，打算退兵，採用荀攸、郭嘉的計策，於是決開泗水、沂水用來淹灌下邳城。一個多月後，呂布的部將宋憲、魏續等人抓住陳宮，獻城投降，曹公活捉了呂布、陳宮，把他們都殺了。太山郡的臧霸、孫觀、吳敦、尹禮、昌豨等人各自聚集兵眾。呂布打敗劉備時，臧霸等人都依附呂布。呂布失敗後，臧霸等人被擒獲，曹公寬厚的接納他們，於是劃分青、徐二州靠海的地區給他們管轄，從瑯邪、東海、北海三個郡國分出土地設立城陽、利城、昌慮三郡。

3 起初，曹公擔任兗州牧，任命東平人畢諶為別駕從事史。張邈背叛時，把畢諶的母親、弟弟和妻兒都抓走了；曹公向畢諶道歉後要他離開，說：「你的老母親在他那兒，你去吧。」畢諶伏地叩頭表示絕無二心，曹公嘉許他，為此感動流淚。畢諶出來後，就逃跑回去了。等到呂布失敗，畢諶被活捉，眾人都替畢諶擔憂，曹公說：「能對父母孝順的人，難道不是同樣會忠於君主嗎！我所要的正是這樣的人呀。」任命畢諶為魯國相。

1 四年❶春二月，公還至昌邑❷。張楊❸將楊醜殺楊，眭固❹又殺醜，以其眾屬袁紹，屯射犬❺。夏四月，進軍臨河，使史渙❻、曹仁❼渡河擊之。固使楊故長史❽薛洪、河內太守繆尚留守，自將兵北迎紹求救，與渙、仁相遇犬城❾。交戰，大破之，斬固。公遂濟河，圍射犬。洪、尚率眾降，封為列侯❿，還軍敖倉⓫。以魏种為河內太守，屬⓬以河北事。

2 初，公舉种孝廉。兗州叛⓭，公曰：「唯魏种且⓮不棄⓯孤⓰也。」及聞种走，公怒曰：「种不南走越⓱、北走胡⓲，不置⓳汝⓴也！」既下射犬，生禽种，公曰：

「唯其才也！」釋其縛而用之。

3 是時袁紹既并㉑公孫瓚，兼四州㉒之地，眾十餘萬，將進軍攻許。諸將以為不可敵，公曰：「吾知紹之為人，志大而智小，色厲㉓而膽薄㉔，忌克㉕而少威，兵多而分畫㉖不明，將驕而政令不一，土地雖廣，糧食雖豐，適足以為吾奉㉗也。」秋八月，公進軍黎陽㉘，使臧霸等入青州破齊㉙、北海、東安㉚，留于禁㉛屯河上。九月，公還許，分兵守官渡㉜。冬十一月，張繡率眾降，封列侯。十二月，公軍官渡。

4 袁術自敗於陳，稍困㉝，袁譚㉞自青州遣迎㉟之。術欲從下邳北過，公遣劉備、朱靈㊱要之。會術病死。程昱、郭嘉聞公遣備，言於公曰：「劉備不可縱。」公悔，追之不及。備之未東也，陰與董承等謀反，至下邳，遂殺徐州刺史車冑，舉兵屯沛㊲。遣劉岱㊳、王忠㊴擊之，不克。

5 廬江㊵太守劉勳㊶率眾降，封為列侯。

6 五年㊷春正月，董承等謀泄，皆伏誅㊸。公將自東征備，諸將皆曰：「與公爭天下者，袁紹也。今紹方來而棄之東，紹乘人後㊹，若何？」公曰：「夫劉備，人傑也，今不擊，必為後患。袁紹雖有大志，而見事遲，必不動也。」郭嘉亦勸公[45]，遂東擊備，破之，生禽其將夏侯博。備走奔紹，獲其妻子。備將關羽[46]屯下邳，復進攻之，羽降。昌豨叛為備，又攻破之。公還官渡，紹卒不出[47]。

7 二月，紹遣郭圖[48]、淳于瓊[49]、顏良[50]攻東郡太守劉延於白馬[51]，紹引兵至黎陽，將渡河。夏四月，公北救延。荀攸說公曰：「今兵少不敵，分其勢乃可。公到延津[52]，若[53]將渡兵向其後者，紹必西應之，然後輕兵襲白馬，掩[54]其不備，顏良可禽也。」公從之。紹聞兵渡，即分兵西應之。公乃引軍兼行[55]趣[56]白馬，未至十餘里，良大驚，來逆戰。使張遼[57]、關羽前登[58]，擊破，斬良。遂解白馬圍，徙其民，循河而西。紹於是渡河追公軍，至延津南。公勒兵駐營南阪[59]下，使登壘望之，曰：「可[60]五六百騎。」有頃，復白[61]：「騎稍多，步兵不可勝數。」公曰：「勿復白。」乃令騎解鞍放馬。是時，白馬輜重就道。諸將以為敵騎多，不如還保營。荀攸曰：「此所以餌[62]敵，如何去之！」紹騎將文醜與劉備將五六千騎前後至。諸將復白：「可上馬。」公曰：「未也。」有頃，騎至稍多，或分趣輜重[63]。公曰：「可矣。」乃皆上馬。時騎不滿六百，遂縱兵擊，大破之，斬醜。良、醜皆紹名將也，再戰[64]，悉禽，紹軍大震。公還軍官渡。紹進保陽武[65]。關羽亡歸劉備[66]。

8 八月，紹連營稍前，依沙塠[67]為屯，東西數十里。公亦分營與相當，合戰不利。時公兵不滿萬，傷者十二三。紹復進臨官渡，起土山地道。公亦於內[68]作之，以相應。紹射營中，矢如雨下，行者皆蒙楯，眾大懼。時公糧少，與荀彧書，議欲還許。彧以為「紹悉眾聚官渡，欲與公決勝敗。公以至弱當至彊，若不能制，必為所乘，是天下之大機[69]也。且紹，布衣[70]之雄耳，能聚人而不能用。夫以公之神武[71]明哲而輔以大順[72]，何向而不濟[73]！」公從之。

9 孫策[74]聞公與紹相持，乃謀襲許，未發，為刺客所殺[75]。

10 汝南降賊劉辟等叛應紹，略許下[76]。紹使劉備助辟，公使曹仁擊破之。備走，遂破辟屯。

11 袁紹運穀車數千乘至，公用荀攸計，遣徐晃[77]、史渙邀擊[78]，大破之，盡燒其車。公與紹相拒連月，雖比[79]戰斬將，然眾少糧盡，士卒疲乏。公謂運者曰：「卻[80]十五日為汝破紹，不復勞汝矣。」冬十月，紹遣車[81]運穀，使淳于瓊等五人將兵萬餘人送之，宿紹營北四十里。紹謀臣許攸貪財，紹不能足[82]，來奔，因說公擊瓊等[83]。左右疑之，荀攸、賈詡勸公。公乃留曹洪守，自將步騎五千人夜往[84]，會明[85]至。瓊等望見公兵少，出陣門外。公急擊之，瓊退保營，遂攻之。

紹遣騎救瓊。左右或言「賊騎稍近，請分兵拒之」。公怒曰：「賊在背後，乃白！」士卒皆殊死戰，大破瓊等，皆斬之[86]。紹初聞公之擊瓊，謂長子譚[87]曰：「就[88]彼攻瓊等，吾攻拔其營，彼固無所歸矣！」乃使張郃[89]、高覽[90]攻曹洪。郃等聞瓊破，遂來降。紹眾大潰，紹及譚棄軍走，渡河。追之不及，盡收其輜重、圖書、珍寶，虜其眾。公收紹書中，得許下及軍中人書，皆焚之。冀州諸郡多舉城邑降者。

12 初，桓帝時有黃星[91]見於楚、宋之分[92]，遼東殷馗[93]善天文，言後五十歲當有真人[94]起于梁、沛之間，其鋒不可當。至是凡五十年，而公破紹，天下莫敵矣。

【章　旨】以上是第七部分，寫建安四、五兩年間事，重在敘述官渡之戰。官渡之戰是歷史上一場以少勝多、以弱勝強的著名戰役，此戰役充分展示了曹操的雄才大略，此戰之後，逐漸扭轉了曹弱袁強的天下戰爭態勢，從此曹軍雄踞中原，所向披靡。

【注　釋】❶四年　東漢建安四年（西元一九九年）。❷公還至昌邑　曹操從去年九月東征呂布，至此乃還。昌邑，縣名。治所在今山東金鄉西北，時為兗州及山陽郡治所在地。❸張楊　字稚叔，雲中（今內蒙古呼和浩特西南）人，東漢末將領。靈帝末任西園軍假司馬，西園軍散後，回本州募兵，得千餘人。董卓之亂時，割據上黨，任建義將軍、河內太守。與呂布關係良好，助呂布對抗曹操，後被部下所殺。詳見本書卷八〈張楊傳〉。❹眭固　本黑山黃巾軍頭領之一，此時為張楊別將，殺醜為楊報仇。❺射犬　地名。屬河內郡野王縣，在今河南沁陽東北。❻史渙　字公劉，沛國（今安徽濉溪縣）人，事附本書卷九〈夏侯惇傳〉。❼曹仁　字子孝，沛國譙（今安徽亳州）人，曹操從弟，少好弓馬遊獵。從曹操起兵，征袁術、陶謙、呂布、張繡等，平黃巾，戰官渡，討馬超，鎮荊州，屢立戰功，官至大司馬。詳見本書卷九〈曹仁傳〉。❽故長史　過去的長史。長史，官名。東漢的三公和高級將軍府內皆設此官，總管府內事務。❾犬城　地名。在射犬和鄴城之間。❿列侯　爵位名。東漢的封爵制度，授給異姓有功者的爵位有二十級，其最高一級為列侯。按封地大小，列侯又有大縣侯、小縣侯、鄉侯、亭侯之分。封侯者享有收取封地民戶租稅的特權。⓫還軍敖倉　還軍敖倉，便取軍食。此指南渡黃河還軍滎陽。敖倉，在河南滎陽北敖山上。⓬屬　通「囑」。⓭兗州叛　指上文興平元年「張邈與陳宮叛迎呂布」事。⓮且　將。⓯棄　背叛。⓰孤　古代王侯的自稱。⓱越　古時候對南方沿海地區少數民族的泛稱。⓲胡　古時候對北方少數民族的泛稱。⓳置　放過。⓴汝　你。㉑并　吞併。㉒四州　指黃河以北的冀、青、幽、并四州。㉓色厲　外表威嚴。㉔薄　小。㉕忌克　嫉妒而且好勝。㉖分畫　布置調配。㉗奉　禮品。㉘黎陽　縣名。治所在今河南浚縣東北。東漢時於此處設立常備軍營，以謁者監之，是當時從河北通向中原的軍事重鎮。㉙齊　王國名。治所在今山東淄博東北。㉚東安　縣名。治所在今山東沂水縣西南。按：此「東安」疑為「樂安」之誤。青州有樂安國，治臨濟，今山東高苑境。㉛于禁　字文則，泰山鉅平（今山東泰安）人。初隨濟北相鮑信，後歸曹操，為曹操手下名將。東漢建安二十四年（西元二一九年），與關羽戰於樊城，兵敗被俘。孫權取荊州後，于禁被送還魏，慚恨而死。詳見本書卷十七〈于禁傳〉。㉜官渡　地名。在今河南中牟東北。是曹操與袁紹決戰的戰場。現今還有土壘遺存，名曹公臺。㉝困　窘困。㉞袁譚　字顯思，汝南汝陽（今河南商水縣西南）人，袁紹長子。不受袁紹寵愛，出為青州刺史。袁紹死，遺命袁譚異母弟袁尚繼位，袁譚與袁尚相攻，依靠曹操之力打敗袁尚。後叛曹操被殺。詳見《後漢書》卷七十四袁紹附傳、本書卷六〈袁紹傳〉。㉟遣迎　派遣使者迎接。㊱朱靈　字文博，清河（今河北清河縣東南）人，初為袁紹將，後歸曹操。從征有功，授橫海將軍，官至後將軍。詳見本書卷十七〈徐晃傳〉及裴松之注引《九州春秋》。㊲沛　縣名。治所在今江蘇沛縣。沛縣屬沛國管轄，所以又名小沛。㊳劉岱　裴松之注引《魏武故事》曰：「岱字公山，沛國人。以司空長史從征伐有功，封列侯。」按：與前荊州刺史劉岱別為一人。㊴王忠　裴松之注引《魏略》曰：「王忠，扶風人，少為亭長。三輔亂，忠飢乏噉人，隨輩南向武關。值婁子伯為荊州遣迎北方客人，忠不欲去，因率等仵逆擊之，奪其兵，聚眾千餘人以歸公。」㊵廬江　郡名。治所在今安徽廬江縣西。㊶劉勳　字子臺，瑯邪（今山東臨沂）人。中平末，曾任沛國建平縣長，與曹操有舊。後驕慢犯法，被曹操所殺。事見本書卷十二〈司馬芝傳〉、卷四十六〈孫破虜討逆傳〉及裴松之注。㊷五年　東漢建安五年（西元二〇〇年）。㊸伏誅　伏法受誅，被處死刑。㊹乘人後　乘曹操東征劉備之機襲擊其後方。㊺郭嘉亦勸公　《三國志・郭嘉傳》裴松之注引《傅子》載郭嘉對曹曰：「紹性遲而多疑，來必不速。備新起，眾心未附，急擊之，必敗。此存亡之機，不可失也。」㊻關羽　字雲長，河東解（今山西臨猗西南）人。劉備襲殺徐州刺史車胄後，使關羽屯下邳城，行太守事。本書卷三十六有傳。㊼紹卒不出　袁紹終究沒有出兵。按：操征張繡、征呂布，紹遲疑不決，坐失良機。這次擊劉備，據本書卷十七〈于禁傳〉載，袁紹曾南下延津準備奔襲曹操的後方，只是因為受到于禁的阻擊，所以未能渡河。㊽郭圖　字公則，潁川（今河南禹州）人。袁紹謀士。事附本書卷六〈袁紹傳〉。㊾淳于瓊　字仁簡，漢靈帝中平五年（西元一八八年），曾與袁紹、曹操等同為西園八校尉之一，時任右校尉。後從袁紹。㊿顏良　與下文之文醜皆袁紹大將。勇冠三軍。(51)白馬　縣名。治所在今河南滑縣老城東二里，黃河南岸。袁紹遣顏良攻東郡太守於白馬，時白馬已為東郡治所。東郡本治濮陽，時徙治於此。(52)延津　津渡名。古黃河流經今河南延津西北至滑縣北的一段，是當時重要渡口，總稱為延津。(53)若　假裝好像。(54)掩　突襲。(55)兼行　用比平常加倍快的速度日夜行軍。(56)趣　通「趨」。(57)張遼　字文遠，雁門馬邑（今山西朔縣）人，原為并州刺史丁原部下，後投呂布，又依附曹操。在曹操部下屢立戰功，歷任軍中重職，為曹魏重要軍事將領。詳見本書卷十七〈張遼傳〉。(58)前登　有二義：一為先登，先接戰；一為前鋒官，或先鋒官。皆通。(59)南阪　南山坡。此指距白馬城五十里的白馬山南坡。(60)可　大約。(61)復白　又報告。(62)餌　引誘。(63)分趣輜重　離開布陣分頭奔向輜重。本書卷十〈荀攸傳〉載：操「遂以輜重餌賊，賊競奔之，陣亂，乃縱步騎擊，大破之。」(64)再戰　兩次交戰。(65)陽武　縣名。治所在今河南原陽東。(66)關羽亡歸劉備　亡，逃走。據本書卷三十六〈關羽傳〉，關羽被擒，曹操壯其為人，拜偏將軍，禮之甚厚。白馬之戰，關羽與張遼為先鋒，斬大將顏良，解白馬之圍，以報曹操。封羽為漢壽亭侯。操曾使張遼問羽，羽嘆曰：「吾極知曹公待我厚，然吾受劉將軍厚恩，誓以共死，不可背之。吾終不留，吾要當以立報曹公乃去。」及殺顏良，羽盡封其所賜，拜書告辭，奔劉備於袁軍。(67)沙塠　沙堆；沙丘。(68)內　指軍營之內。《後漢書・袁紹列傳》：「紹為地道欲襲曹操，操輒於內為長塹以拒之。」(69)天下之大機　決定天下大局的關鍵。機，關鍵。(70)布衣　穿粗布衣服沒有身分的人，這裏指凡夫俗子。(71)神武　如天神一樣的軍事才能。(72)大順　道正大光明，符合公理。指以天子的名義討伐袁紹。(73)濟　成功。(74)孫策　孫堅長子。東漢初平三年（西元一九二年），堅死，策領堅兵。此時已據有江東。事見本書卷四十六〈孫策傳〉。(75)為刺客所殺　初，孫策令武士絞殺吳郡太守許貢。許貢的僕從門客潛於民間，欲為貢報仇。孫策討陳登，軍至丹徒，被貢門客舉弓射中面頰而死。(76)許下　許縣一帶地區。(77)徐晃　字公明，河東楊（今山西洪洞東南）人，曹操手下著名軍事將領。從征呂布、劉備、袁紹、張魯等，屢立戰功。善於治軍，被曹操稱為有周亞夫之風。歷任平寇將軍、右將軍等職。詳見本書卷十七〈徐晃傳〉。(78)邀擊　半路截擊。(79)比　屢屢；接連。(80)卻　此後。《資治通鑑・漢紀》建安五年胡三省注曰：「卻，後也。晉人帖中多用『少卻』，其意猶言『少退』也。」81車 原作「軍」，今從宋本。82足 使許攸滿足。83因說公擊瓊等 裴松之注引《曹瞞傳》載許攸獻計曰：「公孤軍獨守，外無救援而糧穀已盡，此危急之日也。今袁氏輜重有萬餘乘，在故市、烏巢，屯軍無嚴備；今以輕兵襲之，不意而至，燔其積聚，不過三日，袁氏自敗也。」84自將步騎句 裴松之注引《曹瞞傳》云：曹操聽許攸獻計，大喜，「乃舉精銳步騎，皆用袁軍旗幟，銜枚縛馬口，夜從間道出，人抱束薪，所歷道有問者，語之曰：『袁公恐曹操抄略後軍，遣兵以益備。』聞者信以為然，皆自若。」85明 天明。86大破瓊等二句 裴松之注引《曹瞞傳》云：「既至，圍屯，大放火，營中驚亂。大破之，盡燔其糧穀寶貨。斬督將眭元進、騎督韓莒子、呂威璜、趙叡等首，割得將軍淳于仲簡鼻，未死。殺士卒千餘人，皆取鼻，牛馬割唇舌，以示紹軍。將士皆怛懼。」87譚 指袁譚，事附本書卷六〈袁紹傳〉。88就 趁著。89張郃 字儁乂，河間鄚（今河北任丘北）人，東漢末為韓馥部將，後依袁紹，官渡之戰後歸降曹操。攻鄴城，擊袁譚，討柳城，屢立戰功，為曹魏名將之一。平張魯後，與夏侯淵守漢中，夏侯淵死，被眾人推為軍主，退屯陳倉。魏明帝時，諸葛亮北伐，張郃督諸軍，在街亭打敗諸葛亮將馬謖。魏太和五年（西元二三一年），諸葛亮再次北伐，張郃與蜀軍戰，在木門被飛矢所中，卒。詳見本書卷十七〈張郃傳〉。90高覽 原紹將，與郃同時降曹。91黃星 又名填星、鎮星，即土星，發出黃色光芒。黃帝出生時，有黃星出現，舊以為祥瑞之兆。92分 分野。古代相信天人感應，人們根據地上的州國來劃分天上的星區，把星空中的二十八宿分別指配給地上的州國，並把對應的星宿稱為該州國的分野。這樣，人們即可依照星區中的天象，來預測對應州國的吉凶。先秦時，楚、宋二國的分野，分別是二十八宿中的翼、軫和氐、房、心。所以這句話指黃星出現在上述五宿所在的星空。93馗 裴松之注：「馗，古逵字，見《三蒼》。」94真人 真命君主。東漢的梁、沛二王國，地跨先秦楚、宋二國故地，所以殷馗認為楚、宋分野黃星出現，是梁、沛將出真人的預兆。

【語譯】建安四年春季二月，曹公回到昌邑。張楊的部將楊醜殺了張楊，眭固又殺死楊醜，帶著他們的部眾依附袁紹，駐紮在射犬。夏季四月，曹公進軍來到黃河邊上，派史渙、曹仁渡河進擊眭固。眭固派張楊以前的長史薛洪、河內郡太守繆尚留守，自己帶兵往北去迎接袁紹以求援救，與史渙、曹仁在犬城遭遇。雙方交戰，史渙、曹仁大破眭固，將他斬首。曹公於是渡過黃河，包圍射犬。薛洪、繆尚帶領部眾投降，被封為列侯。曹公回軍敖倉。任魏种為河內郡太守，囑咐他處理河北地區的事務。

2 起初，曹公舉薦魏种為孝廉。張邈在兗州叛變，曹公說：「只有魏种將不至於背叛我。」等到聽說魏种也叛逃，曹公發怒說：「魏种，你不向南逃入越地，或向北逃入胡地，我絕不放過你！」攻下射犬後，活捉了魏种，曹公說：「只因為他是個人才啊！」解開捆綁他的繩索而又任用了他。

3 這時袁紹已經吞併了公孫瓚，占有冀、青、幽、并四州的土地，擁有十多萬的兵力，準備進軍攻打許都。諸位將領都認為無法抵擋，曹公說：「我了解袁紹的為人，他志向很大但缺乏智慧，外表嚴厲而內心膽怯，嫉妒好勝而缺乏威信，兵力雖多而調配布置不當，將領驕傲而政令不統一，土地雖然廣大，糧食雖然充足，卻正好拿來送我當禮品。」秋季八月，曹公進軍黎陽縣，派遣臧霸等人進入青州攻破齊國、北海國和東安縣，留下于禁駐紮在黃河邊。九月，曹公返回許都，分撥部分兵力守衛官渡。冬季十一月，張繡率領部眾投降，被封為列侯。十二月，曹公駐軍官渡。

4 袁術自從在陳國戰敗後，日漸困窘，袁譚從青州派人前去迎接他。他想從下邳北側經過，曹公派遣劉備、朱靈截擊袁術。恰巧袁術病死。程昱、郭嘉聽說曹公派遣劉備出兵，向曹公說：「劉備不能放走！」曹公後悔，派人去追已追不上了。當劉備還沒有往東去之前，暗中就與董承等人圖謀反叛，到了下邳，他便殺死徐州刺史車冑，領兵駐紮在沛縣。曹公派遣劉岱、王忠攻打他，沒能取勝。

5 廬江太守劉勳率領部眾投降，被封為列侯。

6 建安五年春季正月，董承等人的密謀外洩，都被處死。曹公打算親自帶兵東征劉備，將領們都說：「與您爭奪天下的人是袁紹。現在袁紹正要打來而您卻放下他去東征，假若袁紹乘機進攻我們的後方，該怎麼辦呢？」曹公說：「劉備是人中豪傑，現在不擊潰他，一定成為大患。袁紹雖然有大志，但他遇到事情遲疑觀望，一定不會採取行動。」郭嘉也勸說曹公東征，於是向東攻打劉備，擊敗劉備，活捉了劉備的將領夏侯博。劉備逃去投奔袁紹，曹公擄獲了他的妻子兒女。劉備的將領關羽駐紮在下邳，曹公又進攻他，關羽投降。昌豨叛變投靠劉備，曹公又擊潰他。曹公回到官渡，袁紹始終沒有出兵。

7 這年二月，袁紹派遣郭圖、淳于瓊、顏良在白馬縣進攻東郡太守劉延，自己率領大軍來到黎陽，準備渡過黃河。夏季四月，曹公北上救援劉延。荀攸勸曹公說：「現在我們兵少不敵袁軍，分散他的力量才能取勝。

您到達延津之後，假裝要渡河攻擊他的後方，袁紹必定分出兵力往西來應戰，然後用輕裝部隊突擊白馬縣，殺他個措手不及，一定可以捉住顏良。」曹公聽從他的建議。袁紹聽說曹兵渡河，立即分出兵力到西邊應戰。曹公於是領軍日夜趕路殺向白馬，來到離白馬還有十多里路時，顏良大為吃驚，前來迎戰。曹公派張遼、關羽為先鋒，擊潰敵軍，殺了顏良。於是解除白馬之圍，遷徙當地百姓，沿著黃河向西而行。這時袁紹渡過黃河追擊曹軍，到達延津縣的南邊。曹公停下兵馬紮營在南面山坡下，派人登上壁壘瞭望袁軍，剛開始報告說：「大約有五六百名騎兵。」一會兒，又報告說：「騎兵逐漸增加，步兵多得數不清。」曹公說：「不用再報告了。」於是命令騎兵解下馬鞍放開戰馬。這時，從白馬載運軍用物資的部隊已經上路。將領們認為敵方騎兵多，不如撤回輜重部隊，保護營寨。荀攸說：「這是用來引誘敵人的，怎麼能撤啊！」袁紹的騎兵將領文醜與劉備帶領著五六千名騎兵先後趕到。將領們又說：「可以上馬了。」曹公說：「還不行。」過了一會兒，敵人騎兵逐漸增多，有的分頭跑去搶奪軍用物資。曹公這才說：「可以了。」於是將士們全部上馬。當時騎兵不到六百人，曹公縱兵衝擊，大敗敵軍，斬了文醜。顏良、文醜都是袁紹的名將，經過兩次交戰，全被擒殺，袁紹軍隊大為震驚。曹公撤兵回到官渡。袁紹進駐陽武縣據守。關羽逃回劉備身邊。

8 八月，袁紹連結各營漸漸向前推進，依傍沙丘紮營，東西長達數十里。曹公也分別建立營寨，與袁軍形勢大致相當，交戰失利。這時曹公的兵力不滿萬人，傷兵有十之二三。袁紹又進逼官渡，堆土山挖地道。曹公也在自己的營壘內堆土山挖地道，作為對應。袁紹軍隊向曹營射箭，箭如雨下，走路的人都得用盾牌遮著，眾人非常害怕。這時曹公軍糧不足，他寫信給荀彧，打算撤回許都。荀彧認為「袁紹全部的兵力都聚集在官渡，想要與您一決勝負。您以最弱的兵力抵抗最強大的敵人，如果不能制服他，必定被他乘機打敗，這是決定天下局勢的關鍵。況且袁紹，不過是凡夫俗子中的英雄罷了，能聚集人才而不能加以善用。以您神明英武的軍事才能和聰明智慧，加上天子討伐叛逆的大義，攻向何處而不能成功的呢！」曹公聽從了他的意見。

9 孫策聽說曹公與袁紹在官渡相持不下，便打算偷襲許都，還沒出發，就被刺客殺死了。

10 汝南郡投降的賊寇劉辟等人背叛響應袁紹，攻掠許縣一帶。袁紹派劉備援助劉辟，曹公派曹仁擊潰了他們，劉備逃走，於是攻破了劉辟的營壘。

11 袁紹的數千輛運糧車到達，曹公採用荀攸的計謀，派遣徐晃、史渙半路截擊，大敗袁軍，燒光了袁紹的運糧車。曹公與袁紹對峙了幾個月，雖然屢次交戰都能斬殺敵將，但是兵少且軍糧已盡，士兵疲憊。曹公對運送軍需的人說：「再過十五天我一定為你們打敗袁紹，你們就不用再勞累了。」冬季十月，袁紹派車輛運送軍糧，讓淳于瓊等五人率領一萬多名士兵護送，夜晚停宿在袁紹營地北側四十里處。袁紹的謀臣許攸貪財，袁紹無法滿足他，許攸於是跑來投靠曹公，並勸曹公去偷襲淳于瓊等人。曹公左右的人不相信許攸，荀攸、賈詡勸說曹公採納他的建議。曹公於是留下曹洪守營，親自率領步兵、騎兵五千名連夜前往，正好天亮時到達。淳于瓊等人看到曹公的兵力不多，便出營布陣迎戰。曹公對他們發動急攻，淳于瓊退回營壘堅守，曹公於是進攻敵營。袁紹派遣騎兵營救淳于瓊。曹公左右有人報告說「敵人騎兵逐漸逼近，請您分兵抵擋他們」。曹公發怒說：「等他們到了身後，再向我報告！」士兵們都拚死戰鬥，大敗淳于瓊等人，把他們都斬殺了。袁紹最初聽說曹公偷襲淳于瓊，對大兒子袁譚說：「趁他襲擊淳于瓊等人，我去攻下他的大本營，他就沒有地方可去了！」於是派遣張郃、高覽攻打曹洪。張郃等人聽說淳于瓊被擊潰後，便前來投降。袁紹的部眾潰不成軍，袁紹與袁譚丟下部隊逃跑，渡河而去。曹公派兵追趕不上，於是全部接收了袁紹的軍用物資、圖冊文書和金銀珍寶，擄獲了他的部眾。曹公從繳獲的書信當中，得到了許都官員和軍中將士寫給袁紹的書信，他把這些信件全都燒掉。冀州各郡紛紛前來獻城投降。

12 起初，桓帝時有黃星出現在楚、宋二國故地的分野，遼東郡殷馗精通天文，預言五十年後會有真命君主在梁國和沛國之間崛起，他的鋒芒不可阻擋。到這時正好共五十年，而曹公打敗袁紹，天下沒有人能抵擋他了。

1 六年❶夏四月，揚兵❷河上，擊紹倉亭軍❸，破之。紹歸，復收散卒，攻定諸叛郡縣。九月，公還許。紹之未破也，使劉備略❹汝南，汝南賊共都❺等應之。遣蔡揚❻擊都，不利，為都所破。公南征備。備聞公自行，走奔劉表，都等皆散。

2 七年❼春正月，公軍譙，令曰：「吾起義兵，為天下除暴亂。舊土❽人民，死喪略❾盡，國❿中終日行，不見所識⓫，使吾悽愴傷懷。其舉義兵以來，將士絕無後者，求其親戚以後之⓬，授土田，官給耕牛，置學師以教之。為存者立廟，使祀其先人，魂而有靈，吾百年之後何恨⓭哉！」遂至浚儀⓮，治睢陽渠⓯，遣使以太牢⓰祀橋玄⓱。進軍官渡。

3 紹自軍破後，發病歐⓲血，夏五月死。小子尚代⓳，譚自號車騎將軍，屯黎陽。秋九月，公征之，連戰。譚、尚數敗退，固守。

4 八年⓴春三月，攻其郭㉑，乃出戰，擊，大破之，譚、尚夜遁㉒。夏四月，進軍鄴㉓。五月還許㉔，留賈信㉕屯黎陽。

5 己酉㉖，令曰：「司馬法㉗『將軍死綏』㉘，故趙括之母，乞不坐括㉙。是古之將者，軍破於外，而家受罪於內也。自命將征行，但賞功而不罰罪，非國典也。其令諸將出征，敗軍者抵罪，失利者免官爵。」

6 秋七月，令曰：「喪亂已來，十有五年㉚，後生者不見仁義禮讓之風，吾甚傷之。其令郡國各修㉛文學㉜，縣滿五百戶置校官㉝，選其鄉之俊造㉞而教學之，庶幾㉟先王之道不廢，而有以益於天下。」

7 八月，公征劉表，軍西平㊱。公之去鄴而南也，譚、尚爭冀州，譚為尚所敗，走保平原㊲。尚攻之急，譚遣辛毗㊳乞降請救。諸將皆疑，荀攸勸公許之，公乃引軍還。冬十月，到黎陽，為子整㊴與譚結婚。尚聞公北，乃釋平原還鄴。東平呂曠、呂翔㊵叛尚，屯陽平㊶，率其眾降，封為列侯。

8 九年㊷春正月，濟河，遏淇水㊸入白溝㊹以通糧道。二月，尚復攻譚，留蘇由、審配㊺守鄴。公進軍到洹水㊻，由降。既至，攻鄴，為土山、地道。武安長尹楷屯毛城㊼，通上黨㊽糧道。夏四月，留曹洪攻鄴，公自將擊楷，破之而還。尚將沮鵠㊾守邯鄲㊿，又擊拔之。易陽令韓範、涉長梁岐舉縣降，賜爵關內侯(51)。五月，毀土山、地道，作圍壍，決漳水(52)灌城；城中餓死者過半。秋七月，尚還救鄴，諸將皆以為「此歸師，人自為戰，不如避之」。公曰：「尚從大道來，當避之；若循西山來者，此成禽耳。」(53)尚果循西山來，臨滏水(54)為營。夜遣兵犯圍，公逆擊破走之，遂圍其營。未合，尚懼，遣(55)故豫州刺史陰夔(56)及陳琳(57)乞降，公不許，為圍益急。尚夜遁，保祁山(58)，追擊之。其將馬延、張顗等臨陣降，眾大潰，尚走中山[59]。盡獲其輜重，得尚印綬[60]節鉞，使尚降人示其家，城中崩沮[61]。八月，審配兄子榮夜開所守城東門內兵。配逆戰，敗，生禽配，斬之，鄴定。公臨祀紹墓，哭之流涕；慰勞紹妻，還其家人寶物，賜雜[62]繒[63]絮，廩食[64]之。

9 初，紹與公共起兵，紹問公曰：「若事不輯[65]，則方面[66]何所可據[67]？」公曰：「足下意以為何如？」紹曰：「吾南據河[68]，北阻燕、代[69]，兼戎狄[70]之眾，南向以爭天下，庶[71]可以濟乎？」公曰：「吾任天下之智力，以道御之，無所不可。」

10 九月，令曰：「河北罹[72]袁氏之難，其令無出今年租賦[73]！」重[74]豪彊兼并之法，百姓喜悅。天子以公領冀州牧，公讓還兗州。

11 公之圍鄴也，譚略取甘陵[75]、安平[76]、勃海、河間[77]。尚敗，還中山。譚攻之，尚奔故安[78]，遂并其眾。公遺[79]譚書，責以負約，與之絕婚，女還，然後進軍。譚懼，拔平原[80]，走保南皮[81]。十二月，公入平原，略定[82]諸縣。

12 十年[83]春正月，攻譚，破之，斬譚，誅其妻子[84]，冀州平。下令曰：「其與袁氏同惡者，與之更始[85]。」令民不得復私讎，禁厚葬[86]，皆一之於法[87]。是月，袁熙[88]大將焦觸、張南等叛攻熙、尚，熙、尚奔三郡[89]烏丸[90]。觸等舉其縣降，封為列侯。初討譚時，民亡椎冰[91]，令不得降[92]。頃之，亡民有詣門首[93]者，公謂曰：

「聽汝[94]則違令，殺汝則誅首[95]，歸深自藏，無為吏所獲。」民垂泣而去，後竟捕得。

13 夏四月，黑山賊張燕[96]率其眾十餘萬降，封為列侯。故安趙犢、霍奴等殺幽州刺史[97]、涿郡太守。三郡烏丸攻鮮于輔[98]於獷平[99]。秋八月，公征之，斬犢等，乃渡潞河[100]救獷平，烏丸奔走出塞。

14 九月，令曰：「阿黨比周[101]，先聖[102]所疾[103]也。聞冀州俗，父子異部[104]，更相毀譽[105]。昔直不疑[106]無兄，世人謂之盜嫂[107]；第五伯魚[108]三娶孤女[109]，謂之撾婦翁[110]；王鳳[111]擅權，谷永[112]比之申伯[113]，王商[114]忠議，張匡謂之左道[115]：此皆以白為黑，欺天罔[116]君者也。吾欲整齊風俗，四者[117]不除，吾以為羞。」冬十月，公還鄴。

15 初，袁紹以甥高幹[118]領并州[119]牧，公之拔鄴，幹降，遂以為刺史。幹聞公討烏丸，乃以州叛，執上黨太守，舉兵守壺關口[120]。遣樂進[121]、李典[122]擊之，幹還守壺關[123]城。十一年[124]春正月，公征幹。幹聞之，乃留其別將守城，走入匈奴，求救於單于[125]，單于不受。公圍壺關三月，拔之。幹遂走荊州[126]，上洛[127]都尉[128]王琰[129]捕斬之。

16 秋八月，公東征海賊管承[130]，至淳于[131]，遣樂進、李典擊破之，承走入海島。割東海之襄賁、郯、戚[132]以益琅邪[133]，省昌慮郡[134]。

17 三郡烏丸承[135]天下亂，破幽州[136]，略[137]有漢民合[138]十餘萬戶。袁紹皆立其酋豪[139]為單于[140]，以家人子[141]為己女，妻焉。遼西[142]單于蹋頓[143]尤彊，為紹所厚[144]，故尚兄弟歸之，數入塞為害。公將征之，鑿渠，自呼沲[145]入泒水[146]，名平虜渠[147]；又從泃河[148]口鑿入潞河[149]，名泉州渠[150]，以通海[151]。

18 十二年[152]春二月，公自淳于還鄴。丁酉[153]，令曰：「吾起義兵誅暴亂，於今十九年，所征必克，豈吾功哉？乃賢士大夫之力也。天下雖未悉[154]定，吾當要與賢士大夫共定之；而專饗其勞[155]，吾何以安焉！其促[156]定功行封。」於是大封功臣二十餘人，皆為列侯，其餘各以次受封，及復[157]死事之孤[158]，輕重各有差[159]。

19 將北征三郡烏丸，諸將皆曰：「袁尚，亡虜耳，夷狄貪而無親，豈能為尚用？今深入征之，劉備必說劉表以襲許。萬一為變，事不可悔。」惟郭嘉策[160]表必不能任[161]備，勸公行。夏五月，至無終[162]。秋七月，大水，傍海道不通，田疇[163]請為鄉導[164]，公從之。引軍出盧龍塞[165]，塞外[166]道絕不通，乃塹山堙谷[167]五百餘里，經白檀[168]，歷平岡[169]，涉鮮卑庭[170]，東指柳城[171]。未至二百里，虜乃知之。尚、熙與蹋頓、遼西[172]單于樓班[173]、右北平單于能臣抵之[174]等將數萬騎逆軍[175]。八月，登白狼山[176]，卒[177]與虜[178]遇，眾甚盛。公車重在後，被[179]甲者少，左右皆懼。公登高，望虜陣不整，乃縱兵擊之，使張遼為先鋒，虜眾大崩，斬蹋頓及名王[180]以下，胡、漢降者二十餘萬口。遼東單于速僕丸[181]及遼西、北平諸豪，棄其種人[182]，與尚、熙奔遼東，眾尚有數千騎。初，遼東太守公孫康[183]恃遠不服。及公破烏丸，或說公遂征之，尚兄弟可禽也。公曰：「吾方使康斬送尚、熙首，不煩兵矣。」九月，公引兵自柳城還，康即斬尚、熙及速僕丸等，傳其首。諸將或問：「公還而康斬送尚、熙，何也？」公曰：「彼素畏尚等，吾急之則并力，緩之則自相圖，其勢然也。」十一月至易水[184]，代郡[185]烏丸行單于普富盧、上郡[186]烏丸行單于那樓將其名王來賀。

【章旨】 以上是第八部分，述建安六年至十二年事。曹操用六年辛勞，巧妙利用袁譚、袁尚兄弟內訌之機，各個擊破，徹底消滅了北方袁氏勢力，平定了北半中國。從此曹操雄據冀州，開闢了魏室基業。

【注釋】 ❶六年　東漢建安六年（西元二〇一年）。❷揚兵　炫耀兵勢。❸倉亭軍　駐紮在倉亭的軍隊。倉亭，津渡名。在今山東陽谷北。是古黃河重要渡口。倉，一作「蒼」。❹略　攻擊。❺共都　本書卷三十二〈先主傳〉作「龔都」，汝南黃巾軍首領之一。❻蔡揚　本書卷三十二〈先主傳〉作「蔡陽」，操將，後被劉備軍所殺。❼七年　東漢建安七年（西元二〇二年）。❽舊土　故鄉。❾略　全都。❿國　沛國。曹操的家鄉譙縣屬沛國。⓫所識　所認得的人。⓬後之　做他們的後嗣。

⓭恨　遺憾。⓮浚儀　縣名。治所在今河南開封。⓯睢陽渠　渠水名。古運河流經睢陽（今河南商丘）南一段稱睢陽渠。⓰太牢　古代祭祀，同時以牛、羊、豬三牲作為祭品，稱為太牢。有時只用牛一牲作祭品也稱太牢。⓱祀橋玄　祭祀橋玄。曹操早年曾為橋玄賞嘆。裴松之注曾引《褒賞令》載曹操祀文。文有「士死知己，懷此無忘」，「懷舊惟顧，念之淒愴」句。⓲歐同「嘔」。⓳小子尚代　小兒子袁尚代他行使職務。按：袁紹有三子，長袁譚、次袁熙，袁尚最小。譚長而惠，尚少而美。紹後妻劉氏寵，偏愛尚。紹亦奇其姿容，欲使傳嗣，乃以譚繼兄後，出為青州刺史；中子熙為幽州刺史。紹死，其部下審配等遂以紹命奉尚為嗣。袁尚事附本書卷六〈袁紹傳〉。⓴八年　東漢建安八年（西元二〇三年）。㉑郭　外城。㉒遁　逃跑。㉓鄴縣名。治所在今河南臨漳西南。漢為魏郡治所，東漢又為冀州所在地，袁紹總部在此。㉔五月還許　《後漢書・袁紹列傳》：「操進軍，尚逆擊破曹，操軍還許。」按：此不言軍敗，乃避諱不書。㉕賈信　曹操部將，曾率軍平田銀、蘇伯之亂，屢立戰功。《三國志・程昱傳》裴松之注引《魏書》載其事跡。㉖己酉　舊曆五月二十五日。㉗司馬法　書名。《漢書・藝文志》載有《軍禮司馬法》一書，共一百五十五篇，是戰國時齊威王的臣僚輯錄古代兵法而成。今只殘存五篇。㉘將軍死綏　意思是說，凡軍隊敗退，領兵將軍要受到軍法處置，判以死刑。綏，敗退。㉙趙括之母二句　趙括，戰國時趙國名將趙奢之子。從小喜讀兵書，議論兵法，不切實際，誇誇其談。趙軍與秦軍在長平（今山西高平西北）大戰。趙孝成王中秦反間計，以趙括代替老將廉頗為趙軍主帥。趙括的母親一再勸阻趙王不要任命趙括，但趙王不聽。趙母就要求：萬一趙括失敗，自己將不受連累。結果趙括慘敗，四十多萬趙軍全部被殲滅。事見《史記・廉頗藺相如列傳》。坐括，由於趙括犯法而被連帶治罪。㉚十有五年　東漢中平六年（西元一八九年）靈帝崩，皇子辯即位，天下亂起。至此獻帝建安八年（西元二〇三年），恰為十五年。㉛修　振興。㉜文學　此指文化教育，與現今含義不同。㉝校官　學官。主一縣之教育。翁方綱《兩漢金石記》以為「校官」指學舍。㉞俊造　指俊士和造士。皆為俊拔可造就的優秀人才，使之享受特殊待遇。《禮記・王制》：「命鄉論秀士，升之司徒曰選士，司徒論選士之秀者而升之學曰俊士；升於司徒者不征於鄉，升於學者不征於司徒曰造士。」㉟庶幾　或許可以（使）。㊱軍西平　軍隊駐紮在西平。西平，縣名。治所在今河南西平西。㊲平原　縣名。治所在今山東平原南。㊳辛毗　字佐治，潁川陽翟（今河南禹州）人。其向曹操乞降請救事，詳本書卷二十五〈辛毗傳〉。㊴整　曹整。曹操與李姬所生，東漢建安二十二年（西元二一五年）封郿侯。本書卷二十〈郿戴公子傳〉中有傳。據本卷後面史文記載，當時曹整娶袁譚之女為妻。㊵呂翔　原作「呂詳」，宋本、殿本作「呂翔」，據改。范曄《後漢書・袁紹列傳》作「高翔」。㊶陽平　縣名。治所在今山東莘縣境。㊷九年　東漢建安九年（西元二〇四年）。㊸淇水　河流名。黃河北岸支流之一。㊹白溝　河流名。本為一小水，發源

處接近淇水東岸，東北流入內黃以下的大清河。淇水和白溝都在冀州南端。曹操攻袁尚，為了打通河北水道運輸，就在淇水入黃河處，以大木築堰以遏淇水，以東入白溝，並名之為枋頭。自此之後，上起枋頭，下包括大清河，皆稱作白溝，成為河北水運幹道。枋頭亦因此變成軍事要地。㊺審配　字正南，魏郡（治今河北臨漳西南）人。少慷慨。曾任袁紹的治中，成為心腹。袁紹死後，審配輔保其子袁尚。曹操攻鄴，審堅守，城破被殺。事附本書卷六〈袁紹傳〉。㊻洹水　河流名。又名安陽河。源出山西黎城，經河南林慮山東流安陽，至內黃入衛河。此指洹河流域今安陽一帶。㊼毛城　地名。屬武安縣，在今河北涉縣西南。與上黨鄰界。㊽上黨　郡名。漢治所在今山西長子西。建安時移至壺關，治所在今山西長治境。㊾沮鵠　人名。袁紹謀士。裴松之注：「沮音菹。河朔間今猶有此姓。鵠，沮授子也。」㊿邯鄲　縣名。治所在今河北邯鄲。(51)關內侯　東漢爵位名。在列侯之下，第十九級。無封邑，寄食關內，故名。(52)漳水　即今漳河。流經鄴城西北。(53)尚從大道來四句　《資治通鑑》胡三省注：「從大道來，則人懷救根本，不顧勝敗，有必死之志。循山而來，則其戰可前可卻，人有依險自全之心，無同力致死之意。操所以料尚者如此。」西山，山名。一名鼓山、石鼓山，因滏水出此山，又名滏山。在今鄴城西北。(54)滏水　河流名。即今滏陽河。源泉水湧若滏內揚揚，故名。在鄴城北大約十里。(55)遣　原脫，據范曄《後漢書・袁紹列傳》補。(56)陰夔　人名。東漢建安七年（西元二〇二年），曹操薦為豫州刺史。後從袁紹。紹死事尚。(57)陳琳　字孔璋，廣陵（今江蘇揚州）人，以文才知名。漢末曾任何進大將軍府主簿，後附袁紹，主掌文書，奉袁紹命撰檄文痛罵曹操。袁紹敗後，曹操愛其才而不殺，任命他為司空軍謀祭酒。事略附於本書卷二十一〈王粲傳〉。(58)祁山　地名。又名藍嵯山、藍山，在鄴城與中山之間。(59)中山　王國名。治所在今河北定州。(60)綬　繫在官印上的絲繩，其顏色依官位等級而不同。(61)崩沮　精神崩潰沮喪。(62)雜　各種各樣。(63)繒　絲織品的統稱。(64)廩食　由政府發糧供養。(65)輯　成功。(66)方面　地方。(67)據　憑藉；依託。(68)河　黃河。(69)北阻燕代　北方以燕、代為險阻。燕代，均為先秦國名。這裏指當時的冀、幽二州地，即今河北北部與山西東北部一帶。(70)戎狄　對西方、北方少數民族的泛稱。(71)庶　或許。(72)罹　遭受。(73)租賦　租，田租。指土地稅。賦，賦調。指人頭稅。通常以戶為單位，繳納絹、布、綿等手工產品。又稱戶調。(74)重　加重。(75)甘陵　縣名。治所在今山東臨清東北。(76)安平　王國名。治所在今河北冀州。(77)河間　王國名。治所在今河北獻縣東南。(78)故安　縣名。治所在今河北易縣東南。按：袁尚之二兄袁熙為幽州刺史，袁尚奔故安從袁熙也。(79)遺　送給。(80)拔平原　從平原城撤退、開拔。(81)南皮　縣名。治所在今河北南皮東北。(82)略定　攻取平定。(83)十年　東漢建安十年（西元二〇五年）。(84)誅其妻子　殺了他的妻子兒女。裴松之注引《魏書》曰：「公攻譚，旦及日中不決，公乃自執桴鼓，士卒咸奮，應時破陷。」(85)更始　赦其前惡，重新開始。意思是給予袁氏黨羽以改過自新的機會。86禁厚葬　《宋書・禮志二》：「漢以後天下送死奢靡，多作石室、石獸、碑銘等物。建安十年，魏武帝以天下雕弊，下令不得厚葬，又禁立碑。」魏末復弛替。87一之於法　一概按照法律制裁。一，全部；一概。88袁熙　袁紹的次子。事附本書卷六〈袁紹傳〉。89三郡　指幽州的遼西郡、右北平郡和遼東屬國。90烏丸　或作「烏桓」。本東胡族，漢初，匈奴滅其國，餘眾保烏丸山，故名。當時是東北邊區一支強大的少數民族。袁紹占據河北，曾封遼西郡烏丸王蹋頓、右北平郡烏丸王汗盧、遼東屬國烏丸王頒下，三人為單于。見《三國志・烏丸傳》裴注引《英雄記》。91民亡椎冰　討伐袁譚時，川渠冰凍，使民椎冰以通船，民躲避勞役而逃亡。椎冰，用錘敲破河面凍冰。92令不得降　下令不准接受逃跑者的投降。指一律處死。93首　自首。94聽汝　聽從你自首而給予赦免。95誅首　誅殺主動自首者。96張燕　常山真定（今河北正定南）人，黃巾黑山軍的首領。本姓褚，剽悍善戰，捷敏過人，軍中號曰「飛燕」。後投降朝廷，任平難中郎將。董卓之亂起，又率其眾與豪傑相結，助公孫瓚與袁紹爭冀州，後投降曹操，任平北將軍。詳見本書卷八〈張燕傳〉。97幽州刺史　此指曹操任命之官。萬斯同〈三國漢季方鎮年表〉以為是焦觸。觸正月降曹，前即自號幽州刺史驅率諸郡太守、令長背袁向曹。98鮮于輔　漁陽（今北京市密雲西南）人。複姓鮮于。事附本書卷八〈公孫瓚傳〉、卷二十六〈田豫傳〉。99獷平　縣名。治所在今北京市密雲東北。100潞河　河流名。即今北京市通縣以下的北運河。101阿黨比周　偏私同黨，互相勾結。猶今言結黨營私。《論語・為政》：「君子周而不比，小人比而不周。」比，近，為了謀取私利而相互拉近。周，弘揚道義而相互團結。102先聖　指孔子。103疾　憎惡。104父子異部　親生父子也會各樹黨援，分屬不同幫派。105毀譽　詆毀異黨，讚譽同黨。106直不疑　西漢南陽郡人，《史記・萬石張叔列傳》附直不疑傳載：文帝時先為郎，同舍有失金者，妄猜不疑，不疑買金償之。其金乃同舍另人誤取。誤取者後還金失者，失金者大慚，稱直不疑為長者。「人或毀曰：不疑狀貌甚美，然獨無奈其善盜嫂何也。不疑聞曰：我乃無兄。然終不自明也。」107盜嫂　與嫂私通。108第五伯魚　即東漢第五倫，複姓第五，名倫字伯魚，東漢京兆長陵（今陝西涇陽東南）人。為吏，梗介有義行。舉孝廉，補淮陰國醫工長。隨淮陽王朝京師，帝問以政事，大悅。帝戲謂倫曰：「聞卿為吏篣婦公，……寧有之邪？」倫對曰：「臣三娶妻皆無父。」《後漢書・第五倫列傳》。109孤女　死了父親的女子。110撾婦翁　毆打岳父。111王鳳　字孝卿，東平陵（今山東濟南）人。西漢成帝之舅父。時以外戚的關係擔任大司馬、大將軍、領尚書事，專擅朝政。事見《漢書・元后傳》。112谷永　字子雲，長安（今陝西西安）人。王鳳專權，大樹同黨，引起輿論指責。而谷永反而上書朝廷，說王鳳「有申伯之忠」。事見《漢書・谷永傳》。113申伯　西周王室的外戚，周宣王之舅父。其人「柔惠且直」，「文武是憲」。尹吉甫作〈崧高〉詩贈之。見《詩經・大雅・崧高》。114王商　字子威，蠡吾（今河北高陽西南）人。西漢成帝時任丞相，為人正直，受到王鳳的排擠。而張匡一心迎合王鳳，藉出現日食一書朝廷，說王商作威作福，執左道以亂政，有悖大臣之節，故應是而日食。王商因此被罷相。詳《漢書・王商傳》。(115)左道　歪門邪道。(116)罔　矇騙。(117)四者　指類似上述四例的不良風氣。按：冀州地方大族勢力強大，朋黨之風盛行。曹操力求集中權力，破除朋黨，把冀州改造成自己可靠的根據地。此後，其子曹丕和其孫曹叡在位時，都繼續奉行打擊朋黨風氣的政治方針。(118)高幹　字元才，陳留圉（今河南杞縣）人。高柔從兄。裴松之注引謝承《後漢書》說他「才志弘遠，文武秀出」。(119)并州　州名。治所在今山西太原西南。(120)壺關口　關隘名。即壺口關，在今山西長治東南壺口山下，山川相錯，地形如壺。(121)樂進　字文謙，陽平衛國（今河南清豐南）人，曹操部將，初為帳下吏，後遷陷陣都尉。歷大小百餘戰，每戰剋捷，軍功卓著，歷任討寇校尉、遊擊將軍、折衝將軍、右將軍。詳見本書卷十七〈樂進傳〉。(122)李典　字曼成，山東鉅野（今山東巨野東北）人，隨曹操起兵，屢立戰功。性好學問，不與諸將爭功，軍中稱為長者。歷任潁陰令、中郎將、裨將軍、破虜將軍等。詳見本書卷十八〈李典傳〉。(123)壺關　此為縣名。治所在今山西長治北，壺關口的西北。(124)十一年　東漢建安十一年（西元二〇六年）。(125)單于　北方匈奴、烏丸、鮮卑等少數民族君主的稱號。(126)荊州　州名。治所在今湖北襄樊。(127)上洛　侯國名。屬司隸京兆尹。故城即今陝西商縣。(128)都尉　官名。主一郡治安。西漢郡皆置此官。東漢省，僅於屬國、邊郡、邊關等特需之地置之。上洛為險塞，故置。(129)王琰　馮翊（今陝西大荔）人。琰獲高幹，以功封侯，歷數郡郡守、護羌校尉。本書卷六〈袁紹傳〉、《三國志・常林傳》裴松之注引《典略》《魏略》載其事。(130)管承　長廣（今山東萊陽）人。徒眾三千餘家，以為寇害，故而討之。後降服。(131)淳于　縣名。治所在今山東安丘東北。(132)戚　縣名。治所在今山東滕縣南七十里。(133)益瑯邪　擴大瑯邪郡的轄地。(134)省昌慮郡　撤除昌慮郡。昌慮郡乃東漢建安三年（西元一九八年）為安置泰山軍屯帥臧霸等臨時設置。(135)承　同「乘」。趁著。(136)幽州　州名。治所在今北京市。(137)略　虜掠。(138)合　累計。(139)酋豪　部落首領。(140)單于　「撐黎孤塗單于」之簡稱。匈奴稱天為「撐黎」，子為「孤塗」。匈奴以天之子稱自己的首領。(141)家人子　當時俗語。本意為庶人家的子女，良家子。子，古時兼指兒女。此指女子。(142)遼西　郡名。治所在今遼寧義縣西南。(143)蹋頓　遼西烏丸君長，有武略，助袁紹破公孫瓚，曹操征之，戰敗被殺。事見本書卷三十〈烏丸傳〉。(144)厚　厚待。(145)呼沲　河流名。即今河北之滹沱河。(146)泒水　河流名。上游是今河北大沙河，與磁水匯合稱豬龍河，下游經冀州東北入海。(147)平虜渠　渠水名。具體位置當在今河北滄州北。(148)泃河　河流名。發源於今天津市薊縣北黃崖口，南流至寶坻入薊運河。(149)潞河　即北運河上游之白河。(150)泉州渠　渠水名。因南起泉州縣（今天津市武清西南），故名。南引潞河水，北至泃河的入海口。(151)以通海　本書卷十四〈董昭傳〉云：「鑿平虜、泉州二渠入海通運，昭所建也。」按：鑿渠工程由董昭主持，通過海道以運糧遼西。(152)十二年　東漢建安十二年（西元二〇七年）。(153)丁酉　舊曆推算應是二月初五日。(154)悉　全；皆。(155)勞　功勞。(156)促　同「速」。趨快。(157)復　免除徭役和租稅。(158)死事之孤　為國犧牲者的子女。(159)差　等級；區別。(160)策　判斷。(161)任　信任。(162)無終　縣名。治所在今天津市薊縣。(163)田疇　字子泰，無終縣（今天津市薊縣）人。好讀書，善擊劍，為人有節概。常忿烏丸殺其鄉人，有欲討之意而力未能，率其宗族、鄉人避居無終徐無山中。曹操早聞其名，及至北伐烏丸，先遣使者辟疇，旋即舉茂才，拜為蓨令。疇不就任，隨軍次無終。本書卷十一有傳。(164)鄉導　嚮導。鄉，同「嚮」。(165)盧龍塞　塞名。在今河北喜峰口一帶。《讀史方輿紀要》卷十七云其「土色黑，山形似龍」，故名。當時是河北平原通向東北平原的要塞。(166)塞外　盧龍塞之外。(167)塹山堙谷　挖山填谷。塹，挖通。堙，填塞。(168)白檀　縣名。治所在今河北承德西南。(169)平岡　縣名。治所在今遼寧之喀喇沁左翼蒙古族自治縣境內。(170)鮮卑庭　鮮卑單于的駐地。鮮卑族為東胡之一支，起興安嶺東，後移居匈奴故地，以其境有鮮卑山而得名。(171)柳城　縣名。故城所在，說法不一。約在今遼寧建昌東北與今錦州之交界處，為當時遼西烏丸單于樓班駐地。袁尚、袁熙兄弟奔於此。(172)遼西　郡名。治所在今遼寧義縣西南。(173)單于樓班　遼西烏丸大人丘力居之子。丘力居死，樓班幼，從子蹋頓代立，總攝三王部。後樓班大，峭王率部眾奉以為單于。為袁紹所封遼西部烏丸首領。(174)能臣抵之　據本書卷三十〈烏丸傳〉，能臣抵之即能臣氏，是代郡烏丸首領。當時右北平烏丸的首領是烏延和汗盧。(175)逆軍　迎擊曹軍。逆，抗拒；迎擊。(176)白狼山　山名。即今遼寧喀喇沁左翼蒙古族自治縣以東的白鹿山。(177)卒　突然。(178)虜　對敵人的蔑稱。(179)被　穿上。(180)名王　單于以下烏丸部族中著名的首領。(181)速僕丸　《後漢書・烏桓列傳》及本書卷三十〈烏丸傳〉皆譯作「蘇僕延」。(182)種人　本部落的族人。(183)公孫康　漢末冀州刺史、遼東太守公孫度之子。度死，嗣為遼東太守。傳附本書卷八〈公孫度傳〉。(184)易水　河流名。發源於今河北易縣西，東流至定興西南匯入拒馬河。(185)代郡　郡名。治所在今河北蔚縣東北。(186)上郡　郡名。治所在今陝西榆林東南。

【語　譯】建安六年夏季四月，曹公在黃河邊炫耀武力，進擊袁紹在倉亭的駐軍，打敗了他們。袁紹回到冀州，重新召集四散的士兵，進攻平定了反叛的郡縣。九月，曹公返回許都。袁紹尚未被打敗時，曾派劉備攻取汝南，汝南的賊首共都等人響應劉備。曹公派蔡揚進擊共都，作戰失利，被共都打敗。曹公親自南征劉備。劉備聽說曹公親自出征，逃去投奔劉表，共都等人全都潰散了。

2 建安七年春季正月，曹公駐軍在譙縣，頒布命令說：「我發動義軍，替天下消除暴亂。故鄉的人民，幾乎死亡殆盡，在國境內走一整天，看不到半個認識的人，令我悲傷痛心。從我舉兵起義以來，將士之中斷絕後代的，要尋找他們的親族作為後嗣，授予田地，官府提供耕牛，設置學校請老師來教育他們。為活著的人修建祠廟，讓他們祭祀祖先，如果死者有靈，我死之後也就沒有什麼遺憾了啊！」於是來到浚儀，修治睢陽渠，派遣使者用牛、羊、豬三牲祭祀橋玄。進兵至官渡。

3 袁紹自從軍隊敗戰後，發病吐血，在夏季五月去世。他的小兒子袁尚接替他的職務。袁譚自稱車騎將軍，駐紮在黎陽。秋季九月，曹公出兵征討他們，接連交戰，袁譚、袁尚屢次戰敗撤退，據城固守。

4 建安八年春季三月，攻擊黎陽的外城。袁譚、袁尚於是出城應戰，曹公進擊，大敗他們，袁譚、袁尚趁夜逃走。夏季四月，曹公進軍鄴城。五月回到許都，留賈信駐守黎陽。

5 五月二十五己酉日，曹公下令說：「《司馬法》提到『軍隊敗退的話將軍要處死刑』，所以趙括的母親，請求趙王讓她不因兒子趙括的敗戰而被連帶治罪。可見古代的將軍，在外面打了敗仗，家屬都要連帶受罪。自從我命將出征以來，都只獎賞有功而不懲罰有罪的人，這不是國家的正規。現在我命令將領們出征，吃敗仗的人要治罪，作戰失利的要削除官職爵位。」

6 秋季七月，曹公下令說：「自從發生戰亂以來，已經十五年了，後生晚輩見不到仁義禮讓的風尚，我非常感傷。如今我命令各個郡國都要振興文化教育，縣中居民滿五百戶的要設立學官，挑選各鄉俊拔可造的人才教育他們，這樣也許可以使古代聖王教化之道不至於荒廢，從而有益於天下。」

7 八月，曹公征討劉表，駐軍在西平縣。曹公離開鄴城南進時，袁譚和袁尚互爭冀州，袁譚被袁尚打敗，逃到平原固守。袁尚急攻平原，袁譚派遣辛毗來乞降並請求救援。將領們對此都表示懷疑，荀攸力勸曹公答應他，曹公便率兵返回。冬季十月，抵達黎陽，讓兒子曹整與袁譚之女結婚。袁尚聽說曹公北上，於是解除了對平原的包圍，撤回鄴城。東平的呂曠、呂翔背叛袁尚，屯兵陽平，帶領部眾投降，被封為列侯。

8 建安九年春季正月，曹公渡過黃河，攔阻淇水將水導入白溝以暢通運糧的水道。二月，袁尚又進攻袁譚，留下蘇由、審配守鄴城。曹公進軍到洹水，蘇由投降。大軍抵達後，進攻鄴城，築土山，挖地道。武安縣縣長尹楷駐紮在毛城，袁尚運往上黨郡的糧道得以暢通。夏季四月，曹公留下曹洪攻打鄴城，自己帶兵進擊尹楷，打敗尹楷後返回。袁尚的部將沮鵠據守在邯鄲，曹公又去攻打並拿下邯鄲。易陽縣令韓範、涉縣縣長梁岐獻城投降，被賜封關內侯的爵位。五月，曹公下令毀掉土山和地道，挖掘圍城的深溝，然後決開漳水淹鄴城；城中餓死的人超過一半。秋季七月，袁尚帶兵趕回去救鄴城，曹公將領們都認為「這是逃回本營的軍隊，每個人都會拚死作戰，不如避開他們」。曹公說：「袁尚從大道上殺來，是應當避開他們；要是沿著西山前來，就會成為我們的俘虜。」袁尚果然沿著西山而來，靠近滏水岸紮營。夜裏袁尚派兵進擊包圍鄴城的曹軍，曹公迎頭痛擊，打得他們落荒而逃，於是包圍袁尚的軍營。包圍之勢尚未合攏時，袁尚害怕，派前豫州刺史陰夔和幕僚陳琳請降，曹公沒有答應，加緊包圍行動。袁尚趁夜逃跑，據守祁山，曹公派兵追擊袁尚。袁尚的部將馬延、張顗臨陣投降，兵眾潰散，袁尚逃往中山國。曹公繳獲了袁軍所有的軍用物資，得到袁尚的印綬、節杖和鈇鉞，派袁尚帳下投降的人出示這些東西給在城中的家屬觀看，鄴城中人心崩潰瓦解。八月，審配的姪兒審榮在夜晚打開他守衛的東門放曹公軍隊進城。審配迎戰，被打敗，曹公活捉了審配，將他斬首，鄴城平定。曹公來到袁紹的墓前祭奠，痛哭流涕；慰問袁紹的妻子，送還袁家的奴僕和珍寶，又贈送各種絲織品，下令由官府供給他們糧食。

9 當初，袁紹與曹公共同起兵，袁紹問曹公說：「如果起義之事不成功，哪裏可以作為據守之地呢？」曹公反問說：「您的意見以為如何？」袁紹說：「我認為南邊以黃河為憑藉，北方以燕、代為險阻，同時擁有戎狄的兵眾，以此向南爭奪天下，大概可以成功吧？」曹公說：「我要任用天下人的智慧和力量，用道義來統御他們，無論到哪裏都可以取得成功。」

10 九月，曹公頒布法令說：「黃河以北地區遭受袁氏作難的禍害，現在宣布當地的百姓不用繳納今年的田租和賦稅。」加重懲治豪強兼併的法條，百姓非常高興。獻帝讓曹公兼任冀州牧，曹公辭讓原先所兼之兗州牧一職。

11 曹公圍攻鄴城時，袁譚攻取了甘陵、安平、勃海、河間等地。袁尚戰敗，返回中山，袁譚進攻他，袁尚逃往故安，袁譚便吞併了袁尚的人馬。曹公寫信給袁譚，責備他違背盟約，與他斷絕婚姻關係，遣還袁譚的女兒，然後進軍討伐。袁譚害怕，撤離平原，逃到南皮縣堅守。十二月，曹公進入平原，攻取平定郡內各縣。

12 建安十年春季正月，曹公進攻袁譚，打敗了他，將袁譚斬首，並殺了他的妻室兒女，冀州平定。曹公下令說：「那些跟著袁氏作惡的人，都給他們改過自新的機會。」命令老百姓不可以報私仇，禁止厚葬，違反者一律依法制裁。這個月，袁熙的大將焦觸、張南等人叛變攻擊袁熙和袁尚，袁熙、袁尚逃往三郡地區的烏丸。焦觸等人獻城投降，被封為列侯。起初曹公討伐袁譚時，有百姓因躲避敲破河冰的勞役而逃亡，曹公下令抓到他們的話一律處死。不久，逃亡的百姓有前往自首的，曹公對他們說：「接受你們的自首則違反法令，殺了你們卻又是處死主動自首的人，自己回去好好躲藏起來吧，不要被官吏抓到。」這些百姓流著淚離去，後來仍然被捕獲了。

13 夏季四月，黑山賊首張燕帶領他的部眾十多萬人投降，被封為列侯。故安的趙犢、霍奴等人殺死幽州刺史和涿郡太守。三郡地區的烏丸在獷平進攻鮮于輔。秋季八月，曹公出兵討伐他們，斬了趙犢等人，接著渡過潞河去援救獷平，烏丸逃出塞外。

14 九月，曹公下令說：「結黨謀私，這是孔聖人所憎惡的事。聽說冀州的風俗，父子也會分屬不同黨派，互相詆毀或讚譽。從前直不疑沒有兄長，有人說他與嫂子私通；第五伯魚三次娶孤女為妻，有人說他毆打岳父；王鳳專政弄權，谷永拿他跟申伯相比；王商忠於職事，張匡卻說他專走歪門邪道：這些都是顛倒黑白，欺天瞞君的行為。我想要整頓風俗，類似這四種的惡習不除掉，我感到很羞恥。」冬季十月，曹公回到鄴城。

15 當初，袁紹讓外甥高幹兼任并州牧，曹公攻下鄴城後，高幹投降，於是讓他擔任并州刺史。高幹聽說曹公出兵討伐烏丸，就在并州反叛，抓住上黨郡太守，領兵據守壺關口。曹公派遣樂進、李典攻打他，高幹退守壺關縣城。建安十一年春季正月，曹公親征高幹。高幹得知後，就留下其他將領守城，自己逃到匈奴那裏，向單于求救，單于不接納他。曹公圍困壺關縣城三個月，將它攻下。高幹便逃往荊州，上洛都尉王琰逮捕高幹將他斬首。

16 秋季八月，曹公東征海賊管承，到達淳于縣，派遣樂進、李典將他擊潰，管承逃入海島。分割東海郡的襄賁、郯、戚三縣出來以擴展瑯邪郡，撤消了昌慮郡。

17 三郡地區的烏丸族趁著天下大亂，攻破幽州，擄掠漢族居民總計十多萬戶。袁紹都封立他們的部落首領為單于，以其他平民的女兒當做自己的女兒，嫁給這些單于為妻。遼西郡單于蹋頓的勢力最強大，受到袁紹的厚待，所以袁尚兄弟去投靠他，多次進入塞內侵擾破壞。曹公準備討伐他們，下令開鑿河渠，從呼沲河接到泒水，名叫平虜渠；又從泃河入海處開鑿河渠流入潞河，名叫泉州渠，以便與大海相通。

18 建安十二年春季二月，曹公從淳于回到鄴城。二月初五丁酉日，下令說：「我發動義軍誅討暴亂，到現在已經十九年了，所要征討的必定獲勝，難道是我個人的功勞嗎？乃是靠所有賢士和官員們努力所致。天下雖然尚未完全平定，我一定會與賢士官員們共同來平定它；然而我現在卻獨享功勞，我怎麼能夠心安啊！應當趕快給大家評定功勞進行封賞。」於是大封功臣二十多人，都身為列侯，其餘的人也各按功勞大小受到封賞，同時免除為國犧牲者子女的租稅和徭役，輕重程度各有差別。

19 曹公將要北征三郡地區的烏丸，將領們都說：「袁尚，不過是個逃亡的敵人罷了，夷狄貪得而無親愛之心，怎麼會為袁尚出力呢？如今深入北方征討烏丸，劉備必定會勸說劉表偷襲許都。萬一局勢發生變化，後悔就來不及了。」只有郭嘉判斷劉表一定不會信任劉備，鼓勵曹公出征。夏季五月，曹公到達無終縣。秋季七月，大水為患，沿海地區的道路都不通，田疇請求擔任嚮導，曹公聽從他。田疇領軍出了盧龍塞，塞外的道路也斷絕不通，於是一路挖山填谷前行五百多里，經白檀，過平岡，穿越鮮卑族單于的駐地，向東朝柳城縣推進。距柳城不到二百里，敵人就察覺了。袁尚、袁熙與蹋頓、遼西郡烏丸單于樓班、右北平郡烏丸單于能臣抵之等帶領數萬名騎兵迎擊曹軍。八月，曹公軍隊登上白狼山，突然與敵人遭遇，對方兵馬眾多，曹公運送軍用物資的車輛在後面，士兵穿上甲冑的不多，左右隨從都很害怕。曹公登上高處，看到敵人的陣形不整齊，就縱兵攻擊他們，派張遼作為先鋒，敵軍完全崩潰，斬殺了蹋頓和烏丸族著名首領以下多人，胡人、漢人投降的有二十多萬人。遼東屬國的烏丸族單于速僕丸和遼西郡、右北平郡的烏丸族首領，丟下本部族人，與袁尚、袁熙逃往遼東郡，兵眾尚有幾千名騎兵。起初，遼東郡太守公孫康仗著地處偏遠不服從漢廷。等到曹公擊敗烏丸，有人勸說曹公接著征討公孫康，袁尚兄弟就可以擒獲。曹公說：「我正要讓公孫康砍下袁尚、袁熙的首級送來，不需勞師動眾了。」九月，曹公領兵從柳城返回，公孫康果然殺了袁尚、袁熙和速僕丸等人，用驛車把他們的首級送來。將領中有人問道：「您一回來而公孫康就把袁尚、袁熙的首級砍下送來，這是什麼原因呢？」曹公說：「公孫康向來畏懼袁尚等人，我如果逼得太急他們就會合力抵抗，我放鬆點他們就會自相殘殺，這是形勢使然啊。」十一月，曹公到達易水，代郡烏丸族的代理單于普富盧、上郡烏丸族的代理單于那樓帶著他們族裏著名的首領前來祝賀。

1 十三年❶春正月，公還鄴，作玄武池❷以肄❸舟師❹。漢罷三公❺官，置丞相、御史大夫❻。夏六月，以公為丞相。

2 秋七月，公南征劉表。八月，表卒，其子琮❼代，屯襄陽❽，劉備屯樊❾。九月，公到新野❿，琮遂降，備走夏口⓫。公進軍江陵⓬，下令荊州吏民，與之更始⓭。乃論荊州服從之功，侯者十五人⓮，以劉表大將文聘⓯為江夏⓰太守，使統本兵，引用荊州名士韓嵩⓱、鄧義⓲等。益州牧劉璋⓳始受徵役⓴，遣兵給軍。十二月，孫權㉑為備攻合肥㉒。公自江陵征備，至巴丘㉓，遣張憙㉔救合肥。權聞憙至，乃走。公至赤壁㉕，與備戰，不利。於是大疫，吏士多死者，乃引軍還。備遂有荊州江南諸郡㉖。

【章　旨】以上是第九部分，述建安十三年事。此年於三國歷史進程至關重要。劉吳聯盟建立，赤壁戰後，天下漸成三分局勢。

【注　釋】❶十三年　東漢建安十三年（西元二〇八年）。❷玄武池　池名。在鄴城南玄武苑中。按：幽、冀、青、并四州既平，將南征劉表，故鑿池以練水師。❸肄　練習。❹舟師　水軍。❺三公　漢初以丞相、太尉、御史大夫為三公。哀帝時以大司馬、大司徒、大司空為三公。東漢不設丞相與御史大夫，以太尉、司徒、司空為三公，而實權歸於尚書。曹操罷三公之官，復置丞相與御史大夫，操自為丞相，遂總攬朝政。❻御史大夫　官名。地位僅次丞相，主管監察、執法和國家文書檔案。如果丞相出缺，通常由御史大夫遞補。❼琮　即劉琮。劉表少子。表有二子：長子劉琦、次子劉琮。表初以琦貌類己，愛之。後為琮娶其後妻蔡氏之姪，蔡遂愛琮而惡琦。表卒，蔡氏及弟蔡瑁等以琮為嗣。曹軍至，琮舉州請降，操以琮為青州刺史，封列侯。本書卷六〈劉表傳〉附其事。❽襄陽　縣名。治所在今湖北襄樊。劉表為荊州，從漢壽遷治所於此。❾樊　縣名。即今樊城鎮，在今襄陽北，與襄樊漢水相對。自古為兵家必爭之地。❿新野　縣名。治所在今河南新野。⓫夏口　地名。即今湖北武漢漢口。古時漢水上流稱沔水，襄陽以下稱夏水，故其入長江之處稱沔口或夏口。⓬江陵　縣名。治所在今湖北江陵。⓭更始　重新開始，改過自新。⓮乃論荊州服從之功二句　曹操與袁紹相持官渡時，其從事中郎南陽韓嵩、別駕劉先及章陵太守蒯越等曾勸劉表助曹。後曹軍南征，蒯越、韓嵩及東曹掾傅巽等又勸琮降曹。操得荊州，乃封蒯越、傅巽等侯者十五人，其餘多至大官。⓯文聘　字仲業，南陽宛（今河南南陽）人，先為劉表大將，後降曹操。屢立戰功，歷任江夏太守、討逆將軍、後將軍等。詳見本書卷十八〈文聘傳〉。⓰江夏　荊州屬郡，漢治西陵（今湖北新洲西）。劉表以黃祖為江夏太守，移治沙羨（今湖北武昌西南）。⓱韓嵩　字德高，南陽義陽（今河南桐柏）人。事附本書卷六〈劉表傳〉。⓲鄧義　南陽章陵（今湖北棗陽）人。事附本書卷六〈劉表傳〉。義，本書〈劉表傳〉作「羲」。⓳劉璋　字季玉，江夏竟陵（今湖北天門西北）人。東漢興平元年（西元一九四年），其父益州牧劉焉卒，璋嗣其位。後為劉備取代。本書卷三十一有傳。⓴始受徵役　開始接受曹操以朝廷名義之徵調服役。㉑孫權　字仲謀，吳郡富春（今浙江富陽）人，孫策弟。孫策死後即位，被封討虜將軍，領會稽太守。黃武八年（西元二二九年）即帝位於武昌。死後謚大皇帝，廟號太祖。詳見本書卷四十七〈吳主傳〉。㉒合肥　縣名。治所在今安徽合肥。㉓巴丘　山名。在今湖南岳陽。是當時長江中游的江防重鎮。㉔張憙　本書卷四十七〈吳主傳〉作「張喜」，並且記其率軍救合肥。㉕赤壁　地名。初步奠定三國分立局面的古戰場。具體位置有多種說法，但都認為在今湖北境內的長江之濱。認為赤壁在江南者有三說：即蒲圻縣西北（《括地志》、《通典》、《元和郡縣志》），嘉魚縣東北（《大清一統志》）和武昌縣西（《水經注》）。蒲圻赤壁與北岸的烏林相對，同《三國志》的記載吻合。㉖荊州江南諸郡　荊州轄郡中位於長江以南者有長沙、武陵、零陵和桂陽四郡。

【語　譯】建安十三年春季正月，曹公回到鄴城，挖鑿玄武池用來訓練水軍。漢朝撤消三公的官職，設置丞相、御史大夫。夏季六月，獻帝任命曹公為丞相。

2　秋季七月，曹公南征劉表。八月，劉表病逝，次子劉琮繼承他的職位，駐紮在襄陽，劉備駐紮在樊城。九月，曹公抵達新野，劉琮就投降了，劉備逃往夏口。曹公進軍到江陵，下令給荊州的官員和百姓，給他們改過自新的機會，重新開始。於是論定荊州順利收服的功勞，被封侯的有十五人，任命劉表的大將文聘為江夏郡太守，讓他統領原來的軍隊，起用荊州名士韓嵩、鄧義等人。益州牧劉璋開始接受朝廷指派的徵調服役，遣送士兵補充軍隊。十二月，孫權幫助劉備進攻合肥縣城。曹公從江陵出兵征討劉備，抵達巴丘時，派遣張憙援救合肥。孫權聽說張憙來到，便撤兵離去。曹公大軍抵達赤壁，與劉備交戰，戰事不利。這時曹軍中流行嚴重的傳染病，死了很多官兵，曹公於是領兵撤回。劉備因此占有了荊州在長江以南的各郡。

1　十四年❶春三月，軍至譙，作輕舟，治水軍。秋七月，自渦❷入淮，出肥水❸，軍合肥。辛未，令曰：「自頃❹以來，軍數征行，或遇疫氣❺，吏士死亡不歸，家室怨曠❻，百姓流離，而仁者❼豈樂之哉？不得已也。其令死者家無基業不能自存者，縣官❽勿絕廩，長吏存恤撫循❾，以稱吾意。」置揚州郡縣長吏，開芍陂❿屯田。十二月，軍還譙。

2 十五年⑪春，下令曰：「自古受命⑫及中興之君，曷⑬嘗不得賢人君子與之共治天下者乎！及其得賢也，曾不出閭巷⑭，豈幸⑮相遇哉？上之人⑯不求之耳。今天下尚未定，此特求賢之急時也。『孟公綽⑰為趙、魏⑱老⑲則優⑳，不可以為滕、薛㉑大夫㉒』。若必廉士而後可用，則齊桓其何以霸世㉓！今天下得無有被褐懷玉㉔而釣於渭濱者㉕乎？又得無盜嫂受金㉖而未遇無知者乎？二三子㉗其佐我明揚仄陋㉘，唯才是舉㉙，吾得而用之。」冬，作銅爵臺㉚。

【章　旨】以上是第十部分，記建安十四、十五兩年年事。曹操在三國已成定局之時，及時調整了戰略重心，由向外征伐，轉向內部治理。他一方面撫恤捐軀將士家屬，一方面唯才是選，積蓄內力。

【注　釋】①十四年　東漢建安十四年（西元二〇九年）。②渦　河流名。淮河支流，發源於今河南開封境，至安徽懷遠入淮水。③肥水　河流名。即淝水。淮河支流，發源於今安徽合肥西，至壽縣北流二十里分二支，一名施水，入巢湖，一曰南肥水（或東肥水）經八公山南入淮水。④頃　近年。⑤疫氣　指自然界傷人致病的一種異氣，俗稱瘟病，即流行性傳染病。⑥怨曠　即怨女曠夫。早已成年而未能結婚者，女稱怨女，男稱曠夫。此指因連年征戰，夫妻生離死別而不能團聚。⑦仁者　有仁愛之心的人。此乃曹操自喻。⑧縣官　官府；公家。⑨存恤撫循　慰問安撫。⑩芍陂　湖名。在今安徽壽縣南。因淝水經白芍亭東與附近堵水匯積而成，故名。是古代淮河流域最著名的水利工程。後來叫做安豐塘。⑪十五年　東漢建安十五年（西元二一〇年）。⑫受命　承受天命。意指開國。⑬曷　何。⑭閭巷　里弄。⑮幸　僥倖、偶然。⑯上之人　居於上位尊貴的人。指君主。⑰孟公綽　春秋時魯國的大夫，老成持重，而短於才。⑱趙魏　春秋時晉國執政的國卿趙氏、魏氏。後來瓜分晉地，另立為國。⑲老　家臣中的長者。晉國的趙、魏二卿都有家臣。⑳優　精力有餘。㉑滕薛　當時的兩個小國。㉒大夫　官名。負責處理國政。按：以上兩句是孔子的話，見於《論語・憲問》。是說，孟公綽如果做趙、魏二卿的家臣還位尊事簡足以勝任，如果擔任了滕、薛二個小國的大夫，任重事繁，一定應付不了。意思是人才各有所長，不能求全。㉓若必廉士而後可用二句　假如士只有廉潔而後才可任用，那麼齊桓公他還用何人稱霸於世呢。此用齊桓公任用管仲而稱霸諸侯的典故。管仲少年時家庭貧窮，與鮑叔牙合夥經商，及分財利，經常欺騙對方而多自取，故世人以為不廉。鮑叔牙知其有母而貧，不以為貪，薦於齊桓公。桓公用之，九合諸侯，一匡天下，成為春秋「五霸」之首。事見《史記・管晏列傳》、《史記・齊太公世家》。㉔得無有被褐懷玉　得無，是不是。被褐懷玉，比喻出身貧賤而有才智的人，語出《老子》第七十章。有，原脫，據宋本補。褐，用粗毛布或麻布作的短衣，這是貧賤者的衣著。㉕釣於渭濱者　指呂尚。他曾在渭濱釣魚，被周文王發現才受到重用，後來輔佐周武王滅商建立周王朝。事見《史記・齊太公世家》。㉖盜嫂受金　指漢丞相陳平的典故。陳平受到魏無知的引薦，被劉邦任命為監督領兵諸將的都尉。周勃等人對陳平產生嫉妒，說陳平在家時與嫂私通（盜嫂），當都尉之後又收受賄賂（受金）。魏無知為陳平辯護，劉邦因此更信任陳平。後來陳平成為西漢的開國功臣，任丞相，封曲逆侯。事見《史記・陳丞相世家》、《漢書・陳平傳》。㉗二三子　猶言諸位、你們這些人。曹操對有關下屬的稱呼。㉘明揚仄陋　語出《尚書・堯典》。明，明察。揚，薦舉。意指訪察和舉用那些被埋沒的人才。㉙唯才是舉　只要有才能就將受到舉用。言外之意是不管其品行、出身如何。兩漢以來，選拔人才一貫是以品德為先。曹操現在公開提出「唯才是舉」的用人方針，這是當時政治制度上的重大變革。㉚銅爵臺　樓臺名，即銅雀臺。其殘存遺址在今河北臨漳西南三臺村西。臺藉城牆為基，臺高十丈，周圍殿屋百餘間。臺頂置大銅雀，故名。始建於東漢建安十五年（西元二一〇年）冬，完成於十七年（西元二一二年）春，費時一年有餘。

【語譯】建安十四年春季三月，曹公大軍抵達譙縣，製造快船，整治水軍。秋季七月，從渦水進入淮河，通過肥水，駐軍在合肥。辛未這一天，下令說：「近年以來，大軍多次出征，有時遇到瘟疫，官兵死亡不能返鄉，造成夫妻生離死別無法團聚，百姓流離失所，有仁愛之心的人難道樂意這樣嗎？這是不得已的呀。現在我下令凡是死者的家庭沒有產業不能養活自己的，公家不得停發糧食，地方長官要撫恤慰問，這樣才符合我的心意。」設置揚州下屬郡縣的長官，修整芍陂，實行屯田。十二月，率軍回到譙縣。

2　建安十五年春季，曹公下令說：「自古以來承受天命建國和中興的君主，何嘗不是獲得賢人君子的輔佐一起治理天下的呢！而他們所獲得的賢才，竟然沒離開過里巷，難道是要靠僥倖相遇而得到他們的嗎？只是在上位的君主不去訪求罷了。現在天下還沒有平定，這正是急待尋求賢才的時候。孔子說過：『孟公綽的能力當趙氏、魏氏的家臣還足以勝任，但做不好滕、薛這種小國任重事繁的大夫職務。』如果一定要得到廉潔之人才加以任用，那麼齊桓公怎麼能稱霸於世呢！當今天下難道沒有出身貧賤而才智傑出像呂尚那樣的人在渭河邊釣魚嗎？又難道沒有像陳平那樣曾私通嫂子接受賄賂卻未得到魏無知推薦的優秀人才嗎？諸位請幫我訪察和舉用那些被埋沒的人才，只要有才能就可以舉薦，使我能夠任用他們。」這年冬天，修建銅雀臺。

1 十六年❶春正月，天子命公世子丕❷為五官中郎將❸，置官屬❹，為丞相副。太原商曜❺等以大陵❻叛，遣夏侯淵❼、徐晃圍破之。張魯❽據漢中❾，三月，遣鍾繇❿討之。公使淵等出河東⓫與繇會。

2 是時關中諸將疑繇欲自襲⓬，馬超⓭遂與韓遂、楊秋⓮、李堪⓯、成宜⓰等叛。遣曹仁討之。超等屯潼關⓱，公敕諸將：「關西⓲兵精悍，堅壁勿與戰。」秋七月，公西征，與超等夾關而軍。公急持⓳之，而潛遣徐晃、朱靈等夜渡蒲阪津⓴，據河西為營。公自潼關北渡，未濟，超赴船急戰。校尉丁斐㉑因放牛馬以餌賊，賊亂取牛馬，公乃得渡，循河為甬道㉒而南。賊退，拒渭口㉓，公乃多設疑兵，潛以舟載兵入渭，為浮橋，夜，分兵結營於渭南。賊夜攻營，伏兵擊破之。超等屯渭南，遣信㉔求割河以西請和，公不許。九月，進軍渡渭。超等數挑戰，又不許；固請割地，求送任子㉕，公用賈詡㉖計，偽許之。韓遂請與公相見，公與遂父同歲㉗孝廉，又與遂同時儕輩㉘，於是交馬語移時，不及軍事，但說京都舊故，拊手㉙歡笑。既罷，超等問遂：「公何言？」遂曰：「無所言也。」超等疑之。他日，公又與遂書，多所點竄㉚，如遂改定者；超等愈疑遂。公乃與克日㉛會戰，先以輕兵挑之，戰良久，乃縱虎騎㉜夾擊，大破之，斬成宜、李堪等。遂、超等走涼州㉝，楊秋奔安定㉞，關中平。諸將或問公曰：「初，賊守潼關，渭北道缺㉟，不從河東擊馮翊㊱而反守潼關，引日㊲而後北渡，何也？」公曰：「賊守潼關，若吾入河東，賊必引守諸津，則西河㊳未可渡，吾故盛兵向潼關；賊悉眾南守，西河之備虛，故二將得擅取㊴西河；然後引軍北渡，賊不能與吾爭西河者，以有二將之軍也。連車樹柵，為甬道而南，既為不可勝㊵，且以示弱。渡渭為堅壘，虜至不出，所以驕之也；故賊不為營壘而求割地。吾順言許之，所以從其意，使自安而不為備，因畜士卒之力，一旦擊之，所謂疾雷不及掩耳，兵之變化，固非一道也。」始，賊每一部到，公輒有喜色。賊破之後，諸將問其故。公答曰：「關中長遠，若賊各依險阻，征之，不一二年不可定也。今皆來集，其眾雖多，莫相歸服，軍無適主㊶，一舉可滅，為功差易㊷，吾是以喜。」

3 冬十月，軍自長安北征楊秋，圍安定。秋降，復其爵位，使留撫其民人。十二月，自安定還，留夏侯淵屯長安。

【章　旨】以上是第十一部分，寫建安十六年曹操的西征戰役，其中詳細敘述了平定關中的經過。

【注　釋】❶十六年　東漢建安十六年（西元二一一年）。❷世子丕　世子，皇帝或諸侯正妻所生之長子，即嫡長子。丕，即曹丕，字子桓。丕有兄曹昂，死於建安二年張繡叛曹之戰中，丕遂為世子。本書卷二有〈文帝紀〉。❸五官中郎將　官名。皇宮侍衛長官之一，統領五官署的郎官，警衛宮廷。這裏作為榮譽性加官以提高曹丕的地位，並沒有要他到許都皇宮去侍衛漢獻帝。❹置官屬　設置下屬官員。漢代的五官中郎將本來沒有資格置屬官，曹丕任之，不僅置官屬，且為丞相之副。是有意提高其地位。❺商曜　本書卷十七〈徐晃傳〉稱其為「太原反者」，為袁紹外甥，原并州刺史高幹之舊部而降曹者。❻大陵　縣名。治所在今山西文水縣東北。❼夏侯淵　字妙才，沛國譙（今安徽亳州）人，夏侯惇族弟。初隨曹操起兵，征袁紹，戰韓遂，破黃巾，平張魯，屢立戰功。東漢建安二十三年（西元二一八年），與蜀軍戰於陽平關，為蜀將黃忠所殺。詳見本書卷九〈夏侯淵傳〉。❽張魯　字公祺，沛國豐（今江蘇豐縣）人。與其祖陵倡「五斗米教」，自稱師君，下置大祭酒、祭酒，雄據巴、漢近三十年。本書卷八有傳。❾漢中　郡名。治所在今陝西漢中東。❿鍾繇　字元常，潁川長社（今河南長葛東）人，建安年間任大理、相國，後受魏諷謀反牽連被免官。曹魏時復為太尉、太傅，主張恢復肉刑。詳見本書卷十三〈鍾繇傳〉。⓫河東　郡名。治所在今山西夏縣西北。⓬自襲　襲擊自己。按：鍾繇以侍中守司隸校尉在長安督撫關中諸軍。關中諸軍懷疑鍾繇陰受曹操指令襲擊自己。⓭馬超　字孟起，扶風茂陵（今陝西興平東北）人，馬騰之子。東漢建安十六年（西元二一一年）與韓遂聯合進攻曹操，失敗後還據涼州。自稱征西將軍，領并州牧，督涼州軍事。被楊阜等人攻擊，先奔張魯，後投劉備，歷任左將軍、驃騎將軍等，為蜀漢名將。詳見本書卷三十六〈馬超傳〉。⓮楊秋　關中諸將之一。東漢建安十六年（西元二一一年），與馬超等凡十部俱反，被曹操擊敗，後降。曹丕即位，為冠軍將軍。位特進，封臨涇侯，以壽終。事見本書卷三十六〈馬超傳〉、卷二十六〈郭淮傳〉及裴松之注。⓯李堪　河東人，關中諸將之一。東漢建安十六年與馬超合，超破走，堪臨陣死。據《三國志・張魯傳》裴松之注引《魏略》。堪，原作「[土兩]」，今從宋本。⓰成宜　亦關中諸將之一。渭南之敗，亦臨陣死。⑰潼關　關隘名。在今陝西潼關北、華陰東北。是當時關中通向中原的要衝。⑱關西　地區名。泛指函谷關或潼關以西的地區。⑲持　牽制。⑳蒲阪津　蒲阪縣西黃河渡口名。蒲阪縣治今山西永濟西蒲州鎮。西臨黃河渡口，是當時汾水流域通向關中的要衝。㉑丁斐　字文侯，沛國譙（今安徽亳州）人。曹操同鄉，時任典軍校尉。事見《三國志・曹爽傳》裴松之注引《魏略》。㉒甬道　兩旁設有保護性屏障的夾道。㉓渭口　地名。渭水入黃河處。在今陝西潼關東北港口鎮。㉔信　使者。㉕任子　作為人質的親生兒子。㉖賈詡　字文和，姑臧（今甘肅武威）人。初從張繡，勸繡歸曹操。曹任之為執金吾，封都亭侯。有謀略。魏文帝時官至太尉。事見本書卷十〈賈詡傳〉。㉗同歲　同年。㉘儕輩　同輩。㉙拊手　拍手。㉚點竄　塗改。塗去曰點，改正曰竄。㉛克日　約定日期。克，通「剋」。限定；約定。㉜虎騎　曹操手下的精銳騎兵隊名。同時又有豹騎，二者合稱虎豹騎。都是精選驍勇騎兵，並以宗族勇將為統兵官。見《三國志・曹仁傳》裴注引《魏書》。㉝涼州　州名。治所在今甘肅張家川回族自治縣。㉞安定　郡名。治所在今甘肅鎮原東南。㉟缺　謂缺而未備。指敵人未設防。㊱馮翊　即左馮翊。漢代京師長安三輔之一。治所在今陝西大荔。地處黃河西，渭水北。㊲引日　拖延時日。㊳西河　古代稱中國西部地區南北流向的黃河河段為西河。這裏指今陝西、山西兩省交界上的河段。㊴擅取　專力攻取。㊵為不可勝　《孫子兵法・軍形》：「昔之善戰者，先為不可勝，以待敵之可勝。」意即先造成敵方無法取勝的形勢。㊶適主　專一之主；統一的主帥。㊷差易　較為容易。

【語　譯】建安十六年春季正月，獻帝任命曹公的世子曹丕為五官中郎將，其下設置屬官，作為丞相的副手。太原郡商曜等人憑藉大陵縣城反叛，曹公派夏侯淵、徐晃圍攻打敗了他們。張魯占據漢中郡，三月，派遣鍾繇討伐他。曹公命令夏侯淵等人從河東郡出兵與鍾繇會合。

2　這時關中的將領們懷疑鍾繇要襲擊自己，馬超便與韓遂、楊秋、李堪、成宜等人舉兵叛亂。曹公派遣曹仁討伐他們。馬超等人駐紮在潼關，曹公告誡各將領說：「關西士兵精銳強悍，你們堅守壁壘，不要與他們交戰。」秋季七月，曹公西征，與馬超等人的軍隊隔著潼關駐紮。曹公緊緊的牽制住馬超，然後暗中派徐晃、朱靈等人趁夜渡過蒲阪津，占據黃河西岸建立營寨。曹公從潼關北渡黃河，還未渡過，馬超急忙帶兵趕來攻打曹軍的船隻。校尉丁斐乘機放出牛馬去引誘敵人，敵人爭搶牛馬而大亂，曹公才得以渡過黃河，沿著河岸憑藉夾道向南推進。敵人撤退，在渭口抵抗。曹公於是大量設置疑兵，暗中用船載運士兵進入渭水，搭建浮橋。夜裏，分撥兵力到渭水南岸建立營寨。敵人在夜裏偷襲營寨，埋伏的曹軍擊潰了他們。馬超等人駐紮在渭水南岸，派遣使者來要求割讓黃河以西地區請求和解，曹公不答應。九月，曹公進軍渡過渭水。馬超等人多次挑戰，曹公也不出兵應戰。馬超等堅持請求割讓地盤，請求送兒子充當人質，曹公採用了賈詡的計策，假裝答應馬超。韓遂請求與曹公會面，曹公與韓遂的父親同一年被舉為孝廉，又與韓遂年歲相近，當時兩人馬靠著馬交談了多時，沒有言及軍事，只是聊聊京城中的老友舊事，談得拍手歡笑。韓遂回來後，馬超等人問他：「曹公說了些什麼？」韓遂說：「沒有談什麼。」馬超等人懷疑韓遂。一天，曹公又給韓遂寫了一封信。信中多處塗改，好像韓遂改的一樣；馬超等人更加懷疑韓遂。曹公這才與馬超約定日期會戰，先用輕裝部隊挑戰馬超，戰了很久，才派出精銳騎兵夾擊，大敗敵人，殺死成宜、李堪等人。韓遂、馬超等人逃往涼州，楊秋逃往安定郡，關中平定。將領中有人問曹公說：「當初，敵人據守潼關，渭水北岸沒有設防，您不從河東進擊馮翊反而守在潼關，拖了一段時日然後才北渡黃河，是什麼原因呢？」曹公回答說：「敵人據守潼關，我如果進入河東，敵人必定會分兵扼守各處的渡口，這樣一來西河就難以渡過了，因此我先調集大軍指向潼關；敵人全部兵力到南面扼守，西河上的守備空虛，所以徐晃、朱靈二將得以順利攻取西河；然後我領軍從北面渡河，敵人已不能與我爭奪西河，因為有徐、朱二將的軍隊作掩護啊。我下令連結車輛，樹立柵欄，修築夾道，向南推進，這既使敵人難以取勝，又有故意示弱的用意。渡過渭水修築堅固營壘，敵人到了不出戰，以此讓敵人產生驕傲的情緒；所以敵人不想構築營壘而請求割地講和。我順著他們的話而答應他們，這是用來順從他們的意願，使他們自以為安心而不作防備，我藉此積蓄士兵的力量，一旦攻擊他們，就是所謂的迅雷不及掩耳。用兵的變化，本來就不是一成不變的呀。」開始的時候，敵人每有一支軍隊來到，曹公總是面帶喜色。打敗敵人之後，將領們問曹公原因。曹公回答說：「關中地域遼闊，如果敵人各自憑藉險要地形，我出兵討伐他們，沒有一兩年是不能平定的。如今敵人都來會合，他們人數雖多，不相服從，軍隊缺乏統一的主帥，一戰即可消滅他們，成功較為容易，我因此感到高興。」

3 冬季十月，曹公大軍從長安北上討伐楊秋，包圍了安定。楊秋投降，曹公恢復了他的封爵官位，讓他留在安定郡安撫民眾。十二月，曹公從安定回來，留下夏侯淵駐守長安。

1 十七年❶春正月，公還鄴。天子命公贊拜❷不名❸，入朝不趨❹，劍履上殿❺，如蕭何❻故事❼。馬超餘眾梁興等屯藍田❽，使夏侯淵擊平之。割河內之蕩陰❾、朝歌❿、林慮⓫，東郡之衛國⓬、頓丘、東武陽、發干，鉅鹿⓭之廮陶、曲周⓮、南和⓯，廣平⓰之任城⓱，趙⓲之襄國⓳、邯鄲、易陽⓴以益魏郡。

2 冬十月，公征孫權。

3 十八年㉑春正月，進軍濡須口㉒，攻破權江西營，獲權都督㉓公孫陽，乃引軍還。詔書并十四州㉔，復為九州㉕。夏四月，至鄴。

4 五月丙申㉖，天子使御史大夫郗慮㉗持節策命㉘公為魏公㉙曰：

5 「朕以不德㉚，少遭愍凶㉛，越㉜在西土㉝，遷於唐、衛㉞。當此之時，若綴旒㉟然，宗廟乏祀，社稷無位；羣凶㊱覬覦㊲，分裂諸夏㊳，率土之民，朕無獲㊴焉，即我高祖之命㊵將墜於地。朕用夙興假寐㊶，震悼於厥心，曰『惟祖惟父㊷，股肱㊸先正㊹，其孰能恤㊺朕躬』？乃誘天衷㊻，誕育丞相，保乂我皇家，弘濟㊼

於艱難，朕實賴之。今將授君典禮，其敬聽朕命。

6 「昔者董卓初興國難，羣后[48]釋位[49]以謀[50]王室，君則攝進[51]，首啟戎行[52]，此君之忠於本朝也。後及黃巾反易[53]天常[54]，侵我三州[55]，延及平民，君又翦[56]之以寧東夏[57]，此又君之功也。韓暹、楊奉專用威命，君則致討，克黜其難，遂遷許都，造我京畿，設官兆祀[58]，不失舊物[59]，天地鬼神於是獲乂[60]，此又君之功也。袁術僭[61]逆，肆於淮南，懾憚君靈，用丕顯謀[62]，蘄陽[63]之役，橋蕤授首[64]，稜威[65]南邁，術以隕潰[66]，此又君之功也。迴戈東征，呂布就戮，乘轅將返，張楊殂斃，眭固伏罪，張繡稽服[67]，此又君之功也。袁紹逆亂天常，謀危社稷，憑恃其眾，稱兵內侮[68]，當此之時，王師寡弱，天下寒心[69]，莫有固志。君執大節[70]，精貫白日，奮其武怒，運其神策，致屆[71]官渡，大殲醜類，俾我國家拯於危墜，此又君之功也。濟師洪河[72]，拓定四州[73]，袁譚、高幹，咸梟[74]其首，海盜奔迸，黑山順軌[75]，此又君之功也。烏丸三種[76]，崇亂二世[77]，袁尚因之，逼據塞北，束馬縣車[78]，一征而滅，此又君之功也。劉表背誕[79]，不供貢職[80]，王師首路[81]，威風先逝，百城八郡[82]，交臂屈膝[83]，此又君之功也。馬超、成宜，同惡相濟，濱據河、潼，求逞所欲，殄[84]之渭南，獻馘[85]萬計，遂定邊境，撫和戎狄，此又君之功也。鮮卑[86]、丁零[87]，重譯[88]而至，單于、白屋[89]，請吏[90]率職[91]，此又君之功也。君有定天下之功，重之以明德[92]，班敘[93]海內，宣美風俗，旁[94]施勤教，恤慎刑獄，吏無苛政，民無懷慝[95]；敦崇[96]帝族，表繼絕世[97]，舊德前功，罔不咸秩[98]；雖伊尹[99]格于皇天[100]，周公[101]光于四海，方[102]之蔑如[103]也。

7

「朕聞先王並建[104]明德[105]，胙之以土[106]，分之以民，崇[107]其寵章[108]，備其禮物[109]，所以藩衛[110]王室，左右[111]厥世[112]也。其在周成[113]，管、蔡[114]不靜[115]，懲難念功，乃使邵康公[116]賜齊太公[117]履[118]，東至於海，西至於河，南至於穆陵[119]，北至於無棣[120]，五侯[121]九伯[122]，實得征之，世祚[123]太師[124]，以表東海[125]；爰及襄王[126]，亦有楚人不供王職[127]，又命晉文[128]登[129]為侯伯[130]，錫[131]以二輅[132]、虎賁[133]、鈇鉞[134]、秬鬯[135]、弓矢[136]，大啟[137]南陽[138]，世作盟主。故周室之不壞，繄[139]二國[140]是賴。今君稱[141]丕顯德，明保[142]朕躬，奉答天命，導揚弘烈[143]，綏[144]爰[145]九域[146]，莫不率俾[147]，功高於伊、周，而賞卑於齊、晉，朕甚恧[148]焉。朕以眇眇之身，託於兆民[149]之上，永思厥艱，若涉淵冰[150]，非君攸濟[151]，朕無任[152]焉。今以冀州之河東、河內、魏郡、趙國、中山、常山[153]、鉅鹿、安平、甘陵、平原凡十郡，封君為魏公。錫君玄土[154]，苴以白茅[155]，爰契[156]爾龜，用建冢社[157]。昔在周室，畢公[158]、毛公[159]入為卿佐，周、邵師保[160]出為二伯[161]，外內之任，君實宜之。其以丞相領冀州牧如故。又加君九錫[162]，其敬聽朕命。以君經緯[163]禮律[164]，為民軌儀[165]，使安職業，無或遷志，是用錫君大輅、戎輅各一，玄牡[166]二駟[167]。君勸分[168]務本[169]，穡人[170]昏作[171]，粟帛滯積[172]，大業惟興[173]，是用錫君袞冕[174]之服，赤舄[175]副[176]焉。君敦尚[177]謙讓，俾民興行[178]，少長有禮，上下咸和，是用錫君軒縣[179]之樂，六佾[180]之舞。君翼宣風化[181]，爰發四方[182]，遠人[183]革面[184]，華夏充實，是用錫君朱戶[185]以居。君研其明哲[186]，思帝所難[187]，官才任賢，羣善必舉，是用錫君納陛[188]以登。君秉[189]國之鈞[190]，正色[191]處中[192]，纖毫之惡，靡不抑退，是用錫君虎賁之士三百人。君糾虔天刑[193]，章[194]厥有罪，犯關干紀[195]，莫不誅殛[196]，是用錫君鈇鉞各一。君龍驤虎視[197]，旁[198]眺八維[199]，掩討逆節，折衝四海[200]，是用錫君彤[201]弓一，彤矢百，玈[202]弓十，玈矢千。君以溫恭為基，孝友為德，明允篤誠[203]，感于朕思，是用錫君秬鬯一卣[204]，珪[205]瓚[206]副焉。魏國置丞相以下羣卿百僚[207]，皆如漢初諸侯王之制。往欽[208]哉，敬服朕命！簡恤爾眾[209]，時亮庶功[210]，用終爾顯德，對[211]揚我高祖之休[212]命！」

8 秋七月，始建魏社稷宗廟。天子聘[213]公三女[214]為貴人[215]，少者[216]待年[217]於國。九月，作金虎臺[218]，鑿渠引漳水入白溝以通河[219]。冬十月，分魏郡為東西部，置都尉[220]。十一月，初置尚書[221]、侍中[222]、六卿[223]。
9 馬超在漢陽[224]，復因[225]羌胡[226]為害，氐[227]王千萬[228]叛應[229]超，屯興國[230]。使夏侯淵討之。

【章旨】以上是第十二部分，敘建安十七、十八兩年大事。兩年間除與東吳及胡羌有局部摩擦外，無甚大戰事，紀文評述了曹操封魏公後建魏社稷、立政府、治魏郡事。

【注釋】❶十七年　東漢建安十七年（西元二一二年）。❷贊拜　臣下朝拜皇帝時，相者（司儀官）在旁宣唱行禮，要高聲報告朝見人的官銜、姓名，叫做贊拜。《後漢書・何熙傳》言熙「贊拜殿中，音動左右」。❸不名　不報姓名，只報官銜。❹趨　小步快走。表示恭敬的動作。❺劍履上殿　帶著劍穿著鞋子上殿。古時臣下上殿朝見君王，按例不能帶劍穿鞋，以防行刺皇帝。只有給予特殊禮遇的大臣方可。❻蕭何　沛國豐（今江蘇沛縣）人。秦末隨劉邦起兵，是輔佐劉邦建立西漢王朝的首席功臣。劉邦稱帝後任相國，封酇侯。特許他劍履上殿，入朝不趨。傳見《史記・蕭相國世家》、《漢書・蕭何曹參傳》。❼故事　過去的舊例。❽藍田　縣名。治所在今陝西藍田西。❾蕩陰　縣名。治所在今河南湯陰西南。❿朝歌　縣名。治所在今河北淇縣。⓫林慮　縣名。治所在今河南林州。⓬衛國　縣名。治所在今河南浚縣西南。⓭鉅鹿　郡名。治所在今河北寧晉西南。⓮曲周　縣名。治所在今河北曲周東北。⓯南和　縣名。治所在今河北南和縣城。⓰廣平　郡名。治所在今河北雞澤東。⓱任城　縣名。治所在今河北任縣東南。⓲趙　王國名。治所在今河北邯鄲。⓳襄國　縣名。治所在今河北邢臺西南。⓴易陽　縣名。治所在今河北永年西。㉑十八年　建安十八年（西元二一三年）。㉒濡須口　地名。濡須水入長江處。在今安徽無為東南。由長江經濡須水向北，可至巢湖，所以這裏是江南通向淮南的要衝。㉓都督　官名。督察並指揮軍隊的長官。孫吳在宮廷禁衛軍和沿長江一線的軍事要地設督，或稱都督。統領全軍者又稱大督或大都督。㉔十四州　指司、冀、兗、豫、徐、青、荊、揚、益、涼、雍、并、幽、交州。㉕九州　即《尚書・禹貢》之九州，雍、冀、兗、豫、徐、青、荊、揚、益州。通過併省，曹操原所轄冀州擴大了一倍以上。同擴大魏郡轄地一樣，這是曹操削弱漢室壯大自己的重要措施。㉖丙申　舊曆初十日。㉗郗慮　裴松之注引《續漢書》曰：「慮字鴻豫，山陽高平人。少受業於鄭玄，建安初為侍中。」㉘策命皇帝向臣下宣布封土授爵的簡冊文書。策，亦作「冊」。㉙公　爵位名。東漢爵制，同姓宗室才能封王封公，異姓最高只能封列侯。曹操封公是不尋常的事。㉚不德　無德。㉛愍凶　憂傷不幸之事。愍，亦作「閔」、「憫」。意為憂傷。凶，不幸、災難。多指喪親、國亂。㉜越　遠。此指播越，流亡。㉝西土　指西邊之長安。㉞唐衛　均為先秦國名。《文選》本文李善注：「（獻帝）初平元年，遷都長安。興平三年車駕東歸，李傕復追戰，王師敗，帝渡河幸安邑。建安元年六月幸聞喜。七月，車駕至洛陽。」安邑、聞喜，皆唐國故地。自聞喜入洛，必經河內，河內本衛國故地。故云。㉟綴旒　本指旌旗下邊被繫住的飄帶。此比喻自己被人挾持，只能跟隨人活動。㊱羣凶　指董卓等人。㊲覬覦　非分的希望，此指懷有篡奪天下野心。㊳諸夏　全國。㊴獲　得。㊵高祖之命　指高祖劉邦承天命而開創的王基大業。命，天命。上天授予的權力、使命。㊶夙興假寐　白天很早起床，夜裏和衣而臥。㊷惟祖惟父　祖輩、父輩。惟，助詞，無實義。㊸股肱　大腿和胳膊。比喻輔政大臣。㊹先正　先朝公卿大臣。裴松之注：〈文侯之命〉曰：「亦惟先正。」鄭玄云：「先正，先臣，謂公卿大夫也。」㊺恤　憐憫、愛護。㊻乃誘天衷　引起上天的感動。誘，引導。天衷，天心。㊼弘濟　廣為拯救。㊽羣后　諸侯。這裏指討伐董卓的州牧、郡太守。㊾釋位　離開自己的本位。《左傳》昭公二十六年：「諸侯釋位，以間王政。」服虔注：「言諸侯去其私政而佐王室。」㊿謀　謀救；策劃。51攝進　本意指提起衣服（古人穿長袍）之下端，彎著前身向前進。此謂收集下面的軍隊進攻。52戎行　兵戎之行伍，即軍隊行軍打仗。53反易　翻轉改變。54天常　天之常道、常理。55三州　指青、兗、豫三州。56翦　除掉；消滅。57東夏　中國東部。主要指青、兗二州。58兆祀　始有祭祀。59舊物　以往的典章文物。60乂　安定。61僭　超越本分。指袁術在淮南稱帝。62用丕顯謀　奉行大謀顯略。丕，大。顯，顯赫。63蘄陽　縣名。治所在今安徽宿州南。64授首　送上腦袋。65稜威　亦作「威稜」。威勢；聲威。稜，威也。66隕潰　敗亡潰散。謂袁術敗死而術眾潰散。隕，通「殞」。死。67稽服　叩頭降服。稽，叩頭至地。68稱兵內侮　舉兵向內侵侮朝廷。內，天子宮禁謂之內。69寒心　因失望、害怕而痛心、戰慄。70大節　忠於皇室的氣節。71致屆　執行上天的懲罰。《詩》有「致天之屆，於牧之野」句。一說，致，屆，皆到、至。亦通。72洪河　大河。指寬廣的黃河。73四州　指冀、青、幽、并四州。74咸梟　全部斬首示眾。梟，古時酷刑，斬首並懸於大木之上以示眾。75順軌　遵守朝廷法制。76烏丸三種　即前三郡烏丸。77二世　指東漢靈帝、獻帝兩代。78束馬縣車　用軟布包裹馬蹄，把車輪抬起。這是形容山路險峻，行軍艱難。79背誕　違背皇命，放縱妄為。80不供貢職　不向朝廷進貢述職。81首路　上路。《廣雅》：「首，向也。」向，通「上」。82百城八郡　此指荊州。百城指荊州的屬縣。東漢荊州有一百一十七縣。八郡指荊州下屬的南陽、章陵、南郡、江夏、零陵、桂陽、武陵、長沙八郡。83交臂屈膝　雙臂反縛於後，屈膝跪地請罪。(84)殄　消滅。(85)馘　割取左耳。古代戰爭論功，戰勝則割死人左耳以為評比戰功的證據。(86)鮮卑　東胡之一支，以居鮮卑山而得名。本書卷三十有〈鮮卑傳〉。(87)丁零　亦作「丁靈」、「丁令」。古代少數民族名。漢時主要分布在貝加爾湖以南地區。東漢後部分南徙，居於河北、山西一帶。漸融於漢。(88)重譯　通過中間許多民族語言轉譯。(89)簞于白屋　均為北方少數民族名。《文選》本文李善注引張華《博物志》：「北方五狄：一曰匈奴，二曰穢貊，三曰密吉，四曰簞于，五曰白屋。白屋，今靺鞨；簞于，今契丹也。」簞，原誤作「單」，據宋本改。(90)請吏　請求漢朝設置並派遣官員。(91)率職　克盡職守。(92)明德　美德；完美之品德。(93)班敘　整頓次序。班，通「頒」。(94)旁　廣泛。《廣雅》：「旁，大也」，「廣也」。(95)慝　罪惡。(96)敦崇　尊崇。(97)絕世　斷絕了祿位的官僚後代。(98)罔不咸秩　無不都得到應得的待遇。秩，本指官吏的職位、品級。此用如動詞，謂按其功德給予相應等級的待遇。(99)伊尹　商湯王之賢相。傳說是奴隸出身，後輔商湯滅夏。事見《史記・殷本紀》。(100)格于皇天　言伊尹的功德高達上天。格，至；達到。(101)周公　姬姓，名旦，西周武王的弟弟。因采邑在周（今陝西岐山縣北），所以稱周公。曾助武王滅商，武王死後又輔佐成王。《史記》卷三十三有傳。(102)方　比。(103)蔑如　不如；無足稱道。(104)建　封建；分封。(105)明德　賢明有德的人。《左傳》定公四年：「昔武王克商，成王定之，選建明德，以藩屏周。」(106)胙之以土　胙，賜予。胙土，是分封諸侯的一種儀式，即給予受封者一包用茅草包裹的土壤。(107)崇　尊。(108)寵章　表示榮寵的標誌。章，即幟，標幟。古代君臣有特定的章服之制，歷代大同小異，大體天子十二章，羣臣為九、七、五、三章，按品級遞減，以示貴賤。(109)禮物　賜予爵位時相應的典儀、信物。(110)藩衛　屏藩、藩護。(111)左右　輔佐。(112)厥世　當世。(113)周成　即周成王。名誦，周武王子。事見《史記・周本紀》。(114)管蔡　即管叔鮮和蔡叔度。管叔和蔡叔都是周武王的弟弟。武王死，成王年幼，由周公執政。二人不服，舉兵叛亂，被周公平定。(115)不靜　不安其位。指發動叛亂。(116)邵康公　即邵公。又作「召公」。姬姓，名奭。助武王滅商。成王時任太保，與周公一同輔政。事見《史記・燕召公世家》。(117)齊太公　即呂尚。姓姜，又稱姜太公。以助武王滅商之功，封於齊，又稱齊太公。事載《史記・齊太公世家》。(118)履　鞋子。此表示鞋所踐踏的地域都是他行使權力的範圍。(119)穆陵　關隘名。在今山東臨朐東南。(120)無棣　河流名。是古黃河下游的分支。在今河北滄州西南分流，至今山東無棣北入海。(121)五侯　指五等諸侯封爵，即公、侯、伯、子、男。(122)九伯　九州的長官。《左傳》僖公四年：「齊桓公命管仲對楚使曰：昔召康公命我先羣公曰：五侯九伯，汝實征之，以夾輔周室。賜我先君履，東至於海，西至於河，南至於穆陵，北至於無棣。」以上諸句之典皆源於此。(123)世祚　世代位居。祚，位。(124)太師　官名。西周王朝軍隊的最高統帥。這裏指任太師的呂尚。(125)表東海　封呂尚於東海邊的齊國以顯耀他。表，顯揚。(126)襄王　即周襄王。名鄭。在位三十三年（西元前六五一—前六一九年）。事見《史記・周本紀》。[127]不供王職　不向周王朝貢述職。[128]晉文　即晉文公（西元前六九七—前六二八年）。春秋時晉國國君。名重耳。在位九年（西元前六三六—前六二八年）。繼齊桓公之後稱霸。事見《史記・晉世家》。[129]登　升。[130]侯伯　諸侯的霸主。[131]錫　同「賜」。賞賜。[132]二輅　大輅和戎輅。大輅是禮儀專車，戎輅是作戰的兵車。輅，大車。[133]虎賁　侍從保衛君主的武士名稱。[134]鈇鉞　鈇，古代腰斬的刑具。鉞，形似斧，安有長柄，用以斫殺的刑具。賜鈇鉞即授予專殺有罪之權力。[135]秬鬯　用黑黍、鬱金草釀成的用於祭祀的美酒。賜秬鬯以獎其孝友之德。[136]弓矢　《禮記・王制》：「諸侯賜弓矢，然後征。」賜予弓矢，即授予專征不服王命者之權力。[137]大啟　封以大片土地。[138]南陽　地區名。今河南濟源至獲嘉黃河北岸的狹長地帶。因位於太行山南，黃河北，故名。《左傳》僖公二十五年：晉侯朝王，王「予之陽樊、溫、攢茅之田，晉於是始啟南陽。」[139]緊　句首語氣詞。[140]二國　指齊、晉二諸侯國。[141]稱　宣揚。[142]明保　盡力扶助。明，勉力；盡力。[143]導揚弘烈　發揚弘大的功業。[144]綏　安撫。[145]爰　《尚書・盤庚》：「綏爰有眾。」鄭玄注：「爰，於也。」[146]九域　九州。[147]率俾　猶率從也。裴松之注：「率，循也。俾，使也。四海之隅，日出所照，無不循度而可使也。」謂遵循法度，即臣服之意。[148]恧　慚愧。[149]兆民　萬民。百萬為兆，言其眾多。[150]若涉淵冰　《詩經・小雅・小旻》：「戰戰兢兢，如臨深淵，如履薄冰。」涉深淵，履薄冰，皆喻內心憂懼不安。[151]攸濟　所救助；所輔佐。[152]無任　不勝任。[153]常山　王國名。治今河北元氏西北。[154]玄土　黑土。古以北方為黑色。《文選》本文李善注引《尚書緯》曰：「將封諸侯，各取方土，苴以白茅以為社。」古代之社皆無屋，僅有祭壇（社稷壇）。壇用土。曹操封十郡之地在北方之冀州，北方黑色，故賜之「玄土，苴以白茅」。[155]苴以白茅　苴，包裹。白茅，多年生之草，地下根莖白軟有節，上開白花，葉如茅，故稱。古代天子祭祀土地神的社壇，用五種顏色的土壤築成，東方青色，南方赤色，西方白色，北方黑色，中央黃色。分封諸侯時，按照其封地的方位取相應顏色的土壤，用白茅草包裹後給予受封者。[156]契　鑽刻。古代用龜甲占卜時，要先在甲上鑽刻小洞，接著用火燒灼，最後根據小洞四周裂紋情況作出預測。[157]冢社　大社壇。諸侯接受白茅包裹的土壤後，要拿回自己的封地築起祭祀土神的社壇。[158]畢公　周文王第十五子，名高。助武王滅商後，封於畢（今陝西咸陽），以國為氏，曰畢公高。[159]毛公　亦文王子，名鄭，以佐武王滅商之功，封於毛（今河南宜陽），後以國為氏，曰毛公鄭。與畢公皆是周成王時的大臣。[160]師保　官名。即太師、太保。西周初年的輔政官。周公曾任太師，邵公曾任太保。[161]二伯　周成王時，周公與邵公曾分陝而治全國，自陝（今河南陝縣西南）以東歸周公，以西歸邵公，稱為二伯。[162]九錫　九種賞賜。即車馬、衣服、樂器、朱戶、納陛、虎賁、鈇鉞、弓矢和秬鬯。是天子給予諸侯的最高賞賜。漢代以來，受九錫的多是控制君主的權臣。[163]經緯　編制；制定。[164]禮律禮法律令。165軌儀　行為準則。166牡　公馬。167二駟　四匹馬共拉一車叫做駟。二駟是八匹馬。目駕「大輅」「戎輅」所需之馬。168勸分　勸導人們相互幫助。分，分其有餘以濟不足。169務本　務農。古以農為本。稼穡之事衣食所出，故曰本。170穡人　農民。171昏作　勉力耕作。172滯積　久積。謂倉儲陳陳相因。173大業惟興　國家富強旺盛。《易經・繫辭上》：「富有之謂大業。」孔穎達疏：「廣大悉備，萬事富有，所以謂之大業。」174袞冕　袞，畫有龍紋之禮服。冕，禮冠。175赤舄　紅色的複底鞋子。舄，複底鞋。176副　配。177敦尚　推崇提倡。178興行　努力培養品行。179軒縣　三面懸掛樂器。周代禮制，天子奏樂時，四面懸掛樂器，稱為宮縣。諸侯用軒縣。180佾　舞蹈行列。周代禮制，為天子跳舞時用八佾，即縱橫八人，共六十四人。諸侯用六佾，共三十六人。181翼宣風化　謂輔佐宣布天子有關風尚教化的政令。翼，佐。宣，發布。182爰發四方　於是四方興起以響應。爰，於是。發，興起。183遠人　邊遠地區之異族。184革面　改變面貌。《易經・革卦》：「君子丕變，小人革面。」王弼注：「小人樂成，則變面以順上也。」後世以洗心革面喻改過自新。185朱戶　紅色大門。186研其明哲　此指了解屬下，知人善任。研，探究。明哲，聰明智慧，深察事理。187思帝所難　考慮唐堯也覺得難辦的選才授官一事。《尚書・皋陶謨》說：「惟帝其難之，知人則哲，能官人。」句中「帝」指唐堯。188納陛　暗設在宮殿簷下的登殿階梯。被尊重的人不欲露面，故納之於簷下以升階。189秉　持；執掌。190鈞　本指製陶用之轉盤，此喻國家大權。191正色　態度嚴肅。192處中　不偏不倚。193糾虔天刑　謂恭敬的代表上天察舉不法者並對他們處以刑罰。糾，察。虔，敬。194章　通「彰」。揭露。195犯關干紀　干犯國家的關禁、綱紀。196殛　誅殺。197龍驤虎視　此喻氣勢不凡、威鎮天下。驤，昂首；高舉。198旁　遍；廣。199八維　八方。東西南北四方與東南、西南、西北、東北四隅合稱八維。200折衝四海　謂克敵取勝，天下無敵。折衝，使敵之戰車調頭回逃。201彤　紅色。202玈　黑色。203明允篤誠　此指四種美德。《左傳》文公十八年：昔高陽氏有才子八人，「齊、聖、廣、淵、明、允、篤、誠，天下之民謂之八愷。」孔穎達疏：明者，達也，曉解事務，照見幽微也。允者，信也，終始不愆，言行相符也。篤者，厚也，志性良謹，交游款密也。誠者，實也，秉心純直，布行貞實也。204卣　盛酒的容器。205珪　上尖下方的長形玉版。用作封爵授官的憑信。206瓚　玉勺。祭祀時舀酒澆地的器具。207百僚　百官。各級官吏。208欽　恭敬。209簡恤爾眾　選拔、安置你的部眾。210時亮庶功　及時建立各種功業。211對　顯示。212休　美好。213聘　納聘。送訂婚聘禮。裴松之注引《獻帝起居注》曰：「使使持節、行太常、大司農、安陽亭侯王邑，齎璧、帛、玄纁、絹五萬匹之鄴納聘，介者五人，皆以議郎行大夫事，副介一人。」214三女　指曹操的三個女兒曹憲、曹節和曹華三姐妹。215貴人　東漢妃嬪名。地位低於皇后。其中的曹節後來被立為皇后，《後漢書》卷十下有傳。曹操與漢獻帝聯姻，實想消除自己封魏公後造成的不良影響。

216少者　指曹華，時尚年幼。217待年　等待長到成人的年齡。218金虎臺　鄴城西北有三臺，金虎臺居其一，在銅雀臺南，臺高八丈，有屋百九間。盧弼《集解》引潘眉注曰：凡受九賜者必有金虎符，金虎臺之作，所以彰錫命也。219河　黃河。220都尉　官名。東漢在邊塞和關隘要衝設都尉把守。魏郡轄地擴大後，曹操在此設都尉二人，領兵維持治安。221尚書　官名。協助君主處理機要事務。其官員有令一人，僕射一或二人，以下分五曹治事。裴松之注引《魏氏春秋》曰：「以荀攸為尚書令，涼茂為僕射，毛玠、崔琰、常林、徐奕、何夔為尚書。」222侍中　官名。入侍禁中，贊導左右，並備顧問應答。魏晉時置官四人。裴松之注引《魏氏春秋》曰：時任「王粲、杜襲、衛覬、和洽為侍中。」223六卿　東漢時指郎中令（後改光祿勳）、太僕、大理（後改廷尉）、大農（後改大司農）、少府、中尉（後改執金吾）為六卿。224漢陽　郡名。治所在今甘肅甘谷東南。225因　憑藉。226羌胡　羌族。胡，對少數民族的蔑稱。227氐　西部少數民族名。228千萬　羌族王的名字。229叛應　背叛響應。230興國　城名。在今甘肅秦安東北。

【語　譯】建安十七年春季正月，曹公回到鄴城。天子下令曹公朝拜時禮贊只報官銜不報姓名，入朝時不必小步快走，可以帶劍穿靴上殿，比照蕭何的舊例。馬超的殘餘部將梁興等人屯據在藍田縣，曹公派夏侯淵討平了他們。劃出河內郡的蕩陰、朝歌、林慮，東郡的衛國、頓丘、東武陽、發干，鉅鹿郡的廮陶、曲周、南和，廣平郡的任城，趙國的襄國、邯鄲、易陽，用以擴充魏郡。

2 冬季十月，曹公出兵征討孫權。

3 建安十八年春季正月，曹公進軍濡須口，攻破孫權在長江西岸的軍營，俘獲了孫權的都督公孫陽，於是率兵回師。天子下達詔書，合併十四州，恢復為九州。夏季四月，曹公回到鄴城。

4 五月初十丙申日，天子派遣御史大夫郗慮持節宣布策命封曹公為魏公說：

5 「我因為德行淺薄，從小遭受憂患，流亡到長安，遷徙於唐國、衛國的故地。在這個時候，我就像繫在旐旗上的飄帶一樣飄蕩，宗廟無人祭祀，社稷的祭壇也無處安置；許多兇惡的人野心勃勃，企圖分裂國家，天下百姓，我不能治理，我的高祖稟承天命開創的王基大業，眼看就要墜地滅亡。我因此早起晚寢，不能安眠，內心震恐憂慮，暗中禱告說『祖輩父輩啊，先朝的輔佐大臣啊，誰能憐憫我呢』？我的哀告感動天心，誕生和哺育了丞相，讓您保護安定我漢皇天下，拯救處在艱難中的百姓，我確實要依賴於您。現在我要授給您魏公的封號並舉行儀式，望您敬聽我的策命。

6 「從前董卓首先造成國家的災難，各地州牧和郡太守放下政事合謀起兵拯救王室，您召集軍隊勇往直前，首先發難，這是您忠於朝廷啊。後來到了黃巾軍違背天理，侵犯我青、兗、豫三州，殃及平民百姓，您又剪除他們而使東方得到安寧，這又是您的功勞啊。韓暹、楊奉專擅威權，您對他們進行討伐，消除了他們造成的禍難，於是遷都許都，重建京師，設置百官並恢復宗廟的祭祀，使過去的典章制度不至於廢棄，天地鬼神在這時也得到安寧，這又是您的功勞啊。袁術不守本分叛亂，在淮南放肆橫行，他畏懼您的神威，您施展宏大的謀略，蘄陽之戰，橋蕤獻首，聲威遠揚南畿，袁術因此潰敗身亡，這又是您的功勞啊。您回師東征，呂布被擒處死，將要班師回朝，又讓張楊送命，眭固被斬，張繡叩頭降服，這又是您的功勞啊。袁紹違背和擾亂天道倫理，圖謀危害國家，憑藉兵多將廣，出兵侵犯朝廷，在這個時候，朝廷的軍隊勢單力薄，天下人人恐懼擔憂，沒有堅定的鬥志。而您秉持忠義大節，精誠上貫白日，振奮威武氣概，運籌神策妙計，在官渡執行上天的懲罰，痛殲羣醜匪徒，使我的國家於危難中獲得拯救，這又是您的功勞啊。您帶領大軍渡過滔滔黃河，開拓平定了冀、青、幽、并四州，袁譚、高幹，都被斬首示眾，海盜逃奔潰散，黑山的叛賊歸順守法，這又是您的功勞啊。三郡烏丸，反覆作亂於兩朝，袁尚借助他們的力量，進據塞北，您率領軍隊裹上馬蹄、抬著車輪跋涉崎嶇山路，一舉將他們徹底消滅，這又是您的功勞啊。劉表違命放縱，不向朝廷進貢述職，您率朝廷正義之師剛踏上出征的道路，他的威風就消逝殆盡，荊州下屬的百縣八郡，全都交臂屈膝稱降，這又是您的功勞啊。馬超、成宜，狼狽為奸，進逼黃河、潼關，妄想實現他們的野心，您在渭南把他們消滅，割耳獻功數以萬計，於是平定了邊境地區，安撫和睦了戎狄，這又是您的功勞啊。鮮卑族和丁零族，都通過語言的轉譯前來朝貢，箄于族和白屋族，請求漢朝派出官員去管理他們，他們克盡職守，這又是您的功勞啊。您有安定天下的功績，加上又有高尚的德行，整頓天下秩序，宣揚美好風俗，對百姓廣施恩德勤加教育，體諒而又謹慎的量刑定罪，官員沒有苛刻的政令，人民沒有作惡的想法；您真心尊重我的皇族，上表請求讓斷絕了祿位的貴族後代能繼續享有祿位，過去曾經樹德立功的，沒有不按等級給予優待的；即使伊尹的德澤高達青天，周公的功業光照四海，比起您都無足稱道啊。

7 「我聽說從前的君主同時分封賢明有德的人，賞予土地，分給民眾，賜給表示榮寵的乘輿章服以示尊崇，備辦禮典文物，為的是想讓他們護衛王室，輔佐當代君主。周成王時，管叔、蔡叔作亂，平定國難後錄功行賞，就派邵康公賜給齊太公一雙鞋子，表示東邊到大海，西邊到黃河，南邊到穆陵關，北邊到無棣水，五侯九伯，只要有罪的都可以討伐，世代擔任太師之職，以顯耀於東海之濱；到了周襄王時，也有楚人不向周天子進貢述職，天子命晉文公升任諸侯的霸主，賜給他大輅戎輅、侍衛勇士、斧鉞、美酒、弓箭，讓他在黃河北岸的太行山之南開闢大片土地，世代擔任盟主。因此周王朝之所以不衰敗，全靠齊、晉兩國。現今您盛德顯揚，盡心保衛我的帝位，順應天命，發揚宏大功業，安撫天下九州。天下無不服從法度，您的功業高於伊尹、周公，而對您的獎賞卻低於齊太公、晉文公，我深感慚愧。我以渺小之身，居於億萬百姓之上，常常想起治國的艱險，如臨深淵，如履薄冰，假若不是有您輔佐，我實在承擔不了這樣的重任。現在把冀州的河東、河內、魏郡、趙國、中山、常山、鉅鹿、安平、甘陵、平原共十郡，封您為魏公。賞您北方的黑土，再以白茅包裹，望您灼龜占卜，以建造魏國的宗廟社稷。從前在周朝時，畢公、毛公入朝擔任輔政大臣，周公、邵公以太師、太保的身分出外治理地方，兼任朝廷內外的職務，對您都很適合。任命您依舊以丞相兼任冀州牧。還要給您九種賞賜，請您敬聽我的策命。因為您制定了禮儀法律，為百姓確立了行事規範，使他們各安職業，沒有人有遷居的念頭，所以賜給您大輅、戎輅各一輛，黑色公馬八匹。您勸導百姓相互濟助，崇本務農，農民勉力耕作，糧食布匹大量積儲，國家事業富強興盛，因此賜給您上公的禮服禮冠，配以紅色的鞋子。因為您崇尚謙讓，使百姓效法遵行，長幼有禮，上下和睦，所以賜給您三面懸掛的樂器，可以採行六佾之舞。您輔佐我宣揚風尚教化，使天下四方響應，邊遠地方的人洗心革面，中原富裕充實，所以賜給您有紅色大門的住所居住。您深明知人善任的哲理，思考那些連帝堯也覺難辦的選才授官事務，授職賢才，任用賢能，優秀的人才必定得到提拔，所以賜給您登上宮殿的特製階梯。您執掌國家的大權，嚴肅執政不偏不倚，即使是一絲一毫的邪惡，無不被您抑制排除，所以賜給您侍衛勇士三百人。您代表上天來糾舉不法者並懲處他們，揭露他們的罪行，違法亂紀的人，無不受到誅滅，所以賜給您斧鉞各一件。您如龍昂首如虎威視，遍觀八方，討伐叛逆，無敵於天下，所以賜給您紅色的弓一張，紅色的箭百支，黑色的弓十張，黑色的箭千支。您以溫良恭儉為根本，孝順友愛為美德，明達守信，厚謹誠實，使我內心深為感動，所以賜給您用黑黍和鬱金草釀成的美酒一樽，配上玉珪和舀酒的玉勺。魏國可以設置丞相及其以下的羣臣百官，一切如同漢朝初年封建諸侯的制度。恭敬的回到封國吧，恭敬的服從我的策命吧！選拔安置您的羣卿百僚，及時建立眾多的功業，以此始終保持您的光輝品德，來報答顯揚我高祖稟承的美好天命！」

8 秋季七月，開始建立魏國的宗廟祭祀制度。獻帝聘娶魏公的三個女兒為貴人，小女兒留在魏國等長大成年之後再完婚。九月，建造金虎臺，開鑿河渠引漳水流入白溝以通貫黃河。冬季十月，分魏郡為東西兩部，每部設置都尉。十一月，魏國首次設置尚書、侍中、六卿。

9 馬超在漢陽郡駐守，又憑藉羌胡的幫助作亂，氐族人首領千萬也背叛響應馬超，屯兵在興國城。魏公命令夏侯淵討伐他們。

1 十九年❶春正月，始耕籍田❷。南安❸趙衢❹、漢陽尹奉❺等討超，梟其妻子，超奔漢中。韓遂徙金城，入氐王千萬部，率羌胡萬餘騎與夏侯淵戰，擊，大破之，遂走西平❻。淵與諸將攻興國，屠之。省安東❼、永陽❽郡。

2 安定太守毌丘興❾將之❿官，公戒之曰：「羌胡欲與中國通，自當遣人來，慎勿遣人往。善人難得⓫，必將教⓬羌胡妄⓭有所請求，因欲以自利；不從便為失異俗⑭意，從之則無益事。」與至，遣校尉范陵至羌中，陵果教羌，使自請為屬國都尉⑮。公曰：「吾預知當爾，非聖⑯也，但更⑰事多耳。」

3 三月，天子使魏公位在諸侯王上，改授金璽⑱、赤紱⑲、遠遊冠⑳。

4 秋七月，公征孫權。

5 初，隴西㉑宋建㉒自稱河首㉓平漢王，聚眾枹罕㉔，改元，置百官，三十餘年。遣夏侯淵自興國討之。冬十月，屠枹罕，斬建，涼州平。

6 公自合肥還㉕。

7 十一月，漢皇后伏氏㉖坐昔與父故屯騎校尉㉗完㉘書，云帝以董承被誅怨恨公，辭甚醜惡，發聞㉙，后廢黜死，兄弟皆伏法㉚。

8 十二月，公至孟津。天子命公置旄頭㉛，宮殿設鍾虡㉜。乙未㉝，令曰：「夫有行㉞之士未必能進取，進取之士未必能有行也。陳平豈篤㉟行，蘇秦㊱豈守信邪？而陳平定漢業，蘇秦濟弱燕。由此言之，士有偏短，庸㊲可廢乎！有司㊳明思此義，則士無遺滯，官無廢業矣。」又曰：「夫刑，百姓之命也，而軍中典獄者或非其人，而任以三軍死生之事，吾甚懼之。其選明達法理者，使持典刑㊴。」於是置理曹掾屬㊵。

9 二十年[41]春正月，天子立公中女[42]為皇后。省雲中[43]、定襄[44]、五原[45]、朔方[46]郡，郡置一縣領其民，合以為新興郡[47]。

10 三月，公西征張魯，至陳倉[48]，將自武都[49]入氐[50]；氐人塞道，先遣張郃、朱靈等攻破之。夏四月，公自陳倉以出散關[51]，至河池[52]。氐王竇茂[53]眾萬餘人，恃險不服，五月，公攻屠之。西平、金城諸將麴演、蔣石[54]等共斬送韓遂首[55]。秋七月，公至陽平[56]。張魯使弟衛與將楊昂等據陽平關，橫山築城十餘里，攻之不能拔，乃引軍還。賊見大軍退，其守備解[57]散。公乃密遣解慓、高祚等乘險夜襲，大破之，斬其將楊任，進攻衛，衛等夜遁，魯潰奔巴中[58]。公軍入南鄭[59]，盡得魯府庫珍寶。巴、漢[60]皆降。復漢寧郡為漢中；分漢中之安陽[61]、西城[62]為西城郡，置太守；分錫[63]、上庸郡[64]，置都尉。

11 八月，孫權圍合肥，張遼、李典擊破之。

12 九月，巴七姓[65]夷王朴胡[66]、賨邑侯[67]杜濩舉巴夷、賨民來附，於是分巴郡[68]，以胡為巴東[69]太守，濩為巴西[70]太守，皆封列侯。天子命公承制[71]封拜[72]諸侯守相[73]。

13 冬十月，始置名號侯至五大夫[74]，與舊列侯、關內侯凡六等，以賞軍功。

14 十一月，魯自巴中將其餘眾降。封魯及五子皆為列侯。劉備襲劉璋，取益州㊿，遂據巴中⑯；遣張郃擊之。

15 十二月，公自南鄭還，留夏侯淵屯漢中⑰。

【章旨】以上是第十三部分。建安十九、二十兩年，曹操由魏公進封為魏王，權位日尊。文中載其政令「有行之士未必能進取，進取之士未必能有行」，實有隱譏其功高蓋主之「無行」之意。此間大事還較詳細記載了他與西北羌胡相處的策略及西征張魯事。

【注釋】❶十九年　東漢建安十九年（西元二一四年）。❷耕籍田　古代君主表示重視農業生產的一種禮儀。春天農事開始時，君主到京城近郊農田中進行象徵性耕作，叫做親耕籍田。❸南安　郡名。治所在今甘肅隴西東。❹趙衢　南安人。本書卷二十五〈楊阜傳〉有「隴右平，太祖封討超之功，侯者十一人」，其中當有其人。❺尹奉　天水冀縣（今甘肅甘谷）人，與楊阜同鄉，事跡亦見本書卷二十五〈楊阜傳〉。❻西平　郡名。治所在今青海西寧。❼安東　郡名。未知何時所置，位置待考。❽永陽　郡名。治所在今甘肅天水市。❾毌丘興　複姓毌丘，河東聞喜（今山西聞喜）人。毌丘儉父，事附本書卷二十八〈毌丘儉傳〉。❿之　前往。⓫善人難得　好人不容易得到。⓬教　教唆；唆使。⓭妄　非分；不合理。此全句意謂壞人去了一定將唆使羌胡提出非分的要求。⓮異俗　指羌族。因其風俗與漢族不同。⓯屬國都尉　官名。東漢在一些少數民族聚居的邊境地區設置屬國，屬國設都尉一人，管理屬國內少數民族事務，職如太守。⓰聖　先知先覺的人。⓱更　經。⓲金璽　金質印璽。《漢書．百官公卿表序》：諸侯王，金璽。顏師古注引《漢舊儀》云：諸侯王，黃金璽。文曰璽，謂刻云「某王之璽。」⓳赤紱　繫印的紅色絲繩。⓴遠遊冠　《後漢書．輿服志下》：「遠遊冠，制如通天（冠），有展筩橫之于前，無山述，諸王所服也。」按：東漢制度，宗室親王才能用金璽、赤紱、遠遊冠。這時曹操雖未封王，實已享受王的待遇了。㉑隴西　郡名。治今甘肅臨洮。㉒宋建　《後漢書．董卓列傳》、盧弼《集解》作「朱建」。當形近而誤。此人為當地豪強。㉓河首　黃河上游。《後漢書．董卓傳》李賢注：「（宋）建以居河上游，故稱河首也。」㉔枹罕　縣名。治所在今甘肅臨夏。㉕公自合肥還　曹操七月征孫權，十月自合肥還，不書一捷，無功而歸。裴松之注引《九州春秋》謂出征前參軍傅幹曾諫，曹操不從。㉖伏氏　名壽，漢獻帝的皇后。傳見《後漢書・伏皇后紀》。㉗尉　原誤作「討」，今據宋本校正。㉘完　即伏完。伏皇后的父親。事附《後漢書・伏皇后紀》。㉙發聞　發覺。㉚兄弟皆伏法　裴松之注引《曹瞞傳》曰：「公遣華歆勒兵入宮收后，后閉戶匿壁中。歆壞戶發壁，牽后出。」「遂將后殺之，(完)〔兄弟〕及宗族死者數百人。」㉛旄頭　即旄頭騎。皇帝出行時，衛隊中披著長髮手執武器在前面開路的騎兵。㉜鍾虡　編鐘。虡，一作「簴」。懸掛編鐘的木架立椿。上面用猛獸圖案裝飾。東漢制度，旄頭和鍾虡只有同姓宗王中最親貴的才能使用。㉝乙未　舊曆十二月十九日。㉞行　德行。㉟篤　純厚。㊱蘇秦　字季子，戰國時洛陽人。曾奉燕昭王的指示到齊國鼓動戰爭，使之疲於外戰，以便燕國攻齊復仇，因此有人罵他是「賣國反覆之臣」。西元一九七三年馬王堆出土帛書《戰國縱橫家書》，保存有蘇秦的書信與遊說辭十六章。其事見《史記・蘇秦列傳》。㊲庸　豈；怎麼能。㊳有司　有關政府官員。㊴持典刑　掌握法律。㊵理曹掾屬　理曹，官署名。丞相府中的分支機構，掌管刑獄。掾屬，丞相和三公府內辦事官員的泛稱。府內分曹辦事，各曹主辦官員為掾，副者稱屬。㊶二十年　東漢建安二十年（西元二一五年）。㊷中女　即曹節。㊸雲中　郡名。治所在今內蒙古自治區和林格爾西北。㊹定襄　郡名。治所在今山西右玉西南。㊺五原　郡名。治所在今內蒙古包頭西北。㊻朔方　郡名。治所在今內蒙古自治區磴口東北之黃河左岸。㊼新興郡　郡名。治所在今山西忻州。按：這次曹操撤消的雲中、定襄、五原、朔方四郡，都在塞外。而新設立的新興郡，則在塞內太原郡的東北部。因此，上述行政機構的變動，實際上是完全放棄了塞外四郡大片地區。東漢末年戰亂，匈奴與鮮卑的勢力乘機南下，導致中原漢王朝的西北邊境線大幅度向內地壓縮。首當其衝的并州，轄地損失將近三分之二。在這種情況下，曹操不得不撤消并州五個名存實亡的邊郡（還有一個上郡，與雲中等四郡同年撤消，此處史文未記載）。但是，匈奴族的內遷趨勢並未就此停止。他們繼續南下，深入汾水流域，逼近京城洛陽。這種進逼所帶來的嚴重後果，將在西晉後期充分展現出來。㊽陳倉　縣名。治所在今陝西寶雞東。㊾武都　郡名。治所在今甘肅成縣西北。㊿氐　族名，此指氐族所居之地。《資治通鑑・漢紀》建安二十年胡三省注：「武都，本白馬氐所居之地，武帝開以為郡。」(51)散關　關隘名。即大散關。因在大散嶺而得名，為秦、蜀交通軍事要塞，在今陝西寶雞西南。(52)河池　縣名。治所在今甘肅徽縣西十五里。(53)氐王竇茂　本書卷十七〈張郃傳〉作「興和氐王竇茂」。(54)麴演蔣石　二人皆當地豪強，擁兵自重，時叛時降。(55)韓遂　字文約，割據涼州三十餘年，亦時叛時降。遂之被殺，史載不一。《後漢書・董卓傳》謂其為其帳下所殺。(56)陽平　關隘名。在今陝西勉縣西北。為漢中盆地西北門戶。(57)解　通「懈」。(58)巴中　巴族聚居區之中。《資治通鑑》胡三省注：「今巴州，漢巴郡宕渠縣之北界也。三巴五地，北居其中，謂之巴中。」巴，為古代西南少數民族名。(59)南鄭　縣名。治所在今陝西漢中。時為張魯盤據之漢寧郡治。60巴漢　巴族與漢族的居民。61安陽　縣名。治所在今陝西城固東。62西城　縣名。治所在今陝西安康西北漢水北岸。為新設的西城郡郡治。63錫　縣名。治所在今陝西白河東。64上庸郡　潘眉《三國志考證》謂：「『郡』字，衍文。」上庸，縣名。治所在今湖北竹山縣西南。65巴七姓　《後漢書・南蠻傳》載，巴郡有南郡蠻五姓，板楯蠻七姓。此當指板楯蠻。板楯蠻七姓分別是：羅、朴、昝、鄂、度、夕、龔。66朴胡　人名。板楯蠻七姓部落聯盟酋長。67賨邑侯　賨，《晉書・李特傳》謂「巴人呼賦為賨」。《後漢書・南蠻傳》載：「至高祖為漢王，發夷人還伐三秦。秦地既定，乃遣返巴中，復（免除賦稅）其渠帥羅、朴、督（昝）、鄂、度、夕、龔七姓，不輸賦稅；餘戶乃歲入賨錢，口四十，世號『板楯蠻夷』。」據此，巴郡之板楯蠻族分為兩支：一為不輸賦稅之七姓；一為輸賦稅之「餘戶」，因其「歲入賨錢」，時稱「賨人」。賨邑侯，即漢朝封於寄食「賨人」的爵位並管轄其族眾。時朴胡為巴七姓之王，而杜濩則為板楯蠻輸賦稅之「賨人」之長。68巴郡　郡名。治所在今重慶市。據常璩《華陽國志・巴志》，分巴郡立巴東、巴西二郡，是東漢建安六年（西元二〇一年）益州牧劉璋首先作出的決定，與這裏記載不同。69巴東　郡名。治所在今重慶市奉節東。70巴西　郡名。治所在今四川閬中。71承制　稟承皇帝之制命而擁有某種特別權力。通常是具有官員任命權和爵位授予權。72封拜　封諸侯，任命官吏。73守相　郡太守和王國的相。裴松之注引孔衍《漢魏春秋》曰：「天予以公典任於外，臨事之賞，或宜速疾，乃命公得承制封拜諸侯、守相。」74名號侯至五大夫　名號侯、五大夫，皆爵位名。五大夫和名號侯都只有爵號而不享有收取民戶賦稅的權利，實際是虛號。裴松之注引《魏書》曰：「置名號侯爵十八級，關中侯爵十七級，皆金印紫綬；又置關內外侯十六級，銅印龜紐墨綬；五大夫十五級，銅印環紐，亦墨綬，皆不食租，與舊列侯、關內侯凡六等。」75益州　州名。治所在今四川成都。76遂據巴中　盧弼《集解》引錢大昕曰：「朴胡、杜濩尋為先主（劉備）所殺，曹公不能有其地也。」77公自南鄭還二句　裴松之注：「是行也，侍中王粲作五言詩以美其事曰：『從軍有苦樂，但問所從誰。所從神且武，安得久勞師？相公征關右，赫怒振天威，一舉滅獯虜，再舉服羌夷，西收邊地賊，忽若俯拾遺。陳賞越山岳，酒肉逾川坻，軍中多饒飫，人馬皆溢肥，徒行兼乘還，空出有餘資。拓土三千里，往返速如飛，歌舞入鄴城，所願獲無違。』」按：此詩另見《文選》卷二十七，題作〈從軍詩〉。

【語譯】建安十九年春季正月，魏公開始親耕籍田。南安郡趙衢、漢陽郡尹奉等人討伐馬超，殺了他的妻子兒女，馬超逃奔到漢中。韓遂離開金城郡，進入氐族人首領千萬的部落，帶領羌胡騎兵一萬多人與夏侯淵交戰，夏侯淵進擊，大敗他們，韓遂逃往西平郡。夏侯淵會同眾將進攻興國，屠滅了它。撤消安東、永陽二郡。

2 安定郡太守毌丘興將要去上任，魏公告誡他說：「羌胡如果想與中原交往，自己應當派人來，切記不要派人去。善良的人難找，不好的人派去後必然要教唆羌胡胡亂提出過分的要求，趁機謀取私利；不答應要求就會使異族失望，答應要求又對國家不利。」毌丘興到任後，派遣校尉范陵到羌胡地界。范陵果然教唆羌人，讓他們自行向朝廷請求讓他擔任屬國都尉。魏公說：「我早就料到會這樣，我不是聖人，只不過經歷的事情多了而已。」

3 三月，獻帝讓魏公的地位在諸侯王之上，另外頒授給他金質印璽、紅色絲繩和宗室親王戴的遠遊冠。

4 秋季七月，魏公征討孫權。

5 當初，隴西郡宋建自稱河首平漢王，在枹罕縣聚集部眾，改換年號，設置百官，歷時三十多年。魏公派夏侯淵從興國出兵討伐他。冬季十月，屠滅枹罕縣城，把宋建斬首，涼州平定。

6 魏公從合肥回來。

7 十一月，獻帝的皇后伏氏因為從前給父親原屯騎校尉伏完寫信，說獻帝因為董承被殺而怨恨魏公，言辭很醜惡，事情被發覺後，伏皇后被廢黜處死，她的兄弟全部處以死刑。

8 十二月，魏公到了孟津。獻帝命魏公儀仗隊伍中設置旄頭，在宮殿內擺放鍾虡。十九日乙未，魏公頒發命令說：「有德行的人未必能進取，能進取的人未必具有德行。陳平難道有純厚的德行，蘇秦難道能恪守信用嗎？然而陳平奠定了大漢的基業，蘇秦拯救了弱小的燕國。由此說來，一個人即便有偏差缺點，難道可以廢棄不用嗎！有關部門官員好好思考這個道理，那麼人才就不會被遺漏阻滯，官府也不會有荒廢的政事了。」又說：「刑罰，是關係百姓性命的大事，而軍中負責刑獄的一些官員有時用了不稱職的人，把三軍將士生死攸關的大事交給他們，使我非常擔心。要選擇通曉法律事理的人，讓他們掌管刑法。」於是設置了理曹掾屬。

9 建安二十年春季正月，天子冊立魏公的第二個女兒為皇后。撤消雲中、定襄、五原、朔方四郡，每郡改置一縣管轄原來郡內的居民，四縣合起來成立新興郡。

10 三月，魏公西征張魯，到達陳倉縣，打算從武都郡進入氐族之地。氐族阻擋道路，魏公先派遣張郃、朱靈等人擊潰他們。夏季四月，魏公從陳倉縣出大散關，到達河池縣。氐族首領竇茂擁有部眾一萬多人，憑恃險要地勢拒不降服，五月，魏公攻破並屠滅了他們。西平、金城二郡的將領麴演、蔣石等人一起殺死韓遂送來首級。秋季七月，魏公抵達陽平關。張魯派弟弟張衛與部將楊昂等人扼守陽平關，橫貫山嶺築城十多里，魏公的軍隊進攻他們，無法攻克，便率軍撤回。敵軍見大軍撤退，防備鬆懈渙散。魏公於是暗中派遣解剽、高祚等將領攀登險阻，趁夜突襲，大敗敵軍，斬了敵將楊任，進攻張衛。張衛等人趁夜逃跑，張魯潰逃到巴族地區。魏公大軍進入南鄭縣，繳獲了張魯倉庫中的全部珍寶。巴族與漢族居民都前來投降。魏公恢復漢寧郡原來的名稱漢中郡；分出漢中郡的安陽縣、西城縣設置西城郡，任命了郡太守；分出漢中郡的錫縣、上庸縣，設置都尉管轄。

11 八月，孫權圍攻合肥，張遼、李典擊敗了孫權。

12 九月，巴族七姓夷王朴胡、賨邑侯杜濩，帶領巴族夷眾和賨人前來歸附。於是分割巴郡，任命朴胡為巴東郡太守，杜濩為巴西郡太守，都封為列侯。天子特許魏公可以稟承皇帝旨意封立諸侯，任命郡、國的太守和國相。

13 冬季十月，開始設置從名號侯到五大夫的各等爵位，與舊有的列侯、關內侯合起來共有六等，用來封賞立有軍功的人。

14 十一月，張魯從巴中率殘餘部眾投降。封張魯和他的五個兒子都為列侯。劉備襲擊劉璋，奪取了益州，於是占據了巴族聚居區；魏公派遣張郃去攻打他。

15 十二月，魏公從南鄭返回，留夏侯淵屯守漢中。

1 二十一年❶春二月，公還鄴。三月壬寅❷，公親耕籍田。夏五月，天子進公爵為魏王。代郡烏丸行單于普富盧與其侯王來朝。天子命王女❸為公主❹，食湯沐邑❺。秋七月，匈奴南單于呼廚泉❻將其名王來朝，待以客禮，遂留魏，使右賢王❼去卑監其國。八月，以大理❽鍾繇為相國❾。

2 冬十月，治兵，遂征孫權，十一月至譙。

3 二十二年❿春正月，王軍⓫居巢⓬，二月，進軍屯江西郝谿⓭。權在濡須口築城拒守，遂逼攻之，權退走。三月，王引軍還，留夏侯惇、曹仁、張遼等屯居巢。

4 夏四月，天子命王設天子旌旗，出入稱警蹕⓮。五月，作泮宮⓯。六月，以軍師⓰華歆⓱為御史大夫。冬十月，天子命王冕十有二旒⓲，乘金根車⓳，駕六馬⓴，設五時副車㉑，以五官中郎將丕為魏太子。

5 劉備遣張飛㉒、馬超、吳蘭等屯下辯㉓；遣曹洪拒之。

6 二十三年㉔春正月，漢太醫令㉕吉本㉖與少府㉗耿紀㉘、司直㉙韋晃等反，攻許，燒丞相長史㉚王必㉛營，必與潁川典農中郎將㉜嚴匡討斬之。

7 曹洪破吳蘭，斬其將任夔等。三月，張飛、馬超走漢中，陰平㉝氐強端斬吳蘭，傳其首㉞。

8 夏四月，代郡、上谷㉟烏丸無臣氐等叛，遣鄢陵侯彰討破之㊱。

9 六月，令曰：「古之葬者，必居㊲瘠薄之地。其規㊳西門豹祠㊴西原上為壽陵㊵，因高為基，不封不樹㊶。周禮冢人㊷掌公墓之地，凡諸侯居左右以前，卿大夫居後，漢制亦謂之陪陵㊸。其公卿大臣列將有功者，宜陪壽陵，其廣為兆域㊹，使足相容。」

10 秋七月，治兵，遂西征劉備，九月，至長安。

11 冬十月，宛守將侯音㊺等反，執南陽太守，劫略吏民㊻，保宛。初，曹仁討關羽，屯樊城，是月使仁圍宛。

12 二十四年㊼春正月，仁屠宛，斬音㊽。

13 夏侯淵與劉備戰於陽平㊾，為備所殺。三月，王自長安出斜谷㊿，軍遮要(51)以臨漢中，遂至陽平。備因險拒守。

14 夏五月，引軍還長安(52)。

15 秋七月，以夫人(53)卞氏(54)為王后。遣于禁(55)助曹仁擊關羽。八月，漢水溢，灌禁軍，軍沒，羽獲禁，遂圍仁。使徐晃(56)救之。

16 九月，相國鍾繇坐西曹掾(57)魏諷反(58)免。

17 冬十月，軍還洛陽。孫權遣使上書，以討關羽自效(59)。王自洛陽南征羽，未至，晃攻羽，破之，羽走，仁圍解。王軍摩陂(60)。

18 二十五年61春正月，至洛陽。權擊斬羽，傳其首。

19 庚子62，王崩63于洛陽，年六十六。遺令曰：「天下尚未安定，未得遵古也。葬畢，皆除服64。其將兵屯戍者，皆不得離屯部。有司各率乃職。斂65以時服66，無藏金玉珍寶。」諡67曰武王。二月丁卯68，葬高陵69。

【章旨】以上是第十四部分，述曹操從建安二十一年至二十五年事。這是曹操封魏王以後五年，也是他一生的最後五年。每年僅述其大事梗概，極為簡略。

【注釋】❶二十一年　東漢建安二十一年（西元二一六年）。❷王寅　推算為舊曆初三日。❸王女　即曹操之女。從此以後，史文稱曹操為王。❹公主　東漢制度，皇帝的女兒稱公主，食一縣民租，宗王的女兒稱鄉主，食一鄉民租。只有少數親貴宗王的女兒能封公主，與皇帝的女兒享受同樣待遇。❺湯沐邑　皇帝封給公主專門供其收取賦稅的封地。❻呼廚泉　南單于於扶羅立之弟。《後漢書・南匈奴列傳》：「單于於扶羅立七年死，弟呼廚泉立。……以兄被逐，不得歸國，數為鮮卑所抄。建安元年，獻帝自長安東歸，右賢王去卑與白波賊帥韓暹等侍衛天子，拒擊李傕、郭汜。及車駕還洛陽，又徙遷許，然後歸國。二十一年，單于來朝，曹操因留於鄴，而遣去卑歸監其國焉。」❼右賢王　匈奴王號名。匈奴君主稱單于。單于之下有左、右賢王，輔佐單于處理政務。單于缺人，通常由左賢王補位。❽大理　官名。主管司法刑獄。後改稱廷尉。❾相國　即丞相。此指魏國丞相。東漢建安十八年（西元二一三年），魏國初建時置丞相等官。❿二十二年　東漢建安二十二年（西元二一七年）。⓫軍　軍隊駐紮。⓬居巢　縣名。治所在今安徽巢湖市東北之巢湖東岸。⓭郝谿　地名。位於居巢之東，濡須口之西。⓮警蹕　古代皇帝出入的專稱。出稱警，入稱蹕。⓯泮宮　諸侯國的大學。據《宋書・禮志一》記載，當時魏國的泮宮建在鄴城南。⓰軍師　官名。軍內主要參謀官員。⓱華歆　字子魚，平原高唐（今山東禹城西南）人。東漢末年任豫章太守，後投降孫策，孫策死後降曹魏。先後任侍中、御史大夫、太尉等職。詳見本書卷十三〈華歆傳〉。⓲旒　皇帝、諸侯、官員所戴禮冠上面懸掛的玉串。其數量與材質因地位高低而異。東漢制度，皇帝十二旒，白玉；三公諸侯七旒，青玉；卿大夫五旒，黑玉。⑲金根車　古代皇帝（包括太皇太后、皇太后）所乘之禮儀專車。金根，以金為飾。⑳駕六馬　東漢制度，金根車用六匹馬牽引，公卿諸侯只能用四匹馬。㉑五時副車　又謂五時車、五帝車。為皇帝出巡時與金根車配套的五輛隨後車。副車按東、南、西、北、中五方，塗以青、赤、白、黑、黃五色，故名。曹操取得上述特殊待遇後，實際上已經與天子相同。㉒張飛　字益德，涿郡（今河北涿州）人。早年與關羽隨劉備起兵，有「萬人敵」之稱。歷任宜都太守、征虜將軍、車騎將軍等職，後被部將殺死。詳見本書卷三十六〈張飛傳〉。㉓下辯　地名。時為涼州武都郡治，地居漢中西北二百餘里，曹操征張魯，取漢中，皆經由此，詳前注。㉔二十三年　東漢建安二十三年（西元二一八年）。㉕太醫令　官名。主管宮廷醫療事務，下領御醫二百九十三人。屬少府。㉖吉本　《後漢書》耿秉傳李賢注：或作吉平。㉗少府　官名。主管宮廷御用衣物、珍寶、膳食、醫療等。為九卿之一。㉘耿紀　字季行，少有美名，曹操甚敬異之，遷少府。以操將篡漢，與太醫令吉平、丞相司直韋晃謀起兵誅操，不克，夷三族。事見《後漢書》耿秉附傳。㉙司直　官名。丞相府主要官員，負責督察官員，糾舉不法行為。㉚長史　官名。丞相府主要官員，主辦府內公務。㉛王必　裴松之注引《魏武故事》載辟王必為長史令云：「領長史王必，是吾披荊棘時吏也。忠能勤事，心如鐵石，國之良吏也。蹉跌久未辟之，舍騏驥而弗乘，焉遑遑而更求哉？故教辟之，已署所宜，便以領長史統事如故。」《資治通鑑・漢紀》建安二十三年胡三省注：「魏王操猶領漢丞相而居鄴，故以必為長史典兵督許。」㉜典農中郎將　官名。主管民戶屯田區內農業、田租徵收及民政事務，地位同郡太守，直屬大司農管轄。㉝陰平　道名。屬廣漢屬國。漢代稱少數民族聚居的郡為屬國，縣稱道。治所在今甘肅文縣西北。㉞傳其首　用驛車送來吳蘭的首級。㉟上谷　郡名。治所在今北京市延慶西南。㊱遣鄢陵侯彰討破之　本書卷三十〈鮮卑傳〉、卷十九〈任城威王傳〉皆只言代郡烏丸反，不言「上谷」。且〈任城威王傳〉載曹彰在此役中，乘勝逐北，去代二百餘里。時長史、諸將皆以「受節制，不得過代（郡）」勸曹彰。可見此只是代郡烏丸反，「上谷」二字當為衍文。㊲居　安置。㊳規　規劃。㊴西門豹祠　後人感西門豹德惠所建歲時祭祠。西門豹，複姓西門，名豹。戰國魏文侯時任鄴令，破除當地「河伯娶婦」的迷信，開渠十二處，引漳水灌溉，發展農業生產。事見《史記・滑稽列傳》。祠在鄴西十五里之高原上。㊵壽陵　帝王生前預先建造的陵墓。初作陵未有名，號壽，取久長之義。死後入葬則另取專名。㊶不封不樹　不築墓丘，不植樹木。封，在墓穴上壘土成高丘。樹，在封土上及其周圍種植松柏等樹木。㊷冢人　官名。負責管理貴族墓地的官吏。《周禮・春官・宗伯・冢人》：「冢人掌公墓之地，辨其兆域而為之圖。先王之葬居中，以昭穆為左右，凡諸侯居左右之前，卿大夫居後。」㊸陪陵　在君主陵墓旁邊作陪伴的功臣墳墓。㊹兆域　陵園的地域。㊺侯音　南陽郡（今河南南陽）人。時為宛縣守將，以南陽吏苦於徭役，與衛開等以宛叛。㊻吏民 原作「民吏」，今從宋本。㊼二十四年 東漢建安二十四年（西元二一九年）。㊽斬音 將侯音斬首。裴松之注引《曹瞞傳》曰：「是時南陽間苦徭役，音於是執太守東里袞，與吏民共反，與關羽連和。南陽功曹宗子卿往說音曰：足下順民心，舉大事，遠近莫不望風；然執郡將，逆而無益，何不遣之。吾與子共勠力，比曹公軍來，關羽兵亦至矣。音從之，即釋遣太守。子卿因夜逾城亡出，遂與太守收餘民圍音，會曹仁軍至，共滅之。」㊾陽平 陽平關。今陝西勉縣白馬河入漢水處。為漢中盆地西邊門戶，當川陝交通要衝。㊿斜谷 道名。在今陝西眉縣西南。因取道斜水河谷而得名。斜水源出秦嶺太白山，北流入渭水。谷口在眉縣西南約十五公里。自斜谷道南行，接褒谷道，即可穿越秦嶺進入漢中盆地，是古代秦嶺重要通道之一。51遮要 保護沿途要害處。當時褒斜谷道通過陡峻山岩的路段，是由懸空的棧道構成。這種木製棧道很容易遭破壞，而且一旦被毀又很難修復。這裏的「遮要」就指保護各段棧道，以便通過褒斜道撤退漢中守軍。現今陝西留壩南河鄉褒水西岸岩壁上還刻有「遮要」兩個大字。52引軍還長安 裴松之注引《九州春秋》曰：時王欲還，出令曰「雞肋」，官屬不知所謂。主簿楊修便自嚴裝，人驚問修：「何以知之？」修曰：「夫雞肋，棄之如可惜，食之無所得，以比漢中，知王欲還也。」53夫人 魏國妃嬪稱號之一。曹操當魏王之後，定其後宮妻妾為王后、夫人、昭儀、倢伃、容華、美人六等。54卞氏 曹丕、曹彰和曹植的生母。本書卷五有傳。55于禁 字文則，泰山鉅平（今山東泰安）人。初隨濟北相鮑信，後歸曹操，為曹操手下名將。東漢建安二十四年（西元二一九年），與關羽戰於樊城，兵敗被俘。孫權取荊州後，于禁被送還魏，慚恨而死。詳見本書卷十七〈于禁傳〉。56徐晃 字公明，河東楊（今山西洪洞東南）人，曹操手下著名軍事將領。從征呂布、劉備、袁紹、張魯等，屢立戰功。善於治軍，被曹操稱為有周亞夫之風。歷任平寇將軍、右將軍等職。詳見本書卷十七〈徐晃傳〉。57西曹掾 官名。魏國相國府屬吏。漢制，丞相屬吏分曹治事，有西曹。正者為掾，主管府內官吏署用。58魏諷反 裴松之注引《世語》曰：「諷字子京，沛人，有惑眾才，傾動鄴都，鍾繇由是辟焉。大軍未反，諷潛結徒黨，又與長樂衛尉陳禕謀襲鄴。未及期，禕懼，告之太子，誅諷，坐死者數十人。」59自效 自請效力。裴松之注引《魏略》謂：孫權上書稱臣，稱說天命。曹操以權書示眾。時侍中陳羣、尚書桓階並奏勸曹操代漢稱帝。60摩陂 地名。在今河南郟縣東南。距許都百餘里。61二十五年 東漢建安二十五年（西元二二〇年）。62庚子 按舊曆推算為二十三日。63崩 皇帝或皇后死曰崩。王公死本應稱「薨」，因曹操死後被追尊為帝，故稱。64除服 脫去喪服。指結束治喪和追悼活動，不必守孝。按：古制，臣、子服喪三年，操遺令不「遵古」制，葬畢即除服視事。65斂 通「殮」。給死者換上入葬的衣服，入棺。66時服 與時令相應的衣服。《宋書・禮志二》記載：「魏武以送終制衣服四篋，題識其上。春秋冬夏，日有不諱（死亡），隨時以殮。」67謚 議定謚號。

古代帝王、貴族、大臣或其他有地位的人死後，後人根據其生平事跡給他一個表示褒貶的稱號，叫做諡號。曹操的諡號是「武」，意思是能夠平定天下的禍亂。(68)丁卯　舊曆二十一日。(69)高陵　曹操陵墓名。即前稱「壽陵」，以居於鄴縣西又稱「西陵」。金末楊奐《山陵雜記》云：「曹操沒後，恐人發其塚，乃設疑塚七十二在漳河之上。」《明一統志》：「曹操疑冢在彰德府講武城外，凡七十二處，森然彌望高者如小山布列，直至磁州而止。」

【語譯】建安二十一年春季二月，魏公回到鄴城。三月初三壬寅日，魏公親耕籍田。夏季五月，天子晉封魏公的爵位為魏王。代郡烏丸族代理單于普富盧與本族的首領們前來朝見。天子特命魏王的女兒為公主，享有湯沐邑。秋季七月，匈奴族的南部單于呼廚泉帶領本族名王來朝見，魏王以客禮接待，便把呼廚泉留在魏國，派匈奴族右賢王去卑回去監管國內事務。八月，魏王任命大理鍾繇為魏國的相國。

2 冬季十月，魏王訓練軍隊，接著討伐孫權，十一月到達譙縣。

3 建安二十二年春季正月，魏王駐軍在居巢縣，二月，進軍駐屯在長江以西的郝谿。孫權在濡須口修築城牆堅守抵抗，魏軍逼攻孫權，孫權撤退敗走。三月，魏王引兵返回，留下夏侯惇、曹仁、張遼等人屯守居巢。

4 夏季四月，天子命魏王設置天子的旌旗，出入警戒清道。五月，魏王在鄴城修建泮宮。六月，任命軍師華歆為御史大夫。冬季十月，天子命魏王禮冠懸掛十二條白玉串，乘坐金根車，以六匹馬駕馭，配置五時副車，以五官中郎將曹丕為魏國太子。

5 劉備派遣張飛、馬超、吳蘭等人駐紮下辯；魏王派遣曹洪抵禦他們。

6 建安二十三年春季正月，漢朝的太醫令吉本與少府耿紀、司直韋晃等人造反，進攻許都，焚燒丞相長史王必的軍營，王必與潁川典農中郎將嚴匡率軍征討殺了他們。

7 曹洪擊敗吳蘭，殺了他的部將任夔等人。三月，張飛、馬超逃往漢中，陰平道的氐族首領強端殺死吳蘭，用驛車把吳蘭的首級送來。

8 夏季四月，代郡、上谷郡的烏丸族首領無臣氐等人反叛，魏王派鄢陵侯曹彰討伐擊敗了他們。

9 六月，魏王下令說：「古代安葬，一定要選擇貧瘠的土地。現在規劃西門豹祠西邊的高原作為我的陵墓，利用地形的自然高度作為墓基，墓穴上面不堆土也不植樹。《周禮》規定冢人負責管理國家的墓地，諸侯葬在王墓左右，卿大夫靠前，漢代制度也稱為陪陵。凡公卿大臣和將領們有功勞的，死後應當在我的陵園陪葬，要加大陵園的範圍，使它足以容納。」

10 秋季七月，魏王訓練軍隊，接著西征劉備。九月，到達長安。

11 冬季十月，宛縣的守將侯音等人反叛，捉了南陽郡太守，劫持官員百姓，據守宛縣。起初，曹仁討伐關羽，屯駐在樊城，這個月，魏王派遣曹仁包圍宛縣。

12 建安二十四年春季正月，曹仁屠戮宛縣，將侯音斬首。

13 夏侯淵與劉備在陽平關交戰，被劉備殺害。三月，魏王從長安出斜谷，大軍沿途保護各段棧道進逼漢中郡，抵達陽平關。劉備憑藉險要地勢固守抵抗。

14 夏季五月，魏王領軍回到長安。

15 秋季七月，魏王以夫人卞氏為王后。派遣于禁協助曹仁攻打關羽。八月，漢水暴漲，淹沒了于禁的軍隊，全軍覆沒，關羽俘獲了于禁，接著包圍曹仁。魏王派徐晃援救曹仁。

16 九月，相國鍾繇因屬吏西曹掾魏諷造反獲罪被免去職務。

17 冬季十月，大軍回到洛陽。孫權派遣使者上書，以出兵討伐關羽自請效力。魏王從洛陽南下征討關羽，尚未到達，徐晃攻打關羽，擊敗了他，關羽逃走，曹仁被圍解除。魏王大軍駐紮在摩陂。

18 建安二十五年春季正月，魏王到達洛陽。孫權進擊關羽斬殺了他，傳來他的首級。

19 二十三日庚子，魏王在洛陽駕崩，享年六十六歲。遺令說：「天下還沒有安定，我的葬禮不得遵循古制。安葬完畢，隨即脫去喪服。那些統領軍隊在外屯戍的將帥，都不准離開屯戍的崗位。各個政府部門要各司其職。入殮只穿當季的衣服，不要以金玉珍寶陪葬。」議定謚號為武王，二月二十一丁卯日，葬於高陵。

評曰❶：漢末，天下大亂，雄豪並起，而袁紹虎眎四州❷，彊盛莫敵。太祖運籌演謀，鞭撻宇內❸，擥❹申❺、商❻之法術❼，該❽韓❾、白❿之奇策，官方授材⓫，各因其器⓬，矯情任算⓭，不念舊惡，終能總御⓮皇機⓯，克成洪業者，惟其明略⓰最優也。抑可謂非常之人，超世之傑矣。

【章　旨】以上為本卷最後一部分，為對傳主的綜合評定。

【注　釋】❶評曰　陳壽寫《三國志》，仿司馬遷《史記》每紀傳之後置「太史公曰」引發議論之列，在每一卷末以「評曰」發表對紀傳主的簡要評論。❷四州　指袁紹占據的冀、青、幽、并四州。❸鞭撻宇內　比喻以武力征服天下。❹擥　吸收採納。❺申　指戰國時鄭國京（今河南滎陽東南）人申不害。韓昭侯用申為相，以術治國，國治兵強，當時無人敢侵犯韓國。事見《史記》卷六十三〈老子韓非列傳〉。❻商　指戰國時衛國人商鞅。他輔佐秦孝公，實行變法，奠定秦國富強基礎。事見《史記》卷六十八本傳。❼法術　法制和權術。申、韓二人雖然同屬法家，但在具體的施政手段上，前者善用術，後者善用法。曹操則兼採二者之長。❽該　兼有。❾韓　指漢開國名將韓信。淮陰（今江蘇淮陰西南）人。幫助劉邦打天下，善用兵，自稱將兵「多多益善」。著有《兵法》三篇，今已亡佚。《史記》卷九十三、《漢書》卷三十四有傳。❿白　指戰國時秦國名將白起。為秦攻韓、魏、趙、楚等國，取城邑七十餘，屢建戰功，被封為武安君。事見《史記．白起王翦列傳》。⓫官方授材　調授給有法術、有才幹的人以官職。方，法術，指有經驗、專長的人。材，才幹，指辦事有能力的。⓬器　人之才質。⓭矯情任算　克制感情，施用謀略。⓮總御　全面駕馭。⓯皇機　皇朝大權。⓰明略　聰明和謀略。

【語　譯】評論說：漢朝末年，天下大亂，英雄豪傑並起，而袁紹占據冀、青、幽、并四州，強盛無敵。太祖運籌謀略，以武力征服天下，採用申不害、商鞅治國的法制、權術，兼有韓信、白起的用兵奇策，選拔有專門才幹的人，授予官職，各因其人，用其所長，克制感情，施用謀略，不計舊惡，終能全面駕馭皇朝大權，完成大業，這都是因為他的聰明才智、計謀方略最為卓越超群的緣故。可以說他是一位非凡人物，超世英傑啊。

【研　析】曹操為魏開國之主，生前以丞相封爵魏王，其子曹丕稱帝後，追尊為武皇帝。紀文詳述了曹操的出身，早年仕履，黃巾亂國、董卓亂政時的作為，及為漢丞相、封魏公、魏王時的功業。本書作者陳壽評價他是「非常之人，超世之傑」。紀文重在頌揚曹操的宏績偉業，但在頌揚的同時，作為史家的封建正統文人，對曹操晚年功高蓋主，暗有謀逆之意蘊有譏刺。這一「春秋筆法」，可從以下兩個方面看出：

其一，紀文在曹操一生事跡敘述的詳略取捨方面，顯示了這一「春秋筆法」。縱觀本紀，不難看出，史家對曹操黃巾亂起、董卓亂政的初平、興平年間的事跡及從曹操迎獻帝的建安元年至建安十六年間的事跡記載特別詳細，這固然是此時期抗董卓、定中原、北略冀、併吞袁紹袁術、西定關中等，有大事可敘，主要是曹操當初為漢而起，繼為漢而戰，忠心興復漢室，尚無謀漢之心，因此才為史家大書特書。而建安十七年以後，被策命為魏公，入朝可以「贊拜不名，入朝不趨，劍履上殿」。並於建魏社稷、立政府、治魏都，這以後操漸有驕主之心。至建安二十一年，又進曹操為魏王，漸離漢室。所以紀文僅述其大事梗概，極為簡略。

其二，對曹操政令布告文章入史的取捨，史家亦暗具匠心。如建安十五年，史家取這年春天所下的「唯才是舉」令入紀文，意在說明曹操用人，不講德行，只論才幹。有才幹者，即使是不廉之士，甚至「盜嫂受金」之人皆可為用。而是年十二月，曹操另有一令（見裴松之引《魏武故事》），言自己艱苦創業，忠心漢室，辭封四縣之土，最能表現曹操忠主報國的高尚節操，但史家卻偏偏不選，而將其不講節操之令選入，其用心可謂良苦。另，建安十九年十二月，天子命曹操出入可置旄頭，宮殿設鍾虡。旄頭和鍾虡只有皇帝或同姓宗王中最親貴的才能使用，這無疑是獻帝在曹操強大的政治軍事實力面前所表示的無奈之舉。紀文緊接此事引用了曹操的一封令文，曰：「夫有行之士未必能進取，進取之士未必能有行也。陳平豈篤行，蘇秦豈守信邪？……」所謂「有行之士」，當指行為高尚，舉止符合封建道德標準之士。曹操此令明顯是在挑戰最高道德法規，實有為自己「無行」（功高蓋主，蔑視漢室）辯解之意。而史家偏以此令文於此處入紀，不能不說史家暗喻隱議。

曹操是漢末傑出的政治家、軍事家、詩人，但魏晉時期就頗有爭議。有褒之，如西晉王沈之《魏書》，亦有貶之，如吳佚名之《曹瞞傳》。西晉陳壽集諸史料為一編，正面頌其偉業，而對其細微陰詐處則用曲筆隱刺，甚見史家功力。然述曹操從建安二十一年至二十五年事，僅具梗概，不免給人以失衡偏重之感。(王樹林注譯)

卷二　魏書二

文帝紀第二

【題解】本卷是魏帝曹丕的個人本紀。文中以大量的筆墨記述了曹丕在政治、經濟、軍事、文化、外交等方面的作為。人所共知，曹丕還是個文學家，在詩歌、文學評論方面多所建樹，然而陳壽在這方面所用筆墨很少。陳壽不是沒有注意到曹丕這方面的才幹和建樹，他在本紀的最後和評論中還專門提到了他好文學，天資文藻，下筆成章。然而緊接著又對他提出政治上的要求。看來，陳壽是把曹丕作為政治家記述和要求的。

1 文皇帝諱丕，字子桓，武帝❶太子也。中平四年❷冬，生於譙❸。建安十六年❹，為五官中郎將❺、副丞相❻。二十二年，立為魏太子。太祖崩，嗣位為丞相、魏王。尊王后❼曰王太后。改建安二十五年為延康元年。

2 元年❽二月壬戌❾，以大中大夫賈詡為太尉❿，御史大夫華歆為相國⓫，大理王朗⓬為御史大夫。置散騎常侍⓭、侍郎⓮各四人，其宦人為官者不得過諸署令⓯，為金策著令[16]，藏之石室[17]。

3 初，漢熹平五年[18]，黃龍見譙，光祿大夫橋玄[19]問太史令單颺[20]：「此何祥[21]也？」颺曰：「其國後當有王者興，不及[22]五十年，亦當復見。天事恆象[23]，此其應也。」內黃[24]殷登默而記之。至四十五年，登尚在。三月，黃龍見譙，登聞之曰：「單颺之言，其驗茲乎！」

4 己卯[25]，以前將軍夏侯惇為大將軍[26]。濊貊[27]、扶餘單于[28]、焉耆[29]、于闐[30]王皆各遣使奉獻。

5 夏四月丁巳[31]，饒安縣[32]言白雉[33]見。庚午[34]，大將軍夏侯惇薨。

6 五月戊寅[35]，天子[36]命王追尊王祖太尉[37]曰太王，夫人丁氏[38]曰太王后，封王子叡[39]為武德侯。是月，馮翊[40]山賊鄭甘、王照率眾降，皆封列侯。

7 酒泉[41]黃華、張掖[42]張進等各執太守以叛。金城太守蘇則[43]討進，斬之。華降。

8 六月辛亥[44]，治兵於東郊[45]，庚午[46]，遂南征[47]。

9 秋七月庚辰[48]，令曰：「軒轅有明臺之議[49]，放勛有衢室之問[50]，皆所以廣詢於下也。百官有司，其務以職盡規諫，將率陳軍法[51]，朝士明制度[52]，牧守申政事[53]，搢紳考六藝[54]，吾將兼覽焉。」

10 孫權55遣使奉獻。蜀將孟達56率眾降。武都氐57王楊僕率種人內附，居漢陽郡58。

11 甲午59，軍次60於譙，大饗六軍61及譙父老百姓於邑東。八月，石邑縣62言鳳皇63集。

12 冬十月癸卯64，令曰：「諸將征伐，士卒死亡者或未收斂，吾甚哀之。其告郡國給槥櫝65殯斂，送致其家，官為設祭。」丙午66，行至曲蠡67。

【章 旨】以上為第一部分，記述了曹丕即帝位之前的事跡以及他為取代漢獻帝、建立曹魏朝所做的準備。

【注 釋】❶武帝 即曹操，字孟德，小名阿瞞，沛國譙（今安徽亳州）人。東漢末起兵討黃巾，後參加袁紹討董聯盟。占據兗州後，收編黃巾軍三十餘萬，組成青州軍，先後擊敗袁術、陶謙、呂布、袁紹，統一了北方。任丞相，相繼封為魏公、魏王。曹丕建魏後，追封為魏武帝。詳見本書卷一〈武帝紀〉。❷中平四年 西元一八七年。中平，東漢靈帝劉宏年號，西元一八四─一八九年。❸譙 縣名。治所在今安徽亳州。❹建安十六年 西元二一一年。建安，東漢獻帝劉協年號，西元一九六─二二〇年。❺五官中郎將 官名，中郎之首，統五官中郎。❻副丞相 丞相的副手。丞相，朝中最高行政長官，曹丕所任五官中郎將，具有特殊地位。❼王后 即曹丕的生母卞氏，琅邪開陽（今山東臨沂）人，年二十被曹操納為妾，性約簡，明大義，東漢建安二十四年（西元二一九年）立為王后。文帝即位後尊為王太后，又尊為皇太后，稱永壽宮。明帝即位後尊為太皇太后。詳見本書卷五〈武宣卞皇后傳〉。❽元年 即延康元年（西元二二〇年）。❾壬戌 舊曆十六日。❿大中大夫句 大中大夫，官名。掌顧問應對，供事宮中，參與重要制度法令的制定。賈詡，字文和，武威姑臧（今甘肅武威）人，善計謀，有張良、陳平之才。董卓時任討虜校尉，董卓死後勸說董卓部下李傕、郭汜攻取長安。後投奔張繡，又勸張繡降曹。多次為曹操獻計獻策。詳見本書卷十〈賈詡傳〉。太尉，官名。與丞相、御史大夫合稱三公，掌軍事。⑪御史大夫句　御史大夫，官名。三公之一，掌監察百官。華歆，字子魚，平原高唐（今山東禹城西南）人，漢靈帝末舉孝廉，除郎中，漢獻帝時任豫章太守。孫策略地江東，華歆舉城降之，深受孫策禮遇。後被徵入京，歷任議郎、尚書等職。詳見本書卷十三〈華歆傳〉。相國，即丞相，東漢建安二十一年（西元二一六年）更名相國。⑫大理王朗　大理，官名。掌司法，負責審理判決重大案件。王朗，字景興，東海郯（今山東郯城）人，因通經被拜為郎中，又任會稽太守，後被曹操表為諫議大夫。博學多才，為《周易》、《春秋》、《孝經》、《周禮》等儒家經典作傳。詳見本書卷十三〈王朗傳〉。⑬散騎常侍　官名。隨從皇帝出入，參與處理尚書臺呈送給皇帝的機要公事，負責起草詔命。⑭侍郎　官名。亦稱散騎侍郎，侍從皇帝左右。⑮諸署令　各署的負責官員。署，指當時宮廷中為魏王製作並收藏各種生活用品的機構，如太官、御府、尚方、中藏府等。令，即上述各署的負責官員。⑯金策著令　把這一命令的文字鑄在金屬板上。⑰石室　用石材建造的房屋，因其堅固且防火，用來保存朝廷文書、檔案和圖冊。⑱熹平五年　西元一七六年。熹平，東漢靈帝劉宏年號，西元一七二—一七八年。⑲光祿大夫橋玄　光祿大夫，官名。相當於皇帝的顧問，諸公告老及在朝重臣加拜此官以示優重。橋玄，字公祖，梁國睢陽（今河南商丘南）人，東漢大臣，靈帝時官太尉。後稱疾免官。性剛強，不阿權貴，為官清廉，待人謙和，為當時名臣。詳見《後漢書・橋玄列傳》。⑳太史令單颺　太史令，官名。掌觀察天文，記錄祥瑞災異，制定曆法。每逢朝廷有祭祀和嫁娶，則負責選定吉日良辰。單颺，字武宣，山陽郡湖陸（今山東魚臺東南）人，善天文曆算。任太史令、侍中、漢中太守等職。詳見《後漢書・方術列傳》。㉑何祥　什麼徵兆。㉒不及　不到。㉓天事恆象　上天的行動永遠通過一定的現象顯示出來。㉔內黃　縣名。治所在今河南內黃西北。㉕己卯　舊曆初三日。㉖前將軍夏侯惇句　前將軍，漢代重號將軍之一，與後、左、右將軍並位上卿。此時仍為高級軍事將領。曹魏以後地位漸低。夏侯惇，字元讓，沛國譙（今安徽亳州）人，少以烈氣聞名。隨曹操起兵，從征呂布時被流矢傷左目。尊重學人，生性節儉，樂於施捨。詳見本書卷九〈夏侯惇傳〉。大將軍，最高軍事統帥，外主征戰，內秉國政。㉗濊貊　國名。轄境包括今朝鮮臨津江流域以東至海的廣大區域。㉘扶餘單于　扶餘，東北國名。轄境以今吉林農安為中心，南迄遼寧北境，東與挹婁相接，北至今黑龍江。西漢在此設玄菟郡，東漢改遼東郡。單于，扶餘首領。㉙焉耆　西域國名。國都在員渠城（今新疆焉耆西南），初屬匈奴，後屬西漢西域都護府，西漢末又屬匈奴，東漢時又內屬。㉚于闐　西域國名。轄地包括今崑崙山以北，葱嶺以東，塔里木盆地西南部邊緣一帶。㉛丁巳　舊曆十二日。㉜饒安縣　縣名。治所在今山東樂陵西北。㉝白雉　白色的野雞。古代認為牠是祥瑞之物。㉞庚午　舊曆二十五日。㉟戊寅　舊曆初三日。㊱天子　即漢獻帝，名劉協，字伯和，靈帝子，為董卓所立。董卓死後，又被李傕所掠。建安元年（西元一九六年）被曹操迎至許昌。西元二二〇年曹魏建立，被廢為山陽公。詳見《後漢書・孝獻帝紀》。㊲王祖太尉　即曹嵩，字巨高，沛國譙（今安徽亳州）人，曹操之父，宦官曹騰的養子，東漢末任司隸校尉、大司農、大鴻臚、太尉等職。後罷官至琅邪避難，途中被護送的兵士殺死。其事散見於本書卷一〈武帝紀〉及裴松之注引《續漢書》、《世語》。王祖，《三國志集解》云：「宋、元本、馮本作『皇祖』，誤。胡三省曰：『王祖，漢太尉曹嵩也。』」㊳丁氏　曹嵩的正妻。㊴叡　即曹叡，字元仲，文帝之子。文帝病重時才立其為太子。文帝死後即位，是為明帝。即位後大興土木，耽意遊玩，也關心文化，鼓勵學術。詳見本書卷三〈明帝紀〉。㊵馮翊　即左馮翊。曹丕代漢以後，對地方行政區劃及其名稱做了很多改動。漢代「三輔」中，京兆尹改為京兆郡，左馮翊改為馮翊，右扶風改為扶風。㊶酒泉　郡名。治所在今甘肅酒泉。㊷張掖　郡名。治所在今甘肅張掖西北。㊸金城太守蘇則　金城，郡名。治所在今甘肅永靖西北。太守，郡中最高行政長官。蘇則，字文師，扶風武功（今陝西扶風東南）人，少以學行聞名，曾任酒泉、安定、武都、金城等郡太守，所在有威名。隨曹操破張魯，招懷羌胡、安撫流民，立功頗多，官至侍中。詳見本書卷十六〈蘇則傳〉。㊹辛亥　舊曆初七日。㊺治兵於東郊　治兵，訓練檢閱軍隊。東郊，此指魏王國首都鄴城的東郊。㊻庚午　舊曆二十六日。㊼南征　所謂南征，其實是曹丕出動大軍的藉口。他從鄴城出發後，並沒有南下與孫權作戰，而是在離許昌不到五十公里的潁陰縣境內停留下來，其意在炫耀武力，逼迫漢獻帝讓位。㊽庚辰　舊曆初六日。㊾軒轅有明臺之議　軒轅，即黃帝，姬姓，號軒轅氏，又號有熊氏，傳說為中原各族的共同祖先。傳說他在阪泉之野打敗炎帝，在涿鹿之野擒殺蚩尤，成為中原部落聯盟的首領。有土德之瑞，土德尚黃，故號黃帝。詳見《史記・五帝本紀》。明臺，以論政事的地方，相傳黃帝曾在明臺徵詢下屬的意見。㊿放勛有衢室之問　放勛，即堯，姓伊祁氏，號陶唐，謚號堯，亦稱唐堯。傳說其設官掌管時令，制定曆法，諮詢四嶽，選定舜為其繼承人。衢室，傳說中唐堯聽取民眾意見的地方。詳見《史記・五帝本紀》。(51)將率陳軍法　將帥陳說軍法。將率，將領。陳，陳說。(52)朝士明制度　朝士，朝廷中的士大夫，此指朝廷中的文職官員。明，闡明。(53)牧守中政事　州牧郡守報告行政事務。中，報告。(54)搢紳考六藝　搢紳，把笏板插在腰帶間。搢紳是古代官員的裝束，此指負責議論政事得失的朝廷官員。考六藝，從六經中考察治國經驗。漢代以後的六藝又指儒家《詩》、《書》、《禮》、《樂》、《春秋》、《易》等六經。(55)孫權　字仲謀，吳郡富春（今浙江富陽）人，孫策弟。孫策死後即位，被封討虜將軍，領會稽太守。黃武八年（西元二二九年）即帝位於武昌。死後謚大皇帝，廟號太祖。詳見本書卷四十七〈吳主傳〉。(56)孟達　字子度，扶風（今陝西興平東南）人。先依劉璋，後投劉備，任宜都太守。荊州丟失後投降曹魏，任西城太守，又因在曹魏與蜀漢之間游移不定而被司馬懿所殺。其事跡散見於本書卷四十〈劉封傳〉、卷四十一〈費詩傳〉、《晉書・宣帝紀》。57武都氐　武都，郡名。治所在今甘肅西和西南。氐，古代西部地區的少數民族。武都郡是氐人聚居區，楊氏世代為氐人的首領，從漢代至南北朝均如此。其根據地在仇池山，又叫百頃山，因此當地氐族又名仇池氐，楊氏又稱百頃氐王。58漢陽郡　郡名。治所在今甘肅甘谷東南。59甲午　舊曆二十日。60次　駐紮。61大饗六軍　用酒食慰勞軍隊。饗，用酒食慰勞。六軍，泛指朝廷軍隊。62石邑縣　縣名。治所在今河北石家莊西南。63鳳皇　即「鳳凰」。傳說中的神鳥，雄者曰鳳，雌者曰凰。長得頭似雞，頸似蛇，頷如燕，背如龜，尾如魚，五彩色。牠的出現被認為是祥瑞之兆。64十月癸卯　舊曆十月初一日。十月，原誤作「十一月」，據《三國志集解》校改。65櫬櫝　小而薄的棺材。66丙午　舊曆初四日。67曲蠡　地名。在今河南許昌南，當時屬潁川郡潁陰縣，在許都西南不到五十公里處。

【語　譯】文皇帝名丕，字子桓，是武帝的太子。中平四年冬，生於譙縣。建安十六年，任五官中郎將和丞相的副手。建安二十二年，被立為魏國的王太子。太祖去世，繼位為丞相、魏王。尊王后卞氏為王太后。把建安二十五年改為延康元年。

2　延康元年二月十六日，任命大中大夫賈詡為太尉，御史大夫華歆為相國，大理王朗為御史大夫。設置散騎常侍、侍郎各四人，宦官當官的不能超過各府署令，並把這一命令鑄在金屬板上，收藏在石室內。

3　當初，東漢熹平五年，有黃龍出現在譙縣，光祿大夫橋玄問太史令單颺：「這是什麼徵兆？」單颺說：「那個地方以後會有帝王興起，不到五十年，還會再次出現黃龍。上天的行動永遠通過一定的現象顯示出來，這就是一個應驗。」當時內黃縣人殷登默默的記住了他的話。到了第四十五年，殷登還在世。三月，黃龍出現在譙縣，殷登聽到後說：「單颺的話，大概應驗於此了！」

4　三月初三日，任前將軍夏侯惇為大將軍。濊貊、扶餘單于、焉耆、于闐國王都各自派遣使節貢獻禮物。

5　夏四月十二日，饒安縣報告說有白雉出現。二十五日，大將軍夏侯惇去世。

6　五月初三日，天子獻帝命魏王追尊祖父太尉曹嵩稱太王，曹嵩的夫人丁氏稱太王后，封王子曹叡為武德侯。這個月，馮翊山區的賊寇鄭甘、王照率領部眾投降，全都被封為列侯。

7 酒泉人黃華、張掖人張進等各自拘捕太守叛變。金城郡太守蘇則討伐張進，斬殺了他。黃華投降。

8 六月初七日，在東郊訓練整頓軍隊，二十六日，便出兵南征。

9 秋七月初六日，魏王下令說：「軒轅帝在明臺討論國政，唐堯帝在衢室詢問政事，全都是為了廣泛徵求下面的意見。所有官員和有關部門，一定要努力盡職對我進行規勸，將帥要講述軍法，朝廷官員要闡明規章制度，州牧郡守要報告行政事務，官員們要從儒家六經中考察治國經驗，我將全面的查察。」

10 孫權派遣使臣貢獻禮物。蜀漢將領孟達率領部眾投降。武都氐王楊僕率部落進入內地歸附，居住在漢陽郡。

11 二十日，軍隊駐紮在譙縣，魏王在縣東設酒食大宴六軍以及譙縣父老百姓。八月，石邑縣報告說有鳳凰聚集。

12 冬十月初一日，魏王下令說：「將領們出征討伐，死亡的士兵有的沒有被收殮，我特別傷心。通告郡國長官提供棺材收殮他們，並送到他們家，由官府為他們安排祭奠。」初四日，大軍到達曲蠡。

1 漢帝以眾望在魏，乃召羣公卿士❶，告祠高廟❷。使兼御史大夫張音持節奉璽綬禪位❸，冊❹曰：「咨爾魏王❺：昔者帝堯❻禪位於虞舜❼，舜亦以命禹❽，天命不于常❾，惟歸有德。漢道陵遲❿，世失其序，降及朕躬⓫，大亂茲昏⓬，羣兇肆逆，宇內顛覆。賴武王神武，拯茲難於四方，惟清區夏⓭，以保綏⓮我宗廟，豈予一人獲乂⓯，俾九服⓰實受其賜。今王欽承前緒，光于乃德⓱，恢文武之大業⓲，昭爾考之弘烈⓳。皇靈⓴降瑞，人神告徵㉑，誕惟亮采㉒，師錫㉓朕命，僉曰爾度克協于虞舜㉔。用率我唐典㉕，敬遜爾位。於戲㉖！天之曆數在爾躬，允執其中㉗，天祿永㉘終。君其祗順大禮㉙，饗茲萬國㉚，以肅㉛承天命。」乃為壇於繁陽㉜。庚午㉝，王升壇即阼㉞，百官陪位。事訖，降壇，視燎㉟成禮而反。改延康為黃初㊱，大赦。

2 黃初元年十一月癸酉㊲，以河內之山陽㊳邑萬戶奉漢帝為山陽公，行漢正朔㊴，以天子之禮郊祭㊵，上書不稱臣㊶，京都有事於太廟㊷，致胙㊸；封公之四子為列侯。追尊皇祖太王曰太皇帝，考武王曰武皇帝，尊王太后曰皇太后。賜男子爵人一級㊹，為父後及孝悌力田㊺人二級。以漢諸侯王㊻為崇德侯，列侯為關中侯。以潁陰㊼之繁陽亭為繁昌縣。封爵增位各有差。改相國為司徒，御史大夫為司空，奉常㊽為太常，郎中令㊾為光祿勳，大理㊿為廷尉，大農(51)為大司農。郡國縣邑，多所改易。更授匈奴南單于呼廚泉(52)魏璽綬，賜青蓋車(53)、乘輿(54)、寶劍、玉玦(55)。十二月，初營洛陽宮，戊午幸洛陽(56)。

【章旨】以上為第二部分，記述了曹丕取代漢獻帝建立曹魏的經過及其對漢獻帝的處置。

【注釋】❶羣公卿士　朝廷百官。❷告祠高廟　在高廟祭祀並告知自己的祖先。高廟，祭祀開國皇帝劉邦的神廟。劉邦的尊號為高皇帝，故名。❸奉璽綬禪位　把皇帝的印綬奉送給曹丕讓帝位給他。❹冊　古代皇帝對臣下封爵授官的詔書。也叫

「策」。❺咨爾魏王 《論語・堯曰》記載堯禪位於舜時的話，第一句是「咨！爾舜！」此處策文即仿照這種句式。咨，感嘆詞，無義。❻帝堯 即唐堯。❼虞舜 傳說中有虞氏部落長，姚姓，一說嬀姓，名重華。相傳他受堯的禪讓即位後，剪除四凶，任禹平水土，契管人民，益掌山澤，皋陶作士，天下大治。詳見《史記・五帝本紀》。❽禹 夏后氏部落長，姒姓，又稱夏禹、大禹。受虞舜之命治理洪水，接受其父治水失敗的教訓，歷時十年，最後終於戰勝洪水，因此大得民心，被選為虞舜的繼承人。詳見《史記・夏本紀》。❾天命不于常 上天的旨意不是永久不變。❿陵遲 衰頹。⓫朕躬 自身。⓬茲昏 更加混亂。⓭區夏 華夏地區，指中國。⓮保綏 保護、安定。⓯獲乂 得到安定。⓰九服 京畿以外的九等地區，即侯服、甸服、男服、采服、衛服、蠻服、夷服、鎮服、藩服。此處指京畿以外的全國各地。⓱光于乃德 發揚光大您的美德。⓲恢文武之大業 拓展文治武功的大業。⓳昭爾考之弘烈 光大您父親的豐功偉業。爾考，您的父親。指曹操。弘烈，豐功偉業。⓴皇靈 上天的神靈。㉑告徵 顯示徵兆。㉒誕惟亮采 誕，誕生。亮采，輔相，此處指曹丕。㉓師錫 眾人議論。師，眾人。錫，給予（議論）。㉔僉曰爾度句 都說您的器度和虞舜相符。㉕用率我唐典 因此遵循唐堯制定的制度。漢代的皇族劉氏，據說是唐堯的後裔，因此策文說「率我唐典」。用，因此。率，遵循。㉖於戲 感嘆詞。㉗允執其中 實實在在堅守公正。㉘永 原作「允」，今從宋本。㉙君其祗順大禮 您要恭敬的舉行接受禪讓繼承帝位的大禮。祗順，恭敬的舉行。㉚饗茲萬國 享有全國。㉛肅 肅敬。㉜繁陽 地名。在今河南潁陰西北繁城鎮，曹丕受禪臺遺址仍然存在。㉝庚午 舊曆二十八日。㉞即阼 即帝位。㉟視燎 觀看祭祀的柴火。按照當時的禮制，新朝皇帝即位時要舉行燔祭大禮，所謂燔祭就是點燃堆放的木柴，稱為燎柴。㊱黃初 魏文帝曹丕年號，西元二二〇—二二六年。㊲癸酉 舊曆初一日。㊳河內之山陽 河內，郡名。治所在今河南武陟西南。山陽，縣名。治所在今河南焦作東。㊴行漢正朔 正朔，一年第一天開始的時候。中國古代的夏曆以冬至之後二月為正月，天明為朔；殷曆以冬至之後一月為正，雞鳴為朔；周曆以冬至所在的月份為正月，夜半為朔。漢代自西漢武帝時起行太初曆，使用的是夏曆的正朔。行漢正朔，即允許山陽公繼續使用漢代的曆法。㊵郊祭 即皇帝在南郊和北郊的祭祀，祭祀對象為天地、日月、星辰、風雨雷電、名山大川等，目的是祈求福佑。㊶上書不稱臣 山陽公向魏帝上奏章時不以臣自稱。㊷事於太廟 在太廟祭祀祖先的活動。㊸致胙 送去祭祀所用的肉。按照祭禮，凡參與祭祀的人，異姓則歸之胙，同姓則留之宴。漢獻帝不出席祭禮而賜胙，表示對他的尊重。㊹賜男子爵人一級 賜給天下男子每人爵位一級。爵位是朝廷賜給臣民的榮譽性稱號。秦代的爵位有二十級，兩漢沿襲秦制。曹操執政後對秦漢爵名加以改動，最高的為列侯，第十九級為關內侯，十八級為名號侯，十七級為關中侯，十六級為關外侯，十五級為五大夫。爵位通常用來獎勵軍功，但在大吉慶或大災害時，朝廷也普遍賞賜成年男子以示恩惠。㊺孝悌力田　漢代二種選舉科目，旨在勸勵人民敦行務本。㊻漢諸侯王　東漢皇族的親王。㊼潁陰　縣名。治所在今河南許昌。㊽奉常　官名。秦代九卿之一，掌管宗廟祭祀禮儀。㊾郎中令　官名。秦代九卿之一，掌皇帝護衛侍從。㊿大理　官名。漢代九卿之一，掌管國家司法。51大農　官名。秦漢稱大司農，東漢建安十八年（西元二一三年）改為大農，掌管國家財政。52南單于呼廚泉　南單于，南匈奴首領。呼廚泉，南匈奴首領，東漢建安二十一年（西元二一六年）入中原朝見，被待以客禮，留魏。53青蓋車　皇太子和已經封王的皇子所乘坐的車輛，因其車蓋為青色，故名。54乘輿　皇帝專用的車隊。55玉玦　顯貴者佩戴的玉飾，形狀為有缺口的圓形環。56戊午幸洛陽　戊午，舊曆十七日。幸，皇帝到某地曰幸。

【語　譯】漢獻帝認為眾人的心都歸向魏國，便召集公卿百官，到高祖神廟祭祀稟告自己讓位的決定。又派兼任御史大夫的張音手持符節送上皇帝的印綬給曹丕禪讓帝位，下策文說：「啊！魏王：過去唐堯禪位給虞舜，虞舜也用這種方法讓位給夏禹，上天的旨意不是永久不變的，只把帝位交給有德的君主。漢朝的命運衰微，社會失去了秩序，下傳到我，更加動亂，羣兇肆意為逆，國家翻天覆地。全靠魏武王神明威武，拯救四方的危難，肅清華夏，使我家宗廟得到了保護和安寧，豈止我一個人獲得安定，實在是使全國各地都得到了他的恩賜。如今魏王您恭敬的繼承了先人的事業，發揚光大您的美德，擴展文治武功的大業，光大您父親的豐功偉績。上天神靈降下祥瑞，人神全都預告吉祥的徵兆，誕生了輔佐我的丞相，眾人賜與我使命，都說您的器度和虞舜相符合。因此遵循我唐堯制定的典章制度，恭恭敬敬的把帝位讓給您。啊！上天的命運在您身上，您實實在在的堅守公正，上天賜給的祿位永存。您要恭敬的舉行接受禪讓繼承帝位的大禮，享有全國，恭敬嚴肅的承受天命。」於是在繁陽建立受禪臺。二十八日，魏王登臺即帝位，百官在旁排列。典禮完畢，魏王走下受禪臺，觀看祭祀的柴火，完成最後的儀式返回。改延康年號為黃初，大赦天下。

2　黃初元年十一月初一日，用河內郡山陽縣一萬民戶供奉漢獻帝為山陽公，使用漢朝的曆法，用天子的禮儀進行郊祀祈福，上書皇帝不自稱臣子，京城凡有祭祀宗廟的活動，都要給山陽公送去祭祀所用之肉；封山陽公的四個兒子為列侯。追尊皇祖太王曹嵩為太皇帝，父親武王曹操為武皇帝，尊王太后卞氏為皇太后。賜予天下男子每人爵位一級，成為父親繼承人的和具有孝悌、力田身分的人每人爵位二級。把漢朝諸侯王都改封為崇德侯，列侯改封為關中侯。把潁陰縣的繁陽亭改為繁昌縣。其他人員封爵晉職各有等級。改相國為司徒，御史大夫為司空，奉常為太常，郎中令為光祿勳，大理為廷尉，大農為大司農。郡國縣邑，多有改動。改授給匈奴南單于呼廚泉魏朝的印綬，賜給他青蓋車、皇帝的專用車隊、寶劍、玉玦。十二月，開始營建洛陽宮，十七日文帝親臨洛陽。

1 是歲，長水校尉戴陵❶諫不宜數行弋獵❷，帝大怒；陵減死罪一等❸。

2 二年春正月，郊祀天地、明堂❹。甲戌❺，校獵至原陵❻，遣使者以太牢祠❼漢世祖❽。乙亥❾，朝日❿于東郊。初令郡國口滿十萬者，歲察孝廉⓫一人；其有秀異⓬，無拘戶口。辛巳⓭，分三公戶邑，封子弟各一人為列侯。壬午⓮，復潁川郡一年田租⓯。改許縣為許昌縣⓰。以魏郡⓱東部為陽平郡⓲，西部為廣平郡⓳。

3 詔曰：「昔仲尼資大聖之才⓴，懷帝王之器，當衰周之末，無受命㉑之運，在魯、衛㉒之朝，教化乎洙、泗㉓之上，悽悽㉔焉，遑遑㉕焉，欲屈己以存道，貶身以救世。於時王公終莫能用之，乃退考五代㉖之禮，脩素王㉗之事，因魯史而制春秋㉘，就太師而正雅頌㉙，俾千載之後，莫不宗其文以述作㉚，仰其聖以成謀㉛，咨！可謂命世之大聖，億載之師表者也。遭天下大亂，百祀㉜墮壞，舊居之廟，毀而不脩，褒成㉝之後，絕而莫繼，闕里㉞不聞講頌之聲，四時不覩蒸嘗之位㉟，斯豈所謂崇禮報功，盛德百世必祀者哉？其以議郎孔羨㊱為宗聖侯，邑百戶，奉孔子祀。」令魯郡㊲脩起舊廟，置百戶吏卒以守衛之，又於其外廣為室屋以居學者。

4 三月㊳，加遼東太守公孫恭為車騎將軍㊴。初復五銖錢㊵。夏四月，以車騎將軍曹仁㊶為大將軍㊷。五月，鄭甘復叛，遣曹仁討斬之。六月庚子㊸，初祀五嶽四瀆㊹，咸秩羣祀㊺。丁卯㊻，夫人甄氏㊼卒。戊辰晦㊽，日有食之，有司奏免太尉㊾，詔曰：「災異之作㊿，以譴元首[51]，而歸過[52]股肱，豈禹、湯罪己之義[53]乎？其令百官各虔厥職[54]，後有天地之眚[55]，勿復劾三公。」

5 秋八月，孫權遣使奉章，并遣于禁[56]等還。丁巳[57]，使太常邢貞持節拜權為大將軍，封吳王，加九錫[58]。冬十月，授楊彪[59]光祿大夫。以穀貴，罷五銖錢。己卯[60]，以大將軍曹仁為大司馬[61]。十二月，行東巡。是歲築陵雲臺[62]。

6 三年春正月丙寅朔[63]，日有食之。庚午[64]，行幸許昌宮。詔曰：「今之計、孝[65]，古之貢士也；十室之邑，必有忠信，若限年[66]然後取士，是呂尚、周晉[67]不顯於前世也。其令郡國所選，勿拘老幼；儒通經術，吏達文法[68]，到皆試用。有司糾故不以實者[69]。」

7 二月，鄯善[70]、龜茲[71]、于闐王各遣使奉獻，詔曰：「西戎即敘[72]，氐、羌來王[73]，詩、書美之[74]。頃者西域[75]外夷並款塞[76]內附，其遣使者撫勞之。」是後西域遂通，置戊己校尉[77]。

8 三月乙丑[78]，立齊公叡為平原王，帝弟鄢陵公彰[79]等十一人皆為王。初制封王之庶子為鄉公，嗣王之庶子為亭侯，公之庶子為亭伯。甲戌[80]，立皇子霖[81]為河東王。甲午，行幸襄邑[82]。夏四月戊申[83]，立鄄城侯植[84]為鄄城王。癸亥[85]，行還許昌宮。五月，以荊、揚、江表[86]八郡為荊州，孫權領牧[87]故也；荊州江北諸郡為郢州[88]。

9 閏月[89]，孫權破劉備[90]於夷陵[91]。初，帝聞備兵東下，與權交戰，樹柵連營七百餘里，謂羣臣曰：「備不曉兵，豈有七百里營可以拒敵者乎！『苞原隰險阻而為軍者為敵所禽[92]』，此兵忌也。孫權上事[93]今至矣。」後七日[94]，破備書到。

10 秋七月，冀州[95]大蝗，民饑，使尚書杜畿[96]持節開倉廩以振之。八月，蜀大將黃權[97]率眾降。

11 九月甲午[98]，詔曰：「夫婦人與政[99]，亂之本也。自今以後，羣臣不得奏事太后，后族之家[100]不得當輔政之任，又不得橫受茅土之爵[101]；以此詔傳後世，若有背違，天下共誅之。」庚子[102]，立皇后郭氏[103]。賜天下男子爵人二級；鰥寡篤癃[104]及貧不能自存[105]者賜穀。

【章旨】以上為第三部分，記述了曹丕建立曹魏後在政治、軍事、經濟、外交等方面的作為。

【注釋】❶長水校尉戴陵　長水校尉，官名。京城有特種兵北軍五營，每營設校尉一人，長水校尉即其中之一，負責統領烏丸族騎兵七百餘人，警衛京城。戴陵，魏明帝時曾受司馬懿督統西屯長安，率精兵四千守上邽，以拒諸葛亮。事見《三國志・諸葛亮傳》裴松之注引《漢晉春秋》。❷弋獵　遊弋打獵。❸減死罪一等　比死罪輕一等。❹明堂　皇帝祭祀五方天帝宣布政教的地方。❺甲戌　舊曆初三日。❻原陵　東漢光武帝劉秀的陵墓，在今河南洛陽北郊。❼以太牢祠　用太牢祭祀。太牢，用牛羊豕三牲作為祭品。❽漢世祖　即劉秀，字文叔，南陽蔡陽（今湖北棗陽西南）人。劉邦九世孫，新莽末起兵，加入綠林軍。大破王莽軍於昆陽。西元二五年稱帝，定都洛陽，年號建武。後征討赤眉軍，削平各地割據勢力，統一全國。在位期間多次發布釋放奴婢和禁止殘害奴婢的命令，興修水利，整頓吏治。死後廟號世祖，諡號為光武。詳見《後漢書・光武帝紀》。❾乙亥　舊曆初四日。❿朝日　皇帝祭祀太陽的禮儀。⓫孝廉　漢代察舉官吏的科目，指孝子和廉吏。始於西漢武帝時，在東漢尤為求仕進者必由之路。⓬秀異　特別優秀突出的人。⓭辛巳　舊曆初十日。⓮壬午　舊曆十一日。⓯復潁川郡一年田租　免除潁川郡一年的田租。曹丕之所以如此，是因為潁川是曹操起兵之地，官渡之戰中給曹操以兵力軍糧的支持，被視為曹魏成就大業的王基之地。復，免除。⓰許昌縣　縣名。治所在今河南許昌東。⓱魏郡　郡名。治所在今河北臨漳西南。⓲陽平郡　郡名。治所在今河北大名東北。⓳廣平郡　郡名。治所在今河北邯鄲東北。⓴仲尼資大聖之才　孔子具有大聖的才能。仲尼，即孔子，名丘，字仲尼，魯國陬邑（今山東曲阜東南）人。春秋末期的思想家、政治家、教育家，儒家的創始人。五十歲時任魯國司寇，後因其道不行，周遊列國，宣傳推行自己的主張。晚年致力於教育和整理古典文獻。整理《詩經》、《尚書》，刪定《春秋》，其思想一直在中國傳統文化中占正統地位，對後世影響極大。詳見《史記・孔子世家》。資，具有。㉑受命　承受天命。㉒魯衛　魯，先秦國名。西元前十一世紀西周所分封的諸侯國，開國君主是周公旦的兒子伯禽，建都曲阜（今山東曲阜）。春秋時國勢衰，後被季孫、孟孫、叔孫三家所分。戰國時成為小國。西元前二五六年被楚國所滅。衛，先秦國名。開國君主是周武王的弟弟康叔，建都朝歌（今河南淇縣），西元前二五四年被魏國所滅，後在秦的扶持下復國，遷都野王（今河南沁陽）。西元前二〇九年被秦所滅。㉓洙泗　均為河流名。兩條河在今山東泗水北合流而下，至曲阜城北又分，洙水在北，泗水在南。孔子曾在兩河之間聚眾講學。㉔悽悽　忙碌奔走。㉕遑遑　匆匆忙忙的樣子。㉖五代指唐、虞、夏、商、周五個朝代。㉗素王　有王者之道而無王者名位。此指孔子。㉘春秋　為儒家五經之一。編年體史書。相傳是孔子根據魯國史官所編《春秋》加以整理修訂而成。後代儒者解釋《春秋》稱傳。現存有三家：《左氏傳》、《公羊傳》、《穀梁傳》。㉙雅頌　均為《詩經》中詩歌的類別名。雅多為西周王室貴族作品，主要歌頌西周祖先的功績、反映後期統治危機與周邊各族的矛盾等。頌主要是周天子和魯、宋國君祭祀時的樂歌。㉚宗其文以述作　以他的文章為標準復述前人的學說創造自己的理論。㉛仰其聖以成謀　仰仗他的聖明完成自己的想法。㉜百祀　各種祭祀。㉝褒成　兩漢朝廷給孔子後嗣的封號名。西漢平帝時封孔均為褒成侯，東漢光武帝封孔均之子孔志為褒成侯，以後世代相承，至漢獻帝初年斷。事見《後漢書・儒林列傳》。㉞闕里　地名。在今山東曲阜內闕里街，孔子曾在此居住講學。㉟四時不覩蒸嘗之位　四季看不到祭祀的神位。四時，四季。蒸嘗，均為祭祀名，冬祭叫蒸，秋祭曰嘗。㊱議郎孔羨　議郎，官名。郎中令屬官，掌顧問應對。孔羨，孔子的第二十一代孫。㊲魯郡　郡名。治所在今山東曲阜。㊳三月　此二字上原有「春」字。《三國志集解》云：「上文有『春』字，此『春』字衍文。」㊴加遼東太守句　遼東，郡名。治所在今遼寧遼陽。公孫恭，公孫康之弟，公孫康死後，兒子公孫晃、公孫淵皆小，眾人立公孫恭為遼東太守。事見本書卷八〈公孫度傳〉。車騎將軍，武官名。位次於大將軍、驃騎將軍。掌京師兵衛。㊵五銖錢　錢幣名，西漢武帝元狩五年（西元前一一八年）開始鑄用，東漢繼續使用，東漢末年被董卓所廢。銖，古代重量單位，為一兩的二十四分之一。㊶曹仁　字子孝，沛國譙（今安徽亳州）人，曹操從弟，少好弓馬遊獵。從曹操起兵，征袁術、陶謙、呂布、張繡等，平黃巾，戰官渡，討馬超，鎮荊州，屢立戰功，官至大司馬。詳見本書卷九〈曹仁傳〉。㊷大將軍　最高軍師統帥，外主征戰，內秉國政。㊸庚子　舊曆初一日。㊹五嶽四瀆　五嶽，中國五大名山總稱，即東嶽泰山、西嶽華山、南嶽衡山、北嶽恆山、中嶽嵩山。四瀆，水名的合稱，即長江、黃河、淮河、濟水。㊺咸秩羣祀　全都根據次序，祭祀山川羣神。㊻丁卯　舊曆二十八日。㊼甄氏　魏文帝的皇后，中山無極（今河北無極）人，明帝曹叡的生母。先為袁紹的兒媳，曹操打敗袁紹據有冀州後，被納為曹丕的夫人。後失寵，有怨言，被賜死。詳見本書卷五〈文昭甄皇后傳〉。㊽戊辰晦　舊曆二十九日月末。晦，舊曆每月的最後一天。㊾有司奏免太尉　東漢制度，當天上出現如日食之類的反常天象，地上出現洪水之類的嚴重災害時，要罷免三公，另選他人擔任。(50)災異之作　災害和異常現象的興起。作，興起。(51)元首指君主。(52)歸過　歸罪於。(53)禹湯罪己之義　夏禹商湯歸罪於自己的意義。據說大禹巡狩來到蒼梧，看見市殺人，下車而哭，說：「百姓犯法，罪責在我。」事見《說苑》。商湯時，發生大旱，五年不收。商湯在桑林中祈禱，認為是自己的罪過，請上天懲罰自己。事見《呂氏春秋》。(54)各虔厥職　各自忠於自己的職守。(55)眚　日食之類的災異。(56)于禁　字文則，泰山鉅平（今山東泰安）人。初隨濟北相鮑信，後歸曹操，為曹操手下名將。東漢建安二十四年（西元二一九年），與關羽戰於樊城，兵敗被俘。孫權取荊州後，于禁被送還魏，慚恨而死。詳見本書卷十七〈于禁傳〉。(57)丁巳　舊曆十九日。(58)九錫　天子賞賜給建立大功的諸侯的九種物品：車馬、衣服、樂懸、朱戶、納陛、武賁、鈇鉞、弓矢、秬鬯。(59)楊彪　字文先，弘農華陰（今陝西華陰）人，楊震後裔，少受家學。東漢大臣，反對董卓遷都關中。事見《後漢書》卷五十四楊震附傳。(60)己卯　十月戊戌朔，無己卯。己卯是舊曆一月十三日，此處史文疑有誤。(61)大司馬　官名。協助皇帝總領全國軍事。(62)陵雲臺　樓臺名。在當時洛陽魏宮明光殿的西面。(63)丙寅朔　舊曆初一日。朔，每月的第一天。(64)庚午　舊曆初五日。(65)計孝　上計吏和孝廉。當時上計制度，每年郡國的守相要派專人到京城報告本地人口、墾田數等方面的情況，回答朝廷的詢問。這種專門的人稱上計吏。上計吏多選幹練而有口才的人擔任，常被朝廷留在京城充任郎官，成為人才選舉的一條途徑。孝，原誤作「考」，《通鑑》不誤，據改。(66)限年　限制在一定的年齡內。(67)呂尚周晉　呂尚，名望，一說字子牙。周文王時任太師，武王時號為師尚父，又稱太公望。輔佐周文王、武王有功，被封於齊。據說他輔佐周文王時已經七十多歲了。詳見《史記・齊太公世家》。周晉，周靈王的太子，名晉。據說八歲時就精通音樂。詳見《逸周書・太子晉解》。(68)文法　文書法令。(69)故不以實者　不根據實際情況選舉有才能的人。(70)鄯善　西域國名。故地在今新疆若羌一帶。本名樓蘭，西漢元封三年（西元前一〇八年）內附，元鳳四年（西元前七十七年）改名鄯善。(71)龜茲　西域國名。故地在今新疆庫車一帶。(72)西戎即敘　西方少數民族服從中原王朝的統治。即敘，就序。(73)氐羌來王　氐、羌等少數民族來朝見中原王朝的君主。(74)詩書美之　《詩經》、《尚書》對此加以讚美。(75)西域　地區名。漢代以後對玉門關、陽關以西地區的總稱。分狹義和廣義兩種含義，前者的西界只到葱嶺，後者則包括中亞、西亞、東歐、北非和印度半島。此處指狹義的西域。(76)款塞　叩邊塞門，指外族通好歸附。(77)戊己校尉　官名。負責西域屯田事務的最高長官，治今新疆吐魯番東。(78)乙丑　舊曆初一日。(79)彰　即曹彰，字子文，曹操之子，善射御，膂力過人。文帝黃初三年（西元二二二年）封為任城王，死後諡曰威。唐張守節《史記正義》「猛以剛果曰威」、「彊義執正曰威」。詳見本書卷十九〈任城威王傳〉。(80)甲戌　舊曆初十日。(81)霖　即曹霖，曹丕的庶子，先被立為河東王，後改封館陶縣。明帝時又改封東海。詳見本書卷二十〈東海定王傳〉。82襄邑　縣名。治所在今河南睢縣。83戊申　舊曆十四日。84植　即曹植，字子建，曹操之子。善屬文，言出為論，下筆成章，深得曹操賞識。政治上不得意，文學上造詣頗高。明帝太和六年（西元二三二年）封為陳王，死後諡曰思。詳見本書卷十九〈陳思王傳〉。85癸亥　舊曆二十九日。86江表　江南。87領牧　兼任荊州牧。領，兼任。88郢州　州名。治所在今河南新野。89閏月　當年閏六月。90劉備　字玄德，涿郡涿縣（今河北涿州）人，自稱中山靖王之後。東漢末年起兵，參加征討黃巾，先後投靠公孫瓚、陶謙、曹操、袁紹、劉表。後得諸葛亮輔助，占領荊州、益州，建立蜀漢。詳見本書卷三十二〈先主傳〉。91夷陵　縣名。治所在今湖北宜昌東南郊。92苞原隰險阻句　在低溼的平地或險阻的山丘所包圍的地方駐軍紮營會被敵人所活捉。苞，即「包」。包裹。93上事　上呈的文書。94七日　原作「十日」，今從宋本。95冀州　州名。治所在今河北冀州。96杜畿　字伯侯，京兆杜陵（今陝西西安東南）人，建安中被荀彧舉薦與曹操。在任整飭郡治，恢復生產，開辦學校，政績突出。曹丕稱帝後，官至尚書僕射。詳見本書卷十六〈杜畿傳〉。97黃權　字公衡，巴西閬中（今四川閬中）人。任劉璋州主簿，勸劉璋勿迎劉備。劉備占領益州後乃降，建議劉備取漢中。劉備東伐孫吳，黃權勸諫而不被採納，並且被任為鎮北將軍，督江北軍以防魏軍。伐吳之役失敗，由於道路阻絕，不能回歸，投降曹魏。詳見本書卷四十三〈黃權傳〉。98甲午　舊曆初三日。99婦人與政　婦人干預朝政。100后族之家　皇后家族的家屬。家，家屬。101橫受茅土之爵　無緣無故的受到封爵。橫受，無緣無故的接受。102庚子　舊曆初九日。103郭氏　字女王，安平廣宗（今河北威縣）人，早失二親，曹操為魏公時入東宮。曹丕繼王位後為夫人，登帝位後為貴嬪。甄皇后死後立為皇后。明帝即位後尊為皇太后。詳見本書卷五〈文德郭皇后傳〉。104篤癃　嚴重病殘。105自存　養活自己。

【語　譯】這一年，長水校尉戴陵勸諫文帝不應該屢次外出遊弋打獵，文帝大怒；戴陵被處以比死罪輕一等的刑罰。

2　黃初二年春正月，到都城郊區祭祀天地、明堂。初三日，打獵到達原陵，派遣使者用太牢祭祀漢世祖光武帝。初四日，在東郊祭日。開始下令郡國達到十萬人口的，每年察舉孝廉一人；如果有特別優秀突出的，不受戶口數的局限。初十日，劃分出太尉、司徒、司空三公封地中的一部分民戶，封給他們的子弟一人為列侯。十一日，免除潁川郡一年的田租。改許縣為許昌縣。把魏郡東部定為陽平郡，西部為廣平郡。

3　文帝下詔說：「過去孔子具備大聖的才能，懷抱帝王的器度，遇到衰敗的周朝末年，沒有承受天命的運氣，身處魯國、衛國朝廷，在洙水、泗水之濱施行教化，忙碌奔走，匆忙急迫，想委屈自己以保存正道，貶損自己來拯救世人。當時王公們終究沒有重用他，便隱退下來考察上古五代的禮制，從事無冕帝王所做的事情，利用魯國的歷史而編修《春秋》，去魯國太師那裏學習而校正〈雅〉、〈頌〉之樂，使得千年之後，沒有人不以他的文章為標準復述前人的學說創造自己的理論，仰仗他的聖明完成自己的計畫，啊！他可稱得上是聞名於世的大聖人，億萬年人們學習的楷模。遭逢天下大亂，各種祭祀都被破壞，他故居的神廟，也被毀壞沒有重修，褒成侯的後裔，斷絕了而沒有繼承人，闕里聽不到講課吟誦的聲音，一年四季看不到祭祀的神位，這難道就是人們所說的尊崇禮教酬報功業，有大德的人世世代代一定被人祭祀嗎？現在封議郎孔羨為宗聖侯，食邑一百戶，奉侍對孔子的祭祀。」下令魯郡修復孔子舊廟，安置一百戶官兵守衛孔廟，又在孔廟外廣建房屋給求學的人居住。

4　三月，加授遼東太守公孫恭車騎將軍官號。開始恢復使用五銖錢。夏四月，任命車騎將軍曹仁為大將軍。五月，鄭甘又叛變，朝廷派遣曹仁討伐並斬殺了他。六月初一日，開始祭祀五嶽四瀆，根據次序祭祀各類神廟。二十八日，夫人甄氏去世。二十九日月末，發生日食，有關部門奏請罷免太尉。文帝下詔說：「災害和異常現象發生，是上天用來譴責國家君王的，而歸罪於輔佐大臣，這難道是夏禹、商湯歸罪自己的意義嗎？我現在命令百官各自忠於自己的職守，以後天地間再發生災害或異常現象，不要再彈劾三公。」

5　秋八月，孫權派遣使節呈送章表，並遣送于禁等人歸還。十九日，派太常邢貞持符節授孫權為大將軍，封吳王，加九錫。冬十月，授予楊彪光祿大夫。因為糧穀價貴，廢止五銖錢。己卯日，任命大將軍曹仁為大司馬。十二月，皇帝出行東巡。這一年修築陵雲臺。

6　黃初三年春正月初一日，發生日食。初五日，文帝出行親臨許昌宮。下詔說：「如今的上計吏、孝廉，相當於古代的貢士；十戶人家的小地方，一定有忠信之士，如果先限制一定的年齡然後再選舉人才，那麼呂尚、周公子晉都不會揚名前世。我命令郡國所選舉的人才，不要拘泥於年齡的大小；儒生只要通曉經學，吏員只要熟悉文書法令，來了都可以試用。有關部門要糾察不根據實際情況選舉人才的人。」

7 二月，鄯善、龜茲、于闐王各自派遣使節貢獻禮物，文帝下詔說：「西方少數民族服從我朝，氐羌等少數民族來朝見中原王朝君主，《詩經》、《尚書》對此加以讚美。近來西域的少數民族都叩關內附，應該派遣使者去安撫慰勞他們。」從此以後西域便與中原溝通，在西域設置戊己校尉。

8 三月初一日，立齊公曹叡為平原王，文帝的弟弟鄢陵公曹彰等十一人全都被立為王。開始規定始封王的庶子為鄉公，繼位王的庶子為亭侯，公爵的庶子為亭伯。初十日，立皇子曹霖為河東王。三十日，文帝出行親臨襄邑。夏四月十四日，立鄄城侯曹植為鄄城王。二十九日，巡行回到許昌宮。五月，以荊州、揚州、長江以南的八個郡為荊州，這是因為孫權兼任了荊州牧的緣故；以荊州在長江以北的各郡為郢州。

9 閏六月，孫權在夷陵大敗劉備。當初，文帝聽說劉備的軍隊向東進發，與孫權交戰，樹立柵欄把軍營連接起來有七百多里，便對羣臣說：「劉備不懂得軍事，哪裏有七百里連營可以抗擊敵人的事呢！『在低溼的平地或險阻的山丘所包圍的地方駐軍紮營會被敵人所活捉』，這是兵家的大忌。孫權上奏的文書現在就要到了。」七天以後，大破劉備的文書送到了。

10 秋七月，冀州發生大蝗災，百姓飢餓，朝廷派尚書杜畿持符節開倉賑濟饑民。八月，蜀國大將黃權率領部眾投降。

11 九月初三日，文帝下詔說：「婦人干預朝政，是禍亂的根源。從今以後，羣臣不得向太后稟奏政事，皇后家族的家屬不能擔任輔佐朝政的職務，也不准無緣無故的接受封邑和爵位；要把這個詔書傳給後世，如果有人違背，天下共同誅伐他。」初九日，立郭氏為皇后。賜天下男子每人爵二級；孤獨老人嚴重病殘以及貧窮得不能自我生存的人賜給糧穀。

1 冬十月甲子❶，表首陽山❷東為壽陵，作終制❸曰：「禮，國君即位為椑❹，存不忘亡也。昔堯葬穀林❺，通樹❻之，禹葬會稽❼，農不易畝❽，故葬於山林，則合乎山林。封樹⑨之制，非上古⑩也，吾無取焉。壽陵因山為體，無為封樹，無立寢殿⑪，造園邑⑫，通神道⑬。夫葬也者，藏也，欲人之不得見也。骨無痛痒之知⑭，冢非棲神⑮之宅，禮不墓祭⑯，欲存亡之不黷⑰也，為棺槨足以朽骨，衣衾足以朽肉而已。故吾營此丘墟不食之地⑱，欲使易代⑲之後不知其處。無施葦炭⑳，無藏金銀銅鐵㉑，一㉒以瓦器，合古塗車、芻靈㉓之義。棺但漆際會三過㉔，飯含㉕無以珠玉，無施珠襦玉匣㉖，諸愚俗所為也。季孫以璵璠斂㉗，孔子歷級而救之，譬之暴骸中原㉘。宋公厚葬，君子謂華元、樂莒不臣㉙，以為棄君於惡。漢文帝之不發，霸陵無求也㉚；光武之掘，原陵封樹也㉛。霸陵之完，功在釋之㉜；原陵之掘，罪在明帝㉝。是釋之忠以利君，明帝愛以害親也。忠臣孝子，宜思仲尼、丘明㉞、釋之之言，鑒華元、樂莒、明帝之戒，存於所以㉟安君定親，使魂靈萬載無危，斯則賢聖之忠孝㊱矣。自古及今，未有不亡之國，亦無不掘之墓也。喪亂以來，漢氏諸陵無不發掘，至乃燒取玉匣金縷㊲，骸骨并盡，是焚如㊳之刑也，豈不重痛哉！禍由乎厚葬封樹。『桑、霍為我戒㊴』，不亦明乎？其皇后及貴人㊵以下，不隨王之國㊶者，有終沒㊷皆葬澗西㊸，前又以表其處矣。蓋舜葬蒼梧㊹，二妃不從㊺，延陵㊻葬子，遠在嬴、博㊼，魂而有靈，無不之㊽也，一澗之間，不足為遠。若違今詔，妄有所變改造施，吾為戮尸地下，戮而重戮，死而重死；臣子為蔑[49]死君父，不忠不孝，使死者有知，將不福汝[50]。其以此詔藏之宗廟，副在尚書、祕書、三府[51]。」

2 是月，孫權復叛。復郢州為荊州。帝自許昌南征，諸軍兵並進，權臨江拒守。十一月辛丑[52]，行幸宛[53]。庚申晦[54]，日有食之。是歲，穿靈芝池[55]。

3 四年春正月，詔曰：「喪亂以來，兵革未戢[56]，天下之人，互相殘殺。今海內初定，敢有私復讎者皆族[57]之。」築南巡臺於宛。三月丙申[58]，行自宛還洛陽宮。癸卯[59]，月犯心[60]中央大星。丁未[61]，大司馬曹仁薨。是月大疫。

4 夏五月，有鵜鶘鳥[62]集靈芝池，詔曰：「此詩人所謂汙澤[63]也。曹詩[64]刺恭公[65]遠君子而近小人，今豈有賢智之士處於下位乎？否則斯鳥何為而至？其博舉天下儁德茂才、獨行[66]君子，以答曹人之刺。」

5 六月甲戌[67]，任城王彰薨於京都。甲申[68]，太尉賈詡[69]薨。太白晝見[70]。是月大雨，伊、洛[71]溢流，殺人民，壞廬宅。秋八月丁卯[72]，以廷尉鍾繇[73]為太尉。辛未[74]，校獵於滎陽[75]，遂東巡。論征孫權功，諸將已下進爵增戶各有差。九月甲辰[76]，行幸許昌宮。

6 五年春正月，初令謀反大逆乃得相告(77)，其餘皆勿聽治；敢妄相告，以其罪罪之。三月，行自許昌還洛陽宮。夏四月，立太學(78)，制五經課試(79)之法，置春秋穀梁博士(80)。五月，有司以公卿朝朔望日(81)，因奏疑事，聽斷大政，論辨得失。秋七月，行東巡，幸許昌宮。八月，為水軍，親御龍舟，循蔡、潁(82)，浮淮(83)，幸壽春(84)。揚州(85)界將吏士民，犯五歲刑已下(86)，皆原除之。九月，遂至廣陵(87)，赦青、徐(88)二州，改易諸將守。冬十月乙卯(89)，太白晝見。行還許昌宮。十一月庚寅(90)，以冀州饑，遣使者開倉廩振之。戊申(91)晦，日有食之。

7 十二月，詔曰：「先王制禮，所以昭孝事祖(92)，大則郊社(93)，其次宗廟，三辰五行(94)，名山大川，非此族(95)也，不在祀典。叔世(96)衰亂，崇信巫史，至乃宮殿之內，戶牖(97)之間，無不沃酹(98)，甚矣其惑也。自今，其敢設非祀之祭，巫祝之言，皆以執左道論(99)，著于令典(100)。」是歲穿天淵池(101)。

8 六年春二月，遣使者巡行許昌以東盡沛郡(102)，問民所疾苦，貧者振貸之。三月，行幸召陵(103)，通討虜渠(104)。乙巳(105)，還許昌宮。并州刺史梁習討鮮卑軻比能(106)，大破之。辛未(107)，帝為舟師東征。五月戊申(108)，幸譙。壬戌(109)，熒惑入太微(110)。

9 六月，利成郡(111)兵蔡方等以郡反，殺太守徐質。遣屯騎校尉(112)任福、步兵校尉[113]段昭與青州刺史討平之；其見脅略[114]及亡命者，皆赦其罪。

10 秋七月，立皇子鑒[115]為東武陽王。八月，帝遂以舟師自譙循渦入淮，從陸道幸徐[116]。九月，築東巡臺。冬十月，行幸廣陵故城[117]，臨江觀兵[118]，戎卒十餘萬，旌旗數百里。是歲大寒，水道冰，舟不得入江，乃引還。十一月，東武陽王鑒薨。十二月，行自譙過梁[119]，遣使以太牢祀故漢太尉橋玄。

11 七年春正月，將幸許昌，許昌城南門無故自崩，帝心惡之，遂不入。壬子[120]，行還洛陽宮。三月，築九華臺[121]。夏五月丙辰[122]，帝疾篤，召中軍大將軍曹真[123]、鎮軍大將軍陳羣[124]、征東大將軍曹休[125]、撫軍大將軍司馬宣王[126]，並受遺詔輔嗣主。遣後宮淑媛、昭儀已下歸其家。丁巳[127]，帝崩於嘉福殿，時年四十。六月戊寅[128]，葬首陽陵。自殯及葬，皆以終制從事[129]。

12 初，帝好文學，以著述為務，自所勒成垂百篇[130]。又使諸儒撰集經傳，隨類相從，凡千餘篇，號曰皇覽[131]。

【章　旨】以上為第四部分，記述了曹丕在喪葬制度、禁止淫祀等方面對曹操政策的繼承和堅持，也記述了他在文化建設方面的作為。

【注　釋】❶甲子　舊曆初三日。❷表首陽山　表，用標誌表明。首陽山，山名。在今河南偃師西北。❸終制　遺囑。❹椑貼身內棺。《禮記・檀弓上》：「君即位而為椑，歲一漆之。」意在準備應付意外死亡。❺穀林　地名。在今山東荷澤東北。傳說堯葬在此處。❻通樹　在墓地全部栽種樹木。❼會稽　山名。在今浙江紹興南，相傳夏禹葬在此處，今紹興市南約三公里處有禹王陵。❽農不易畝　農民不移到其他的地方耕種。❾封樹　起土為墳叫封，種樹作標誌叫樹。❿非上古　不是上古時有的。⓫寢殿　帝后陵園中放置死者生前用品以供祭祀的殿堂，也叫寢廟。⓬園邑　用牆圍起來的陵墓園區。⓭神道　通向陵園的大道，兩邊立有石人石獸等標誌。⓮知　知覺。⓯棲神　安息神靈。⓰禮不墓祭　按照禮儀規定不到墓地祭祀死者。《後漢書・孝明帝紀》李賢注引《漢官儀》：「古不墓祭，秦始皇起寢於墓側，漢因而不改。」⓱存亡之不黷　生者死者都不被玷污。⓲丘墟不食之地　不能生產糧食的荒丘。⓳易代　改朝換代。⓴葦炭　葦，蘆葦。炭，用蚌、蛤蜊等軟體動物外殼燒成的灰炭，鋪在墓穴底部，用以防潮。㉑金銀銅鐵　指用這些金屬做成的隨葬品。㉒一　一律。㉓塗車芻靈　泥車、草人草馬。㉔三過　三遍。㉕飯含　把珠玉貝米之類放在死者口中。㉖珠襦玉匣　即金縷玉衣。用黃金製成的細線穿連珠寶玉片製成的外衣。一九八六年在河北滿城發掘的西漢中山靖王劉勝和其妻竇綰墓，曾出土兩件完整的金縷玉衣。㉗季孫以璵璠斂　季孫，亦稱季平子，季武子之子。魯國大臣，在魯國執政十五年，曾被晉人俘獲，後得回國。驅逐昭公，另立定公。事見《史記・魯周公世家》。璵璠，魯國的美玉。㉘孔子歷級二句　季平子死，他的家臣陽虎要用璵璠作殉葬品，孔子登上殿堂的臺階去阻止，說這等於是把季孫的屍體暴露在原野上。事見《呂氏春秋・安死》。㉙宋公厚葬二句　宋公，即宋文公，名鮑革，宋成公子，昭公弟。詳見《史記・宋微子世家》。華元，春秋時宋國大臣。樂莒，宋國官員。宋文公死，華元、樂莒主辦喪事，實行厚葬，為此，《左傳》說：「華元、樂莒，於是乎不臣。」事見《左傳》成公二年。㉚漢文帝之不發二句　漢文帝，名劉恆，劉邦子，初封代王，周勃誅滅諸呂，迎之登位。在位期間實行與民休息、輕傜薄賦的政策，廢除苛政，興修水利，加強中央集權，成就了文景之治。個人生活儉樸，臨死下詔禁止厚葬。詳見《漢書・文帝紀》。霸陵，漢文帝的陵墓，在今陝西西安東北。㉛光武之掘二句　光武，即光武帝劉秀，字文叔，南陽蔡陽（今湖北棗陽）人。劉邦九世孫，新莽末起兵，加入綠林軍。大破王莽軍於昆陽。西元二五年稱帝，定都洛陽，年號建武。後征伐赤眉軍，削平各地割據勢力，統一全國。在位期間多次發布釋放奴婢和禁止殘害奴婢的命令，興修水利，整頓吏治。死後謚號為光武。詳見《後漢書・光武帝紀》。原陵，劉秀的陵墓，在今河南孟津西。㉜霸陵之完二句　霸陵的完好，張釋之有很大功勞。張釋之，字季，南陽堵陽（今河南方城東）人，漢文帝時任廷尉。曾隨文帝到霸陵，文帝說將來要用北山的石頭為自己造墓室，以防止墓室被盜。張釋之說：「如果墓中藏有寶物，人們一心想得到它，即使把整座山都用金水封起來，也免不了墓穴被盜。如果沒有寶物，即使不用石頭，也不用擔心。」事見《漢書・張釋之傳》。㉝原陵之掘二句　劉秀的原陵被盜掘，漢明帝有罪過。漢明帝，名劉莊，光武帝第四子，崇尚儒學，法令分明，善於刑理。詳見《後漢書・孝明帝紀》。劉秀臨死前，曾下詔實行薄葬，不隨葬金銀珠寶，不封土起墳。但劉莊並沒有遵循遺詔，動工修建光武帝陵，方三百二十步，高六丈。事見《後漢書・光武帝紀》、〈孝明帝紀〉注引《帝王紀》。㉞丘明　即左丘明，春秋魯國人，曾任魯國太史，雙目失明，著有《春秋左傳》、《國語》等。其事散見於《史記・十二諸侯年表》、《漢書・藝文志》。㉟存於所以　考慮用什麼方法。㊱賢聖之忠孝　賢人聖人的忠孝，指真正的忠孝。㊲玉匣金縷　即前面所說的金縷玉衣。㊳焚如　烈火焚燒的樣子。㊴桑霍為我戒　桑弘羊、霍禹之事對我的告誡。這是西漢張臨所說的話。張臨是張湯的後人，為人謙虛儉樸，常擔心家族過於貴盛，說：「桑、霍為我戒，豈不厚哉！」事見《漢書》卷五十九張湯附傳。桑即桑弘羊，洛陽（今河南洛陽）人，年十三事漢武帝，任侍中、治粟都尉、領大司農。實行重農抑商，鹽鐵官營，設平準均輸。昭帝時與霍光輔政，任御史大夫。後與上官桀謀反，被霍光所殺。霍即霍禹，河東平陽（今山西臨汾西南）人，霍光之子，以謀反罪被夷族。㊵貴人　後宮嬪妃的一種。㊶隨王之國　跟隨已被封王的人到封國去居住。曹魏制度，皇子封王者一律到各自的封國，不能住在京城，他們的母親可以不同去。㊷終沒　死亡。㊸澗西　溪澗西邊。㊹蒼梧山名。又名九嶷山，在今湖南寧遠南，相傳虞舜葬在這裏。㊺二妃不從　二妃，虞舜的兩個妃子：娥皇和女英。不從，沒有和舜葬在一起。傳說娥皇、女英葬在蒼梧以北的恆山。㊻延陵　指季札。春秋時吳國貴族，吳王諸樊的弟弟。封於延陵（今江蘇常州），稱延陵季子。事見《史記・吳太伯世家》。㊼嬴博　嬴即嬴縣，治所在今山東萊蕪西北。博即博縣，治所在今山東泰安東南。《禮記・檀弓》記載，季札出使齊國回來，途中長子死亡，他把兒子葬在嬴、博交界處，沒有帶回吳國。㊽無不之　無處不到。㊾蔑　背棄。㊿福汝　保佑你們。(51)副在尚書句　副本放在尚書、祕書、三府。尚書，即尚書臺，總理國家政務的中樞。祕書，即祕書署，又稱內閣，負責收藏國家文件、檔案、圖書等。三府，三公的官署。(52)辛丑　舊曆十一日。(53)宛　縣名。治所在今河南南陽。(54)庚申晦　舊曆三十日月末。(55)靈芝池　池名。在洛陽魏宮內。(56)兵革未戢　兵器與甲冑都沒有收藏起來。指戰爭沒有停止。(57)族　滅族。(58)丙申　舊曆初八日。(59)癸卯　舊曆十五日。(60)月犯心　犯，古代天文學術語，指金、木、水、火、土五星運行淩入某宿垣度。《史記・天官書》：「（熒惑）其入守犯太微，軒轅、營室，主命惡之。」《漢書・天文志》：「及五星所行，合、散、犯、守、陵、歷、鬥、食。」王先謙補注：「《占經》引《荊州占》云：相去一尺內為合。郗萌云：二十日以上為守。石氏云：五星入度，經過宿星，光耀犯之，為犯。」心，心宿，二十八星宿之一，東方蒼龍七宿的第五宿，共有三星。(61)丁未　舊曆十九日。(62)鵜鶘鳥　一種水鳥，會捕魚。(63)汙澤　即「洿澤」。鵜鶘的別名。

(64)曹詩　指《詩經・候人》，這首詩屬於〈曹風〉，即曹國的民歌。詩中以鵜鶘作比喻，抨擊了毫無才能卻坐享利益的貴族。(65)刺恭公　指責曹共公。刺，指責。恭公，即曹共公。名襄，在位三十五年。曾對流亡到其國的晉文公不敬，晉文公當政後伐之，將曹共公俘虜，後又將其放回。事見《史記・管蔡世家》、〈晉世家〉。(66)獨行　突出的高尚品行。(67)甲戌　舊曆十七日。(68)甲申　舊曆二十七日。(69)賈詡　字文和，武威姑臧（今甘肅武威）人，善計謀，有張良、陳平之才。董卓時任討虜校尉，董卓死後勸說董卓部下李傕、郭汜攻取長安。後投奔張繡，又勸張繡降曹。多次為曹操獻計獻策。詳見本書卷十〈賈詡傳〉。(70)太白晝見　金星在白晝出現。太白，即金星。金星通常出現在黎明或黃昏。黎明時出現在東方，稱之啟明；黃昏時出現在西方，稱之太白。如果其在白晝出現，古人認為是異常天象。(71)伊洛　河流名。即伊水和洛水。伊水是洛水的支流，源出欒川伏牛山北，向東北在洛陽北入洛水。(72)丁卯　舊曆十一日。(73)鍾繇　字元常，穎川長社（今河南長葛東）人，建安年間任大理、相國，後受魏諷謀反牽連被免官。曹魏時復為太尉、太傅，主張恢復肉刑。詳見本書卷十三〈鍾繇傳〉。(74)辛未　舊曆十五日。(75)滎陽　縣名。治所在今河南滎陽。(76)甲辰　舊曆十九日。(77)相告　相互告發。(78)立太學　中央王朝在京城設立的學校，為全國最高學府。(79)五經課試　用儒家《五經》進行考試。《五經》即《詩經》、《尚書》、《禮》、《周易》、《春秋》。課試，考試。(80)春秋穀梁博士　春秋穀梁，即《春秋穀梁傳》。傳，即對經文的注解。注解《春秋》的有三家：左氏傳、公羊傳、穀梁傳。博士，官名，西漢武帝之後選擇專精儒家經典的人充任，負責經學傳授。(81)朝朔望日　每月的初一日和十五日入朝。朔，初一日。望，十五日（小月）或十六日（大月）。(82)蔡潁　蔡，河流名。戰國至秦漢時的鴻溝，是當時連通黃河與淮河的中原水道交通幹線。潁，即潁水，淮河北岸的大支流之一，發源於今河南登封西，東南流至今安徽潁上東南入淮河。(83)淮　即淮河。古代「四瀆」之一，發源於今河南桐柏西桐柏山，向東流經安徽、江蘇入海。(84)壽春　縣名。治所在今安徽壽縣。(85)揚州　此指曹魏所置揚州，孫吳與曹魏絕臣屬關係後，曹魏在原東漢揚州的江北地區置揚州，治所在今安徽壽縣。(86)五歲刑已下　曹魏文帝時大體沿用漢代刑律，魏明帝時開始制定新的刑律。五歲刑指髡刑，刑期五年。以下分別是完刑、作刑等，刑期都在五年以下。(87)廣陵　郡名。曹魏時治所在今江蘇清江西南。(88)青徐　青即青州，治所在今山東臨淄北。徐即徐州，治所在今江蘇邳州西南。(89)乙卯　舊曆初六日。(90)庚寅　舊曆十一日。(91)戊申　舊曆二十九日。(92)昭孝事祖　顯示孝心遵奉祖先。(93)郊社　祭祀天地社稷。(94)三辰五行　三辰，日月星。五行，明堂祭祀的五方天帝。(95)此族　這一類。(96)叔世　末世。(97)戶牖　門窗。(98)沃酹　把酒澆在地上。(99)以執左道論　以執左道罪論處。「左道」罪最早見於《禮記・王制》中，其中記載：「執左道以亂政，殺。」漢代，左道罪已不乏記載，《漢書・杜業傳》：「不知而白之，是背經術惑左道也……皆在大辟。」

《漢書・五行志》：綏和元年「十一月庚子，定陵侯淳于長坐執左道下獄死」。(100)令典　國家的法令規章。(101)天淵池　池名。在洛陽魏宮內，因穀水注入而成。(102)沛郡　郡名。治所在今江蘇沛縣。(103)召陵　縣名。治所在今河南偃城東。(104)討虜渠　河渠名。在今河南偃城東，西接汝水，東通潁水。(105)乙巳　舊曆二十八日。(106)并州刺史梁習句　并州，州名。治所在今山西太原西南。梁習，字子虞，陳郡柘（今河南柘城北）人，曹操當政時累任乘氏、海西、下邳縣令，所在甚有治績。後以別部司馬領并州刺史，使邊境肅清，令行禁止。在并州二十多年，生活儉樸，政績突出。後被徵拜大司農。詳見本書卷十五〈梁習傳〉。鮮卑，東部古代少數民族。軻比能，鮮卑部落首領，在魏文帝、明帝時雄踞幽并二州邊境，強盛時有騎兵十餘萬。魏文帝時立為附義王，後與曹魏關係多有反覆。魏青龍三年（西元二三五年）被幽州刺史王雄所募勇士刺殺。事見本書卷三十〈鮮卑傳〉。(107)辛未　舊曆閏三月二十四日。當年三月戊寅為初一日，無辛未日，疑史文有誤。(108)戊申　舊曆初二日。(109)壬戌　舊曆十四日。(110)熒惑入太微　熒惑，即火星。太微，星座名，在北斗七星的南面，分太微左右垣，各有五顆星。(111)利成郡　郡名。又稱利城郡，治所在今江蘇贛榆西。(112)屯騎校尉　官名。掌宿衛兵，隸屬中領軍。(113)步兵校尉　官名。京城北軍五校尉之一，負責京師警衛。(114)脅略　被脅迫參加。(115)鑒　即曹鑒，曹丕的庶子，曹丕的淑媛朱氏所生。事見本書卷二十〈東武陽懷王傳〉。(116)徐　即徐州。(117)廣陵故城　地名。漢代為縣，三國時廢。在今江蘇揚州西北。(118)觀兵　檢閱軍隊。(119)梁　王國名。治所在今河南商丘南。(120)壬子　舊曆初十日。(121)九華臺　樓臺名。在天淵池中。(122)丙辰　舊曆十六日。(123)中軍大將軍曹真　中軍大將軍，官名。職責與大將軍相同。曹丕稱帝後，有意提拔與自己關係親密的宗族將領曹真來主持朝廷軍務，但因曹真年資不高，當時只是鎮西將軍，不好一下給以大將軍的高位，因而特別為他設立上軍大將軍、中軍大將軍兩個過渡名號。黃初三年（西元二二二年）曹真升任上軍大將軍，進京主持全國軍務。同年又轉中軍大將軍。四年後出任大將軍。在曹真以後，沒有人再擔任上軍大將軍和中軍大將軍的官職。曹真，字子丹，沛國譙（今安徽亳州）人。本姓秦，曹操收為養子。詳見本書卷九〈曹真傳〉。(124)鎮軍大將軍陳羣　鎮軍大將軍，官名。位在大將軍下。曹丕稱帝後，經常率領大軍外出，他授給一直隨行的尚書令陳羣以鎮軍大將軍的名號，讓他在處理尚書臺公務的同時，協助自己處理行軍事務並監督各軍。陳羣，字文長，潁川許昌（今河南許昌東）人，深得曹操信任。文帝病重，與曹真等人受遺詔輔政。詳見本書卷二十二〈陳羣傳〉。(125)征東大將軍曹休　征東大將軍，武官名。由征東將軍中資深者擔任。曹休，字文烈，沛國譙（今安徽亳州）人，曹操族子。東漢末隨曹操起兵，常從征伐。詳見本書卷九〈曹休傳〉。(126)撫軍大將軍司馬宣王　撫軍大將軍，武官名。地位僅次於大將軍。司馬宣王，即司馬懿，字仲達，河內溫縣（今河南溫縣西）人。多謀略，善權變。率軍與諸葛亮對峙關中，領兵征討遼東公孫淵，歷任侍中、太傅、都督中外諸軍事等軍政要職。後發動高平陵之變，掌握曹魏大權。詳見《晉書·宣帝紀》。[127]丁巳　舊曆十七日。[128]戊寅　舊曆初九日。[129]皆以終制從事　全都按照遺囑辦理。[130]勒成垂百篇　編定將近一百篇。勒，編定。垂，將近。[131]皇覽　中國第一部類書。曹丕令劉劭、楊俊、王象、桓範等人編撰，分四十多部，每部數十篇，共一千多卷，八百多萬字。至宋代全部亡佚。今存清人孫馮翼輯本一卷。

【語　譯】冬十月初三日，在首陽山東作標誌於生前建造陵墓，並作遺囑說：「按照禮制的規定，國君即位時就為自己準備棺材，活著的時候不忘記死亡。過去唐堯埋葬在穀林，墓地全部栽種樹木。大禹埋葬在會稽，農民不移到其他地方耕種，所以埋葬在山林，就和山林合為一體。在墓穴上邊起墳，在墳上邊種樹，並不是上古的制度，我不加採納。我的壽陵利用自然的山形，不起墳不種樹，不建立寢殿，不修建園邑，不開通神道。葬，就是藏的意思，想讓人不能看見。屍骨沒有痛癢的知覺，墳墓也不是安息神靈的地方，禮制規定不祭祀墳墓，使生者死者都不被玷污，棺槨只要保存到骨頭朽爛就可以了，衣服被子只要能夠保持到肌肉腐朽也就夠了。所以我把墓穴建在這不長糧食的荒丘上，要讓改朝換代後人們不知道它在什麼地方。墓穴底部不要置放葦炭，不要藏置金銀銅鐵製造的隨葬品，一律使用瓦器，以符合古代用泥車、草人草馬殉葬的意思。棺槨只刷三遍漆，不要把珠寶玉器含在口中，不要使用金縷玉衣，這些都是愚昧習俗所做的事情。過去季孫的家臣用美玉作為季孫的陪葬品，孔子登上殿堂的臺階去阻止，把這種做法比作把屍體暴露在原野上。宋文公厚葬，有道有識的人說華元、樂莒沒有盡到臣子的職責，認為他們把國君推向罪惡之地。漢文帝的陵寢之所以沒被發掘，是因為霸陵沒有什麼可值得挖取的東西；光武帝的陵寢被盜掘，是因為原陵起墳種樹的緣故。霸陵的完好，功勞歸於張釋之；原陵被挖，過錯在於明帝。這就是張釋之盡忠而利於君主，明帝施愛卻有害於親人。忠臣孝子，應該思考仲尼、左丘明、張釋之所說的話，以華元、樂莒、明帝的做法為借鑑，考慮用什麼方法使君親得到安定，讓他們的靈魂千年萬載沒有危險，這才是賢聖之人的忠孝。從古到今，沒有不滅亡的國家，也沒有不被挖掘的墳墓。天下動亂以來，漢朝的各個陵墓沒有不被發掘的，甚至於焚燒屍骨拿走金縷玉衣，死者的屍骨全被燒光，這種烈火焚燒之刑，難道不是再次遭受痛苦嗎！禍害都源於厚葬和起墳植樹。「桑弘羊、霍禹的事對我是個警戒」，張臨說的這句話不是很明白嗎？皇后和貴人以下的妃子，不隨從國王到封國去的，死後都埋在這片陵園的溪澗西邊，此前已經把那個地方標明了。虞舜埋葬在蒼梧，兩個妃子沒有和他埋在一起，季札埋葬兒子，也遠在嬴縣、博縣之間，魂魄如果有靈，就沒有去不了的地方，相隔一條溪澗，也不能算遠。如果以後違反了現在的詔令，隨意加以改變建造陵墓實行厚葬，就是對我地下的屍體進行殘害，殘害又殘害，死亡又死亡；作為臣子就背棄了死去的君父，就是不忠不孝，如果死者有知，將不會保佑你。要把這個詔令收藏在宗廟中，副本存在尚書臺、祕書署和三公的官署。」

2 這個月，孫權又叛亂。恢復郢州為荊州。文帝從許昌南征，各路軍隊一起前進，孫權來到長江邊防守。十一月十一日，文帝親臨宛縣。三十日月末，發生日食。這一年，開挖靈芝池。

3 黃初四年春正月，文帝下詔說：「大亂以來，戰爭沒有停止過，天下的人，互相殘殺。現在海內剛剛安定，膽敢有私自報仇殺人的全部滅族。」在宛縣建築南巡臺。三月初八日，文帝從宛縣回到洛陽宮。十五日，月亮侵犯心宿中央的大星。十九日，大司馬曹仁去世。這個月發生了大瘟疫。

4 夏五月，有鵜鶘鳥聚集在靈芝池，文帝下詔說：「這就是詩人所說的汙澤呀。〈曹詩〉用鵜鶘作比喻指責共公疏遠君子親近小人，現在難道還有賢良智慧的人處在低下的地位嗎？否則這種鳥為什麼飛到這裏來呢？要廣泛的舉薦天下道德優秀才能傑出和品行特別高尚的君子，以此回應曹國人的指責。」

5 六月十七日，任城王曹彰在京都去世。二十七日，太尉賈詡去世。太白星在白天出現。這個月下大雨，伊水、洛水泛濫，淹死百姓，沖毀房屋。秋八月十一日，任命廷尉鍾繇為太尉。十五日，文帝在滎陽打獵，於是東巡。討論征討孫權的功勞，將領以下按不同等級晉升爵位、增加食邑戶數。九月十九日，文帝親臨許昌宮。

6 黃初五年春正月，初次下令只有謀反大逆才可以互相告發，其餘的情況都不予受理；膽敢妄自互相告發，用他所誣告的罪名懲處他。三月，文帝從許昌返回洛陽宮。夏四月，設立太學，制定用儒家《五經》作為考試內容的方法，設置《春秋穀梁》博士。五月，有關部門因為公卿們在初一和十五日上朝，便趁此上奏疑難公務，聽取斷決重要大事，辯論得失。秋七月，文帝出行東巡，親臨許昌宮。八月，組建水軍，文帝親自登上龍舟，順著蔡水、潁水，進入淮河，親臨壽春。揚州界內將吏士卒民眾，犯五歲刑以下的罪過，全都赦免。九月，文帝就到達廣陵郡，赦免青、徐二州囚犯，更換各處的將領太守。冬十月初六日，太白星白天出現。文帝回到許昌宮。十一月十一日，因為冀州饑荒，派遣使者打開倉廩賑濟饑民。二十九日月末，發生日食。

7 十二月，文帝下詔說：「先王制定禮制，用來顯示孝心奉事祖先，大的方面就是祭祀天地社稷，其次則是宗廟，三辰五行，名山大川等祭祀，不屬於這一類的，就不被列入祀典之內。末世衰敗動亂，人們崇拜相信巫師，以至於在宮殿之內，門窗之間，沒有一處不灑酒祭祀，他們的迷惑真是太厲害了。從今開始，如果有人敢於設置不在祀典內的祭祀，巫祝散布惑眾之言，全都以施行邪道論處，把這些記入國家的法規中。」這一年開挖天淵池。

8 黃初六年春二月，派遣使者巡行許昌以東一直到沛郡，詢問民間疾苦，貧窮的人救濟他們。三月，文帝出行親臨召陵縣，開通討虜渠。二十八日，返回許昌宮。并州刺史梁習討伐鮮卑軻比能，把他打得大敗。閏三月二十四日，文帝組織水軍東征。五月初二日，親臨譙縣。十四日，火星進入太微星區。

9 六月，利成郡士兵蔡方等人占領該郡反叛，殺害太守徐質。朝廷派遣屯騎校尉任福、步兵校尉段昭與青州刺史討伐平定了叛亂；那些被脅迫參加和畏罪逃亡的，全都赦免了他們的罪行。

10 秋七月，立皇子曹鑒為東武陽王。八月，文帝以水軍從譙縣沿著渦水進入淮河，從陸路親臨徐州。九月，修築東巡臺。冬十月，行進到廣陵故城，在長江邊上檢閱軍隊，兵眾十多萬人，旌旗綿延數百里。這一年特別寒冷，河道結冰，戰船不能進入長江，於是率軍返回。十一月，東武陽王曹鑒去世。十二月，文帝前行，從譙縣經過梁國，派遣使者用牛、羊、豬三牲祭祀已故的漢太尉橋玄。

11 黃初七年春正月，文帝準備親臨許昌，許昌城的南門無故自行崩塌，文帝心裏很厭惡，便不入城。初十日，上路前行，返回洛陽宮。三月，修築九華臺。夏五月十六日，文帝病重，召來中軍大將軍曹真、鎮軍大將軍陳羣、征東大將軍曹休、撫軍大將軍司馬懿，一起接受遺詔輔佐繼位的皇帝。把後宮淑媛、昭儀以下的妃子遣散回家。十七日，文帝在嘉福殿逝世，時年四十歲。六月初九日，埋葬在首陽陵。從殯殮到入葬，全都按照遺囑辦理。

12 當初，文帝喜好文學，把著述看作重要的事情，親自編定的作品將近一百篇。又讓眾多的儒生編排儒家經典和解釋經典的文字，搜集資料，按類排列，共一千多卷，名字叫做《皇覽》。

評曰：文帝天資文藻❶，下筆成章，博聞彊識，才藝兼該❷；若加之曠大之度，勵以公平之誠，邁志存道❸，克廣德心❹，則古之賢主，何遠之有哉！

【章旨】以上為第五部分，是陳壽對曹丕的評價。

【注釋】❶天資文藻　先天具備文采。❷才藝兼該　才能和技藝全都具備。埶，同「藝」。指體育、藝術、武藝等方面的技能。該，具備。❸邁志存道　立志高遠，心存正道。❹克廣德心　使自己的道德心胸能夠寬廣。

【語譯】評論說：文帝天生富有文采，提筆就能寫成文章，見聞淵博，記憶力強，才藝兼備；如果再加上寬宏的度量，用公正的誠意勉勵自己，立志高遠，心存正道，使自己的道德心胸能夠寬廣，那麼和古代的賢明君主相比，差距怎麼會遠呢！

【研析】曹丕當皇帝，當然是由於他的父親曹操給他打下了堅實的基礎。但是，他畢竟是正式代替漢獻帝建立曹魏王朝的人，從這個意義上說，他可以說是曹魏王朝的開朝皇帝。作為開朝皇帝，對內建立一系列新的典章制度，處理與前朝的關係，協調內部關係；對外處理與孫吳、蜀漢的關係，總之，有許多重要事情要做。然而有一個現象非常奇怪，這位身負重任的開朝皇帝似乎並沒有把全部精力投入對國家的治理中，而是把一部分精力和時間放在遊弋打獵上。僅〈文帝紀〉記載，曹丕在黃初元年、黃初二年、黃初四年都曾外出打獵。

事實上，他外出打獵的次數不可能是三次，其在遊弋打獵上所用的時間和精力之多，以至於底下的很多大臣都看不下去。長水校尉戴陵就對他多次外出弋獵進行勸阻，侍中鮑勛也上表進行勸阻說：「臣聽說遠古的三王五帝全都明本立教，以孝治天下。陛下仁德聖明具有慈悲之心，如同古代的聖王。臣希望您追隨前賢的腳印，為後代留下榜樣，怎麼能在喪期之內，遊獵馳騁呢？」可見曹丕弋獵行為引起了臣僚的擔心和不安。

然而曹丕對他們的勸諫不但不聽，甚至反感。他下令對戴陵處以比死罪輕一等的刑罰，把鮑勛的奏章撕得粉碎，仍舊遊獵不止。

曹丕並不是一個不理國家大事的昏庸皇帝。他在位期間改革政治，修水利，興儒學，行教化，訓練發展軍隊，屯田積糧，積極準備吞吳滅蜀，統一全國。因此，不能把他的遊獵和拒諫看作是昏庸的表現。

曹丕有文武才藝，他不僅詩作得好，武藝也很精湛。五歲的時候，曹操就教他學射箭，六歲時就是射箭的行家裏手；曹操又教他學騎馬，八歲時便能邊騎邊射。他自稱生於中平之季，長於戎旅之間，少好弓馬，能追十里禽獸，能射百步目標。這些的確是事實，但不能說是他不聽勸諫遊獵不止的原因。

既不是昏庸，也不是愛好所使然，那是為什麼呢？

在思考這個問題時，首先要注意這樣一個事實，即曹丕的遊弋田獵，集中在他即位的前三年，按照傳統儒家禮制，正是為其父曹操守孝的三年諒闇期。然而，曹操是明確革除三年之喪制度的。建安二十五年正月，曹操死於洛陽。臨終遺令說：「天下尚未安定，未得遵古也。葬畢，皆除服。其將兵屯戍者，皆不得離屯部。有司各率乃職。斂以時服，無藏金玉珍寶。」曹操是正月庚子日死的，辛丑日（即第二天）就殯殮，二月丁卯日（即死後第二十七天）葬於高陵。「葬畢反吉，是為不逾月也」。曹操的這個遺令，從此成為曹魏喪服的定制。宗室曹休喪母，曹丕不讓他守三年之孝，使侍中奪喪服，使飲酒食肉。曹休請求歸鄉葬母，文帝又「復遣越騎校尉薛喬奉詔節其憂哀，使歸家治喪，一宿便葬，葬訖詣行在所」。文帝之所以如此，固然有愛憐曹休，恐其過度悲傷的成分，但更主要的還是怕壞了曹操的成法。黃初七年五月丁巳日，曹丕死，死後二十一天即六月戊寅日葬首陽陵，「自殯及葬，皆以終制從事」。由於曹魏政權明確取消了三年之喪制度，葬畢除服已為人們必須遵守的成法。魏文帝曹丕在所謂諒闇時期，仍舊遊獵不止，其真正的用意，無非是為了破除三年之喪之說，向臣下表明他執行先帝遺詔的徹底。看來，曹丕的遊獵也有其政治意義在裏面。(梁滿倉注譯)

卷三 魏書三

明帝紀第三

【題解】本卷為魏明帝曹叡的個人本紀，主要記述了他即帝位以後的事跡。曹叡即帝位以後做了很多事情，對外挫敗了孫吳和蜀漢的多次軍事進攻，平定了邊塞少數民族的叛亂騷擾，消滅了遼東割據者公孫淵。對內打擊浮華之風，任用賢才，變革行政區劃，實行新曆法，制訂新法律，建立宗廟制度、祭祀制度。文中也記述了明帝不愛惜民力，大修宮室的行為，暗示了曹魏政權由盛而衰的轉折。

明皇帝諱叡，字元仲，文帝❶太子也。生而太祖❷愛之，常令在左右。年十五，封武德侯，黃初二年❸為齊公，三年為平原王。以其母誅❹，故未建為嗣。七年夏五月，帝病篤，乃立為皇太子。丁巳❺，即皇帝位，大赦。尊皇太后❻曰太皇太后，皇后❼曰皇太后。諸臣封爵各有差。癸未❽，追謚母甄夫人曰文昭皇后。壬辰❾，立皇弟蕤❿為陽平王。

【章　旨】以上為第一部分，記述了曹叡的身世及即帝位以前的情況。

【注　釋】❶文帝　即曹丕，字子桓，沛國譙（今安徽亳州）人，曹操次子。先任五官中郎將、副丞相，後被立為魏太子。西元二二〇年代漢稱帝。愛好文學，與當時著名文人往來甚密，在中國文學史上也有重要地位。詳見本書卷二〈文帝紀〉。❷太祖　即曹操，字孟德，小名阿瞞，沛國譙（今安徽亳州）人。東漢末起兵討黃巾，後參加袁紹討董聯盟。占據兗州後，收編黃巾軍三十餘萬，組成青州軍，先後擊敗袁術、陶謙、呂布、袁紹，統一了北方。任丞相，相繼封為魏公、魏王。曹丕建魏後，追封為魏武帝。詳見本書卷一〈武帝紀〉。❸黃初二年　西元二二一年。黃初，魏文帝曹丕年號，西元二二〇－二二六年。❹以其母誅　曹叡的生母甄氏於黃初二年被文帝賜死。❺丁巳　舊曆十七日。❻皇太后　即曹叡的祖母卞氏，琅邪開陽（今山東臨沂北）人，年二十被曹操納為妾，性約簡，明大義，東漢建安二十四年（西元二一九年）立為王后。文帝即位後尊為王太后，又尊為皇太后，稱永壽宮。詳見本書卷五〈武宣卞皇后傳〉。❼皇后　曹叡的養母郭氏，字女王，安平廣宗（今河北威縣）人。曹操為魏公時入東宮，曹丕繼王位後為夫人，曹丕稱帝後為貴嬪。甄氏被賜死後立為皇后。詳見本書卷五〈文德郭皇后傳〉。❽癸未　舊曆十四日。❾壬辰　舊曆二十三日。❿蕤　即曹蕤，曹丕第三子，明帝即位後被立為陽平王，後改封北海。詳見本書卷二十〈北海悼王傳〉。

【語　譯】明皇帝名叡，字元仲，文帝的太子。生來受到太祖曹操的寵愛，常讓他在自己身邊。十五歲，被封為武德侯，黃初二年被封為齊公，黃初三年為平原王。因為他的生母被賜死，所以沒有被確立為皇位繼承人。黃初七年夏五月，文帝病重，才立為皇太子。十七日，即皇帝位，大赦天下。尊皇太后為太皇太后，尊皇后為皇太后。諸位大臣都被封賞不同等級的爵位。六月十四日，追謚生母甄夫人為文昭皇后。二十三日，立皇弟曹蕤為陽平王。

1 八月，孫權❶攻江夏郡❷，太守文聘❸堅守。朝議欲發兵救之，帝曰：「權習水戰，所以敢下船陸攻者，幾❹掩不備也。今已與聘相持，夫攻守勢倍❺，終不敢久也。」先時遣治書侍御史⑥荀禹慰勞邊方，禹到，於江夏發所經縣兵及所從步騎千人乘山⑦舉火，權退走。

2 辛巳⑧，立皇子冏為清河王。吳將諸葛瑾⑨、張霸等寇襄陽⑩，撫軍大將軍司馬宣王⑪討破之，斬霸，征東大將軍曹休⑫又破其別將⑬於尋陽⑭。論功行賞各有差。冬十月，清河王冏薨。十二月，以太尉鍾繇為太傅⑮，征東大將軍曹休為大司馬⑯，中軍大將軍曹真為大將軍⑰，司徒華歆⑱為太尉，司空王朗⑲為司徒，鎮軍大將軍陳羣⑳為司空，撫軍大將軍司馬宣王為驃騎大將軍㉑。

3 太和元年㉒春正月，郊祀武皇帝以配天㉓，宗祀文皇帝於明堂以配上帝㉔。分江夏南部，置江夏南部都尉㉕。西平㉖麴英反，殺臨羌㉗令、西都㉘長，遣將軍郝昭、鹿磐討斬之。二月辛未㉙，帝耕於籍田㉚。辛巳㉛，立文昭皇后寢廟於鄴㉜。丁亥㉝，朝日㉞于東郊。夏四月乙亥㉟，行五銖錢㊱。甲申㊲，初營宗廟㊳。秋八月，夕月㊴于西郊。冬十月丙寅㊵，治兵於東郊。焉耆王遣子入侍㊶。十一月，立皇后毛氏㊷。賜天下男子爵人二級，鰥寡孤獨不能自存者賜穀。十二月，封后父毛嘉㊸為列侯。新城太守孟達㊹反，詔驃騎將軍司馬宣王討之。

4 二年春正月，宣王攻破新城，斬達，傳其首㊺。分新城之上庸、武陵、巫縣為上庸郡[46]，錫縣[47]為錫郡。

5 蜀大將諸葛亮[48]寇邊，天水、南安、安定三郡[49]吏民叛應亮。遣大將軍曹真都督關右[50]，並進兵。右將軍張郃[51]擊亮於街亭，大破之。亮敗走，三郡平。丁未[52]，行幸長安[53]。夏四月丁酉[54]，還洛陽宮。赦繫囚非殊死以下[55]。乙巳[56]，論討亮功，封爵增邑各有差。五月，大旱。六月，詔曰：「尊儒貴學，王教之本也。自頃儒官或非其人[57]，將何以宣明聖道？其高選博士[58]，才任侍中常侍[59]者。申敕郡國，貢士以經學為先。」秋九月，曹休率諸軍至皖[60]，與吳將陸議[61]戰於石亭[62]，敗績。乙酉[63]，立皇子穆為繁陽王。庚子[64]，大司馬曹休薨。冬十月，詔公卿近臣舉良將各一人。十一月，司徒王朗薨。十二月，諸葛亮圍陳倉[65]，曹真遣將軍費曜[66]等拒之。遼東太守公孫恭兄子淵[67]，劫奪恭位，遂以淵領遼東太守。

6 三年夏四月，元城王禮[68]薨。六月癸卯[69]，繁陽王穆薨。戊申[70]，追尊高祖大長秋[71]曰高皇帝，夫人吳氏[72]曰高皇后。

7 秋七月，詔曰：「禮，王[73]后無嗣，擇建支子以繼大宗[74]，則當纂正統[75]而奉公義，何得復顧私親哉！漢宣繼昭帝後[76]，加悼考[77]以皇號；哀帝[78]以外藩援立，而董宏等稱引亡秦[79]，惑誤時朝[80]，既尊恭皇[81]，立廟京都，又寵藩妾[82]，使比長信[83]，敘昭穆[84]於前殿，並四位於東宮[85]，僭差無度[86]，人神弗祐，而非罪師丹忠正之諫[87]，用致丁、傅焚如之禍[88]。自是之後，相踵行之。昔魯文逆祀，罪由夏父[89]；宋國非度，譏在華元[90]。其令公卿有司[91]，深以前世行事為戒。後嗣萬一有由諸侯入奉大統[92]，則當明為人後[93]之義；敢為佞邪導諛時君[94]，妄建非正之號以干正統，謂考為皇，稱妣[95]為后，則股肱大臣，誅之無赦。其書之金策[96]，藏之宗廟，著於令典[97]。」

8 冬十月，改平望觀[98]曰聽訟觀。帝常言「獄者，天下之性命也」，每斷大獄，常幸[99]觀臨聽之。

9 初，洛陽宗廟未成，神主在鄴廟。十一月，廟始成，使太常韓暨[100]持節迎高皇帝、太皇帝、武帝、文帝神主於鄴，十二月己丑[101]至，奉安[102]神主於廟。

10 癸卯[103]，大月氏[104]王波調遣使奉獻，以調為親魏大月氏王。

11 四年春二月壬午[105]，詔曰：「世之質文[106]，隨教而變。兵亂以來，經學廢絕，後生進趣，不由典謨[107]。豈訓導未洽[108]，將進用者[109]不以德顯乎？其郎吏[110]學通一經，才任牧民[111]，博士課試，擢其高第[112]者，亟用[113]；其浮華[114]不務道本者，皆罷退之。」戊子[115]，詔太傅三公：以文帝典論[116]刻石，立於廟門之外。癸巳[117]，以大將軍曹真為大司馬，驃騎將軍司馬宣王為大將軍，遼東太守公孫淵為車騎將軍[118]。夏四月，太傅鍾繇薨。六月戊子[119]，太皇太后崩。丙申，省上庸郡。秋七月，武宣卞后祔葬[120]於高陵。詔大司馬曹真、大將軍司馬宣王伐蜀。八月辛巳[121]，行東巡，遣使者以特牛祠中嶽[122]。乙未[123]，幸許昌宮。九月，大雨，伊、洛、河、漢[124]水溢，詔真等班師。冬十月乙卯[125]，行還洛陽宮。庚申[126]，令：「罪非殊死聽贖[127]各有差。」十一月，太白犯歲星[128]。十二月辛未[129]，改葬文昭甄后於朝陽陵。丙寅[130]，詔公卿舉賢良[131]。

12 五年春正月，帝耕于籍田。三月，大司馬曹真薨。諸葛亮寇天水，詔大將軍司馬宣王拒之。自去冬十月至此月不雨，辛巳[132]，大雩[133]。夏四月，鮮卑附義王軻比能[134]率其種人及丁零[135]大人兒禪詣幽州[136]貢名馬。復置護匈奴中郎將[137]。秋七月丙子[138]，以亮退走，封爵增位各有差。乙酉[139]，皇子殷生，大赦。

13 八月，詔曰：「古者諸侯朝聘[140]，所以[141]敦睦親親協和萬國也。先帝著令，不欲使諸王在京都者，謂幼主在位，母后攝政，防微以漸，關諸[142]盛衰也。朕惟不見諸王十有二載，悠悠之懷，能不興思[143]！其令諸王及宗室公侯各將適子一人朝[144]。後有少主、母后在宮者，自如先帝令，申明著于令。」冬十一月乙酉[145]，月犯軒轅大星[146]。戊戌晦[147]，日有蝕之。十二月甲辰[148]，月犯鎮星[149]。戊午[150]，太尉華歆薨。

14 六年春二月，詔曰：「古之帝王，封建諸侯，所以藩屏[151]王室也。詩不云乎，『懷德維寧[152]，宗子維城』。秦、漢繼周，或彊或弱[153]，俱失厥中[154]。大魏創業，諸王開國，隨時之宜，未有定制，非所以永為後法也。其改封諸侯王，皆以郡為國[155]。」三月癸酉[156]，行東巡，所過存問高年鰥寡孤獨，賜穀帛。乙亥[157]，月犯軒轅大星。夏四月壬寅[158]，行幸許昌宮。甲子[159]，初進新果于廟。五月，皇子殷薨，追封諡安平哀王。秋七月，以衛尉董昭[160]為司徒。九月，行幸摩陂[161]，治許昌宮，起景福、承光殿。冬十月，殄夷將軍田豫[162]帥眾討吳將周賀[163]於成山[164]，殺賀。十一月丙寅[165]，太白[166]晝見。有星孛于翼[167]，近太微上將星[168]。庚寅[169]，陳思王植[170]薨。十二月，行還許昌宮。

【章　旨】以上為第二部分，記述了明帝太和年間軍事、政治、文化、禮儀方面的作為。

【注　釋】❶孫權　字仲謀，吳郡富春（今浙江富陽）人，孫策弟。孫策死後即位，被封討虜將軍，領會稽太守。黃武八年（西元二二九年）即帝位於武昌。死後諡大皇帝，廟號太祖。詳見本書卷四十七〈吳主傳〉。❷江夏郡　郡名。治所在今湖北雲夢。❸文聘　字仲業，南陽宛（今河南南陽）人，先為劉表大將，後降曹操，屢立戰功。詳見本書卷十八〈文聘傳〉。❹幾　通「冀」。希望；企圖。❺攻守勢倍　進攻所用力量要比防守加倍。❻治書侍御史　官名。御史臺中的負責官員，執掌糾舉朝廷百官的不法行為，有時也作為皇帝的特使外出巡視。❼乘山　登山。❽辛巳　舊曆十二日。❾諸葛瑾　字子瑜，琅邪陽都（今山東沂南南）人，諸葛亮之兄。東漢末避亂江東，在孫吳任大將軍、左都護、豫州牧等職。詳見本書卷五十二〈諸葛瑾傳〉。❿襄陽　郡名。治所在今湖北襄樊。⓫撫軍大將軍句　撫軍大將軍，武官名。地位僅次於大將軍。司馬宣王，即司馬懿，字仲達，河內溫縣（今河南溫縣西）人。多謀略，善權變。率軍與諸葛亮對峙關中，領兵征討遼東公孫淵，歷任軍政要職。後發動高平陵之變，掌握曹魏大權。詳見《晉書・宣帝紀》。⓬征東大將軍曹休　征東大將軍，武官名。由征東將軍中資深者擔任。曹休，字文烈，沛國譙（今安徽亳州）人，曹操族子。東漢末隨曹操起兵，常從征伐。詳見本書卷九〈曹休傳〉。⓭別將　在另外地方作戰的將領。⓮尋陽　縣名。治所在今湖北黃梅西南。⓯以太尉鍾繇為太傅　太尉，官名。與丞相、御史大夫合稱三公，掌軍事。鍾繇，字元常，潁川長社（今河南長葛東）人，東漢建安年間任大理、相國，後受魏諷謀反牽連被免官。曹魏時復為太尉、太傅，主張恢復肉刑。詳見本書卷十三〈鍾繇傳〉。太傅，官名。古三公之一。三國時魏蜀吳均曾設置，但存在時間及職掌各異。⓰大司馬　官名。協助皇帝總領全國軍事。⓱中軍大將軍句　中軍大將軍，官名。職責與大將軍相同。曹丕稱帝後，有意提拔與自己關係親密的宗族將領曹真來主持朝廷軍務，但因曹真年資不高，當時只是鎮西將軍，不好一下給以大將軍的高位，因而特別為他設立上軍大將軍、中軍大將軍兩個過渡名號。黃初三年（西元二二二年）曹真升任上軍大將軍，進京主持全國軍務。同年又轉中軍大將軍。四年後出任大將軍。在曹真以後，沒有人再擔任上軍大將軍和中軍大將軍的官職。曹真，字子丹，沛國譙（今安徽亳州）人。本姓秦，曹操收為養子。詳見本書卷九〈曹真傳〉。大將軍，最高軍事統帥，外主征戰，內秉國政。⓲司徒華歆　司徒，即相國，文帝時改相國為司徒。華歆，字子魚，平原高唐（今山東禹城）人，漢靈帝末舉孝廉，除郎中，漢獻帝時任豫章太守。孫策略地江東，華歆舉城降之，深受孫策禮遇。詳見本書卷十三〈華歆傳〉。⓳司空王朗　司空，曹丕改御史大夫為司空，掌監察百官。王朗，字景興，東海郯（今山東郯城）人，因通經被拜為郎中，又任會稽太守，後被曹操表為諫議大夫，博學多才，為《周易》、《春秋》、《孝經》、《周禮》等儒家經典作傳。詳見本書卷十三〈王朗傳〉。⓴鎮軍大將軍陳羣　鎮軍大將軍，官名。位在大將軍下。曹丕稱帝後，經常率領大軍外出，他授給一直隨行的尚書令陳羣以鎮軍大將軍的名號，讓他在處理尚書臺公務的同時，協助自己處理行軍事務並監督各軍。陳羣，字文長，潁川許昌（今河南許昌東）人，深得曹操信任。文帝病重，與曹真等人受遺詔輔政。詳見本書卷二十二〈陳羣傳〉。㉑驃騎大將軍　官名。位同驃騎將軍，由資深者任之。不常置。㉒太和元年　西元二二七年。太和，魏明帝曹叡年號，西元二二七－二三三年。㉓郊祀武皇帝以配天　在南郊祭天以武皇帝配饗。㉔宗祀文皇帝於明堂句　在明堂祭祀五方上帝由文皇帝配饗。

上帝，即五方天帝。㉕南部都尉　官名。漢制在郡設都尉掌兵，大郡有時設置二人，或稱南北部，或為東西部。㉖西平　郡名。治所在今青海西寧。㉗臨羌　縣名。治所在今青海湟源東南。㉘西都　縣名。治所在今青海西寧。㉙辛未　舊曆初五日。㉚籍田　天子親自耕種的田。㉛辛巳　舊曆十五日。㉜鄴　城邑名。在今河北臨漳西南。㉝丁亥　舊曆二十一日。㉞朝日　祭祀太陽。㉟乙亥　舊曆初十日。㊱五銖錢　錢幣名，西漢武帝元狩五年（西元前一一八年）開始鑄用，東漢繼續使用，東漢末年被董卓所廢。銖，古代重量單位，為一兩的二十四分之一。㊲甲申　舊曆十九日。㊳初營宗廟　曹氏宗廟原來在鄴城，在洛陽修建曹氏宗廟是初次。㊴夕月　祭祀月神。㊵丙寅　舊曆初四日。㊶焉耆王遣子入侍　焉耆，西域國名。國都在員渠城（今新疆焉耆西南），初屬匈奴，後屬西漢西域都護府，西漢末又屬匈奴，東漢時又內屬。遣子入侍，送親生兒子到洛陽侍奉皇帝。這是當時附屬國國君對中原王朝表示忠誠的舉動。所送的兒子實質上是人質。㊷毛氏　魏明帝皇后，河內（今河南武陟西南）人，明帝初封為貴嬪，後立為皇后，受明帝寵愛。後寵衰，因爭寵被賜死。詳見本書卷五〈明悼毛皇后傳〉。㊸毛嘉　毛皇后父，任騎都尉、奉車都尉、光祿大夫等職。事見本書卷五〈明悼毛皇后傳〉。㊹新城太守孟達　新城，郡名。治所在今湖北房縣。孟達，字子度，扶風（今陝西興平東南）人。先依劉璋，後投劉備，任宜都太守。荊州丟失後投降曹魏，任西城太守，又因在曹魏與蜀漢之間游移不定而被司馬懿所殺。其事跡散見於本書卷四十〈劉封傳〉、卷四十一〈費詩傳〉、《晉書・宣帝紀》。㊺傳其首　把孟達的頭顱通過驛站車馬送到洛陽。㊻上庸武陵句　上庸，縣名。治所在今湖北竹山縣西南。武陵，縣名。治所在今湖北竹山縣西北。原誤作「武靈」，據宋本校正。巫縣，縣名。治所在今重慶市巫山縣北。㊼錫縣　縣名。治所在今陝西白河縣東南。㊽諸葛亮　字孔明，琅邪陽都（今山東沂南南）人。先隱居荊州隆中，後輔佐劉備，提出並實踐聯合孫吳、跨有荊益、北拒曹操的方針。劉備去世後，受遺詔輔佐劉禪，先後平定南中，六次北伐曹魏。後逝世於北伐前線。詳見本書卷三十五〈諸葛亮傳〉。㊾天水南安句　天水，郡名。治所在今甘肅甘谷東南。南安，郡名。治所在今隴西渭水東岸。安定，郡名。治所在今甘肅鎮原東南。㊿關右　地區名。指函谷關或潼關以西的地區。(51)右將軍張郃　右將軍，高級軍事將領，掌京師兵及戍守邊隘，討伐四方。張郃，字儁乂，河間鄚（今河北任丘北）人，東漢末為韓馥部將，後依袁紹，官渡之戰後歸降曹操。攻鄴城，擊袁譚，討柳城，屢立戰功，為曹魏名將之一。平張魯後，與夏侯淵守漢中，夏侯淵死，被眾人推為軍主，退屯陳倉。魏明帝時，諸葛亮北伐，張郃督諸軍，在街亭打敗諸葛亮將馬謖。魏太和五年（西元二三一年），諸葛亮再次北伐，張郃與蜀軍戰，在木門被飛矢所中，卒。詳見本書卷十七〈張郃傳〉。(52)丁未　舊曆二月十七日。本月沒有丁未，疑史文有誤。(53)長安　城名。在今陝西西安附近。(54)丁酉　舊曆初八日。(55)赦繫囚非殊死以下　繫囚，被關押的囚犯。殊死，刑罰名，即斬刑。(56)乙巳　舊曆十六日。(57)自頃儒官或非其人　近來負責儒學教育的官員有的不稱職。自頃，近來。儒官，負責儒學教育的官員。非其人，沒有選對人，即不稱職。(58)高選博士　用高標準挑選博士。(59)侍中常侍　侍中，官名。丞相屬官，往來殿中，入侍天子，故名。三國時侍中分兩類，一類為實官，一類為加官。常侍，官名。中常侍或散騎常侍的簡稱。(60)皖　縣名。治今安徽潛山縣。(61)陸議　即陸遜，字伯言，吳郡吳（今江蘇蘇州）人，本名陸議，後改陸遜。世為江東大族，謀取荊州有功。吳黃武元年（西元二二二年），大敗劉備軍。後與曹魏軍戰有功，拜上大將軍，官至丞相。詳見本書卷五十八〈陸遜傳〉。(62)石亭　地名。在今安徽潛山縣東北。(63)乙酉　舊曆二十九日。(64)庚子　舊曆十月十四日。本月無庚子，疑史文有誤。(65)陳倉　縣名。治所在今陝西寶雞東。(66)費曜　曹魏將領，曹丕即位之初，率兵討伐張掖張進。曾在陳倉、祁山等地與諸葛亮軍戰。其事散見於本書卷十五〈張既傳〉、《三國志・諸葛亮傳》裴松之注引《漢晉春秋》。(67)淵　即公孫淵，公孫康之子，奪其叔父公孫恭之位，割據遼東。被曹魏任為遼東太守，又派人南通孫權，被立為燕王。後曹魏拜其為大司馬，封樂浪公。魏景初元年（西元二三七年）自立為燕王，後被司馬懿所滅。詳見本書卷八公孫度附傳。(68)禮　即曹禮，魏文帝之子，魏黃初二年（西元二二一年）封秦公，三年，改為京兆王，六年，改封元城王。詳見本書卷二十〈元城哀王傳〉。(69)癸卯　舊曆二十一日。(70)戊申　舊曆二十六日。(71)高祖大長秋　高祖，即曹騰，字季興，沛國譙（今安徽亳州）人，東漢末宦官。在禁中用事達三十餘年。詳見《後漢書・宦者列傳》。大長秋，官名。皇后的宮官，掌傳達皇后命令，隨從皇后出行。(72)夫人吳氏　曹騰的夫人。(73)王　原誤作「皇」，今據宋本校正。(74)擇建支子以繼大宗　選擇庶子繼承嫡傳。大宗，嫡系的長房。與之相對的稱為小宗，即由支子來傳承的支系。(75)纂正統　繼承大宗。纂，繼承。(76)漢宣繼昭帝後　漢宣，即西漢宣帝，名劉詢，西漢武帝的曾孫。其祖父劉據本為漢武帝太子，因受巫蠱之禍牽連自殺，所以劉詢自幼長在祖母家，居民間。後被霍光迎立為帝，即位後勵精圖治，任賢用能，輕徭薄賦，廣開言路，是國家大盛，號稱中興之主。詳見《漢書・宣帝紀》。昭帝，名弗陵，漢武帝少子，太子劉據的弟弟。因劉據被廢，所以武帝死後即帝位。在位期間，繼承武帝的政策，移民屯田，出兵匈奴，主持鹽鐵會議，訪問民間疾苦。死後無子，便由姪孫劉詢繼位。詳見《漢書・昭帝紀》。(77)悼考　指西漢宣帝的父親。悼是謚號，劉詢當皇帝後，先為父親加謚號，然後稱之為皇考。事見《漢書・戾太子傳》。(78)哀帝　名劉欣，西漢元帝之孫，定陶共王劉康之子。綏和二年即帝位，在位六年。他是西漢成帝劉驁的姪子，成帝因為沒有兒子，所以以劉欣為太子繼承帝位。詳見《漢書・哀帝紀》。(79)董宏等稱引亡秦　西漢哀帝即位之後，高昌侯董宏上書，請求尊稱皇帝的生母丁氏為皇太后。他在上書中引用秦始皇的父親秦莊襄王尊稱養母和生母為太后的例子。哀帝有了董宏的支持，下詔追尊自己的生父為恭皇，並在京城為之建立神廟。不但如此，哀帝還稱自己的祖母傅氏為帝太太后，稱自己的生母為帝太后，稱漢成帝的母親王氏為太皇太后，漢成帝的嫡妻趙氏為皇太后。然而董宏的理論受到了大臣師丹的批評，說他「稱引亡秦以為比喻，詿誤聖朝」。事見《漢書・師丹傳》、〈外戚孝元傅昭儀傳〉。(80)時朝　當時的朝廷。(81)恭皇　即西漢哀帝的生父定陶共王。(82)藩妾　指西漢哀帝的生母丁氏和祖母傅氏，她們都不是嫡妻，故稱。(83)長信　指已故西漢成帝的生母太皇太后王氏，當時住在長信宮。(84)昭穆　宗廟祖先排列的次序。始祖在正中，左邊稱昭，右邊稱穆。第一代、第三代、第五代在左，第二代、第四代、第六代在右。(85)並四位於東宮　在東宮並列設置了四個位置。(86)僭差無度　超過本分沒有法度。(87)非罪師丹忠正之諫　怪罪師丹的忠言勸諫。師丹，字仲公，琅邪郡東武（今山東諸城）人，西漢大臣。主張限天、限奴婢，抑制土地兼併，反對給傅氏、丁氏以太后尊號，反對在京城建立恭皇廟。詳見《漢書・師丹傳》。(88)丁傅焚如之禍　西漢哀帝死後，王莽執政，派人發掘傅氏和丁氏的陵墓，並放火燒了丁氏的棺槨。焚如，用火燒死犯人的酷刑。(89)魯文逆祀二句　魯文，即魯文公，春秋時魯國國君，名興，西元前六二六年即位，在位十八年。詳見《史記・魯周公世家》。夏父，魯國負責祭祀的官員，全稱為夏父弗忌。魯文公二年（西元前六二五年），在祭祀宗廟時，文公的生父魯僖公和伯父魯閔公的神位誰應排在前面一時成了問題。夏父為了討好魯文公，說「新鬼大，舊鬼小」，應該先大後小，把魯僖公排在前面。魯文公的這種做法被《左傳》稱為逆祀。事見《左傳》文公二年。(90)宋國非度二句　非度，指宋文公的喪事不按禮度。華元，春秋時宋國大臣。宋文公死，華元主辦喪事，實行厚葬，為此，《左傳》說：「華元、樂莒，於是乎不臣。」事見《左傳》成公二年。(91)有司　有關部門。(92)大統　帝系。(93)為人後　做別人的後嗣。(94)導諛時君　誤導阿諛當時的君主。(95)妣　此指生母。(96)書之金策　把文字鑄在金屬板上。(97)令典　法典。(98)平望觀　亭觀名。在洛陽魏宮內，天淵池東面。(99)幸　帝王到某處曰幸。(100)太常韓暨　太常，官名。秦代九卿之一，掌管宗廟祭祀禮儀。韓暨，字公至，南陽堵陽（今河南方城）人，東漢末不應袁術、劉表等人的徵召，後因懼怕劉表報復，應命為宜城縣長。曹操入荊州後投降曹操。詳見本書卷二十四〈韓暨傳〉。(101)己丑　舊曆初十日。(102)奉安　安放。(103)癸卯　舊曆二十四日。(104)大月氏　西域族名。居住在今印度、巴基斯坦、阿富汗三國的北部。曾經建立貴霜王國，首都弗樓沙，在今巴基斯坦白沙瓦。(105)壬午　舊曆初四日。(106)質文　質樸或有文采。(107)典謨　《尚書》的前兩篇分別是〈堯典〉和〈皋陶謨〉，所以典謨指《尚書》，此指《尚書》一類的儒家經典。(108)未洽　不夠充分。(109)進用者　被推薦任用的人。(110)郎吏　指尚書郎、中書郎、中郎、侍郎、郎中一類以「郎」為名的朝廷低級官員，他們是中央或地方中級官員的後備軍。(111)牧民　管理統治人民。(112)高第　優等。(113)亟用　儘快任用。(114)浮華　指當時在政治上相互吹捧結幫成派。(115)戊子　舊曆初十日。(116)典論　書名。

曹丕所著的論文集。《隋書・經籍志》著錄為五卷，現已亡佚，只有後人輯錄的殘文一卷。其中的〈論文〉一篇，因被選入《文選》而完整的保存下來。〈論文〉是文學批評的始祖，它對文學的價值和地位作了十分重要的肯定，說它是「經國之大業，不朽之盛事」，因此在中國文學史上具有重要地位。117癸巳　舊曆十五日。118車騎將軍　武官名。位次於大將軍、驃騎將軍。掌京師兵衛。119戊子　舊曆初十日。120祔葬　合葬。121辛巳　舊曆初五日。122特牛祠中嶽　特牛，一頭牛。中嶽，即嵩山。123乙未　舊曆十九日。124伊洛河漢　四條河流名，即伊水、洛水、黃河、漢水。伊水是洛水的支流，源出欒川伏牛山北，向東北在洛陽北入洛水。漢水，古代又名沔水，發源於今陝西秦嶺西南，向東南流至今武漢入長江。125乙卯　舊曆初十日。126庚申　舊曆十五日。127聽贖　允許以金錢物品贖罪。128太白犯歲星　太白，即金星。犯，古代天文學術語，指金、木、水、火、土五星運行凌入某宿垣度。《史記・天官書》：「（熒惑）其入守犯太微，軒轅、營室，主命惡之。」《漢書・天文志》：「及五星所行，合、散、犯、守、陵、歷、鬥、食。」王先謙補注：「《占經》引《荊州經》云：相去一尺內為合。郗萌云：二十日以上為守。石氏云：五星入度，經過宿星，光耀犯之，為犯。」歲星，即木星。129辛未　舊曆二十八日。130丙寅　舊曆二十三日。丙寅應當在辛未之前，此處史文疑有誤。131舉賢良　古代人才選拔的科目之一。賢良，有賢德良才的人。132辛巳　舊曆初九日。133大雩　求雨祭祀儀式。134軻比能　鮮卑部落首領，在魏文帝、明帝時雄踞幽并二州邊境，強盛時有騎兵十餘萬。魏文帝時立為附義王，後與曹魏關係多有反覆。魏青龍三年（西元二三五年）被幽州刺史王雄所募勇士刺殺。事見本書卷三十〈鮮卑傳〉。135丁零　古代北方少數民族。136幽州　州名。治所在今北京市。137護匈奴中郎將　官名。負責監督、管理入塞匈奴，震懾西北邊境的匈奴。138丙子　舊曆初六日。139乙酉　舊曆十五日。140朝聘　諸侯定期朝見天子。141所以　用以；用來。142關諸　關係到。143能不興思　怎能不產生思念之情。144將適子一人朝　帶領一名嫡子入朝觀見。將，帶領。適子，嫡子。145乙酉　舊曆十七日。146軒轅大星　軒轅，星座名。在太微垣的西邊，有星十七顆。軒轅大星為第十四顆，女主象。147戊戌晦　舊曆三十日月末。晦，每月的最後一天。148甲辰　舊曆初六日。149鎮星　即土星，又名填星。150戊午　舊曆二十日。151藩屏　像籬笆和圍牆一樣保護。152懷德維寧　心懷道德就會得到安寧。153秦漢繼周二句　秦始皇廢除同姓分封制度，削弱了同姓宗族的力量；漢高祖實行同姓分封，又使同姓諸侯王的力量太強。154厥中　適中。155以郡為國　魏文帝在黃初五年（西元二二四年）改變封爵制度，宗王封地由一郡改為一縣，明帝又恢復舊制。156癸酉　舊曆初七日。157乙亥　舊曆初九日。158壬寅　舊曆初一日。159甲子　舊曆二十三日。160衛尉董昭　衛尉，官名。秦漢九卿之一，掌宮門保衛。董昭，字公仁，濟陰定陶（今山東定陶）人，任袁紹鉅鹿、魏郡太守，後歸曹操。曹操征烏桓，他建議開渠入海以運軍糧，又倡議討曹操為魏公、魏王。詳見本書卷十四〈董昭傳〉。(161)摩陂　地名。在今河南郟縣東南。(162)殄夷將軍田豫　殄夷將軍，武官名。屬雜號將軍，領兵征伐。田豫，字國讓，漁陽雍奴（今天津市武清東北）人，先為公孫瓚屬下，後歸曹操。先後任潁陰縣令、弋陽太守，有治績。曹魏建立後，歷任護烏丸校尉、汝南太守等職。詳見本書卷二十六〈田豫傳〉。(163)周賀　孫吳將領，曾受命浮海至遼東招撫公孫淵。其事散見於本書卷十四〈劉放傳〉。(164)成山　地名。在今山東榮成東北成山角。周賀率船隊浮海到遼東，回來時停靠在此處，受到曹魏軍的伏擊。(165)丙寅　舊曆初四日。(166)太白　即金星。金星通常出現在黎明或黃昏。黎明時出現在東方，稱之啟明；黃昏時出現在西方，稱之太白。如果其在白晝出現，古人認為是異常天象。(167)有星孛于翼　孛，指彗星光芒四射。翼，二十八宿之一，南方朱雀七宿的第六宿，有二十二顆星。(168)太微上將星　太微，星座名。在北斗七星的南面，分太微左右垣，各有五顆星，左垣北面的第一顆叫東上將，右垣北面的第四顆叫西上將。(169)庚寅　舊曆二十八日。(170)植　即曹植，字子建，曹操之子，善屬文，言出為論，下筆成章，極有文才。曹操一度欲以為太子，後因其任性而行，飲酒不節，又加上曹丕能矯情自飾，所以立曹丕而不立曹植。先後被封為鄄城王、雍丘王、陳王。因失意悵然發病而死，謚號思王。前後所著賦頌詩銘雜論百餘篇，現存詩約八十首，詞賦散文四十餘篇。文集已散佚，現存《曹子建集》為宋人輯本。詳見本書卷十九〈陳思王傳〉。

【語譯】八月，孫權進攻江夏郡，江夏郡太守文聘堅守。朝廷內討論，打算發兵援救文聘，明帝說：「孫權軍隊習慣水戰，他之所以敢離開船發動陸地進攻，是希望通過乘其不備取勝。如今已經與文聘對峙，進攻所用力量要比防守加倍，他終究不敢久戰。」先前明帝派遣治書侍御史荀禹慰勞邊境將士，荀禹到達後，在江夏調動所經過的縣裏的兵眾及其跟隨的步騎兵千人登山舉火，孫權退走。

2 十二日，立皇子曹冏為清河王。孫吳將領諸葛瑾、張霸等人侵犯襄陽，撫軍大將軍司馬懿討伐並擊破了他們，斬殺了張霸，征東大將軍曹休又在尋陽縣打敗了孫吳另一個將領。論功行賞，各有一定的等級差別。冬十月，清河王曹冏去世。十二月，任命太尉鍾繇為太傅，征東大將軍曹休為大司馬，中軍大將軍曹真為大將軍，司徒華歆為太尉，司空王朗為司徒，鎮軍大將軍陳羣為司空，撫軍大將軍司馬懿為驃騎大將軍。

3 太和元年春正月，在南郊祭天以武皇帝配饗，在明堂祭祀五方上帝以文皇帝配饗。劃分出江夏郡南部區域，設置江夏南部都尉。西平人麴英反叛，殺死臨羌縣令、西都縣長，朝廷派遣將軍郝昭、鹿磐討伐並斬殺了他們。二月初五日，明帝到籍田上耕種。十五日，在鄴城為文昭甄皇后修建寢廟。二十一日，在東郊祭日。夏四月初十日，發行五銖錢。十九日，開始營建宗廟。秋八月，在西郊祭月。冬十月初四日，明帝在東郊訓練軍隊。西域焉耆王遣送兒子入朝侍奉皇帝。十一月，立毛氏為皇后。賜天下男子每人爵二級，鰥寡孤獨不能養活自己的賜給穀物。十二月，封皇后父親毛嘉為列侯。新城太守孟達反叛，明帝下詔驃騎將軍司馬懿討伐他。

4 太和二年春正月，司馬懿攻破新城，斬殺孟達，把他的頭顱用驛站馬車送到洛陽。劃分新城郡的上庸縣、武陵縣、巫縣設置上庸郡，把錫縣改為錫郡。

5 蜀漢大將諸葛亮侵犯邊境，天水、南安、安定三郡官吏和百姓背叛響應諸葛亮。朝廷派遣大將軍曹真督統關右各路軍隊，同時進軍。右將軍張郃在街亭進擊諸葛亮，把他打得大敗。諸葛亮敗逃，三郡平定。二月十七日，明帝親臨長安。夏四月初八日，明帝回到洛陽宮。赦免被囚禁的犯死罪以下的犯人。十六日，評議討伐諸葛亮的功勞，封爵位增食邑，每人有一定的等級差別。五月，大旱。六月，明帝下詔說：「尊崇儒學，重視教育，這是帝王實行教化的根本。近來負責儒學教育的官員有的不稱職，這樣怎麼能宣揚光大聖人之道？要用高標準選拔博士，才能要能勝任侍中常侍的職務。告誡各個郡國，向朝廷進舉人才要以是否通經學為首要標準。」秋九月，曹休統率各路軍隊到達皖縣，與吳將陸議在石亭交戰，被打敗。二十九日，立皇子曹穆為繁陽王。十月十四日，大司馬曹休去世。冬十月，下詔公卿近臣每人舉薦一名優秀將領。十一月，司徒王朗去世。十二月，諸葛亮圍攻陳倉，曹真派遣將軍費曜等人抵禦他。遼東太守公孫恭的姪子公孫淵，奪取了公孫恭的職位，於是朝廷以公孫淵兼領遼東郡太守。

6 太和三年夏四月，元城王曹禮去世。六月二十一日，繁陽王曹穆去世。二十六日，追尊高祖大長秋曹騰為高皇帝，夫人吳氏為高皇后。

7 秋七月，明帝下詔說：「按照禮制規定，王后沒有後嗣，就選擇庶子來繼承嫡傳，繼承嫡傳的人要接續正統而奉行大義，怎麼能又顧念自己的生身父母呢！漢宣帝作為昭帝的後嗣，為自己死去的生父加皇號；哀帝以外藩的身分被扶持為帝，而董宏卻引用亡秦作例子，迷惑誤導當時的朝廷，讓哀帝既尊自己的生父為恭皇，為他在京都立廟，又寵愛藩王的姬妾，使她們的地位與太皇太后相同，他在宗廟中把自己的生父列入昭穆次序，又在東宮並列設置了四個皇太后的位置，超越本分，沒有法度，人神都不保佑他，而怪罪師丹的忠誠勸諫之言，因此導致了丁氏、傅氏棺木被焚燒的禍患。從此以後，相繼使用同樣的做法。過去魯文公祭祀時順序顛倒，罪過是由夏父造成；宋國的喪事不符合禮制，華元應該受到批評。現在命令公卿和有關部門，要特別以這些以前的做法為借鑑。以後萬一有以諸侯身分入宮繼承帝位的，那麼就應當明白做別人後嗣的道理；膽敢有用奸邪之言誤導阿諛當時君主，妄自設立不正當的稱號干擾正統，把生父稱為皇，把生母稱為后，那麼輔政的大臣，誅殺他們不要赦免。把這個詔書鑄在金屬板上，收藏在宗廟中，記載在法典上。」

8 冬十月，把平望觀改稱聽訟觀。明帝常說「刑獄，關係到天下人的性命」，每當遇到審理刑獄大案，常常親自到聽訟觀旁聽。

9 當初，洛陽宗廟尚未建成的時候，祖先牌位都在鄴城宗廟。十一月，洛陽宗廟剛建成，明帝派遣太常韓暨持符節到鄴城迎接高皇帝曹騰、太皇帝曹嵩、武皇帝曹操、文皇帝曹丕的牌位，十二月初十日所迎牌位到達，安放在洛陽宗廟。

10 二十四日，大月氏國王波調派遣使臣貢獻禮物，朝廷以波調為親魏大月氏王。

11 太和四年春二月初四日，明帝下詔說：「社會風氣的質樸或奢華，是隨著教化而變化的。戰亂以來，儒家經學廢絕，後起之人進身取位，不通過學習儒家經典。這是由於教訓引導得不充分，還是因為被推薦任用的人不是以品德著稱的緣故呢？郎官能夠學習通曉一部儒家經典，具有治理民眾的才能，經過博士考試，選拔成績優等的，要趕快任用；那些行為浮華不務正道的，全都罷免黜退他們。」初十日，下詔太傅三公：把文帝的《典論》刻在石碑上，立在宗廟的大門外。十五日，以大將軍曹真為大司馬，以驃騎將軍司馬懿為大將軍，以遼東太守公孫淵為車騎將軍。夏四月，太傅鍾繇去世。六月初十日，太皇太后去世。十八日，撤消上庸郡。秋七月，把武宣卞皇后合葬在高陵。下詔讓大司馬曹真、大將軍司馬懿征伐蜀漢。八月初五日，明帝出行東巡，派遣使臣用一頭牛祭祀中嶽嵩山。十九日，親臨許昌宮。九月，下大雨，伊水、洛水、黃河、漢水的水泛濫，下詔曹真等人率軍返回。冬十月初十日，明帝巡行返回洛陽宮。十五日，下令：「只要不是死刑犯允許使用不同數量的金錢物資抵罪。」十一月，金星侵犯木星。十二月二十八日，把文昭甄皇后改葬在朝陽陵。二十三日，下詔公卿舉薦賢良人才。

12 太和五年春正月，明帝在籍田耕種。三月，大司馬曹真去世。諸葛亮進犯天水，明帝詔令大將軍司馬懿抵禦。從去年冬天十月到這個月沒有下雨，初九日，舉行盛大的求雨祭祀儀式。夏四月，鮮卑附義王軻比能率領他的族人以及丁零族首領兒禪到幽州進獻名馬。重新設置護匈奴中郎將。秋七月初六日，因為諸葛亮退走，封爵升職各有不同的等級。十五日，皇子曹殷出生，大赦天下。

13 八月，明帝下詔說：「古代諸侯朝覲天子，用來使親戚和睦，各諸侯國團結和諧。先帝制定詔令，不想讓諸位親王留在京城的原因，是因為在位的君主幼小，母后代為執政，要防微杜漸，這關係到國家的盛衰。我想已經有十二年沒有見到諸位親王了，悠長綿遠的情懷，怎能不產生思念之情！現在命令諸位親王以及宗室公侯各帶領嫡子一人入朝覲見。日後如果有少主在位母后代為執政的情況，自然按照先帝的詔令，現加申明，寫進法令。」冬十一月十七日，月亮侵犯軒轅星座中的大星。三十日月末，發生日食。十二月初六日，月亮侵犯土星。二十日，太尉華歆去世。

14 太和六年春二月，明帝下詔說：「古代的帝王，分封諸侯，是用來拱衛王室的。《詩經》不是說嗎，『心懷道德就會得到安寧，同姓諸侯王會像城牆一樣藩衛著你』。秦朝、漢朝都是繼承周朝之後，宗室有的強大有的弱小，全都有失中正之道。大魏開創基業，諸位親王開創封國，隨著當時的情況而定，沒有固定的制度，不能以此作為後世永久的法規。現在我命令改封諸侯王，全都以一郡為封地。」三月初七日，明帝出行東巡，所經之處慰問老年人和鰥寡孤獨，賞賜糧食布帛。初九日，月亮觸犯軒轅宿的大星。夏四月初一日，巡行到達許昌宮。二十三日，向宗廟進獻新鮮果品。五月，皇子曹殷去世，追封諡號安平哀王。秋七月，任衛尉董昭為司徒。九月，明帝巡行到達摩陂，修整許昌宮，興建景福殿和承光殿。冬十月，殄夷將軍田豫率領兵眾在成山討伐吳將周賀，斬殺周賀。十一月初四日，太白金星白日出現。有彗星在翼宿發出強烈光芒，接近太微垣的上將星。二十八日，陳思王曹植去世。十二月，明帝巡行返回許昌宮。

1 青龍元年❶春正月甲申，青龍見郟❷之摩陂井中。二月丁酉❸，幸摩陂觀龍，於是改年；改摩陂為龍陂，賜男子爵人二級，鰥寡孤獨無出今年租賦。三月甲子❹，詔公卿舉賢良篤行之士各一人。夏五月壬申❺，詔祀故大將軍夏侯惇❻、大司馬曹仁❼、車騎將軍程昱❽於太祖廟庭。戊寅❾，北海王蕤薨。閏月庚寅朔❿，日有蝕之。丁酉⓫，改封宗室女非諸王女皆為邑主。詔諸郡國山川不在祠典者勿祠。六月，洛陽宮鞠室災⓬。

2 保塞鮮卑大人步度根與叛鮮卑大人軻比能私通⓭，并州刺史畢軌⓮表，輒⓯出軍以外威比能，內鎮步度根。帝省⓰表曰：「步度根以為⓱比能所誘，有自疑心。今軌出軍，適使二部驚合為一，何所威鎮乎？」促敕軌，以出軍者慎勿越塞過句注⓲也。比⓳詔書到，軌以進軍屯陰館⓴，遣將軍蘇尚、董弼追鮮卑。比能遣子將千餘騎迎步度根部落，與尚、弼相遇，戰於樓煩㉑，二將敗㉒沒。步度根部落皆叛出塞，與比能合寇邊。遣驍騎將軍秦朗將中軍㉓討之，虜乃走漠北。

3 秋九月，安定㉔保塞匈奴大人胡薄居姿職等叛，司馬宣王遣將軍胡遵㉕等追討，破降之。

4 冬十月，步度根部落大人戴胡阿狼泥等詣并州降，朗引軍㉖還。

5 十二月，公孫淵斬送孫權所遣使張彌、許晏㉗首，以淵為大司馬樂浪公。

6 二年春二月乙未㉘，太白犯熒惑㉙。癸酉㉚，詔曰：「鞭作官刑㉛，所以糾慢怠也，而頃㉜多以無辜死。其減㉝鞭杖之制，著于令。」三月庚寅㉞，山陽公薨，帝素服發哀㉟，遣使持節典護喪事。己酉㊱，大赦。夏四月，大疫。崇華殿災。丙寅㊲，詔有司以太牢㊳告祠文帝廟。追謚山陽公為漢孝獻皇帝，葬以漢禮。

7 是月，諸葛亮出斜谷㊴，屯渭南，司馬宣王率諸軍拒之。詔宣王：「但㊵堅壁拒守以挫其鋒，彼進不得志，退無與戰，久停則糧盡，虜略無所獲，則必走矣。走而追之，以逸待勞，全勝之道也。」

8 五月，太白晝見。孫權入居巢㊶湖口，向合肥新城㊷，又遣將陸議、孫韶㊸各將萬餘人入淮、沔㊹。六月，征東將軍滿寵㊺進軍拒之。寵欲拔新城守㊻，致賊壽春㊼，帝不聽，曰：「昔漢光武遣兵縣據略陽㊽，終以破隗囂㊾，先帝東置合肥，南守襄陽㊿，西固祁山(51)，賊來輒(52)破於三城之下者，地有所必爭也。縱(53)權攻新城，必不能拔。敕諸將堅守，吾將自往征之，比至，恐權走也。」秋七月壬寅[54]，帝親御龍舟東征，權攻新城，將軍張穎等拒守力戰，帝軍未至數百里，權遁走，議、韶等亦退。羣臣以為大將軍方與諸葛亮相持未解，車駕可西幸長安。帝曰：「權走，亮膽破，大將軍以制之，吾無憂矣。」遂進軍幸壽春，錄諸將功，封賞各有差。八月己未，大曜兵[55]，饗六軍[56]，遣使者持節犒勞合肥、壽春諸軍。辛巳[57]，行還許昌宮。

9 司馬宣王與亮相持，連圍[58]積日，亮數挑戰，宣王堅壘不應。會亮卒，其軍退還。

10 冬十月乙丑[59]，月犯鎮星及軒轅。戊寅[60]，月犯太白。十一月，京都地震，從東南來，隱隱有聲，搖動屋瓦。十二月，詔有司刪定大辟[61]，減死罪。

11 三年春正月戊子[62]，以大將軍司馬宣王為太尉。己亥[63]，復置朔方郡[64]。京都大疫。丁巳[65]，皇太后崩。乙亥[66]，隕石于壽光縣[67]。三月庚寅[68]，葬文德郭后，營陵於首陽陵澗西[69]，如終制。

12 是時，大治洛陽宮，起昭陽、太極殿，築總章觀。百姓失農時[70]，直臣楊阜[71]、高堂隆[72]等各數切諫[73]，雖不能聽，常優容[74]之。

13 秋七月，洛陽崇華殿災[75]。八月庚午，立皇子芳[76]為齊王，詢為秦王。丁巳[77]，行還洛陽宮。命有司復崇華，改名九龍殿。冬十月己酉[78]，中山王袞[79]薨。壬申[80]，太白晝見。十一月丁酉[81]，行幸許昌宮。

14 四年春二月，太白復晝見，月犯太白，又犯軒轅一星，入太微而出。夏四月，置崇文觀，徵善屬文[82]者以充之。五月乙卯[83]，司徒董昭薨。丁巳[84]，肅慎氏獻楛矢[85]。

15 六月壬申[86]，詔曰：「有虞氏畫象而民弗犯[87]，周人刑錯而不用[88]。朕從百王[89]之末，追望上世[90]之風，邈乎何相去之遠？法令滋章[91]，犯者彌多，刑罰愈眾，而姦不可止。往者按大辟之條，多所蠲除[92]，思濟[93]生民之命，此朕之至意[94]也。而郡國斃獄[95]，一歲之中尚過數百，豈朕訓導不醇[96]，俾民輕罪[97]，將苛法猶存，為之陷穽乎？有司其議獄緩死[98]，務從寬簡，及乞恩者[99]，或辭未出而獄以報斷[100]，非所以究理盡情也。其令廷尉[101]及天下獄官，諸有死罪具獄以定[102]，非謀反及手殺人，亟語其親治[103]。有乞恩者，使與奏當文書[104]俱上，朕將思所以全之[105]。其布告天下，使明朕意。」

16 秋七月，高句驪[106]王宮斬送孫權使胡衛等首，詣幽州。甲寅[107]，太白犯軒轅大星。冬十月己卯[108]，行還洛陽宮。甲申[109]，有星孛于大辰[110]，乙酉[111]，又孛于東方。十一月己亥[112]，彗星[113]見，犯宦者天紀星[114]。十二月癸巳[115]，司空陳羣薨。乙未[116]，行幸許昌宮。

【章　旨】以上為第三部分，記述了明帝在青龍年間整頓祭祀、平定邊塞少數民族反叛、減輕刑罰、挫敗孫吳和蜀漢進攻等事跡，也記載了他濫用民力大修宮殿的行為。

【注　釋】❶青龍元年　西元二三三年。青龍，魏明帝曹叡年號，西元二三三—二三七年。❷郟　縣名。治所在今河南郟縣。❸丁酉　舊曆初六日。❹甲子　舊曆初三日。❺壬申　舊曆十二日。❻夏侯惇　字元讓，沛國譙（今安徽亳州）人，少以烈氣聞名。隨曹操起兵，從征呂布時被流矢傷左目。尊重學人，生性節儉，樂於施捨。詳見本書卷九〈夏侯惇傳〉。❼曹仁　字子孝，沛國譙（今安徽亳州）人，曹操從弟，少好弓馬遊獵。從曹操起兵，征袁術、陶謙、呂布、張繡等，平黃巾，戰官渡，討馬超，鎮荊州，屢立戰功，官至大司馬。詳見本書卷九〈曹仁傳〉。❽程昱　字仲德，東郡東阿（今山東東阿西南）人，曹操的屬下。曹操征徐州，留守鄄城，在郡縣響應呂布的情況下堅守鄄城、范、東阿。詳見本書卷十四〈程昱傳〉。❾戊寅　舊曆十八日。❿庚寅朔　舊曆初一日。朔，每月的第一天。⓫丁酉　舊曆初八日。⓬鞠室災　鞠室，用於蹴鞠活動的房屋。蹴鞠是古代踢球遊戲。鞠，實心皮球。災，指火災。⓭保塞鮮卑大人句　保塞，保衛邊塞。步度根，鮮卑大人魁頭之弟，魁頭死後即位，建安中與曹操通好，曹丕繼位後，被授為王。後為軻比能所殺。詳見本書卷三十〈鮮卑傳〉。私通，私下串通。⓮并州刺史畢軌　并州，州名。治所在今山西太原西南。畢軌，字昭先，東平（今山東東平東）人，與曹爽等謀削奪司馬懿之權，被司馬懿所殺。詳見《三國志・曹真傳》裴松之注引《魏略》。⓯輒　擅自決定。⓰省　閱。⓱以為　已被。⓲句注　山名。在今山西代縣北，為邊塞軍事要地。又名陘嶺、雁門山。⓳比　等到。⓴陰館　縣名。治所在今山西朔州東南。在句注山外約二十公里。㉑樓煩　縣名。治所在今山西寧武。㉒敗　原無此字，據《三國志集解》引何焯說增補。㉓驍騎將軍句　驍騎將軍，官名。中軍將領之一，以功高者任之。秦朗，字元明，小名阿蘇，新興（今甘肅武山縣西北）人，曹操攻陷下邳後，納其母杜氏為妻，秦朗隨其母留在相府。事見《三國志・明帝紀》裴松之注引《魏氏春秋》。中軍，常駐京城由中央朝廷直轄的軍隊，包括宮廷禁衛軍。㉔安定　郡名。治所在今甘肅鎮原東南。㉕胡遵　安定臨涇（今甘肅鎮原南）人，曹魏將領，才兼文武，累居藩鎮，官至車騎將軍。詳見《三國志・鍾會傳》裴松之注引《晉諸公贊》。㉖引軍　退軍。㉗張彌許晏　二人均為孫權派到遼東招撫公孫淵的使臣。事見本書卷四十七〈吳主傳〉及裴松之注引《江表傳》、《吳書》。㉘乙未　舊曆初四日。㉙熒惑　火星。㉚癸酉　舊曆十八日。㉛鞭作官刑　用鞭打作為懲治官員的刑罰。語出《尚書・堯典》。㉜頃　近來。㉝減減輕。㉞庚寅　舊曆初六日。㉟素服發哀　穿上白色的喪服發出哀哭的聲音。㊱己酉　舊曆二十五日。㊲丙寅　舊曆十二日。㊳太牢　用牛羊豬三牲作祭品。㊴斜谷　山谷名。位於今陝西眉縣西南之終南山。南口名褒，北口叫斜。㊵但　只需要。㊶居巢　地名。在今安徽巢湖東北。是濡須水進入巢湖的入口處。㊷合肥新城　城名。在合肥舊城（今安徽合肥）西十五公里。滿寵鎮守淮南時，認為合肥舊城接近巢湖，容易受到孫吳水軍攻擊，便修築新城。㊸孫韶　字公禮，吳郡富春（今浙江富陽）人，孫吳宗室，歷任孫吳揚威將軍、征北將軍，守邊數十年，功勳卓著。詳見本書卷五十一〈孫韶傳〉。㊹淮沔　淮河和漢水。㊺征東將軍滿寵　征東將軍，武官名。與征南將軍、征西將軍、征北將軍合稱四征。滿寵，字伯寧，山陽昌邑（今山東巨野南）人，曹魏將領。先任汝南太守，先後與袁紹、孫權抗衡。後助徐晃抗擊關羽，在江陵大敗吳軍，戰功顯赫。歷任伏波將軍、領豫州刺史。詳見本書卷二十六〈滿寵傳〉。㊻拔新城守　從合肥新城撤出守軍。㊼致賊壽春　把敵人引誘到壽春。壽春，縣名。治所在今安徽壽縣。㊽漢光武遣兵句　指劉秀討伐隗囂，先派來歙攻占略陽一事。漢光武，即劉秀，字文叔，南陽蔡陽（今湖北棗陽西南）人。劉邦九世孫，新莽末起兵，加入綠林軍。大破王莽軍於昆陽。西元二五年稱帝，定都洛陽，年號建武。後征討赤眉軍，削平各地割據勢力，統一全國。在位期間多次發布釋放奴婢和禁止殘害奴婢的命令，興修水利，整頓吏治。死後廟號世祖，諡號為光武。詳見《後漢書・光武帝紀》。縣據，遠去占領。略陽，縣名。治所在今甘肅莊浪西南。㊾隗囂　字季孟，天水成紀（今甘肅秦安）人。新莽末年，割據隴右的天水、武都、金城等郡，自稱西州上將軍。一度歸附更始帝劉玄，任御史大夫。後助光武帝征討赤眉軍，旋又叛降割據四川的公孫述，後被東漢軍和竇融軍擊敗，憂病而死。詳見《後漢書・隗囂列傳》。㊿襄陽　郡名。治所在今湖北襄樊。(51)祁山　山名。在今甘肅禮縣東。(52)輒　全都；總是。(53)縱　縱然。(54)王寅　舊曆十九日。(55)大曜兵　大規模閱軍以顯示武力。(56)饗六軍　用酒食慰勞軍隊。饗，用酒食慰勞。六軍，泛指朝廷軍隊。(57)辛巳　舊曆二十九日。(58)連圍　軍營的外圍彼此相連。古代軍隊安營紮寨，用木石等物圍在營寨四周，稱為圍。(59)乙丑　舊曆十四日。(60)戊寅　舊曆二十七日。(61)大辟　即死刑。(62)戊子　舊曆初八日。(63)己亥　舊曆十九日。(64)朔方郡　郡名。治所在今內蒙磴口北。(65)丁巳　正月辛巳朔，無丁巳。丁巳為二月初八日。(66)乙亥　舊曆二月二十六日。(67)壽光縣　縣名。

治所在今山東壽光東北。[68]庚寅　舊曆十一日。[69]首陽陵澗西　文帝死後葬於首陽陵，他留下遺詔，皇后和貴人以下的妃子，死後都埋在首陽陵溪澗西邊。事見本書卷二〈文帝紀〉。[70]失農時　錯過了耕種的時節。[71]楊阜　字義山，天水（今甘肅天水市）人，初為涼州刺史韋康別駕，後為曹操益州刺史。以天下為己任，每朝廷會議，都對明帝進行勸諫。詳見本書卷二十五〈楊阜傳〉。[72]高堂隆　字升平，泰山平陽（今山東新泰）人，曹魏官吏。善占天象，常利用天象對明帝進行勸諫。詳見本書卷二十五〈高堂隆傳〉。[73]切諫　懇切的勸說。[74]優容　寬容。[75]庚午　舊曆二十四日。[76]芳　即曹芳，字蘭卿，明帝養子，魏青龍三年（西元二三五年）立為齊王，後繼明帝位為帝。在位期間大權逐漸落到司馬懿父子手中，後被司馬師所廢，死於西晉初。詳見本書卷四〈魏齊王紀〉。[77]丁巳　舊曆十一日。八月的丁巳應排在庚午之前，疑此處史文有誤。[78]己酉　舊曆初三日。[79]袞　即曹袞，曹操之子，少好學，十餘歲時便能屬文。先封平鄉侯，後徙封東鄉侯、贊侯。魏黃初二年（西元二二一年）進爵為公。後封北海王，魏太和六年（西元二三二年）改封中山王。詳見本書卷二十〈中山恭王傳〉。[80]壬申　舊曆二十六日。[81]丁酉　舊曆二十二日。[82]屬文　撰寫文章。[83]乙卯　舊曆十三日。[84]丁巳　舊曆十五日。[85]肅慎氏獻楛矢　肅慎，古代東北方少數民族名。居住在今吉林省東部至俄羅斯哈巴羅夫斯克的烏蘇里江流域一帶。楛矢，用楛木做成的箭桿。肅慎人用楛木做箭桿，用石頭做箭頭，自先秦時起，就有肅慎進獻楛矢石砮的記載。[86]壬申　舊曆初一日。[87]有虞氏畫象句　有虞氏，即虞舜，傳說中有虞氏部落長，姚姓，一說嬀姓，名重華。相傳他受堯的禪讓即位後，剪除四凶，任禹平水土，契管人民，益掌山澤，皋陶作士，天下大治。詳見《史記・五帝本紀》。據說虞舜治理天下曾使用一種名為象刑的刑法，不對犯法者實行肉體上的懲罰，只是把他的衣服改變顏色和式樣，百姓們卻沒有犯法的。[88]周人刑錯而不用　據說西周成王、康王時期，天下安寧，刑罰閒置不用達四十多年。事見《史記・周本紀》。錯，同「措」。閒置。[89]百王　泛指前朝各代帝王。[90]上世　遠古時代。[91]滋章　越來越清楚、明顯。章，同「彰」。清楚明顯。[92]蠲除　免除。[93]濟　拯救。[94]至意　最大的意願。[95]斃獄　斷案，此指死刑的判決。[96]不醇　不夠；不充分。[97]俾民輕罪　使人民輕忽犯罪。[98]緩死　延緩死刑犯的處決。意思是要重新審議。[99]乞恩者　直接上書皇帝請求降恩免死的人。[100]辭未出而獄以報斷　犯人請求降恩的文書還沒送出來人已經被處決結案了。報斷，處決。[101]廷尉　官名。九卿之一，掌司法斷獄。[102]死罪具獄以定　死罪要在文件證據齊全之後才能定。具獄，指案件的全部有關材料。[103]親治　親自審理。[104]奏當文書　向皇帝呈報的給犯人定罪量刑的文書。[105]所以全之如何保全乞恩者的生命。[106]高句驪　國名。又作「高麗」、「高鄺」。首都丸都，故址在今吉林集安。詳見本書卷三十〈高句麗傳〉。[107]甲寅　舊曆十三日。[108]己卯　舊曆初十日。[109]甲申　舊曆十五日。原作「甲辰」，今從宋本。[110]大辰　星名。即心宿三星的中央大星。⑪乙酉　舊曆十六日。⑫己亥　十一月庚子朔，無己亥。己亥是十月三十日。疑此處史文有誤。⑬彗星　星體名稱，光芒偏向一側，呈掃帚形，俗稱掃帚星。⑭宦者天紀星　宦者，星座名。在太微垣東面的天市垣內，有星四顆。天紀，星座名。在宦者北面，有九顆星。⑮癸巳　舊曆二十四日。⑯乙未　舊曆二十六日。

【語　譯】青龍元年春正月二十三日，青龍出現在郟縣摩陂的井中。二月初六日，明帝親臨摩陂看龍，於是改易年號；把摩陂改為龍陂，賜給男子每人爵二級，鰥寡孤獨免除當年的租賦。三月初三日，明帝下詔讓公卿各推舉一名賢良和行事淳厚的人。夏五月十二日，下詔在太祖廟庭中祭祀已故的大將軍夏侯惇、大司馬曹仁、車騎將軍程昱。十八日，北海王曹蕤去世。閏五月初一日，發生日食。初八日，改封宗室中不是親王的女兒都為邑主。下詔令各郡國不許祭祀那些不在祀典中的山川。六月，洛陽宮鞠室發生火災。

2 保衛邊塞的鮮卑大人步度根和已經反叛的鮮卑大人軻比能私下串通，并州刺史畢軌上表稟報，說他自己決定出兵用以對外威脅軻比能，對內鎮懾步度根。明帝閱覽表章後說：「步度根已為軻比能所誘惑，心裏還有些疑懼。如今畢軌出兵，正好使這兩部分人受驚合而為一，還威鎮什麼呢？」趕緊敕令畢軌，讓派出去的軍隊千萬不要越過邊界上的句注山。等到詔書到達時，畢軌已經進軍屯駐在陰館，並派遣將軍蘇尚、董弼追擊鮮卑。軻比能派遣兒子統率一千多名騎兵迎接步度根部落，與蘇尚、董弼相遇，在樓煩交戰，蘇尚、董弼二將敗戰而死。步度根部落全都叛離逃出邊塞，與軻比能聯合寇掠邊境。朝廷派遣驍騎將軍秦朗率領中軍進行討伐，鮮卑人便遁走大漠以北。

3 秋九月，安定保塞匈奴大人胡薄居姿職等反叛，司馬懿派遣將軍胡遵等追擊討伐，打敗並降服了他們。

4 冬十月，步度根部落大人戴胡阿狼泥等人到并州投降，秦朗率軍返回。

5 十二月，公孫淵斬殺並送來孫權所派遣的使臣張彌、許晏的首級，以公孫淵為大司馬樂浪公。

6 青龍二年春二月初四日，金星侵犯火星。十八日，明帝下詔說：「用鞭打作為懲治官員的刑罰，是用來糾正他們的怠慢，而近來卻有很多無辜的人因為被鞭打而死。要減輕鞭杖的刑罰，載入法令中。」三月初六日，山陽公去世，明帝穿上白色的喪服舉哀，派遣使臣持節主持辦理喪事。二十五日，大赦天下。夏四月，發生大瘟疫。崇華殿發生火災。十二日，詔令有關部門用牛羊豕三牲作祭品祭祀文帝廟。追認山陽公諡號為漢孝獻皇帝，用漢代禮制安葬。

7 這個月，諸葛亮從斜谷出兵，屯駐在渭水南岸，司馬懿率領各軍抵禦諸葛亮。明帝下詔司馬懿說：「只需要守衛堅固的壁壘來挫敗他的銳氣，使他進不能得逞，退又不能和我軍交戰，長久停留則又糧食耗盡，搶掠也沒有收穫，那麼一定會撤走。等他撤走再去追擊他，以逸待勞，這才是大獲全勝的方法。」

8 五月，金星白天出現。孫權進入居巢湖口，舉兵向合肥新城進發，又派遣將軍陸議、孫韶各率領一萬多人馬進入淮河、沔水。六月，征東將軍滿寵進軍抵禦孫權。滿寵想撤出合肥新城的守軍，把敵人引誘到壽春縣，明帝不答應，說：「過去漢光武帝派兵遠據略陽，最後終於打敗隗囂，先帝在東面修築合肥城，在南面據守襄陽郡，在西面固守祁山，敵人來犯總是在這三城下面被打敗，這是因為三處都是兵家必爭之地。縱然孫權進攻合肥新城，他必定攻不下來。我命令諸將堅守，我將親自前往征伐他，等我到達時，恐怕他已經逃走了。」秋七月十九日，明帝親乘龍舟東征，孫權攻打合肥新城，將軍張穎等人據守力戰，明帝大軍到達離新城還差幾百里的地方，孫權便逃跑了，陸議、孫韶等人也撤軍退回。羣臣認為大將軍正與諸葛亮相持不下，皇帝車駕可以西去親臨長安。明帝說：「孫權逃走，諸葛亮被嚇破了膽，大將軍來制服他，我沒有可擔憂的。」於是進軍親臨壽春，評定諸將的戰功，封賞各有不同。八月初七日，大規模閱兵，用酒食慰勞軍隊，派遣使者持符節犒勞合肥、壽春各路軍隊。二十九日，明帝巡行返回許昌宮。

9 司馬懿與諸葛亮對峙，營寨外圍相連持續了好多天，諸葛亮屢次挑戰，司馬懿堅守壁壘不予回應。適逢諸葛亮去世，他的軍隊撤軍退回。

10 冬十月十四日，月亮侵犯土星和軒轅星宿。二十七日，月亮侵犯金星。十一月，京都地震，震波從東南方向傳來，隱約有聲，搖動了屋頂上的瓦片。十二月，下詔有關部門刪定死刑的法律，減少判處死罪的條款。

11 青龍三年春正月初八日，以大將軍司馬懿為太尉。十九日，恢復設置朔方郡。京都發生大瘟疫。二月初八日，皇太后郭氏去世。二十六日，隕石落在壽光縣。三月十一日，安葬文德郭皇后，在首陽陵溪澗西面營建陵墓，按照文帝的喪葬文告辦理。

12 這時，明帝大規模營建洛陽宮，興造昭陽殿、太極殿，建築總章觀。百姓錯過了耕種時節，耿直大臣楊阜、高堂隆等人各自多次懇切勸諫，明帝雖然不能聽從，但常常寬容他們。

13 秋七月，洛陽崇華殿發生火災。八月二十四日，立皇子曹芳為齊王，曹詢為秦王。十一日，明帝出行回到洛陽宮。命有關部門修復崇華殿，改名為九龍殿。冬十月初三日，中山王曹袞去世。二十六日，金星在白天出現。十一月二十二日，明帝巡行親臨許昌宮。

14 青龍四年春二月，金星又在白天出現，月亮侵犯金星，又侵犯軒轅星宿中的一顆星，進入太微垣然後出來。夏四月，設置崇文觀，徵召擅長撰寫文章的人充實其中。五月十三日，司徒董昭去世。十五日，肅慎氏進獻楛木製成的箭。

15 六月初一日，明帝下詔說：「虞舜使用畫象刑罰而百姓不犯法，西周時刑罰閒置而不用。我跟隨在百代帝王之後，追慕上古時的風氣，為什麼相差得這樣遙遠啊？法令越來越清楚明白，犯法的人卻越來越多，刑法越來越重，而奸惡行為卻不能遏止。過去曾審查過死罪的條律，很多都去除了，想著拯救百姓的生命，這是我最大的意願啊。而郡國判決死刑的案子，一年之中還是超過了幾百件，這難道是我訓導得不充分，使人民把犯罪看得很輕，還是由於苛刻的法律依然存在，成為百姓的陷阱呢？有關部門在審議延緩死刑判決的時候，一定要從寬就簡，至於乞求降恩免死的人，有的乞恩文書還沒發出就被處決結案了，這不是探求事理了解全部案情的做法。詔令廷尉以及全國的司法官員，凡是死刑必須全部文件證據齊全後才能判定，不是謀反和親手殺人的，快些告訴他我要親自審理。有乞恩的人，要把他們的乞恩上書和定罪量刑的呈報公文一起送上，我將考慮如何保全他們的生命。向全國宣布，使百姓知道我的心意。」

16 秋七月，高句驪國王宮斬下了孫權的使臣胡衛等人的首級，送到幽州。十三日，金星侵犯軒轅星座的大星。冬十月初十日，明帝巡行回到洛陽宮。十五日，大辰星旁出現光芒四射的彗星，十六日，東方又出現光芒四射的彗星。十一月三十日，出現彗星，侵犯宦者天紀星。十二月二十四日，司空陳羣去世。二十六日，明帝巡行親臨許昌宮。

1 景初元年春正月壬辰❶，山茌縣❷言黃龍見。於是有司奏，以為魏得地統❸，宜以建丑之月❹為正。三月，定曆改年為孟夏四月。服色尚黃❺，犧牲❻用白，戎事❼乘黑首白馬，建大赤之旂❽，朝會建大白之旗。改太和曆曰景初曆❾。其春夏秋冬孟仲季月雖與正歲不同，至於郊祀、迎氣❿、礿祠⓫、烝嘗⓬、巡狩⓭、蒐田⓮、分至啟閉⓯、班宣時令⓰、中氣⓱早晚、敬授民事，皆以正歲斗建⓲為曆數之序。

2 五月己巳⓳，行還洛陽宮。己丑⓴，大赦。六月戊申㉑，京都地震。己亥㉒，以尚書令陳矯㉓為司徒，尚書右僕射衛臻㉔為司空。丁未㉕，分魏興㉖之魏陽、錫郡之安富、上庸為上庸郡。省錫郡，以錫縣屬魏興郡。

3 有司奏：武皇帝撥亂反正，為魏太祖，樂㉗用武始之舞。文皇帝應天受命，為魏高祖，樂用咸熙之舞。帝制作㉘興治，為魏烈祖，樂用章斌㉙之舞。三祖之廟，萬世不毀。其餘四廟，親盡迭毀㉚，如周后稷、文、武廟祧之制㉛。

4 秋七月丁卯㉜，司徒陳矯薨。孫權遣將朱然㉝等二萬人圍江夏郡，荊州刺史胡質㉞等擊之，然退走。初，權遣使浮海與高句驪通，欲襲遼東。遣幽州刺史毌丘儉[35]率諸軍及鮮卑、烏丸[36]屯遼東南界，璽書[37]徵公孫淵。淵發兵反，儉進軍討之，會連雨十日，遼水[38]大漲，詔儉引軍還。右北平[39]烏丸單于寇婁敦、遼西[40]烏丸都督王護留等居遼東，率部眾隨儉內附。己卯[41]，詔遼東將吏士民為淵所脅略[42]不得降者，一切赦之。辛卯[43]，太白晝見。淵自儉還，遂自立為燕王，置百官，稱紹漢元年。

5 詔青、兗、幽、冀四州[44]大作海船。九月，冀、兗、徐[45]、豫[46]四州民遇水，遣侍御史[47]循行沒溺死亡及失財產者，在所[48]開倉振救之。庚辰[49]，皇后毛氏卒。冬十月丁未[50]，月犯熒惑。癸丑[51]，葬悼毛后於愍陵。乙卯[52]，營洛陽南委粟山[53]為圜丘[54]。十二月壬子[55]冬至，始祀。丁巳[56]，分襄陽臨沮、宜城、旍陽、邔四縣[57]，置襄陽南部都尉。己未[58]，有司奏文昭皇后立廟京都。分襄陽郡之鄀、葉縣[59]屬義陽郡[60]。

6 二年春正月，詔太尉司馬宣王帥眾討遼東。

7 二月癸卯[61]，以大中大夫[62]韓暨為司徒。癸丑[63]，月犯心距星[64]，又犯心中央大星。夏四月庚子[65]，司徒韓暨薨。壬寅[66]，分沛國蕭、相、竹邑、符離、蘄、銍、龍亢、山桑、洨、虹十縣為汝陰郡[67]。宋縣、陳郡苦縣皆屬譙郡[68]。以沛、杼秋、公丘、彭城豐國、廣戚[69]，并五縣為沛王國。庚戌[70]，大赦。五月乙亥[71]，月犯心[72]距星，又犯中央大星。六月，省漁陽郡之狐奴縣[73]，復置安樂縣[74]。

8 秋八月，燒當[75]羌王芒中、注詣等叛，涼州[76]刺史率諸郡攻討，斬注詣首。癸丑[77]，有彗星見張宿[78]。

9 丙寅[79]，司馬宣王圍公孫淵於襄平[80]，大破之，傳淵首于京都，海東諸郡[81]平。冬十一月，錄討淵功，太尉宣王以下增邑封爵各有差。初，帝議遣宣王討淵，發卒四萬人。議臣皆以為四萬兵多，役費[82]難供。帝曰：「四千里征伐，雖云用奇[83]，亦當任力[84]，不當稍計[85]役費。」遂以四萬人行。及宣王至遼東，霖雨不得時[86]攻，羣臣或以為淵未可卒破，宜詔宣王還。帝曰：「司馬懿臨危制變，擒淵可計日待也。」卒[87]皆如所策。

10 壬午[88]，以司空衛臻為司徒，司隸校尉崔林[89]為司空。閏月[90]，月犯心中央大星。十二月乙丑[91]，帝寢疾不豫[92]。辛巳[93]，立皇后[94]。賜天下男子爵人二級，鰥寡孤獨穀。以燕王宇[95]為大將軍，甲申[96]免，以武衛將軍曹爽[97]代之。

11 初，青龍三年中，壽春農民妻自言為天神所下，命為登女，當營衛[98]帝室，蠲[99]邪納福。飲人以水，及以洗瘡，或多愈者。於是立館後宮，下詔稱揚，甚見優寵。及帝疾，飲水無驗，於是殺焉。

12 三年春正月丁亥(100)，太尉宣王還至河內(101)，帝驛馬(102)召到，引入臥內，執其手謂曰：「吾疾甚，以後事屬君，君其與爽輔少子(103)。吾得見君，無所恨(104)！」宣王頓首(105)流涕。即日，帝崩于嘉福殿，時年三十六。癸丑(106)，葬高平陵(107)。

【章 旨】以上為第四部分，記述了明帝在景初年間改訂曆法、建立七廟制度、北征公孫淵、臨終託付司馬懿以輔政重任等事。

【注 釋】❶景初元年句 景初元年，西元二三七年。景初，魏明帝曹叡年號，西元二三七—二三九年。壬辰，舊曆二十四日。❷山茌縣 縣名。治今山東長清東南。❸魏得地統 夏商周三代的正朔各有不同，稱為「三正」。與「三正」相對應的是「三統」，即人統、地統、天統。古人認為「三統」的順序隨著朝代的更替而往復循環，漢用夏正，得人統，曹魏代漢，所以得地統。❹建丑之月 農曆十二月黃昏時，北斗星的斗柄指向東北方的丑位，於是殷商曆法以夏曆十二月為歲首，成為建丑之月。此處曹魏採用殷商曆法，以夏曆十二月為歲首。❺服色尚黃 朝服的顏色以黃色為貴。❻犧牲 祭祀用的牲畜。❼戎事 戰事。❽大赤之旂 純赤色的旗幟。大赤，純赤色。旂，旗幟的一種，杆頂繫有銅鈴，旗子上繪有龍形圖案。❾改太和曆曰景初曆 太和曆，明帝太和年間所行曆法，由高堂隆與楊偉、駱祿等人共同考訂。景初曆，由楊偉制定的新曆法。詳見《宋書·律曆志中》。❿迎氣 祭祀名。皇帝在立春、立夏、立秋前十八天、立秋、立冬這五個日子，依次祭祀五方神靈，迎接四季的到來，稱為迎氣。⓫礿祠 祭祀名。夏商春天祭祀宗廟叫礿祠，周代夏天祭祀宗廟叫礿祠。⓬蒸嘗 祭祀名。冬祭曰蒸，秋祭曰嘗。⓭巡狩 皇帝外出巡視。⓮蒐田 皇帝率軍打獵習武。⓯分至啟閉 分，春分、秋分。至，夏至、冬至。啟，立春、立夏。閉，立秋、立冬。⓰班宣時令 頒布時令。此為古代天子的權力。⓱中氣 自冬至起，二十四節氣中處在單數的叫中氣，即冬至、大寒、雨水、春分、穀雨、小滿、夏至、大暑、處暑、秋分、霜降、小雪。⓲正歲斗建 夏曆正月的斗建。斗建，又稱月建。北斗星的斗柄所指曰建。古代天文學家沿天赤道從東向西將周天劃為十二等分，用十二地支一一對應，稱為一二辰。夏朝以斗柄指寅位為正月。⑲己巳　舊曆初二日。⑳己丑　舊曆二十二日。㉑戊申　舊曆十二日。㉒己亥　舊曆初三日。㉓尚書令陳矯　尚書令，尚書臺長官，東漢以後權力極重，總典朝廷綱紀。魏蜀吳三國皆置。陳矯，字季弼，廣陵東陽（今江蘇盱眙東南）人，曹操時為魏郡太守。曹丕稱帝後，歷任光祿大夫、司徒等職。詳見本書卷二十二〈陳矯傳〉。㉔尚書右僕射衛臻　尚書右僕射，官名。尚書令的副手，協助尚書令處理朝廷政務。如副手只設一人則稱尚書僕射，如果設兩個人則分左右，左僕射在右僕射之上。衛臻，字公振，陳留襄邑（今河南睢縣）人，初為黃門侍郎，參丞相軍事。曹魏建立後，歷任右僕射、司徒等職。詳見本書卷二十二〈衛臻傳〉。右僕射，原誤作「左僕射」，今據〈衛臻傳〉校改。㉕丁未　舊曆十一日。㉖魏興　郡名。治所在今陝西安康西。㉗樂　皇帝祭祀宗廟時所用的樂舞。㉘制作　制定禮樂制度。㉙章斌　原誤作「章武」，今據《宋書・樂志》校正。㉚親盡迭毀　親盡，古代宗法制度，祖先與子孫之間相隔六代親情就算完了。迭毀，親盡之後，宗廟中除了少數祖先的神位，其餘的都要依次從神廟中遷出。㉛周后稷句　后稷，古代周族的始祖，姬姓，名棄。相傳是姜嫄履大人足跡而生。善於種植糧食作物，在堯、舜時代做農官，教民耕種。後世奉之為稷神。文，即周文王，姬姓，名昌，遵后稷、公劉之業，行仁政，敬老愛幼，深得民心。在位期間，攻滅黎、崇等國，在豐邑建都，為武王滅商打下基礎。武，即周武王，姬姓，名發，周文王之子，繼位後用太公、周公、召公、畢公輔政，滅掉殷商，建立周朝。詳見《史記・周本紀》。祧，遠祖的神廟。西周的宗廟制度，以后稷為太祖，神廟居中；下面的左右各有三廟，為三昭三穆。文王廟為三昭之首，武王廟為三穆之首。太祖、文、武之廟曰祧，永遠不毀，其餘四廟親盡迭毀，遷出的神主，屬昭者入文王之祧，屬穆者入武王之祧。㉜丁卯　舊曆初二日。㉝朱然　字義封，丹陽故鄣（今浙江安吉西北）人，孫吳將領。擒關羽有功，遷昭武將軍。代呂蒙鎮江陵，與陸遜破劉備，拒曹魏將領夏侯尚，出師皆有功。詳見本書卷五十六〈朱然傳〉。㉞胡質　字文德，壽春（今安徽壽縣）人，曹魏將領。少與蔣濟、朱績俱知名江淮間，歷任東莞太守、常山太守等，在任務農積穀，興修水利。詳見本書卷二十七〈胡質傳〉。㉟毌丘儉　字仲恭，河東聞喜（今山西聞喜）人，曹魏將領。後起兵反對司馬師，兵敗被殺。詳見本書卷二十八〈毌丘儉傳〉。㊱鮮卑烏丸　均為北方少數民族，屬東胡。鮮卑，秦漢時附於匈奴，北匈奴西遷後進入匈奴故地，勢力逐漸強盛，東漢桓帝時，首領檀石槐曾建立強大的軍事聯合體。後分裂，步度根、軻比能等首領各擁所部。烏丸，也稱烏桓，漢初附匈奴，漢武帝以後附漢，遷至上谷、漁陽、右北平、遼東、遼西等五郡塞外。東漢建安十二年（西元二〇七年），曹操遷烏丸萬餘部落於中原，部分留居東北，後漸與各地漢族及其他族人融合。㊲璽書　皇帝詔書。㊳遼水　河流名。即今遼河。㊴右北平　郡名。治所在今河北豐潤東南。㊵遼西　郡名。治所在今遼寧義縣西。㊶己卯　舊曆十四日。㊷脅略被迫參加。㊸辛卯　舊曆二十六日。㊹青兗幽冀四州　均為州名。青州治所在今山東臨淄北。兗州治所在今山東鄄城東北。幽州治所在今北京市大興。冀州治所在今河北冀州。㊺徐　即徐州，治所在今江蘇邳州西南。㊻豫　即豫州，治所在今安徽亳州。㊼侍御史　即治書侍御史。㊽在所　所在的地方。㊾庚辰　舊曆十六日。㊿丁未　舊曆十三日。(51)癸丑　舊曆十九日。(52)乙卯　舊曆二十一日。(53)委粟山　山名。在當時洛陽正南十公里洛水南岸。(54)圜丘　祭天的場所。(55)壬子　舊曆十九日。(56)丁巳　舊曆二十四日。(57)臨沮宜城句　均為縣名。臨沮縣治所在今湖北遠安西北。宜城縣治所在今湖北宜城東南。旍陽縣治所在今湖北當陽東南。邔縣治所在今湖北宜城北。(58)己未　舊曆二十六日。(59)鄀葉縣　鄀，縣名。治所在今湖北宜城東南。葉，縣名。治所在今河南南陽東北。(60)義陽郡　郡名。治所在今湖北棗陽東南。(61)癸卯　舊曆十一日。(62)大中大夫　即太中大夫，官名，天子的高級參謀，掌言議及顧問應對。(63)癸丑　舊曆二十一日。(64)心距星　心宿外端的小星。(65)庚子　舊曆初九日。(66)壬寅　舊曆十一日。(67)沛國蕭相句　沛國，郡國名。治所在相縣。相，縣名。治所在今安徽濉溪縣西北。竹邑，縣名。治所在今安徽宿州北。符離，縣名。治所在今安徽宿州東北。蘄，縣名。治所在今安徽宿州東南。銍，縣名。治所在今安徽宿州西南。龍亢，縣名。治所在今安徽懷遠西北。山桑，縣名。治所在今安徽蒙城北。洨，縣名。治所在今安徽固鎮東南。虹，縣名。治所在今安徽五河西北。汝陰郡，郡名。治所在今安徽阜陽。(68)宋縣句　宋縣，縣名。治所在今安徽太和西北。陳郡，郡名。治所在今河南淮陽。苦縣，縣名。治所在今河南鹿邑。譙郡，郡名。治所在今安徽亳州。(69)以沛杼秋句　沛，縣名。治所在今江蘇沛縣。杼秋，縣名。治所在今安徽碭山縣東南。公丘，縣名。治所在今山東滕縣西南。彭城，王國名。治所在今江蘇徐州。豐國，縣名。治所在今江蘇豐縣。廣戚，縣名。治所在今江蘇沛縣東南。(70)庚戌　舊曆十九日。(71)乙亥　舊曆十五日。(72)心　原誤作「星」，據宋本校正。(73)狐奴縣　縣名。治所在今北京市順義東北。(74)安樂縣　縣名。治所在今北京市順義西北。(75)燒當　古代羌族的一支。(76)涼州　州名。治所在今甘肅武威。(77)癸丑　舊曆二十四日。(78)張宿　二十八宿之一，南方朱雀七宿的第五宿，有六顆星。(79)丙寅　八月庚寅朔，無丙寅。九月初七日為丙寅。(80)襄平　縣名。治所在今遼寧遼陽。(81)海東諸郡　即遼東郡，治所在今遼寧遼陽。帶方郡，治所在今朝鮮鳳山附近。樂浪郡，治所在今朝鮮平壤南。玄菟郡，治所在今遼寧瀋陽東北。(82)役費　人力和費用。(83)用奇　使用計謀。(84)任力　憑藉實力。(85)不當稍計　不可太計較。稍，太；甚。(86)不得時　不能及時。(87)卒　最終；結果。(88)壬午　舊曆二十四日。(89)司隸校尉崔林　司隸校尉，官名。掌糾察百官，與御史中丞、尚書令並稱「三獨坐」，職權顯赫。崔林，字德儒，清河東武城（今山東武城東北）人，曹操定冀州，任其為鄔縣長，又升為丞相掾屬。曹丕稱帝後，歷任尚書等職。詳見本書卷二十四〈崔林傳〉。(90)閏月　閏十一月。(91)乙

丑 舊曆初八日。92 不豫 指帝王病重，不得安適。93 辛巳 舊曆二十四日。94 皇后 即明元郭皇后，又稱郭后、郭元后、郭太后。黃初中入宮，受明帝寵愛。明帝病重時立為皇后。齊王立，尊為皇太后。詳見本書卷五〈明元郭皇后傳〉。95 宇 即曹宇，字彭祖，沛國譙（今安徽亳州）人，曹操之子。先後被封為都鄉侯、魯陽侯、下邳王、燕王。明帝自幼與曹宇共同居住，非常喜愛他。詳見本書卷二十〈燕王傳〉。96 甲申 舊曆二十七日。97 武衛將軍曹爽 武衛將軍，官名。統領皇帝貼身衛隊武衛營的長官。曹爽，字昭伯，沛國譙（今安徽亳州）人，曹真之子。明帝時任武衛將軍。明帝病重，拜其為大將軍、假節鉞、都督中外諸軍事，與司馬懿同受遺詔輔少主。齊王曹芳即位後，司馬懿發動政變，曹爽被剝奪兵權，後被殺。詳見本書卷九〈曹爽傳〉。98 營衛 照顧護衛。99 蠲 驅除。100 丁亥 舊曆初一日。101 河內 郡名。治所在今河南武陟西南。102 驛馬 驛站的馬匹。103 少子 指太子曹芳，時年八歲。104 恨 遺憾。105 頓首 跪拜以頭叩地。106 癸丑 舊曆二十七日。107 高平陵 曹魏明帝陵名，在當時洛陽南郊四十五公里的大石山。

【語譯】 景初元年春正月二十四日，山茌縣報告說有黃龍出現。於是有關部門上奏，認為魏朝得地統，應該以夏曆十二月為正月。三月，確定曆法，改變年號，把三月改為孟夏四月。朝服顏色以黃為貴，祭祀的牲畜用白色，出兵征戰時乘黑頭白馬，豎純紅色的旗幟，朝會時豎純白色的旗幟。改太和曆為景初曆。新曆法的春夏秋冬孟仲季月雖然與夏曆不同，至於郊祀、迎氣、礿祠、蒸嘗、巡狩、蒐田、春分秋分、夏至冬至、立春立夏、立秋立冬、頒布時令、節氣的早晚、指揮農事活動等，都以夏曆的建寅之月為曆法的順序。

2 五月初二日，明帝巡行返回洛陽宮。二十二日，大赦天下。六月十二日，京都發生地震。初三日，任命尚書令陳矯為司徒，尚書右僕射衛臻為司空。十一日，劃分魏興郡的魏陽縣、錫郡的安富縣和上庸縣設置上庸郡。撤消錫郡，把錫縣歸屬於魏興郡。

3 有關部門上奏：武皇帝撥亂反正，為魏太祖，祭祀樂舞採用武始之舞。文皇帝順應上天，接受天命，為魏高祖，祭祀樂舞採用咸熙之舞。明帝制定禮樂制度，天下大治，為魏烈祖，祭祀樂舞採用章斌之舞。太祖、高祖、烈祖三祖的神廟千秋萬代不能廢毀。其他的四廟，親緣關係疏遠了就依次廢除，如同西周后稷、文王、武王廟祧制度一樣。

4 秋七月初二日，司徒陳矯去世。孫權派遣將軍朱然等率二萬人圍攻江夏郡，荊州刺史胡質等反擊朱然，朱然撤退。當初，孫權派遣使臣渡海與高句驪相勾通，打算襲擊遼東郡。朝廷派遣幽州刺史毌丘儉率領各軍及鮮卑、烏丸兵眾駐紮在遼東郡南界，下詔書徵召公孫淵。公孫淵起兵反叛，毌丘儉進軍討伐他，適逢連下了十天雨，遼河水大漲，下詔讓毌丘儉率軍返回。右北平郡烏丸單于寇婁敦、遼西郡烏丸都督王護留等居住遼東郡，率領部眾隨從毌丘儉歸附內地。十四日，下詔遼東郡將吏士民中被公孫淵強迫參加反叛不能投降的，全部赦免他們。二十六日，金星在白天出現。公孫淵自從毌丘儉退兵後，便自立為燕王，設置百官，稱紹漢元年。

5 下詔讓青、兗、幽、冀四州大規模建造海船。九月，冀州、兗州、徐州、豫州四州百姓遭遇水災，朝廷派遣治書侍御史巡視被淹溺死亡及喪失財產的人，所到之處開倉賑濟災民。十六日，皇后毛氏去世。冬十月十三日，月亮侵犯火星。十九日，把毛后安葬在愍陵。二十一日，營造洛陽南委粟山為圜丘。十二月十九日冬至，在圜丘開始祭祀。二十四日，劃分出襄陽郡臨沮、宜城、旍陽、邔四縣，設置襄陽南部都尉。二十六日，有關部門上奏在京都建立文昭皇后神廟。把襄陽郡的鄀縣、葉縣劃分出來隸屬義陽郡。

6 景初二年春正月，下詔讓太尉司馬懿率領部眾討伐遼東。

7 二月十一日，任大中大夫韓暨為司徒。二十一日，月亮侵犯心宿的距星，又侵犯心宿中央的大星。夏四月初九日，司徒韓暨去世。十一日，劃分沛國的蕭縣、相縣、竹邑縣、符離縣、蘄縣、銍縣、龍亢縣、山桑縣、洨縣、虹縣十縣為汝陰郡，宋縣、陳郡的苦縣全都隸屬譙郡。以沛縣、杼秋縣、公丘縣、彭城豐國縣、廣戚縣，五個縣合併為沛王國。十九日，大赦天下。五月十五日，月亮侵犯心宿的距星，又侵犯心宿中央的大星。六月，撤消漁陽郡的狐奴縣，又設置安樂縣。

8 秋八月，燒當羌王芒中、注詣等人反叛，涼州刺史率領各郡軍隊進攻討伐他們，把注詣斬首。二十四日，有彗星出現在張宿。

9 九月初七日，司馬懿在襄平縣包圍公孫淵，把他打得大敗，把公孫淵的首級用驛站馬車送到京城，海東各郡被立定。冬十一月，評定討伐公孫淵的戰功，太尉司馬懿和以下的將領增加食邑封賞爵位都有不同的等級。當初，明帝討論派遣司馬懿討伐公孫淵，發兵四萬人。參加商討的臣僚都認為四萬兵卒過多，所需的人力和費用難以供應。明帝說：「四千里外征討，雖然說應該用奇謀異策，但也應當依靠實力，不應該太計較軍費支出。」於是派四萬人出征。等到司馬懿到達遼東，連降大雨，不能及時發動進攻，羣臣中有的認為公孫淵不可能一下子攻破，應該下詔讓司馬懿撤軍。明帝說：「司馬懿能在面臨危險時制定應變的謀略，擒殺公孫淵指日可待。」最終全都和明帝預料的一樣。

10 二十四日，任司空衛臻為司徒，司隸校尉崔林為司空。閏十一月，月亮侵犯心宿中央大星。十二月初八日，明帝病重臥床不得安適。二十四日，確立皇后。賜給天下男子每人爵二級，賜給鰥寡孤獨糧穀。以燕王曹宇為大將軍，二十七日免職，以武衛將軍曹爽代替他。

11 先前，青龍三年間，壽春一個農民的妻子自稱是天神下凡，命名為登女，應當保衛帝室，消除邪惡，接納福氣。她把水給人喝，又用水為人洗毒瘡，有許多人被治好了。於是明帝為她在後宮設置館舍，下詔稱讚表揚，特別受到優待寵信。等到明帝生病的時候，喝她的水沒有效果，於是把她殺了。

12 景初三年春正月初一日，太尉司馬懿回到河內郡，明帝用驛馬把他召來，引進臥室內，握著他的手對他說：「我病很重了，把後事託付給您，希望您與曹爽共同輔佐我年幼的兒子。我能夠見到您，沒有什麼遺憾了！」司馬懿叩頭流淚。當天，明帝在嘉福殿去世，當時三十六歲。二十七日，安葬在高平陵。

評曰：明帝沉毅斷識❶，任心而行❷，蓋有君人之至概❸焉。于時百姓彫弊，四海分崩，不先聿修顯祖❹，闡拓洪基，而遽追秦皇、漢武❺，宮館是營❻，格之遠猷❼，其殆疾乎❽！

【章　旨】以上為第五部分，是史學家陳壽對曹叡的評價。

【注　釋】❶沉毅斷識　深沉剛毅，有決斷，有見識。❷任心而行　按照自己的想法去做事。❸君人之至概　為人君主的大氣概。❹聿修顯祖　遵循光大祖先的事業。聿，遵循。❺秦皇漢武　秦皇，即秦始皇，嬴姓，名政，中國歷史上第一個統一的中央集權國家的建立者，在位期間多所改革，統一度量衡、文字、貨幣和法律，推行郡縣制。焚書坑儒，實行文化專制。徵發七十多萬人修阿房宮和驪山墓，使百姓苦不堪言。詳見《史記・秦始皇本紀》。漢武，即漢武帝，名劉徹，七歲被立為太子，十六歲即帝位。在位期間在政治、經濟、軍事、文化等方面頗有作為，把西漢社會推向鼎盛。但在後期窮兵黷武，橫徵暴斂，加重了百姓的負擔。詳見《漢書・武帝紀》。❻宮館是營　興建宮殿館舍。❼格之遠猷　實現遠大的計畫。格，到達；實現。遠猷，遠大的計劃和目標。❽其殆疾乎　大概太急了吧。其，虛詞，表示推測。殆，大概。

【語　譯】評論說：明帝深沉剛毅，果斷有識，按照自己的想法去做事，有為人君主的極大氣概。當時百姓貧窮困頓，天下分崩離析，他不首先考慮遵循光大祖先的事業，開拓發展宏大的基業，卻急著追隨秦始皇、漢武帝，大肆營建宮殿館舍，要達到遠大的目標，大概太急躁了吧！

【研　析】在題解中我們曾說過，魏明帝在位期間做了很多事情，建立曹魏皇家七廟制度就是其中之一，在此就這件事情作一研析。

曹魏皇家宗廟制度經歷了五廟到七廟的過程。五廟制始於曹操。史載建安十八年七月，曹操「始建魏社稷宗廟」。曹操當時被獻帝封為魏公，沒有當皇帝，名義上還是諸侯，所以以諸侯禮立五廟。然而仔細分析起來，曹操的五廟與《禮記》所說諸侯五廟有著很大區別。從數量上看，曹操的五廟並非五廟之數，而是三廟，即曹操曾祖處士君曹節、祖曹騰、父曹嵩三世。曹操五廟與古禮五廟還有一個最根本的不同，古禮諸侯五廟是自上而下排列的，以始封之君為太祖，自太祖以下列二昭二穆共為五廟。只有開朝皇帝立宗廟才向上追封。而曹操所立廟制，恰恰沒有遵循古禮，而是像開朝皇帝一樣向上追封。實際上曹操此時的地位雖沒有皇帝名號，卻早已具備了皇帝的實權。曹操在被封為魏公的同時就開始建立社稷宗廟也絕不是巧合，而是奠定自己至高無上權威的政治行為。其意義不在於向上追封到祖宗四代，而是馬上建立起宗廟的規模，為自己政治上的權威服務。

從某種意義上說，曹魏的宗廟制度繼承了東漢。東漢光武帝以中興漢朝紹繼劉氏自居，然而無論從皇統還是從政治實踐，東西漢二者的關係都十分疏遠。這種關係體現在宗廟制度上就是「雙重廟制」。一方面建武二年（西元二六年）光武帝於洛陽立高廟，祭祀西漢太祖高皇帝、太宗孝文皇帝和世宗孝武皇帝。另一方面建武三年又在洛陽立四親廟，祭祀生父南頓君以上至高祖春陵節侯。就這個意義而言，曹操建安十八年在東漢皇帝宗廟以外建立曹氏宗廟社稷，與東漢頗有幾分相似。所不同的是，曹操所立宗廟獨立性更強，在「雙廟制」所占的分量更重。曹操作為漢臣祭祀漢代皇室宗廟，許多行為違背了祭廟所應遵從的行為規範：應該是解履入廟，曹操卻「不敢解履上殿」；臨祭就洗應該是以手擬水而不盥，曹操卻「親受水而盥」；應該是降神禮訖，下階就幕而立，曹操卻「坐俟樂闋送神乃起」；應該是「受胙納袖，以授侍中」，曹操卻「親納于袖，終抱而歸」。這一切違規的舉動雖然都打著尊敬的幌子，實質上卻表現了對皇帝宗廟的藐視。曹操對皇帝宗廟不放在眼裏，對曹氏宗廟卻充滿了憧憬。他曾說「若天命在吾，吾為周文王矣」。曹操此言，固然是表達了他不直接稱帝的意思，也隱含了他希望建立曹氏天子之廟並在廟中占有周文王那樣的位置。從曹操對皇帝宗廟和對自己宗廟的態度，可以看出曹氏宗廟在東漢末地位之重。

有諸侯宗廟之名而具天子宗廟之實，是曹氏宗廟區別於一般諸侯宗廟的根本特徵。這種特殊的諸侯宗廟對後世的影響是極為深刻的，曹魏以後，大凡預備代替現存皇帝者大都建立這樣的宗廟。東晉南朝都是如此，而始作俑者，正是曹操。

曹操在世時所立的諸侯宗廟為其後代把諸侯之廟變為天子之廟打下基礎。延康元年，其子曹丕繼位為魏王，是年七月，追尊皇祖曹嵩為太王。黃初元年十一月曹丕即帝位後，又追尊太王為太皇帝，父武王為武皇帝。黃初四年又為太皇帝曹嵩立廟，與曾祖大長秋特進侯曹騰、高祖曹節合祭，親盡以迭毀，特為父曹操立武皇帝廟，四時享祀，為魏太祖，萬載不毀。隨著曹丕的取代東漢王朝，最終也把諸侯宗廟變成了皇帝宗廟。然而這個皇帝宗廟卻不是儒家經典中所說的七廟，而是四廟。因為按照黃初四年的廟制，只有太祖曹操一廟萬世不毀，其餘曹節、曹騰、曹嵩三廟是親盡以迭毀的。明帝太和三年十一月洛陽宗廟建好後，曾使太常韓暨「持節迎高皇帝、太皇帝、武帝、文帝神主於鄴」，所迎神主中沒有高祖曹節，裴松之推測說，是由於文帝神主入廟，曹節神主超出了四廟之數，「以親盡毀也」。可見明帝初期也是遵循了文帝所定的四廟制度。

魏文帝之所以實行四廟制，與當時禮學發展現狀有很大關係。天子七廟的主要理論根據是《禮記・王制》，然而當我們仔細研究就會發現，〈王制〉所說的天子、諸侯、大夫、士不但有著嚴格的等級，而且還有著緊密的宗法關係。秦漢以後，中央集權制度的建立使得國家政體形式中宗法血緣的色彩越來越淡，官僚政治制度在國家政體形式越來越占據主要地位。這樣，就使得先秦時期形成的禮學理論與現實的社會政治實際若即若離。就宗廟制度而言，西漢初期，「每帝即世，輒立一廟，不止於七，不列昭穆，不定迭毀」，西漢後期的皇帝宗廟雖有七廟之名，也並非嚴格意義上的七廟制度。東漢的皇帝宗廟是「雙重廟制」前已敘述。這些都是禮學理論與社會政治實際若即若離在皇帝宗廟制度上的反映。當然，在秦漢以後禮學理論也發生一些變化以試圖適應變化了的社會政治實際，但在兩漢時期這種變化大多停留在量變階段，直到漢末三國才發生了質的變化，這就是以三禮為核心的新的禮學體系的形成，禮治理國家的政治功能也日益得到強化。然而新的禮學理論與國家政治結合在一起還需要一個過程，魏晉之際五禮制度的確立是這個過程完結的標誌，而曹丕建立宗廟制度正是在這個過程中間，與〈王制〉天子七廟不符也不是使人感到奇怪的事。

不但曹丕所定廟制不合〈王制〉所說，即使是他的兒子明帝所行的七廟也與〈王制〉所說不符。魏明帝建立七廟制度從太和三年開始。太和三年四月，追尊高祖曹節為高皇帝，而曹嵩早已在黃初年間就被追加為太皇帝，至此，自曹節以下的曹氏祖先都有了皇帝的名號。這是建立七廟制度之前非常必要的準備工作，因為此時洛陽宗廟即將建成，它不同於鄴城的宗廟，是標誌曹魏洛陽都城地位的象徵性建築，沒有皇帝的身分就沒有入廟的資格。曹節、曹騰、曹嵩、曹操都被追加帝位，洛陽宗廟中理所當然要有他們的位置。在這一切準備工作做好以後，景初元年六月，魏明帝便確立了七廟制度。制度規定：武帝曹操為魏太祖；文帝曹丕為魏高祖；明帝曹叡為魏烈祖。於太祖廟北為二祧，其左為文帝廟，號曰高祖，昭祧；其右擬明帝號曰烈祖，穆祧。三祖之廟，萬世不毀，其餘四廟，親盡迭毀，一如周后稷、文、武廟祧之禮」。魏明帝的七廟制度有一處違背了古禮而遭到了後人的嘲笑和否定，這就是他在世時為自己加廟號。然而當我們深入到當時的現實情況就可發現，魏明帝這樣做實屬維繫自己宗族和地位的無奈之舉。眾所周知，魏明帝自幼喪母，他的生母甄氏是被文帝賜死的。魏明帝把生母之死歸咎於郭后，認為是她與母親爭寵的結果，對郭后心懷憤恨，雖然文帝命郭后「子養」明帝，明帝卻常顯不平之色。為此明帝失寵於文帝，差一點失去了做太子繼帝位的資格。後來為了改變局面，便隱藏起真實感情，對郭后表面十分尊敬。但他即帝位以後，不久便逼死了郭后，並下令不對她進行大殮，而是讓她的屍體以糠塞口，披髮覆面而葬。這種報復性的行為也證明了他在郭后生前「旦夕因長御問起居」的「敬事」，不過是為了取得皇位繼承權的韜晦之計。在逼死郭后的同時，又為自己的生母甄氏加謚文昭，別立寢廟，可以說這是他為生母所做的又一件事。但魏明帝有個很大的擔心，即他所做的這些事情在死後是否被後人所認同。因為他沒有自己的兒子，齊王曹芳和秦王曹詢都是抱養的。他很擔心這些不是自己親生的兒子一旦即帝位後，會不會像他一樣為自己的生母追封加謚？會不會更有甚者會改變皇統大宗？如果這種情況發生，不但會動搖自己的地位，也會動搖他為生母甄氏所做的一切。太和三年，明帝下詔說繼大宗的旁支庶子「敢為佞邪導諛時君，妄建非正之號以干正統，謂考為皇，稱妣為后，則股肱大臣，誅之無赦。其書之金策，藏之宗廟」。這道詔書正表明了魏明帝的上述擔心。為了解除這種擔心，魏明帝要在自己在世的時候把自己的地位固定下來，把自己為甄后所做的一切鞏固下來，所以在景初元年確立七廟制度，給自己加烈祖之廟號，同時又讓大臣們上奏說：「文昭廟宜世世享祀奏樂，與祖廟同，永著不毀之典，以播聖善之風」，並把這個奏章與七廟之議「并勒金策，藏之金匱。」這兩件事情排在一起也正反映出魏明帝七廟制度的用意。（梁滿倉注譯）

卷四　魏書四

三少帝紀第四

【題解】本卷為明帝之後相繼被立為帝的曹芳、曹髦、曹奐三人的合傳。在《三國志》的撰寫體例中，曹魏是正統，曹魏的皇帝都稱紀。曹操、曹丕、曹叡的本紀都是單列的，曹芳、曹髦、曹奐卻是三個人並列。陳壽把他們三個並列，並題名為三少帝紀，其寓意是深刻的，第一，三個皇帝的生理年齡皆少。第二，三個皇帝的政治年齡皆少，在位時間都不長。第三，三個皇帝即使在位期間，也都不像成人皇帝那樣獨立的擔當起統治國家的權力，而是被司馬氏家族所支配，像聽命於大人的孩子。本文通過三少帝的命運，揭示了曹魏王朝的衰落。

1　齊王諱芳，字蘭卿。明帝無子，養王及秦王詢；宮省❶事祕，莫有知其所由來者。青龍三年❷，立為齊王。景初三年正月丁亥朔❸，帝病甚，乃立為皇太子。是日，即皇帝位，大赦。尊皇后❹曰皇太后。大將軍曹爽❺、太尉司馬宣王❻輔政。詔曰：「朕以眇身❼，繼承鴻業，煢煢在疚❽，靡所控告❾。大將軍、太尉奉受末命⑩，夾輔朕躬，司徒、司空、冢宰、元輔⑪總率百寮，以寧社稷，其與羣卿大夫勉勗乃心⑫，稱朕意焉。諸所興作宮室之役，皆以遺詔罷之。官奴婢六十已上，免為良人⑬。」二月，西域重譯獻火浣布⑭，詔大將軍、太尉臨試以示百寮。

2 丁丑⑮詔曰：「太尉體道正直⑯，盡忠三世⑰，南擒孟達⑱，西破蜀虜，東滅公孫淵⑲，功蓋海內。昔周成建保傅之官⑳，近漢顯宗崇寵鄧禹㉑，所以優隆雋乂㉒，必有尊㉓也。其以太尉為太傅㉔，持節統兵都督諸軍事如故。」三月，以征東將軍滿寵㉕為太尉。夏六月，以遼東東沓縣㉖吏民渡海居齊郡㉗界，以故縱城㉘為新沓縣以居徙民。秋七月，上始親臨朝，聽公卿奏事。八月，大赦。冬十月，以鎮南將軍黃權為車騎將軍㉙。

3 十二月，詔曰：「烈祖明皇帝以正月棄背天下㉚，臣子永惟㉛忌日之哀，其復用夏正；雖違先帝通三統之義㉜，斯亦禮制所由變改㉝也。又夏正於數為得天正㉞，其以建寅之月㉟為正始元年㊱正月，以建丑月㊲為後十二月。」

4 正始元年春二月乙丑㊳，加侍中中書監劉放㊴、侍中中書令孫資㊵為左右光祿大夫㊶。丙戌㊷，以遼東汶㊸、北豐縣㊹民流徙渡海，規齊郡之西安、臨菑、昌國縣界為新汶、南豐縣㊺，以居流民。

5 自去冬十二月至此月不雨。丙寅[46]，詔令獄官亟平冤枉，理[47]出輕微；羣公
卿士讜言[48]嘉謀，各悉乃心[49]。夏四月，車騎將軍黃權薨。秋七月，詔曰：「易
稱損上益下[50]，節以制度[51]，不傷財，不害民。方今百姓不足而御府[52]多作金銀雜
物，將奚以為[53]？今出黃金銀物百五十種，千八百餘斤，銷冶以供軍用。」八月，
車駕[54]巡省洛陽界秋稼，賜高年力田各有差。

6 二年春二月，帝初通論語[55]，使太常以太牢祭孔子於辟雍[56]，以顏淵[57]配。

7 夏五月，吳將朱然[58]等圍襄陽[59]之樊城[60]，太傅司馬宣王率眾拒之。六月辛
丑[61]，退。己卯[62]，以征東將軍王淩[63]為車騎將軍。冬十二月，南安郡[64]地震。

8 三年春正月，東平王徽[65]薨。三月，太尉滿寵薨。秋七月甲申[66]，南安郡地
震。乙酉[67]，以領軍將軍蔣濟[68]為太尉。冬十二月，魏郡[69]地震。

9 四年春正月，帝加元服[70]，賜羣臣各有差。夏四月乙卯[71]，立皇后甄氏[72]，大
赦。五月朔[73]，日有食之，既[74]。秋七月，詔祀故大司馬曹真[75]、曹休[76]、征南大
將軍夏侯尚[77]、太常桓階[78]、司空陳羣[79]、太傅鍾繇[80]、車騎將軍張郃[81]、左將軍
徐晃[82]、前將軍張遼[83]、右將軍樂進[84]、太尉華歆[85]、司徒王朗[86]、驃騎將軍曹洪[87]、
征西將軍夏侯淵[88]、後將軍朱靈[89]、文聘[90]、執金吾臧霸[91]、破虜將軍李典[92]、立

義將軍龐德[93]、武猛校尉典韋[94]於太祖[95]廟庭。冬十二月，倭國[96]女王俾彌呼[97]遣使奉獻。

10 五年春二月，詔大將軍曹爽率眾征蜀。夏四月朔，日[98]有蝕之。五月癸巳[99]，講尚書[100]經通，使太常以太牢祀孔子於辟雍，以顏淵配；賜太傅、大將軍及侍講者各有差。丙午[101]，大將軍曹爽引軍還。秋八月，秦王詢薨。九月，鮮卑[102]內附，置遼東屬國[103]，立昌黎縣[104]以居之。冬十一月癸卯[105]，詔祀故尚書令荀攸[106]於太祖廟庭。己酉[107]，復秦國為京兆郡[108]。十二月，司空崔林[109]薨。

11 六年春二月丁卯[110]，南安郡地震。丙子[111]，以驃騎將軍趙儼[112]為司空；夏六月，儼薨。八月丁卯[113]，以太常高柔[114]為司空。癸巳[115]，以左光祿大夫劉放為驃騎將軍，右光祿大夫孫資為衛將軍[116]。冬十一月，祫祭[117]太祖廟，始祀前所論佐命臣二十一人。十二月辛亥[118]，詔故司徒王朗所作易傳[119]，令學者得以課試[120]。乙亥[121]，詔曰：「明日大會群臣，其令太傅乘輿上殿[122]。」

12 七年春二月，幽州刺史毌丘儉討高句驪[123]，夏五月，討濊貊[124]，皆破之。韓那奚[125]等數十國各率種落降。秋八月戊申[126]，詔曰：「屬[127]到市觀見所斥賣官奴婢[128]，年皆七十，或癃疾殘病，所謂天民之窮者[129]也。且官以其力竭而復鬻之，進退無謂[130]，其悉遺為良民。若有不能自存[131]者，郡縣振給之。」

13 己酉[132]，詔曰：「吾乃當以十九日親祠[133]，而昨出已見治道[134]，得雨當復更治[135]，徒棄功夫。每念百姓力少役多，夙夜存心。道路但當期於通利[136]，聞乃撾捶[137]老小，務崇修飾，疲困流離，以至哀歎，吾豈安乘此而行，致馨德[138]於宗廟邪？自今已後，明申勑之。」冬十二月，講禮記[139]通，使太常以太牢祀孔子於辟雍，以顏淵配。

14 八年春二月朔，日有蝕之。夏五月，分河東[140]之汾北十縣[141]為平陽郡[142]。

15 秋七月，尚書何晏[143]奏曰：「善為國者必先治其身，治其身者慎其所習。所習正則其身正，其身正則不令而行；所習不正則其身不正，其身不正則雖令不從。是故為人君者，所與游[144]必擇正人，所觀覽必察正象，放鄭聲[145]而弗聽，遠佞人而弗近，然後邪心不生而正道可弘也。季末闇主[146]，不知損益[147]，斥遠君子，引近小人，忠良疏遠，便辟褻狎[148]，亂生近暱[149]，譬之社鼠[150]；考其昏明，所積以然[151]，故聖賢諄諄以為至慮。舜戒禹曰『鄰哉[152]鄰哉』，言慎所近也，周公戒成王曰『其朋[153]其朋』，言慎所與也。書[154]云：『一人有慶，兆民賴之。』[155]可自今以後，御幸式乾殿及游豫[156]後園，皆大臣侍從，因從容[157]戲宴，兼省文書，詢謀政事，講論經義，為萬世法。」冬十二月，散騎常侍諫議大夫孔乂[158]奏曰：「禮，天子之宮，有斲礱[159]之制，無朱丹[160]之飾，宜循禮復古。今天下已平，君臣之分[161]明，陛下但當不懈于位，平公正之心，審賞罰以使之。可絕後園習騎乘馬，出必御輦乘車，天下之福，臣子之願也。」晏、乂咸因闕[162]以進規諫。

16 九年春二月，衛將軍中書令孫資，癸巳[163]，驃騎將軍中書監劉放，三月甲午[164]，司徒衛臻[165]，各遜位，以侯就第[166]，位特進[167]。四月，以司空高柔為司徒；光祿大夫徐邈[168]為司空，固辭不受。秋九月，以車騎將軍王淩為司空。冬十月，大風發屋折樹。

17 嘉平元年春正月甲午[169]，車駕謁高平陵[170]。太傅司馬宣王奏免大將軍曹爽、爽弟中領軍羲[171]、武衛將軍訓[172]、散騎常侍彥[173]官，以侯就第。戊戌[174]，有司奏收黃門張當付廷尉[175]，考實其辭[176]，爽與謀不軌[177]。又尚書丁謐[178]、鄧颺[179]、何晏、司隸校尉畢軌[180]、荊州刺史李勝[181]、大司農桓範[182]皆與爽通姦謀，夷三族[183]。語在爽傳。丙午[184]，大赦。丁未[185]，以太傅司馬宣王為丞相，固讓乃止。

18 夏四月乙丑[186]，改年。丙子[187]，太尉蔣濟薨。冬十二月辛卯[188]，以司空王淩為太尉。庚子[189]，以司隸校尉孫禮[190]為司空。

19 二年夏五月，以征西將軍郭淮[191]為車騎將軍。冬十月，以特進孫資為驃騎將軍。十一月，司空孫禮薨。十二月甲辰[192]，東海王霖[193]薨。乙未[194]，征南將軍王昶[195]渡江，掩[196]攻吳，破之。

20 三年春正月，荊州刺史王基[197]、新城太守州泰[198]攻吳，破之，降者數千口。二月，置南郡之夷陵縣[199]以居降附。三月，以尚書令司馬孚[200]為司空。四月甲申[201]，以征南將軍王昶為征南大將軍。壬辰[202]，大赦。丙午[203]，聞太尉王淩謀廢帝，立楚王彪[204]，太傅司馬宣王東征淩。五月甲寅[205]，淩自殺。六月，彪賜死。秋七月壬戌[206]，皇后甄氏崩。辛未[207]，以司空司馬孚為太尉。戊寅[208]，太傅司馬宣王薨，以衛將軍司馬景王[209]為撫軍大將軍[210]，錄尚書事[211]。乙未[212]，葬懷甄后於太清陵。庚子[213]，驃騎將軍孫資薨。十一月，有司奏諸功臣應饗食於太祖廟者，更以官為次，太傅司馬宣王功高爵尊，最在上。十二月，以光祿勳鄭沖[214]為司空。

21 四年春正月癸卯[215]，以撫軍大將軍司馬景王為大將軍。二月，立皇后張氏[216]，大赦。夏五月，魚二，見於武庫[217]屋上。冬十一月，詔征南大將軍王昶、征東將軍胡遵[218]、鎮南將軍毌丘儉等征吳。十二月，吳大將軍諸葛恪[219]拒戰，大破眾軍於東關[220]。不利而還。

22 五年夏四月，大赦。五月，吳太傅諸葛恪圍合肥新城[221]，詔太尉司馬孚拒之。秋七月，恪退還。

23 八月，詔曰：「故中郎西平郭脩[222]，砥節厲行[223]，秉心不回[224]。乃者蜀將姜維[225]寇鈔脩郡，為所執略。往歲偽大將軍費禕[226]驅率羣眾[227]，陰圖闚闟[228]，道經漢壽[229]，請會眾賓，脩於廣坐之中手刃擊禕，勇過聶政[230]，功逾介子[231]，可謂殺身成仁，釋生[232]取義者矣。夫追加褒寵，所以表揚忠義；祚及後胤[233]，所以獎勸將來。其追封脩為長樂鄉侯，食邑千戶，諡曰威侯；子襲爵，加拜奉車都尉[234]；賜銀千鉼[235]，絹千匹，以光寵存亡[236]，永垂來世焉。」

24 自帝即位至於是歲，郡國縣道[237]多所置省，俄[238]或還復，不可勝紀[239]。

25 六年春二月己丑[240]，鎮東將軍毌丘儉上言：「昔諸葛恪圍合肥新城，城中遣士[241]劉整出圍傳消息，為賊所得，考問所傳，語整曰：『諸葛公欲活汝，汝可具服[242]。』整罵曰：『死狗，此何言也！我當必死為魏國鬼，不苟求活[243]，逐汝去也。欲殺我者，便速殺之。』終無他辭。又遣士鄭像出城傳消息，或以語恪，恪遣馬騎尋圍跡索[244]，得像還。四五人靮頭面縛[245]，將繞城表，敕語[246]像，使大呼，言『大軍已還洛，不如早降。』像不從其言，更大呼城中曰：『大軍近在圍外，壯士努力！』賊以刀築[247]其口，使不得言，像遂大呼，令城中聞知。整、像為兵，能守義執節，子弟宜有差異[248]。」詔曰：「夫顯爵所以[249]褒元功，重賞所以寵烈士。整、像召募通使，越蹈重圍，冒突白刃，輕身守信，不幸見獲，抗節彌厲[250]，揚六軍之大勢，安城守之懼心[251]，臨難不顧，畢志傳命。昔解楊[252]執楚，有隕無貳，齊路中大夫[253]以死成命，方之整、像，所不能加。今追賜整、像爵關中侯，各除士名[254]，使子襲爵，如部曲將死事科[255]。」

26 庚戌[256]，中書令李豐[257]與皇后父光祿大夫張緝[258]等謀廢易大臣[259]，以太常夏侯玄[260]為大將軍。事覺，諸所連及者皆伏誅。辛亥[261]，大赦。三月，廢皇后張氏。夏四月，立皇后王氏，大赦。五月，封后父奉車都尉王夔為廣明鄉侯、光祿大夫，位特進，妻田氏為宣陽鄉君。秋九月，大將軍司馬景王將謀廢帝，以聞皇太后。甲戌[262]，太后令曰：「皇帝芳春秋[263]已長，不親萬機，耽淫內寵[264]，沉漫女德[265]，日延倡優[266]，縱其醜謔；迎六宮[267]家人留止內房，毀人倫[268]之敘，亂男女之節；恭孝日虧，悖傲滋甚[269]，不可以承天緒[270]，奉宗廟。使兼太尉高柔奉策[271]，用一元大武[272]告於宗廟，遣芳歸藩于齊，以避皇位。」是日遷居別宮，年二十三。使者持節送衛[273]，營齊王宮於河內之[274]重門[275]，制度皆如藩國之禮。

27 丁丑[276]，今日：「東海王霖，高祖文皇帝[277]之子。霖之諸子，與國至親，高貴鄉公髦有大成之量，其以為明皇帝嗣。」

【章旨】以上為〈齊王紀〉，記述了曹芳從被立為皇帝到被廢黜的歷史，尤其是曹芳被廢黜，文中先記述了李豐與張緝謀廢司馬師，又說大將軍司馬景王將謀廢帝以問太后，暗示了皇帝與司馬氏的矛盾，廢除曹芳的主謀是司馬師。

【注釋】❶宮省　宮禁，皇帝居住的地方。❷青龍三年　西元二三四年。青龍，魏明帝曹叡年號，西元二三三—二三七年。❸景初三年句　景初三年，西元二三九年。景初，魏明帝曹叡年號，西元二三七—二三九年。丁亥朔，舊曆初一日。朔，每月的頭一天。❹皇后　即明元郭皇后，又稱郭后、郭元后、郭太后。黃初中入宮，受明帝寵愛。明帝病重時立為皇后。齊王立，尊為皇太后。詳見本書卷五〈明元郭皇后傳〉。❺大將軍曹爽　大將軍，最高軍事統帥，外主征戰，內秉國政。曹爽，字昭伯，沛國譙（今安徽亳州）人，曹真之子。明帝時任武衛將軍。明帝病重，拜其為大將軍、假節鉞、都督中外諸軍事，與司馬懿同受遺詔輔少主。齊王曹芳即位後，司馬懿發動政變，曹爽被剝奪兵權，後被殺。詳見本書卷九〈曹爽傳〉。❻太尉司馬宣王　太尉，官名。與丞相、御史大夫合稱三公，掌軍事。司馬宣王，即司馬懿，字仲達，河內溫縣（今河南溫縣西）人。多謀略，善權變。率軍與諸葛亮對峙關中，領兵征討遼東公孫淵，歷任侍中、太傅、都督中外諸軍事等軍政要職。後發動高平陵之變，掌握曹魏大權。詳見《晉書・宣帝紀》。❼眇身　微小之身。皇帝文告中的自謙之詞。❽煢煢在疚　孤獨沉浸在治喪的悲痛中。❾靡所控告　沒有傾訴的地方。❿奉受末命　接受臨終遺命。⓫司徒司空句　司徒，即相國，文帝時改相國為司徒。司空，曹丕改御史大夫為司空，掌監察百官。冢宰，執政長官。元輔，首要輔政大臣。⓬勉勗乃心　勉勵你們的意志。勉勗，勉勵。⓭良人　有人身自由的平民，與奴婢相對。⓮西域重譯句　西域，地區名。漢代以後對玉門關、陽關以西地區的總稱。分狹義和廣義兩種含義，前者的西界只到葱嶺，後者則包括中亞、西亞、東歐、北非和印度半島。重譯，轉譯。火浣布，不怕火焚的布，被汙之後通過焚燒反而乾淨。類似今天的石棉布。⓯丁丑　舊曆二十一日。⓰體道正直　親身履行正直之道。⓱三世　指曹操、曹丕、曹叡三代。⓲孟達　字子度，扶風（今陝西興平東南）人。先依劉璋，後投劉備，任宜都太守。荊州丟失後投降曹魏，任西城太守，又因在曹魏與蜀漢之間游移不定而被司馬懿所殺。其事跡散見於本書卷四一〈劉封傳〉、卷四十一〈費詩傳〉、《晉書・宣帝紀》等。⑲公孫淵　公孫康之子，奪其叔父公孫恭之位，割據遼東。被曹魏任為遼東太守，又派人南通孫權，被立為燕王。後曹魏拜其為大司馬，封樂浪公。魏景初元年（西元二三七年）自立為燕王，後被司馬懿所滅。詳見本書卷八公孫度附傳。⑳周成建保傅之官　周成，即周成王，姓姬名誦，周武王之子。其在位時實行分封，制禮作樂，遷殷民，伐東夷，國治民康。成王初繼位時，管叔、蔡叔、霍叔、武庚共同發動武裝叛亂，四國作難即指此。後被周公平定。詳見《史記・周本紀》。保傅，官名。即太保、太傅。㉑漢顯宗崇寵鄧禹　漢顯宗，即漢明帝，名劉莊，光武帝第四子，崇尚儒學，法令分明，善於刑理。廟號顯宗。詳見《後漢書・孝明帝紀》。鄧禹，字仲華，東漢南陽新野（今河南新野）人，與東漢光武帝有舊交。新莽末年更始稱帝後，很多人勸說鄧禹依附更始，鄧禹不從。後聽說劉秀在河北，即杖策北渡，投奔之。屢立戰功，被拜為右將軍，封高密侯。明帝即位後被任命為太傅。詳見《後漢書・鄧禹列傳》。㉒儁乂　才能出眾的人。㉓必有尊　必定要加以尊崇。㉔以太尉為太傅　以司馬懿為太傅，表面上是對他的尊崇，實際上是剝奪了他的實權。事見本書卷九〈曹真傳〉。㉕征東將軍滿寵　征東將軍，武官名。與征南將軍、征西將軍、征北將軍合稱四征。滿寵，字伯寧，山陽昌邑（今山東巨野南）人，曹魏將領。先任汝南太守，先後與袁紹、孫權抗衡。後助徐晃抗擊關羽，在江陵大敗吳軍，戰功顯赫。歷任伏波將軍、領豫州刺史。詳見本書卷二十六〈滿寵傳〉。㉖遼東東沓縣　遼東，郡名。治所在今遼寧遼陽。東沓縣，縣名。治所在今遼寧金縣南。㉗齊郡　郡名。治所在今山東臨淄。㉘縱城　縣名。治所在今山東淄博西南。㉙以鎮南將軍黃權句　鎮南將軍，武官名。與鎮東將軍、鎮西將軍、鎮北將軍合稱四鎮。黃權，字公衡，巴西閬中（今四川閬中）人。任劉璋州主簿，勸劉璋勿迎劉備。劉備占領益州後乃降，建議劉備取漢中。任蜀漢護軍、治中從事等。劉備東伐孫吳，黃權勸諫而不被採納，並且被任為鎮北將軍，督江北軍以防魏軍。伐吳之役失敗，由於道路阻絕，不能回歸，投降曹魏。歷任曹魏鎮南將軍、侍中、益州刺史、車騎將軍等職。詳見本書卷四十三〈黃權傳〉。車騎將軍，武官名。位次於大將軍、驃騎將軍。掌京師兵衛。㉚棄背天下　皇帝死亡的委婉說法。㉛永惟　永遠想著。㉜先帝通三統之義　三統，即人統、地統、天統。古人認為「三統」的順序隨著朝代的更替而往復循環，漢用夏正，得人統，曹魏代漢，所以得地統，採用殷商曆法，以夏曆十二月為歲首。㉝禮制所由變改　禮制的原因所決定的改變。按照禮制，每年正月初一朝廷都要舉行元正大會，皇帝接受百官朝賀。但因為明帝是景初曆的正月初一去世，所以元正之會不能舉行。只有改行夏正，才能在正月初一日舉行宴會。㉞得天正　與天時的季節變化正好相符。㉟建寅之月　夏曆的正月。㊱正始元年　西元二四〇年。正始，魏齊王曹芳年號，西元二四〇—二四九年。(37)建丑月　夏曆的十二月。(38)乙丑　是年二月辛巳朔，沒有乙丑日。根據下文的丙戌日，則乙丑應為乙酉，即舊曆初五日。(39)侍中中書監劉放　侍中，官名。丞相屬官，往來殿中，入侍天子，故名。三國時侍中分兩類，一類為實官，一類為加官。中書監，官名。魏黃初二年（西元二二一年）由祕書令所改，掌機要文書，擬訂詔旨。劉放，字子棄，涿郡（今河北涿州）人，東漢末年舉孝廉，後投奔曹操。明帝病危，劉放力主召曹爽、司馬懿輔政，所以曹芳即位後又對他加以賞拔。詳見本書卷十四〈劉放傳〉。(40)中書令孫資　中書令，官名。魏黃初二年由祕書令所改，為中書監的副手，負責掌管機要，起草詔令。孫資，字彥龍，太原（今山西太原）人，人稱孫計君。三歲時父母俱亡，為兄嫂所養。與劉放共掌朝廷機要，深受魏帝賞識。詳見《三國志・劉放傳》裴松之注引《資別傳》。(41)光祿大夫　光祿勳屬官，掌顧問應對。(42)丙戌　舊曆初六日。(43)汶　縣名。治今遼寧營口東南。(44)北豐縣　縣名。治今遼寧復縣。(45)規齊郡之西安句　西安，縣名。治所在今山東桓臺東南。臨菑，縣名。治所在今山東淄博東北。昌國，縣名。治所在今山東淄博東南。新汶，縣名。治所在今山東淄博南。南豐，縣名。治所在今山東壽光西北。(46)丙寅　二月沒有丙寅，丙寅是舊曆三月十七日。(47)理　清理；區分。(48)讜言　直言。(49)悉乃心　竭盡你們的忠心。(50)損上益下　減少上面的利益，增加下面的利益。這是《周易・益卦》彖辭中的話。(51)節以制度　用制度來節制。(52)御府　官署名。專門為皇室製作生活用品的機構。(53)將奚以為　用它做什麼。(54)車駕　代稱皇帝。(55)論語　儒家經典之一，是孔子弟子及再傳弟子關於孔子言行的記錄。西漢時有今文本和古文本並行，現存《論語》是東漢鄭玄混合諸本而成，共二十篇。(56)使太常句　太常，官名。九卿之一，掌宗廟祭祀禮儀。太牢，用牛羊豬三牲作祭品。孔子，名丘，字仲尼，魯國陬邑（今山東曲阜東南）人。春秋末期的思想家、政治家、教育家，儒家的創始人。五十歲時任魯國司寇，後因其道不行，周遊列國，宣傳推行自己的主張。晚年致力於教育和整理古典文獻。整理《詩經》、《尚書》，刪定《春秋》，其思想一直在中國傳統文化中占正統地位，對後世影響極大。詳見《史記・孔子世家》。辟雍，古代為貴族子弟設立的大學，中央稱辟雍，諸侯的稱泮宮。漢代以後成為皇帝祭祀孔子的場所。(57)顏淵　名回，字子淵，春秋末魯國人。安於貧賤，好學不倦，是孔子最得意的弟子。詳見《史記・仲尼弟子列傳》。(58)朱然　字義封，丹陽故鄣（今浙江安吉西北）人，孫吳將領。擒關羽有功，遷昭武將軍。代呂蒙鎮江陵，與陸遜破劉備，拒曹魏將領夏侯尚，出師皆有功。歷任征北將軍、左大司馬、右軍師。詳見本書卷五十六〈朱然傳〉。(59)襄陽　郡名。治所在今湖北襄樊。(60)樊城　即今湖北襄樊。(61)辛丑　舊曆二十九日。(62)己卯　舊曆初七日。(63)王淩　字彥雲，太原祁（今山西祁縣）人，漢司徒王允之姪。東漢末任中山太守，後被曹操任為丞相掾屬。歷任曹魏散騎常侍、太尉。與其外甥令狐愚謀廢曹芳，事洩，服毒而死。詳見本書卷二十八〈王淩傳〉。(64)南安郡郡名。治所在今隴西涓水東岸。[65]徽　即曹徽，曹操之子，過繼給叔父曹玉為嗣，被封為廬江王、壽張王、東平王等。詳見本書卷二十〈東平靈王傳〉。[66]甲申　舊曆十三日。[67]乙酉　舊曆十四日。[68]領軍將軍蔣濟　領軍將軍，官名。統領京城的禁衛軍。曹魏時京城禁衛軍有武衛、中壘、五校、中堅、中領軍、中護軍六大營，領軍將軍是這六營的總長官。蔣濟，字子通，楚國平阿（今安徽懷遠北）人，東漢末年任郡計吏、州別駕，為曹操心腹謀士。詳見本書卷十四〈蔣濟傳〉。[69]魏郡　郡名。治所在今河北臨漳西南。[70]加元服　舉行冠禮。元服，冠帽。[71]乙卯　舊曆二十日。[72]甄氏　文昭甄皇后的哥哥甄儼的孫女。[73]五月朔　五月初一日。[74]既　盡，此指把太陽食盡，即全食。[75]大司馬曹真　大司馬，官名。協助皇帝總領全國軍事。曹真，字子丹，沛國譙（今安徽亳州）人。本姓秦，曹操收為養子。歷任偏將軍、中堅將軍、中領軍等職。詳見本書卷九〈曹真傳〉。[76]曹休　字文烈，沛國譙（今安徽亳州）人，曹操族子。東漢末隨曹操起兵，常從征伐。歷任曹魏領軍將軍、大司馬等職。詳見本書卷九〈曹休傳〉。[77]征南大將軍句　征南大將軍，武官名。以征南將軍中資深者擔任。夏侯尚，字伯仁，沛國譙（今安徽亳州）人，夏侯淵從子。歷任黃門侍郎、散騎常侍、中領軍、征南將軍等職。詳見本書卷九〈夏侯尚傳〉。[78]桓階　字伯緒，長沙臨湘（今湖南長沙）人，初隨孫堅，後依曹操。曹魏建立後，遷為尚書令，拜太常。為曹氏父子出謀劃策，屢出奇計，又常堵截讒言，匡扶忠良。詳見本書卷二十二〈桓階傳〉。[79]陳羣　字文長，潁川許昌（今河南許昌東）人，深得曹操信任，歷任曹魏尚書僕射、錄尚書事等。文帝病重，與曹真等人受遺詔輔政。詳見本書卷二十二〈陳羣傳〉。[80]鍾繇　字元常，潁川長社（今河南長葛東）人，建安年間任大理、相國，後受魏諷謀反牽連被免官。曹魏時復為太尉、太傅，主張恢復肉刑。詳見本書卷十三〈鍾繇傳〉。[81]張郃　字儁乂，河間鄚（今河北任丘北）人，東漢末為韓馥部將，後依袁紹，官渡之戰後歸降曹操。攻鄴城，擊袁譚，討柳城，屢立戰功，為曹魏名將之一。平張魯後，與夏侯淵守漢中，夏侯淵死，被眾人推為軍主，退屯陳倉。魏明帝時，諸葛亮北伐，張郃督諸軍，在街亭打敗諸葛亮將馬謖。太和五年（西元二三一年），諸葛亮再次北伐，張郃與蜀軍戰，在木門被飛矢所中，卒。詳見本書卷十七〈張郃傳〉。[82]左將軍徐晃　左將軍，武官名。高級軍事將領，領兵征伐。徐晃，字公明，河東楊（今山西洪洞東南）人，曹操手下著名軍事將領。從征呂布、劉備、袁紹、張魯等，屢立戰功。善於治軍，被曹操稱為有周亞夫之風。歷任平寇將軍、右將軍等職。詳見本書卷十七〈徐晃傳〉。[83]前將軍張遼　前將軍，武官名。高級軍事將領，領兵征伐。張遼，字文遠，雁門馬邑（今山西朔縣）人，原為并州刺史丁原部下，後投呂布，又依附曹操。在曹操部下屢立戰功，歷任軍中重職，為曹魏重要軍事將領。詳見本書卷十七〈張遼傳〉。[84]右將軍樂進　右將軍，武官名。高級軍事將領，領兵征伐。樂進，字文謙，陽平衛國（今河南清豐南）人，曹操部將，初為帳下吏，後遷陷陣都尉。歷大小百餘戰，每戰剋捷，軍功卓著。詳見本書卷十七〈樂進傳〉。(85)華歆　字子魚，平原高唐（今山東禹城西南）人，漢靈帝末舉孝廉，除郎中，漢獻帝時任豫章太守。孫策略地江東，華歆舉城降之，深受孫策禮遇。後被征入京，歷任議郎、尚書、太尉等職。詳見本書卷十三〈華歆傳〉。(86)王朗　字景興，東海郯（今山東郯城）人，因通經被拜為郎中，又任會稽太守，後被曹操表為諫議大夫。博學多才，為《周易》、《春秋》、《孝經》、《周禮》等儒家經典作傳。詳見本書卷十三〈王朗傳〉。(87)驃騎將軍曹洪　驃騎將軍，武官名。高級軍事將領，領兵征伐。曹洪，字子廉，沛國譙（今安徽亳州）人，曹操從弟。救曹操於討伐董卓之役，從征張邈、呂布、劉表有功。文帝時因舍客犯法，被免官削爵土。明帝即位後，復為後將軍。詳見本書卷九〈曹洪傳〉。(88)夏侯淵　字妙才，沛國譙（今安徽亳州）人，夏侯惇族弟。初隨曹操起兵，破黃巾，征袁紹，戰韓遂，平張魯，屢立戰功。東漢建安二十三年（西元二一八年），與蜀軍戰於陽平關，為蜀將黃忠所殺。詳見本書卷九〈夏侯淵傳〉。(89)後將軍朱靈　後將軍，武官名。高級軍事將領，領兵征伐。朱靈，字文博，清河（今河北清河縣東南）人，初為袁紹將，後歸曹操。從征有功，授橫海將軍，官至後將軍。詳見本書卷十七〈徐晃傳〉及裴松之注引《九州春秋》。(90)文聘　字仲業，南陽宛（今河南南陽）人，先為劉表大將，後降曹操。屢立戰功，歷任江夏太守、討逆將軍、後將軍等。詳見本書卷十八〈文聘傳〉。(91)執金吾臧霸　執金吾，官名。掌京師警衛、宮外水火之事、荒地出行護衛儀仗等。臧霸，字宣高，泰山華（今山東龍口）人，少以壯用聞名。先在陶謙手下，後任呂布部將。呂布敗後歸降曹操。因屢立戰功，先後進爵為武安鄉侯、開陽侯、良成侯等。詳見本書卷十八〈臧霸傳〉。(92)破虜將軍李典　破虜將軍，武官名。雜號將軍之一，領兵征伐。李典，字曼成，山東鉅野（今山東巨野東北）人，隨曹操起兵，屢立戰功。性好學問，不與諸將爭功，軍中稱為長者。詳見本書卷十八〈李典傳〉。(93)立義將軍龐德　立義將軍，武官名。雜號將軍之一，領兵征伐。龐德，字令明，南安狟道（今甘肅隴西東南）人，少為郡吏，初隨馬騰，後屬馬超，又投張魯。曹操破張魯後，龐德降曹，拜立義將軍。從曹仁平定侯音、衛開之亂，又進屯樊城討關羽。因常乘白馬，被關羽軍稱為白馬將軍。後被關羽擒殺。詳見本書卷十八〈龐悳傳〉。(94)武猛校尉典韋　武猛校尉，曹操貼身侍衛的長官，後改為武衛將軍。典韋，陳留己吾（今河南寧陵西南）人。曹操部將，身體強壯，作戰勇猛，每戰鬥，常先登陷陣。好持大雙戟與長刀等，軍中為之語曰：「帳下壯士有典君，提一雙戟八十斤。」死於張繡反叛。詳見本書卷十八〈典韋傳〉。(95)太祖　即曹操，字孟德，小名阿瞞，沛國譙（今安徽亳州）人。東漢末起兵討黃巾，後參加袁紹討董聯盟。占據兗州後，收編黃巾軍三十餘萬，組成青州軍，先後擊敗袁術、陶謙、呂布、袁紹，統一了北方。任丞相，相繼封為魏公、魏王。曹丕建魏後，追封為魏武帝。詳見本書卷一〈武帝紀〉。(96)委國　古國名。在今日本。(97)卑彌呼　倭國女王。

本為倭國民女，年長不嫁，事鬼神。因國內大亂，歷年無主，被立為王。詳見本書卷三十〈倭傳〉。98日 原誤作「月」，據宋本校正。99癸巳 舊曆初八日。100尚書 儒家經典之一。舊傳由孔子編定，據研究，其中不少為孔子之後的作品。故今人多認為其不是出自一人之手。《尚書》有今、古文之分，據清人研究，《今文尚書》中的二十五篇及序為偽作，《尚書》原作實存二十八篇。101丙午 舊曆二十一日。102鮮卑 東部古代少數民族名。103遼東屬國 郡國名。治所在今遼寧義縣。104昌黎縣 縣名。治所在今遼寧義縣。105癸卯 舊曆二十一日。106尚書令荀攸 尚書令，尚書臺長官，東漢以後權力極重，總典朝廷綱紀。魏蜀吳三國皆置。荀攸，字公達，潁川潁陽（今河南許昌西）人，曹操謀士。東漢末任黃門侍郎，參與謀殺董卓，後至荊州。曹操聞其名，徵為汝南太守。多智多謀，隨曹操征張繡、呂布、袁紹，常運籌帷幄，屢出奇計。詳見本書卷十〈荀攸傳〉。107己酉 舊曆二十七日。108京兆郡 郡名。治所在今陝西西安西北。109崔林 字德儒，清河東武城（今山東武城東北）人，曹操定冀州，任其為鄔縣長，又升為冀州主簿、丞相掾屬。曹丕稱帝後，歷任尚書、幽州刺史、司隸校尉。詳見本書卷二十四〈崔林傳〉。110丁卯 舊曆十七日。111丙子 舊曆二十六日。112趙儼 字伯然，潁川陽翟（今河南禹州）人，初被曹操任為朗陵長，後領章陵太守，遷都督護軍。詳見本書卷二十三〈趙儼傳〉。113丁卯 舊曆十九日。114高柔 字文惠，陳留圉（今河南杞縣西南）人，初在袁紹手下，後歸曹操，任丞相倉曹屬、尚書郎、丞相理曹掾等。詳見本書卷二十四〈高柔傳〉。115癸巳 八月己酉朔，無癸巳日。癸巳日是九月十六日。116衛將軍 武官名。高級軍事將領，位次於大將軍、驃騎將軍、車騎將軍。117祫祭 皇帝在太廟中合祭先祖。118辛亥 舊曆初五日。119易傳 注解《周易》的書。《隋書・經籍志》著錄此書，十卷，為王朗的兒子王肅編定。120課試 考試。121乙亥 舊曆二十九日。122乘輿上殿 可以坐在輿車上讓人抬著上殿。這是對年老位高者的優待。輿，即輿車，一種小型輕便的車子。123幽州刺史 幽州，州名。治所在今北京市。毌丘儉，字仲恭，河東聞喜（今山西聞喜）人，曹魏將領。歷任尚書郎、鎮南將軍等。後起兵反對司馬師，兵敗被殺。詳見本書卷二十八〈毌丘儉傳〉。高句驪，又作「高麗」、「高酈」。國名。首都丸都，故址在今吉林集安。詳見本書卷三十〈高句麗傳〉。124濊貊 國名。轄境包括今朝鮮臨津江流域以東至海的廣大區域。125韓那奚 國名。當時今朝鮮半島南部稱為韓，由許多小國組成，那奚為其中之一。126戊申 舊曆初六日。127屬 近來。128官奴婢 屬於官府的男女奴隸。129天民之窮者 指老百姓中老弱病殘鰥寡孤獨的窮困者。《禮記・王制》曾把鰥寡孤獨說成「天民之窮而無告者」。130進退無謂 賣和不賣都不妥。進，指把官府中老弱奴婢賣掉。退，指把老弱奴婢留在官府。無謂，不妥。131自存 自己養活自己。132己酉 舊曆初七日。133親祠 親自到宗廟祭祀。134治道 修整道路。135更治 重修。136道路但當句 道路只要達到通暢就行。但，只要。期於，達到。137撾捶用棍子擊打。[138]馨德　向祖先進獻祭品。馨，穀物的芳香，此指穀物之類的祭品。[139]禮記　先秦論述禮儀制度的專集，西漢劉向校經籍時得一百三十篇，後不斷得到共達二百一十四篇。戴德刪其繁的八十五篇，是為《大戴禮》。戴聖所編為四十九篇，為《小戴禮》。《小戴禮》有東漢鄭玄注，唐孔穎達正義，清孫希旦集解。[140]河東　郡名。治所在今山西夏縣西北。[141]汾北十縣　汾水北段的十個縣，即平陽縣（今臨汾市西南）、永安縣（今霍州市）、楊縣（今洪洞縣東南）、襄陵縣（今臨汾市東南）、絳邑縣（今侯馬市東北）、臨汾縣（今侯馬市西北）、皮氏縣（今河津縣）、背屈縣（今吉縣東北）、蒲子縣（今隰縣）、狐讘縣（今永和縣西南）。[142]平陽郡　郡名。治所在今山西臨汾西南。[143]何晏　字平叔，南陽宛（今河南南陽）人，何進之孫，其母被曹操納為夫人，因而自幼被曹操收養。娶魏公主，歷任散騎常侍、侍中尚書。因依附曹爽，被司馬懿所殺。好老莊，善玄言，以清談著名。詳見本書卷九〈曹爽傳〉。[144]所與游　所交遊的人。[145]鄭聲　鄭國的音樂。西元前八〇六年，周宣王的弟弟被封於鄭（今陝西華縣東），後來遷都到新鄭（今河南新鄭），西元前三七五年被韓國所滅。鄭國的音樂被儒家稱為靡靡之音、亡國之聲。[146]季末闇主　末世的昏君。[147]損益　利弊；利害。[148]便辟褻狎　逢迎諂媚的人受到親近。褻狎，輕佻的親熱。[149]近暱　親近的人。[150]社鼠　社稷壇中的老鼠。由於牠們躲在社稷壇中，人們不敢捕殺牠們，怕損壞了神壇。此指倚仗君主庇護的壞人。[151]所積以然　長期積累形成這樣的結果。[152]鄰哉　《尚書・皋陶謨》記載，虞舜曾告誡大禹：「臣哉鄰哉！鄰哉臣哉！」意思是親近正直的大臣。[153]其朋　《尚書・洛誥》記載，周公曾告誡成王：「孺子其朋！孺子其朋！」意思是要注意所結交的人。[154]書　原誤作「詩」。〈孫權傳〉嘉禾二年詔引作「書」，尚不誤。[155]一人有慶二句　這是《尚書・呂刑》中的兩句話，意思是君主向善，百姓們就有了依賴。[156]游豫　遊玩。[157]從容　悠閒。[158]散騎常侍句　散騎常侍，官名。隨從皇帝出入，參與處理尚書臺呈送給皇帝的機要公事，負責起草詔命。諫議大夫，官名。掌侍從顧問，參謀諷議，對朝中政事提出意見。孔乂，字元儁，魯國（今山東曲阜）人，孔子後裔，善於上書規諫。事見《三國志・倉慈傳》裴松之注引《孔氏譜》。[159]斲礱　砍削打磨。[160]朱丹　大紅色的顏料。此指顏色。[161]分　名分。[162]因闕　通過宮廷管道。[163]癸巳　舊曆三十日。[164]甲午　舊曆初一日。[165]衛臻　字公振，陳留襄邑（今河南睢縣）人，初為黃門侍郎，參丞相軍事。曹魏建立後，歷任散騎常侍、司徒等職。詳見本書卷二十二〈衛臻傳〉。[166]以侯就第　以侯爵的身分退休回家。[167]特進　一種加官名稱，通常給那些功德優勝、被朝廷所敬異的官僚。[168]徐邈　字景山，燕國薊（今北京市附近）人。在任政績卓著，尤其在西北時，興修水利，廣開水田、整頓吏治、移風易俗。詳見本書卷二十七〈徐邈傳〉。[169]嘉平元年句　嘉平元年，西元二四九年。嘉平，魏齊王曹芳年號，西元二四九—二五四年。甲午，舊曆初六日。[170]車駕謁高平陵　車駕，指皇帝。高平陵，魏明帝的陵墓。[171]中領軍羲　中領軍，領軍將軍資淺者，執掌與領軍將軍同。羲，即曹羲，沛國譙（今安徽亳州）人，曹真之子。事見本書卷九〈曹爽傳〉。172訓　即曹訓，沛國譙（今安徽亳州）人，曹真之子。事見本書卷九〈曹爽傳〉。173彥　即曹彥，沛國譙（今安徽亳州）人，曹真之子。事見本書卷九〈曹爽傳〉。174戊戌　舊曆初十日。175收黃門張當句　收，逮捕。黃門，泛指黃門諸官，多由宦官擔任。張當，曹爽親黨，任督監，曾私自把所選的才人送給曹爽。事見本書卷九〈曹爽傳〉。廷尉，官名。九卿之一，負責司法。176考實其辭　拷問並查實供詞。177不軌　超越法度。178丁謐　字彥靖，沛國（今江蘇沛縣）人，為人沉毅，有才略，曹爽黨羽，歷任度支郎中、散騎常侍、尚書。後被司馬懿所殺。詳見本書卷九〈曹爽傳〉及裴松之注引《魏略》。179鄧颺　字玄茂，東漢司徒鄧禹後裔。歷任尚書郎、洛陽令、大將軍長史等。曹爽親黨，被司馬懿所殺。詳見本書卷九〈曹爽傳〉及裴松之注引《魏略》。180司隸校尉畢軌　司隸校尉，官名。掌糾察百官，與御史中丞、尚書令並稱「三獨坐」，職權顯赫。畢軌，字昭先，東平（今山東東平東）人，魏明帝時任黃門郎，子尚公主。後遷并州刺史。曹爽親黨，後被司馬懿所殺。詳見本書卷九〈曹爽傳〉及裴松之注引《魏略》。181李勝　字公昭，雅有才智，與曹爽友善。歷任洛陽令、荊州刺史。曹爽親黨，後被司馬懿所殺。詳見本書卷九〈曹爽傳〉及裴松之注引《魏略》。182大司農桓範　大司農，官名。九卿之一，掌國家財政收支。桓範，字元則，沛國（今江蘇沛縣）人，曹爽親黨，後被司馬懿所殺。詳見本書卷九〈曹爽傳〉及裴松之注引《魏略》。183三族　父族、母族、妻族。184丙午　舊曆十八日。185丁未　舊曆十九日。186乙丑　舊曆初八日。187丙子　舊曆十九日。188辛卯　舊曆初九日。189庚子　舊曆十八日。190孫禮　字德達，涿郡容城（今河北容城）人，任尚書時，矯詔停止魏明帝的土木工程。明帝臨死任之為大將軍長史，後被曹爽排擠出朝任揚州刺史。曹爽被殺後，入朝為司隸校尉。共臨七郡五州，所在皆有威信。詳見本書卷二十四〈孫禮傳〉。191郭淮　字伯濟，太原陽曲（今山西陽曲）人，先後在夏侯淵、張郃等人手下任司馬。曹丕稱帝後，歷任領雍州刺史、都督雍涼諸軍事等。多次立有戰功。詳見本書卷二十六〈郭淮傳〉。192甲辰　舊曆二十七日。193霖　即曹霖，曹丕之子，先後被封為河東王、東海王。詳見本書卷二十〈東海定王傳〉。194乙未　舊曆十八日。乙未應當排在甲辰之前，此處史文疑有誤。195王昶　字文舒，太原晉陽（今山西太原）人，少與同郡王淩俱知名。歷任散騎侍郎、驃騎將軍、司空等職。詳見本書卷二十七〈王昶傳〉。196掩　襲其不備；突然。197荊州刺史王基　荊州，州名。曹魏荊州治今湖北襄樊。王基，字伯輿，東萊曲成（今山東招遠）人，曹魏將領。曾著《時要論》規勸曹爽不要專權。曹爽被殺後，歷任荊州刺史、都督揚州諸軍事等。詳見本書卷二十七〈王基傳〉。198新城太守州泰　新城，郡名。治所在今湖北房縣。州泰，南陽（今河南南陽）人，曹魏將領，善用兵，戰功卓著。事見本書卷二十八鄧艾附傳。199南郡之夷陵縣　此處的南郡及夷陵縣都是曹魏荊州境內虛置的郡縣，並無固定的轄地。當時孫吳南郡治所在今湖北江陵，夷陵縣治所在今湖北宜昌東南。200司馬孚　字叔達，河內溫（今河南溫縣）人，司馬懿之弟。性敦厚謙讓，博涉經史。詳見《晉書・宗室傳》。201甲申　舊曆初九日。202壬辰　舊曆十七日。203丙午　四月丙子朔，無丙午。丙午是舊曆五月初二日。疑此處史文有誤。204彪　即曹彪，字朱虎，沛國譙（今安徽亳州）人，曹操之子。先後被封為壽春侯、汝陽公、弋陽王、吳王、楚王。詳見本書卷二十〈楚王傳〉。205甲寅　舊曆初十日。206壬戌　舊曆十九日。207辛未　舊曆二十八日。208戊寅　舊曆初五日。209司馬景王　即司馬師，字子元，河內溫（今河南溫縣）人，司馬懿長子。與其父共同發動高平陵事變，司馬懿死後，以撫軍大將軍輔政，後任大將軍、持節都督中外諸軍、錄尚書事。魏嘉平六年（西元二五四年）廢曹芳，另立高貴鄉公曹髦。死後被追尊為景帝，廟號世宗。詳見《晉書・景帝紀》。210撫軍大將軍　武官名。地位僅次於大將軍。211錄尚書事　一種表示處理朝廷政事權力的名號，以為總管尚書臺之事。有此名號的官員，職權極大，無所不統，為朝廷最高執政長官。212乙未　舊曆二十二日。213庚子　舊曆二十七日。214光祿勳鄭沖　光祿勳，官名。秦時稱郎中令，負責皇帝的宿衛侍從。鄭沖，字文和，河南開封（今河南開封南）人，博通儒術，朝中制定禮儀律令，皆先諮詢他。詳見《晉書・鄭沖傳》。215癸卯　舊曆初二日。216張氏　馮翊高陵（今陝西高陵）人，張既的孫女。事見本書卷十五〈張既傳〉。217武庫　中央的武器庫，在洛陽城內。218胡遵　安定臨涇（今甘肅鎮原）人，曹魏將領，才兼文武，累居藩鎮，官至車騎將軍。詳見《三國志・鍾會傳》裴松之注引《晉諸公贊》。219諸葛恪　字元遜。初任孫吳騎都尉，討伐山越有功。丞相陸遜去世後，遷大將軍，駐武昌，代領荊州事。孫亮繼位後拜太傅，總攬朝政。興利除弊，革新內外，一時民心大悅。後因功驕傲，窮兵黷武，遂致上下愁怨，後被孫峻所殺。詳見本書卷六十四〈諸葛恪傳〉。220東關　城名。在今安徽含山縣西南。221合肥新城　城名。在合肥舊城（今安徽合肥）西十五公里。滿寵鎮守淮南時，認為合肥舊城接近巢湖，容易受到孫吳水軍攻擊，便修築新城。222郭脩　字孝先，西平（今青海西寧）人。姜維攻打西平時被俘。大將軍費禕出征經漢壽，宴請賓客，郭脩在宴席上刺殺費禕。曹魏追封其為長樂鄉侯，食邑千戶，諡曰威侯。事見本書卷四〈齊王紀〉及裴松之注引《魏氏春秋》。脩，《通鑑》作「循」。本書及裴注或作「脩」，或作「循」。223砥節厲行　修養節操和品行。224秉心不回　堅持忠心不背叛。秉，堅持。不回，不背叛。225姜維　字伯約，天水冀縣（今甘肅甘谷東）人。本仕曹魏，蜀漢建興六年（西元二二八年）諸葛亮首次伐魏時投降蜀漢。歷任征西將軍、涼州刺史、衛將軍、大將軍等職，是蜀漢後期傑出的人才。詳見本書卷四十四〈姜維傳〉。226費禕　字文偉，江夏鄳縣（今河南信陽）人。蜀漢後期傑出的人才，深受諸葛亮重用，任丞相參軍、大將軍等職。詳見本書卷四十四〈費禕傳〉。227羣眾　部眾。228覷闟　窺測；伺機。229漢壽　縣名。治今四川廣元西南。230聶政戰國時韓國軹（今河南濟源）人，因殺人逃到齊國，以屠宰為業。韓烈侯時，嚴遂與相國俠累爭權結怨，求聶政刺殺俠累。聶政感其屈節相交，乃入相府殺死俠累，後自殺。詳見《史記・刺客列傳》。[231]介子 即傅介子，北地（今甘肅慶陽西北）人，西漢官吏，漢昭帝時任平樂監。時樓蘭國數反覆，傅介子受命以賞賜為名至樓蘭，在酒席間殺死樓蘭國王。詳見《漢書・傅介子傳》。[232]釋生 捨生。[233]祚及後胤 把福給他後代。祚，福。[234]奉車都尉 官名。負責管理皇帝出行時的車隊。[235]鉼 餅狀的銀錠。[236]光寵存亡 給死者的家屬及本人以榮譽和優待。存亡，死者家屬和死者。[237]道 指少數民族聚居區所設的縣。[238]俄 不久。[239]不可勝紀 多得不能夠全記下來。勝，盡；全部。[240]己丑 舊曆初一日。[241]士 兵士。[242]具服 徹底交代。[243]不苟求活 不苟且求活命。原作「不求苟活」，今從宋本。[244]尋圍跡索 沿著包圍圈尋找搜索。[245]靮頭面縛 用馬韁繩套住腦袋反綁雙手。靮，原作「的」，宋本作「的」。《三國志集解》云：「疑作『拘』。潘眉曰：『似當為「靮」，言羈靮其頭。』」今從潘眉說。[246]勑語 命令。[247]築 捅。[248]差異 不同的待遇。按照曹魏的士家制度，士兵另立戶籍，世世代代不能改變。劉整、鄭像是士兵，他們的兒子如果沒有政府特別的命令也只能當兵。所謂不同的待遇，是要解除兩個人兒子的兵籍，使他們成為一般的平民。[249]所以 用來。[250]抗節彌厲 剛正的氣節越發激揚。[251]懼心 恐懼之心。[252]解楊 字子虎，春秋時晉國大夫。魯宣公元年（西元前六〇八年），楚國圍攻宋國，解楊奉命至宋，傳達晉國出兵援助的消息。途中被楚國軍隊俘虜，楚軍要他勸說宋國投降，解楊到城下卻大呼晉國將出兵救宋。事見《左傳》宣公十五年。[253]路中大夫 即路卬，西漢景帝時任中大夫。西元前一五四年，發生吳楚七國之亂，並出兵包圍了齊國都城，強迫齊孝王參加。景帝要路中大夫傳命，要齊國堅守，中央朝廷將派兵平息叛亂。快到齊國都時被叛軍俘獲，在城下大呼朝廷已發兵。事見《史記・齊悼惠王世家》。[254]除士名 從士家名冊上除掉姓名。[255]部曲將死事科 部曲將，軍隊中配備有下屬部隊列入正式編制的將官。死事科，對戰亡者的待遇規定。[256]庚戌 舊曆二十二日。[257]李豐 字安國，馮翊（今陝西大荔）人，曹魏大臣，衛尉李義之子。與張緝等結謀，欲以夏侯玄代司馬師，謀洩被殺。詳見《三國志》卷九夏侯尚附傳裴松之注引《魏略》。[258]張緝 字敬仲，馮翊高陵（今陝西高陵）人，張既之子，曹魏官吏。嘉平中，女為皇后，徵拜光祿大夫，位特進。後被司馬師所殺。詳見《三國志・張既傳》裴松之注引《魏略》。[259]大臣 指司馬師。[260]夏侯玄 字太初，沛國譙（今安徽亳州）人，夏侯尚之子。曹爽執政時歷任散騎常侍、征西將軍等軍政要職，曹爽被司馬懿誅殺後，與李豐等謀殺司馬懿代之，事敗後被斬於東市。詳見本書卷九夏侯尚附傳。[261]辛亥 舊曆二十三日。[262]甲戌 舊曆十九日。[263]春秋 年齡。[264]耽淫內寵 對後宮寵愛無度。耽淫，寵愛無度。[265]沉漫女德 沉溺女色。[266]日延倡優 每天都請倡優進宮。倡優，以奏樂跳舞說笑話為業的藝人。[267]六宮 本指后妃居住的後宮，此指后妃。268人倫　人與人之間的關係和應當遵守的準則。269悖慠滋甚　忤逆和傲慢越來越嚴重。270天緒　指當皇帝。271策　以皇太后名義寫的廢黜皇帝的文告。272一元大武　一頭肥壯的牛。見《禮記・曲禮》。273送衛　護送保衛。274之　原脫，《御覽》卷九十四引有「之」字，據補。275重門　地名。在今河南輝縣西北。276丁丑　舊曆二十二日。277高祖文皇帝　即文帝曹丕，字子桓，沛國譙（今安徽亳州）人，曹操次子。先任五官中郎將、副丞相，後被立為魏太子。西元二二〇年代漢稱帝。愛好文學，與當時著名文人往來甚密，在中國文學史上也有重要地位。詳見本書卷二〈文帝紀〉。

【語譯】齊王名芳，字蘭卿。明帝沒有子嗣，抱養齊王和秦王曹詢；宮禁中的事情很祕密，所以這兩個養子的來歷沒有人能知道。青龍三年，曹芳被立為齊王。景初三年正月初一日，明帝病情嚴重，才把曹芳立為皇太子。當天，曹芳即帝位，大赦天下。尊皇后為皇太后。大將軍曹爽、太尉司馬宣王輔政。曹芳下詔說：「我以一個渺小的人，繼承宏大的基業，獨自一人沉浸在先帝喪事的悲痛中，沒有傾訴的地方。大將軍、太尉接受先帝遺命，輔佐左右，司徒、司空、冢宰、元輔總率百官，來安定國家，你們要和公卿大夫們同心共勉，使我稱心如意。那些興建宮殿的工程，全都按照先帝遺詔停止。六十歲以上的官奴婢，免除奴婢身分成為平民。」二月，西域地區通過語言轉譯進獻火浣布，曹芳下詔讓大將軍、太尉親自試演給百官們看。

2 二十一日，皇帝下詔說：「太尉親自踐行正直之道，盡忠於三代君主，南擒孟達，西破蜀軍，東滅公孫淵，功蓋天下。過去周成王設立太保太傅，近代漢明帝高度優寵鄧禹，是因為給他們尊崇的職位，才能體現出對才能出眾的人優待的緣故。現在任命太尉為太傅，仍舊像以前那樣持符節統兵都督諸軍事。」三月，以征東將軍滿寵為太尉。夏六月，遼東郡東沓縣的官吏民眾渡海來到齊郡界居住，把過去的縱城縣改為新沓縣，用來安置遷徙的民眾。秋七月，皇帝開始親臨朝政，聽取公卿百官奏事。八月，大赦天下。冬十月，任命鎮南將軍黃權為車騎將軍。

3 十二月，皇帝下詔說：「烈祖明皇帝在正月放棄天下離我們而去，臣子我永遠銘記先皇忌日的哀痛，現在恢復使用夏正；這雖然有悖於先帝通三統的意願，然而這種改變也是由禮制的需要所決定。還有夏正在曆數上與天時季節的變化正好相符，現改為以夏曆的正月為正始元年正月，以夏曆的十二月為後十二月。」

4 正始元年春二月初五日，加封侍中中書監劉放、侍中中書令孫資為左右光祿大夫。初六日，因為遼東郡汶縣、北豐縣百姓漂洋過海來到齊郡，朝廷在齊郡的西安、臨菑、昌國縣界設置新汶縣、南豐縣，用來給流民居住。

5 從去年冬天十二月到這個月沒有下雨。三月十七日，詔令司法官員趕快平反冤案，區分輕微犯罪的人；羣公百官有正直言論和良好策略的，要各自竭盡你們的忠心。夏四月，車騎將軍黃權去世。秋七月，皇帝下詔說：「《周易》說損上益下，用制度加以節制，不傷害財政，不妨礙百姓。如今百姓生活困難而御府中卻大量製作金銀器物，這些金銀器物有什麼用？現在我決定拿出一百五十種金銀器物，共一千八百多斤，把它們熔化以供軍用。」八月，皇帝巡視洛陽秋天農作物的成熟情況，對高齡老人和具有力田身分的人進行不同等級的賞賜。

6 正始二年春二月，皇帝始通讀《論語》，讓太常到辟雍用太牢祭祀孔子，以顏淵配饗。

7 夏五月，吳國將領朱然等圍攻襄陽的樊城，太傅司馬宣王率眾抵禦。六月二十九日，吳軍撤退。初七日，任命征東將軍王淩為車騎將軍。冬十二月，南安郡地震。

8 正始三年春正月，東平王曹徽去世。三月，太尉滿寵去世。秋七月十三日，南安郡地震。十四日，以領軍將軍蔣濟為太尉。冬十二月，魏郡地震。

9 正始四年春正月，皇帝舉行加冠禮，賞賜羣臣各有不同的等級。夏四月二十日，立甄氏為皇后，大赦天下。五月初一日，有日食發生，是日全食。秋七月，下詔在太祖廟中祭祀已故的大司馬曹真、曹休、征南大將軍夏侯尚、太常桓階、司空陳羣、太傅鍾繇、車騎將軍張郃、左將軍徐晃、前將軍張遼、右將軍樂進、太尉華歆、司徒王朗、驃騎將軍曹洪、征西將軍夏侯淵、後將軍朱靈、文聘、執金吾臧霸、破虜將軍李典、立義將軍龐德、武猛校尉典韋。冬十二月，倭國女王俾彌呼派遣使臣貢獻禮物。

10 正始五年春二月，詔令大將軍曹爽率軍征討蜀國。夏四月初一日，有日食發生。五月初八日，皇帝講解一遍《尚書》，派太常到辟雍用太牢祭祀孔子，以顏淵配饗；賞賜太傅、大將軍及侍從講書的人各有不同的等級差別。二十一日，大將軍曹爽率軍返回。秋八月，秦王曹詢去世。九月，鮮卑人內附朝廷，朝廷設置遼東屬國，建立昌黎縣安置他們。冬十一月二十一日，下詔在太祖廟祭祀已故的尚書令荀攸。二十七日，恢復秦國為京兆郡。十二月，司空崔林去世。

11 正始六年春二月十七日，南安郡地震。二月二十六日，任命驃騎將軍趙儼為司空；夏六月，趙儼去世。八月十九日，任命太常高柔為司空。九月十六日，任命左光祿大夫劉放為驃騎將軍，任命右光祿大夫孫資為衛將軍。冬十一月，在太祖廟合祭祖先，開始祭祀前面所說的佐命功臣二十一人。十二月初五日，下詔把已故司徒王朗所撰《易傳》，作為學生考試的內容。二十九日，下詔說：「明天大會羣臣，讓太傅可以乘坐輿車上殿。」

12 正始七年春二月，幽州刺史毌丘儉討伐高句驪，夏五月，征討濊貊，把他們全都打敗。韓那奚等數十國各自率領部落投降。秋八月初六日，皇帝下詔說：「最近我到市上，看見官府所出賣的奴婢，都已七十歲，有的還有嚴重的病殘，是人們所說的平民中貧苦的人。況且他們又是因為沒有了勞動能力而被官府賣掉，賣和不賣都不妥當，應把他們全都遣散為良民。如果他們當中有不能養活自己的，郡縣政府要救濟幫助他們。」

13 初七日，皇帝下詔說：「我應該在十九日才親臨宗廟祭祀，而昨天出去就已經看見整修道路，如果遇到下雨又要重新修整，白白的浪費了人力。我常常念及百姓勞力少而徭役多，日夜放在心上。道路只要通暢就可以了，而我卻聽說修路的老少百姓在棍棒逼迫下勞動，讓他們務必要把路修得美觀，百姓疲憊困苦，流離失所，以至於唉聲嘆氣，這樣我怎能心安理得的經過此路，到宗廟去進獻祭品呢？從今以後，要明確申述我這個意思。」冬十二月，皇帝宣講《禮記》，派太常到辟雍用太牢祭祀孔子，以顏淵配饗。

14 正始八年春二月初一日，有日食發生。夏五月，把河東郡汾水北面的十個縣劃分出來設置平陽郡。

15 秋七月，尚書何晏上奏說：「善於治理國家的人一定首先修治自身，修治自身的人要慎重的對待所親近的對象。所熟悉親近的人端正那麼他自身也端正，自身端正不用下令人們也會行動；所親近的人不端正那麼他自身也不會端正，自身不端正即使有令人們也不會聽從。所以作為一國君主，必定要選擇端正的人和他們交往，所觀覽的必定是正確的現象，放棄淫邪鄭聲而不聽，遠離奸邪小人而不近，這樣做以後才能不生邪心而弘揚正道。末世的昏庸君主，不知利害，他們斥遠君子，引近小人，忠良之臣遭到疏遠，諂媚小人受到親近，因此禍亂從身邊興起，小人猶如社鼠；考察君主的昏庸、聖明是長期積累的結果，所以聖賢總是諄諄教導，把親近什麼看作是最值得憂慮的事情。虞舜曾告誡大禹說『鄰哉鄰哉！』意思就是要慎重的選擇所親近的大臣。周公告誡成王說『其朋其朋！』意思就是要慎重的選擇所交往的人。《尚書》說：『國君向善，百姓就有了依賴。』建議從今以後，皇帝親臨式乾殿或到後園遊玩的時候，全都讓大臣們侍從，這樣在悠閒遊樂宴飲的時候，可以同時批閱文件，諮詢政事，講論儒經大義，為萬代所效法。」冬十二月，散騎常侍諫議大夫孔乂上奏說：「古代禮制，天子的宮殿，所用木材可以砍削打磨，但不用彩色裝飾，應當遵循禮制恢復古法。如今天下已經平定，君臣的名分已經確定，陛下只需在君主的位置上不懈怠，用公正之心，分明賞罰來驅使羣臣。應當禁絕在後園練習騎馬，外出一定乘坐車輦，這既是天下之福，也是臣子的心願。」何晏、孔乂全都是通過宮廷渠道來進行規勸的。

16 正始九年春二月，衛將軍中書令孫資，三十日，驃騎將軍中書監劉放，三月初一日，司徒衛臻，全都離職退位，三人以侯爵的身分退休回家，賜位特進。四月，任命司空高柔為司徒；任命光祿大夫徐邈為司空，徐邈堅辭不受。秋九月，任命車騎將軍王淩為司空。冬十月，大風掀翻屋頂折斷樹木。

17 嘉平元年春正月初六日，皇帝拜謁高平陵。太傅司馬宣王上奏將大將軍曹爽以及曹爽的弟弟中領軍曹羲、武衛將軍曹訓、散騎常侍曹彥免職，讓他們以侯爵的身分回家。初十日，有關部門上奏逮捕黃門張當交付廷尉，對他進行拷問並坐實他的供詞，證實曹爽和他一起圖謀不軌。除此之外，尚書丁謐、鄧颺、何晏、司隸校尉畢軌、荊州刺史李勝、大司農桓範全都與曹爽串通奸謀，因此將他們誅滅三族。事情記載在〈曹爽傳〉中。十八日，大赦天下。十九日，任命太傅司馬宣王為丞相，他堅決辭讓於是作罷。

18 夏四月初八日，改換年號。十九日，太尉蔣濟去世。冬十二月初九日，任命司空王淩為太尉。十八日，任命司隸校尉孫禮為司空。

19 嘉平二年夏五月，任命征西將軍郭淮為車騎將軍。冬十月，任命特進孫資為驃騎將軍。十一月，司空孫禮去世。十二月二十七日，東海王曹霖去世。十八日，征南將軍王昶渡過長江，出其不意襲擊吳軍，打敗了吳軍。

20 嘉平三年春正月，荊州刺史王基、新城太守州泰進攻吳軍，打敗了他們，有幾千人投降。二月，設置南郡夷陵縣，用來安置投降內附的人。三月，任命尚書令司馬孚為司空。四月初九日，任命征南將軍王昶為征南大將軍。十七日，大赦天下。五月初二日，聽說太尉王淩謀劃廢黜皇帝，另立楚王曹彪，太傅司馬宣王東征王淩。五月初十日，王淩自殺。六月，曹彪被賜死。秋七月十九日，皇后甄氏去世。二十八日，任命司空司馬孚為太尉。八月初五日，太傅司馬宣王去世，任命衛將軍司馬景王為撫軍大將軍，錄尚書事。二十二日，安葬懷甄皇后於太清陵。二十七日，驃騎將軍孫資去世。十一月，有關部門上奏，在太祖廟中配饗的功臣，應當按照他們職位的高低排列順序，太傅司馬宣王功高位尊，在最上。十二月，任命光祿勳鄭沖為司空。

21 嘉平四年春正月初二日，任命撫軍大將軍司馬景王為大將軍。二月，冊立張氏為皇后，大赦天下。夏五月，兩條魚出現在武庫的屋頂上。冬十一月，詔令征南大將軍王昶、征東將軍胡遵、鎮南將軍毌丘儉等征伐孫吳。十二月，孫吳大將軍諸葛恪抵抗交戰，在東關城打敗曹魏各路軍隊。魏軍失利撤回。

22 嘉平五年夏四月，實行大赦。五月，孫吳太傅諸葛恪率軍圍攻合肥新城，皇帝下詔太尉司馬孚抵禦諸葛恪。秋七月，諸葛恪撤退返回。

23 八月，皇帝下詔說：「已故的中郎西平人郭脩，砥礪節操修養品行，秉持忠心不背叛故主。從前蜀國大將姜維侵略西平郡，郭脩被俘。去年偽蜀大將軍費禕驅趕部眾，暗地裏圖謀我們，經過漢壽縣時，宴請眾多賓客，郭脩在大庭廣眾之中手刃費禕，勇敢超過了聶政，功勞勝過了傅介子，可以說是殺身成仁，捨生取義的人了。應當對他追加褒獎，用來表揚忠義行為；使他的福分延及後代，以此來獎勸後人。現在追封郭脩為長樂鄉侯，食邑一千戶，諡號為威侯；兒子承襲爵位，加拜奉車都尉；賜給銀錠一千，絹一千匹，使死者及其家屬享有光榮和優寵，使他的精神永垂後世。」

24 自從曹芳即帝位到這一年，郡國縣道多有撤銷或新設，不久有的又恢復，這種情況多得不能全部記載。

25 嘉平六年春二月初一日，鎮東將軍毌丘儉上書說：「過去諸葛恪圍困合肥新城，城中派遣士兵劉整突出重圍傳遞消息，被敵人所俘，敵人拷打追問他所傳的消息內容，告訴劉整說：『諸葛將軍想保存你的性命，但你要徹底招供。』劉整大罵說：『死狗，這是什麼話！我死也一定要為魏國的鬼，絕不苟且求生，按著你的要求做。要殺我就趕快動手。』始終沒有其他的話。後來又派遣一個叫鄭像的士兵出城傳遞消息，有人把這個消息報告給諸葛恪，諸葛恪派遣騎兵沿著包圍圈尋找搜索，把鄭像抓住帶回。四五個士兵用馬韁繩拴住鄭像的頭，帶著他在城外繞行，命令鄭像，讓他大聲叫喊，說『救援大軍已撤回洛陽，不如早點投降。』鄭像沒有聽從他們的話，反而對城中大喊道：『救援大軍近在包圍圈外，壯士們要努力堅守！』敵人用刀捅他的嘴，使他不能說話，鄭像便大聲呼喊，讓城中聽到。劉整、鄭像身為士兵，能堅守正義，保持節操，對待他們的子弟應當和一般人不同。」皇帝下詔說：「顯貴的爵位用來褒獎大功，厚賜重賞用來優待烈士。劉整、鄭像響應招募通報消息，跨越層層包圍，冒著敵人刀劍，不惜生命堅守信義，不幸被俘，剛正的氣節越發激揚，顯揚朝廷大軍的強大威勢，安定守城將士的恐懼之心，面臨危難不顧自身安危，把傳達使命作為堅定的信念。過去解楊被楚軍俘獲，寧死不二，齊國的路中大夫以死來完成使命，與劉整、鄭像比較，也不能超越他們。現在追賜劉整、鄭像關中侯的爵位，各自從士兵名冊上除名，讓他們的兒子承襲爵位，就像對待戰亡的部曲將領那樣。」

26 二十二日，中書令李豐與皇后的父親光祿大夫張緝等謀劃廢黜改換執政大臣，任命太常夏侯玄為大將軍。事情被察覺，所牽連的人全被處死。二十三日，大赦天下。三月，廢黜皇后張氏。夏四月，立王氏為皇后，大赦天下。五月，封皇后的父親奉車都尉王夔為廣明鄉侯、光祿大夫，賜位特進，妻子田氏為宣陽鄉君。秋九月，大將軍司馬景王準備把皇帝廢掉，把這個打算告知皇太后。十九日，皇太后下令說：「皇帝曹芳年紀已經大了，然而卻不親理萬機，耽溺後宮，沉湎於女色之中，每天把倡優召進宮中，恣意放縱醜謔之態；又把後宮的家屬迎進宮中，破壞人倫秩序，敗壞男女應守的節操；恭敬孝順日益減少，忤逆和傲慢日趨嚴重，這樣的人不可以在皇帝位上，主持宗廟祭祀。派兼太尉高柔帶著我發布的文告，用一頭大牛作祭品到宗廟祭告祖宗，遣送曹芳回到封地齊國，離開皇帝大位。」當天曹芳被遷到別宮，時年二十三歲。使者持節護送他出宮，在河內郡的重門營建齊王宮，制度完全如同藩國的禮制。

27 二十二日，皇太后下令說：「東海王曹霖，是高祖文皇帝的兒子。曹霖的幾個兒子，都是皇族中最為親密的，高貴鄉公曹髦有成就帝王大業的氣度，以他作為明皇帝的繼任者。」

1 高貴鄉公諱髦，字彥士，文帝孫，東海定王霖子也。正始五年❶，封郯縣❷高貴鄉公。少好學，夙成。齊王廢，公卿議迎立公。十月己丑❸，公至於玄武館❹，羣臣奏請舍前殿，公以先帝舊處，避止西廂❺；羣臣又請以法駕❻迎，公不聽。庚寅❼，公入於洛陽，羣臣迎拜西掖門❽南，公下輿將答拜，儐者❾請曰：「儀不拜。」公曰：「吾人臣也。」遂答拜。至止車門❿下輿。左右曰：「舊⓫乘輿入。」公曰：「吾被皇太后徵，未知所為！」遂步至太極⓬東堂，見于太后。其日即皇帝位於太極前殿，百僚陪位者欣欣焉。詔曰：「昔三祖⓭神武聖德，應天受祚。齊王嗣位，肆行非度⓮，顛覆厥德⓯。皇太后深惟社稷之重，延納宰輔之謀，用替厥位⓰，集大命⓱於余一人。以眇眇之身，託於王公之上，夙夜祗畏⓲，懼不能嗣守祖宗之大訓，恢中興之弘業，戰戰兢兢，如臨于谷。今羣公卿士股肱⓳之輔，四方征鎮[20]宣力之佐，皆積德累功，忠勤帝室；庶憑先祖先父有德之臣，左右小子[21]，用保乂[22]皇家，俾朕蒙闇[23]，垂拱[24]而治。蓋聞人君之道，德厚侔天地，潤澤施四海，先之以慈愛，示之以好惡，然後教化行於上，兆民聽於下。朕雖不德，昧[25]於大道，思與宇內共臻茲路[26]。書不云乎：『安民則惠，黎民懷之[27]。』大赦，改元。減乘輿服御，後宮用度，及罷尚方[28]御府百工技巧靡麗無益之物。

2 正元元年冬十月壬辰[29]，遣侍中持節分適四方[30]，觀風俗，勞士民，察冤枉失職者。癸巳[31]，假大將軍司馬景王黃鉞[32]，入朝不趨[33]，奏事不名，劍履上殿。戊戌[34]，黃龍見於鄴[35]井中。甲辰[36]，命有司論廢立定策[37]之功，封爵、增邑、進位、班賜各有差。

3 二年春正月乙丑[38]，鎮東將軍毌丘儉、揚州刺史文欽[39]反。戊寅[40]，大將軍司馬景王征之。癸未[41]，車騎將軍郭淮薨。閏月己亥[42]，破欽於樂嘉[43]。欽遁走，遂奔吳。甲辰[44]，安風津[45]都尉斬儉，傳首[46]京都。壬子[47]，復特赦淮南[48]士民諸為儉、欽所詿誤[49]者。以鎮南將軍諸葛誕為鎮東大將軍[50]。司馬景王薨於許昌[51]。二月丁巳[52]，以衛將軍司馬文王[53]為大將軍，錄尚書事。

4 甲子[54]，吳大將孫峻[55]等眾號十萬至壽春[56]，諸葛誕拒擊破之，斬吳左將軍留贊[57]，獻捷[58]于京都。三月，立皇后卞氏[59]，大赦。夏四月甲寅[60]，封后父卞隆[61]為列侯。甲戌[62]，以征南大將軍王昶為驃騎將軍。秋七月，以征東大將軍胡遵為衛將軍，鎮東大將軍諸葛誕為征東大將軍。

八月辛亥[63]，蜀大將軍姜維寇狄道[64]，雍州刺史王經與戰洮西[65]，經大敗，還保狄道城。辛未[66]，以長水校尉鄧艾行安西將軍[67]，與征西將軍陳泰[68]并力拒維。戊辰[69]，復遣太尉司馬孚為後繼。九月庚子[70]，講尚書業終，賜執經親授者司空鄭沖、侍中鄭小同[71]等各有差。甲辰[72]，姜維退還。冬十月，詔曰：「朕以寡德，不能式遏[73]寇虐，乃令蜀賊陸梁[74]邊陲。洮西之戰，至取負敗，將士死亡，計以千數，或沒命戰場，冤魂不反，或牽掣虜手，流離異域，吾深痛愍，為之悼心。其令所在郡典農[75]及安撫夷二護軍[76]各部大吏慰卹其門戶，無差賦役[77]一年；其力戰死事者，皆如舊科，勿有所漏。」

十一月甲午[78]，以隴右四郡及金城[79]，連年受敵，或亡叛投賊，其親戚留在本土者不安，皆特赦之。癸丑[80]，詔曰：「往者洮西之戰，將吏士民或臨陣戰亡，或沉溺洮水，骸骨不收，棄於原野，吾常痛之。其告征西、安西將軍，各令部人於戰處及水次[81]鉤求屍喪，收斂藏埋，以慰存亡。」

7 甘露元年春正月辛丑[82]，青龍見軹縣[83]井中。乙巳[84]，沛王林[85]薨。

8 夏四月庚戌[86]，賜大將軍司馬文王袞冕之服，赤舄副焉[87]。

9 丙辰[88]，帝幸太學[89]，問諸儒曰：「聖人幽贊神明[90]，仰觀俯察，始作八卦，後聖[91]重之為六十四，立爻以極數[92]，凡斯大義，罔有不備，而夏有連山[93]，殷有歸藏[94]，周曰周易[95]，易之書，其故何也？」易博士淳于俊對曰：「包羲[96]因燧皇[97]之圖而制八卦，神農[98]演之為六十四，黃帝[99]、堯[100]、舜[101]通其變，三代隨時[102]，質文各繇其事[103]。故易者，變易也，名曰連山，似山出內雲[104]氣，連天地也；歸藏者，萬事莫不歸藏於其中也。」帝又曰：「若使包羲因燧皇而作易，孔子何以不云燧人氏沒包羲氏作乎[105]？」俊不能答。帝又問曰：「孔子作彖、象[106]，鄭玄[107]作注，雖聖賢[108]不同，其所釋經義一也。今彖、象不與經文相連，而注連之[109]，何也？」俊對曰：「鄭玄合彖、象於經者，欲使學者尋省易了[110]也。」帝曰：「若鄭玄合之，於學誠便[111]，則孔子曷為不合以了學者乎？」俊對曰：「孔子恐其與文王相亂[112]，是以不合，此聖人以不合為謙。」帝曰：「若聖人以不合為謙，則鄭玄何獨不謙邪？」俊對曰：「古義弘深，聖問[113]奧遠，非臣所能詳盡。」帝又問曰：「繫辭云『黃帝、堯、舜垂衣裳而天下治[114]』，此包羲、神農之世為無衣裳。但聖人化天下[115]，何殊異爾邪[116]？」俊對曰：「三皇[117]之時，人寡而禽獸眾，故取其羽皮而天下用足。及至黃帝，人眾而禽獸寡，是以作為衣裳以濟時變[118]也。」帝又問：「乾[119]為天，而復為金，為玉，為老馬，與細物並[120]邪？」俊對曰：「聖人取象[121]，或遠或近，近取諸物，遠則[122]天地。」

講易畢，復命講尚書。帝問曰：「鄭玄云『稽古同天，言堯同於天也[123]』。王肅云『堯順考古道而行之[124]』。二義不同，何者為是？」博士庾峻[125]對曰：「先儒所執[126]，各有乖異[127]，臣不足以定之。然洪範[128]稱『三人占[129]，從二人之言』。賈、馬[130]及肅皆以為『順考古道』。以洪範言之，肅義為長。」帝曰：「仲尼言『唯天為大，唯堯則之[131]』。堯之大美，在乎則天，順考古道，非其至也[132]。今發篇開義以明聖德，而舍其大，更稱其細，豈作者之意邪？」峻對曰：「臣奉遵師說，未喻大義，至于折中[133]，裁之聖思[134]。」次及四嶽舉鯀[135]，帝又問曰：「夫大人者，與天地合其德，與日月合其明，思無不周，明無不照，今王肅云『堯意不能明鯀[136]，是以試用』。如此，聖人之明有所未盡邪？」峻對曰：「雖聖人之弘，猶有所未盡，故禹曰『知人則哲，惟帝難之[137]』，然卒能改授聖賢[138]，緝熙庶績[139]，亦所以成聖也。」帝曰：「夫有始有卒，其唯聖人。若不能始，何以為聖？其言

『惟帝難之』，然卒能改授，蓋謂知人，聖人所難，非不盡之言也。經云：『知人則哲，能官人140。』若堯疑鯀，試之九年，官人失敘141，何得謂之聖哲？」峻對曰：「臣竊142觀經傳，聖人行事不能無失，是以堯失之四凶143，周公失之二叔144，仲尼失之宰予145。」帝曰：「堯之任鯀，九載無成，汩陳五行146，民用昏墊147。至於仲尼失之宰予，言行之間148，輕重不同也。至於周公、管、蔡之事，亦尚書所載，皆博士所當通也。」峻對曰：「此皆先賢所疑，非臣寡見所能究論。」次及「有鰥在下149曰虞舜」，帝問曰：「當堯之時，洪水為害，四凶在朝，宜速登賢聖150濟斯民之時也。舜年在既立151，聖德光明，而久不進用，何也？」峻對曰：「堯咨嗟152求賢，欲遜己位，嶽曰『否德忝帝位153』。堯復使嶽揚舉仄陋154，然後薦舜。薦舜之本，實由於堯，此蓋聖人欲盡眾心也。」帝曰：「堯既聞舜而不登用，又時忠臣亦不進達155，乃使嶽揚仄陋而後薦舉，非急於用聖恤民之謂也。」峻對曰：「非臣愚見所能逮及。」

11 於是復命講禮記。帝問曰：「『太上立德，其次務施報156』。為治何由而教化157各異，皆脩何政而能致於立德，施而不報乎？」博士馬照對曰：「太上立德，謂三皇五帝158之世以德化民，其次報施，謂三王之世以禮為治也。」帝曰：「二者致化薄厚不同，將主有優劣邪？時使之然乎？」昭對曰：「誠由時有樸文[159]，故化有薄厚也。」

12 五月，鄴及上洛[160]並言甘露降。夏六月丙午[161]，改元為甘露。乙丑[162]，青龍見元城縣[163]界井中。秋七月己卯[164]，衛將軍胡遵薨。

13 癸未[165]，安西將軍鄧艾[166]大破蜀大將姜維于上邽[167]，詔曰：「兵未極武[168]，醜虜摧破，斬首獲生[169]，動以萬計，自頃戰克[170]，無如此者。今遣使者犒賜將士，大會臨饗，飲宴終日，稱朕意焉。」

14 八月庚午[171]，命大將軍司馬文王加號大都督[172]，奏事不名，假黃鉞。癸酉[173]，以太尉司馬孚為太傅。九月，以司徒高柔為太尉。冬十月，以司空鄭沖為司徒，尚書左僕射盧毓[174]為司空。

15 二年春二月，青龍見溫縣[175]井中。三月，司空盧毓薨。

16 夏四月癸卯[176]，詔曰：「玄菟郡高顯縣[177]吏民反叛，長鄭熙為賊所殺。民王簡負擔熙喪，晨夜星行，遠致本州[178]，忠節可嘉。其特拜簡為忠義都尉，以旌殊行[179]。」

17 甲子[180]，以征東大將軍諸葛誕為司空。

18 五月辛未[181]，帝幸辟雍，會命羣臣賦詩。侍中和逌[182]、尚書陳騫[183]等作詩稽留[184]，有司奏免官，詔曰：「吾以暗昧，愛好文雅，廣延詩賦，以知得失，而乃爾紛紜[185]，良用反仄[186]。其原逌等。主者宜勑自今以後，羣臣皆當玩習[187]古義，脩明經典，稱朕意焉。」

19 乙亥[188]，諸葛誕不就徵，發兵反，殺揚州刺史樂綝[189]。丙子[190]，赦淮南將吏士民為誕所詿誤者。丁丑[191]，詔曰：「諸葛誕造為凶亂，盪覆揚州。昔黥布[192]逆叛，漢祖[193]親戎，隗囂[194]違戾，光武[195]西伐，及烈祖明皇帝躬征吳、蜀，皆所以奮揚赫斯[196]，震耀威武也。今宜皇太后與朕暫共臨戎[197]，速定醜虜，時寧東夏[198]。」己卯[199]，詔曰：「諸葛誕造構逆亂，迫脅忠義，平寇將軍臨渭亭侯龐會[200]、騎督偏將軍[201]路蕃，各將左右，斬門突出，忠壯勇烈，所宜嘉[202]異。其進會爵鄉侯，蕃封亭侯。」

20 六月乙巳[203]，詔：「吳使持節都督夏口諸軍事鎮軍將軍沙羨侯孫壹[204]，賊之枝屬[205]，位為上將，畏天知命，深鑒禍福，翻然舉眾，遠歸大國，雖微子去殷[206]，樂毅遁燕[207]，無以加之。其以壹為侍中車騎將軍、假節、交州牧[208]、吳侯，開府辟召儀同三司[209]，依古侯伯八命之禮[210]，袞冕赤舄，事從豐厚。」

21 甲子[211]，詔曰：「今車駕駐項[212]，大將軍恭行天罰，前臨淮浦[213]。昔相國大司馬[214]征討，皆與尚書[215]俱行，今宜如舊。」乃令散騎常侍裴秀[216]、給事黃門侍郎鍾會[217]咸與大將軍俱行。秋八月，詔曰：「昔燕剌王[218]謀反，韓誼[219]等諫而死，漢朝顯登其子。諸葛誕創造[220]凶亂，主簿[221]宣隆、部曲督[222]秦絜秉節守義，臨事固爭，為誕所殺，所謂無比干[223]之親而受其戮者。其以隆、絜子為騎都尉[224]，加以贈賜，光示遠近，以殊忠義。」

22 九月，大赦。冬十二月，吳大將全端[225]、全懌[226]等率眾降。

23 三年春二月，大將軍司馬文王陷壽春城，斬諸葛誕。三月，詔曰：「古者克敵，收其屍以為京觀[227]，所以懲昏逆而章武功[228]也。漢孝武元鼎[229]中，改桐鄉[230]為聞喜，新鄉[231]為獲嘉，以著[232]南越[233]之亡。大將軍親總六戎[234]，營據丘頭[235]，內夷羣凶[236]，外殄寇虜[237]，功濟兆民，聲振四海。克敵之地，宜有今名[238]，其改丘頭為武丘，明以武平亂，後世不忘，亦京觀二邑[239]之義也。」

24 夏五月，命大將軍司馬文王為相國，封晉公，食邑八郡[240]，加之九錫[241]，文王前後九讓乃止。

25 六月丙子[242]，詔曰：「昔南陽郡[243]山賊擾攘[244]，欲劫質[245]故太守東里衮，功曹[246]應余獨身捍衮，遂免於難。余顛沛殞斃，殺身濟君[247]。其下司徒[248]，署余孫倫吏[249]，使蒙伏節[250]之報。」

26 辛卯[251]，大論淮南之功，封爵行賞各有差。

27 秋八月甲戌[252]，以驃騎將軍王昶為司空。丙寅[253]，詔曰：「夫養老興教，三代所以樹風化垂不朽也，必有三老、五更[254]以崇至敬，乞言納誨[255]，著在惇史[256]，然後六合[257]承流，下[258]觀而化。宜妙簡[259]德行，以充其選。關內侯王祥[260]，履仁秉義，雅志淳固。關內侯鄭小同，溫恭孝友[261]，帥禮不忒[262]。其以祥為三老，小同為五更。」車駕親率羣司，躬行古禮焉。

28 是歲，青龍、黃龍仍[263]見頓丘[264]、冠軍[265]、陽夏[266]縣界井中。

29 四年春正月，黃龍二，見寧陵縣[267]界井中。夏六月，司空王昶薨。秋七月，陳留王峻[268]薨。冬十月丙寅[269]，分新城郡[270]，復置上庸郡[271]。十一月癸卯[272]，車騎將軍孫壹為婢所殺。

30 五年春正月朔，日有蝕之。夏四月，詔有司率遵前命，復進大將軍司馬文王位為相國，封晉公，加九錫。

31 五月己丑[273]，高貴鄉公卒[274]，年二十。皇太后令曰：「吾以不德，遭家不造[275]，昔援立東海王子髦，以為明帝嗣，見其好書疏文章，冀可成濟[276]。而情性暴戾[277]，日月滋甚(278)。吾數呵責，遂更忿恚，造作醜逆不道之言以誣謗吾，遂隔絕兩宮(279)。其所言道，不可忍聽，非天地所覆載。吾即密有令語(280)大將軍，不可以奉宗廟，恐顛覆社稷，死無面目以見先帝。大將軍以其尚幼，謂當改心為善，殷勤執據(281)。而此兒忿戾，所行益甚，舉弩遙射吾宮，祝當令中吾項，箭親墮吾前。吾語大將軍，不可不廢之，前後數十(282)。此兒具聞，自知罪重，便圖為弒逆(283)，賂遺吾左右人，令因(284)吾服藥，密行酖(285)毒，重相設計(286)。事已覺露，直欲因際會(287)舉兵入西宮殺吾，出取大將軍，呼侍中王沈(288)、散騎常侍王業(289)、尚書王經(290)，出懷中黃素(291)詔示之，言今日便當施行。吾之危殆，過於累卵。吾老寡，豈復多惜餘命邪？但傷先帝遺意不遂(292)，社稷顛覆為痛耳。賴宗廟之靈，沈、業即馳語大將軍，得先嚴警(293)，而此兒便將(294)左右出雲龍門，雷戰鼓，躬自拔刃，與左右雜衛(295)共入兵陣間，為前鋒所害。此兒既行悖逆不道，而又自陷大禍，重令吾悼心(296)不可言。昔漢昌邑王(297)以罪廢為庶人，此兒亦宜以民禮葬之，當令內外咸知此兒所行。又尚書王經，凶逆無狀，其收經及家屬皆詣廷尉。」

32 庚寅(298)，太傅孚、大將軍文王、太尉柔、司徒沖稽首言：「伏見中令(299)，故高貴鄉公悖逆不道，自陷大禍，依漢昌邑王罪廢故事，以民禮葬。臣等備位(300)，不能匡救禍亂，式遏姦逆，奉令震悚，肝心悼慄。春秋之義，王者無外[301]，而書『襄王出居于鄭[302]』，不能事母，故絕之於位也。今高貴鄉公肆行不軌，幾危社稷，自取傾覆，人神所絕，葬以民禮，誠當舊典[303]。然臣等伏惟殿下仁慈過隆，雖存大義，猶垂哀矜，臣等之心實有不忍，以為可加恩以王禮葬之。」太后從之。

33 使使持節行中護軍[304]中壘將軍[305]司馬炎[306]北迎常道鄉公璜[307]嗣明帝後。辛卯[308]，羣公奏太后曰：「殿下聖德光隆，寧濟六合，而猶稱令[309]，與藩國同。請自今殿下令書，皆稱詔制[310]，如先代故事。」

34 癸卯[311]，大將軍固讓相國、晉公、九錫之寵。太后詔曰：「夫有功不隱，周易大義，成人之美，古賢所尚，今聽所執，出表示外，以章公之謙光[312]焉。」

35 戊申[313]，大將軍文王上言：「高貴鄉公率將[314]從駕人兵，拔刃鳴金鼓向臣所止[315]；懼兵刃相接，即勅將士不得有所傷害，違令以軍法從事。騎督成倅弟太子舍人[316]濟，橫入兵陣傷公，遂至隕命；輒收濟行軍法。臣聞人臣之節，有死無二，事上之義，不敢逃難[317]。前者變故卒至，禍同發機[318]，誠欲委身守死，唯命所裁[319]。然惟本謀[320]乃欲上危皇太后，傾覆宗廟。臣忝當大任，義在安國，懼雖身死，罪責彌重。欲遵伊、周之權[321]，以安社稷之難，即駱驛申勅，不得迫近輦輿，而濟遽入陣間，以致大變[322]。哀怛[323]痛恨，五內[324]摧裂，不知何地可以隕墜？科律大逆無道，父母妻子同產[325]皆斬。濟凶戾悖逆，干國亂紀，罪不容誅。輒勑侍御史收濟家屬，付廷尉，結正[326]其罪。」太后詔曰：「夫五刑[327]之罪，莫大於不孝。夫人[328]有子不孝，尚告治之[329]，此兒[330]豈復成人主邪？吾婦人不達大義，以謂濟不得便為大逆也。然大將軍志意懇切，發言惻愴，故聽如所奏。當班下遠近，使知本末[331]也。」

36 六月癸丑[332]，詔曰：「古者人君之為名字，難犯而易諱。今常道鄉公諱字[333]甚難避，其朝臣博議改易，列奏。」

【章　旨】以上為〈高貴鄉公紀〉，記述了高貴鄉公曹髦登帝位到死於非命的過程，也記述了司馬昭的權力地位一步步上升的過程，揭示了曹髦落得如此結果的必然性。

【注　釋】❶正始五年　西元二四四年。正始，魏齊王曹芳年號，西元二四〇—二四九年。❷郯縣　縣名。治所在今山東郯城西南。❸己丑　舊曆初四日。❹玄武館　曹魏皇家別宮，明帝時建，在當時洛陽北面芒山腳下。❺西廂　西廂房。❻法駕　皇帝的禮儀車隊。❼庚寅　舊曆初五日。❽掖門　皇宮的旁門。❾儐者　迎賓司禮人員。❿止車門　臣僚的車到此停止，下車步入。止車門在皇宮正門內。⓫舊　按照以往制度。⓬太極　即太極殿，為當時皇宮的正殿。⓭三祖　指太祖曹操、高祖曹丕、烈祖曹叡。⓮肆行非度　任意非為無視法度。⓯顛覆厥德　敗壞道德。⓰用替厥位　因此換掉了他的位置。⓱大命　重大使命。⓲夙夜祗畏　日夜敬畏。祗畏，敬畏。⓳股肱　大腿和胳膊。比喻君主的輔佐。⓴征鎮　即四征和四鎮。四征指征東、征西、征南、征北四將軍；四鎮指鎮東、鎮南、鎮西、鎮北四將軍。此處泛指在外駐守的將領。㉑小子　曹髦對自己的謙稱。因為前面提到「先祖先父」，故曹髦這樣稱自己。㉒保乂　治理使安定。㉓蒙闇　蒙昧無知。㉔垂拱　垂衣拱手。形容悠閒不操心。㉕昧　不了解。㉖共臻茲路　共同到達這樣的道路。㉗安民則惠二句　使百姓安定就是恩惠，百姓就懷念。㉘尚方　官署名。為皇家製造御用品。㉙正元元年句　正元元年，西元二五四年。正元，魏高貴鄉公曹髦年號，西元二五四—二五六年。壬辰，舊曆初七日。㉚分適四方　分別到四方。適，到。㉛癸巳　舊曆初八日。㉜假大將軍句　黃鉞，以黃金為裝飾的大斧，天子專用。授給司馬師，以示其權威之重。㉝趨　小步疾走。㉞戊戌　舊曆十三日。㉟鄴　城邑名。在今河北臨漳西南。㊱甲辰　舊曆十九日。㊲廢立定策　參與決定廢曹芳立曹髦。㊳乙丑　舊曆十二日。㊴揚州刺史文欽　揚州，州名。曹魏揚州治所在今安徽壽縣。文欽，字仲若，沛國譙（今安徽亳州）人。高貴鄉公正元二年（西元二五五年）與毌丘儉共同發兵討伐司馬師，戰敗亡入孫吳，任孫吳都護、鎮北大將軍、幽州牧等。其事散見於本書卷二十八〈毌丘儉傳〉、〈諸葛誕傳〉等。㊵戊寅　舊曆二十五日。原作「戊戌」，《晉書・景帝紀》作「戊午」，何焯認為應作「戊辰」。《三國志集解》引吳雲璈說認為當作「戊寅」，今從吳說。㊶癸未　舊曆三十日。㊷己亥　舊曆十六日。㊸樂嘉　地名。在今河南周口東南。㊹甲辰　舊曆二十一日。㊺安風津　淮河渡口。在今安徽潁上西南。「風」字下原衍「淮」字。㊻傳首　通過驛站傳送首級。㊼壬子　舊曆二十九日。㊽淮南　郡名。治所在今安徽壽縣。㊾詿誤　欺騙貽誤。㊿諸葛誕句　諸葛誕，字公休，琅邪陽都（今山東沂南南）人，與諸葛亮同宗。初以尚書郎為滎陽令，後遷至御史中丞尚書。明帝時被免官，齊王曹芳時復職，出為揚州刺史，加昭武將軍。因不滿司馬氏專權，於魏甘露二年（西元二五七年）起兵反，投降孫吳。後兵敗被殺。詳見本書卷二十八〈諸葛誕傳〉。鎮東大將軍，武官名。高級軍事將領，以鎮東將軍資深者擔任。51許昌　縣名。治所在今河南許昌東。52丁巳　舊曆初五日。53司馬文王　即司馬昭，字子上，河內溫（今河南溫縣）人，司馬懿次子。後殺曹髦立曹奐，發兵滅蜀，稱晉公、晉王。詳見《晉書・文帝紀》。54甲子　舊曆十二日。55孫峻　字子遠，吳郡富春（今浙江富陽）人，孫吳宗室。孫權死時受遺詔輔政。歷任丞相、大將軍、督中外諸軍事，專擅朝政。詳見本書卷六十四〈孫峻傳〉。56壽春　縣名。治所在今安徽壽縣。57留贊　字正明，會稽長山（今浙江金華）人，性剛烈，好讀兵書及史書，胸懷大志。歷任孫吳屯騎校尉、左將軍等。累有戰功，好強諫，直言不阿。詳見《三國志・孫峻傳》裴松之注引《吳書》。58獻捷　勝利後進獻俘虜和戰利品。59卞氏　武宣卞皇后之姪孫女，卞隆之女。事見本書卷五〈武宣卞皇后傳〉。60甲寅　舊曆初三日。61卞隆　武宣卞皇后的姪孫。卞氏的弟弟卞秉，卞秉的兒子卞蘭，卞蘭的兒子卞隆。事見本書卷五〈武宣卞皇后傳〉。62甲戌　舊曆二十三日。63辛亥　舊曆初二日。64狄道　縣名。治所在今甘肅臨洮。65雍州刺史句　雍州，州名。治所在今陝西西安西北。王經，曹魏雍州刺史，向陳泰報告說蜀軍分三路前來進攻。陳泰要求他把消息落實，堅守狄道，等待自己到來共同作戰。王經擅自渡過洮水與姜維戰，結果大敗。事見本書卷二十二〈陳泰傳〉。洮西，洮水以西。洮水是黃河上游南岸的大支流之一。66辛未　舊曆二十二日。67長水校尉句　長水校尉，官名。京城有特種兵北軍五營，每營設校尉一人，長水校尉即其中之一，負責統領烏丸族騎兵七百餘人，警衛京城。鄧艾，字士載，義陽棘陽（今河南南陽南）人，曹魏將領，曾在淮河南北屯田，解決軍糧問題。任討寇將軍、汝南太守、兗州刺史等職。魏景元四年（西元二六三年）率兵攻蜀漢，一直打到成都，迫使劉禪投降。詳見本書卷二十八〈鄧艾傳〉。行，兼。安西將軍，武官名。與安東將軍、安南將軍、安北將軍合稱四安，位在四征四鎮以下。68陳泰　字玄伯，穎川許昌（今河南許昌東）人，曹魏將領。抵禦蜀將姜維，進擊吳將孫峻皆有功。詳見本書卷二十二〈陳泰傳〉。69戊辰　舊曆十九日。70庚子　舊曆二十一日。71鄭小同　東漢著名學者鄭玄的孫子，學綜《六經》，歷任曹魏郎中、侍中等。後被司馬昭所殺。事見裴松之注引《鄭玄別傳》、《魏氏春秋》等。72甲辰　舊曆二十五日。73式遏　遏制；阻止。74陸梁　猖狂；囂張。75典農　郡國負責屯田的官員。郡國大者稱典農中郎將，小者稱典農校尉。76安撫夷二護軍　即安夷護軍和撫夷護軍，負責管理監督內遷的氐族居民。安夷護軍治所在今陝西扶風東南，撫夷護軍治所在今陝西淳化西北。77無差賦役　不承擔賦役。78甲午　舊曆十六日。79隴右四郡及金城　隴右四郡，位於隴山以西的廣魏（治今甘肅天水市東北）、天水、南安、隴西（治今甘肅隴西東南）四郡。金城，郡名。治所在今甘肅蘭州。80癸丑　十一月己卯朔，無癸丑，癸丑是舊曆十二月初五日。此處史文疑有誤。81水次　河邊。82甘露元年句　甘露元年，西元二五六年。甘露，魏高貴鄉公曹髦年號，西元二五六—二六〇年。辛丑，舊曆二十四日。83軹縣　縣名。治所在今河南濟源東南。84乙巳　舊曆二十八日。85林　即曹林，一名曹豹，曹操之子。先後被封為饒陽侯、譙公、譙王、沛王。詳見本書卷二十〈沛穆王傳〉。86庚戌　舊曆初四日。87赤舄副焉　配上紅色的鞋子。88丙辰　舊曆初十日。89太學　中央王朝在京城設立的學校，為全國最高學府。90幽贊神明　暗中得到神的幫助。91後聖　後來的聖人，指下文所說的神農。92立爻以極數　使用爻演示全部數的變化。《周易》中的基本符號分為陰爻和陽爻，陰爻和陽爻組成單卦和複卦，單卦由三個爻組成，兩個單卦組成複卦。單卦有八種，複卦有六十四種。93連山　書名。又名《厲山》，傳說為夏代的卦書，據《太平御覽》卷六〇八引東漢桓譚《新論》，此書有八萬字。今不存。94歸藏　書名。傳說為商代的卦書，據《太平御覽》卷六〇八引東漢桓譚《新論》，此書有四千三百字，《隋書·經籍志》著錄為十三卷。今不存。95周易　又稱《易經》，周代占卜書，後為儒家經典之一。舊有鄭玄注，已佚。現通行本有王弼、韓康伯注、孔穎達正義的《周易注疏》。96包羲　即伏羲，號羲皇，傳說中人類的始祖，曾教人織網以進行捕魚。又傳說他與女媧氏兄妹族外相婚，始有嫁娶。又曾創製八卦。詳見《太平御覽》卷七十八〈太昊庖犧氏〉。(97)燧皇　即燧人氏，傳說是人工取火的發明者。鑽木取火，教民熟食，養人利性，避臭去毒，故謂之燧人。詳見《太平御覽》卷七十八〈燧人氏〉。(98)神農　傳說中農業和醫藥的發明者。姜姓，製造耜等農具，教人民從事農耕。嘗百草而知其寒溫之性，後世傳為《神農本草》。又傳說他演八卦為六十四卦。詳見《太平御覽》卷七十八〈炎帝神農氏〉。(99)黃帝　上古傳說中人物。姓公孫，名軒轅。在阪泉之野打敗炎帝，在涿鹿之野擒殺蚩尤，有土德之瑞，故號黃帝。詳見《史記・五帝本紀》。(100)堯　遠古始祖部落首領，姓伊祁氏，號陶唐，諡號堯，亦稱唐堯。傳說其設官掌管時令，制定曆法，諮詢四嶽，選定舜為其繼承人。詳見《史記・五帝本紀》。(101)舜　傳說中有虞氏部落長，姚姓，一說嬀姓，名重華。相傳他受堯的禪讓即位後，剪除四凶，任禹平水土，契管人民，益掌山澤，皋陶作士，天下大治。詳見《史記・五帝本紀》。(102)三代隨時　夏商周三代隨時代變化而變化。(103)質文各繇其事　質樸或文采各自由當時的情況而定。(104)雲　原脫，據殿本《考證》補。(105)孔子何以不云句　孔子所寫的《周易・繫辭下》，說到遠古時代的變遷時，先後提到了包羲氏、神農氏、黃帝、堯、舜等，沒有說到包羲氏前的燧人氏，所以曹髦這樣說。(106)彖象　即《周易》中的彖辭、象辭。(107)鄭玄　字康成，北海高唐（今屬山東）人。東漢著名古文經學家，先從師馬融，後歸鄉里，聚徒講學，著述頗豐。詳見《後漢書・鄭玄列傳》。(108)聖賢　聖指孔子，賢指鄭玄。(109)注連之　在鄭玄之前，《周易》的經和傳是分開的，鄭玄注《周易》，把傳中孔子所寫的彖辭、象辭分別與所解釋的卦辭、爻辭連在一起。(110)尋省易了　便於查閱一目瞭然。(111)於學誠便　對學者確實方便。誠，確實。(112)與文王相亂　鄭玄一派的學者認為，《周易》的卦辭和爻辭都是周文王寫的，這裏的意思是與卦辭和爻辭相混淆。(113)聖問　指曹髦所問。(114)垂衣裳而天下治　上衣為衣，下衣為裳。禮儀制度與服飾有密切關係，禮儀制度又是治理國家的有效辦法，故說「垂衣裳而天下治」。(115)化天下　通過教化使社會風俗改變。(116)何殊異爾邪　為什麼有這麼大不同。(117)三皇　指燧人氏、包羲氏、神農氏。(118)作為衣裳句　製作衣裳來適應時代風氣的變化。作為，製作。濟，完成。(119)乾　《周易》的第一卦名。(120)與細物並　與具體的東西相提並論。細物，具體的東西。並，相提並論。(121)取象　選取做比喻的事物形象。(122)則　副詞，意為即，就是。(123)稽古同天二句　《尚書・堯典》說「曰若稽古帝堯」，鄭玄解釋稽古二字為同天，意思是堯的功業與天相同。(124)王肅云句　王肅，字子雍，東海郯（今山東郯城）人，王朗的兒子，從宋忠讀《太玄》。精於賈逵、馬融之學，不喜鄭玄之說。為《尚書》、《詩經》、《論語》、《三禮》、《左傳》作注，參與制定朝廷禮儀。詳見本書卷十三王朗附傳。王肅對「稽古」二字的解釋是唐堯能夠考察古代的正道而實行之。(125)庾峻　字山甫，潁川鄢陵（今河南鄢陵北）人，魏晉學者、官吏。詳見《晉書・庾峻傳》。(126)所執　所持的看法。(127)乖異　不同。(128)洪範　《尚書》中的篇名。129占　占卜。130賈馬　賈逵和馬融。賈逵，字景伯，扶風平陵（今陝西咸陽西北）人，東漢經學家，作《春秋左氏傳解詁》、《國語解詁》，世稱通儒。詳見《後漢書・賈逵列傳》。馬融，字季長，東漢扶風茂陵（今陝西興平東北）人，知識淵博，為世通儒，所教學生，常有千數。著名的學者盧植、鄭玄都是他的學生。曾經從事政治活動，先後受外戚鄧氏、梁氏迫害。後不敢與權勢之家作對，轉而奉迎外戚梁冀，為之作頌，頗為當時正直之人看不起。詳見《後漢書・馬融列傳》。131則之　效法上天。132非其至也　不是他最大的美德。133折中　採取正確的解釋。134裁之聖思　根據聖上的理解定奪。135四嶽舉鯀　四嶽，傳說為堯、舜時的地方部落首領，在重大事情上參與決策。鯀，傳說中原始部落首領，大禹的父親，奉堯的命令治水，用堵塞之法，治水失敗，被殺死在羽山。136堯意不能明鯀　當四嶽推舉鯀時，堯起初不同意，四嶽建議試用，堯才答應。所以鄭玄解釋說堯的意思是不太了解鯀。137知人則哲二句　這是《尚書・皋陶謨》中的兩句話，意思是知人善任是有智慧的人，但要做到這點，連堯也感到困難。138改授聖賢　指傳位於舜。139緝熙庶績　振興各項事業。140知人則哲二句　這也是《尚書・皋陶謨》中的兩句話，意思是知人善任是有智慧的人，能夠擇其善者任之以官。141官人失敘　在選官任人上有失誤。142竊　私下。143四凶　唐堯時期的四個惡人，他們是渾沌、窮奇、檮杌、饕餮。堯在位時沒能處置他們，直到舜即位後，才把這四個惡人流放。詳見《史記・五帝本紀》。144二叔　即管叔、蔡叔。他們都是周武王的弟弟，周武王死後，兒子成王繼位，由周公旦主政。管叔、蔡叔對周公旦不滿，製造流言說周公旦要奪天子之權，並發動了武裝叛亂，被周公旦平定。管叔被殺，蔡叔被流放。事見《史記・管蔡世家》。145宰予　字子我，孔子弟子。能言善辯，敢於問難質疑。他在白天睡懶覺，公開反對為去世的父母服三年之喪，因此孔子說他朽木不可雕，說他不仁。事見《論語・公冶長》、《論語・陽貨》等。146汩陳五行　擾亂了五行規律。147民用昏墊　人民因此陷於水災之中。148言行之間　言行間的不一致。孔子說：「最初我聽到他的話就相信他的行為，今天我聽到他的話要考察他的行為，從宰予這件事我改變了態度。」事見《論語・公冶長》。149在下　在民間。150速登賢聖　趕快選拔賢人聖人。151既立　三十歲。據說舜繼承堯的位置時三十歲。152咨嗟　感嘆的聲音。堯在向四嶽徵求人才時，發語時常有「咨」的感嘆，顯示出求才的急切心情。見《尚書・堯典》。153否德忝帝位　據《尚書・堯典》記載，堯要把帝位讓給四嶽，四嶽說我們的德行鄙陋，有辱於帝位。否德，鄙陋的德行。忝，有辱於。154揚舉仄陋　薦舉埋沒在社會下層的人才。155進達　推舉。156太上立德二句　出於《禮記・曲禮上》。太上，指三皇五帝時的上古時代。立德，全社會注重道德。其次，指以後的夏商周三個王朝。務施報，要求施與和報答。157教化　此指社會的道德風尚。158五帝　指黃帝、顓頊、帝嚳、堯、舜。159質文　質樸和修飾。160上洛　縣名。治所在今陝西商縣。原作「上谷」，《宋書・符瑞志》作「上洛」，據改。161同

午　舊曆初一日。(162)乙丑　舊曆二十日。(163)元城縣　縣名。治所在今河北大名東北。(164)己卯　舊曆初五日。(165)癸亥　舊曆初九日。(166)鄧艾　原誤作「鄭艾」。(167)上邽　縣名。治所在今甘肅天水市。(168)極武　充分發揮軍隊的威力。(169)獲生　俘獲。(170)戰克　戰勝。(171)庚午　舊曆二十六日。(172)大都督　加官名。加此官號者，給與代表天子威權的黃鉞，節制持節將軍等高級將領。(173)癸酉　舊曆二十九日。(174)尚書左僕射盧毓　尚書左僕射，官名。尚書臺府長官，若尚書令缺，則代行尚書令職事。(175)溫縣　縣名。治所在今河南溫縣西。(176)癸卯　舊曆初三日。(177)玄菟郡高顯縣　玄菟郡，郡名。治所在今遼寧瀋陽東。高顯縣，縣名。治所在今遼寧鐵嶺。(178)本州　指玄菟郡所在的幽州治所薊縣（今北京市）。(179)旌殊行　表彰突出的品行。(180)甲子　舊曆二十四日。(181)辛未　舊曆初一日。(182)和逌　汝南西平（今河南西平西）人，和洽子，曹魏官吏，歷任侍中、廷尉、吏部尚書等。事見本書卷二十三和洽附傳。(183)陳騫　字休淵，臨淮東陽（今江蘇盱眙東南）人，魏晉官吏，曹魏司徒陳矯子。曹魏時任尚書郎、征南大將軍等。西晉建立後，任車騎將軍、大司馬等。詳見《晉書・陳騫傳》。(184)稽留　沒有按時完成。(185)紛紜　擾亂；掀起風波。(186)良用反仄　實在因此心情不安。(187)玩習　玩味研習。(188)乙亥　舊曆初五日。(189)樂綝　陽平衛國（今河南清豐南）人，曹魏戰將樂進之子，果毅有父風，官至揚州刺史。後被諸葛誕掩殺，追贈衛尉，謚曰愍侯。事見本書卷十七樂進附傳。(190)丙子　舊曆初六日。(191)丁丑　舊曆初七日。(192)黥布　本名英布，六縣（今安徽六安北）人，曾坐法被黥面，故稱黥布。秦末率刑徒起兵，屬項羽，後被項羽封為九江王。楚漢戰爭中離開項羽歸順劉邦，從劉邦打敗項羽。西漢建立後被殺。詳見《史記・黥布列傳》、《漢書・英布傳》。(193)漢祖　即漢高祖劉邦，字季，泗水沛縣（今江蘇沛縣）人。曾任亭長，秦末起兵響應陳勝，稱沛公。率先入關，攻占咸陽，接受秦王子嬰投降，實行約法三章。後經過四年楚漢戰爭打敗項羽，建立漢朝。詳見《史記・高祖本紀》、《漢書・高帝紀》。(194)隗囂　字季孟，天水成紀（今甘肅秦安）人。新莽末年，割據隴右的天水、武都、金城等郡，自稱西州上將軍。一度歸附更始帝劉玄，任御史大夫。後助光武帝征討赤眉軍，旋又叛降割據四川的公孫述，後被東漢軍和竇融軍擊敗，憂病而死。詳見《後漢書・隗囂傳》。(195)光武　即東漢光武帝劉秀，字文叔，南陽蔡陽（今湖北棗陽西南）人。劉邦九世孫，新莽末起兵，加入綠林軍。大破王莽軍於昆陽。西元二五年稱帝，定都洛陽，年號建武。後征討赤眉軍，削平各地割據勢力，統一全國。在位期間多次發布釋放奴婢和禁止殘害奴婢的命令，興修水利，整頓吏治。死後廟號世祖，謚號為光武。詳見《後漢書・光武帝紀》。(196)赫斯　震怒。(197)臨戎　親臨前線。(198)東夏　中國的東部。(199)己卯　舊曆初九日。(200)平寇將軍句　平寇將軍，武官名，雜號將軍之一。龐會，南安貆道（今甘肅隴西）人，曹魏將軍龐德之子，勇烈有父風，官至中尉將軍，封列侯。事見本書卷十八龐悳附傳。(201)騎督偏將軍　騎督，騎兵分隊長。偏將軍，低級軍事將領。(202)嘉　原作「加」，今從宋本。203乙巳　舊曆初六日。204吳使持節句　使持節，表示權威的名號，都督諸州軍事，領刺史，頒符節以督軍。鎮軍將軍，武官名。領兵征伐。孫壹，孫吳宗室，孫奐之子，呂據、滕胤妻兄。歷任孫吳征南將軍、鎮軍將軍、夏口督等。呂據、滕胤被殺，孫壹投降曹魏。事見本書卷五十一孫奐附傳。205枝屬　宗室成員。206微子去殷　微子，名開，商紂王的庶兄，對紂王的暴虐多次進行勸諫，不被接受，眼見商朝將要滅亡，出走離開殷商。西周建立後，被封於宋。詳見《史記・宋微子世家》。207樂毅遁燕　中山國靈壽（今河北靈壽西北）人，名將樂羊的後代，戰國時著名的軍事家。自魏出使燕國，被燕昭王任為亞卿，後拜上將軍。率趙、楚、韓、魏、燕五國伐齊，攻下齊七十餘城。後燕惠王繼位，中反間計，猜忌樂毅，樂毅被迫出奔趙國。詳見《史記・樂毅列傳》。208交州牧　交州當時是孫吳的領地，治今越南境內。曹魏任孫壹為交州牧為虛職。209開府辟召句　開府，建立獨自的官府和辦事機構。辟召，自行任命府內的僚屬。儀同三司，簡稱儀同，三司即三公，意為儀制與三公同。210八命之禮　命，周代表示官階等級的名稱。最低為一命，最高為九命。據《周禮・春官・典命》，侯伯是七命，非八命。211甲子　舊曆二十五日。212項　縣名。治所在今河南沈丘。213淮浦　淮河邊。214相國大司馬　相國指司馬懿，大司馬指司馬師。215尚書　此指尚書行臺。皇帝或權臣率軍外出，由尚書臺和有關官員組成臨時性的中樞機構，隨軍行動，稱尚書行臺，簡稱行臺。216裴秀　字季彥，河東聞喜（今山西聞喜）人，魏晉大臣，地理學家。曹魏時任散騎常侍，西晉建立後任尚書令、司空。作《禹貢地域圖》十八篇，序中提出製圖六體，即分率（比例）、准望（方位）、道里（距離）、高下（地形）、方邪（角度）、迂直（曲直），為後世地圖繪製學奠定了基礎。詳見《晉書・裴秀傳》。217給事黃門侍郎句　給事黃門侍郎，官名。侍從皇帝左右。鍾會，字士季，潁川長社（今河南長葛東）人，鍾繇少子。為司馬昭所寵信，任黃門侍郎、司隸校尉。率兵伐蜀，自謂功高蓋世，與蜀漢降將姜維合謀起兵反司馬昭，後被殺。詳見本書卷二十八〈鍾會傳〉。「給事」二字原脫，今據宋本補。218燕剌王　即西漢燕王劉旦，漢武帝之子，元狩六年封燕王。坐藏匿亡命被削國三縣。謀廢昭帝，殺霍光，事敗自殺，國除，諡曰剌王。詳見《漢書・燕剌王劉旦傳》。219韓誼　西漢官吏，任燕王劉旦郎中，燕王謀反，韓誼勸諫，被劉旦所殺。昭帝為表彰韓誼，顯賞其子韓延壽，提拔為諫大夫。事見《漢書・燕剌王劉旦傳》。220創造　製造，發動。221主簿　州郡屬官，主管州郡文書簿籍，經辦事務。222部曲督　官名。軍隊的下級軍官。223比干　商紂王的叔父，官任少師。對商紂王多次進行勸諫，被剖心殺死。事見《史記・殷本紀》。224騎都尉　統領騎兵，侍衛皇帝左右。225全端　孫吳將領，吳郡錢唐（今浙江杭州）人，全琮之子。後投降曹魏。詳見本書卷六十全琮附傳。226全懌　孫吳將領，吳郡錢唐（今浙江杭州）人，全琮之子，襲其父業領兵。後投降曹魏。詳見本書卷六十全琮附傳。227京觀　把被殺死的敵人屍體堆起來封土築成大墓，以此顯示武功。228章武功　顯示武功。229漢孝武元鼎　漢孝武，即漢武帝，名劉徹，七歲被立為太子，十六歲即帝位。在位期間在政治、經濟、軍事、文化等方面頗有作為，把西漢社會推向鼎盛。但在後期窮兵黷武，橫徵暴斂，加重了百姓的負擔。詳見《漢書・武帝紀》。元鼎，西漢武帝劉徹年號，西元前一一六—前一一一年。230桐鄉　縣名。治所在今山西聞喜東北。231新鄉　縣名。治所在今河南新鄉西。232著　顯示。233南越　南方國名。在今廣東、廣西境內。秦統一後在此設立桂林、象郡、南海三郡，秦末趙佗在此建立南越國，後被漢武帝所滅。234六戎　即六軍，此指朝廷軍隊。235丘頭　地名。在今河南沈丘東南。236羣凶　指諸葛誕等反對司馬氏的曹魏官員。237寇虜　指援助諸葛誕的孫吳軍隊。238令名　好名字。239二邑　即前面提到的聞喜、獲嘉二縣。240八郡　指并州的太原、上黨、西河、樂平、新興、雁門，司州的河東、平陽八郡。見《晉書・文帝紀》。241九錫　天子賞賜建立大功的諸侯的九種物品：車馬、衣服、樂器、朱戶、納陛、虎賁、鈇鉞、弓矢、秬鬯。242丙子　舊曆十三日。243南陽郡　郡名。治所在今河南南陽。244擾攘　騷擾動亂。245劫質　劫持人質。246功曹　功曹史的省稱，郡守的屬吏，執掌人事，負責考察和記錄功勞，參與一郡政務。247殺身濟君　犧牲自己解救主官。漢魏時郡國守相可以不經過朝廷自己任命下屬官員，因此他們之間就形成了所謂君臣關係，僚屬可以稱守相為君或府君。248下司徒　向司徒府下達指示。249署余孫倫吏　任命應余的孫子應倫為司徒府的吏員。250伏節　為節操獻身。251辛卯　舊曆二十八日。252甲戌　舊曆十二日。253丙寅　舊曆初四日。254三老五更　三老，本為掌教化的鄉官，後來成為一種年高有德之人的榮譽待遇。五更，也是給年高有德之人的榮譽待遇。255乞言納誨　請求治國的道理，接受安邦的教誨。256惇史　有德行者的言行紀錄。257六合　天下。258下　下面的百姓。259妙簡　選擇。260王祥　字休徵，琅邪臨沂（今山東臨沂）人，性至孝，東漢末大亂，與母親、弟弟避地廬江，隱居二十餘年。母親死後才出來做官。詳見《晉書・王祥傳》。261溫恭孝友　溫和恭敬孝順友愛。262帥禮不忒　尊禮不誤。263仍　頻繁。264頓丘　縣名。治所在今河南清豐西南。265冠軍　縣名。治所在今河南鄧州西北。266陽夏　縣名。治所在今河南太康。267寧陵縣　縣名。治所在今河南寧陵。268峻　即曹峻，字子安，沛國譙（今安徽亳州）人，曹操之子，先後被封為郿侯、襄邑公、陳留王。詳見本書卷二十〈陳留恭王傳〉。269丙寅　舊曆初十日。270新城郡　郡名。治所在今湖北房縣。271上庸郡　縣名。治所在今湖北竹山縣西南。272癸卯　舊曆十八日。273己丑　舊曆初七日。274高貴鄉公卒　高貴鄉公，即曹髦，因他是被司馬昭殺死，所以陳壽不便再稱曹髦為帝，便稱他以前的封爵。對於他的死也用「卒」來表示而不用「崩」。275不造　不幸。276成濟　成就大事。277暴戾　殘暴兇狠。278日月滋甚　一天一天的越來越厲害。279兩宮　指皇宮和皇太后的西宮。280語　告訴。281殷勤執據　情意懇切堅持自己意見（不廢黜曹髦）。282數十　幾十次。原作「數次」，今從宋本。283弑逆　指殺害太后。臣殺君下殺上為弒。(284)因 藉；通過。(285)酖 毒酒。(286)重相設計 一再策劃。(287)因際會 藉機會。(288)王沈 字處道，太原晉陽（今山西太原）人，魏晉大臣、史學家，時稱文籍先生。著《魏書》，已亡佚。詳見《晉書・王沈傳》。(289)王業 武陵（今湖南常德）人，魏晉官吏，曹魏時任散騎常侍，西晉建立後任中護軍。事見裴松之注引《世語》。(290)王經 字彥緯，清河（今山東臨清）人，曹魏官吏，任江夏太守、尚書等。事見本書卷二十九〈管輅傳〉及裴松之注引《輅別傳》。(291)黃素 黃色的細絹。皇帝常用黃素寫親筆手詔。(292)不遂 不能實現。(293)嚴警 武裝將士進行警戒。(294)將 率領。(295)雜衛 各種衛士。(296)悼心 傷心。(297)昌邑王 即劉賀，漢武帝的孫子。漢昭帝死後，因沒有兒子，被霍光迎立為帝。後被霍光廢黜，在位僅二十七天。詳見《漢書・昌邑哀王劉髆傳》。(298)庚寅 舊曆初八日。(299)中令 皇太后發的令文。(300)備位 白白占據位置。表示自謙的說法。(301)王者無外 天子離開京城不能稱為外出。(302)襄王出居于鄭 襄王，即周襄王，名姬鄭，周惠王之子。在位時，其後母想要立自己的親子叔帶為王，引外兵入周，襄王被迫逃到鄭國。《春秋》在記載這件事的時候，寫的是「出居於鄭」。(303)誠當舊典 確實合乎過去的典章。(304)行中護軍 行，兼。中護軍，官名。掌禁兵，總統諸將，主武官選舉。(305)中壘將軍 官名。京城駐軍中的中壘營長官。(306)司馬炎 字安世，河內溫（今河南溫縣）人，司馬昭長子，西晉的開朝皇帝。曹魏時歷任給事中、奉車都尉、中壘將軍。西元二六五年逼曹奐讓位，建立西晉。咸寧六年（西元二八〇年）滅吳，統一全國。在位期間實行占田制，勸課農桑，發展生產，使社會出現短期的繁榮局面。死後諡為武帝，廟號世祖。詳見《晉書・武帝紀》。(307)璜 即下文說的曹奐。(308)辛卯 舊曆初九日。(309)令 當時諸侯王、太子、皇后、皇太后下達的文書均稱令。(310)詔制 詔書和制書。都是皇帝下達的文書，前者用於一般性文告，後者用於公布各種制度。此外還有策書，用於封諸侯王、立皇后等；誡敕，用於向地方長官下達命令。(311)癸卯 舊曆二十一日。(312)謙光 謙退的美德。(313)戊申 舊曆二十六日。(314)率將 帶領。(315)所止 住所。(316)太子舍人 太子的侍衛，輪番當班護衛太子。(317)逃難 逃避危難。(318)禍同發機 危險突然到來，就像引發弓弩的機關一樣。(319)唯命所裁 聽從命運的裁決。(320)本謀 曹髦最終的打算。(321)伊周之權 伊即伊尹，名阿衡，夏朝時隱士，湯王聞其名，派人迎請之。使者迎至五次，伊尹乃從，成為商湯的輔政大臣，輔佐商湯滅夏。商王太甲怠於政事，伊尹將其流放，後太甲悔過自責，伊尹又把他迎回。詳見《史記・殷本紀》。周即周公，姓姬名旦，周文王之子，武王弟。周成王時攝政，平定三國之亂。在任分封諸國，推行井田，制禮作樂，曾代替周成王主持國政，是西周傑出的政治家。詳見《史記・周本紀》。權，暫時。(322)致大變 指殺死皇帝。(323)哀怛 哀痛恐懼。(324)五內 五臟。(325)妻子同產 妻子兒女及同胞兄弟姐妹。(326)結正 結案判決。(327)五刑 歷代內容不一。曹魏時五刑即死刑、髡刑、完刑、作刑、贖刑。(328)夫人 指一般人。夫，發語詞，無義。

㉙告治之　告發請官府懲治他。㉚此兒　指曹髦。㉛本末　事情的全貌。㉜癸丑　舊曆初一日。㉝諱字　指常道鄉公的名字「璜」。

【語　譯】高貴鄉公名髦，字彥士，文帝的孫子，東海定王曹霖的兒子。正始五年，封為郯縣高貴鄉公。他自幼好學，成熟較早。齊王被廢，公卿商議迎立高貴鄉公。十月初四日，高貴鄉公到達玄武館，羣臣上奏請他住在前殿，高貴鄉公認為那是先帝住過的地方，所以迴避住到西廂房；羣臣又請求用皇帝儀仗迎接他，高貴鄉公不答應。初五日，高貴鄉公進入洛陽，羣臣在西掖門跪拜迎接他，他要下車答拜，禮賓司儀請求說：「按照禮儀不應回拜。」高貴鄉公說：「我也是臣子呀。」便下車答拜。到止車門下車。左右侍從說：「按照以往的制度可以乘輿進入。」高貴鄉公說：「我受皇太后徵召，還不知道要我做什麼呢！」便步行到達太極殿東堂，進見太后。當天便在太極前殿即皇帝位，參加儀式的百官們都非常欣慰喜悅。皇帝下詔說：「過去太祖、高祖、烈祖具有神武聖德，所以應天受命。齊王即位，恣意胡為，沒有法度，敗壞道德。皇太后深以江山社稷為重，採納輔臣的主意，因此讓我替換了他的位置，把重大的使命交付給我。我是個渺小的人，居於王公之上，日夜懷有敬畏之心，害怕不能繼承恪守祖宗的訓誡，恢復中興的宏大事業，戰戰兢兢，如臨深谷。如今在朝廷輔佐的公卿大臣，在地方鎮守的軍事將領，全都德深功高，忠於皇室；我希望憑著先祖先父的有德之臣，輔佐我，使皇室得到安定和保護，使我這個蒙昧無知的人，能夠垂拱而治。我聽說君主的治道，應該具有天地一樣高尚深厚的美德，使恩澤普施於天下，首先讓他們感受到慈愛，然後再告訴他們怎樣分別好壞，這樣就會出現教化行於上，兆民聽於下的局面。我雖然沒有美德，不懂得治國大道，但卻想與天下人共同達到這樣的目標。《尚書》不是說：『使百姓安定就是恩惠，百姓就懷念。』」於是大赦天下，改換年號。又減少所用車輛、服飾和後宮的開銷，同時不讓尚方御府的工匠生產華麗精巧卻沒有用處的物品。

2　正元元年冬十月初七日，派遣侍中持符節分別到四方巡視，觀察風俗，慰勞軍民，審察受到冤枉和失職的人。初八日，授給大將軍司馬景王黃鉞，入朝可以不小步快速行走，上奏言事不稱自己的名字，佩劍穿鞋上殿。十三日，鄴城的井中有黃龍出現。十九日，詔命有關部門討論評定參與決定廢立之事的功勞，對他們封爵、增加食邑、提升職位、賞賜各有不同等級。

3 正元二年春正月十二日，鎮東將軍毌丘儉、揚州刺史文欽反叛。二十五日，大將軍司馬景王率軍征討。三十日，車騎將軍郭淮去世。閏正月十六日，在樂嘉打敗文欽。文欽遁逃，投奔孫吳。二十一日，安風津都尉斬殺毌丘儉，把他的首級通過驛站送到京城。二十九日，又特赦淮南軍民中被毌丘儉、文欽所欺騙貽誤的人。以鎮南將軍諸葛誕為鎮東大將軍。司馬景王在許昌去世。二月初五日，任命衛將軍司馬文王為大將軍，錄尚書事。

4 十二日，孫吳大將孫峻等號稱十萬大軍到達壽春，諸葛誕迎擊，打敗孫峻大軍，斬殺孫吳左將軍留贊，向京都獻上俘虜和戰利品。三月，立皇后卞氏，大赦天下。夏四月初三日，封皇后的父親卞隆為列侯。二十三日，任命征南大將軍王昶為驃騎將軍。秋七月，任命征東大將軍胡遵為衛將軍，任命鎮東大將軍諸葛誕為征東大將軍。

5 八月初二日，蜀國大將軍姜維侵犯狄道縣，雍州刺史王經與蜀軍戰於洮西，王經大敗，退守狄道城。十二日，朝廷任命長水校尉鄧艾兼安西將軍，與征西將軍陳泰合力迎戰姜維。十九日，又派遣太尉司馬孚為鄧艾、陳泰的援軍。九月二十一日，為皇帝講授《尚書》結束，對手持經書親自教授的司空鄭沖、侍中鄭小同人進行不同的賞賜。二十五日，姜維退軍。冬十月，皇帝下詔說：「因為我缺少德行，不能阻止敵寇為虐，才造成蜀賊在邊境橫行。洮西之戰，招致失敗，將士死亡，數以千計，有的戰死在沙場，冤魂不得返鄉，有的被敵俘虜，流離異國地域，我深感悲痛，為他們傷心。現在命令這些陣亡和被俘將士家鄉所在的郡太守、典農官以及安夷護軍、撫夷護軍，各自派遣官府中的要員對他們家屬進行撫恤慰問，免除他們一年的賦役；對於努力作戰而陣亡的人，全都按照從前的規定進行撫恤，不能有所遺漏。」

6 十一月十六日，因為隴右四郡以及金城郡連年遭受敵人侵擾，有的人叛逃投敵，他們還留在本土的親屬為此心中惴惴不安，全部特赦他們。十二月初五日，皇帝下詔說：「先前的洮西之戰，將領官吏、士兵百姓中有的戰死沙場，有的溺斃於洮水，他們的屍骨得不到收殮，拋棄在荒野，我對此常感悲痛。告訴征西將軍、安西將軍，讓他們各自派人到戰場及洮水邊尋求死者屍體，收殮埋葬，以此來安慰活人和亡者。」

7 甘露元年春正月二十四日，青龍出現在軹縣的井中。二十八日，沛王曹林去世。

8 夏四月初四日，賜給大將軍司馬文王禮服禮帽，配上紅色的鞋子。

9 初十日，皇帝親臨太學，問儒生們說：「聖人有神明在暗中幫助，使他能夠觀天察地，開始製作八卦，後來有聖人把八卦演成六十四卦，使用爻演示全部數的變化，凡是這方面的重大內容，無不具備，然而夏代有《連山》，殷代有《歸藏》，周朝又叫《周易》，《易》這部書，這麼多名稱是什麼原因？」《易經》博士淳于俊回答說：「包羲根據燧人氏的圖而制定八卦，神農把八卦演繹為六十四卦，黃帝、堯、舜都通曉它的變化，三代隨時代變化而變化，質樸或文采決定於當時的實際情況。所以《易》的意思，是變化，名字叫《連山》，就像高山吐納的雲氣，連天接地；名字叫《歸藏》，意味著萬事莫不歸藏於其中。」皇帝又說：「如果是包羲通過燧人氏的圖而作《周易》，孔子為什麼不說燧人氏死後由包羲氏創作呢？」淳于俊答不上來。皇帝又問：「孔子撰寫了彖辭、象辭，鄭玄為《周易》作注解，雖然聖賢不同，他們所解釋的經義是一樣的。如今彖辭、象辭不與經文相連，而鄭玄作注時為什麼把它們連在一起呢？」淳于俊回答說：「鄭玄把彖辭、象辭與經文合在一起，為的是使學者便於查閱。」皇帝說：「如果鄭玄把它們合在一起，確實給學者帶來方便，那麼孔子為什麼不合在一起以方便學者呢？」淳于俊回答說：「孔子怕他的注釋與周文王的正文相混淆，所以沒有合在一起，這是聖人謙虛的表示。」皇帝問：「如果聖人認為不合在一起是謙虛，那麼鄭玄為什麼偏偏不謙虛呢？」淳于俊回答說：「古書的含義宏大深邃，再加上聖上所提問題深奧，不是為臣所能完全回答出來的。」皇帝又問道：「《繫辭》說『黃帝、堯、舜製作衣裳而天下得到治理』，這意謂包羲、神農時代沒有衣裳。同為聖人，他們教化天下的方法為什麼有這麼大的不同呢？」淳于俊回答說：「三皇的時代，人少而禽獸多，所以用禽獸的皮毛就可以滿足天下人的需求了。到了黃帝時代，人多而禽獸少，所以製作衣裳來適應時代變化。」皇帝又問：「孔子解釋乾是天，而又說乾是金屬，是玉石，是老馬，天能和具體的東西相提並論嗎？」

淳于俊回答：「聖人用來做比喻的事物，有的玄遠，有的淺近，淺近的就是那些具體事物，玄遠的就是天地。」

講完《周易》，又下令講《尚書》。皇帝問道：「鄭玄說『稽古同天，意思是說堯的功業與天一樣高』。王肅說『稽古同天的意思，是說唐堯能夠考察古代的正道而踐行它』。兩種解釋的意思不同，哪一個對呢？」博士庾峻回答：「先儒所持的觀點，各有不同，為臣不能斷定他們的對錯。但〈洪範〉說『三人占卜，聽從二人之言』。賈逵、馬融以及王肅都解釋為『考察古代的正道』。按照〈洪範〉所說，王肅的解釋應該更好些。」皇帝說：「孔子說『只有上天最偉大，只有堯能夠效法上天』。堯的偉大美德，在於他能夠效法上天，而順從考察古代的正道，並不是他最偉大的美德。現在開宗明義第一句用來說明堯的聖明美德，卻捨棄他最偉大的，反過來稱頌他次要的，這難道是作者的本意嗎？」庾峻回答說：「為臣是遵照老師所教的說法，沒能明白其中的深刻含義，至於哪個公允適中，還要根據聖上的理解定奪。」又討論到四嶽推舉鯀的事情，皇帝又道：「作為偉大的人，他的美德應該與天地合一，聖明應該與日月同輝，思慮無所不周，聖明無所不照，而王肅卻解釋說『堯的意思是不太了解鯀，所以對他進行試用』。這麼說來，聖人的英明也有不周全的地方嗎？」庾峻回答說：「就算聖人偉大，也有他力不能及之處，所以大禹說『知人善任是有智慧的人，但要做到這點，連堯也感到困難』，然而他最終能夠傳位給虞舜，使各項事業得以振興，也可以算得上是聖人了。」皇帝說：「善始善終，才能成其為聖人。如果沒有好的開始，怎麼算聖人？大禹說『要做到這點連堯也感到困難』，然而他最終能夠傳位給舜，說明知人善任是聖人感到困難的事，並不是說他有不周全的地方。經書說：『知人善任是有智慧的人，能夠使人為官。』如果堯懷疑鯀的能力，又試用他長達九年，這是在選用人才上的失誤，怎麼能稱得上是智慧聖明之人？」庾峻回答說：「臣私下閱讀經傳，發現聖人做事也不能沒有絲毫過失，所以唐堯的過失在任用四凶，周公的過失在任用管叔蔡叔，孔子的過失在信任宰予之言。」皇帝說：「唐堯任用鯀治理洪水，九年沒有成績，反而搞亂了五行，人民因此陷於水災之中。至於孔子相信宰予之言，只不過是言與行之間的事，二者後果的輕重程度不同。至於周公、管叔、蔡叔的事，《尚書》中也有記載，這些都是博士應當通曉的啊。」庾峻回答：「這些都是先賢們所疑問的地方，不是為臣淺陋的見識所能說清楚的。」

又討論到「民間有個單身男子叫虞舜」這句話，皇帝問道：「在唐堯的時候，洪水給民間造成禍害，四凶給朝中帶來危害，這時候正需要迅速提拔賢人聖人以拯救百姓。虞舜正當三十歲的壯年，聖明美德光亮可見，卻長久得不到任用，這是為什麼？」庾峻回答：「唐堯求賢心切，想讓出自己的位置給四嶽，四嶽卻說『我們沒有德行，有辱於帝位』。堯又讓他們舉薦埋沒在社會下層的人才，然後四嶽才舉薦了虞舜。虞舜被舉薦的根本原因，其實在於唐堯，這大概是他想讓眾人把想法全說出來才這樣做的吧。」皇帝說：「唐堯已經聽說舜而不任用，當時的忠臣也不推舉，竟要讓四嶽到民間訪求之後才舉薦，這不是急於任用聖賢關心百姓的做法啊。」庾峻回答說：「這也是臣的愚陋見識所不能解釋的。」

11 於是又下令講《禮記》。皇帝問道：「《禮記・曲禮》說『遠古注重懷有道德，以後的時代講究施與和報答』。是什麼樣的治理方法而使社會的道德風尚各不相同，採取什麼樣的政治才能使社會注重道德，講求給與而不圖回報？」博士馬照回答說：「太上立德，是說三皇五帝時代用道德教化民眾，其次報施，是說三王時代用禮儀治理社會。」皇帝說：「兩個時代所造成的社會風尚淳厚澆薄不同，是因為君主有優有劣，還是因為時代使它們這樣呢？」馬照回答：「確實是因為時代有質樸和修飾的區別，所以道德教化有的澆薄，有的淳厚。」

12 五月，鄴城和上洛縣都報告有甘露降臨。夏六月初一日，改年號為甘露。二十日，青龍出現在元城縣境的井中。秋七月初五日，衛將軍胡遵去世。

13 初九日，安西將軍鄧艾大敗蜀國大將姜維於上邽，皇帝下詔說：「我軍尚未充分發揮威力，敵人就被摧毀打敗，斬首的生擒的，動輒數以萬計，近來軍事上的勝利，沒有像這次這樣重大。現在派遣使者犒勞賞賜將士，舉行盛大宴會，讓將士宴飲一天，使我稱心如意。」

14 八月二十六日，命大將軍司馬文王加授大都督官號，上奏公事不報告名字，並授給他黃鉞。二十九日，任命太尉司馬孚為太傅。九月，任命司徒高柔為太尉。冬十月，任命司空鄭沖為司徒，尚書左僕射盧毓為司空。

15 甘露二年春二月，溫縣井中有青龍出現。三月，司空盧毓去世。

16 夏四月初三日，皇帝下詔說：「玄菟郡高顯縣官吏和民眾反叛，縣長鄭熙被叛賊殺害。縣民王簡抬著鄭熙的屍體，晝夜兼程，送到遠方的幽州府，忠義節操可獲嘉獎。現在特別任命王簡為忠義都尉，以表彰他特別突出的品行。」

17 二十四日，任命征東大將軍諸葛誕為司空。

18 五月初一日，皇帝親臨辟雍，召集羣臣令他們賦詩。侍中和逌、尚書陳騫等人作詩遲延了時間，有關部門上奏將他們免官，皇帝下詔說：「我生性愚昧不聰明，但愛好文雅，遍請羣臣寫詩作賦，用這個方法了解得失，不料卻引起這樣的糾紛，實在因此深感不安。原諒和逌等人。主管官員應當指示朝廷官員，從今以後，羣臣全都應當玩味研習古文獻的內涵，學習理解經書典籍，符合我的想法。」

19 初五日，諸葛誕不應徵召，起兵反叛，殺害揚州刺史樂綝。初六日，下詔赦免淮南將領官吏、士兵百姓被諸葛誕所欺騙貽誤的人。初七日，皇帝下詔說：「諸葛誕製造動亂，使揚州動盪傾覆。過去黥布叛逆，漢高祖親自率兵征伐，隗囂背叛，光武帝親自率兵西征，以及烈祖明皇帝親征吳、蜀，都是用來表示天子的震怒，顯耀威武。如今皇太后與朕應該親臨前線，以使叛逆及時平定，東部迅速獲得安寧。」初九日，皇帝下詔說：「諸葛誕製造叛亂，脅迫忠義人士，平寇將軍臨渭亭侯龐會、騎督偏將軍路蕃，各自率領左右，斬殺守門人衝出來，忠誠雄壯，勇敢威武，應該給予特別的嘉獎。現在晉升龐會的封爵為鄉侯，路蕃封亭侯。」

20 六月初六日，皇帝下詔說：「孫吳使持節都督夏口諸軍事鎮軍將軍沙羨侯孫壹，是賊寇的宗室，有上將的職位，敬畏上天，知曉天命，以歷代禍福作為深刻的借鑒，翻然改悟，率眾投降，遠來投奔我朝，即使微子離開殷商，樂毅逃離燕國，也不能超過孫壹。現在任命孫壹為侍中車騎將軍、假節、交州牧、吳侯，開府辟召儀同三司，依照古代侯伯八命的禮儀，賜給他禮服禮帽和紅鞋，一切都按豐厚的標準辦理。」

21 二十五日，皇帝下詔說：「如今朕與皇太后駐紮在項縣，大將軍親自執行天罰，到了淮河邊上。以前相國和大司馬出兵征討，全都是尚書行臺隨著一起出征，現在應該按照舊時的做法。」便令散騎常侍裴秀、給事黃門侍郎鍾會全都隨大將軍前行。秋八月，又下詔說：「過去燕刺王陰謀叛亂，韓誼等人勸諫被殺，漢朝給韓誼的兒子顯貴地位。諸葛誕發動叛亂，主簿宣隆、部曲督秦絜堅持節操恪守忠義，面臨事變堅決勸阻，被諸葛誕所殺，可以說是沒有比干與商紂那樣的親戚關係卻和比干一樣被殺。現在任宣隆、秦絜的兒子為騎都尉，給與饋贈賞賜，向遠近之人顯示榮耀，以表彰他們的忠義。」

22 九月，實行大赦。冬十二月，孫吳大將全端、全懌等率領部眾投降。

23 甘露三年春二月，大將軍司馬文王攻克壽春，斬殺諸葛誕。三月，皇帝下詔說：「古代打敗敵人之後，把他們的屍體收集起來建築京觀，用來懲戒叛逆、顯示武功。漢武帝元鼎年間，把桐鄉縣改為聞喜縣，把新鄉縣改為獲嘉縣，以此表示滅掉南越的喜悅。大將軍親自率領朝廷大軍，據守在丘頭，內誅叛逆，外滅吳寇，建立拯救億萬民眾的功勞，聲威震動天下。消滅敵人的地方，應該有好的名字，現在把丘頭改為武丘，表示以武力平定叛亂，讓後代永遠不忘，也與建立京觀和漢武帝給二縣改名的意義一樣。」

24 夏五月，任命大將軍司馬文王為相國，封晉公，以八個郡為封邑，加授九錫之賜，文王前後九次推辭，朝廷才將這一任命擱置下來。

25 六月十三日，皇帝下詔說：「過去南陽郡山賊騷擾動亂，要把前南陽郡太守東里袞劫持為人質，郡功曹應余隻身捍衛東里袞，東里袞於是幸免於難。應余顛沛流離，殞身斃命，殺身救主。現在我向司徒府下達指示，任命應余的孫子應倫為司徒府的吏員，以此作為應余堅守節操英勇獻身的報答。」

26 二十八日，大規模評定征討淮南的功勞，對功臣封爵行賞各有不同等級。

27 秋八月十二日，任命驃騎將軍王昶為司空。初四日，皇帝下詔說：「贍養老人振興教化，三代因此能夠樹立好的社會風尚，並被後世永遠讚頌。一定要設立三老、五更，以此來表示對老年人的至高敬意，向他們請教，接受他們的教誨，把他們的教誨記錄下來，然後天下才會受此風氣影響，下面百姓接受上面的感化。應該選擇有德行的老人，充當三老、五更。關內侯王祥，實踐仁德堅持大義，志向淳厚堅定。關內侯鄭小同，溫和恭敬孝順友愛，尊崇禮儀沒有失誤。以王祥為三老，鄭小同為五更。」皇帝親率百官，親自踐行古代的禮儀。

28 這一年，青龍、黃龍頻繁出現在頓丘縣、冠軍縣、陽夏縣境內的井中。

29 甘露四年春正月，兩條黃龍，出現在寧陵縣境內的井中。夏六月，司空王昶去世。秋七月，陳留王曹峻去世。冬十月初十日，劃分出新城郡的一部分，重新設置上庸郡。十一月十八日，車騎將軍孫壹被婢女殺害。

30 甘露五年春正月初一日，有日食發生。夏四月，詔命有關部門遵奉以前的命令，又晉升大將軍司馬文王為相國，封晉公，加賜九錫。

31 五月初七日，高貴鄉公去世，時年二十歲。皇太后下令說：「我以沒有德行之身，遭遇家門不幸，當初之所以選立東海王的兒子曹髦作為明帝的繼承人，是因為看到他喜好讀書作文章，希望他可以成就大業。然而他性情暴戾，一日甚於一日。我多次責備他，他反而對我更加憤恨，捏造醜惡大逆不道的謊言對我進行誹謗，還斷絕了西宮和皇宮的往來。他所說的話，簡直不堪入耳，天地也不能容忍。我當即下密令告知大將軍，曹髦不能侍奉宗廟，恐怕會顛覆國家社稷，使我死後沒臉面見先帝。大將軍認為他年紀還小，說他可以改過向善，誠懇的堅持自己的請求。然而這個小兒憤恨乖戾，胡作非為變本加厲，遠遠的舉起弓弩對我居住的西宮發箭，暗中詛咒射中我的脖子，此箭就落在我的跟前。我告訴大將軍，不能不把他廢掉，前後說了幾十次。這些話這個小兒全都聽到了，他自知罪孽深重，便企圖把我殺害，賄賂我的左右，讓他們乘我喝藥的時候，暗中給我下毒，為此反覆進行策劃。事情敗露後，又想直接找機會率兵入西宮殺我，再出宮攻殺大將軍。他召來侍中王沈、散騎常侍王業、尚書王經，拿出懷中的黃素詔旨給他們看，要他們今天就立即執行。我所面臨的危險，甚於累卵之危。我已老寡，難道還吝惜餘生嗎？只不過是傷心於先帝的遺願不能實現，痛心於社稷將被顛覆罷了。幸虧祖宗神靈的庇佑，王沈、王業立即報告給大將軍，使他能夠事先讓將士嚴加警戒，而此時這個小兒已經率領左右出了雲龍門，擂起戰鼓，親自拔刀，與左右衛士衝進兵陣之間，被前鋒部隊殺死。這個小兒既行悖逆不道之事，又自陷於大禍之中，對此我倍感傷心，難以言表。過去西漢昌邑王因有罪被廢為庶人，這個小兒也應用民禮葬之，應當讓宮內宮外的人都知道他的所作所為。另外尚書王經，其兇惡叛逆無以名狀，現在逮捕王經及其家屬，全都交給廷尉審問。」

32 初八日，太傅司馬孚、大將軍司馬文王、太尉高柔、司徒鄭沖叩首上言太后說：「俯首看見您的命令，說已故的高貴鄉公大逆不道，自陷大禍，依照漢昌邑王因罪被廢黜的舊例，用民禮埋葬他。臣等人有愧於所居官職，不能匡救禍亂，阻止叛逆，在接受您的命令以後深感震驚，內心戰慄。按照《春秋》所闡釋的道理，天子離開京城不能叫做外出，而書中卻有『襄王出居於鄭』的記載，這是因為他不能侍奉母親，所以把他與天子之位隔絕的緣故。如今高貴鄉公肆行不軌之事，幾乎危及到國家，自取滅亡，被人神所拋棄，用民禮的規格埋葬他，確實符合過去的典章。然而臣等伏在地上思考您仁慈過於崇高，雖然心存大義，但仍有哀憐之心，臣等心中也實在有所不忍，認為可以用王禮的規格安葬他。」太后聽從了他們的意見。

33 派遣使者持節行中護軍中壘將軍司馬炎北上迎接常道鄉公曹璜為明帝的繼承人。初九日，三公等向皇太后上奏說：「殿下聖德光輝高大，使天下獲得安寧，而所下達的文書還稱令，與藩國制度相同。請求從今以後殿下所下達的文書，全都改稱詔制，如同前代的舊制。」

34 二十一日，大將軍堅決辭讓相國、晉公、九錫等榮寵。皇太后下詔說：「有功不埋沒，這是《周易》的重要義理，成人之美，是古代聖賢所崇尚的，現在聽從大將軍所堅持的意見，把推讓的表章向外公布展示，以此來彰顯他謙退的美德。」

35 二十六日，大將軍司馬文王上奏說：「高貴鄉公帶領隨從和衛士，拔刀擊鼓衝向臣的住所；臣害怕兵戎相見會傷到高貴鄉公，當即下令將士不得有所傷害，違令者以軍法論處。騎督成倅的弟弟太子舍人成濟，衝入兵陣當中傷害高貴鄉公，致使他喪命身亡；臣擅自決定逮捕成濟處以軍法。臣聽說，為臣的節操應該有死無二，侍奉君主的大義使我不敢躲避災難。此前這場突然發生的變故，災禍的突然來臨就像引發弓弩的機關一樣，我確實應當獻身死節，聽從命運的裁決。然而想到曹髦此舉的根本意圖是要危及皇太后，顛覆宗廟社稷。為臣忝當大任，按禮應當安定國家，但害怕雖然身死，罪責更重。所以臣想遵循伊尹、周公曾經暫時實行過的辦法，來平定社稷面臨的危難，當即不斷的發出命令，任何人不准接近皇帝的車駕，然而成濟卻突然衝入陣中，致使重大變故發生。臣悲恐悔恨，五臟俱裂，不知道在什麼地方可以使自己殞命身亡？按照律法大逆不道，父母妻兒同胞兄弟姐妹都要斬首。成濟兇殘暴逆，觸犯國法破壞紀律，罪不容誅。所以臣擅自下令侍御史逮捕成濟家屬，把他們交付給廷尉，定案判處他們的罪責。」皇太后下詔說：「五刑之罪，沒有比不孝更大的。人們有兒子不孝順，尚且告發官府治他的罪，更何況曹髦所作所為哪裏像人們的君主呢？我是婦道人家不懂得大道理，認為成濟不能就這樣被冠上大逆不道的罪名。然而大將軍的態度非常懇切，言詞悲愴，所以我依從了上奏。應當把這個奏章發給遠近之人，使他們了解事情的全貌。」

36 六月初一日，皇太后下詔說：「古代君主起名字，都是取用不容易冒犯而容易避諱的字。如今常道鄉公的名字非常難於避諱，請朝臣們廣泛討論加以更改，把結果向我上奏。」

1 陳留王諱奐，字景明，武帝孫，燕王宇子也。甘露三年❶，封安次縣❷常道鄉公。高貴鄉公卒，公卿議迎立公。六月甲寅❸，入於洛陽，見皇太后，是日即皇帝位於太極前殿，大赦，改年，賜民爵及穀帛各有差。

2 景元元年夏六月丙辰❹，進大將軍司馬文王位為相國，封晉公，增封二郡❺，并前滿十，加九錫之禮，一如前詔❻；諸羣從子弟❼，其未有侯者皆封亭侯，賜錢千萬，帛萬匹，文王固讓乃止。己未❽，故漢獻帝夫人節薨，帝臨于華林園❾，使使持節追謚夫人為獻穆皇后。及葬，車服制度皆如漢氏故事。癸亥❿，以尚書右僕射王觀⓫為司空，冬十月，觀薨。

3 十一月，燕王上表賀冬至⑫，稱臣。詔曰：「古之王者，或有所不臣⑬，王將宜依此義。表不稱臣乎！又當為報⑭。夫後大宗者，降其私親⑮，況所繼者重⑯邪！若便同之臣妾⑰，亦情所未安。其皆依禮典處，當務盡其宜。」有司奏，以為「禮莫崇於尊祖，制莫大于正典⑱。陛下稽德期運⑲，撫臨萬國，紹⑳大宗之重，隆三祖之基。伏惟燕王體尊戚屬㉑，正位藩服㉒，躬秉虔肅㉓，率蹈恭德㉔以先萬國；其于正典，闡濟大順㉕，所不得制㉖。聖朝誠宜崇以非常之制，奉以不臣之禮㉗。臣等平議㉘以為燕王章表，可聽如舊式㉙。中詔所施，或存好問㉚，準之義類，則『宴覲㉛之敬㉜』也，可少順聖敬㉝，加崇儀稱㉞，示不敢斥㉟，宜曰『皇帝敬問大王侍御』。至于制書㊱，國之正典，朝廷所以辨章公制㊲，宣昭軌儀于天下者也，宜循法，故曰『制詔燕王』。凡詔命、制書、奏事、上書諸稱燕王者，可皆上平㊳。其非宗廟助祭之事，皆不得稱王名，奏事、上書、文書及吏民皆不得觸王諱，以彰殊禮，加于羣后㊴。上遵王㊵典尊祖之制，俯順聖敬烝烝㊶之心，二者不愆㊷，禮實宜之，可普告施行」。

4 十二月甲申㊸，黃龍見華陰縣㊹井中。甲午㊺，以司隸校尉王祥為司空。

5 二年夏五月朔，日有食之。秋七月，樂浪㊻外夷韓㊼、濊貊各率其屬來朝貢。

八月戊寅[48]，趙王幹[49]薨。甲寅[50]，復命大將軍進爵晉公，加位相國，備禮崇錫[51]，一如前詔；又固辭乃止。

6 三年春二月，青龍見於軹縣井中。夏四月，遼東郡[52]言肅慎國[53]遣使重譯[54]入貢，獻其國弓三十張，長三尺五寸，楛矢[55]長一尺八寸，石弩三百枚，皮骨鐵雜鎧[56]二十領，貂皮四百枚。冬十月，蜀大將姜維寇洮陽[57]，鎮西將軍鄧艾拒之，破維于侯和[58]，維遁走。是歲，詔祀故軍祭酒郭嘉[59]於太祖廟庭。

7 四年春二月，復命大將軍進位爵賜一如前詔，又固辭乃止。

8 夏五月，詔曰：「蜀，蕞爾[60]小國，土狹民寡，而姜維虐用其眾，曾無廢志[61]；往歲破敗之後，猶復耕種沓中[62]，刻剝眾羌，勞役無已，民不堪命。夫兼弱攻昧[63]，武之善經，致人而不致於人[64]，兵家之上略。蜀所恃賴，唯維而已，因其遠離巢窟[65]，用力為易。今使征西將軍鄧艾督帥諸軍，趣甘松[66]、沓中以羅取維，雍州刺史諸葛緒[67]督諸軍趣武都[68]、高樓[69]，首尾蹴[70]討。若擒維，便當東西並進，掃滅巴蜀也。」又命鎮西將軍鍾會由駱谷[71]伐蜀。

9 秋九月[72]，太尉高柔薨。冬十月甲寅[73]，復命大將軍進位爵賜一如前詔。癸卯[74]，立皇后卞氏[75]。十一月，大赦。

10 自鄧艾、鍾會率眾伐蜀，所至輒克。是月，蜀主劉禪[76]詣艾降，巴蜀皆平。十二月庚戌[77]，以司徒鄭沖為太保。壬子[78]，分益州為梁州[79]。癸丑[80]，特赦益州士民，復除租賦之半五年。

11 乙卯[81]，以征西將軍鄧艾為太尉，鎮西將軍鍾會為司徒。皇太后崩。

12 咸熙元年春正月壬戌[82]，檻車徵鄧艾[83]。甲子[84]，行幸長安[85]。壬申[86]，使使者以璧幣祀華山[87]。是月，鍾會反于蜀，為眾所討；鄧艾亦見殺。二月辛卯[88]，特赦諸在益土者。庚申[89]，葬明元郭后。三月丁丑[90]，以司空王祥為太尉，征北將軍何曾[91]為司徒，尚書左僕射荀顗[92]為司空。己卯[93]，進晉公[94]爵為王，封十郡，并前二十。丁亥[95]，封劉禪為安樂公。夏五月庚申[96]，相國晉王奏復五等爵[97]。甲戌[98]，改年。癸未[99]，追命舞陽宣文侯為晉宣王，舞陽忠武侯為晉景王。六月，鎮西將軍衛瓘[100]上雍州[101]兵於成都縣[102]獲璧玉印各一，印文似「成信」字，依周成王歸禾[103]之義，宣示百官，藏於相國府。

13 初，自平蜀之後，吳寇屯逼永安[104]，遣荊、豫[105]諸軍掎角[106]赴救。七月，賊皆遁退。八月庚寅[107]，命中撫軍[108]司馬炎副貳相國事，以同魯公拜後[109]之義。

14 癸巳[110]，詔曰：「前逆臣鍾會構造反亂，聚集征行將士，劫以兵威，始吐姦謀，發言桀逆[111]，逼脅眾人，皆使下議[112]，倉卒之際，莫不驚懾。相國左司馬[113]夏侯和、騎士曹屬[114]朱撫時使[115]在成都，中領軍司馬[116]賈輔、郎中羊琇[117]各參會軍事；和、琇、撫[118]皆抗節不撓[119]，拒會凶言，臨危不顧，詞指正烈[120]。輔語散將[121]王起，說『會姦逆凶暴，欲盡殺將士』，又云『相國已率三十萬眾西行討會』，欲以稱張[122]形勢，感激[123]眾心。起出，以輔言宣語[124]諸軍，遂使將士益懷奮勵[125]。宜加顯寵，以彰忠義。其進和、輔爵為鄉侯，琇、撫爵關內侯。起宣傳輔言，告令將士，所宜賞異[126]。其以起為部曲將。」

15 癸卯[127]，以衛將軍司馬望[128]為驃騎將軍。九月戊午[129]，以中撫軍司馬炎為撫軍大將軍。

16 辛未[130]，詔曰：「吳賊政刑暴虐，賦斂無極。孫休[131]遣使鄧句，敕交阯[132]太守鎖送其民，發以為兵。吳將呂興因民心憤怒，又承王師平定巴蜀，即糾合豪傑，誅除句等，驅逐太守長吏[133]，撫和吏民，以待國命[134]。九真、日南郡[135]聞興去逆即順，亦齊心響應，與興協同。興移[136]書日南州郡，開示大計[137]，兵臨合浦[138]，告以禍福；遣都尉唐譜等詣進乘縣[139]，因南中都督護軍霍弋[140]上表自陳。又交阯將吏各上表，言『興創造[141]事業，大小承命[142]。郡有山寇，入連諸郡，懼其計異[143]，各有攜貳[144]。權時之宜，以與為督交阯諸軍事、上大將軍[145]、定安縣侯，乞賜褒獎，以慰邊荒』。乃心款誠，形[146]於辭旨。昔儀父朝魯，春秋所美[147]；竇融歸漢，待以殊禮[148]。今國威遠震，撫懷六合，方包舉殊裔[149]，混一四表[150]。興首向王化，舉眾稽服，萬里馳義[151]，請吏帥職，宜加寵遇，崇其爵位。既使興等懷忠感悅，遠人聞之，必皆競勸[152]。其以興為使持節[153]、都督交州諸軍事[154]、南中大將軍[155]，封定安縣侯，得以便宜從事[156]，先行後上[157]。」策命未至，興為下人所殺。

17 冬十月丁亥[158]，詔曰：「昔聖帝明王，靜亂濟世，保大定功[159]，文武殊塗，勳烈同歸[160]。是故或舞干戚以訓不庭[161]，或陳師旅以威暴慢[162]。至于愛民全國[163]，康惠庶類[164]，必先脩文教，示之軌儀，不得已然後用兵，此盛德之所同也。往者季漢[165]分崩，九土[166]顛覆，劉備[167]、孫權[168]乘間作禍。三祖綏寧中夏[169]，日不暇給[170]，遂使遺寇僭逆歷世[171]。幸賴宗廟威靈，宰輔忠武，爰發四方，拓定庸、蜀[172]，役不浹時[173]，一征而克。自頃江表[174]衰弊，政刑荒闇，巴、漢[175]平定，孤危無援，交、荊、揚、越[176]，靡然向風[177]。今交阯偽將呂興已帥三郡，萬里歸命[178]；武陵邑侯相[179]嚴等糾合五縣，請為臣妾；豫章廬陵[180]山民舉眾叛吳，以助北將軍為號。又孫休病死，主帥改易，國內乖違[181]，人各有心。偽將施績[182]，賊之名臣，懷疑自猜，深見忌惡。眾叛親離，莫有固志，自古及今，未有亡徵若此之甚。若六軍震曜[183]，南臨江、漢，吳會[184]之域必扶老攜幼以迎王師，必然之理也。然興動大眾，猶有勞費，宜告諭威德，開示仁信，使知順附和同之利。相國參軍事[185]徐紹、水曹掾[186]孫彧，昔在壽春，並見虜獲。紹本偽南陵督[187]，才質開壯[188]；彧，孫權支屬，忠良見事[189]。其遣紹南還，以彧為副，宣揚國命，告諭吳人，諸所示語，皆以事實，若其覺悟，不損征伐之計，蓋廟勝長算[190]，自古之道也。其以紹兼散騎常侍，加奉車都尉，封都亭侯；彧兼給事黃門侍郎，賜爵關內侯。紹等所賜妾及男女家人在此者，悉聽自隨，以明國恩，不必使還，以開廣大信。」

18 丙午[191]，命撫軍大將軍新昌鄉侯炎為晉世子[192]。是歲，罷屯田官以均政役[193]，諸典農皆為太守，都尉皆為令長；勸募蜀人能內移者，給廩二年，復除二十歲。安彌、福祿縣[194]各言嘉禾生。

19 二年春二月甲辰[195]，朐肕縣[196]獲靈龜以獻，歸之於相國府。庚戌[197]，以虎賁[198]張修昔於成都馳馬至諸營言鍾會反逆，以至沒身，賜修弟倚爵關內侯。夏四月，南深澤縣[199]言甘露降。吳遣使紀陟[200]、弘璆[201]請和。

20 五月，詔曰：「相國晉王誕敷神慮[202]，光被四海；震燿武功，則威蓋殊荒[203]，流風邁化[204]，則旁洽無外[205]。慇卹江表，務存濟育，戢[206]武崇仁，示以威德。文告所加，承風嚮慕，遣使納獻，以明委順，方寶纖珍[207]，歡以效意[208]。而王謙讓之至，一皆簿送[209]，非所以慰副初附[210]，從其款願[211]也。孫晧[212]諸所獻致，其皆還送，歸之于王，以協古義。」王固辭乃止。又命晉王冕十有二旒[213]，建天子旌旗，出警入蹕[214]，乘金根車、六馬，備五時副車，置旄頭雲罕[215]，樂舞八佾[216]，設鍾虡宮縣[217]。進王妃為王后，世子為太子，王子、王女、王孫，爵命之號如舊儀。癸未[218]，大赦。秋八月辛卯[219]，相國晉王薨。壬辰[220]，晉太子炎紹封襲位，總攝百揆[221]，備物典冊，一皆如前[222]。是月，襄武縣[223]言有大人見，長[224]三丈餘，跡[225]長三尺二寸，白髮，著黃單衣，黃巾，柱杖，呼民王始語云：「今當太平。」九月乙未[226]，大赦。戊午[227]，司徒何曾為晉丞相。癸亥[228]，以驃騎將軍司馬望為司徒，征東大將軍石苞[229]為驃騎將軍，征南大將軍陳騫為車騎將軍。乙亥[230]，葬晉文王。閏月庚辰[231]，康居、大宛[232]獻名馬，歸于相國府，以顯懷[233]萬國致遠之勳。

21 十二月壬戌[234]，天祿永終[235]，曆數在晉[236]。詔羣公卿士具儀設壇于南郊，使使者奉皇帝璽綬冊，禪位於晉嗣王，如漢魏故事[237]。甲子[238]，使使者奉策[239]。遂改次于金墉城[240]，而終館于鄴[241]，時年二十。

【章　旨】以上為〈陳留王紀〉，記述了曹奐從即位到「禪讓」的過程，也記述了曹魏王朝的終結。

【注　釋】❶甘露三年　西元二五八年。甘露，魏高貴鄉公曹髦年號，西元二五六－二六〇年。三，原作「二」。《三國志集解》云：「宋本『二』作『三』，《水經注》及《御覽》引同。」今從宋本。❷安次縣　縣名。治所在今北京市大興東南。❸甲寅　舊曆初二日。❹丙辰　舊曆初四日。❺增封二郡　即司州的弘農郡、雍州的馮翊郡。❻詔　原作「奏」，《三國志集解》載沈家本說：「景元二年、四年並有一如前詔之文，此『奏』當作『詔』之證。」今據沈說改。❼羣從子弟　指同祖父的堂兄弟和他們的兒子。❽己未　舊曆初七日。❾華林園　曹魏皇宮的御花園，在北宮內。❿癸亥　舊曆十一日。⓫王觀　字偉臺，東郡廩丘（今山東鄄城）人，曹魏大臣。歷任廷尉監、尚書右僕射等職。詳見本書卷二十四〈王觀傳〉。⓬賀冬至　當時的禮儀制度之一。冬至是古代的大節氣，每到這一天，羣臣們都向皇帝上表祝賀。⓭或有所不臣　有的人不被視為臣僚。⓮為報　送文書作回答。⓯降其私親　把親生父母放到次要位置。⓰所繼者重　所繼承的是重要的皇室大宗。⓱同之臣妾　把燕王與臣僚同等對待。⓲正典　正式的典章。⓳稽德期運　具備君主的德行應運而登帝位。⓴紹　繼承。㉑體尊戚屬　論親緣關係是皇帝的尊長。㉒正位藩服　論地位是正式藩王。㉓躬秉虔肅　親自持虔敬嚴肅的態度。㉔率蹈恭德　遵守履行恭順的禮儀。㉕闡濟大順　開創完成符合禮儀的順序。㉖不得制　不能制止。㉗禮　原作「典」，今從宋本。㉘平議　斟酌商議。㉙聽如舊式　允許按照舊制上表稱臣。㉚或存好問　有時表示良好的問候。㉛宴覲　家族內部的宴飲聚會。語見《禮記・文王世子》。《禮記》「宴」作「燕」，二字通。㉜敬　原誤作「族」，據《禮記・文王世子》校正。㉝少順聖敬　稍微表示皇帝的敬意。㉞儀稱　禮儀性的稱呼。㉟斥　直接稱呼。㊱制書　皇帝下達的文書。㊲辨章公制　辨明國家的制度。㊳上平　提到下一行的頂端。㊴羣后　指曹氏宗族王公。㊵王　原誤作「正」，今據宋本校正。㊶烝烝　孝心深厚的樣子。㊷不愆　不矛盾。㊸甲申　舊曆十三日。㊹華陰縣　縣名。治所在今陝西華陰東。㊺甲午　舊曆二十三日。㊻樂浪　郡名。治所在今朝鮮境內。㊼韓　東北方古國的總稱。在今朝鮮半島南部，分為辰韓、弁韓、馬韓三部。事見本書卷三十〈韓傳〉。㊽戊寅　舊曆初三日。㊾幹　即曹幹，一名子良，沛國譙（今安徽亳州）人，曹操之子。先後被封為高平亭侯、賴亭侯、弘農侯、燕公、河間王、趙王等。詳見本書卷二十〈趙王傳〉。㊿甲寅　舊曆初十日。(51)崇錫　提高賞賜的規格。(52)遼東郡　郡名。治所在今遼寧遼陽。(53)肅慎國　古代東北方少數民族國名。居住在今吉林省東部至俄羅斯哈巴羅夫斯克的烏蘇里江流域一帶。(54)重譯　通過第三種語言翻譯。(55)楛矢　用楛木做成的箭桿。肅慎人用楛木做箭桿，用石頭做箭頭，自先秦時起，就有肅慎進獻楛矢石弩的記載。(56)皮骨鐵雜鎧　用皮骨鐵等材料製成的鎧甲。(57)洮陽　地名。在今甘肅臨潭。(58)侯和　聚落名。故址在今甘肅卓泥東北。(59)軍祭酒郭嘉　軍祭酒，官名。司空府下屬，參謀軍事。郭嘉，字奉孝，潁川陽翟（今河南禹州）人，曹操謀士。初投袁紹，後投曹操，多次為曹操出謀劃策，功勳卓著。詳見本書卷十四〈郭嘉傳〉。(60)蕞爾　很小的樣子。(61)曾無廢志　從沒有停止的意思。(62)沓中　地名。在今甘肅舟曲西北洛大鎮附近。(63)兼弱攻昧　兼併弱者進攻政治昏庸者。(64)致人而不致於人　調動敵人而不被敵人調動。(65)巢窟　大本營。指蜀漢的首都。(66)甘松　地名。在今甘肅迭部東南。(67)諸葛緒　魏晉官吏，仕魏歷太山太守、雍州刺史。入晉為太常、衛尉等官。其事散見於本書卷二十八〈鄧艾傳〉、《晉書・景帝紀》等。(68)武都　郡名。治所在今甘肅成縣西北。(69)高樓　武都境內無高樓，此處應當是橋頭，詳見本書卷二十八〈鍾會傳〉。橋頭，地名。在今甘肅文縣東南。(70)蹴　緊逼。宋本作「蹙」，二字通。(71)駱谷　山谷名。是古代從關中穿越秦嶺進入漢中的四條主要通道之一，在今陝西周至西南。其他三條分別是東面的子午道、西面的褒斜道、陳倉道。(72)九月　原作「七月」，今從宋本。據《通鑑》，高柔卒繫於景元八月、十月之間。當以九月為是。(73)甲寅　舊曆二十二日。(74)癸卯　舊曆十一日。(75)卞氏　武宣卞皇后之姪孫女，卞琳之女。事見本書卷五〈武宣卞皇后傳〉。(76)劉禪　字公嗣，乳名阿斗，涿郡（今河北涿州）人，劉備之子。劉備稱漢中王後被立為王太子，稱帝後被立為皇太子，劉備死後繼位，由諸葛亮輔政。諸葛亮去世後，劉禪寵信宦官黃皓，朝政日益腐敗。西元二六三年曹魏伐蜀，率眾臣投降，後被遷到洛陽，封安樂公。詳見本書卷三十三〈後主傳〉。(77)庚戌　舊曆十九日。(78)壬子　舊曆二十一日。(79)梁州　州名。治所在今陝西勉縣東。(80)癸丑　舊曆二十二日。(81)乙卯　舊曆二十四日。(82)咸熙元年句　咸熙元年，西元二六四年。咸熙，魏元帝曹奐年號，西元二六四—二六五年。壬戌，舊曆初一日。原作「壬辰」，今據殿本《考證》改。(83)檻車徵鄧艾　用囚車將鄧艾押回京城。(84)甲子　舊曆初三日。(85)長安　城名。在今陝西西安附近。(86)壬申　舊曆十一日。(87)華山　山名。五嶽之一，在今陝西華陰南。(88)辛卯　舊曆初一日。(89)庚申　舊曆三十日。(90)丁丑　舊曆十七日。(91)何曾　字潁考，陳國陽夏（今河南太康）人，太僕何夔之子，曹魏時任司徒。西晉建立後，歷任司徒、太傅，位至三公。生活奢侈豪華，死後諡曰元公。詳見《晉書・何曾傳》。(92)荀顗　字景倩，潁川潁陰（今河南許昌）人，魏晉大臣，荀彧之子。西晉建立後，任侍中、太尉等。博學多聞，明《三禮》，參與制定朝廷禮儀。詳見《晉書・荀顗傳》。(93)己卯　舊曆十九日。(94)晉公　指司馬昭，他在上年十月已經接受了晉公封爵和相國官職。(95)丁亥　舊曆二十七日。(96)庚申　舊曆初一日。(97)五等爵　指公、侯、伯、子、男五等公爵。(98)甲戌　舊曆十五日。(99)癸未　舊曆二十四日。(100)衛瓘　字伯玉，河東安邑（今山西夏縣西北）人。衛覬之子，曹魏時任廷尉，明法公斷。西晉時歷任軍政要職，為政清儉，甚有聲譽。又是著名的書法家。詳見《晉書・衛瓘傳》。[101]雍州　州名。治所在今陝西西安西北。[102]成都縣　縣名。治所在今四川成都。[103]歸禾　西周成王時，成王的弟弟唐叔在封地發現一株兩棵連在一起的粟苗，作為祥瑞之物獻給成王，成王命唐叔轉送給輔政的周公。事見《史記・魯周公世家》。[104]永安　縣名。治所在今重慶市奉節東郊白帝城。[105]荊豫　荊，即荊州。曹魏的荊州治所在今湖北襄樊。豫，即豫州，治所在今安徽亳州。[106]掎角　夾擊。[107]庚寅　舊曆初三日。[108]中撫軍　官名。司馬昭任撫軍大將軍前過渡性官職。[109]魯公拜後　魯公在周公之後受封拜。魯公即周公的兒子伯禽，被封在魯，為魯國的開國君主。周公先前已經在周有封邑，伯禽在其父之後又受封，這是因為周公功勞大。[110]癸巳　舊曆初六日。[111]桀逆　兇惡不順。[112]下議　表示意見。[113]相國左司馬　官名。相國府中的僚屬，主管軍務。[114]騎士曹屬　騎士曹，司馬昭相國府的辦事機構，主管馬匹的飼養和調配。屬，官名。相國府各曹的副主辦官員。[115]使　出使。[116]中領軍司馬　官名。中領軍的下屬，主管軍務。[117]郎中羊琇　郎中，官名。原來負責皇帝侍衛，曹魏時成為閒職。羊琇，字雅舒，泰山南城（今山東費縣西南）人，羊祜從弟，司馬師嫡妻羊氏的堂弟，魏晉大臣。曹魏末期與司馬炎關係密切，官至左衛將軍。西晉建立後，任中護軍，加散騎常侍，典禁兵，參預機密。詳見《晉書・外戚傳》。[118]撫　原作「輔」，今從宋本。[119]抗節不撓　堅持節操不屈服。[120]詞指正烈　話語主旨嚴正剛烈。[121]散將　軍隊中的閒散將領。[122]稱張　擴張。[123]感激　激勵。[124]宣語　公開告訴。[125]益懷奮勵　增加心中的鬥志。[126]賞異　給以特殊的獎賞。[127]癸卯　舊曆十六日。[128]司馬望　字子初，河內溫（今河南溫縣西）人，司馬昭的堂弟，曹魏時任司徒掾，從司馬懿討王淩，有功，拜衛將軍、驃騎將軍。西晉建立後封義陽王，拜大司馬。[129]戊午　舊曆初一日。[130]辛未　舊曆十四日。[131]孫休　字子烈，吳郡富春（今浙江富陽）人，孫權第六子。太平三年（西元二五八年）孫亮死後被立為皇帝。詳見本書卷四十八〈孫休傳〉。[132]交阯　郡名。治所在今越南境內。[133]長吏　縣長和縣令的別稱。[134]國命　指曹魏朝廷的命令。[135]九真日南郡　九真，郡名。治所在今越南境內。日南郡，郡名。治所在今越南境內。[136]移　官府文書的一種，行於不相統屬的官府機構之間。[137]開示大計　表明長遠前途。[138]合浦　郡名。治所在今廣西合浦東北。[139]進乘縣　縣名。治所在今雲南屏邊東南。[140]南中都督護軍句　南中，地區名。相當今四川大渡河以南和雲南、貴州等地。都督護軍，官名。負責協調監督某一戰區的各部軍隊。霍弋，字紹先，南郡枝江（今湖北枝江市東北）人，蜀漢將領霍峻之子。歷任蜀漢太子舍人、建寧太守等職。蜀漢滅亡後降魏。詳見本書卷四十一霍峻附傳。[141]創造　首先發動。[142]大小承命　上下人員聽命。[143]計異　異圖；不同打算。[144]攜貳　二心。[145]上大將軍　官名。孫吳設立，職掌與大將軍同。[146]形　表現出。[147]儀父朝魯二句　儀父，又稱邾儀父、邾子，名克，字儀父，春秋時邾國國君。與魯隱公會盟，被認為對大國有禮，受到魯人的稱讚，因此《春秋》在記載這件事時，對他持讚美態度。事見《公羊春秋》隱公元年。[148]竇融歸漢二句　竇融，字周公，扶風平陵（今陝西咸陽西北）人，世代在河西地區任官。新莽末年，任更始政權鉅鹿太守、張掖屬國都尉等職。更始敗亡後，割據河西五郡。西元三二年，幫助劉秀消滅隗囂，歸順東漢王朝。歷任涼州牧、冀州牧、大司空等職。詳見《後漢書・竇融列傳》。[149]殊裔　邊遠地區。[150]混一四表　統一四方。[151]萬里馳義　不遠萬里前來投誠。[152]競勸　相互勉勵爭先。[153]使持節　官名。都督諸州軍事，領刺史，頒符節以督軍。[154]都督交州諸軍事　總統交州各軍。[155]南中大將軍　專為呂興臨時設置的官職。[156]便宜從事　根據情況自行決定處理事務。[157]先行後上　先實行後上報。[158]丁亥　舊曆初一日。[159]保大定功　保有天下建立功勳。[160]勳烈同歸　功勳偉業都是一樣的。[161]舞干戚以訓不庭　據說虞舜在位時，有苗族不服從統治，虞舜只是在宮殿上舞動盾牌和長斧，有苗族就前來歸順了。事見《淮南子・齊俗》。干戚，盾牌和長斧。訓不庭，警告不服從統治的人。[162]陳師旅以威暴慢　展示軍隊以威懾粗暴和怠惰的人。威，威懾。暴慢，粗暴和怠惰的人。[163]全國　保全國家。[164]康惠庶類　給百姓以安寧仁愛。康惠，安寧仁愛。庶類，百姓。[165]季漢　漢代的末期。[166]九土　九州。此指全國。[167]劉備　字玄德，涿郡涿縣（今河北涿州）人，東漢末起兵征討黃巾軍，歷任縣令、州牧等職。在荊州結識諸葛亮，聯合孫吳在赤壁大敗曹操。後又西進益州，北取漢中，實現了跨有荊益的戰略目標。西元二二一年稱帝，同年伐吳，兵敗撤回。西元二二三年病逝，諡號昭烈皇帝。詳見本書卷三十二〈先主傳〉。[168]孫權　字仲謀，吳郡富春（今浙江富陽）人，孫策弟。孫策死後即位，被封討虜將軍，領會稽太守。吳黃武八年（西元二二九年）即帝位於武昌。死後諡大皇帝，廟號太祖。詳見本書卷四十七〈吳主傳〉。[169]中夏　中原。[170]日不暇給　事情多得感到時間不夠用。[171]僭逆歷世　歷代稱帝。僭逆，指蜀、吳稱帝。[172]庸蜀　庸，先秦國名。建都上庸（今湖北竹山縣西南），西元前六一一年被楚國所滅。蜀，先秦國名。曾隨同周武王滅商。西元前三一六年被秦所滅。這裏的庸、蜀指代蜀漢的轄地。[173]浹時　滿三個月。曹魏八月正式出兵攻蜀，十一月蜀漢投降。時，季；三個月。[174]江表　長江以南地區。此指孫吳轄地。[175]巴漢　巴，先秦國名。巴人最初分布在今四川東部湖北西部地區，周武王滅商後，巴國被封為子國，故又稱巴子國。西元前三一六年被秦所滅。漢，此指漢中地區。[176]荊揚越　荊，指孫吳荊州，治所在今湖北江陵。揚，指孫吳揚州，治所在今江蘇南京。越，指今浙江、福建沿海地區，在先秦時曾是越族人的聚居地。[177]靡然向風　望風披靡。[178]歸命　投降。[179]侯相　侯國的長官。[180]豫章廬陵　豫章，郡名。治所在今江西南昌。廬陵，郡名。治所在今江西泰和西北。[181]乖違　分離。[182]施績　即朱績，字公緒，丹陽故鄣（今浙江安吉西北）人，孫吳名將朱然之子，以有膽力著稱。父死襲職，歷任孫吳建忠都尉、上大將軍等職。[183]震曜　震懾。[184]吳會　吳，郡名。治所在今江蘇蘇州。會，即會稽，郡名。治所在今浙江紹興。[185]相國參軍事　司馬昭相國府的幕僚，參謀軍事。[186]水曹掾　司馬昭相國府水曹的主辦官員。[187]南陵督　在南陵地區負責領兵鎮守的官員。南陵，地名。在今安徽貴池西北的長江邊。[188]才質開壯　才能顯露，氣宇軒昂。[189]見事　能認清事理。[190]廟勝長算　事先在朝廷策劃好的克敵制勝的謀略。[191]丙午　舊曆二十日。[192]世子　諸侯王的嫡長子。[193]罷屯田官句　撤銷屯田官來使行政和賦役制度沒有差別。曹魏募民屯田，設屯田官管理，有軍事性質。但曹丕稱帝之後，由於屯田農民經濟負擔過重，勞動意願大大降低，不斷有逃亡現象發生，所以有罷屯田官之事。[194]安彌福祿縣　安彌，縣名。治所在今甘肅酒泉東南。福祿縣，縣名。治所在今甘肅酒泉。[195]甲辰　舊曆十九日。[196]朐䏰縣　治所在今四川雲陽西南。[197]庚戌　舊曆二十五日。[198]虎賁　皇宮衛隊的武士。[199]南深澤縣　縣名。治所在今河北深澤東南。[200]紀陟　字子上，丹陽秣陵（今江蘇南京南）人，孫吳官吏。歷任中書郎、中書令、豫章太守等。事見《三國志・孫皓傳》裴松之注引《吳錄》、《晉紀》。[201]弘璆　曲阿（今江蘇丹陽）人，弘咨之孫。孫吳大臣，歷任五官中郎將、中書令、太子少傅等。詳見《三國志・孫皓傳》裴松之注引《吳錄》。[202]誕敷神慮　充分發揮超人的智慧。[203]殊荒　邊遠地區。[204]流風邁化　傳播良好的風尚和教化。[205]旁洽無外　全部受到潤澤而沒有例外。[206]戢　收藏。[207]方寶纖珍　地方寶物和精細的絲織品。[208]歡以效意　高高興興的表達心意。[209]簿送　登記造冊後送給皇帝。[210]初附　剛來投誠的人。[211]款願　心願。[212]孫皓　字皓宗，一名彭祖，孫權之孫，孫和之子。孫吳末代皇帝。在位期間昏庸暴虐，西晉滅吳後，孫皓投降稱臣。詳見本書卷四十八〈孫皓傳〉。[213]十有二旒　冠冕前後垂十二條玉串。旒，帝王冠冕前後所垂的玉串。[214]出警入蹕　出入稱警蹕。警蹕，戒嚴清道。[215]旄頭雲罕　皇帝儀仗中的旗幟，以氂牛尾作裝飾，下端綴有九條飄帶。[216]八佾　古代天子專用的樂舞。[217]鐘虡宮縣　四面編鐘。鐘，銅製樂器。虡，懸掛鐘磬的木架。宮縣，編鐘圍成四面，像宮牆一般。[218]癸未　舊曆三十日。[219]辛卯　舊曆初九日。[220]壬辰　舊曆初十日。[221]百揆　百官。[222]一皆如前　一切都如前面所記載的那樣。[223]襄武縣　縣名。治所在今甘肅隴西東南。[224]長　原無此字，《北堂書鈔・衣冠部》、《開元占經》卷一百一十三引有，據補。[225]跡　腳印。[226]乙未　九月壬子為初一，沒有乙未。在戊午之前只有乙卯，即舊曆初四日。此處疑史文有誤。[227]戊午　舊曆初七日。[228]癸亥　舊曆十二日。[229]石苞　字仲容，渤海南皮（今河北南皮）人，魏晉大臣。司馬氏的得力幹將，在逼迫魏帝讓位中有很重要的作用。西晉建立後，任大司馬、侍中等職。詳見《晉書・石苞傳》。[230]乙亥　舊曆二十四日。[231]閏月庚辰　當年閏十一月，不是閏九月，閏十一月辛巳初一，無庚辰。此處史文疑有誤。[232]康居大宛　康居，西域國名。在今巴爾喀什湖和鹹海之間。大宛，西域國名。在今塔吉克國境內費爾干納盆地。[233]懷　安撫。[234]壬戌　舊曆十三日。[235]天祿永終　上天賜給的福祿永遠終結。[236]曆數在晉　帝王的天命輪到晉。[237]漢魏故事　漢禪帝位給曹魏的舊事。238甲子　舊曆十五日。239奉策　奉送魏帝禪讓帝位的策書。240金墉城　城名。曹魏時築，常用來安置被廢黜的皇帝皇后，在當時洛陽城的西北角。241終館于鄴　終身在鄴城居住。

【語　譯】陳留王名奐，字景明，武帝的孫子，燕王曹宇的兒子。甘露三年，被封為安次縣常道鄉公。高貴鄉公去世後，公卿們商議迎立常道鄉公。六月初二日，曹奐進入洛陽，拜見皇太后，當天在太極前殿即帝位，大赦天下，改建年號，賞賜給百姓爵位和糧穀、布帛各有一定的等級。

2 景元元年夏六月初四日，晉升大將軍司馬文王為相國，封晉公，增加兩個郡的封邑，與以前所封加在一起共十個郡，加授九錫之禮，一切依照此前所發的詔令；司馬文王堂兄弟和他們的兒子中，沒有被封為侯爵的全都封亭侯，賞賜錢千萬，布帛一萬匹，司馬文王堅決推辭，才停止了封賞。初七日，已故的漢獻帝的夫人曹節去世，皇帝親臨華林園弔唁，派遣使臣持節追加夫人的謚號為獻穆皇后。等到埋葬的時候，車馬服飾制度全都按照漢代舊制。十一日，任命尚書右僕射王觀為司空，冬十月，王觀去世。

3 十一月，燕王曹宇上表皇帝祝賀冬至，自稱為臣。皇帝下詔說：「古代的諸侯王，有的人是不被視為臣子看待，燕王應該依照這個情況辦理。上表不用稱臣吧！再說我還要回覆。繼承大宗的人，要把其親生父母放到次一等的位置，更何況我所繼承的還是重要的皇宗呢！但是如果就這樣把生父視同臣僚，我的心裏又有所不安。現在都按照禮典商定處理辦法，務必處理得最為適宜妥當。」有關部門上奏，認為「禮儀中沒有高於尊崇祖先的，制度中沒有大於正式典章的。陛下具備君主的德行應運而即帝位，君臨萬國，繼承皇室大宗，振興三祖的基業。我們認為燕王以皇親之尊，藩王之位，自身保持虔敬嚴肅的態度，遵守履行恭順之禮，為萬國做出表率；以正式典章衡量，完全符合禮儀的順序，所以不能制止他的恭順。但另一方面確實應以特別的制度體現對燕王的尊崇，不能用對普通臣僚的禮儀對待他。臣等斟酌商議認為燕王的奏章，可以允許依照舊制稱臣。皇帝下達的詔書，有時要表示良好問候，可以依照『燕覿之敬』之義，稍微表示皇帝的敬意，在稱呼的規格上有所提高，以表示不敢直接稱呼，可以說『皇帝敬問大王侍御』。至於皇帝下達的文書，那是國家的正式典章，朝廷用它來辨明國家制度，用它向天下宣布昭示標準和法則，應當遵照規定，所以要用『制詔燕王』這樣的詞語。凡是詔命、制書、奏事、上書中提到燕王的地方，可以全部提到下一行的頂端。宗廟助祭之類的事情以外，一律不能夠稱燕王的名字，奏事、上書、文書以及官民都不能觸犯燕王的名諱，用以彰顯特殊的禮節，突出燕王在其他宗室王公之上的地位。這樣上遵王典中尊敬先祖的制度，下順皇上純孝之心，二者沒有矛盾，在禮儀上也很妥當，可以普告天下加以實行」。

4 十二月十三日，黃龍出現在華陰縣的井中。二十三日，任命司隸校尉王祥為司空。

5 景元二年夏五月初一日，有日食發生。秋七月，樂浪郡境外的韓、濊貊國各自派人前來朝貢獻禮。八月初三日，趙王曹幹去世。初十日，又命大將軍晉升爵位為晉公，加授相國職位，備辦禮品提高賞賜規格，一切依照以前的詔令辦理；司馬文王又堅決推辭才沒有實行。

6 景元三年春二月，青龍出現在軹縣的井中。夏四月，遼東郡上報說肅慎國派遣使臣通過翻譯入內進貢獻禮，進貢他們國家製造的弓三十張，每張弓長三尺五寸，楛木箭桿長一尺八寸，另外還有石製的弩機三百枚，用皮骨鐵等材料製成的鎧甲二十領，貂皮四百張。冬十月，蜀國大將姜維進犯洮陽，鎮西將軍鄧艾去抵禦姜維，在侯和打敗姜維，姜維逃走。這一年，皇帝下詔在太祖廟庭祭祀已故的軍祭酒郭嘉。

7 景元四年春二月，又令大將軍晉升爵位和給與賞賜，與以前的詔書完全相同，又因為大將軍堅決推辭而沒有實行。

8 夏五月，皇帝下詔說：「蜀漢，是個區區小國，土地狹窄人口稀少，而姜維卻暴虐的驅使百姓，從來沒有停止的意思；往年被打敗之後，尚且又在沓中耕種屯田，盤剝壓榨羌人，勞役沒有休止，百姓已經不能活命了。兼併勢力弱小的，進攻政治昏庸的，這是運用武力的最佳原則，調動敵人而不被敵人調動，這是軍事家的上等策略。蜀漢所依賴的人，只有姜維而已，趁他遠離大本營，使用武力比較容易。現在派征西將軍鄧艾督率各軍，急速趕往甘松、沓中包圍攻取姜維，派雍州刺史諸葛緒督統各軍急速奔赴武都、橋頭，與鄧艾首尾夾擊。如果捉住姜維，就可以東西一齊推進，掃滅巴蜀。」又命令鎮西將軍鍾會從駱谷道征伐蜀國。

9 秋九月，太尉高柔去世。冬十月二十二日，又令大將軍晉升爵位和給與賞賜，與以前的詔書完全一樣。十一日，立卞氏為皇后。十一月，實行大赦。

10 自從鄧艾、鍾會率領兵眾伐蜀以來，兵鋒所至，都能攻克。這一月，蜀國君主劉禪到鄧艾軍中投降，巴蜀完全平定。十二月十九日，任命司徒鄭沖為太保。二十一日，劃分出益州一部分設置梁州。二十二日，對益州士民進行特赦，免除他們的一半租賦五年。

11 二十四日，任命征西將軍鄧艾為太尉，鎮西將軍鍾會為司徒。皇太后去世。

12 咸熙元年春正月初一日，用囚車押送鄧艾回朝。初三日，皇帝親臨長安。十一日，派遣使者用玉璧和繒帛祭祀華山。這月，鍾會在蜀中反叛，被部眾所討伐；鄧艾也被殺害。二月初一日，特赦在益州的人。三十日，安葬明元郭后。三月十七日，任命司空王祥為太尉，征北將軍何曾為司徒，尚書左僕射荀顗為司空。十九日，把晉公的爵位進為晉王，增封十郡，加上前面所封一共二十個郡。二十七日，封劉禪為安樂公。夏五月初一日，相國晉王上奏恢復五等封爵制度。十五日，改年號。二十四日，追任舞陽宣文侯為晉宣王，舞陽忠武侯為晉景王。六月，鎮西將軍衛瓘獻上雍州士兵在成都得到的玉璧、玉印各一枚，玉印上的文字好像是「成信」二字，依照周成王把嘉禾轉送給周公的古義，皇帝把玉璧、玉印展示給百官，收藏在相國府。

13 當初，自從平定蜀國之後，吳軍逼近永安屯駐，朝廷派遣荊州、豫州的軍隊兩面夾擊前往救援。七月，吳軍全部遁逃。八月初三日，任命中撫軍司馬炎輔佐相國處理政事，這樣做與魯公在周公之後受封拜的古義相同。

14 初六日，皇帝下詔說：「以前逆臣鍾會反叛製造動亂，聚集隨他出征的將士，用武力劫持他們，開始露出奸謀，說話兇狠忤逆，脅迫眾人，都要表態，倉猝之際，眾人無不驚恐。相國左司馬夏侯和、騎士曹屬朱撫當時出使成都，中領軍司馬賈輔、郎中羊琇都擔任鍾會的參軍事；夏侯和、羊琇、賈輔全都堅守節操，不屈不撓，拒絕鍾會的邪逆惡言，面對危難不顧生死，義正詞嚴。賈輔告訴散將王起，說『鍾會奸逆兇暴，想殺死所有將士』，又說『相國已經率領三十萬大軍西進討伐鍾會』，想以此擴大聲勢，激勵眾心。王起出去以後，把賈輔所說的話公開告訴各營軍隊，使將士們增加了抗拒鍾會的鬥志。對這些人都應該進行獎勵，以表彰他們的忠義行為。現在夏侯和、賈輔的爵位晉升為鄉侯，羊琇、朱撫的爵位晉升為關內侯。王起傳播賈輔的話，告訴官兵，應該得到特殊的獎賞。現在任命王起為部曲將。」

15 十六日，任命衛將軍司馬望為驃騎將軍。九月初一日，任命中撫軍司馬炎為撫軍大將軍。

16 十四日，皇帝下詔說：「吳國政治刑罰殘暴酷虐，賦斂沒有止境。孫休派遣使臣鄧句，到交阯郡命令太守把百姓捆綁著送過來，徵發他們充當士兵。吳將呂興利用民心憤怒，又借助我軍平定巴蜀的聲威，當即聯合地方豪傑，誅殺了鄧句等人，趕走了太守縣令，安撫官員百姓，等待朝廷的指示。九真、日南等郡聽說呂興棄逆歸順，也齊心響應，與呂興聯合。呂興發文書給日南的州郡，公開表明長遠的計畫，又兵臨合浦郡，告訴他們禍福利害；派遣都尉唐譜等人到進乘縣，通過南中都督護軍霍弋上書朝廷表示忠心。還有交阯郡的官兵紛紛上表，說『呂興發起大事，上下都對他俯首聽命。交阯郡有山賊，與各郡勾結，我們擔心他們心懷別的想法，對朝廷產生二心。權量時宜，任命呂興為都督交阯諸軍事、上大將軍、定安縣侯，乞求朝廷給他褒獎，以此安定邊遠地區的人心』。他們的忠誠懇切，表現在言詞中，過去郳儀父朝見魯國君主，《春秋》對此極力稱美；竇融歸降漢光武帝，光武帝給他優厚的待遇。現今國威遠震，安撫天下，正在包容各邊遠地區，統一全國。呂興首先歸順朝廷教化，帶領部眾叩頭降服，不遠萬里前來投降，請求作為國家官吏，盡職盡責，應當給與特殊優待，提高他的爵位。這樣做既可以使呂興等人心懷忠誠，感動悅服，又可以使邊遠的人聽說後，相互勉勵爭先歸順。現在任命呂興為使持節、都督交州諸軍事、南中大將軍，封定安縣侯，可以根據情況自行決定處理事務，先實施然後再上報。」策命還沒到，呂興就被手下殺害。

17 冬十月初一日，皇帝下詔說：「過去的聖明帝王，平定禍亂拯救世人，保有天下，建立功業，雖然有文武不同的途徑，但所建立的功勳業績都是一樣的。所以有的舞動盾牌和長斧來訓斥那些不服從統治的人，有的展示武力來威懾粗暴怠慢的人。至於愛護百姓保全國家，給百姓安寧仁愛，一定要先修治文化教育，將規矩制度告訴百姓，到不得已時才使用武力，這是盛德君主們所共同的做法。以往漢末分崩離析，九州顛覆，劉備、孫權乘機作亂。太祖、高祖、烈祖平定中原，政務繁忙到沒有時間，所以使得吳蜀殘留下來的賊寇一代一代的僭越稱帝。幸好有祖宗的威靈保佑，執政大臣又忠誠神武，徵發四方精兵，平定了庸、蜀，戰事不到三個月，就一戰而勝。近來孫吳衰敗疲弊，政治刑罰荒廢昏暗，蜀漢被消滅之後，孤立無援，交、荊、揚、越等地，望風披靡。如今交阯郡的偽吳將領呂興已經帶領三個郡的官民，從萬里之外前來投降；武陵邑侯相嚴等人聯合了五個縣，請求成為我朝的臣民；豫章、廬陵的山民也聚眾起事背叛東吳，首領自號為助北將軍。又加上孫休病死，改換主帥，國內分裂，人心各異。偽將施績，是賊寇的名臣，受到懷疑猜忌，深被忌恨厭惡。國內眾叛親離，沒有堅定的鬥志，從古到今的亡國徵兆，沒有比這更嚴重的了。如果我們大軍震懾，南下長江、漢水，吳國境內必然是民眾扶老攜幼迎接我們，此為必然之理。然而興師動眾，還是要消耗人力物力，應當向他們宣傳我朝的威德，公開表示仁愛信義，使他們知道歸順降服的好處。相國參軍事徐紹、水曹掾孫彧，過去在壽春，都是被我們俘獲的孫吳官員。徐紹本來任偽南陵督，才能突出氣宇軒昂；孫彧是孫權的宗族成員，秉性忠良，明曉事理。現在派遣徐紹回到孫吳，讓孫彧做他的副手，宣布國家的命令，告喻吳人，他們所說的話，都以事實為根據，如果他們覺悟了，便不用征伐之計，在廟堂上策劃好取勝的謀略，是自古以來的用兵之道。現在以徐紹兼散騎常侍，加奉車都尉，封都亭侯；孫彧兼給事黃門侍郎，賜爵關內侯。賜給徐紹等人的小妾及其在這裏的男女家人，全都允許自願跟隨，以表明國家恩典，也不必再回來，以廣泛顯示朝廷的大信。」

18 二十日，詔命撫軍大將軍新昌鄉侯司馬炎為晉王世子。這一年，撤銷屯田官，以消除行政制度和賦役制度的差別，把典農中郎將全都改為郡太守，典農都尉全都改為縣令長；鼓勵招募願意內遷的蜀地人，發給他們兩年的糧食，免除二十年的傜役賦稅。安彌、福祿縣各自報告說有嘉禾長出。

19 咸熙二年春二月十九日，朐䏰縣獲得靈龜獻給朝廷，被送到相國府。二十五日，因為虎賁張修當初在成都的時候，騎馬飛奔到各軍營通報鍾會反叛，以至於身亡，下詔賜給張修的弟弟張倚關內侯爵位。夏四月，南深澤縣上報說有甘露降臨。孫吳派遣使節紀陟、弘璆請和。

20 五月，皇帝下詔說：「相國晉王發揮超人的智慧，光輝照耀四海；所顯示的武功，威震四面八方，傳播風化，使天下普受潤澤。憐憫江南百姓，致力於拯救養育他們，不用武力，崇尚仁德，向他們顯示威信和美德。文告所到之處，人們望風傾慕，孫皓遣使貢獻禮物，以表明歸順的意願，地方寶物和精細的絲織品，都高高興興的送來獻上心意。而晉王卻非常謙讓，把這些全都登記造冊然後送到宮中。然而這不是用來撫慰迎合剛剛歸服的人，順從他們的心願的做法。現在把孫皓所貢獻的東西，全都送還給晉王，以符合古代的原則。」晉王堅決推辭，皇帝才作罷。又詔命晉王的冠冕可以有十二旒，可以使用天子旌旗，出入警戒清道，可以乘坐六匹馬駕駛的金根車，配備五時副車，可以設置旄頭雲罕儀仗，使用八佾樂舞，使用懸掛編鐘。進王妃位為王后，世子為太子，王子、王女、王孫，爵號的稱呼都按過去的禮儀。三十日，實行大赦。秋八月初九日，相國晉王去世。初十日，晉王太子司馬炎承襲封爵王位，總統百官，各種物品和有關文件全都如同以前的規格。這個月，襄武縣報告說有巨人出現，身長有三丈多，腳印長三尺二寸，白髮，穿黃單衣，戴黃頭巾，拄手杖，對平民王始說：「現在天下要太平了。」九月初四日，實行大赦。初七日，任命司徒何曾為晉王國的丞相。十二日，任命驃騎將軍司馬望為司徒，征東大將軍石苞為驃騎將軍，征南大將軍陳騫為車騎將軍。二十四日，埋葬晉文王。閏九月庚辰日，康居、大宛等國貢獻名馬，被送到相國府，以表彰他安撫萬國使遠人來朝的功勳。

21 十二月十三日，上天賜給曹魏的祿位永遠終結了，天命的運數輪到了晉王。皇帝下詔讓羣公百官準備儀式並在南郊設壇，派使者給晉王送去皇帝的御璽綬帶和冊命，讓位給晉王，其程序就像過去漢帝讓位給曹魏的舊事一樣。十五日，曹奐派使者奉上策書，便改住在金墉城，後來終身住在鄴城，當時二十歲。

評曰：古者以天下為公❶，唯賢是與❷。後代世位❸，立子以適。若適嗣不繼，則宜取旁親明德❹，若漢之文、宣❺者，斯不易之常準❻也。明帝既不能然❼，情繫私愛，撫養嬰孩，傳以大器❽，託付不專，必❾參枝族，終于曹爽誅夷，齊王替位❿。高貴公才慧夙成⓫，好問尚辭⓬，蓋亦文帝之風流⓭也；然輕躁忿肆，自蹈大禍。陳留王恭己南面⓮，宰輔統政，仰遵前式，揖讓而禪，遂饗封大國，作賓⓯于晉，比之山陽⓰，班寵有加⓱焉。

【章旨】以上為陳壽對曹芳、曹髦、曹奐三位少主的評論。

【注釋】❶天下為公　天下不歸一家所有。❷唯賢是與　只交給賢人。❸後代世位　他的後代世世傳位。❹旁親明德　非嫡系親屬中具有高尚道德的人。❺若漢之文宣　文，即西漢文帝，名劉恆，劉邦之子，高帝十一年立為代王，周勃等平定諸呂之亂後迎立其為帝。在位期間推行與民休息政策，使社會穩定，經濟發展，人口增長，與繼任的漢景帝史上合稱「文景之治」。詳見《史記・孝文本紀》、《漢書・文帝紀》。宣，即西漢宣帝，名劉詢，漢武帝的曾孫。其祖父劉據本為漢武帝太子，因受巫蠱之禍牽連自殺，所以劉詢自幼長在祖母家，居民間。後被霍光迎立為帝，即位後勵精圖治，任賢用能，輕傜薄賦，廣開言路，使國家大盛，號稱中興之主。詳見《漢書・宣帝紀》。❻不易之常準　不能改變的固定準則。❼然　這樣做。❽大器　指帝位。❾必　執意要。❿替位　被換下帝位。⓫才慧夙成　才能智慧早成。⓬尚辭　喜好文辭。⓭風流　風度才華。⓮恭己南面　恭敬謹慎的當皇帝。南面，指當皇帝。⓯作賓　做賓客。意思是不把曹奐當臣下對待，與晉朝是主客關係。⓰山陽　即漢獻帝劉協，被曹丕取代後封為山陽公。⓱班寵有加　位次和榮寵高一等。曹奐被取代後封為陳留縣王，劉協被取代後封為山陽縣公，王比公高一等，故言。

【語譯】評論說：古代天下是公有的，上天只把帝位交給賢德的人。後來帝位是由一個家族世世傳承，繼承人都是嫡長子。如果嫡系傳承不能接續，應該選取旁支中具有高尚道德的人，就像漢代的文帝、宣帝那樣，這是不能改變的固定準則。魏明帝不能這樣，而是心繫私愛，撫養一個嬰孩，把帝位傳給他，他也不把後事託付給一個人，在所託付的人中，執意要加進曹氏宗族的人，終於造成了曹爽被殺，曹芳被廢。高貴鄉公才智早成，喜好學問崇尚文辭，有文帝曹丕之風；然而他輕浮暴躁肆意洩憤，自陷大禍。陳留王恭敬謹慎的當皇帝，宰相輔佐統領政事，又恭敬的遵守先前舊制，拱手禪讓帝位，最後享有大國的封地，成為晉朝的賓客，這比起山陽公，所得到的爵位和榮寵要高一些了。

【研 析】如果我們僅僅看《三國志》，曹芳、曹髦、曹奐三個人之所以皇帝當了一半就下臺，都是因為他們本身的毛病。曹芳在位不理政事，寵愛後宮無度，沉溺女色，每天都叫倡優進宮，放縱他們的醜謔之態；又迎接後宮的家屬住進來，破壞人倫的秩序，敗壞男女應守的節操，終於被太后下令廢黜。曹髦性情殘暴兇狠，捏造醜惡大逆不道的謊言誹謗太后，對著太后的宮殿射箭，給太后下毒，直至率領手下擂鼓拔刀，殺向太后西宮。多虧了司馬昭的保護，曹髦自取滅亡。

然而，當我們把其他的史書拿過來與《三國志》對照著看，就會發現事情完全不是那麼一回事。裴松之為《三國志》作注時曾引用過一部叫做《魏略》的書，對曹芳的被廢是這樣記載的：司馬師決定廢曹芳以後，派遣郭芝到西宮見太后，當時太后正與皇帝相對而坐。郭芝說：「大將軍要廢皇帝，另立彭城王曹據。」太后聽了很不高興，郭芝威脅說：「如今大將軍意已決，並在外親率大軍以備非常，您只能依順。」太后說：「我想見大將軍。」郭芝說：「大將軍哪能這麼好見？趕快把皇帝印綬交出來。」太后沒有辦法，只好照辦。曹芳被廢出宮，與太后揮淚告別。後來，太后對司馬師說：「曹據是我的小叔，立他為帝，我往哪擺？」要求立高貴鄉公曹髦，司馬師同意了。

關於曹髦之死，《漢晉春秋》、《晉紀》、《魏氏春秋》等書是這樣記載的：曹髦見自己的權力被剝奪得越來越小，實在忍不下去，對王沈、王經、王業說：「司馬昭之心，路人皆知也。我不能坐受廢黜之辱，要對他進行討伐。」不料王沈、王業事先向司馬昭通風報信，當曹髦率領部下舉事時，司馬昭已經派兵嚴陣以待了。司馬昭的親黨賈充對帳下督成濟說：「司馬家事若敗，你們豈能有好結果？還不趕快出擊！」成濟問賈充：「是把他殺了還是把他抓住？」賈充說：「殺！」於是成濟衝入陣中殺死曹髦。

《三國志》之所以這樣記載這段歷史，是和它的作者陳壽所採取的回護態度分不開的。所謂回護，就是人們所說的曲筆，即不秉筆直書，對當權者隱惡揚善。陳壽這樣做，當然有他的難處，他經歷了蜀漢西晉兩朝，作《三國志》時正是司馬氏當政時期，作為晉臣，他不能說司馬氏的壞話，如果不對司馬氏採取回護態度，《三國志》就很難寫下去，即便寫完也不會流傳下來。但《魏略》的作者魚豢是三國時人，《漢晉春秋》的作者習鑿齒、《晉紀》的作者干寶、《魏氏春秋》的作者孫盛都是東晉人，也是司馬氏當權的時代。他們卻敢於秉筆直書，不回護不曲筆，比陳壽要有魄力大膽得多。正是有了這些以記錄史實為己任的歷史學家，我們今天才得以看清歷史的真相。（梁滿倉注譯）

卷五 魏書五

后妃傳第五

【題解】本卷記述了魏武帝曹操、文帝曹丕、明帝曹叡三個皇帝的皇后的生平事跡。名為后妃，傳主全是皇后，有后無妃。對於曹芳、曹髦、曹奐三個人的后妃沒有專門記述，只在附傳中有隻言片語的提及。陳壽力圖通過對曹魏后妃們的記述揭示「家道正」與「天下定」的關係。

易稱「男正位乎外，女正位乎內；男女正，天地之大義也❶」。古先哲王，莫不明后妃之制，順天地之德。故二妃嬪嬀❷，虞❸道克隆，任、姒配姬❹，周室用熙❺，廢興存亡，恆此之由。春秋說❻云天子十二女❼，諸侯九女，考之情理，不易之典也。而末世奢縱，肆其侈欲，至使男女怨曠❽，感動和氣❾，惟色是崇，不本淑懿❿，故風教陵遲⓫而大綱⓬毀泯，豈不惜哉！嗚呼，有國有家者，其可以永鑒矣！

【章　旨】以上為第一部分，是全文的主旨，闡述了古人對后妃作用的理論認識。

【注　釋】❶男正位乎外四句　此為《周易・家人卦》中的彖辭，意思是男主外，女主內，家道正，天下就會安定。原文講家人，以內為本，所以「女正位乎內」在「男正位乎外」前面，本文把二者的位置顛倒。❷二妃嬪媯　二妃，舜的兩個妃子，堯的兩個女兒，堯任用舜以後，把兩個女兒嫁給了他。嬪，嫁。媯，河流名。在今山西永濟南。❸虞　即虞舜，傳說中有虞氏部落長，姚姓，一說媯姓，名重華。相傳他受堯的禪讓即位後，剪除四凶，任禹平水土，契管人民，益掌山澤，皋陶作士，天下大治。詳見《史記・五帝本紀》。❹任姒配姬　任，太任，周文王的母親。姒，太姒，周文王的妻子。配姬，嫁給姬姓的男子。❺周室用熙　周朝因此而興盛。❻春秋說　解說《春秋》的緯書，東漢陳欽撰，已亡佚。所謂緯書，是漢代出現的附會儒家經典並摻雜有大量迷信和傳說成分的書。當時《周易》、《尚書》、《詩經》、《禮》、《樂》、《孝經》、《春秋》都有緯書。關於《春秋》的緯書就有十多種。見《後漢書・樊英列傳》李賢注、《隋書・經籍志一》。❼十二女　十二個妻妾。《春秋公羊傳》成公十年何休注引《保乾圖》說「唯天子娶十二女」。❽男女怨曠　怨曠，指男女長期離別不能結合。對女人來說，入宮後因君王妻妾成羣，長期見不到君王。對男人來說，長期找不到對象。❾感動和氣　使陰陽和諧的氣氛動盪不安。❿淑懿　善良高尚。⓫陵遲　衰落；衰敗。⓬大綱　維繫社會的基本準則。

【語　譯】《周易》說「男在外主政，女在內主家；家道正，天下就會安定」。古代的先哲聖王，沒有不明確建立后妃制度，順應天地的道德。所以堯的兩個女兒出嫁在媯水邊，虞舜的事業才興旺，太任、太姒嫁給姬姓的男子，周朝才因此而強盛，王朝的興廢存亡，總是與后妃緊密相關。《春秋說》書中說，天子有十二個妻妾，諸侯有九個妻妾，從情理上考察，這是不可改變的制度。然而末世王朝的君主生活奢侈，放縱情欲，造成男女長期分離，攪動了和諧的氣氛，他們只崇尚美貌，而不以善良高尚為根本，所以社會風氣衰敗，維繫社會的基本準則毀滅，難道不令人痛惜嗎！唉，擁有國家的人，要永遠以此為借鑑呀！

漢制，帝祖母曰太皇太后，帝母曰皇太后，帝妃曰皇后，其餘內官十有四等❶。魏因漢法，母后之號，皆如舊制，自夫人以下，世有增損。太祖❷建國，始命王后，其下五等：有夫人，有昭儀，有倢伃，有容華，有美人。文帝❸增貴嬪、淑媛、脩容、順成、良人。明帝❹增淑妃、昭華、脩儀；除順成官。太和中始復命❺夫人，登其位於淑妃之上。自夫人以下爵❻凡十二等：貴嬪、夫人，位次皇后，爵無所視❼；淑妃位視相國❽，爵比諸侯王；淑媛位視御史大夫❾，爵比❿縣公；昭儀比縣侯；昭華比鄉侯；脩容比亭侯；脩儀比關內侯；倢伃視中二千石⓫；容華視真二千石⓬；美人視比二千石；良人視千石。

【章旨】以上為第二部分，介紹了曹魏的后妃制度。

【注釋】❶內官十有四等　內官，皇宮中的女官，即皇帝的妃妾。十有四等，無涓、共和、娛靈、保林、良使、夜者為第一等，其餘二至十四等為：婕妤、京娥、容華、充衣、昭儀、美人、良人、七子、八子、長史、少史、五官、順常。❷太祖　即曹操，字孟德，小名阿瞞，沛國譙（今安徽亳州）人。東漢末起兵討黃巾，後參加袁紹討董聯盟。占據兗州後，收編黃巾軍三十餘萬，組成青州軍，先後擊敗袁術、陶謙、呂布、袁紹，統一了北方。任丞相，相繼封為魏公、魏王。曹丕建魏後，追封為魏武帝。詳見本書卷一〈武帝紀〉。❸文帝　即曹丕，字子桓，沛國譙（今安徽亳州）人，曹操次子。先任五官中郎將、副丞相，後被立為魏太子。西元二二〇年代漢稱帝。愛好文學，與當時著名文人往來甚密，在中國文學史上也有重要地位。詳見本書卷二〈文帝紀〉。❹明帝　即曹叡，字元仲，文帝之子。文帝病重時才立其為太子。即位後大興土木，耽意遊玩，也關心文化，鼓勵學術。詳見本書卷三〈明帝紀〉。❺太和中始復命　太和，魏明帝曹叡年號，西元二二七—二三三年。始復命，開始恢復設立。❻爵　指宮廷女官所相當的朝廷爵位和官階。❼視　相當。❽相國　官名。百官之長。魏黃初元年（西元二二〇年）更名為司徒，魏甘露五年（西元二六〇年）復置相國。❾御史大夫　官名。三公之一，掌監察百官。❿比　相當。⓫中二千石　官階名，東漢官階分十五等：中二千石、二千石、比二千石、千石、六百石、比六百石、四百石、比四百石、三百石、比三百石、二百石、比二百石、一百石、斗食、佐史。⓬真二千石　即二千石。

【語　譯】漢代制度，皇帝的祖母稱太皇太后，皇帝的母親稱皇太后，皇帝的妻子稱皇后，其餘的內宮女官有十四等。魏承襲漢代制度，母后之號，都和過去的漢朝舊制一樣，從夫人以下，各個時期有增有減。太祖建國，開始設立王后，王后下面有五等：有夫人，有昭儀，有倢伃，有容華，有美人。文帝時又增加了貴嬪、淑媛、脩容、順成、良人。明帝時又增加淑妃、昭華、脩儀；取消了順成的封號。太和年間開始恢復設置夫人，提升她的地位在淑妃之上。從夫人以下的官爵共有十二等：貴嬪、夫人，地位次於皇后，沒有與之相當的爵位；淑妃的官位相當於相國，爵位相當於諸侯王；淑媛的官位相當於御史大夫，爵位相當於縣公；昭儀相當於縣侯；昭華相當於鄉侯；脩容相當於亭侯；脩儀相當於關內侯；倢伃相當於中二千石的官員；容華相當於真二千石的官員；美人相當於二千石的官員；良人相當於一千石的官員。

1 武宣卞皇后，琅邪開陽❶人，文帝母也。本倡❷家，年二十，太祖於譙❸納后為妾。後隨太祖至洛❹。及董卓❺為亂，太祖微服❻東出避難。袁術❼傳太祖凶問❽，時太祖左右至洛者皆欲歸，后止之曰：「曹君吉凶未可知，今日還家，明日若在，何面目復相見也？正使禍至❾，共死何苦❿！」遂從后言。太祖聞而善之。建安初，丁夫人⓫廢，遂以后為繼室。諸子無母者，太祖皆令后養之。文帝為太子，左右長御⑫賀后曰：「將軍⑬拜太子，天下莫不歡喜，后當傾府藏⑭賞賜。」后曰：「王自以丕年大，故用為嗣，我但當以免無教導之過為幸耳，亦何為當重賜遺乎！」長御還，具以語太祖。太祖悅曰：「怒不變容，喜不失節，故是⑮最為難。」

2 二十四年⑯，拜為王后，策曰：「夫人卞氏，撫養諸子，有母儀之德⑰。今進位王后，太子諸侯陪位⑱，羣卿上壽⑲，減國內死罪一等⑳。」二十五年，太祖崩，文帝即王位，尊后曰王太后，及踐阼㉑，尊后曰皇太后，稱永壽宮㉒。明帝即位，尊太后曰太皇太后。

3 黃初㉓中，文帝欲追封太后父母，尚書陳羣㉔奏曰：「陛下以聖德應運受命，創業革制，當永為後式。案典籍之文，無婦人分土命爵之制。在禮典，婦因夫爵㉕。秦違古法㉖，漢氏因之㉗，非先王之令典也。」帝曰：「此議是也，其勿施行。以作著詔下藏之臺閣㉘，永為後式。」至太和四年㉙春，明帝乃追諡太后祖父廣曰開陽恭侯，父遠曰敬侯，祖母周封陽都君㉚及敬㉛侯夫人，皆贈印綬。其年五月，后崩。七月，合葬高陵。

4 初，太后弟秉，以功封都鄉侯，黃初七年進封開陽侯，邑千二百戶，為昭烈將軍㉜。秉薨，子蘭嗣。少有才學，為奉車都尉㉝、游擊將軍㉞，加散騎常侍㉟。

蘭薨，子暉嗣。又分秉爵，封蘭弟琳為列侯，官至步兵校尉㊱。蘭子隆女為高貴鄉公㊲皇后，隆以后父為光祿大夫㊳，位特進㊴，封睢陽鄉侯，妻王為顯陽鄉君。追封隆前妻劉為順陽鄉君，后親母故也。琳女又為陳留王㊵皇后，時琳已沒，封琳妻劉為廣陽鄉君。

【章旨】以上為〈卞皇后傳〉，記述了曹丕母親卞皇后從一個地位低下的表演藝人家庭走上皇后高位的歷程。也記載了她的家族在曹魏時所受的待遇。

【注釋】❶琅邪開陽　琅邪，郡名。治所在今山東臨沂北。開陽，縣名。治所在今山東臨沂東北。❷倡　古代以歌舞演藝為業的人。❸譙　縣名。治所在今安徽亳州。❹洛　即洛陽。❺董卓　字仲穎，隴西臨洮（今甘肅岷縣）人，剛猛有謀，廣交豪帥。東漢桓帝末從中郎將張奐為軍司馬，以後歷任并州刺史、河東太守、并州牧。昭寧元年（西元一八九年），率兵進入洛陽，廢少帝，立獻帝，專擅朝政，遭到關東諸侯反對。後遷獻帝至長安，不久被呂布所殺。詳見《後漢書・董卓列傳》、本書卷六〈董卓傳〉。❻微服　改穿平民服裝以掩人耳目。❼袁術　字公路，汝南汝陽（今河南商水縣西南）人，袁紹從弟。少以俠氣聞名，歷任郎中、河南尹、虎賁中郎將。董卓之亂起，出奔南陽，後割據揚州。東漢建安二年（西元一九七年）稱帝，後因眾人反對，糧盡眾散，欲往青州依袁譚，於途中病死。詳見《後漢書・袁術列傳》、本書卷六〈袁術傳〉。❽凶問　壞消息。指曹操在中牟縣被捕。❾正使禍至　即使大禍到來。正使，即使。❿何苦　有什麼可感到痛苦的。⓫丁夫人　曹操早期的夫人，因其養子子修夭亡，哭泣無節，曹操恨之，遣其歸家。事見裴松之注引《魏略》。⓬長御　官名。又稱旁側長御，侍奉皇后。⓭將軍　指曹丕，當時任五官中郎將，故稱將軍。⓮府藏　庫房。⓯故是　平常的樣子。⓰二十四年　建安二十四年（西元二一九年）。⓱母儀之德　做母親的典範。常用來說皇后、太后。⓲陪位　陪同列位。⓳上壽　祝賀。⓴減國內死罪一等　把王國內的死刑犯改判輕一等的處罰。㉑踐阼　登帝位。㉒永壽宮　皇太后的代稱，不是宮殿名字。漢代皇帝祖母、母親、嫡妻等有代稱，如長信宮、長樂宮、長秋宮等。曹魏襲用漢制，卞太后稱永壽宮，曹丕妻子郭太后稱永安宮，曹叡的妻子郭太后稱永寧宮。㉓黃初　魏文帝曹丕年號，西元二二〇—二二六年。㉔尚書陳羣　尚書，官名。此時陳羣為尚書令。陳羣，字文長，潁川許昌（今河南許昌東）人，深得曹操信任，歷任曹魏尚書僕射、錄尚書事等。文帝病重，與曹真等人受遺詔輔政。詳見本書卷二十二〈陳羣傳〉。㉕婦因夫爵　妻子通過丈夫爵位的高低來確定自己的地位。㉖秦違古法　秦昭王時，太子安國君的正夫人被封為華陽夫人，後世認為華陽是封邑的名稱。㉗漢氏因之　兩漢時也有如秦昭王太子封夫人的做法，如漢武帝封外祖母臧兒為平原君，東漢桓帝封大將軍梁冀的妻子孫壽為襄城君。分別見《史記・外戚世家》、《後漢書・梁統列傳》。㉘臺閣　指尚書臺和祕書內閣。㉙太和四年　西元二三〇年。太和，魏明帝曹叡年號，西元二二七—二三三年。㉚君　異姓婦女受封的爵位名。㉛敬　原作「恭」，《三國志集解》引錢大昭、周壽昌說，皆云當作「敬」，據改。㉜昭烈將軍　官名。授予外戚的榮譽性官職。㉝奉車都尉　官名。負責管理皇帝出行時的車隊。㉞游擊將軍　官名。負責京城的警衛和對外征伐。㉟散騎常侍　官名。隨從皇帝出入，參與處理尚書臺呈送給皇帝的機要公事，負責起草詔命。㊱步兵校尉　官名。京城北軍五校尉之一，負責京師警衛。㊲高貴鄉公　即曹髦，字彥士，曹丕之孫，正始五年（西元二四四年）封高貴鄉公。齊王曹芳被廢後立為皇帝。後被司馬昭派人殺害。詳見本書卷四〈齊王紀〉。㊳光祿大夫　官名。相當於皇帝的顧問，諸公告老及在朝重臣加拜此官以示優重。㊴特進　一種加官名稱，通常給那些功德優勝、被朝廷所敬異官僚。㊵陳留王　即曹奐，本名曹璜，字景明，沛國譙（今安徽亳州）人，燕王曹宇的兒子。魏甘露三年（西元二五八年）封安次縣常道鄉公，曹髦被殺後即帝位。在位期間政事全由司馬昭決定，後將帝位「禪讓」給司馬炎，被封陳留王。

【語　譯】武宣卞皇后，琅邪郡開陽縣人，文帝的母親。本來是表演藝人出身，二十歲時，太祖在譙縣納她為妾。後來跟隨太祖到洛陽。等到董卓作亂，太祖微服東行避難。袁術傳來了太祖被捕的凶信，當時跟隨太祖到洛陽的隨從全都要回去，卞后制止他們說：「曹君吉凶還不知道，我們今天回去，如果明天曹君還在，我們還有什麼臉面再與他相見？就算是大禍臨頭，和他一起死有什麼可痛苦的呢！」眾人便聽從了卞后的話。太祖聽說後認為卞后處理得很好。建安初年，丁夫人被廢黜，便以卞后為繼室。那些沒有母親的兒子，太祖都讓卞后養育。文帝被立為太子，左右長御都向卞后祝賀說：「將軍被立為太子，天下沒有不高興的，您應當拿出庫房所有東西進行賞賜。」卞后說：「魏王因為曹丕年長，所以以他為繼承人，我只該為免去教導無方的過失而感到慶幸，為什麼要進行重賞呢！」長御回來，把這些話全都告訴太祖。太祖高興的說：「生氣時不改變表情，高興時不失去節制，這是最難得的。」

2 建安二十四年，太祖立卞氏為王后，下達策書說：「夫人卞氏，撫養諸子，有母親表率的品德。現今進位為王后，太子、諸侯陪同，羣卿百官上壽祝賀，國內的死刑犯改判輕一等的處罰。」建安二十五年，太祖去世，文帝繼承王位，尊王后為王太后，等到即帝位以後，尊王太后為皇太后，稱永壽宮。明帝即位，尊太后為太皇太后。

3 黃初年間，文帝想追封太后的父母，尚書陳羣上奏說：「陛下因為具有聖明美德而應順時運接受天命，開創大業，革新制度，應當永遠作為後世的典範。考察典籍文獻，沒有婦人封土授爵的制度。根據禮典，妻子只能通過丈夫的爵位來確定自己的地位。秦朝違背了古代的法度，漢朝又因襲了秦朝的做法，都不是先王的好制度。」文帝說：「這個建議是對的，我前面所說的不要執行了。把這個建議寫成詔書收藏在尚書臺和祕書內閣中，永遠作為後人的典範。」到了太和四年春，明帝才追謚太后的祖父卞廣為開陽恭侯，父親卞遠為敬侯，祖母周氏為陽都君，和敬侯夫人一起，都贈與印綬。這一年五月，太皇太后去世。七月，與太祖合葬高陵。

4 當初，太后弟弟卞秉，因功被封為都鄉侯，黃初七年進封為開陽侯，食邑一千二百戶，為昭烈將軍。卞秉去世，兒子卞蘭承襲爵位。卞蘭年少有才學，任奉車都尉、游擊將軍，加散騎常侍。卞蘭去世，兒子卞暉承襲爵位。朝廷又分出卞秉的爵位，封卞蘭的弟弟卞琳為列侯，官至步兵校尉。卞蘭兒子卞隆的女兒為高貴鄉公皇后，卞隆因為是皇后的父親而任光祿大夫，賜位特進，封睢陽鄉侯，妻子王氏為顯陽鄉君。追封卞隆前妻劉氏為順陽鄉君，因為她是高貴鄉公皇后生母的緣故。卞琳的女兒又為陳留王皇后，當時卞琳已經去世，朝廷便封卞琳的妻子劉氏為廣陽鄉君。

1 文昭甄皇后，中山無極❶人，明帝母，漢太保甄邯❷後也，世吏二千石❸。父逸，上蔡❹令。后三歲失父。後天下兵亂，加以饑饉，百姓皆賣金銀珠玉寶物，時后家大有儲穀，頗以買之。后年十餘歲，白母曰：「今世亂而多買寶物，匹夫無罪，懷璧為罪❺。又左右皆飢乏，不如以穀振給親族鄰里，廣為恩惠也。」舉家稱善，即從后言。

2 建安中，袁紹為中子熙納之❻。熙出為幽州❼，后留養姑❽。及冀州❾平，文帝納后於鄴❿，有寵，生明帝及東鄉公主。延康元年⓫正月，文帝即王位，六月，南征，后留鄴。黃初元年十月，帝踐阼。踐阼之後，山陽公⓬奉二女以嬪于魏，郭后、李、陰貴人並愛幸，后愈失意，有怨言。帝大怒，二年六月，遣使賜死，葬于鄴。

3 明帝即位，有司奏請追諡，使司空王朗持節奉策以太牢告祠于陵⓭，又別立寢廟。太和元年三月，以中山魏昌⓮之安城鄉戶千，追封逸，諡曰敬侯；適孫像襲爵。四月，初營宗廟，掘地得玉璽，方⓯一寸九分，其文曰「天子羨思慈親⓰」，明帝為之改容⓱，以太牢告廟。又嘗夢見后，於是差次舅氏親疏高下⓲，敘用⓳各有差，賞賜累鉅萬；以像為虎賁中郎將⓴。是月，后母薨，帝制緦服㉑臨喪，百僚陪位。四年十一月，以后舊陵庳下㉒，使像兼太尉㉓，持節詣鄴，昭告后土，十二月，改葬朝陽陵。像還，還散騎常侍。青龍二年㉔春，追謚后兄儼曰安城鄉穆侯。夏，吳賊寇揚州㉕，以像為伏波將軍㉖，持節監諸將東征，還，復為射聲校尉㉗。三年薨，追贈衛將軍㉘，改封魏昌縣，謚曰貞侯；子暢嗣。又封暢弟溫、韡、豔皆為列侯。四年，改逸、儼本封皆曰魏昌侯，謚因故㉙。封儼世婦劉為東鄉君，又追封逸世婦㉚張為安喜君。

4 景初元年㉛夏，有司議定七廟㉜。冬，又奏曰：「蓋帝王之興，既有受命之君，又有聖妃協于神靈，然後克昌厥世㉝，以成王業焉。昔高辛氏㉞卜其四妃之子皆有天下，而帝摯㉟、陶唐㊱、商、周代興㊲。周人上推后稷，以配皇天，追述王初，本之姜嫄㊳，特立宮廟，世世享嘗㊴，周禮㊵所謂『奏夷則，歌中呂，舞大濩，以享先妣㊶』者也。詩人頌之曰：『厥初生民，時維姜嫄㊷。』言王化之本，生民所由。又曰：『閟宮有侐，實實枚枚，赫赫姜嫄，其德不回㊸。』詩、禮所稱姬宗之盛，其美如此。大魏期運，繼于有虞㊹，然崇弘帝道，三世㊺彌隆，廟祧㊻之數，實與周同。今武宣皇后、文德皇后各配無窮之祚㊼，至於文昭皇后膺天靈符㊽，誕育明聖㊾，功濟生民，德盈宇宙，開諸後嗣，乃道化之所興也。寢廟特祀，亦姜嫄之閟宮也，而未著㊿不毀之制，懼論功報德之義，萬世或闕焉，非所以昭孝示後世也。文昭廟宜世世享祀奏樂，與祖廟同，永著不毀之典，以播聖善之風。」於是與七廟議並勒金策[51]，藏之金匱[52]。

帝思念舅氏不已。暢尚幼，景初末，以暢為射聲校尉，加散騎常侍，又特為起大第[53]，車駕親自臨之。又於其後園為像母起觀廟，名其里曰渭陽里[54]，以追思母氏也。嘉平三年[55]正月，暢薨，追贈車騎將軍[56]，諡曰恭侯；子紹嗣。太和六年，明帝愛女淑薨，追封諡淑為平原懿公主，為之立廟。取后亡從孫[57]黃與合葬，追封黃列侯，以夫人郭氏從弟悳為之後[58]，承甄氏姓，封悳為平原侯，襲公主爵。青龍中，又封后從兄子毅及像弟三人，皆為列侯。毅數上疏陳時政，官至越騎校尉[59]。嘉平中，復封暢子二人為列侯。后兄儼孫女為齊王皇后，后父已沒，封后母為廣樂鄉君。

【章　旨】以上為〈甄皇后傳〉，記述了曹叡的生母甄皇后先嫁給袁紹的兒子袁熙又改嫁給曹丕的曲折經歷，和最後被賜死的悲慘下場。

【注　釋】❶中山無極　中山，郡國名。治所在今河北定州。無極，縣名。治所在今河北無極西。❷太保甄邯　太保，官名。國君的輔弼。地位次於太傅。甄邯，字子心，西漢大臣孔光的女婿，王莽時任侍中、奉車都尉、太保、大將軍，領天下兵。事附《漢書・王莽傳》。❸世吏二千石　世代任郡國首相一類的官職。❹上蔡　縣名。治所在今河南上蔡西南。❺匹夫無罪二句　平民本沒有罪過，但是因為他持有玉璧，為了得到他的寶物，總要給他安上罪名。語見《左傳》桓公十年。璧，原作

「寶」，今從宋本。❻袁紹為中子句　袁紹，字本初，汝南汝陽（今河南商水縣西南）人，祖上四世三公。有清名，好交結，與曹操友善。東漢末與何進謀誅宦官，董卓之亂起，在冀州起兵討董卓，為關東聯軍盟主。後占據冀、青、幽、并四州，成為北方最強大的割據勢力。在官渡之戰中被曹操打敗，後病死。詳見《後漢書・袁紹列傳》、本書卷六〈袁紹傳〉。熙，即袁熙，字顯奕，汝南汝陽（今河南商水縣西南）人，袁紹的次子。出為幽州刺史，後被曹操打敗，投奔遼東公孫康，被公孫康所殺。❼幽州　州名。治所在今北京市。❽姑　婆婆。❾冀州　州名。治所在今河北冀州。❿鄴　城邑名。在今河北臨漳西南。⓫延康元年　西元二二〇年。延康，東漢獻帝劉協年號，西元二二〇年。⓬山陽公　即漢獻帝，名劉協，字伯和，靈帝子，為董卓所立。董卓死後，又被李傕所掠。建安元年（西元一九六年）被曹操迎至許昌。西元二二〇年曹魏建立，被廢為山陽公。詳見《後漢書・孝獻帝紀》。⓭使司空王朗句　司空，曹丕改御史大夫為司空，掌監察百官。王朗，字景興，東海郯（今山東郯城）人，因通經被拜為郎中，又任會稽太守，後被曹操表為諫議大夫，歷任曹魏魏郡太守、少府、奉常、大理、御史大夫、司徒等職。博學多才，為《周易》、《春秋》、《孝經》、《周禮》等儒家經典作傳。詳見本書卷十三〈王朗傳〉。太牢，以牛羊豕三牲作祭品。⓮魏昌　縣名。治所在今河北定州東南。⓯方　見方。⓰羨思慈親　想念母親。⓱改容　面部表情改變。意思是神情一下子變得悲傷。⓲差次舅氏句　區分舅舅家族的親疏長幼。⓳敘用　任用；授以官職。⓴虎賁中郎將　官名。漢代時宮廷衛隊的長官，曹魏時為閒置，是皇帝的隨從。㉑緦服　古代的喪服之一，用細麻布製作，是五等喪服中親屬關係最遠的一等，為表兄弟、岳父母之喪所用。按禮制外祖父母死時不必穿緦服，明帝穿緦服是仿照東漢安帝時事例辦理。㉒庳下　低下。㉓太尉　官名。與丞相、御史大夫合稱三公，掌軍事。㉔青龍二年　西元二三四年。青龍，魏明帝曹叡年號，西元二三三—二三七年。㉕揚州　三國魏、吳各置揚州，此指曹魏揚州，治所在今安徽壽縣。㉖伏波將軍　東漢名將馬援是明帝的岳父，曾任伏波將軍，所以曹叡也授甄像這個職務。㉗射聲校尉　官名。京城特種兵北軍五校尉之一，負責京城警衛。㉘衛將軍　武官名。位次於大將軍、驃騎將軍、車騎將軍等。㉙諡因故　諡號照舊。㉚世婦　指列侯的嫡妻。㉛景初元年　西元二三七年。景初，魏明帝曹叡年號，西元二三七—二三九年。㉜七廟　明帝仿照西周宗廟制度，立七廟，即太祖和下面的三昭三穆。但這個七廟制度與周代有區別，規定太祖武帝、高祖文帝、烈祖明帝三個廟萬世不毀，其餘四廟親盡迭毀，其中烈祖明帝還在世就將神位入廟。詳見本書卷三〈明帝紀〉。㉝克昌厥世　能夠使他世代昌盛。㉞高辛氏　名嚳，又名帝嚳，號高辛氏。傳說他是軒轅黃帝的曾孫，有四妻四子，四妻分別是姜嫄、簡狄、慶都、常宜。四子分別是后稷（姜嫄所生，周族的祖先）、契（簡狄所生，商族的祖先）、唐堯（慶都所生）、摯（常宜所生　春秋時鄭國的祖先）。㉟吾摯　因前面所說的摯。㊱陶唐　即前面所說的唐堯。㊲代興　一代一代興起。㊳姜嫄　又作「姜原」，有邰氏之女。相傳她偶經荒原，踩巨人足跡而有孕，生子曰棄，即后稷。詳見《史記・周本紀》。㊴享嘗　祭祀。㊵周禮　儒家經典，原名《周官》，亦稱《周官經》、《周官禮》。全書共分六篇，是研究先秦政治、經濟、文化的資料書。關於此書的作者及成書年代，歷來見解不一，有人認為是周公所撰，有人認為是戰國時期的著作，有人認為是西漢末年劉歆偽造。東漢鄭玄作注，唐賈公彥疏，清孫詒讓正義。㊶奏夷則四句　奏夷則，用樂器演奏以夷則定音的樂曲。中國古代音樂有十二音律，各有固定的音高和名稱，具體為：黃鍾、大呂、太簇、夾鍾、姑洗、中呂、蕤賓、林鍾、夷則、南呂、無射、應鍾。其中排在奇數的六呂為陽律，排在偶數的六律為陰律。樂器演奏的樂曲用陽律來定音，歌手演唱的歌曲用陰律來定音，如此器樂與聲樂相配，象徵陰陽和諧。歌中呂，歌唱以中呂定音的歌詞。舞大濩，表演名叫大濩的舞蹈。享先妣，祭祀姜嫄。以上四句見《周禮・春官・大司樂》。㊷厥初生民二句　生育我們周族先民的，正是姜嫄。語見《詩經・生民》。時維，原作「實維」，今從宋本。㊸閟宮有侐四句　閟宮，指姜嫄的神廟。有侐，清靜。「有」為虛詞，無義。實實枚枚，建築高大雕刻細密。赫赫，形容姜嫄的形象顯耀。不回，純正。以上四句出自《詩經・閟宮》。㊹有虞　即虞舜，傳說中有虞氏部落長，姚姓，一說嬀姓，名重華。相傳他受堯的禪讓即位後，剪除四凶，任禹平水土，契管人民，益掌山澤，皋陶作士，天下大治。詳見《史記・五帝本紀》。㊺三世　指曹操、曹丕、曹叡三代。㊻廟祧　祧，遠祖的神廟。西周的宗廟制度，以后稷為太祖，神廟居中；下面的左右各有三廟，為三昭三穆。文王廟為三昭之首，武王廟為三穆之首。太祖、文、武之廟曰祧，永遠不毀，其餘四廟親盡迭毀，遷出的神主，屬昭者入文王之祧，屬穆者入武王之祧。㊼無窮之祚　永不斷絕的祭祀。㊽膺天靈符　接受上天神聖的旨意。㊾誕育明聖　指養育明帝曹叡。㊿未著　沒有明確列入。(51)勒金策　把文字鑄在金屬板上。(52)金匱　存放國家重要文件的金屬箱子。(53)大第　高大寬敞的住宅。(54)渭陽里　《詩經・渭陽》是一篇抒發對舅家親戚依戀感情的詩，曹叡取這個名字也是這個意思。(55)嘉平三年　西元二五一年。嘉平，魏齊王曹芳年號，西元二四九—二五四年。(56)車騎將軍　武官名。位次於大將軍、驃騎將軍。掌京師兵衛。(57)從孫　姪子的兒子。(58)為之後　做甄黃、曹淑的繼承人。其實曹淑死時剛滿三個月，不足一歲。見《宋書・禮志四》。(59)越騎校尉　北軍五校尉之一，負責保衛京城。

【語譯】文昭甄皇后，中山國無極縣人，明帝的母親，漢朝太保甄邯的後代，世代任俸祿二千石的官職。她的父親甄逸，任上蔡縣令。文昭皇后三歲時失去父親。後來天下戰亂，又加上饑荒，百姓們全都把金銀珠玉寶物拿出來賣，當時甄后家儲藏了很多穀物，用穀物買了很多珠寶。當時甄后才十幾歲，對母親說：「現在世道混亂我們卻買了許多寶物，平民本沒有罪過，懷有璧玉才成為罪過。還有左鄰右舍全都飢餓乏糧，不如用糧穀救濟親族鄰里，廣施恩惠。」全家稱讚叫好，立即按照甄后的話去做。

2 建安年間，袁紹為次子袁熙娶甄氏為妻。袁熙出任幽州刺史，甄后留下來侍養婆婆。等到冀州平定，文帝在鄴城納娶甄氏，受到寵愛，生明帝和東鄉公主。延康元年正月，文帝即魏王位，六月，文帝南征，甄后留在鄴城。黃初元年十月，文帝即帝位。即位後，山陽公劉協把兩個女兒嫁給魏帝，同時郭后、李貴人、陰貴人都受到文帝的寵愛，甄后越來越失意，口出怨言。文帝大怒，黃初二年六月，派遣使臣將甄后賜死，埋葬在鄴城。

3 明帝即位，有關部門奏請為甄后追加諡號，明帝派遣司空王朗持符節帶追諡文書用太牢作祭品，到甄后的陵墓祭祀，又另外為甄后建立神廟。太和元年三月，把中山國魏昌縣安城鄉的一千戶，追封給甄逸，加諡號為敬侯；讓其嫡孫甄像承襲爵位。四月，開始營建宗廟，挖地時得到一枚玉璽，一寸九分見方，上邊的文字是「天子羨思慈親」，明帝因此大為悲傷，用太牢作祭品到宗廟中祭祀禱告。明帝又曾夢見太后，於是按照舅舅家族成員的親疏長幼，加以不同等級的任用，賞賜累計達到萬萬；又任甄像為虎賁中郎將。這一月，甄后的母親去世，明帝身穿喪服親臨葬禮，文武百官陪從。太和四年十一月，因為甄后的陵墓過於低矮，派甄像兼太尉，持符節到鄴城，祭告后土，十二月，將甄后改葬在朝陽陵。甄像回來以後，升遷為散騎常侍。青龍二年春，明帝追加甄后兄甄儼諡號為安城鄉穆侯。夏天，吳賊侵犯揚州，任甄像為伏波將軍，持節監督各軍東征，回來後，又任射聲校尉。青龍三年甄像去世，追贈衛將軍，改封在魏昌縣，諡號為貞侯；由兒子甄暢承襲爵位。又封甄暢弟弟甄溫、甄韡、甄豔為列侯。青龍四年，改變甄逸、甄儼本來的封號全都為魏昌侯，諡號依舊。封甄儼的夫人劉氏為東鄉君，又追封甄逸的夫人張氏為安喜君。

4 景初元年夏天，有關部門商議制定七廟制度。冬天，又上奏說：「帝王的興起，既有承天受命之君，又有聖明的后妃配合神靈，然後才能世代昌盛，成就王業。過去高辛氏占卜他的四個妃子之子都將享有天下，果然後來的帝摯、唐堯、商朝、周朝一代接一代興起。周人向上推到后稷為始祖，用后稷來配饗皇天，追述王族的開始，把姜嫄視為本源，特地為她建立宗廟，世代祭祀，就像《周禮》中所說的『演奏的樂曲用夷則正音，所唱的歌曲用中呂正音，跳大濩之舞，來祭祀先母姜嫄』。詩人歌頌姜嫄說：『那個最開始生育我們周族先民的，就是姜嫄啊。』這是在說帝王教化的根本，周族百姓的由來。詩人又說：『姜嫄的神廟清靜，建築宏偉精細，顯赫的姜嫄，美德是那樣純正。』《詩經》、《周禮》所稱頌的姬姓宗族的興盛，是這樣的美好。大魏的運數，繼承虞舜，然而弘揚帝王之道，三代皇帝更加興隆，在廟祧的數量上，實際上與周朝相同。如今武宣卞皇后、文德郭皇后都各自配饗武帝文帝享有永久的祭祀，至於文昭甄皇后，接受上天神聖的旨意，生育了聖明的君主，有普濟眾生的功勞，美德充滿天地，使皇族得到繁衍，是道德和教化興起的本源。雖然為她特別修建了神廟，如同姜嫄的閟宮，卻沒有明確列入萬世不毀的行列，恐怕議論陛下報答母后的功德時，後世會有所缺憾，這不是向後世顯示孝道的做法。因此，文昭甄皇后的神廟應該代代享受祭祀，演奏樂舞，與祖廟相同，永遠寫明不遷毀的法令，以傳揚聖上的美好風範。」於是明帝下令把這個奏議與有關七廟的奏議一起鑄在金屬板上，藏入金匱之中。

5　明帝對舅氏家族思念不已。甄暢年紀還小，景初末年，任甄暢為射聲校尉，加散騎常侍，又特別為他修建高大寬敞的住宅，還親自到他家看望。又在他家的後園為甄像的母親修建廟宇，把他所住的里巷命名為渭陽里，來表示對母氏的追思。嘉平三年正月，甄暢去世，追贈為車騎將軍，謚號為恭侯；兒子甄紹承襲爵位。太和六年，明帝的愛女曹淑夭死，追封加謚為平原懿公主，並為她立廟。用甄后已死亡的從孫甄黃與她合葬，追封甄黃為列侯，以夫人郭氏從弟郭悳為他們的後代，改姓甄氏，封為平原侯，繼承公主的爵位。青龍年間，又封甄后的從兄子甄毅以及甄像的三個弟弟全都為列侯。甄毅多次上書陳說時政，官做到越騎校尉。嘉平年間，又封甄暢的兩個兒子為列侯。甄后的哥哥甄儼的孫女為齊王皇后，甄后的父親已經去世，便封她的母親為廣樂鄉君。

1 文德郭皇后，安平廣宗❶人也。祖世長吏。后少而父永奇之曰：「此乃吾女中王也。」遂以女王為字。早失二親，喪亂流離，沒❷在銅鞮侯家。太祖為魏公時，得入東宮❸。后有智數，時時有所獻納❹。文帝定為嗣，后有謀焉。太子即王位，后為夫人，及踐阼，為貴嬪。甄后之死，由后之寵也。黃初三年，將登后位，文帝欲立為后，中郎棧潛❺上疏曰：「在昔帝王之治天下，不惟外輔，亦有內助，治亂所由，盛衰從之。故西陵配黃❻，英娥降嬀❼，並以賢明，流芳上世。桀奔南巢❽，禍階末喜❾；紂以炮烙❿，怡悅妲己⓫。是以聖哲慎立元妃⓬，必取先代世族之家⓭，擇其令淑以統六宮⓮，虔奉宗廟，陰教聿修⓯。易曰：『家道正而天下定⓰。』由內及外，先王之令典也。春秋書宗人釁夏⓱云，無以妾為夫人之禮。齊桓誓命于葵丘⓲，亦曰『無以妾為妻』。今後宮嬖寵⓳，常亞乘輿。若因愛登后，使賤人暴貴，臣恐後世下陵上替⓴，開張㉑非度，亂自上起也。」文帝不從，遂立為皇后。

2 后早喪兄弟，以從兄表繼永後，拜奉車都尉。后外親㉒劉斐與他國㉓為婚，后聞之，敕曰：「諸親戚嫁娶，自當與鄉里門戶匹敵者，不得因勢，彊與他方人婚也。」后姊子孟武還鄉里，求小妻，后止之。遂敕諸家曰：「今世婦女少，當配將士，不得因緣㉔取以為妾也。宜各自慎，無為罰首㉕。」

3 五年㉖，帝東征，后留許昌永始臺。時霖雨㉗百餘日，城樓多壞，有司奏請移止。后曰：「昔楚昭王㉘出游，貞姜留漸臺㉙，江水至，使者迎而無符，不去，卒沒。今帝在遠，吾幸未有是患，而便移止，奈何？」羣臣莫敢復言。六年，帝東征吳，至廣陵㉚，后留譙宮。時表㉛留宿衛，欲遏水取魚。后曰：「水當通運漕，又少材木，奴客不在目前㉜，當復私取官竹木作梁遏㉝。今奉車所不足者，豈魚乎？」

4 明帝即位，尊后為皇太后，稱永安宮。太和四年，詔封表安陽亭侯，又進爵鄉侯，增邑并前五百戶，遷中壘將軍㉞。以表子詳為騎都尉㉟。其年，帝追諡太后父永為安陽鄉敬侯，母董為都鄉君。遷表昭德將軍㊱，加金紫，位特進，表第二子訓為騎都尉。及孟武母卒，欲厚葬，起祠堂，太后止之曰：「自喪亂以來，墳墓無不發掘，皆由厚葬也；首陽陵可以為法。」青龍三年春，后崩于許昌㊲，以終制營陵，三月庚寅㊳，葬首陽陵西。帝進表爵為觀津侯，增邑五百，并前千戶。遷詳為駙馬都尉㊴。四年，追改封永為觀津敬侯，世婦董為堂陽君。追封諡后兄浮為梁里亭戴侯，都為武城亭孝侯，成為新樂亭定侯，皆使使者奉策，祠以太牢。表薨，子詳嗣，又分表爵封詳弟述為列侯。詳薨，子釗嗣。

【章旨】以上為〈郭皇后傳〉，記述了文帝的皇后郭氏從身陷王侯之家到「母儀天下」的經歷，揭示了她工於心計、見識不凡、嚴律外戚的複雜品格。

【注釋】❶安平廣宗　安平，郡名。治所在今河北冀州。廣宗，縣名。治所在今河北威縣東北。❷沒　陷身於。❸東宮　太子曹丕的宮中。❹獻納　獻上被曹丕願意採納的主意。❺中郎棧潛　中郎，皇帝的侍衛。棧潛，字彥皇，任城（今山東濟寧東南）人，太祖世歷縣令，曾督守鄴城。好直言，多次對文帝、明帝進行勸諫。事見本書卷二十五〈高堂隆傳〉。❻西陵配黃　西陵，傳說中西陵氏之女，名嫘祖，發明養蠶抽絲，被後世尊為蠶母。黃帝娶她為妻。❼英娥降嬀　英娥，傳說中堯的兩個女兒娥皇、女英，在嬀水嫁給虞舜。❽桀奔南巢　桀，即夏桀，夏朝末代國王，亦稱履癸、夏癸。在位時對內殘暴荒淫，對外濫用武力，後被商湯在鳴條打敗，逃到南巢（今安徽巢湖市西南）死在那裏。詳見《史記・夏本紀》。❾禍階末喜　禍難從末喜開始。末喜，又稱妺喜，有施氏女，夏桀的妃子。❿紂以炮烙　紂，即商紂王，名受，商朝末代國王，在位時荒於酒色，濫施淫威，對內重刑厚斂，對外窮兵黷武。後在牧野被周武王打敗，自焚而死。詳見《史記・殷本紀》。炮烙，商紂王使用的酷刑，將人放在鐵板上燒烤致死。⓫妲己　商紂王寵妃，己姓，有蘇氏女。周武王滅商後被殺，一說自縊而死。⓬元妃　嫡妻。⓭世族之家　世代為官的高門。⓮六宮　泛指後宮。⓯陰教聿修　對女性的教育培養得到加強。⓰家道正而天下定　語出《周易・家人》的彖辭，原文是「父父子子兄兄弟弟夫夫婦婦而家道正，正家而天下定。」⓱宗人釁夏　宗人，官名。掌宗廟祭祀禮儀。釁夏，春秋時人，魯哀公時任宗人，反對魯哀公立愛妾為嫡室夫人。事見《左傳》哀公二十四年。⓲葵丘　地名。在今河南蘭考、民權兩縣交界處。西元前六五一年，齊桓公大會魯、宋、衛、鄭、許、曹等國於此，史稱葵丘之會。⓳嬖寵　被寵愛的妃妾。⓴下陵上替　下賤的欺侮高貴的，高貴的衰弱癈棄。㉑開張　讓妃妾的勢力擴張。㉒外親　娘家的親戚。㉓他國　其他郡國。㉔因緣　憑藉關係。㉕無為罰首　不要成為首先被懲罰的人。㉖五年　黃初五年（西元二二四年）。㉗霖雨　大雨。㉘楚昭王　名珍，春秋時楚國國君。在位期間曾受吳蔡等國攻擊，出逃。事見《史記・楚世家》。㉙貞姜留漸臺　貞姜，楚昭王的夫人。楚昭王出遊，留夫人貞姜在漸臺之上。楚昭王聽說江水要淹沒漸臺，便派使者請貞姜離開。使者忘記帶王符，貞姜一定要見王符才肯執行，最後江水至，漸臺崩塌，貞姜被淹死。詳見《列女傳・楚昭貞姜》。漸臺，在今湖北江陵東南。㉚廣陵　郡國名。治所在今江蘇揚州。㉛表　即郭表。㉜奴客不在目前　指郭表的奴客不在身邊。郭后的意思是郭表要捕魚，應當差遣自己的奴客，而郭表的奴客在洛陽而不在身邊，捕魚勢必要動用朝廷的人力，這是不行的。㉝梁遏　堵截水流的堤壩。㉞中壘將軍　官名。西漢稱中壘校尉，曹魏改為中壘將軍。掌中央禁軍。㉟騎都尉　官名。兩漢均有此官，屬光祿勳，掌監羽林騎兵。曹魏亦設此官，無定員。㊱昭德將軍　授給外戚的榮譽性軍職。㊲許昌　縣名。治所在今河南許昌東。㊳庚寅　舊曆十一日。㊴駙馬都尉　官名。掌皇帝副車之馬，為侍從親近之職。魏晉以後，皇帝女婿例加駙馬都尉稱號。

【語　譯】文德郭皇后，安平郡廣宗縣人。祖先世代擔任長吏。郭后年少時，父親郭永對她很驚異，說：「這是我的女中之王呀。」便給她取字為女王。郭后早失雙親，在動盪中流離，陷身在銅鞮侯家。太祖為魏公時，得以進入太子東宮。郭后有智謀，常常有建議被採納。文帝被定為繼承人，郭后是有出謀獻策的。太子曹丕繼承王位以後，郭后被立為夫人，等到曹丕即帝位，又為貴嬪。甄后的死，就是由於郭后受寵的緣故。黃初三年，將要確立皇后，文帝想立她為皇后，中郎棧潛上書說：「在過去帝王治理天下，不僅僅外有輔臣，也有內助，社會治亂由此而來，國家盛衰也與此有關。所以西陵氏之女嫁給黃帝，娥皇女英嫁給虞舜，都以她們的賢慧明智，流芳古代。夏桀失敗逃到南巢，禍患是由寵愛妹喜開始；商紂王用炮烙之刑，只為愉悅妲己。所以聖王哲人在立嫡妻的時候是非常謹慎的，必定要在祖先世代為官的高門之女中，選擇善良賢淑的人以統領後宮，侍奉宗廟，對後宮女眷的培養教育得到加強。《周易》說：『家庭倫理之道做得好，天下便能夠安定。』由內而外，這是先王設立的好制度啊。《春秋》記載宗人釁夏說，沒有以妾為夫人的禮制。齊桓公在葵丘與諸侯盟誓，也說『不要以妾為妻』。如今後宮得到寵幸的妃妾，所受待遇常常僅次於皇帝。如果因為受寵而登上皇后之位，使賤人猛然高貴，臣恐怕以後下賤的欺陵高貴的，高貴的被廢棄，擴張無度，動亂就要從上邊發生了。」文帝不聽，便立郭氏為皇后。

2　郭后兄弟早死，以從兄郭表為郭永的繼承人，任命他為奉車都尉。郭后的娘家親戚劉斐與其他郡國的人通婚，郭后聽說，下令說：「各個親戚家的嫁娶，自然應當與鄉里中門當戶對的人家，不許憑藉勢力，強與他方人家通婚。」郭后姐姐的兒子孟武回到故鄉後，求娶小妾，郭后制止了他。又對各家親戚下令說：「如今婦女人數少，應當婚配給將士，不能憑藉關係娶她們為小妾。你們應當各自謹慎，不要成為首先被懲罰的人。」

3 黃初五年，文帝東征，郭后留在許昌永始臺。當時大雨一連下了一百多天，城樓多數被毀壞，有關部門上奏請求郭后轉移住地。郭后說：「古時候楚昭王出遊，婦人貞姜留在漸臺，江水淹來，使者接她轉移卻沒帶王符，貞姜不走，最終被淹死。如今皇帝在遠方，我有幸沒被淹死的憂患，而要轉移到他處居住，怎麼能這樣呢？」羣臣沒有人敢再說話。黃初六年，文帝東征孫吳，到達廣陵，郭后留在譙縣的行宮。當時郭表留在郭后身邊宿衛，想截水捕魚。郭后說：「河水是用來行船運軍糧的，再者又缺少築壩的材木，你自己的奴客又不在身邊，這樣就得用公家的材木人力築壩。如今你這奉車都尉所缺少的，難道是魚嗎？」

4 明帝即位，尊郭后為皇太后，稱永安宮。太和四年，明帝下詔封郭表為安陽亭侯，又進爵為鄉侯，增加封邑加上以前的共五百戶，遷升為中壘將軍。任命郭表的兒子郭詳為騎都尉。這一年，明帝追加皇太后的父親郭永謚號為安陽鄉敬侯，母親董氏為都鄉君。遷升郭表為昭德將軍，賜給金印紫綬，賜位特進，郭表的第二子郭訓為騎都尉。到孟武母親去世時，明帝想要厚葬，為她建祠堂，太后制止說：「自大亂以來，墳墓沒有不被發掘的，全是由於厚葬的緣故；應以首陽陵的薄葬為準。」青龍三年春，太后在許昌去世，按照文帝遺詔營建陵墓，三月十一日，安葬在首陽陵西。明帝進郭表的爵位為觀津侯，增加封邑五百戶，合併以前的共一千戶。遷升郭詳為駙馬都尉。青龍四年，追改郭永的封號為觀津敬侯，郭永的夫人董氏為堂陽君。給皇太后的哥哥郭浮追加封謚為梁里亭戴侯，郭都為武城亭孝侯，郭成為新樂亭定侯。全都派使者捧著追封追謚的文書，用太牢祭祀。郭表去世後，兒子郭詳承襲爵位，朝廷又分郭表的封邑封郭詳的弟弟郭述為列侯。郭詳死後，兒子郭釗承襲爵位。

1 明悼毛皇后，河內❶人也。黃初中，以選入東宮，明帝時為平原王，進御有寵，出入與同輿輦。及即帝位，以為貴嬪。太和元年，立為皇后。后父嘉，拜騎都尉，后弟曾，郎中❷。

2 初，明帝為王，始納河內虞氏為妃，帝即位，虞氏不得立為后，太皇卞太后慰勉焉。虞氏曰：「曹氏自好立賤❸，未有能以義舉者也。然后職內事❹，君聽外政，其道相由而成，苟不能以善始，未有能令終者也。殆必由此亡國喪祀❺矣！」虞氏遂絀還鄴宮。進嘉為奉車都尉，曾騎都尉，寵賜隆渥❻。頃之，封嘉博平鄉侯，遷光祿大夫，曾駙馬都尉。嘉本典虞車工❼，卒暴富貴，明帝令朝臣會其家飲宴，其容止舉動甚蚩騃❽，語輒自謂「侯身❾」，時人以為笑。後又加嘉位特進，曾遷散騎侍郎❿。青龍三年，嘉薨，追贈光祿大夫，改封安國侯，增邑五百，并前千戶，諡曰節侯。四年，追封后母夏為野王君。

3 帝之幸⓫郭元后也，后愛寵日弛⓬。景初元年，帝游後園，召才人以上曲宴⓭極樂。元后曰「宜延皇后」，帝弗許。乃禁左右，使不得宣⓮。后知之，明日，帝見后，后曰：「昨日游宴北園，樂乎？」帝以左右泄之，所殺十餘人。賜后死，然猶加諡，葬愍陵。遷曾散騎常侍，後徙為羽林虎賁中郎將、原武典農⓯。

【章　旨】以上為〈毛皇后傳〉，記述了明帝的皇后毛氏從小妾到皇后的歷程，也記述了她最後被賜死的下場，同時又通過她父親突然富貴以後的可笑表現，揭示了一些暴富者的心態。

【注　釋】❶河內　郡名。治所在今河南武陟西南。❷郎中　皇帝的侍衛。❸曹氏自好立賤　曹操的皇后卞氏出身倡家；曹丕的皇后郭氏當過女奴；出身都很卑賤，而且最初都是小妾，故虞氏這樣說。立賤，立出身卑賤的妾做皇后。❹職內事　主管後宮內事。職，主管。❺喪祀　斷絕宗廟祭祀。❻隆渥　優厚。❼典虞車工　典虞都尉所統轄製造車輛的工匠。典虞，即典虞都尉，負責管理皇帝車馬弓箭等物品。車工，製造車輛的工匠。❽蚩騃　呆傻可笑。❾侯身　當時士大夫交談都用自謙之稱，或稱名，或稱僕，自稱侯身，不合習慣，顯得粗魯沒有教養。❿散騎侍郎　官名。與侍中、黃門侍郎共平尚書奏事。⓫幸　寵愛。⓬日弛　一天天減弱。⓭曲宴　皇帝在宮中的私人宴飲。⓮宣　走漏消息。⓯原武典農　典農校尉名，治所在今河南原陽。

【語　譯】明悼毛皇后，河內郡人。黃初年間，被選進太子東宮，明帝當時被封為平原王，進見後就被寵愛，出入都和明帝同車。等到明帝即帝位，以她為貴嬪。太和元年，立為皇后。毛皇后父親毛嘉，擔任騎都尉，毛后弟弟毛曾，擔任郎中。

2　當初，明帝為平原王時，先納河內郡虞氏為妃，明帝即位以後，虞氏沒有被立為皇后，太皇太后卞氏安慰勉勵她。虞氏說：「曹氏自來喜歡立卑賤的人為皇后，沒有因符合大義標準被立的。然而皇后主管後宮內事，國君主管外政，二者相輔相成，如果不能有好的開始，也就不能有好的結果。大概必定要由此而亡國斷祀吧！」虞氏便被廢黜送到鄴宮。晉升毛嘉為奉車都尉，毛曾為騎都尉，對他們賞賜寵愛非常優厚。不久，封毛嘉為博平鄉侯，遷升為光祿大夫，毛曾為駙馬都尉。毛嘉本來是典虞都尉統轄的製造車輛的工匠，突然的富貴起來，明帝讓羣臣聚集在毛嘉家飲宴，毛嘉的行為舉止特別呆傻可笑，一說話就自稱「侯身」，當時人都把這事引為笑談。後來又提升毛嘉為特進，毛曾升為散騎侍郎。青龍三年，毛嘉去世，追贈他為光祿大夫，改封安國侯，增加封邑五百戶，合併以前所封共一千戶，謚號為節侯。青龍四年，追封毛后的母親夏氏為野王君。

3 明帝寵愛郭元皇后，對毛后的寵愛一天天減弱。景初元年，明帝遊覽後花園，召集才人以上的嬪妃宴飲，盡情玩樂。郭元皇后說「應該邀請毛后」，明帝沒有允許。還禁止左右的人，不許將這件事洩露出去。毛后還是知道了，第二天，明帝見到毛后，毛后問：「昨天在北園遊玩宴飲，高興嗎？」明帝認為是左右洩露了消息，殺了十多個人。將毛后賜死，然而還是給她加封了諡號，葬在愍陵。遷升毛曾為散騎常侍，後改為羽林虎賁中郎將、原武典農校尉。

明元郭皇后，西平❶人也，世河右❷大族。黃初中，本郡反叛，遂沒入宮。明帝即位，甚見愛幸，拜為夫人。叔父立為騎都尉，從父芝為虎賁中郎將。帝疾困，遂立為皇后。齊王即位，尊后為皇太后，稱永寧宮。追封諡太后父滿為西都定侯，以立子建紹其爵。封太后母杜為郃陽君。芝遷散騎常侍、長水校尉❸，立，宣德將軍❹，皆封列侯。建兄悳，出養❺甄氏。悳及建俱為鎮護將軍❻，皆封列侯，並掌宿衛。值三主❼幼弱，宰輔統政，與奪❽大事，皆先咨啟於太后而後施行。毌丘儉❾、鍾會❿等作亂，咸假⓫其命而以為辭⓬焉。景元四年十二月崩，五年二月，葬高平陵西。

【章　旨】以上為〈郭皇后傳〉，記述了明帝的皇后郭氏的一生及其家人的情況。

【注　釋】❶西平　郡名。治所在今青海西寧。❷河右　地區名。指今甘肅、青海兩省間黃河以西地區，即河西走廊與湟水流域。❸長水校尉　官名。京城有特種兵北軍五營，每營設校尉一人，長水校尉即其中之一，負責統領烏丸族騎兵七百餘人，警衛京城。❹宣德將軍　官名。是給與外戚的榮譽性官職。❺出養　過繼給人家當兒子。❻鎮護將軍　官名。掌宮廷保衛。❼三主　指曹芳、曹髦、曹奐三少帝。❽與奪　任命和罷免官員。❾毌丘儉　字仲恭，河東聞喜（今山西聞喜）人，曹魏將領。歷任尚書郎、鎮南將軍等。後起兵反對司馬師，兵敗被殺。詳見本書卷二十八〈毌丘儉傳〉。❿鍾會　字士季，潁川長社（今河南長葛東）人，鍾繇少子。為司馬昭所寵信，任黃門侍郎、司隸校尉。率兵伐蜀，自謂功高蓋世，與蜀漢降將姜維合謀起兵反司馬昭，後被殺。詳見本書卷二十八〈鍾會傳〉。⓫假　假借。⓬為辭　發布討伐檄文。

【語譯】明元郭皇后，西平郡人，世代為河右大族。黃初年間，西平郡反叛，郭氏便淪沒到了宮中。明帝即位後，郭氏特別受寵愛，被封為夫人。叔父郭立被任為騎都尉，從父郭芝被任為虎賁中郎將。明帝病重時，便立郭氏為皇后。齊王即位，尊郭后為皇太后，稱永寧宮，追封追諡郭太后的父親郭滿為西都定侯，讓郭立的兒子郭建繼承郭滿的封爵。封太后的母親杜氏為郃陽君。郭芝升遷為散騎常侍、長水校尉，郭立為宣德將軍，全都封為列侯。郭建的哥哥郭悳，出離本宗為甄氏養子。郭悳和郭建全都為鎮護將軍，封為列侯，並掌管宮廷宿衛。正值三少帝年幼闇弱，宰輔大臣執政，任命罷免官員，全都先稟報諮詢太后然後執行。毌丘儉、鍾會等人作亂，全都假借太后的名義發布討伐檄文。景元四年十二月郭太后去世，五年二月，葬於高平陵西。

評曰：魏后妃之家，雖云富貴，未有若衰漢乘非其據❶，宰割朝政者也。鑒往易軌❷，於斯為美。追觀陳羣之議，棧潛之論，適足以為百王之規典，垂憲範❸乎後葉矣。

【章旨】以上為陳壽對曹氏王朝皇后的評價。

【注釋】❶乘非其據　乘機占據不該有的權位。❷鑒往易軌　借鑑歷史經驗改變路線方針。❸憲範　典範。

【語　譯】評論說：曹魏后妃之家，雖說富貴，但沒有像漢末那樣乘機占據不該有的權位，主宰朝政的現象。借鑑歷史經驗改變路線方針，曹魏在這個方面做得很好。回顧陳羣的奏議，棧潛的議論，真是足以作為百代帝王遵循的規則典範，垂範於後代。

【研　析】魏蜀吳三國的后妃中，孫吳遭到了陳壽的批評，曹魏得到了陳壽的褒揚。從歷史事實上看，孫吳的后妃的確給國家政治造成了一定的負面影響，具體情況已經在本書卷五十〈妃嬪傳〉的研析中有所論述，此不再贅。相比之下，曹魏的后妃中沒有出現孫吳那種情況，仔細分析起來，大概有如下幾個原因：

第一，歷史的經驗在起作用。眾所周知，東漢末期后妃參與國家政治，后妃為鞏固自己的地位，引自己的娘家親戚即外戚為援，致使外戚專權，與宦官勢力彼此爭奪，搞得朝政腐敗黑暗，最後衰敗。曹魏代替東漢而起，對前車之鑑可謂記憶猶新，警鐘在耳。

第二，曹氏家族「自好立賤」，即立出身卑賤的女人當皇后。例如曹操的皇后卞氏出於表演藝人之家；曹丕的皇后郭氏當過女奴，出身都很卑賤。出身社會下層的人暴貴暴富，固然會有一些可笑甚至可鄙的舉動，就像本傳中毛后的父親毛嘉那樣，但出身卑賤的女人地位一下子變得高貴，首先想到的往往是如何保住自己的地位。因此，出身高貴的女人往往把心思用在爭權上，就像孫吳的后妃那樣；而曹魏的后妃往往把心思用在爭寵上，因為只有受到君主的寵愛才能保住自己高貴的地位。

第三，曹魏的政治環境使后妃沒有參政的機會和可能。從主觀上講，曹魏的后妃首要的任務是爭寵，爭權是爭寵得勝後的事。從客觀上講，曹魏武帝、文帝、明帝是在政治上有作為強有力的君主，他們不允許后妃們染指朝政，而在曹芳、曹髦、曹奐三少帝時，朝政始終牢牢的控制在司馬氏手中，皇帝都由他們殺戮廢立，他們的后妃想要在政治上表現自己更是絕對不可能的。

第四，曹魏后妃中的確有謹慎賢惠的女人，最典型的就是文帝的皇后郭氏。郭氏是爭寵的勝利者，在這方面她的確工於心計。然而她還有另外一面，她不僅自己謙恭謹慎，而且對自己的親戚也要求很嚴，不讓他們憑藉勢力在婚姻上違法，不讓他們憑藉勢力侵吞公家財物，不讓他們憑藉勢力破壞從曹操就定下的薄葬規矩，可以說是當時賢內助的典範。(梁滿倉注譯)

卷六 魏書六

董二袁劉傳第六

【題解】本卷為董卓、袁紹、袁術、劉表四人的合傳。他們四個人的作為是不一樣的。董卓是個禍國殃民的獨夫民賊，袁術是個野心家，但禍國殃民的程度要比董卓輕。袁紹、劉表則沒有表現出董卓、袁術那樣的野心和禍害。但四個人的確有共同之處，他們都曾獨霸一方，都有十分明顯的割據傾向，是天下統一的障礙，這大概是陳壽把他們並列一傳的原因所在。

1 董卓字仲穎，隴西臨洮❶人也。少好俠，嘗游羌中，盡與諸豪帥❷相結。後歸耕於野，而豪帥有來從之者，卓與俱還，殺耕牛與相宴樂。諸豪帥感其意，歸相斂❸，得雜畜❹千餘頭以贈卓。漢桓帝❺末，以六郡良家子為羽林郎❻。卓有才武，膂力❼少比，雙帶兩鞬❽，左右馳射。為軍司馬❾，從中郎將張奐征并州有功❿，拜郎中⓫，賜縑九千匹，卓悉以分與吏士。遷廣武⓬令，蜀郡北部都尉⓭，西域戊己校尉⑭，免。徵拜并州刺史、河東⑮太守，遷中郎將，討黃巾⑯，軍敗抵罪⑰。韓遂⑱等起涼州⑲，復為中郎將，西拒遂。於望垣硤⑳北，為羌、胡數萬人所圍，糧食乏絕。卓偽欲捕魚，堰㉑其還道當所渡水㉒為池，使水渟㉓滿數十里，默從堰下過其軍而決堰。比羌、胡聞知追逐，水已深，不得渡。時六軍上隴西，五軍敗績，卓獨全眾而還，屯住扶風㉔。拜前將軍㉕，封斄鄉侯，徵為并州牧。

2 靈帝㉖崩，少帝㉗即位。大將軍何進與司隸校尉袁紹謀誅諸閹官㉘，太后㉙不從。進乃召卓使將兵詣京師，并密令上書曰：「中常侍張讓㉚等竊幸乘寵㉛，濁亂海內。昔趙鞅興晉陽之甲㉜，以逐君側之惡。臣輒鳴鐘鼓如洛陽㉝，即討讓等。」欲以脅迫太后。卓未至，進敗。中常侍段珪等劫帝走小平津㉞，卓遂將其眾迎帝於北芒㉟，還宮。時進弟車騎將軍苗㊱為進眾所殺，進、苗部曲無所屬，皆詣卓。卓又使呂布㊲殺執金吾丁原㊳，并其眾，故京都兵權唯在卓。

3 先是，進遣騎都尉太山鮑信所在募兵㊴，適至㊵，信謂紹曰：「卓擁彊兵，有異志，今不早圖，將為所制；及其初至疲勞，襲之可禽也。」紹畏卓，不敢發，信遂還鄉里。

4 於是以久不雨，策免司空劉弘㊶而卓代之，俄遷太尉㊷，假節鉞虎賁㊸。遂廢帝為弘農王，尋(44)又殺王及何太后。立靈帝少子陳留王，是為獻帝(45)。卓遷相國(46)，封郿侯，贊拜不名，劍履上殿，又封卓母為池陽君，置家令、丞(47)。卓既率精兵來，適值帝室大亂，得專(48)廢立，據有武庫甲兵，國家珍寶，威震天下。卓性殘忍不仁，遂以嚴刑脅眾，睚眦之隙必報(49)，人不自保。嘗遣軍到陽城(50)，時值(51)二月社(52)，民各在其社下。悉就斷其男子頭，駕其車牛，載其婦女財物，以所斷頭繫車轅軸，連軫(53)而還洛，云攻賊大獲，稱萬歲(54)。入開陽城門(55)，焚燒其頭，以婦女與甲兵為婢妾。至於姦亂宮人(56)公主。其凶逆如此。

5 初，卓信任尚書周毖(57)、城門校尉伍瓊(58)等，用其所舉韓馥(59)、劉岱(60)、孔伷(61)、張咨(62)、張邈(63)等出宰州郡。而馥等至官，皆合兵將以討卓。卓聞之，以為毖、瓊等通情賣己，皆斬之。

6 河內太守王匡(64)，遣泰山兵屯河陽津(65)，將以圖卓。卓遣疑兵若將於平陰(66)渡者，潛遣銳眾從小平(67)北渡，繞擊其後，大破之津北，死者略盡。卓以山東豪傑並起，恐懼不寧。初平元年(68)二月，乃徙天子都長安(69)。焚燒洛陽宮室，悉發掘陵墓，取寶物。卓至西京，為太師，號曰尚父(70)。乘青蓋金華車(71)，爪畫兩轓(72)，時人號曰竿摩車。卓弟旻為左將軍(73)，封鄠侯；兄子璜為侍中中軍校尉(74)典兵；

宗族內外並列朝廷。公卿見卓，謁拜車下，卓不為禮。召呼三臺[75]尚書以下自詣卓府啟事[76]。築郿塢[77]，高與長安城埒[78]，積穀為三十年儲，云事成，雄據天下，不成，守此足以畢老[79]。嘗至郿[80]行塢，公卿已下祖道[81]於橫門[82]外。卓豫施帳幔飲，誘降北地[83]反者數百人，於坐中先斷其舌，或斬手足，或鑿眼，或鑊[84]煮之，未死，偃轉[85]杯案閒，會者皆戰慄亡失匕箸[86]，而卓飲食自若[87]。太史望氣[88]，言當有大臣戮死者。故太尉張溫[89]時為衛尉[90]，素不善卓，卓心怨之，因天有變[91]，欲以塞咎[92]，使人言溫與袁術[93]交關[94]，遂笞殺之。法令苛酷，愛憎[95]淫刑，更相被誣，冤死者千數。百姓嗷嗷[96]，道路以目。悉椎破銅人[97]、鐘虡[98]，及壞五銖錢，更鑄為小錢，大五分，無文章[99]，肉好[100]無輪郭，不磨鑢[101]。於是貨[102]輕而物貴，穀一斛至數十萬。自是後錢貨不行。

7 三年四月，司徒王允[103]、尚書僕射士孫瑞[104]、卓將呂布共謀誅卓。是時，天子有疾新愈，大會未央殿[105]。布使同郡騎都尉李肅[106]等，將親兵十餘人，偽著衛士服守掖門[107]。布懷詔書。卓至，肅等格[108]卓。卓驚呼布所在[109]，布曰「有詔」，遂殺卓，夷三族[110]。主簿[111]田景前趨卓尸，布又殺之；凡所殺三人，餘莫敢動。長安士庶咸相慶賀，諸阿附卓者皆下獄死。

8 初，卓女壻中郎將牛輔典兵別屯陝[112]，分遣校尉李傕[113]、郭汜[114]、張濟[115]略陳留[116]、潁川[117]諸縣。卓死，呂布使李肅至陝，欲以詔命誅輔。輔等逆與肅戰，肅敗走弘農[118]，布誅肅。其後輔營兵有夜叛出者，營中驚，輔以為皆叛，乃取金寶，獨與素所厚支胡赤兒[119]等五六人相隨，踰城北渡河[120]，赤兒等利其金寶[121]，斬首送長安。

9 比傕等還，輔已敗，眾無所依，欲各散歸。既無赦書，而聞長安中欲盡誅涼州人[122]，憂恐不知所為。用賈詡[123]策，遂將其眾而西，所在[124]收兵，比至長安，眾十餘萬，與卓故部曲樊稠[125]、李蒙[126]、王方等合圍長安城。十日城陷，與布戰城中，布敗走。傕等放兵略長安老少，殺之悉盡，死者狼籍。誅殺卓者，尸王允[127]於市。葬卓於郿，大風暴雨震卓墓，水流入藏，漂其棺槨。傕為車騎將軍[128]、池陽侯，領司隸校尉、假節。汜為後將軍、美陽侯。稠為右將軍[129]、萬年侯。傕、汜、稠擅朝政。濟為驃騎將軍[130]、平陽侯，屯弘農。

10 是歲，韓遂、馬騰[131]等降，率眾詣長安。以遂為鎮西將軍[132]，遣還涼州，騰征西將軍[133]，屯郿。侍中馬宇與諫議大夫种邵[134]、左中郎將劉範[135]等謀，欲使騰襲長安，己為內應，以誅傕等。騰引兵至長平觀[136]，宇等謀泄，出奔槐里[137]。稠擊騰，騰敗走，還涼州；又攻槐里，宇等皆死。時三輔[138]民尚數十萬戶，傕等放兵劫略，攻剽城邑，人民飢困，二年閒相啖食略盡。

11 諸將爭權，遂殺稠，并其眾。汜與傕轉相疑，戰鬬長安中。傕質[139]天子於營，燒宮殿城門，略官寺[140]，盡收乘輿服御物[141]置其家。傕使公卿詣汜請和，汜皆執之。相攻擊連月，死者萬數。

12 傕將楊奉[142]與傕軍吏宋果等謀殺傕，事泄，遂將兵叛傕。傕眾叛，稍[143]衰弱。張濟自陝和解之，天子乃得出，至新豐、霸陵[144]閒。郭汜復欲脅天子還都郿。天子奔奉營，奉擊汜破之。汜走南山[145]，奉及將軍董承[146]以天子還洛陽。傕、汜悔遣天子，復相與[147]和，追及天子於弘農之曹陽[148]。奉急招河東故白波[149]帥韓暹[150]、胡才、李樂[151]等合，與傕、汜大戰。奉兵敗，傕等縱兵殺公卿百官，略宮人入弘農。天子走陝，北渡河，失輜重，步行，唯皇后貴人從，至大陽[152]，止人家屋中。奉、暹等遂以天子都安邑[153]，御乘牛車。太尉楊彪[154]、太僕韓融[155]近臣從者十餘人。以暹為征東、才為征西、樂征北將軍，並與奉、承持政。遣融至弘農，與傕、汜等連和，還所略宮人公卿百官，及乘輿車馬數乘。是時蝗蟲起，歲旱無穀，從官食棗菜。諸將不能相率[156]，上下亂，糧食盡。奉、暹、承乃以天子還洛陽。出箕關[157]，下軹道[158]，張楊[159]以食迎道路，拜大司馬[160]。語在楊傳。天子入洛陽，宮室燒盡，街陌荒蕪，百官披荊棘，依丘牆[161]間。州郡各擁兵自衛，莫有至者。飢窮稍甚，尚書郎[162]以下，自出樵采，或飢死牆壁間。

13 太祖[163]乃迎天子都許[164]。暹、奉不能奉王法，各出奔，寇徐、揚[165]間，為劉備[166]所殺。董承從太祖歲餘，誅。建安二年[167]，遣謁者僕射裴茂[168]率關西諸將誅傕，夷三族。汜為其將五習所襲，死於郿。濟飢餓，至南陽[169]寇略，為穰[170]人所殺，從子繡[171]攝其眾。才、樂留河東，才為怨家所殺，樂病死。遂、騰自還涼州，更相寇[172]。後騰入為衛尉，子超[173]領其部曲。十六年，超與關中諸將及遂等反，太祖征破之。語在武紀。遂奔金城[174]，為其將所殺。超據漢陽[175]，騰坐夷三族。趙衢等舉義兵討超，超走漢中[176]從張魯[177]，後奔劉備，死於蜀。

【章　旨】以上為〈董卓傳〉，記述了董卓起家、鼎盛、敗亡的過程，記載了董卓之亂給國家社會和百姓帶來的災難。

【注　釋】❶隴西臨洮　隴西，郡名。治所在今甘肅臨洮。臨洮，縣名。治所在今甘肅岷縣。❷豪帥　首領。❸歸相斂　回去之後搜斂財物。❹雜畜　各種牲畜。❺漢桓帝　東漢皇帝，名劉志，章帝曾孫。十五歲登位，在位期間宦官專權，黨人興起。他信任宦官，實行黨錮，政治黑暗腐敗。死後諡曰桓。詳見《後漢書・孝桓帝紀》。❻以六郡良家子句　六郡，指東漢時西北的六郡：漢陽郡（治所在今甘肅甘谷東南）、隴西郡、北地郡（治所在今寧夏青銅峽市東南）、上郡（治所在今陝西榆林南）、安定郡（治所在今甘肅鎮原東南）、西河郡（治所在今山西離石）。良家，非從事工、商、醫、巫等卑賤職業的人家。羽林郎，皇帝的侍衛。❼膂力　體力；四肢的力量。❽雙帶兩鞬　攜帶雙弓。鞬，盛弓的器具。❾軍司馬　將軍、校尉等屬官，主兵事。此指中郎將張奐屬下的司馬。❿從中郎將句　中郎將，漢代的五官中郎將、左中郎將、右中郎將均為天子的侍衛近臣，東漢時已非如此，中郎將領兵征討四方，類似將軍。張奐，字然名，敦煌淵泉（今甘肅安西東南）人，東漢時歷任安定屬國都尉、護匈奴中郎將、武威太守、太常等職，後因反對宦官被免職，在家講授《尚書》。詳見《後漢書・張奐列傳》。并州，州名。治所在今山西太原西南。⓫郎中　漢代的郎官之一，皇帝的侍衛。⓬廣武　縣名。治所在今山西代縣西南。⓭蜀郡北部都尉　蜀郡，郡名。治所在今四川成都。北部都尉，郡守屬官，輔佐郡守管理軍務。⓮西域戊己校尉　西域，地區名。漢代以後對玉門關、陽關以西地區的總稱。分狹義和廣義兩種含義，前者的西界只到葱嶺，後者則包括中亞、西亞、東歐、北非和印度半島。戊己校尉，官名。駐守西域，治高昌。⓯河東　郡名。治所在今山西夏縣西北。⓰黃巾　東漢末年民眾起事，頭裹黃巾，故名。⓱軍敗抵罪　承擔敗軍之罪，指被撤職。⓲韓遂　字文約，金城（今甘肅永靖）人，與同郡人邊章俱著名西州。曾勸何進誅除宦官，後投北宮伯玉、李文侯。不久又殺掉二人盡領其眾，擁兵十餘萬，與馬騰一起割據涼州。最後被部將所殺。事見《三國志・武帝紀》裴松之注引《典略》。⓳涼州　州名。治所在今甘肅武威。⓴望垣硤　望垣，縣名。治所在今甘肅天水市西北，望垣硤就在縣城附近。㉑堰　築堰。㉒還道當所渡水　回軍的路上要渡過的河。㉓渟　水積聚不流動。㉔扶風　郡名。治所在今陝西興平東南。㉕前將軍　高級軍事將領，領兵征伐。㉖靈帝　名劉宏。桓帝死後無子，被竇太后與文武大臣迎立為帝。在任期間任用宦官，大興黨錮，賣官鬻爵，橫徵暴斂，終於激發黃巾起事。死後諡曰靈。詳見《後漢書・孝靈帝紀》。㉗少帝　名劉辯，靈帝之子。東漢中平六年（西元一八九年）即位，同年九月被廢為弘農王，後被董卓殺害。附見《後漢書・孝靈帝紀》。㉘大將軍何進句　大將軍，官名，最高軍事統帥，外主征戰，內秉國政。何進，字遂高，南陽宛（今河南南陽）人，東漢靈帝何皇后的異母哥哥，歷任虎賁中郎將、大將軍等職。靈帝死後，專斷朝政，謀與袁紹等人誅除宦官，事洩被殺。詳見《後漢書・何進列傳》。司隸校尉，官名。掌糾察百官，與御史中丞、尚書令並稱「三獨坐」，職權顯赫。袁紹，字本初，汝南汝陽（今河南商水縣西南）人，祖上四世三公。有清名，好交結，與曹操友善。東漢末與何進謀誅宦官，董卓之亂起，在冀州起兵討董卓，為關東聯軍盟主。後占據冀、青、幽、并四州，成為北方最強大的割據勢力。在官渡之戰中被曹操打敗，後病死。詳見《後漢書・袁紹列傳》、本書卷六〈袁紹傳〉。㉙太后　即靈帝何皇后，少帝劉辯之母，家本為屠者，入宮後生劉辯，拜為貴人，受靈帝寵幸。東漢光和三年（西元一八〇年）立為皇后。劉辯即位後尊為皇太后，臨朝稱制，後被董卓所殺。詳見《後漢書・皇后紀》。㉚中常侍張讓　中常侍，官名。出入宮廷，侍從皇帝，可出入禁中。與東漢時專由宦官擔任。張讓，潁川（今河南禹州）人，東漢末宦官，「十常侍」之一。桓帝時為小黃門，靈帝時任中常侍。與宦官趙忠等主張重斂賦稅，修葺宮室，以取靈帝歡心。後在袁紹誅除宦官的行動中投河而死。詳見《後漢書・宦者列傳》。㉛竊幸乘寵　竊取依靠皇帝的寵愛。㉜趙鞅興晉陽之甲　趙鞅，又稱趙孟、趙簡子，春秋末年晉國人，曾聯合韓、魏等國打敗國內范氏、中行氏的勢力，為以後的趙國奠定基礎。西元前四九七年，動用晉陽的駐軍，驅逐權臣荀寅、士吉射。詳見《史記・趙世家》、《春秋公羊傳》定公十三年。晉陽，在今山西太原西南。㉝鳴鐘鼓如洛陽　鳴鐘鼓，即出兵。如，到。洛陽，今河南洛陽東。㉞小平津　黃河渡口名。在今河南偃師西北。㉟北芒　山名。在今河南偃師西北。㊱車騎將軍苗　車騎將軍，武官名。位次於大將軍、驃騎將軍。掌京師兵衛。苗，即何苗，南陽宛（今河南南陽）人，東漢靈帝何皇后的同母兄，本為朱氏之子，故又稱朱苗。歷任河南尹、車騎將軍。何進被殺後，其部將吳匡疑何苗與宦官同謀，攻殺之。事見《後漢書》卷六十九何進附傳。㊲呂布　字奉先，五原九原（今內蒙古包頭西南）人，善弓馬，武勇過人，先為并州刺史丁原部將，後殺丁原投董卓，任騎都尉、中郎將等職。又與王允合謀誅殺董卓，被董卓餘黨打敗，東依袁術，又割據徐州，終被曹操打敗絞殺。詳見《後漢書・呂布列傳》、本書卷七〈呂布傳〉。㊳執金吾丁原　執金吾，官名。秦時名中尉，漢武帝時改名執金吾，掌京師警衛，皇帝出行時任儀仗護衛。丁原，字建陽，出自寒門，有武勇，善騎射，東漢時任并州刺史、執金吾等職。事見《三國志・呂布傳》裴松之注引《英雄記》。㊴進遣騎都尉句　騎都尉，官名。屬光祿勳，掌監羽林騎兵。太山，郡名。治所在今山東泰安東。鮑信，泰山平陽（今山東新泰）人，東漢官吏。董卓專權時，力勸袁紹襲擊董卓。後還鄉聚集徒眾二萬餘人，不久任破虜將軍、濟北相。在與黃巾軍作戰時被殺。詳見《三國志・鮑勛傳》裴松之注引《魏書》。所在募兵，到處招募兵馬。㊵適至　正好到達。㊶司空劉弘　司空，西周為六卿之一，西漢末稱大司空，東漢時改稱司空，掌監察執法，兼掌重要文書圖籍。劉弘，字子高，安眾（今河南鎮平東南）人，東漢末大臣，歷任光祿勳、司空等職。其事散見於《後漢書・孝靈帝紀》、〈董卓傳〉。㊷太尉　官名。與丞相、御史大夫合稱三公，掌軍事。㊸假節鉞虎賁　假節鉞，授予符節和斧鉞，以示其有極大的權力。虎賁，宿衛天子的衛士。董卓被給與虎賁，說明其權力地位。㊹尋　不久。㊺獻帝　名劉協，字伯和，靈帝子，為董卓所立。董卓死後，又被李傕所掠。東漢建安元年（西元一九六年）被曹操迎至許昌。西元二二〇年曹魏建立，被廢為山陽公。詳見《後漢書・孝獻帝紀》。㊻相國　官名。百官之首，朝中最高行政長官。㊼家令丞　即家令、家丞。漢代太子宮中有家令，掌管糧穀和飲食。諸侯、公主有家丞，主管家務。為董卓的母親設家令、家丞，也說明董卓的地位。㊽專　獨有；

獨享。㊾睚眦之隙必報　微小的怨恨都要報復。睚眦，怒目而視，指微小的仇怨。㊿陽城　縣名。治所在今河南登封東南。51值　宋本作「適」。52社　祭祀土神的民間集會。53軫　車後的橫木。此指車輛。54稱萬歲　高呼萬歲。此時萬歲已為皇帝專用，此舉也說明當時董卓的地位。55開陽城門　洛陽城南面向東的第一座城門。56宮人　宮女。57尚書周毖　尚書，官名。尚書諸曹長官，位在尚書令、僕射之下，丞、郎之上。周毖，字仲遠，武威（今甘肅武威）人，東漢末名士，任侍中、吏部尚書等。事見裴松之注引《英雄記》、本書卷三十八〈許靖傳〉等。58城門校尉伍瓊　官名，掌京師城門屯兵。伍瓊，字德瑜，汝南（今河南平輿北）人，東漢末官吏，任城門校尉、侍中等職。其事散見於《後漢書・鄭太列傳》等。59韓馥　字文節，潁川（今河南禹州）人。與袁紹不和，依附張邈，因畏懼張邈與袁紹合謀，自殺。其事跡散見於《後漢書・荀彧列傳》、〈董卓傳〉、本書卷六〈袁紹傳〉等。60劉岱　字公山，東萊牟平（今山東牟平）人，東漢末官吏，歷任侍中、兗州刺史，故人稱劉兗州。從袁紹討董卓，殺東郡太守橋瑁，後與黃巾軍戰兵敗被殺。其事散見於《後漢書・劉寵列傳》、本書卷四十九〈劉繇傳〉。61孔伷　字公緒，陳留（今河南開封）人。能清談高論，當時人評價他說：「孔公緒能清談高論，噓枯吹生。」事跡散見於裴松之注引《英雄記》、《漢紀》等。62張咨　字子議，潁川（今河南禹州）人，東漢末為南陽太守，後被孫堅所殺。詳見本書卷四十六〈孫堅傳〉。咨，原誤作「資」。63張邈　字孟卓，東平壽張（今山東東平南）人，東漢末官吏，任騎都尉、陳留太守。反對董卓專權，後被部下所殺。事見本書卷七呂布附傳。64河內太守王匡　河內，郡名。治所在今河南武陟西南。王匡，字公節，泰山（今山東泰安東）人，輕財好施，以任俠聞名。東漢末官吏，任河內太守。後被部下所殺。詳見《三國志・武帝紀》裴松之注引《英雄記》、謝承《後漢書》。65河陽津　黃河渡口名。在今河南孟津北。66平陰　縣名。治所在今河南孟津東。67小平　即小平津，黃河渡口，在河陽津的東面約二十公里。68初平元年　西元一九〇年。初平，東漢獻帝劉協年號，西元一九〇－一九三年。69長安　城名。在今陝西西安附近。70尚父　即呂尚，名望，一說字子牙。周文王時任太師，武王時號為師尚父，又稱太公望。輔佐周文王、武王有功，被封於齊。詳見《史記・齊太公世家》。71青蓋金華車　皇太子所乘禮儀車，用圓形青色車蓋和金花圖案裝飾。72爪畫兩轓　車輪上部的擋泥板畫上獸爪形花紋。73左將軍　高級軍事將領，領兵征伐。74侍中中軍校尉　侍中，官名。丞相屬官，往來殿中，入侍天子，故名。三國時侍中分兩類，一類為實官，一類為加官。中軍校尉，官名。西園八校尉之一，戍衛京城。75三臺　指負責行政的尚書臺、負責檢查的御史臺、負責管理皇帝玉璽符節的符節臺，三者都是中央重要部門。76啟事　報告公事。77郿塢　城堡名。在今陝西眉縣東北。78埒　相當。79畢老　終老。80郿　縣名。治所在今陝西眉縣東北。81祖道　舉辦酒宴送行。82橫門　洛陽城門名。是北面向西的第一座城門。(83)北地 郡名。治所在今寧夏青銅峽市東南。(84)鑊 大鍋。(85)偃轉 躺在地上痛苦的翻轉。(86)亡失匕箸 嚇得手裏的勺子和筷子都掉下來。(87)自若 依然如故。(88)太史望氣 太史，官名。掌天文曆法。望氣，根據雲氣的變化占卜吉凶。(89)張溫 字伯慎，南陽穰縣（今河南鄧州）人，東漢末大臣，歷任尚書郎、尚書令、衛尉等職。事見《後漢書・董卓傳》。(90)衛尉 官名。秦漢九卿之一，掌宮門保衛。(91)因天有變 藉雲氣有異常變化的機會。(92)塞咎 抵塞上天的怪罪，猶今言塞責。(93)袁術 字公路，汝南汝陽（今河南商水縣西南）人，袁紹從弟。少以俠氣聞名，歷任郎中、河南尹、虎賁中郎將。董卓之亂起，出奔南陽，後割據揚州。東漢建安二年（西元一九七年）稱帝，後因眾人反對，糧盡眾散，欲往青州依袁譚，於途中病死。詳見《後漢書・袁術列傳》、本書卷六〈袁術傳〉。(94)交關 勾結。(95)愛憎 愛憎隨意無常。(96)嗷嗷 眾口愁怨聲。(97)銅人 秦始皇統一天下後，收繳民間兵器，全部熔化後鑄成十二個銅人，重十二萬公斤，放在首都咸陽。此處的銅人即此。(98)鐘虡 銅鐘架。(99)文章 文字和花紋。(100)肉好 肉，銅錢周圍凸起的圓邊。好，銅錢中央的方孔。(101)磨鑢 打磨光滑。(102)貨 錢幣。(103)司徒王允 司徒，官名。漢代稱大司徒，為三公之一，東漢去掉「大」字，稱司徒，主教化。王允，字子師，太原祁（今山西祁縣）人，東漢末大臣。自幼誦經詩，習騎射，心懷大志。歷任豫州刺史、太僕、尚書令、司徒等職。與呂布等人誅殺董卓，後被董卓部將李傕郭汜所殺。詳見《後漢書・王允列傳》。(104)尚書僕射士孫瑞 尚書僕射，官名。尚書省的次長官，若尚書令缺，可代理尚書令的職務。士孫瑞，字君榮，扶風（今陝西興平）人，東漢末大臣，有才謀，與王允共同誅殺董卓，因功升任大司農，後被亂兵所殺。詳見裴松之注引《三輔決錄注》。(105)未央殿 宮殿名，未央宮的一部分，即未央前殿。故址在今陝西西安西北郊漢長安故城內西南隅。(106)李肅 五原（今內蒙古包頭西）人，參與王允呂布誅殺董卓之事。其事散見於《後漢書・董卓列傳》李賢注引〈孝獻帝紀〉等。(107)掖門 宮城正門旁邊的小門。(108)格 擊。(109)布所在 呂布在哪裏。呂布以往一直充當董卓的貼身侍衛，所以董卓要呼喚他。(110)三族 父族、母族、妻族。(111)主簿 州郡屬官，主管州郡文書簿籍，經辦事務。(112)陝 縣名。治所在今河南陝縣西北。(113)校尉李傕 校尉，武官名。位在將軍以下。李傕，字稚然，北地（今寧夏青銅峽市東南）人，董卓部將，董卓死後縱兵劫掠長安，殺死王允，又與郭汜互相攻伐，劫掠獻帝，自為大司馬。建安初年被關中諸將殺死。其事散見於本卷及《後漢書・董卓列傳》李賢注引《英雄記》。(114)郭汜 張掖（今甘肅張掖西北）人，董卓部將，後被部將五習襲殺於郿縣。(115)張濟 武威祖厲（今甘肅靖遠東南）人，董卓部將。(116)陳留 郡名。治所在今河南開封東南。(117)潁川 郡名。治所在今河南禹州。(118)弘農 郡名。治所在今河南靈寶北。(119)支胡赤兒 支胡，胡號。赤兒，胡名。《晉書・懷帝紀》有支胡五斗。支，原誤作「友」。(120)北渡河 向北渡過黃河。(121)利其金寶 貪圖他的金銀財寶。利，貪利。

122 涼州人　指董卓的部下，因董卓的部下多為涼州人。123 賈詡　字文和，武威姑臧（今甘肅武威）人，善計謀，有張良、陳平之才。董卓時任討虜校尉，董卓死後勸說董卓部下李傕郭汜攻取長安。後投奔張繡，又勸張繡降曹。多次為曹操獻計獻策。詳見本書卷十〈賈詡傳〉。124 所在　所到之處。125 樊稠　隴西（今甘肅臨洮）人，董卓部將，董卓死後與李傕郭汜共擅朝政，自請為右將軍，後被殺。其事散見於《後漢書・孝獻帝紀》等。126 李蒙　董卓部將，董卓死後作亂長安，後被李傕所殺。其事散見於《後漢書・董卓傳》及李賢注引袁宏《漢紀》。127 尸王允　陳列王允的屍體。128 車騎將軍　高級軍事將領，位次於大將軍。掌護衛京師宮廷。129 右將軍　高級軍事將領，領兵征伐。130 驃騎將軍　高級軍事將領，領兵征伐。131 馬騰　字壽成，扶風茂陵（今陝西興平東北）人，馬超之父，因馬超反，被滅三族。事見裴松之注引《典略》。132 鎮西將軍　武官名。與鎮東將軍、鎮南將軍、鎮北將軍合稱四鎮。133 征西將軍　武官名。與征東將軍、征南將軍、征北將軍合稱四征。134 諫議大夫种邵　諫議大夫，官名。掌議論、顧問、參謀。种邵，字申甫，河南洛陽（今河南洛陽）人，東漢末官吏，歷任侍中、諫議大夫、益州刺史、涼州刺史等職。事見《後漢書・种暠附傳》。135 劉範　江夏竟陵（今湖北潛江市西北）人，劉焉之子。其事散見於本卷及卷三十一〈劉焉傳〉。136 長平觀　亭觀名。在今陝西涇陽東南。137 槐里　縣名。治今陝西興平東南。138 三輔　地區名，漢景帝時左內史、右內史、主爵都尉同治長安城中，所轄皆京畿之地，故稱三輔。漢武帝時改為京兆尹、左馮翊、右扶風。轄境相當於今陝西中部地區。後世政區劃分雖時有更改，但至唐仍習慣上稱這一地區為三輔。139 質　扣押；當人質。140 官寺　官署。141 御物　皇帝用的物品。142 楊奉　本為白波將領，後為李傕部將，參與董卓死後的長安之亂。其事散見於《後漢書・孝獻帝紀》、〈董卓列傳〉等。143 稍　漸漸。144 新豐霸陵　新豐，縣名。治所在今陝西臨潼東北。霸陵，縣名。治所在今陝西西安東北。145 南山　即秦嶺。146 董承　漢獻帝母董太后之姪，獻帝的岳父。與劉備謀誅曹操，事洩被殺。其事散見於《後漢書・孝獻帝紀》、〈獻帝伏皇后紀〉等。147 相與　彼此。148 曹陽　地名。又名曹陽墟，俗名七里澗，在今河南陝縣西石橋溝。149 白波　東漢末年，有一些民眾起事於西河郡的白波谷，故名。曾一度發展到十多萬人，並連連打敗董卓軍，從北面逼近洛陽，與關東討董聯軍形成夾擊態勢。事見《後漢書・董卓列傳》。150 韓暹　原為白波將領，後助楊奉與李傕、郭汜戰。脅迫獻帝都安邑，拜為征東大將軍。因糧盡兵亂還洛陽。後被張宣所殺。其事散見於《後漢書・孝獻帝紀》、〈董卓列傳〉等。151 李樂　本為白波將領，後與楊奉韓暹脅迫漢帝都安邑。曹操移獻帝於許昌，李樂仍留在河東，後病死。其事散見於《後漢書・孝獻帝紀》、〈董卓列傳〉等。152 大陽　縣名。治所在今山西平陸西南。153 安邑　縣名。治所在今山西夏縣西北。154 楊彪　字文先，弘農華陰（今陝西華陰）人，楊震後裔，少受家學。東漢大臣，歷任京兆尹、太尉、錄尚書事等職。反對董卓遷都關中。事見《後漢書》卷五十四楊震附傳。155太僕韓融　太僕，官名。秦漢九卿之一，掌管皇帝車馬。韓融，字元長，潁川舞陽（今河南舞陽）人。少以陳寔為師，不為章句之學，大有名聲。事見《後漢書》卷六十二韓韶附傳。156率　統率。157箕關　關隘名。在今河南濟源西北。158軹道　經過軹縣的道路。軹道在今河南濟源南。159張楊　字稚叔，雲中（今內蒙古呼和浩特西南）人，東漢末將領。靈帝末任西園軍假司馬，西園軍散後，回本州募兵，得千餘人。董卓之亂時，割據上黨，任建義將軍、河內太守。與呂布關係好，助呂布對抗曹操，後被部下所殺。詳見本書卷八〈張楊傳〉。160大司馬　官名。協助皇帝總領全國軍事。161丘牆　廢墟的殘垣斷壁。162尚書郎　尚書屬官，代皇帝草擬詔令。163太祖　即曹操，字孟德，小名阿瞞，沛國譙（今安徽亳州）人。東漢末起兵討黃巾，後參加袁紹討董聯盟。占據兗州後，收編黃巾軍三十餘萬，組成青州軍，先後擊敗袁術、陶謙、呂布、袁紹，統一了北方。任丞相，相繼封為魏公、魏王。曹丕建魏後，追封為魏武帝。詳見本書卷一〈武帝紀〉。164許　即許昌縣，治所在今河南許昌西南。165徐揚　徐州（治所在今江蘇邳州西南）和揚州（治所在今江蘇南京）。166劉備　字玄德，涿郡涿縣（今河北涿州）人，東漢末起兵征伐黃巾軍，歷任縣令、州牧等職。在荊州結識諸葛亮，聯合孫吳在赤壁大敗曹操。後又西進益州，北取漢中，實現了跨有荊益的戰略目標。西元二二一年稱帝，同年伐吳，兵敗撤回。西元二二三年病逝，諡號昭烈皇帝。詳見本書卷三十二〈先主傳〉。167建安二年　西元一九七年。建安，東漢獻帝劉協年號，西元一九六—二二〇年。168謁者僕射裴茂　謁者僕射，官名。謁者臺的長官。裴茂，河東聞喜（今山西聞喜）人，曹魏大臣裴潛的父親，靈帝時歷任縣令、郡守、尚書、尚書令等職。事見本書卷二十三〈裴潛傳〉。169南陽　郡名。治所在今河南南陽。170穰　縣名。治所在今河南鄧州。171繡　即張繡，武威祖厲（今甘肅靖遠東南）人，張濟族子。張濟死後統領其眾，南與劉表和，不久投降曹操。隨曹操戰官渡，破袁譚，皆有功。詳見本書卷八〈張繡傳〉。172相寇　相互攻殺。173超　即馬超，字孟起，扶風茂陵（今陝西興平東北）人，馬騰之子。東漢建安十六年（西元二一一年）與韓遂聯合進攻曹操，失敗後還據涼州。自稱征西將軍，領并州牧，督涼州軍事。被楊阜等人攻擊，先奔張魯，後投劉備，歷任左將軍、驃騎將軍等，為蜀漢名將。詳見本書卷三十六〈馬超傳〉。174金城　郡名。治所在今甘肅永靖。175漢陽　郡名。治所在今甘肅甘谷東南。176漢中　郡名。治所在今陝西漢中東。177張魯　字公祺，沛國豐縣（今江蘇豐縣）人，張道陵之孫，五斗米道首領。東漢末率徒眾攻取漢中，統治長達三十餘年。後投降曹操，任鎮南將軍。詳見本書卷八〈張魯傳〉。

【語譯】董卓，字仲穎，隴西郡臨洮縣人。小時候喜歡仗義行俠，曾到羌人地區遊走，與他們所有的首領結識。後來回鄉耕種，有的羌人首領來看望他，董卓和他們一起回到家中，殺掉耕牛請他們一起宴飲享樂。首領們被他的誠意所感動，回去之後搜斂財物，獲得各種牲畜一千多頭送給董卓。漢桓帝末年，董卓以六郡良家子弟的身分為羽林郎。董卓有武藝，體力很少有人比得上他，又能夠攜帶雙弓，騎馬左右開弓。後擔任軍司馬，跟隨中郎將張奐征討并州立有戰功，被任為郎中，賜縑九千匹，董卓把這些全都分給了手下的官吏和士兵。後又升遷為廣武縣令，蜀郡北部都尉，西域戊己校尉，被免職。被徵召擔任并州刺史、河東郡太守，升遷為中郎將，討伐黃巾軍，因敗戰被撤職。韓遂等人在涼州起兵，董卓又被任為中郎將，向西抵禦韓遂。在望垣硤北面，被羌、胡數萬人所包圍，糧食斷絕。董卓假裝要捕魚，在他撤軍的路上要渡過的河上築壩截流，使數十里河道的水流靜止不動，董卓帶領軍隊悄悄的從壩下通過然後決堤。等到羌、胡知道後追來，河水已經很深，不能渡過。當時有六支軍隊出兵隴西，五支軍隊打了敗仗，只有董卓一支完整無損的返回，屯駐在扶風郡。朝廷任命他為前將軍，封爵斄鄉侯，徵召為并州牧。

2 靈帝去世，少帝即位。大將軍何進與司隸校尉袁紹密謀誅除宦官，何太后不同意。何進便找董卓讓他領兵到京城，並發密令讓他上書說：「中常侍張讓等人私自倚仗皇帝的寵愛，把天下搞得一片濁亂。過去趙鞅在晉陽起兵，以驅逐君主身邊的惡人。為臣我鳴鐘擊鼓領兵前往洛陽，就是為了討伐張讓等人。」何進想以此脅迫太后同意他的計畫。董卓還沒有到達，何進便失敗了。中常侍段珪等人劫持少帝逃到小平津，董卓便率領兵眾在北芒山迎接少帝，返回宮中。當時何進的弟弟車騎將軍何苗被何進的部眾所殺，何進、何苗的部隊沒有歸屬，全都到了董卓那裏。董卓又指使呂布殺了執金吾丁原，吞併了他的部眾，所以京都的兵權只在董卓一人手中。

3 在此以前，何進派遣騎都尉太山人鮑信到各地募兵，正好到達洛陽，鮑信對袁紹說：「董卓擁有強大的兵力，有不良的企圖，現在不早點除掉他，將要被他控制；趁他剛到達兵馬還疲勞，襲擊他就可把他擒獲。」袁紹畏懼董卓，不敢發動，鮑信便回到鄉里。

4 當時因為久不下雨，皇帝下令罷免司空劉弘而讓董卓取代，不久升遷為太尉，給與符節斧鉞和虎賁衛士。

接著廢黜少帝為弘農王，不久又殺掉弘農王及何太后。立靈帝的小兒子陳留王劉協，這就是獻帝。董卓晉升為相國，封為郿侯，朝見天子行禮時不自稱姓名，可以穿鞋佩劍進入宮殿，又封他的母親為池陽君，設置了家令、家丞。董卓率領精兵來到以後，適逢朝廷大亂，所以能夠專斷廢立，占有了武庫中的兵器，獲取了國家珍寶，威震天下。董卓生性殘忍不仁，所以用酷刑來威懾百官，微小的仇怨都一定要報復，朝中人人不能自保。他曾派軍隊到陽城縣，當時正逢二月民間祭祀土神，百姓們都在社壇下祭祀。董卓的士兵們衝上去就砍下所有男子的頭顱，駕駛著他們的牛車，裝載著婦女和財物，把砍下的頭顱繫在車轅和車軸上，一輛接著一輛的回到洛陽，說是進攻敵人取得大量繳獲品，並高呼萬歲。進入開陽城門，焚燒頭顱，把婦女分給士兵做婢妾。董卓甚至進入宮中姦淫宮女和公主。他的兇殘反逆到了這種程度。

5 起初，董卓信任尚書周毖、城門校尉伍瓊等人，任用他們所舉薦的韓馥、劉岱、孔伷、張咨、張邈等人出任州郡長官。然而韓馥等人到任後，全都集合兵將討伐董卓。董卓聽說後，認為周毖、伍瓊等人串通一氣出賣自己，把他們全殺了。

6 河內郡太守王匡，派遣泰山郡軍隊屯駐在河陽津渡口，準備討伐董卓。董卓派遣一支疑兵做出好像要從平陰縣渡河的樣子，另外暗中派一支精銳部隊從小平津北渡黃河，繞到王匡軍後面發起攻擊，在河陽津北大敗王匡，王匡軍死亡殆盡。董卓因為山東豪傑全都起來反對他，惶恐不安。初平元年二月，便遷徙皇帝移都長安。臨走前焚燒了洛陽的宮室，發掘洛陽地區的所有陵墓，拿走了裏面的寶物。董卓到了長安以後，任為太師，號稱尚父。乘坐青蓋金花車，兩邊擋泥板上繪有獸爪形圖紋，時人稱之為竿摩車。董卓的弟弟董旻為左將軍，封爵鄠侯；兄長的兒子董璜任侍中中軍校尉，掌管京城軍隊；董氏宗族和中表親戚全都在朝中任職。公卿百官見到董卓，在他的車下拜謁行禮，董卓不還禮。他還讓三臺尚書以下的官員到他家中報告公事。在郿縣修築塢堡，塢堡的牆和長安城牆一樣高，在裏面囤積了夠吃三十年的糧食，說如果大事成功，可以雄踞天下，如果不成，守在這裏也足以度過一生。他曾到郿塢巡視，公卿百官在長安橫門外為他設宴送行。董卓預先搭起帳篷與羣臣宴飲，把誘降的幾百名北地反叛者押上來，在眾人面前先割斷他們的舌頭，有的砍斷手腳，有的鑿出雙眼，有的放在大鍋裏煮死，那些沒死的人，躺在酒杯食案中間翻轉，參加宴會的人全都驚恐戰慄，嚇得勺子筷子都掉在地上，而董卓卻泰然自若的喝酒吃飯。太史官觀察雲氣，說應當有大臣被殺。前太尉張溫當時任衛尉，一向對董卓沒有好感，董卓對他懷恨在心，藉著天上雲氣異常變化，想拿張溫塞責，指使人誣告他與袁術勾結，便以鞭刑打死了張溫。董卓法令苛刻嚴酷，愛憎無常，濫施刑法，人們互相誣告，含冤致死的人數以千計。百姓愁怨之聲不斷，但在路上相見只敢以目示意。董卓還砸爛長安的銅人、銅鐘架，毀壞五銖錢，用它們改鑄為小錢，直徑長五分，沒有文字和花紋，周圍的凸邊和中央的方孔不規則不平整，也不打磨光滑。於是錢輕物貴，一斛穀物價格至於數十萬錢。從此以後沒有錢幣流通。

7 初平三年四月，司徒王允、尚書僕射士孫瑞、董卓大將呂布共謀誅殺董卓。當時，天子有病剛痊癒，大會羣臣於未央殿。呂布讓同郡的騎都尉李肅等人，帶領十多個親兵，穿上宮門衛士的服裝偽裝為守衛掖門的衛士。呂布懷著誅殺董卓的詔書。董卓一到，李肅等人就上前襲擊他。董卓驚慌的呼叫呂布在哪兒，呂布說「有皇帝詔書在此」，便殺了董卓，誅滅了他的三族。主簿田景奔向董卓的屍體，呂布又把他殺掉；這樣共殺了三個人，其他的人就都不敢妄動了。長安城的士大夫和百姓都互相慶賀，那些討好依附董卓的人都被關進監獄處死。

8 當初，董卓的女婿中郎將牛輔領兵另外屯駐在陜縣，董卓又分別派遣校尉李傕、郭汜、張濟攻掠陳留、潁川郡的各縣。董卓死後，呂布派李肅到陜縣，想藉皇帝的詔命誅殺牛輔。牛輔等人迎戰李肅，李肅敗逃到弘農郡，呂布殺了李肅。後來牛輔的軍營中有人乘夜色叛離出走，軍營驚亂，牛輔以為營中士兵全都叛變了，便帶著金銀財寶，單獨與平素所厚待的支胡赤兒等五六人互相跟隨，翻過城牆北渡黃河，赤兒等人貪圖他的財寶，便斬下他的首級送到長安。

9 等到李傕等人回來，牛輔已經被打敗，部眾無所依附，想各自散去回家。然而當時既沒有赦免文書，又聽說長安城中要殺盡涼州人，眾人都感到憂愁恐懼不知怎麼辦。後來採用了賈詡的計策，便率領部眾西行，所到之處招募兵士，等到抵達長安時，已有部眾十多萬，與董卓過去的部將樊稠、李蒙、王方等人合力圍攻長安城。十日後攻陷城池，與呂布在城中大戰，呂布敗逃。李傕等人縱兵大掠城中的百姓，幾乎將他們殺盡，死屍遍地。處死殺害董卓的人，把王允的屍體陳放在街市中。把董卓埋葬在郿縣，埋葬時狂風暴雨震動董卓墓地，大水流進墓穴，把董卓的棺槨漂流出來。李傕任車騎將軍，封池陽侯，兼任司隸校尉、假節。郭汜為後將軍，封美陽侯。樊稠為右將軍，封萬年侯。李傕、郭汜、樊稠專擅朝政。張濟任驃騎將軍，封平陽侯，屯駐在弘農。

10 這一年，韓遂、馬騰等投降，率領部眾到達長安。任韓遂為鎮西將軍，派遣他返回涼州，任馬騰為征西將軍，屯駐在郿縣。侍中馬宇與諫議大夫种邵、左中郎將劉範等人密謀，打算讓馬騰襲擊長安，自己為內應，來誅殺李傕等人。馬騰率軍到達長平觀，馬宇等人的密謀洩露，出逃到槐里縣。樊稠進擊馬騰，馬騰敗走，回到涼州；樊稠又進攻槐里，馬宇等人全都被殺死。當時三輔地區還有民戶幾十萬，李傕等人縱兵劫掠，攻打城邑，人民飢餓困苦，二年之間人吃人，百姓差不多都死光了。

11 董卓的部將們爭權奪利，於是殺掉了樊稠，併吞了他的部眾。郭汜與李傕轉而互相猜疑，在長安城中交戰。李傕把天子質押在營中，燒毀宮殿城門，掠奪官署，把那裏的車馬衣服及皇帝的用品全都搶回家。李傕派遣公卿百官到郭汜那裏請和，郭汜把他們全都扣押。兩人一連互相攻擊了幾個月，死的人數以萬計。

12 李傕部將楊奉與李傕的軍吏宋果等人密謀殺害李傕，事情洩露，便率領兵眾背叛李傕。李傕的兵眾反叛，勢力漸漸衰弱。張濟從陝縣前來為二人調解，獻帝才得以脫身，來到新豐、霸陵二縣之間。郭汜又想脅迫獻帝返回郿縣定都。獻帝逃奔楊奉營中，楊奉進擊打敗郭汜。郭汜逃到南山，楊奉和將軍董承送獻帝回到洛陽。李傕、郭汜後悔放回獻帝，又彼此和好，並在弘農郡的曹陽縣追上了獻帝。楊奉急忙召喚河東過去的白波軍將領韓暹、胡才、李樂等前來會合，與李傕、郭汜大戰。楊奉兵敗，李傕等放縱兵士殺害公卿百官，搶走獻帝的宮女進入弘農郡。獻帝逃到陝縣，北渡黃河，失去了車馬行裝，只好步行，只有皇后貴人隨從，到大陽縣，住在老百姓家裏。楊奉、韓暹等人便奉獻帝在安邑定都，皇帝乘牛車。身邊有太尉楊彪、太僕韓融等近臣十多人相隨。獻帝任韓暹為征東將軍，胡才為征西將軍，李樂為征北將軍，與楊奉、董承一起掌管朝政。

派韓融到弘農，與李傕、郭汜等人講和，李傕、郭汜歸還掠奪的宮人和公卿百官，以及乘輿車馬數輛。當時蝗禍大起，年景乾旱，沒有糧穀，皇帝隨從的官員們只能吃青棗野菜。將領們又各不統屬，上下混亂，糧食斷絕。楊奉、韓暹、董承便護送獻帝返回洛陽。出走箕關，下行軹道，張楊拿著糧食在路邊迎接，獻帝任他為大司馬。這件事記載在〈張楊傳〉中。獻帝進入洛陽，洛陽的宮殿全被燒光，街道荒蕪，百官拔除荊棘，在斷壁殘垣之間棲身。州郡各自擁兵自衛，沒有人前來幫助。飢餓和困窘日益嚴重，尚書郎以下的官員，自己出去砍柴，有的就餓死在斷壁殘垣之間。

13 太祖於是迎接獻帝定都許縣。韓暹、楊奉不能遵守朝廷法紀，各自出逃，在徐州、揚州一帶寇略，被劉備所殺。董承跟隨曹操一年多，被殺。建安二年，朝廷派謁者僕射裴茂率領關西各路將領誅殺李傕，夷滅三族。郭汜被他的部將五習襲擊，死在郿縣。張濟因飢餓，到南陽一帶搶掠，被穰縣人所殺，姪兒張繡統攝他的部眾。胡才、李樂二人留在河東郡，胡才被仇家所殺，李樂病死。韓遂、馬騰回到涼州，相互攻殺，後來馬騰入朝廷任衛尉，兒子馬超統領他的部眾。建安十六年，馬超與關中將領以及韓遂等人反叛，太祖征討打敗了他們。這件事記載在〈武帝紀〉中。韓遂逃奔金城，被他的部將所殺。馬超占據漢陽郡，馬騰被牽連，誅滅三族。趙衢等人發動義兵討伐馬超，馬超逃到漢中依附張魯，後來又投奔劉備，死在蜀地。

1 袁紹字本初，汝南汝陽❶人也。高祖父安❷，為漢司徒。自安以下四世居三公位，由是勢傾天下。紹有姿貌威容，能折節❸下士，士多附之，太祖少與交焉。以大將軍掾❹為侍御史❺，稍遷中軍校尉，至司隸❻。

2 靈帝崩，太后兄大將軍何進與紹謀誅諸閹官，太后不從。乃召董卓，欲以脅太后。常侍、黃門⑦聞之，皆詣進謝，唯所錯置⑧。時紹勸進便可於此決之，至于再三，而進不許。令紹使洛陽方略武吏⑨檢司⑩諸宦者。又令紹弟虎賁中郎將⑪術選溫厚虎賁二百人，當入禁中⑫，代持兵黃門⑬陛守⑭門戶。中常侍段珪等矯太后命，召進入議，遂殺之，宮中亂。術將虎賁燒南宮⑮嘉德殿青瑣門，欲以迫出珪等。珪等不出，劫帝及帝弟陳留王走小平津。紹既斬宦者所署司隸校尉許相⑯，遂勒兵捕諸閹人，無少長皆殺之。或有無鬚而誤死者，至自發⑰露形體而後得免。宦者或有行善自守而猶見及⑱。其濫如此。死者二千餘人。急追珪等，珪等悉赴河死。帝得還宮。

3 董卓呼紹，議欲廢帝，立陳留王。是時紹叔父隗⑲為太傅，紹偽許之，曰：「此大事，出當與太傅議。」卓曰：「劉氏種不足復遺⑳。」紹不應，橫刀長揖而去。紹既出，遂亡奔冀州㉑。侍中周毖、城門校尉伍瓊、議郎何顒㉒等，皆名士也，卓信之，而陰為紹，乃說卓曰：「夫廢立大事，非常人所及。紹不達大體，恐懼故出奔，非有他志也。今購㉓之急，勢必為變。袁氏樹恩四世，門生故吏㉔偏於天下，若收豪傑以聚徒眾，英雄因之而起，則山東㉕非公之有也。不如赦之，拜一郡守，則紹喜於免罪，必無患矣。」卓以為然，乃拜紹勃海㉖太守，封邟鄉侯。

4 紹遂以勃海起兵，將以誅卓。語在武紀。紹自號車騎將軍，主盟，與冀州牧韓馥立幽州牧劉虞㉗為帝，遣使奉章㉘詣虞，虞不敢受。後馥軍安平㉙，為公孫瓚㉚所敗。瓚遂引兵入冀州，以討卓為名，內欲襲馥。馥懷不自安。會卓西入關㉛，紹還軍延津㉜，因㉝馥惶遽，使陳留高幹㉞、潁川荀諶㉟等說馥曰：「公孫瓚乘勝來向南，而諸郡應之。袁車騎引軍東向㊱，此其意不可知，竊為將軍危之㊲。」馥曰：「為之奈何？」諶曰：「公孫提燕、代之卒，其鋒不可當。袁氏一時之傑，必不為將軍下。夫冀州，天下之重資㊳也，若兩雄并力，兵交於城下，危亡可立而待也。夫袁氏，將軍之舊㊴，且同盟也，當今為將軍計，莫若舉冀州以讓袁氏。袁氏得冀州，則瓚不能與之爭，必厚德㊵將軍。冀州入於親交，是將軍有讓賢之名，而身安於泰山也。願將軍勿疑！」馥素恇怯㊶，因然其計。馥長史㊷耿武、別駕㊸閔純、治中㊹李歷諫馥曰：「冀州雖鄙㊺，帶甲㊻百萬，穀支十年。袁紹孤客窮軍，仰我鼻息㊼，譬如嬰兒在股掌之上，絕其哺乳，立可餓殺。奈何乃欲以州與之？」馥曰：「吾，袁氏故吏，且才不如本初，度德而讓，古人所貴，諸君獨何病㊽焉！」從事㊾趙浮、程奐請以兵拒之，馥又不聽。乃讓紹，紹遂領冀州牧。

5 從事沮授(50)說紹曰：「將軍弱冠(51)登朝，則播名海內；值廢立之際，則忠義奮發；單騎出奔，則董卓懷怖；濟河而北，則勃海稽首(52)。振(53)一郡之卒，撮(54)冀州之眾，威震河朔(55)，名重天下。雖黃巾猾亂(56)，黑山(57)跋扈，舉軍東向，則青州(58)可定；還討黑山，則張燕(59)可滅；回眾北首(60)，則公孫必喪；震脅戎狄(61)，則匈奴(62)必從。橫(63)大河之北，合四州(64)之地，收英雄之才，擁百萬之眾，迎大駕(65)於西京，復(66)宗廟於洛邑，號令天下，以討未復(67)，以此爭鋒，誰能敵之？比及數年，此功不難。」紹喜曰：「此吾心也。」即表授為監軍、奮威將軍(68)。卓遣執金吾胡母班、將作大匠(69)吳脩齎詔書喻紹，紹使河內太守王匡殺之。卓聞紹得關東，乃悉誅紹宗族太傅隗等。當是時，豪俠多附紹，皆思為之報(70)，州郡蜂起，莫不假其名(71)。馥懷懼，從紹索去(72)，往依張邈。後紹遣使詣邈，有所計議，與邈耳語。馥在坐上，謂見圖構(73)，無何起至溷自殺(74)。

6 初，天子之立非紹意，及在河東，紹遣潁川郭圖(75)使焉。圖還說紹迎天子都鄴(76)，紹不從。會太祖迎天子都許，收河南地，關中皆附。紹悔，欲令太祖徙天子都鄄城(77)以自密近(78)，太祖拒之。天子以紹為太尉，轉為大將軍，封鄴侯，紹讓侯不受。頃之，擊破瓚於易京[79]，并其眾。出長子譚[80]為青州，沮授諫紹：「必為禍始。」紹不聽，曰：「孤欲令諸兒各據一州也。」又以中子熙[81]為幽州，甥高幹為并州。眾數十萬，以審配[82]、逢紀[83]統軍事，田豐[84]、荀諶、許攸[85]為謀主，顏良、文醜為將率[86]，簡精卒十萬，騎萬匹，將攻許。

7 先是，太祖遣劉備詣徐州[87]拒袁術。術死，備殺刺史車胄，引軍屯沛[88]。紹遣騎佐之。太祖遣劉岱、王忠[89]擊之，不克。建安五年，太祖自[90]東征備。田豐說紹襲太祖後[91]，紹辭以子疾，不許。豐舉杖擊地曰：「夫遭難遇之機，而以嬰兒之病失其會，惜哉！」太祖至，擊破備；備奔紹。

8 紹進軍黎陽[92]，遣顏良攻劉延於白馬[93]。沮授又諫紹：「良性促狹[94]，雖驍勇不可獨任。」紹不聽。太祖救延，與良戰，破斬良。紹渡河，壁[95]延津南，使劉備、文醜挑戰。太祖擊破之，斬醜，再戰，禽紹大將。紹軍大震。太祖還官渡[96]。沮授又曰：「北兵數眾而果勁[97]不及南，南穀虛少而貨財不及北；南利在於急戰，北利在於緩搏。宜徐持久，曠以日月[98]。」紹不從。連營稍前，逼官渡，合戰，太祖軍不利，復壁。紹為高櫓[99]，起土山，射營中，營中皆蒙楯[100]，眾大懼。太祖乃為發石車[101]，擊紹樓，皆破，紹眾號曰霹靂車。紹為地道，欲襲太祖營。太祖輒於內為長塹以拒之，又遣奇兵襲擊紹運車，大破之，盡焚其穀。太祖與紹相持日久，百姓疲乏，多叛應紹，軍食乏。會紹遣淳于瓊等將兵萬餘人北迎運車，沮授說紹：「可遣將蔣奇別為支軍於表[102]，以斷曹公之鈔。」紹復不從。瓊宿烏巢[103]，去[104]紹軍四十里。太祖乃留曹洪[105]守，自將步騎五千候夜潛往攻瓊。紹遣騎救之，敗走。破瓊等，悉斬之。太祖還，未至營，紹將高覽、張郃[106]等率其眾降。紹眾大潰，紹與譚單騎退渡河。餘眾偽降，盡坑之。沮授不及紹渡，為人所執，詣太祖，太祖厚待之。後謀還袁氏，見殺。

9 初，紹之南也，田豐說紹曰：「曹公善用兵，變化無方[107]，眾雖少，未可輕也，不如以久持之。將軍據山河之固[108]，擁四州之眾，外結英雄，內修農戰，然後簡其精銳，分為奇兵，乘虛迭出，以擾河南，救右則擊其左，救左則擊其右，使敵疲於奔命，民不得安業；我未勞而彼已困，不及二年，可坐克也。今釋廟勝之策[109]，而決成敗於一戰，若不如志，悔無及也。」紹不從。豐懇諫，紹怒甚，以為沮眾[110]，械繫[111]之。紹軍既敗，或謂豐曰：「君必見重。」豐曰：「若軍有利，吾必全，今軍敗，吾其死矣。」紹還，謂左右曰：「吾不用田豐言，果為所笑。」遂殺之。紹外寬雅，有局度[112]，憂喜不形於色，而內多忌害[113]，皆此類也。

10 冀州城邑多叛，紹復擊定之。自軍敗後發病，七年，憂死。

11 紹愛少子尚，貌美，欲以為後而未顯[114]。審配、逢紀與辛評、郭圖爭權，配、紀與尚比[115]，評、圖與譚比。眾以譚長，欲立之。配等恐譚立而評等為己害，緣紹素意[116]，乃奉尚代紹位。譚至[117]，不得立，自號車騎將軍。由是譚、尚有隙。太祖北征譚、尚。譚軍黎陽，尚少與譚兵，而使逢紀從譚。譚求益兵，配等議不與。譚怒，殺紀。太祖渡河攻譚，譚告急於尚。尚欲分兵益譚，恐譚遂奪其眾，乃使審配守鄴，尚自將兵助譚，與太祖相拒於黎陽。自九月至二月[118]，大戰城下，譚、尚敗走[119]，入城守。太祖將圍之，乃夜遁。追至鄴，收其麥，拔陰安[120]，引軍還許。太祖南征荊州[121]，軍至西平[122]。譚、尚遂舉兵相攻，譚敗奔平原[123]。尚攻之急，譚遣辛毗[124]詣太祖請救。太祖乃還救譚，十月至黎陽。尚聞太祖北，釋平原還鄴。其將呂曠、呂翔叛尚歸太祖，譚復陰刻[125]將軍印假曠、翔。太祖知譚詐，與結婚[126]以安之，乃引軍還。尚使審配、蘇由守鄴，復攻譚平原。太祖進軍將攻鄴，到洹水[127]，去鄴五十里，由欲為內應，謀泄，與配戰城中，敗，出奔太祖。太祖遂進攻之，為地道，配亦於內作塹以當之。配將馮禮開突門[128]，內[129]太祖兵三百餘人，配覺之，從城上以大石擊突中柵門，柵門閉，入者皆沒。太祖遂圍之，為塹，周四十里，初令淺，示若可越。配望而笑之，不出爭利(130)。太祖一夜掘之，廣深二丈，決漳水(131)以灌之，自五月至八月，城中餓死者過半。尚聞鄴急，將兵萬餘人還救之，依西山來，東至陽平亭(132)，去鄴十七里，臨滏水(133)，舉火以示城中，城中亦舉火相應。配出兵城北，欲與尚對決圍(134)。太祖逆擊之，敗還，尚亦破走，依曲漳(135)為營，太祖遂圍之。未合，尚懼，遣陰夔、陳琳(136)乞降，不聽。尚還走濫口(137)，進復圍之急，其將馬延等臨陣降，眾大潰，尚奔中山(138)。盡收其輜重(139)，得尚印綬、節鉞及衣物，以示其家，城中崩沮(140)。配兄子榮守東門，夜開門內太祖兵，與配戰城中，生禽配。配聲氣壯烈，終無撓辭(141)，見者莫不歎息。遂斬之。高幹以并州降，復以幹為刺史。

12 太祖之圍鄴也，譚略取甘陵(142)、安平(143)、勃海、河間(144)，攻尚於中山。尚走故安(145)從熙，譚悉收其眾。太祖將討之，譚乃拔平原，并南皮(146)，自屯龍湊(147)。十二月，太祖軍其門，譚不出，夜遁奔南皮，臨清河(148)而屯。十年正月，攻拔之，斬譚及圖等。熙、尚為其將焦觸、張南所攻，奔遼西烏丸(149)。觸自號幽州刺史，驅率諸郡太守令長，背袁向曹，陳兵數萬，殺白馬盟，令曰：「違命者斬！」眾莫敢語，各以次歃(150)。至別駕韓珩(151)，曰：「吾受袁公父子厚恩，今其破亡，智不能救，勇不能死，於義闕矣；若乃北面⑮²於曹氏，所弗能為也。」一坐為珩失色。觸曰：「夫興大事，當立大義，事之濟否，不待一人，可卒珩志(153)，以勵事君(154)。」

高幹叛，執上黨(155)太守，舉兵守壺口關(156)。遣樂進(157)、李典(158)擊之，未拔。十一年，太祖征幹。幹乃留其將夏昭、鄧升守城，自詣匈奴單于求救，不得，獨與數騎亡，欲南奔荊州，上洛(159)都尉捕斬之。十二年，太祖至遼西擊烏丸。尚、熙與烏丸逆軍戰，敗走奔遼東(160)，公孫康(161)誘斬之，送其首。太祖高韓珩節，屢辟不至，卒於家。

【章　旨】以上為〈袁紹傳〉，記述了袁紹由盛而衰的全過程，從一個側面反映了歷史上著名的官渡之戰，以及曹操統一黃河流域的過程。

【注　釋】❶汝南汝陽　汝南，郡名。治所在今河南平輿北。汝陽，縣名。治所在今河南商水縣西南。❷安　即袁安，字邵公，家世傳習儒學，好學有威重，明帝時為楚郡太守，章帝時任司空、司徒。自從袁安以後，袁氏家族連續三代出任三公，成為東漢最著名的世家大族之一。詳見《後漢書・袁安列傳》。❸折節　降低自己尊重別人。❹大將軍掾　大將軍的屬官，管理將軍府內諸事物。❺侍御史　官名。負責糾舉百官的違法行為，屬御史臺。❻司隸　即司隸校尉。❼常侍黃門　常侍，即中常侍。黃門，泛指黃門諸官，多由宦官擔任。❽錯置　處置。❾方略武吏　辦事有謀略而且配備了武裝人員的檢察官員。❿檢司　檢察監視。⓫虎賁中郎將　官名。漢代時宮廷衛隊的長官，曹魏時是皇帝的隨從。⓬禁中　宮內。⓭持兵黃門　手持兵器警衛皇宮內各殿堂的宦官。⓮陛守　在臺階上站立把守。⓯南宮　東漢洛陽皇宮分南北兩部分，相隔三公里半，皇帝和太后都住在這裏。⓰許相　字公弼，汝南平輿（今河南平輿西北）人，因善諂媚宦官而位至三公，多次請求許劭欲封侯，劭惡其薄行，終不候之。事見《後漢書》卷六十八許劭附傳。⓱自發　自己脫掉衣服。⓲見及　被殃及。⓳瑰　即袁瑰，字次陽，少歷顯官，由三公升任太傅。事見《後漢書》卷四十五袁安附傳。⑳不足復遣　不值得再留下來。㉑冀州　州名。治所在今河北冀州。㉒議郎何顒　議郎，官名。郎中令屬官，郎官中地位較高，主顧問應對。㉓購　懸賞捉拿。㉔門生故吏　門生，受到老師承認並把名字記錄在冊的學生。故吏，過去的部下。㉕山東　地區名。指崤山以東的地區。㉖勃海　郡名。治所在今河北南皮東北。㉗幽州牧劉虞　幽州，州名。治所在今北京市。劉虞，字伯安，東海郯（今山東郯城）人，東漢末大臣。任幽州刺史，以征討黃巾之功，拜太尉。董卓秉政，授大司馬。後被公孫瓚所殺。詳見《後漢書·劉虞列傳》。㉘奉章　奉送表章。臣下給皇帝上奏叫奉章，表明此時已經尊劉虞為帝。㉙安平　郡國名。治所在今河北冀州。㉚公孫瓚　字伯珪，遼西令支（今河北遷安）人，從盧植讀經，歷任遼東屬國長史、涿令、騎都尉等職。董卓之亂後割據幽州，後被袁紹打敗。詳見《後漢書·公孫瓚列傳》、本書卷八〈公孫瓚傳〉等。㉛關　指潼關。㉜延津　古渡口，在今河南延津西北至滑縣以北的黃河段。㉝因　趁著。㉞高幹　字元才，陳留圉（今河南杞縣西南）人，袁紹外甥，先為袁紹所署并州牧，後投降曹操，為并州刺史。後又反叛，執上黨太守，扼守壺關。為曹操所破，逃往荊州的路上被殺。其事散見於《後漢書·袁紹列傳》、本書卷一〈武帝紀〉等。㉟潁川荀諶　潁川，郡名。治所在今河南禹州。荀諶，字友弱，潁川潁陰（今河南許昌）人，東漢末名士，荀彧四兄。其事散見於《三國志·荀彧傳》裴松之注引《荀氏家傳》等。㊱東向　當時韓馥屯駐鄴城，袁紹在其西南，進擊韓馥的方向為東，故稱。㊲危之　感到危險。㊳重資　重要地區。㊴將軍之舊　將軍的舊主。韓馥曾為袁氏的部下。㊵厚德　非常感激。㊶恇怯　膽小。㊷長史　兩漢時三公、將軍都置長史，邊遠的州郡府也置長史，此指州府長史。㊸別駕　官名。別駕從事史的省稱，亦為州刺史的屬官，位低權重。《太平御覽》卷二六三引《庾亮集·答郭遜書》說：「別駕，舊與刺史別乘同流宣化於萬里者，其任居刺史之半，安可任非其人！」㊹治中　官名。治中從事史的省稱，州刺史的屬官，官位不高，權力極重，主管財穀帛書。㊺鄙　狹小，鄙陋。㊻帶甲　能夠穿上甲冑作戰的男丁。㊼仰我鼻息　依靠吸入我們鼻子呼出的那一點氣息生存。㊽病　責備。㊾從事　官名。州刺史的屬官，協助刺史處理公務。㊿沮授　廣平（今河北雞澤東）人，初任韓馥騎都尉，後歸袁紹，任奮武將軍，監護諸將。屢次向袁紹進諫，不被採納，又遭郭圖等誣陷，始終不得志。官渡戰敗後被俘，受曹操厚待，後因謀還袁氏，被殺。其事散見於本傳及裴松之注引《獻帝傳》。(51)弱冠　指男子二十歲時。《禮記·曲禮上》：「二十曰弱，冠。」年少為弱，待至二十，即為成年，舉行冠禮。(52)稽首　叩頭致敬。此指服從指揮。(53)振　發動。(54)攝　掌握。(55)河朔　地區名。指黃河中下游的北岸地區。(56)猾亂　作亂。(57)黑山　山名。在今河南輝縣西北。此指黑山地區起事民眾，全盛時有十多萬人。(58)青州　州名。治所在今山東臨淄北。(59)張燕　常山真定（今河北正定南）人，黑山軍首領。本姓褚，剽悍善戰，捷敏過人，軍中號曰「飛燕」。後投降朝廷，任平難中郎將。董卓之亂起，又率其眾與豪傑相結，助公孫瓚與袁紹爭冀州，後投降曹操，任平北將軍。詳見本書卷八〈張燕傳〉。[60]北首　向北。[61]戎狄　指當時北方少數民族。[62]匈奴　古代北方少數民族。戰國時活動於燕、趙、秦以北地區，秦漢之際強盛，據有大漠南北。西漢時不斷與中原王朝發生戰爭，漢武帝時受到很大打擊，勢力漸弱。東漢建武二十四年（西元四八年）分裂為南北兩部。南匈奴屯居朔方、五原、雲中等郡，北匈奴部分西遷。詳見《漢書・匈奴傳》、《後漢書・南匈奴列傳》等。[63]橫　橫掃。[64]四州　冀州、青州、幽州、并州。[65]大駕　指漢獻帝。[66]復　修復。[67]未復　沒有收復的州郡。[68]奮威將軍　高級軍事將領，領兵征伐。[69]將作大匠　官名。掌營建工程。[70]報　報仇。[71]假其名　借用袁紹的名義。[72]索去　請求離開。[73]謂見圖構　以為自己被謀算。[74]無何起至溷自殺　沒多久就起身到廁所自殺了。溷，廁所。[75]郭圖　字公則，潁川（今河南禹州）人，袁紹謀士。初為郡計吏，後歸袁紹。曾勸袁紹迎獻帝都鄴，未被採納。官渡之戰後，黨附袁紹的兒子袁譚，後被曹操所殺。其事散見於本卷及《後漢書・袁紹列傳》李賢注引《九州春秋》等。[76]鄴　即鄴城，在今河北臨漳西南。[77]鄄城　縣名。治所在今山東鄄城北。[78]密近　臨近。[79]易京　公孫瓚割據幽州時所建城堡，在今河北雄縣西北。[80]譚　即袁譚，字顯思，汝南汝陽（今河南商水縣西南）人，袁紹長子。不受袁紹寵愛，出為青州刺史。袁紹死，遺命袁譚異母弟袁尚繼位，袁譚與袁尚相攻，依靠曹操之力打敗袁尚。後叛曹操被殺。詳見《後漢書》卷七十四袁紹附傳、本書卷六〈袁紹傳〉。[81]熙　即袁熙，字顯奕，汝南汝陽（今河南商水縣西南）人，袁紹次子，袁紹死後，與袁尚投奔遼東公孫康，後被公孫康所殺。詳見《後漢書》卷七十四袁紹附傳、本書卷六〈袁紹傳〉。[82]審配　字正南，魏郡（今河北魏縣）人，袁紹將領，任治中別駕，被委以軍事。袁紹死後，奉袁尚為州牧，勇謀兼備，屢敗曹軍。後因其姪叛變被俘，拒降曹操被殺。事見本卷及裴松之注引《先賢行狀》。[83]逢紀　字元圖，袁紹謀臣。隨袁紹至冀州，因聰達有計謀，深為袁紹親信。袁紹死後，被袁譚所殺。事見本卷及裴松之注引《英雄記》。[84]田豐　字元皓，勃海（今河北南皮）人，袁紹謀士。博覽多識，有名於時。初被太尉府徵辟，舉茂才，遷侍御史，後為袁紹別駕，官渡戰敗後，被袁紹所殺。事見本卷及裴松之注引《先賢行狀》。[85]許攸　字子遠，南陽（今河南南陽）人，少與袁紹及曹操相善，後為袁紹謀士。官渡之戰初，因在袁紹處不得志，遂叛降曹操，幫助曹操取得官渡之戰的勝利。後被曹操所殺。事見本書卷十二〈崔琰傳〉裴松之注引《魏略》。[86]率　原作「軍」，今從宋本、元本、馮夢禎刻本。[87]徐州　州名。治所在今山東郯城，後移治江蘇徐州。[88]沛　縣名。一名沛縣，治所在今江蘇沛縣，兩漢時為沛郡的屬縣，沛郡治相縣，因稱沛縣為小沛。[89]王忠　扶風（今陝西興平）人，曹魏將領，少為亭長，後歸曹操。事見《三國志・武帝紀》裴松之注引《獻帝春秋》。

(90)自　親自。(91)後　後方。(92)黎陽　縣名。治所在今河南浚縣東。(93)白馬　城邑名。故址在今河南滑縣東。(94)促狹　性情急躁心胸狹窄。(95)壁　修造壁壘。(96)官渡　地名。故址在今河南中牟東北，臨古官渡水。(97)果勁　果敢剛勁。(98)曠以日月　拖延時間。(99)高櫓　木製高臺，又稱樓櫓。(100)蒙楯　用盾牌掩護。楯，同「盾」。(101)發石車　利用槓桿原理拋射石塊的武器，又稱炮車。(102)別為支軍於表　另外作為分支部隊在運糧車隊的外圍。(103)烏巢　地名。在今河南延津東南。(104)去　距離。(105)曹洪　字子廉，沛國譙（今安徽亳州）人，曹操從弟。救曹操於討伐董卓之役，從征張邈、呂布、劉表有功，累遷鷹揚校尉、驃騎將軍等。文帝時因舍客犯法，被免官削爵土。明帝即位後，復為後將軍。詳見本書卷九〈曹洪傳〉。(106)張郃　字儁乂，河間鄚（今河北任丘北）人，東漢末為韓馥部將，後依袁紹，官渡之戰後歸降曹操。攻鄴城，擊袁譚，討柳城，屢立戰功，為曹魏名將之一。平張魯後，與夏侯淵守漢中，夏侯淵死，被眾人推為軍主，退屯陳倉。魏明帝時，諸葛亮北伐，張郃督諸軍，在街亭打敗諸葛亮將馬謖。魏太和五年（西元二三一年），諸葛亮再次北伐，張郃與蜀軍戰，在木門被飛矢所中，卒。詳見本書卷十七〈張郃傳〉。(107)無方　沒有規律可循。(108)山河之固　有山河作為屏障。袁紹所在的鄴城，西靠西山，南依黃河，所以田豐這樣說。(109)廟勝之策　戰前朝廷決定的克敵制勝之策。(110)沮眾　動搖軍心。(111)械繫　戴上刑具關押起來。(112)局度　氣量；氣度。(113)忌害　猜忌。(114)未顯　沒有公開表示。(115)比　結黨。(116)素意　往常一向的意向。(117)至　從青州回到鄴城。(118)九月至二月　原作「二月至九月」，今據《通鑑考異》校改。(119)走　宋本作「退」。(120)陰安　縣名。治所在今河南清豐西北。(121)荊州　劉表統治的荊州，治所在今湖北襄樊。(122)西平　縣名。治所在今河南西平西。(123)平原　縣名。治所在今山東平原南。(124)辛毗　字佐治，潁川陽翟（今河南禹州）人，祖居隴西，東漢建武年間遷居潁川。初從袁紹，後歸曹操。歷任議郎、侍中、衛尉等職。詳見本書卷二十五〈辛毗傳〉。(125)陰刻　暗暗刻製。意為暗中收買二將。(126)與結婚　指曹操為兒子曹整娶袁譚的女兒為妻。(127)洹水　河流名。又名安陽河。源於山西黎城，故道在今河南林縣、安陽、內黃境內。(128)突門　城突的大門。城突即城門外再修一個凸出部分，用以保護內城門。(129)內　接納。(130)爭利　爭奪有利形勢。指未能及時破壞敵方計畫。(131)漳水　即漳河，衛河支流，在河南、河北兩省邊界。(132)陽平亭　在今河北臨漳內。(133)滏水　河流名。即今滏陽河，為子牙河南源，在今河北西南部。(134)決圍　突圍。(135)曲漳　漳水的彎曲處。(136)陳琳　字孔璋，廣陵（今江蘇揚州）人，「建安七子」之一。初為大將軍何進主簿，後避難冀州，在袁紹手下主管文章之事。袁紹敗後投降曹操，任司空軍謀祭酒、門下督等職。有文集十卷，已佚，明朝人輯有《陳記室集》。詳見本書卷二十一王粲附傳。(137)濫口　地名。在鄴城與中山之間。(138)中山　郡國名。治所在今河北定州。(139)輜重　軍用物資。(140)崩沮　軍心崩潰沮喪。(141)撓辭　屈服的話。(142)甘陵　縣名。秦稱厝縣，漢安帝以孝德皇后葬於厝縣，陵曰甘陵，故縣改名為甘陵。治所在今山東臨清東北。[143]安平　郡國名。治所在今河北冀州。[144]河間　郡名。治所在今河北獻縣東南。[145]故安　縣名。治所在今河北易縣東南。[146]南皮　縣名。治所在今河北南皮北。[147]龍湊　地名。在今山東平原東南。[148]清河　河流名。由南皮西南流向東北，距城約十公里。[149]烏丸　古代北方少數民族。詳見本書卷三十〈烏丸鮮卑東夷傳〉。[150]歃　古代盟誓時飲血或把血塗在口旁，以示誠信。[151]韓珩　字子佩，代郡（今山西陽高）人，少喪父母，奉養兄姐，以孝悌著稱。事見裴松之注引《先賢行狀》。[152]北面　即稱臣投降。[153]卒珩志　成全韓珩的志向。[154]勵事君　激勵事奉君主的人。[155]上黨　郡名。治所在今山西長治北。[156]壺口關　關隘名。又名壺關、壺關口，因山形險狹如壺口，故名。在今山西黎城東北太行山口。[157]樂進　字文謙，陽平衛國（今河南清豐南）人，曹操部將，初為帳下吏，後遷陷陣都尉。歷大小百餘戰，每戰剋捷，軍功卓著，歷任討寇校尉、遊擊將軍、折衝將軍、右將軍。詳見本書卷十七〈樂進傳〉。[158]李典　字曼成，山東鉅野（今山東巨野東北）人，隨曹操起兵，屢立戰功。性好學問，不與諸將爭功，軍中稱為長者。歷任潁陰令、中郎將、裨將軍、破虜將軍等。詳見本書卷十八〈李典傳〉。[159]上洛　縣名。治所在今陝西商縣境內。[160]遼東　郡名。治所在今遼寧遼陽。[161]公孫康　遼東襄平（今遼寧遼陽）人，公孫度之子，少時為伍長，繼公孫度之後割據遼東，任遼東太守。事見本書卷八〈公孫度傳〉。

【語　譯】袁紹，字本初，汝南郡汝陽縣人。高祖父袁安，任漢司徒。自袁安以下四代人都居三公之位，從此勢力蓋過天下。袁紹長得英俊威嚴，能夠放下身段尊重士人，很多士人都依附他，太祖少年時就與他交往。袁紹從大將軍的屬官升任侍御史，漸漸的升到中軍校尉，直至司隸校尉。

2　靈帝去世，何太后兄大將軍何進與袁紹密謀誅除宦官，何太后不同意。何進便召董卓，想以此脅迫太后。常侍、黃門宦官聽說後，都拜見何進請罪，聽憑處置。當時袁紹勸何進趁這個時候解決宦官問題，再三勸說，而何進都不聽。只是命令袁紹讓洛陽縣派一些辦事有謀略的武吏檢察監視宦官們。又命令袁紹的弟弟虎賁中郎將袁術選拔溫和忠厚的虎賁二百人，入宮當值，代替手持兵器的宦官站在宮殿的臺階上把守宮門。中常侍段珪等假借皇太后的命令，召何進入宮議政，殺掉何進，宮中大亂。袁術率領虎賁焚燒了南宮嘉德殿的青瑣門，想以此迫使段珪等人出來。段珪等人不出宮，劫持獻帝及獻帝的弟弟陳留王逃到小平津。袁紹斬殺了宦官所任命的司隸校尉許相以後，便指揮士兵搜捕宦官，無論老少全都斬殺。有的人因為沒有鬍鬚而被誤殺，以至於有的人自己脫衣裸露形體後才得以幸免。宦官中那些行善守法的人也被殃及。袁紹就是這樣濫殺。死的人有二千多人。又率兵緊急追捕段珪等人，段珪等人全都跳黃河而死。獻帝才得以還宮。

3 董卓招呼袁紹，商議廢掉少帝，立陳留王為帝。當時袁紹的叔父袁隗擔任太傅，袁紹假裝答應，說：「這是件大事，出去應當與太傅商議。」董卓說：「劉氏的後代不值得再留下來。」袁紹沒有回答，橫握佩刀深深作了一個揖就出去了。袁紹出去以後，便逃亡到了冀州。侍中周毖、城門校尉伍瓊、議郎何顒等人，都是名士，董卓信任他們，而他們卻暗地裏為袁紹做事，於是他們勸董卓說：「廢立皇帝的大事，不是常人所能參與的。袁紹不識大體，心懷恐懼所以出逃，並非有其他的意圖。如今懸賞捉拿他太急了，勢必要發生變故。袁家四代廣植恩惠，門生舊屬遍天下，如果他招集豪傑聚集徒眾，各地英雄乘機起事，那麼山東地區就非您所有了。不如赦免袁紹，任他做一郡守，他就會因被赦免而高興，必無後患了。」董卓認為他們說得對，便任袁紹為勃海郡太守，封為邟鄉侯。

4 袁紹便憑藉勃海郡起兵，準備誅除董卓。這件事記載在〈武帝紀〉。袁紹自己號稱車騎將軍，主持反董聯盟，與冀州牧韓馥立幽州牧劉虞為帝，派遣使節向劉虞奉上奏章，劉虞不敢接受。後來韓馥屯軍安平，被公孫瓚打敗。公孫瓚便率兵進入冀州，打著討伐董卓的旗號，內心打算襲擊韓馥。韓馥心中不安。正好董卓西入潼關，袁紹撤回延津，趁著韓馥恐懼不安，派陳留人高幹、潁川人荀諶等人勸韓馥說：「公孫瓚乘勝向南進發，各郡都響應他。袁將軍率軍向東，不知道他心中的想法，我們私下裏為將軍感到危險。」韓馥說：「怎麼辦呢？」荀諶說：「公孫瓚率領燕、代的兵眾，兵鋒銳不可擋。袁將軍是一代英傑，也一定不肯在將軍之下。冀州，是天下的重要地區，如果他們兩個豪雄合力來攻，軍隊交戰於城下，危亡立刻出現。袁氏，是將軍的舊主，而且又與您是同盟，現在為將軍著想，不如把整個冀州讓給袁氏。袁氏得到冀州，那麼公孫瓚就不能與他爭奪，袁氏也必然會非常感激您。把冀州交給親近的盟友，將軍您就有讓賢之名，而自身安如泰山。希望您不要遲疑！」韓馥一向膽小，便聽從了荀諶的計策。韓馥的長史耿武、別駕閔純、治中李歷勸韓馥說：

「冀州雖然狹小鄙陋，但有披甲戰士百萬，糧穀可以支持十年。袁紹軍力匱乏客居冀州，仰仗著我們的鼻息，就像一個在我們股掌中的嬰兒，斷了對他的哺乳，他立刻就會餓死。怎麼竟然要把冀州交給他呢？」韓馥說：「我是袁紹過去的部下，況且才能不如他，估量自己的德行而讓位賢人，這是古人所推崇的行為，諸位又何必責怪我呢！」從事趙浮、程奐請求領兵抵禦袁紹，韓馥又沒有接受。於是把冀州讓給袁紹，袁紹便兼任冀州牧。

5 從事沮授勸袁紹說：「將軍二十歲入朝做官，就揚名天下；適逢君主被賊臣或廢或立，忠義之心奮然而起；單騎跑出洛陽，就使董卓心懷恐懼；渡過黃河向北進發，勃海郡便叩首歸附。發動一郡的士兵，掌握冀州的民眾，威震河朔地區，名聲顯重於天下。雖然黃巾軍作亂，黑山賊蠻橫強暴，但您若揮軍東向，青州便可平定；回軍討伐黑山，張燕便可消滅；調轉軍隊北進，公孫瓚就一定滅亡；用軍力震懾戎狄，則匈奴就一定會服從。橫掃黃河以北，擁有四州之地，收攬英雄之才，擁有百萬之眾，到長安迎接皇帝大駕，修復洛陽的皇家宗廟，號令天下，征討沒有收復的州郡，用這樣的舉動爭勝於天下，誰能抵擋？等到幾年後，這樣的功勳不難實現。」袁紹高興的說：「這正是我的心願呀。」立即上表任沮授為監軍、奮威將軍。董卓派遣執金吾胡母班、將作大匠吳脩帶著皇帝詔書勸說袁紹，袁紹讓河內太守王匡殺了他們。董卓聽說袁紹得到了關東，便把袁紹的宗族和太傅袁隗等全部誅殺。正當此時，很多豪俠都依附袁紹，全都想著為他報仇，各個州郡紛紛起兵，無不藉著袁紹的名義。韓馥心懷畏懼，請求離開，前去依附張邈。後來袁紹派使者到張邈那裏，商議一些事情，與張邈低聲耳語。韓馥在座，以為自己遭到陰謀陷害，不久就起身到廁所自殺了。

6 當初，立獻帝不是袁紹的本意，獻帝在河東郡的時候，袁紹派潁川人郭圖為使者前去朝見。郭圖回來後勸袁紹迎回獻帝定都鄴城，袁紹沒有同意。正在這時太祖把獻帝迎到許昌縣，收復了黃河以南的地區，關中諸侯全都降附。袁紹後悔，想讓太祖把獻帝遷到鄄城建都，靠近自己，太祖拒絕了。獻帝任袁紹為太尉，轉為大將軍，封鄴侯，袁紹辭讓侯爵不接受。不久，在易京打敗了公孫瓚，吞併了他的兵眾。又派長子袁譚出任青州刺史，沮授勸阻說：「這樣必定會引發禍亂。」袁紹不聽，說：「我想讓每個兒子都據有一個州。」

又任中子袁熙為幽州刺史，外甥高幹為并州刺史。袁紹此時擁有幾十萬人馬，以審配、逢紀統領軍事，田豐、荀諶、許攸為主要謀士，顏良、文醜為將軍，挑選精兵十萬，戰馬萬匹，準備進攻許昌縣。

7 在此以前，太祖曾派劉備到徐州抵禦袁術。袁術死後，劉備殺死徐州刺史車冑，領兵屯駐在沛縣。袁紹派遣騎兵幫助他。太祖派劉岱、王忠進攻劉備，沒有取勝。建安五年，太祖親自東征劉備。田豐勸袁紹襲擊太祖後方，袁紹以兒子有病為由，沒有答應。田豐舉手杖敲擊地面說：「碰到這樣難得的機會，卻因孩子的病喪失了，可惜呀！」太祖到了沛縣，出擊打敗了劉備，劉備投奔袁紹。

8 袁紹進軍到黎陽縣，派遣顏良到白馬攻打劉延。沮授又勸阻袁紹說：「顏良心胸狹窄性情急躁，雖然驍勇但不可獨當一面。」袁紹不聽。太祖救援劉延，與顏良交戰，打敗並斬殺了顏良。袁紹渡過黃河，在延津南築起壁壘，派劉備、文醜挑戰。太祖擊敗了他們，斬殺了文醜，再次交戰，活捉了袁紹大將。袁紹軍大為震驚。太祖回師官渡。沮授又說：「我軍兵多但果敢剛勁不如曹軍，曹軍糧穀缺少物資不如我軍豐厚；速戰有利於曹軍，久戰有利於我軍。應該慢慢的與曹軍打持久戰，拖延時間。」袁紹不聽。命令全軍連營逐漸向前推進，進逼官渡，與曹軍交戰，曹軍失利，又退回壁壘堅守。袁紹軍建起樓櫓，堆起土山，用弓箭射擊曹營，曹營中的軍士全都用盾牌掩蔽自己，兵眾大為恐懼。太祖便製造發石車，射擊袁紹的樓櫓，把樓櫓全都打壞，袁紹軍稱之為霹靂車。袁紹軍挖地道，想襲擊太祖軍營。曹軍便在營內挖長溝來對付，又派一支奇兵襲擊袁紹的運補車隊，大敗袁軍，把袁軍糧穀全部燒掉。太祖與袁紹相持很長時間，百姓疲憊不堪，很多人叛離響應袁紹，軍中糧食缺乏。正在這時袁紹派遣淳于瓊等人率兵一萬多人北上接應運補車隊，沮授對袁紹說：「應該派遣將軍蔣奇率領一支分隊在運糧車的外圍，以阻斷曹軍的抄掠。」袁紹又沒有聽從。淳于瓊的運補車隊宿營於烏巢，距袁紹軍四十里。太祖便留下曹洪守住大營，親自率領步騎兵五千人乘夜色偷偷攻打淳于瓊。袁紹派遣騎兵救援，被打敗退走。太祖打敗淳于瓊等人，將他們全部斬殺。太祖回軍，還沒到大營，袁紹大將高覽、張郃等率眾投降。袁紹全軍潰敗，袁紹與袁譚單身後退渡過黃河。其餘的兵眾假裝投降，被全部活埋。沮授沒有追上袁紹渡過黃河，被曹軍俘獲，送到太祖那裏，太祖厚禮相待。後來因謀劃回歸袁紹，被殺死。

9 當初，袁紹率軍南下的時候，田豐勸袁紹說：「曹公善於用兵，變化無常，兵眾雖少，但不可輕視，不如和他長期相持。將軍據有山河的險固，又擁有四州的民眾，對外結交天下英雄，對內發展農業訓練軍隊，然後挑選精銳部隊，分成多路奇兵，對其虛弱之處輪番出擊，騷擾黃河以南地區，他救援右邊就襲擊他的左邊，救援左邊就襲擊他的右邊，使敵軍疲於奔命，百姓不能安穩生產；這樣我們沒有勞累而他們已經困窘，不到兩年，就可以穩坐取勝。現在您放棄了廟堂上事先制訂的克敵制勝的策略，想通過一戰決定勝敗，如果不能如願，後悔就來不及了。」袁紹不聽。田豐又懇切的勸諫，袁紹非常生氣，認為他在動搖軍心，便給他戴上刑具關押起來。袁紹失敗後，有人對田豐說：「您一定會被重用。」田豐說：「如果我軍取得勝利，我倒一定能夠活命，現在大軍失敗，我恐怕也要死了。」袁紹回來以後，對左右說：「我沒有聽從田豐的話，果然要被他恥笑了。」便把田豐殺了。袁紹表面寬容文雅，有氣度，喜怒不形於色，而內心卻多所猜忌，就像這件事一樣。

10 冀州的城邑大多反叛，袁紹又進擊平定了他們。袁紹自從官渡兵敗之後就開始生病，建安七年，憂鬱而死。

11 袁紹喜愛小兒子袁尚，袁尚容貌俊美，袁紹想以他為繼承人，不過沒有公開表示。審配、逢紀與辛評、郭圖爭權，審配、逢紀與袁尚結黨，辛評、郭圖與袁譚結黨。大家認為袁譚年長，想擁立他。審配等人恐怕袁譚立後辛評等人加害自己，便根據袁紹素來的意向，推舉袁尚代替了袁紹的位置。袁譚到冀州，無法立為繼承人，便自稱車騎將軍。從此袁譚、袁尚便有了嫌隙。太祖北征袁譚、袁尚，袁譚屯軍在黎陽，袁尚只給袁譚很少的兵馬，而且派逢紀跟從袁譚。袁譚要求增加兵力，審配等人建議不給。袁譚大怒，殺掉逢紀。太祖渡過黃河進攻袁譚，袁譚向袁尚告急。袁尚想分撥兵力增援袁譚，但又怕袁譚乘機把這些兵力據為己有，便讓審配守鄴城，袁尚親自率兵援助袁譚，與太祖在黎陽相持。從九月到第二年二月，在黎陽城下大戰，袁譚、袁尚敗退，入城堅守。太祖準備圍城，袁譚、袁尚便趁夜色逃跑。曹軍追到鄴城，收割了鄴城的麥子。

攻下陰安縣，揮軍返回許縣。太祖南征荊州，軍隊到達西平。袁譚、袁尚舉兵自相攻伐，袁譚兵敗逃奔平原縣。袁尚攻勢猛烈，袁譚派遣辛毗到太祖處請求救援。太祖便回軍救援袁譚，十月到達黎陽縣。袁尚聽說太祖北上，便放棄了平原回到鄴城。袁尚部將呂曠、呂翔叛離袁尚歸附太祖，袁譚又暗地裏刻製了將軍印授予呂曠、呂翔。太祖知道袁譚狡詐，便與他締結了婚姻關係來安撫他，然後退軍回到許縣。袁尚讓審配、蘇由守衛鄴城，自己又到平原縣攻打袁譚。太祖進軍將要攻打鄴城，到達洹水，離鄴城五十里時，蘇由想為曹軍做內應，由於圖謀洩露，在鄴城中與審配打了起來，蘇由兵敗，出城投奔太祖。太祖於是對鄴城發動了進攻，曹軍挖地道，審配也在城內挖長溝進行抵擋。審配的部將馮禮打開城突大門，放進三百多名曹兵。審配發覺後，從城上用大石塊砸擊城突中間的柵門，柵門被關閉，進入城突中的曹兵都被殺死。太祖便圍困鄴城，繞城挖掘一條壕溝，有四十里長，開始時挖得很淺，看樣子好像可以越過去。審配看到後一笑置之，也不派兵阻撓破壞。不料太祖在一夜之間猛然深挖，壕溝深寬各有二丈，又決開漳河水灌滿壕溝，從五月到八月，城中餓死的人超過一半。袁尚聽說鄴城危急，率一萬多的兵馬回來救援，沿西山前進，東行到陽平亭，離鄴城十七里，面臨滏水，舉火把向城中示意，城中也舉火把回應。審配從城北出兵，想與袁尚內外配合突破太祖包圍。太祖迎擊，審配敗回城中，袁尚也兵敗逃走，在漳水彎曲處紮營，太祖便包圍袁尚的營壘。還沒有合圍，袁尚已經懼怕，派遣陰夔、陳琳請求投降，太祖不答應，袁尚逃到濫口，太祖進擊，再次緊圍袁尚，袁尚部將馬延等臨陣投降，袁尚軍崩潰，袁尚逃往中山。太祖收繳了袁尚所有的軍事物資，獲得了袁尚的印綬、節鉞及衣物，出示給其城中的家屬，城中軍心崩潰。審配的姪子審榮守東門，半夜開門接納太祖士兵進城，與審配在城中大戰，活捉了審配。審配意氣壯烈，始終沒有屈服的話，見到的人沒有不感嘆的。於是斬殺了審配。高幹獻出并州投降，太祖又任他為并州刺史。

12　太祖包圍鄴城的時候，袁譚乘機侵占了甘陵、安平、勃海、河間等郡縣，在中山攻打袁尚。袁尚逃到故安縣依從袁熙，袁譚收編了袁尚的所有部眾。太祖將要討伐袁譚，袁譚便占領了平原縣，併吞南皮縣，自己屯駐在龍湊。十二月，太祖兵臨袁譚大營門口，袁譚不敢出戰，連夜逃奔南皮縣，面臨清河紮營。建安十年正月，曹軍攻克了袁譚大營，斬殺了袁譚和郭圖等人。袁熙、袁尚被其將領焦觸、張南所攻擊，逃往遼西烏丸。焦觸自稱幽州刺史，強迫各郡太守縣令縣長，背叛袁氏，歸順曹軍，列陣數萬軍隊，殺白馬盟誓，下令說：「違反命令的人處斬！」眾人沒有敢說話的，全都按照順序歃血盟誓。輪到別駕韓珩時，韓珩說：「我受袁公父子的厚恩，如今他們失敗逃亡，我的智慧不能援救他們，我的勇氣不能使我赴死，在道義上已經有所缺損；如果再向曹氏稱臣，這種事我不能做。」在座的人都被韓珩嚇得大驚失色。焦觸說：「大凡做大事，應當建立大義，事情成功與否，不在乎一個人的態度，可以成全韓珩的志向，來激勵那些事奉君主的人。」高幹叛變，捕獲了上黨郡太守，出兵把守壺口關。太祖派樂進、李典攻打他，沒有攻克。建安十一年，太祖親征高幹。高幹便留下將領夏昭、鄧升守城，自己到匈奴單于處求救，沒有成功，獨自與幾名騎兵逃亡，想南奔荊州劉表，被上洛縣都尉捕殺。建安十二年，太祖到遼西郡攻打烏丸，袁尚、袁熙與烏丸迎戰曹軍，兵敗逃奔遼東郡，被公孫康誘殺，把首級送給太祖。太祖非常推崇韓珩的氣節，多次徵辟他，韓珩始終不前來，最後在家中去世。

1 袁術字公路，司空逢❶子，紹之從弟也。以俠氣聞。舉孝廉❷，除郎中，歷職內外❸，後為折衝校尉❹、虎賁中郎將。董卓之將廢帝，以術為後將軍；術亦畏卓之禍，出奔南陽。會長沙太守孫堅❺殺南陽太守張咨，術得據其郡❻。南陽戶口數百萬，而術奢淫肆欲，徵斂無度，百姓苦之。既與紹有隙，又與劉表不平，而北連公孫瓚；紹與瓚不和而南連劉表。其兄弟攜貳❼，舍近交遠如此。引軍入陳留，太祖與紹合擊，大破術軍。術以餘眾奔九江❽，殺揚州刺史陳溫❾，領其州。以張勳、橋蕤等為大將軍。李傕入長安，欲結術為援，以術為左將軍，封陽翟侯，假節，遣太傅馬日磾因循行拜授⑩。術奪日磾節，拘留不遣。

2 時沛相下邳陳珪⑪，故太尉球⑫弟子也。術與珪俱公族子孫⑬，少共交游，書與珪曰：「昔秦失其政，天下羣雄爭而取之，兼智勇者卒受其歸⑭。今世事紛擾，復有瓦解之勢矣，誠英乂⑮有為之時也。與足下舊交，豈肯左右之乎？若集大事，子實為吾心膂⑯。」珪中子應時在下邳，術並脅質應，圖必致珪。珪答書曰：「昔秦末世，肆暴恣情，虐流天下，毒被生民，下不堪命，故遂土崩。今雖季世⑰，未有亡秦苛暴之亂也。曹將軍神武應期⑱，興復典刑，將撥平凶慝⑲，清定海內，信有徵矣⑳。以為足下當戮力同心，匡翼漢室，而陰謀不軌，以身試禍，豈不痛哉！若迷而知反，尚可以免。吾備舊知㉑，故陳至情㉒，雖逆於耳，骨肉之惠㉓也。欲吾營私阿附，有犯死不能也。」

3 興平二年㉔冬，天子敗於曹陽㉕。術會羣下謂曰：「今劉氏微弱，海內鼎沸。吾家四世公輔，百姓所歸，欲應天順民㉖，於諸君意如何？」眾莫敢對。主簿閻象進曰：「昔周自后稷㉗至于文王㉘，積德累功，參分天下有其二，猶服事㉙殷。明公雖奕世克昌㉚，未若有周㉛之盛，漢室雖微，未若殷紂㉜之暴也。」術嘿然不悅㉝。用河內張炯之符命㉞，遂僭號㉟。以九江太守為淮南尹㊱，置公卿，祠南北郊㊲。荒侈滋甚，後宮數百皆服綺縠㊳，餘粱肉㊴，而士卒凍餒，江淮間空盡，人民相食。術前為呂布所破，後為太祖所敗，奔其部曲雷薄、陳蘭於灊山㊵，復為所拒，憂懼不知所出。將歸帝號於紹，欲至青州從袁譚，發病道死㊶。妻子依術故吏廬江太守劉勳㊷，孫策破勳，復見收視㊸。術女入孫權㊹宮，子燿拜郎中，燿女又配於權子奮㊺。

【章　旨】以上為〈袁術傳〉。作者用袁術在淮南稱帝而招致眾人反對的事實，揭示了當時人們「天命在漢」的觀念，也揭示了曹操為什麼遲遲不稱帝的原因。

【注　釋】❶逢　即袁逢，字周陽，汝南汝陽（今河南商水縣西南）人，以寬厚篤信著稱。靈帝時為司空，卒於執金吾任上。袁逢也是袁紹的父親，袁紹是袁逢的小妾所生，所以與袁術是同父異母兄弟。後來袁紹出繼袁逢的大哥袁成。事見《後漢書》卷四十五袁安附傳、《後漢書・袁紹列傳》李賢注引袁山松《後漢書》、《三國志・袁紹傳》裴松之注引《魏書》等。❷孝廉　漢代察舉官吏的科目名。孝指孝子，廉指廉吏。漢武帝元光元年（西元前一三四年）初，令郡國各舉孝廉一人，後合稱孝廉。❸內外　皇宮內外。袁術先任郎中，後任河南尹，分別為宮內職務和宮外職務。❹折衝校尉　武官名。領兵征伐，位在中郎將之下。❺長沙太守孫堅　長沙，郡名。治所在今湖南長沙。孫堅，字文臺，吳郡富春（今浙江富陽）人，因其被袁術任為破虜將軍，故名。為人勇猛剛毅，東漢末出擊黃巾。董卓之亂中參加反董聯盟，董卓遷都長安後率兵進入洛陽，後還軍魯陽。受袁術之命征荊州劉表，被劉表將黃祖射殺。詳見本書卷四十六〈孫堅傳〉。❻據其郡　孫堅是袁術的部將，所以孫堅殺張咨後，南陽就成了袁術的地盤。❼攜貳　懷有二心，離心離德。❽九江　郡名。治所在今安徽壽縣東北。❾揚州刺史陳溫　揚州，州名。治所在今江蘇南京。陳溫，字元悌，汝南（今河南平輿北）人。事見裴松之注引《英雄記》。❿遣太傅馬日磾句馬日磾，字翁叔，扶風茂陵（今陝西興平）人，馬融族子，少傳馬融學業，以才學進用，與楊彪、盧植、蔡邕等典校中書。官至太傅。事見《後漢書》卷七十孔融附傳。循行，視察。拜授，授以官爵。⑪時沛相下邳陳珪　沛相，沛國最高行政長官。下邳，縣名。治所在今江蘇睢寧西北。陳珪，字漢瑜，下邳淮浦（今江蘇漣水縣西南）人，舉孝廉，任劇縣令、濟北相等。阻止袁術呂布聯合，深得曹操信任。事見《後漢書・陳球列傳》李賢注引謝承《後漢書》。⑫球　即陳球，字伯真，下邳淮浦（今江蘇漣水縣西南）人，少習儒學，善律令。東漢末大臣。靈帝時密謀殺宦官，事洩，被下獄處死。詳見《後漢書・陳球列傳》。⑬公族子孫　三公之家的子孫。⑭卒受其歸　最終取得天下。⑮英乂　英雄豪傑。⑯心膂　親信得力的人。⑰季世　衰落時期。⑱神武應期　武略出眾順應天命。⑲撥平凶慝　清除平定兇惡。⑳信有徵矣　確實有徵兆證明。㉑備舊知　在您的老朋友中充個數。㉒陳至情　陳述最知心的話。㉓骨肉之惠　至親的人才能給您的忠告。原誤作「肉骨之惠」，今據宋本校正。㉔興平二年　西元一九五年。興平，東漢獻帝劉協年號。西元一九四－一九五年。㉕天子敗於曹陽　指漢獻帝東歸洛陽時，在曹陽被李傕、郭汜追擊之事。㉖應天順民　指當皇帝。㉗后稷　古代周族的始祖，姬姓，名棄。相傳是姜嫄履大人足跡而生。善於種植糧食作物，在堯、舜時代做農官，教民耕種。後世奉之為稷神。詳見《史記・周本紀》。㉘文王　即周文王，姬姓，名昌，遵后稷、公劉之業，行仁政，敬老愛幼，深得民心。在位期間，共滅黎、崇等國，在豐邑建都，為武王滅商打下基礎。詳見《史記・周本紀》。㉙服事　服從事奉。㉚奕世克昌　世代興旺。㉛有周　即周朝。「有」為詞頭，無義。㉜紂　即商紂王，名受，商朝末代國王，在位時荒於酒色，濫施淫威，對內重刑厚斂，對外窮兵黷武。後在牧野被周武王打敗，自焚而死。詳見《史記・殷本紀》。㉝嘿然不悅　表面默然心裏不高興。㉞符命　表示應天受命的祥瑞之兆。㉟僭號　稱帝。㊱淮南尹　漢代制度，京城所在郡的郡守特稱為尹，如西漢京兆尹，東漢河南尹。袁術的淮南尹即仿漢制。㊲南北郊　皇帝祭祀天地的場所。㊳綺縠　高級絲織品。㊴粱肉　優質的粟米和肉類。㊵灊山　縣名。治所在今安徽霍山縣東北。㊶道死　死在路上。㊷劉勳　字子臺，琅邪（今山東臨沂）人，先任沛國建平（今江蘇沛縣）縣長，後為廬江太守。依附袁術，稱雄一時，後被孫策打敗，歸降曹操。自以與曹操有舊，屢犯法，又誹謗，被處斬。事見本書卷十二〈司馬芝傳〉及裴松之注引《魏略》。㊸收視　收容照顧。㊹孫權　字仲謀，吳郡富春（今浙江富陽）人，孫策弟。孫策死後即位，被封討虜將軍，領會稽太守。黃武八年即帝位於武昌。死後諡大皇帝，廟號太祖。詳見本書卷四十七〈吳主傳〉。㊺奮　即孫奮，字子揚，孫權之子，孫霸之弟。太元二年（西元二五二年）立為齊王，居武昌，後遷南昌，終日遊獵。後被廢為庶人，孫皓在位時，傳言孫奮當立為帝，因此被孫晧所殺。詳見本書卷五十九〈孫奮傳〉。

【語譯】袁術，字公路，司空袁逢的兒子，袁紹的堂弟。以行俠仗義聞名。被推舉為孝廉，擔任郎中，歷任宮內外職務，後任折衝校尉、虎賁中郎將。董卓將要廢黜少帝，任袁術為後將軍；袁術也畏懼董卓這場禍亂，出逃到南陽郡。正值長沙太守孫堅殺南陽太守張咨，袁術得以占據南陽郡。南陽郡戶口數百萬，可是袁術驕奢淫逸，徵收斂取毫無節制，百姓深受其苦。袁術既與袁紹產生裂痕，又與荊州劉表不和而聯合北方的公孫瓚；袁紹與公孫瓚不和而聯合南方的劉表。兄弟二人離心離德，捨近交遠竟到如此地步。後來袁術率軍進入陳留郡，太祖與袁紹合力進擊，大敗袁術軍。袁術率餘眾逃往九江郡，殺掉揚州刺史陳溫，占領揚州。任張勳、橋蕤等人為大將軍。李傕進入長安，想結交袁術為自己外援，任袁術為左將軍，封為陽翟侯，給以符節，派遣太傅馬日磾藉視察之名前去任命。袁術奪走了馬日磾的符節，把他拘留，不放他回去。

2 當時的沛相下邳人陳珪，是已故太尉陳球弟弟的兒子。袁術與陳珪都是三公家族的子孫，少年時代就互相交往，袁術寫信給陳珪說：「過去秦朝為政腐敗，天下羣雄爭相取而代之，智勇兼備的人最終取得天下。如今政局混亂，天下又有土崩瓦解的趨勢，真是英雄豪傑大有作為的時候。我與您是舊交，難道您不肯幫助我嗎？如果我能成就大事，您的確是我親信得力的人。」陳珪的二兒子陳應當時在下邳，袁術又脅迫陳應作為人質，企圖要陳珪投靠自己。陳珪給袁術回信說：「過去秦朝末世，皇帝暴虐放縱，虐政遍布天下，百姓受其荼毒，不堪忍受，所以秦朝才土崩瓦解。如今雖然也是末世，但沒有亡秦苛政暴虐所引起的動亂。曹將軍武略超羣應天受命，恢復典章制度，將要掃平頑兇，安定國家，的確是有徵兆可以證明的。我以為您會與曹將軍同心努力，匡扶漢室，而您卻圖謀不軌，自己招來禍害，豈不令人痛心！如果您迷途知返，還可以免禍。我還算您的老朋友，所以和您講最知心的話，雖逆於耳，但這是至親的人才能給您的忠告。要讓我為了私利而依附您，我是寧死也不會如此的。」

3 興平二年冬天，獻帝在曹陽縣被打敗。袁術召集羣下說：「如今劉氏微弱，天下擾攘不安。我家四代任公卿宰輔，百姓歸心，因此想應天順民稱帝，各位以為怎麼樣？」眾人都不敢回答。主簿閻象進言說：「過去周朝從后稷到文王，積累功德，占有三分之二的天下，尚且事奉殷商。您雖世代興旺，但沒有像周朝那樣興盛，漢室雖然衰微，但也沒像商紂王那樣暴虐。」袁術表面不說但心裏很不高興。利用河內人張炯所說的符命，便僭號稱帝即位。以九江太守為淮南尹，設置公卿官員，在南北郊祭祀天地。生活荒淫奢侈越來越厲害，後宮有數百人全都穿著精美的綢緞，精美的食物多到吃不完，而士兵們卻飢寒交迫，江淮一帶食物耗盡，百姓人吃人。袁術先被呂布打敗，又被太祖打敗，逃到灊山投奔部將雷薄、陳蘭，又被拒絕，憂愁恐懼不知怎麼辦。準備把帝號讓給袁紹，自己到青州投奔袁譚，在途中病死。他的妻子依附袁術舊吏廬江太守劉勳，孫策打敗劉勳後，又被孫策收容照顧。袁術的女兒進入孫權的後宮，兒子袁燿被任命為郎中，袁燿的女兒又嫁給孫權的兒子孫奮。

1 劉表字景升，山陽高平❶人也。少知名，號八俊❷。長八尺餘，姿貌甚偉。以大將軍掾為北軍中候❸。靈帝崩，代王叡❹為荊州刺史。是時山東兵起，表亦合兵軍襄陽❺。袁術之在南陽也，與孫堅合從❻，欲襲奪表州，使堅攻表。堅為流矢所中死，軍敗，術遂不能勝表。李傕、郭汜入長安，欲連表為援，乃以表為鎮南將軍❼、荊州牧，封成武侯，假節。天子都許，表雖遣使貢獻，然北與袁紹相結。治中鄧義諫表，表不聽，義辭疾❽而退，終表之世。張濟引兵入荊州界，攻穰城❾，為流矢所中死。荊州官屬皆賀，表曰：「濟以窮來❿，主人無禮，至於交鋒，此非牧意。牧受弔⓫，不受賀也。」使人納其眾；眾聞之喜，遂服從。長沙太守張羨⓬叛表，表圍之連年不下。羨病死，長沙復立其子懌，表遂攻并懌，南收零、桂⑬，北據漢川⑭，地方⑮數千里，帶甲十餘萬。

2 太祖與袁紹方相持於官渡，紹遣人求助，表許之而不至，亦不佐太祖，欲保江漢間，觀天下變。從事中郎韓嵩⑯、別駕劉先⑰說表曰：「豪傑並爭，兩雄相持，天下之重，在於將軍。將軍若欲有為，起乘其弊可也；若不然，固將擇所從。將軍擁十萬之眾，安坐而觀望。夫見賢⑱而不能助，請和⑲而不得，此兩怨必集於將軍，將軍不得中立矣。夫以曹公之明哲，天下賢俊皆歸之，其勢必舉⑳袁紹，然後稱兵以向江漢，恐將軍不能禦也。故為將軍計者，不若舉州以附曹公，曹公必重德將軍；長享福祚，垂之後嗣，此萬全之策也。」表大將蒯越㉑亦勸表，表狐疑，乃遣嵩詣太祖以觀虛實。嵩還，深陳太祖威德，說表遣子入質㉒。表疑嵩反為太祖說，大怒，欲殺嵩，考殺㉓隨嵩行者，知嵩無他意，乃止。表雖外貌儒雅，而心多疑忌，皆此類也。

3 劉備奔表，表厚待之，然不能用。建安十三年，太祖征表，未至，表病死。

4 初，表及妻愛少子琮㉔，欲以為後，而蔡瑁㉕、張允㉖為之支黨，乃出長子琦㉗為江夏㉘太守，眾遂奉琮為嗣。琦與琮遂為讎隙。越、嵩及東曹掾傅巽㉙等說琮歸太祖，琮曰：「今與諸君據全楚之地㉚，守先君之業，以觀天下，何為不可乎？」

巽對曰：「逆順有大體，彊弱有定勢。以人臣而拒人主，逆也；以新造之楚而禦國家，其勢弗當也；以劉備而敵曹公，又弗當也。三者皆短，欲以抗王兵之鋒，必亡之道也。將軍自料何與劉備㉛？」琮曰：「吾不若也。」巽曰：「誠以㉜劉備不足禦曹公㉝乎，則雖保楚之地，不足以自存也；誠以劉備足禦曹公乎，則備不為將軍下也㉞。願將軍勿疑。」太祖軍到襄陽，琮舉州降。備走奔夏口㉟。太祖以琮為青州刺史，封列侯。蒯越等侯者十五人。越為光祿勳㊱；嵩，大鴻臚㊲；羲，侍中；先，尚書令㊳；其餘多至大官。

【章　旨】以上為〈劉表傳〉，記述了劉表的興盛與敗亡，也反映了日後赤壁之戰和孫劉兩家對荊州爭奪的背景。

【注　釋】❶山陽高平　山陽，郡國名。治所在今山東金鄉西北。高平，縣名。治所在今山東微山縣西北。❷八俊　東漢名士的美稱，指八位才德傑出的人。八俊有李膺、荀昱、杜密、王暢、劉祐、魏朗、趙典、朱寓。劉表是「八交」之一。〈劉表傳〉裴松之注引張璠《漢紀》云：「表與同郡人張隱、薛郁、王訪、宣靖、公緒恭、劉祇、田林為八交，或謂之八顧。」按：「八交」何焯校改「八友」。❸北軍中候　京城北軍五營的長官，下統五校尉，負責京城警衛。❹王叡　字通耀，東漢末任荊州刺史，後參加關東反董聯盟，被孫堅所殺。事見《三國志・孫堅傳》裴松之注引《王氏譜》、《吳錄》等。❺襄陽　郡名。治所在今湖北襄樊。❻合從　聯合。❼鎮南將軍　武官名。與鎮東將軍、鎮西將軍、鎮北將軍合稱四鎮。❽辭疾　以有病為藉口推辭。❾穰城　穰縣縣城。❿以窮來　因為處境困難而來。⓫受弔　接受弔唁。⓬張羨　南陽（今河南南陽）人，東漢末官吏，曾任零陵、桂陽郡守，甚得江、湘民心。後為長沙郡太守。事見裴松之注引《英雄記》。⓭零桂　零，零陵郡，治所在今湖南零陵。桂，桂陽郡，治所在今湖南郴州。⓮漢川　漢水，此指漢水下游地區。⓯地方　土地方圓。⓰從事中郎韓嵩從事中郎，高級將領軍府中的軍事參謀。韓嵩，字德高，義陽（今河南桐柏東）人，少好學，東漢末與友人隱居酈西山中，後任劉表別駕，轉從事中郎。後被獻帝拜為侍中，遷零陵太守。事見本傳及裴松之注引《傅子》。⑰劉先　字始宗，初為荊州牧劉表別駕，劉表死後隨劉琮投降曹操，任尚書令。曹丕稱帝後仍為尚書令，博學，好黃老之學。事見裴松之注引《先賢行狀》。⑱賢　指曹操。⑲請和　指袁紹請求幫助。⑳舉　戰勝。㉑蒯越　字異度，中廬（今湖北襄樊）人，劉表的謀士。幫助劉表開拓荊州轄地，平定境內叛亂。曹操破荊州後，封為侯，任光祿勳。事見本卷及裴松之注引司馬彪《戰略》。㉒入質　入朝為人質。㉓考殺　拷問致死。㉔琮　即劉琮，劉表的小兒子，繼劉表任荊州刺史，後降曹操，任青州刺史，封列侯，加諫議大夫。㉕蔡瑁　襄陽（今湖北襄樊）人，劉表妻弟。其事散見於《後漢書・劉表列傳》、本書卷三十二〈先主傳〉等。㉖張允　劉表外甥。劉琮支黨。事見《後漢書・劉表傳》。㉗琦　即劉琦，劉表長子，為人慈孝，但不為父母所愛，故求為江夏太守以避禍。曹操入荊州後，以江夏附劉備，後病卒。其事散見於裴松之注引《典略》、本書卷三十二〈先主傳〉、卷三十五〈諸葛亮傳〉等。㉘江夏　郡名。治所在今湖北安陸。㉙傅巽　字公悌，瑰偉博達，有知人之鑑。東漢末任尚書郎，後客居荊州。曹魏建立後任侍中，明帝太和年間去世。事見裴松之注引《傅子》。㉚全楚之地　先秦時楚國故地。㉛何與劉備　與劉備相比怎麼樣。㉜誠以　確實認為。㉝禦曹公　當時劉備客居荊州，駐紮在新野，為荊州抵禦曹操，故言。㉞不為將軍下也　不甘在劉琮之下。㉟夏口　地名。在今湖北武漢。㊱光祿勳　官名。九卿之一，秦曰郎中令，漢曰光祿勳，總管皇家事務。三國魏蜀吳均置。㊲大鴻臚　秦稱典客，漢稱大行令，後稱大鴻臚，掌賓禮。㊳尚書令　尚書臺長官，東漢以後權力極重，總典朝廷綱紀。魏蜀吳三國皆置。

【語譯】劉表，字景升，山陽郡高平縣人。年少出名，號稱八俊。身高八尺多，體貌魁偉。以大將軍掾的身分任北軍中候。靈帝去世後，代理王叡為荊州刺史。當時山東諸侯起兵聲討董卓，劉表也集中兵力屯軍襄陽。袁術在南陽，與孫堅聯合，要襲奪劉表的荊州，派孫堅進攻劉表。孫堅被流箭射中而死，軍隊戰敗，袁術於是不能戰勝劉表。李傕、郭汜進入長安，想聯合劉表作為外援，便任劉表為鎮南將軍、荊州牧，封為成武侯，給予符節。獻帝定都許昌，劉表雖然派遣使節朝覲貢獻，然而還北與袁紹相聯繫。州治中鄧羲勸諫劉表，劉表不聽，鄧羲便推說有病離職而去，一直到劉表去世也沒有出來任職。張濟領兵進入荊州地界，進攻穰城，被流矢射中而死。荊州官員都來道賀，劉表說：「張濟因為處境困難而來我這裏，作為主人我沒有禮待他，以至於交戰，這不是我的本意。我只接受弔唁，不接受祝賀。」派人收納張濟的部眾；張濟的部眾聽說劉表對張濟的態度都非常高興，便依附劉表。長沙太守張羨反叛劉表，劉表圍攻他連年不能得勝。張羨病死，長沙郡又擁立他的兒子張懌，劉表進攻並兼併了張懌，南進收取了零陵郡、桂陽郡，北進占據了漢水下游地區，轄地方圓數千里，披甲之士十多萬。

2 太祖與袁紹正在官渡對峙的時候，袁紹派人向劉表求援，劉表嘴上答應卻不派兵前往，也不幫助太祖，而想保有江漢一帶，靜觀天下變化。從事中郎韓嵩、別駕劉先勸劉表說：「豪傑羣起爭奪，袁、曹兩雄相持不下，天下舉足輕重的關鍵，在於將軍您的態度。將軍若想有所作為，可以乘其疲憊起兵；如果不想這樣做，就一定要選擇一個作為依靠。將軍擁有十萬兵眾，卻安坐不動而心存觀望。見到曹公這樣的賢人而不去幫助，袁紹求援而又得不到幫助，這樣兩個人的怨恨必然要集中在您的身上，您想中立是不可能的。以曹公的英明智慧，天下賢俊之士全都歸附他，其勢一定能夠戰勝袁紹，然後再舉兵進攻江漢之間，恐怕將軍您抵擋不了。所以為將軍考慮，不如以荊州依附曹公，曹公必定重謝於您；您不僅長享福祚，也將傳給子孫，這是萬全之策。」劉表的大將蒯越也勸他降曹，劉表仍狐疑不定，便派遣韓嵩到太祖那裏觀察虛實。韓嵩回來後，極力陳說太祖的威德，勸劉表派遣兒子入朝為人質。劉表懷疑韓嵩反過來替太祖游說，非常生氣，想把韓嵩殺掉，又用嚴刑拷問韓嵩的隨行官員致死，知道韓嵩沒有二心，才停止了追究。劉表雖然外貌儒雅，而內心卻猜忌多疑，就像這件事一樣。

3 劉備投奔劉表，劉表厚待他，然而不加重用。建安十三年，太祖征討劉表，還沒到達荊州，劉表病死。

4 起初，劉表和妻子喜愛小兒子劉琮，想立為繼承人，而蔡瑁、張允為劉琮支黨，便外派長子劉琦任江夏郡太守，眾人於是尊奉劉琮為劉表的繼承人。劉琦與劉琮因此結下仇怨。蒯越、韓嵩以及東曹掾傅巽等人勸劉琮歸附太祖，劉琮說：「如今我與諸位據有整個楚地，守著先父留下的基業，來靜觀天下變化，有什麼不可以呢？」傅巽回答說：「叛逆和忠順是以大局為標準的，力量強弱有一定的態勢。身為人臣而抗拒人主，這就是逆；以剛占據不久的楚地來抗拒朝廷，強弱之勢並不相當；以劉備而與曹公對抗，也不是對手。三方面我們都居於劣勢，想以此來抗拒朝廷的兵鋒，這是必亡之路。將軍自己估量一下與劉備相比怎麼樣？」劉琮說：「我不如他。」傅巽說：「如果確實認為劉備不能夠抵禦曹公，那麼即使保有楚地，也不足以自保；如果認為劉備完全可以抵禦曹公，那麼劉備也不會甘心處於將軍之下。希望將軍不要再遲疑了。」太祖大軍到達襄陽，劉琮獻州投降。劉備逃往夏口。

5 太祖任劉琮為青州刺史，封列侯。蒯越等被封列侯的有十五人。蒯越為光祿勳，韓嵩為大鴻臚，鄧義為侍中，劉先為尚書令，其餘的人大多也做了大官。

評曰：董卓狼戾賊忍❶，暴虐不仁，自書契❷以來，殆❸未之有也。袁術奢淫放肆，榮不終己❹，自取之也。袁紹、劉表，咸有威容、器觀❺，知名當世。表跨蹈❻漢南，紹鷹揚❼河朔，然皆外寬內忌，好謀無決，有才而不能用，聞善而不能納，廢嫡立庶，舍禮崇愛，至於後嗣顛蹷❽，社稷傾覆，非不幸❾也。昔項羽背范增之謀❿，以喪其王業；紹之殺田豐，乃甚於羽⓫遠矣！

【章旨】以上是陳壽對董卓、袁紹、袁術、劉表等人的評價。

【注釋】❶狼戾賊忍　兇狠殘忍。❷書契　有文字記載。❸殆　幾乎；大概。原誤作「殊」。❹榮不終己　榮耀未能終身。❺器觀　才能風度。❻跨蹈　占據。❼鷹揚　像雄鷹展翅那樣奮起。形容大展雄才。❽顛蹷　跌倒。❾不幸　意外的事故或災禍。❿昔項羽句　項羽，名籍，字羽，泗水下相（今江蘇宿遷西南）人。楚國貴族後裔，秦末起事反秦，英勇善戰，鉅鹿之戰摧毀秦軍主力，奠定了領袖地位。秦滅後自立為西楚霸王，大封諸侯王，後被劉邦打敗，在烏江自殺。詳見《史記・項羽本紀》、《漢書・項籍傳》等。范增，九江居巢（今安徽桐城南）人，項羽謀士，被尊為亞父。曾多次勸項羽殺掉劉邦，不被採納。後又劉邦行反間計，使其失去項羽的信任，憤而出走，途中病死。事附《史記．項羽本紀》、《漢書．項籍傳》等。

⓫甚於羽　項羽雖然不採納范增的建議，但並沒有殺他，所以陳壽認為袁紹殺田豐過錯超過了項羽。

【語　譯】評論說：董卓兇狠殘忍，暴虐不仁，自從有文字記載以來，大概沒有人比得上他。袁術奢侈荒淫，放縱不羈，榮耀未能終身，這是咎由自取。袁紹、劉表，全都生得威嚴，有風度，聞名當世。劉表據有漢水以南，袁紹雄視河朔，然而他們都是外表寬容，內心猜忌，喜歡謀略而不能決斷，有人才而不能任用，聽到善言而不能採納，他們都廢除嫡長子而立庶子，捨棄禮法，看重私情，以至於後代任由他人踐踏，政權覆滅，這不是意外的不幸。過去項羽不採納范增的計謀，因此喪失了王霸之業；袁紹殺害田豐，過失要比項羽嚴重多了。

【研　析】陳壽在分析劉表荊州政權最後敗亡的原因時指出，劉表外表寬容內心猜忌，沒有決斷，不任賢才，不聽良謀，廢嫡立庶。這些分析還都只是劉表個人的原因，除此之外還有荊州內部的客觀原因陳壽沒有指出來，在此著重對這個問題進行研析。

在曹操進攻荊州以前，劉表的荊州內部就已經存在著很深的危機。荊州內部的危機，表現為三種矛盾：劉表宗室內部的矛盾、劉表政權內抗曹派和降曹派的矛盾、荊州境內的主客矛盾。劉表宗室內部的矛盾，主要指他的兩個兒子劉琮、劉琦圍繞繼承權問題的鬥爭。劉表政權內抗曹派和降曹派的矛盾，主要指劉表自保荊州的主張與其臣下投降曹操主張的分歧。荊州境內的主客矛盾，主要指劉表與客居荊州的劉備集團的矛盾。這三種矛盾並非彼此孤立，而是互相交叉，互相作用，纏繞在一起的。

先看劉表宗室內部的矛盾。劉表有兩個兒子，長子劉琦，次子劉琮。開始，劉表很喜歡劉琦，不僅因為他是長子，而且因為他長得很像自己。但是，自從次子劉琮結婚以後，劉表愛子天平漸漸的偏到了劉琮這一邊。原來，劉琮所娶之妻，是劉表後妻蔡氏的姪女。因為這層關係，蔡氏想讓劉琮取代劉琦的位置。她多次對劉表說劉琦的壞話。她不但經常向劉表吹枕邊風，還聯合蔡瑁、張允等向劉表進讒言。這三個人都是荊州政權中舉足輕重的人物。蔡氏是劉表的妻子，蔡瑁是劉表的妻弟，張允是劉表的外甥。他們三個一齊講劉琦不好，漸漸的，劉表竟真的以為劉琦不好了。蔡氏不喜歡劉琦，除了劉琮的關係外，恐怕還與劉琦的政治態度有關。蔡氏是屬於親曹派，蔡瑁與曹操在少年時代關係就非常親密。而劉琦卻不同，他作為劉表的長子、荊州未來的首領，是堅持父親自保荊州方針的。史載劉琦非常器重諸葛亮，從劉琦與諸葛亮的關係，可以看出劉琦反對親曹的政治態度。在這點上，劉表宗室內部矛盾又與荊州內抗曹和降曹派的矛盾相互糾纏著。後來劉琦日益被劉表疏遠，內心非常不安，便找諸葛亮請求自安之術。諸葛亮便給他出主意讓他遠離權力鬥爭中心，到外面去掌一方權力。劉琦便要求到江夏郡擔任太守。諸葛亮為劉琦出此計策，一方面是解劉琦之危，另一方面也是為了劉備集團的利益。他知道，在劉表集團內，主張投降曹操的人不在少數。劉表體弱多病，萬一荊州有變，劉備的抗曹將與當局的降曹相衝突。到那時，劉琦的江夏郡還可以作為一塊立足的根據地。從這方面講，劉表宗室內部的矛盾又和荊州內的主客矛盾相糾纏。

荊州內部的第二種矛盾是抗曹派和降曹派的矛盾。劉表是不主張降曹的。他苦心經營荊州十九年，把它變成地方數千里，帶甲十餘萬的小王國，可以說，這是他一生的心血，一生的成就。他怎能輕易將此拱手讓人！早在曹操屯軍西平，兵臨荊州時，劉表就表示了他不輕易投降的態度。他認為曹操之所以兵臨荊州，是由於袁尚、袁譚兄弟不合作抗曹，致使曹操無後顧之憂的緣故。所以，他分別寫信給二袁，曉以利害，喻以大義，企圖說服二人和好，與自己結成抗曹聯盟。劉表如此苦口婆心，與其說是挽救二袁的昆仲之誼，不如說是在挽救荊州。他的目的是在自己抗禦曹操的進攻時，能得到二袁的外線配合。在劉表政權內，主張抗曹保荊的還有一些人。例如大將王威，在劉表已死，劉琮降曹，劉備敗走之時，仍向劉琮建議說：「曹操聞將軍既降，劉備已走，必懈弛無備，輕行單進。若給威奇兵數千，徼之于險，操可獲也。獲操，即威震四海，非徒保守今日而已。」又如劉表大將文聘，在外據守漢川。劉琮降曹，令文聘與他同降。文聘拒絕說：「聘不能全州，當待罪而已。」然而，在劉表政權內，主張降曹的人為數很多，而且他們中許多人都是舉足輕重的人物。如傳中提到袁紹、曹操在官渡對峙時，劉表的從事中郎韓嵩、別駕劉先便勸劉表歸附曹操。就連協助劉表開創荊州的蒯越：此時也勸劉表投降曹操。

荊州內部的第三種矛盾，是主人劉表集團與客居的劉備集團的矛盾。劉備寓居荊州，是準備做一番事業的。他要興復漢室，建立霸業，絕不會投降曹操。在不投降曹操這點上，劉表與劉備是一致的，他把劉備安置在新野，就是想利用他的力量抗擊曹操。為了抗曹，劉表不但給劉備增兵，還不得不允許劉備在不影響荊州本土利益的情況下擴大自己的實力。據記載，諸葛亮曾勸劉備，在取得劉表的贊同下，可招集荊州的遊民以擴充部眾。劉表雖然沒有阻止劉備擴軍，但並不意味著對劉備持信任態度，恰恰相反，劉表對這個客居的同姓人是很不放心的，特別是當他看到荊州人士很多人都依附劉備時，對劉備的戒心就更大了。他把劉備從新野調到樊城，就是把他放到自己的眼皮底下，以便於監督和控制。後來，劉表病重，把劉備叫到病榻邊說：「我兒不才，而諸將零落，我死之後，卿便攝荊州。」劉表這番話並非他的本意。試想，他那麼喜歡劉琮，不惜捨長立幼，又怎能甘心讓一個外來者取代愛子呢？劉表的本意一是試探一下劉備有沒有奪取荊州的野心，二是拉攏一下劉備的感情，讓他好生輔佐自己的兒子。如果說劉表與劉備的矛盾還處於隱蔽狀態，那麼劉表政權中降曹派與劉備集團的矛盾則尖銳到了劍拔弩張的程度。《三國志・先主傳》裴注引《世語》記載了這麼一件事：劉備在樊城時，曾出席劉表舉行的宴會。而劉表手下的蒯越、蔡瑁二人打算乘宴會殺掉劉備。劉備察覺後，假稱去廁所，藉機溜走。劉備所騎之馬名曰「的盧」，由於走得倉忙，連人帶馬掉到襄陽城西的檀溪河中，情況十分危險。劉備急了，喊著他的馬說：「的盧，今天的安危全靠你的努力了。」說完猛一夾馬肚子。那馬似乎聽懂了主人的話，猛的一躍，竄出三丈，帶主人脫出險境。蒯越、蔡瑁是降曹派的首領，他們對劉備的仇視，恐怕不僅僅由於主客矛盾，當與劉備堅決抗曹的態度有礙於他們推行降曹有關。

上述三種矛盾，彼中有此，此中有彼，理不開斬不斷。三種矛盾造成的巨大離心力把荊州搞得四分五裂，也從不同方向內耗著荊州的防禦力量。因此，劉表荊州政權的敗亡不是偶然的。(梁滿倉注譯)

卷七　魏書七

呂布臧洪傳第七

【題解】本卷為呂布和臧洪二人的合傳。他們二人在性格與事跡上都有顯著區別：呂布政治生涯中先後投靠了幾個主人，臧洪自始至終都效忠於一個上司；呂布面臨死亡說出乞求活命的軟話，臧洪義正辭嚴慷慨赴死。呂布一生可以說波瀾壯闊，特別是誅殺董卓是極其光彩的一筆，因此在歷史上有極高的知名度。臧洪的知名度遠不如呂布。然而細想起來，他們還是有相同之處：都是不屬於魏蜀吳三國的漢臣，都曾反對董卓，都困守孤城最後被俘，這大概是陳壽把二人列在一起的原因吧。

1 呂布字奉先，五原郡九原❶人也。以驍武給并州❷。刺史丁原為騎都尉❸，屯河內❹，以布為主簿❺，大見親待。靈帝❻崩，原將兵詣洛陽❼。與何進❽謀誅諸黃門❾，拜執金吾❿。進敗，董卓⓫入京都，將為亂，欲殺原，并其兵眾。卓以布見信於原⓬，誘布令殺原。布斬原首詣卓，卓以布為騎都尉，甚愛信之，誓為父子。

2 布便弓馬⑬，膂力⑭過人，號為飛將。稍遷至中郎將⑮，封都亭侯。卓自以遇人⑯無禮，恐人謀己，行止常以布自衛。然卓性剛而褊⑰，忿不思難⑱，嘗小失意⑲，拔手戟擲布。布拳捷⑳避之，為卓顧謝㉑，卓意亦解。由是陰怨卓㉒。卓常使布守中閤㉓，布與卓侍婢私通，恐事發覺，心不自安。

3 先是，司徒王允㉔以布州里㉕壯健，厚接納之。後布詣允，陳卓幾見殺狀。時允與僕射士孫瑞㉖密謀誅卓，是以告布使為內應。布曰：「奈如父子何㉗！」允曰：「君自姓呂，本非骨肉。今憂死不暇㉘，何謂父子？」布遂許之，手刃刺卓。語在卓傳。允以布為奮武將軍，假節，儀比三司㉙，進封溫侯，共秉朝政。布自殺卓後，畏惡涼州人，涼州人皆怨。由是李傕㉚等遂相結還攻長安城㉛。布不能拒，李傕等遂入長安。卓死後六旬，布亦敗，將數百騎出武關㉜，欲詣袁術㉝。

4 布自以殺卓為術報讎㉞，欲以德之㉟。術惡其反覆，拒而不受。北詣袁紹㊱，紹與布擊張燕㊲於常山㊳。燕精兵萬餘，騎數千。布有良馬曰赤兔。常與其親近成廉、魏越等陷鋒突陣，遂破燕軍。而求益兵眾，將士鈔掠，紹患忌之。布覺其意，從紹求去。紹恐還為己害，遣壯士夜掩殺布，不獲。事露，布走河內，與張楊(39)合。紹令眾追之，皆畏布，莫敢逼近者。

5 張邈字孟卓，東平壽張(40)人也。少以俠聞，振窮救急，傾家無愛(41)，士多歸之。太祖(42)、袁紹皆與邈友。辟公府(43)，以高第(44)拜騎都尉，遷陳留(45)太守。董卓之亂，太祖與邈首舉義兵。汴水(46)之戰，邈遣衛茲將兵隨太祖。袁紹既為盟主，有驕矜色，邈正議(47)責紹。紹使太祖殺邈，太祖不聽，責紹曰：「孟卓，親友也，是非當容之。今天下未定，不宜自相危也。」邈知之，益德太祖。太祖之征陶謙(48)，敕家曰：「我若不還，往依孟卓。」後還，見邈，垂泣相對。其親如此。

6 呂布之捨袁紹從張楊也，過邈臨別(49)，把手共誓。紹聞之，大恨。邈畏太祖終(50)為紹擊己也，心不自安。興平元年(51)，太祖復征謙，邈弟超(52)，與太祖將陳宮(53)、從事中郎(54)許汜、王楷共謀叛太祖。宮說邈曰：「今雄傑並起，天下分崩，君以千里之眾，當四戰之地(55)，撫劍顧眄(56)，亦足以為人豪，而反制於人，不以鄙乎！今州軍(57)東征，其處空虛，呂布壯士，善戰無前，若權迎之，共牧兗州(58)，觀天下形勢，俟時事之變通(59)，此亦縱橫之一時也。」邈從之。太祖初使宮將兵留屯東郡(60)，遂以其眾東迎布為兗州牧，據濮陽(61)。郡縣皆應，唯鄄城、東阿、范(62)為太祖守。太祖引軍還，與布戰於濮陽，太祖軍不利，相持百餘日。是時歲旱、蟲蝗、少穀，百姓相食，布東屯山陽[63]。二年間，太祖乃盡復收諸城，擊破布於鉅野[64]。布東奔劉備[65]。邈從布，留超將家屬屯雍丘[66]。太祖攻圍數月，屠之，斬超及其家。邈詣袁術請救未至，自為其兵所殺。

7 備東擊術，布襲取下邳[67]，備還歸布。布遣備屯小沛[68]。布自稱徐州[69]刺史。術遣將紀靈等步騎三萬攻備，備求救於布。布諸將謂布曰：「將軍常欲殺備，今可假手於術[70]。」布曰：「不然。術若破備，則北連太山諸將[71]，吾為在術圍中[72]，不得不救也。」便嚴[73]步兵千、騎二百，馳往赴備。靈等聞布至，皆斂兵不敢復攻。布於沛西南一里安屯，遣鈴下[74]請靈等，靈等亦請布共飲食。布謂靈等曰：「玄德，布弟也。弟為諸君所困，故來救之。布性不喜合鬭[75]，但喜解鬭耳。」布令門候[76]於營門中舉一隻戟[77]，布言：「諸君觀布射戟小支[78]，一發中者諸君當解去，不中可留決鬭。」布舉弓射戟，正中小支。諸將皆驚，言：「將軍天威也！」明日復歡會，然後各罷。

8 術欲結布為援，乃為子索布女，布許之。術遣使韓胤以僭號議告布，并求迎婦。沛相陳珪[79]恐術、布成婚，則徐、揚合從[80]，將為國難[81]，於是往說布曰：「曹公奉迎天子，輔讚國政，威靈命世，將征四海，將軍宜與協同策謀，圖太山之安。

今與術結婚，受天下不義之名，必有累卵之危。」布亦怨術初不己受[82]也，女已在塗，追還絕婚，械送韓胤，梟首許市。珪欲使子登[83]詣太祖，布不肯遣。會使者[84]至，拜布左將軍[85]。布大喜，即聽登往，并令奉章[86]謝恩。登見太祖，因陳布勇而無計，輕於去就[87]，宜早圖之。太祖曰：「布，狼子野心，誠難久養，非卿莫能究其情[88]也。」即增珪秩中二千石[89]，拜登廣陵[90]太守。臨別，太祖執登手曰：「東方之事，便以相付。」令登陰合部眾以為內應。

9 始，布因登求徐州牧[91]，登還，布怒，拔戟斫几曰：「卿父勸吾協同曹公，絕婚公路[92]；今吾所求無一獲，而卿父子並顯重，為卿所賣耳！卿為吾言，其說云何[93]？」登不為動容[94]，徐喻[95]之曰：「登見曹公言：『待將軍譬如養虎，當飽其肉，不飽則將噬人。』公曰：『不如卿言也。譬如養鷹，飢則為用，飽則揚去。』其言如此。」布意乃解。

10 術怒，與韓暹[96]、楊奉[97]等連勢，遣大將張勳[98]攻布。布謂珪曰：「今致術軍，卿之由也，為之奈何？」珪曰：「暹、奉與術，卒合之軍耳，策謀不素定，不能相維持，子登策之，比之連雞[99]，勢不俱棲，可解離也。」布用珪策，遣人說暹、奉，使與己并力共擊術軍，軍資所有，悉許暹、奉。於是暹、奉從之，勳大破敗。

11 建安三年[100]，布復叛為術，遣高順攻劉備於沛，破之。太祖遣夏侯惇[101]救備，為順所敗。太祖自征布，至其城下，遺布書，為陳禍福[102]。布欲降，陳宮等自以負罪深，沮其計。布遣人求救於術，自[103]將千餘騎出戰，敗走，還保城，不敢出。術亦不能救。布雖驍猛，然無謀而多猜忌，不能制御其黨，但[104]信諸將。諸將各異意自疑，故每戰多敗。太祖塹圍之三月，上下離心，其將侯成、宋憲、魏續縛陳宮，將其眾降。布與其麾下登白門樓[105]，兵圍急，乃下降。遂生縛布，布曰：「縛太急[106]，小緩[107]之。」太祖曰：「縛虎不得不急也。」布請曰：「明公所患不過於布，今已服矣，天下不足憂。明公將步，令布將騎，則天下不足定也。」太祖有疑色。劉備進曰：「明公不見布之事丁建陽及董太師[108]乎！」太祖頷之。布因指備曰：「是兒最叵信者[109]。」於是縊殺布。布與宮、順等皆梟首送許，然後葬之。

12 太祖之禽宮也，問宮欲活老母及女不？宮對曰：「宮聞孝治天下者不絕人之親[110]，仁施四海者不乏人之祀[111]，老母在公[112]，不在宮也。」太祖召養其母終其身，嫁其女。

13 陳登者，字元龍，在廣陵有威名。又掎角[113]呂布有功，加伏波將軍[114]，年三十九卒。後許汜與劉備並在荊州牧劉表115坐，表與備共論天下人，汜曰：「陳元龍湖海之士，豪氣116不除。」備謂表曰：「許君論是非117？」表曰：「欲言非，此君為善士，不宜虛言；欲言是，元龍名重天下。」備問汜：「君言豪，寧有事邪118？」汜曰：「昔遭亂過下邳，見元龍。元龍無客主之意，久不相與語，自上大牀119臥，使客臥下牀。」備曰：「君有國士120之名，今天下大亂，帝主失所121，望君憂國忘家，有救世之意，而君求田問舍122，言無可采，是元龍所諱也，何緣123當與君語？如小人，欲臥百尺樓上，臥君於地，何但上下牀之間邪？」表大笑。備因言曰：「若元龍文武膽志，當求之於古124耳，造次難得比125也。」

【章　旨】以上為〈呂布傳〉，記述了呂布誅殺董卓、在徐州與諸強的聯合與爭奪、轅門射戟、白門樓被俘的一生。也附帶記述了張邈、陳宮、陳登等人的事跡。

【注　釋】❶五原郡九原　五原，郡名。治所在今內蒙古自治區包頭西南。九原，縣名。五原郡治所。❷給并州　為并州府效力。并州，州名。治所在今陝西太原西南。五原郡當時屬并州。❸丁原為騎都尉　丁原，字建陽，出身寒門，有武勇，善騎射，先為南縣吏，後官至并州刺史。事見裴松之注引《英雄記》。騎都尉，官名。屬光祿勳，掌監羽林騎兵。❹河內　郡名。治所在今河南武陟西南。❺主簿　州郡屬官，主管州郡文書簿籍，經辦事務。❻靈帝　名劉宏。桓帝死後無子，被竇太后與文武大臣迎立為帝。在位期間任用宦官，大興黨錮，賣官鬻爵，橫徵暴斂，終於激發黃巾起事。死後謚曰靈。詳見《後漢書・孝靈帝紀》。❼洛陽　都名。今河南洛陽東。❽何進　字遂高，南陽宛（今河南南陽）人，東漢靈帝何皇后的異母哥哥，歷任虎賁中郎將、大將軍等職。靈帝死後，專斷朝政，謀與袁紹等人誅除宦官，事洩被殺。詳見《後漢書・何進列傳》。❾黃門泛指黃門諸官，多由宦官擔任。⑩執金吾　官名。秦時名中尉，漢武帝時改名執金吾，掌京師警衛，皇帝出行時任儀仗護衛。

⑪董卓　字仲穎，隴西臨洮（今甘肅岷縣）人，剛猛有謀，廣交豪帥。東漢桓帝末從中郎將張奐為軍司馬，以後歷任并州刺史、并州牧。昭寧元年（西元一八九年），率兵進入洛陽，廢少帝，立獻帝，專擅朝政，遭到關東諸侯反對。後遷獻帝至長安，不久被呂布所殺。詳見《後漢書・董卓列傳》、本書卷六〈董卓傳〉。⑫見信於原　被丁原所信任。⑬便弓馬　擅長騎馬射箭。

⑭膂力　體力；四肢的力量。⑮中郎將　漢代的五官中郎將、左中郎將、右中郎將均為天子的侍衛近臣，東漢時已非如此，中郎將領兵征討四方，類似將軍。⑯自以遇人　自己感到對待別人。⑰性剛而褊　性格倔強而心胸狹隘。⑱忿不思難　發起怒來不考慮危險。⑲嘗小失意　曾因小小的不滿意。⑳拳捷　有力而敏捷。㉑為卓顧謝　向董卓道歉。㉒陰怨卓　心中暗暗怨恨董卓。㉓中閤　內室的小門。㉔司徒王允　司徒，官名。漢代稱大司徒，為三公之一，東漢去掉「大」字，稱司徒，主教化。王允，字子師，太原祁（今山西祁縣）人，東漢末大臣。自幼誦經詩，習騎射，心懷大志。歷任豫州刺史、太僕、尚書令、司徒等職。與呂布等人誅殺董卓，後被董卓部將李傕、郭汜所殺。詳見《後漢書・王允列傳》。㉕以布州里　因為呂布是同鄉。㉖僕射士孫瑞　僕射，即尚書僕射，官名，尚書省的次長官，若尚書令缺，可代理尚書令的職務。士孫瑞，字君榮，扶風（今陝西興平）人，東漢末大臣，有才謀，與王允共同誅殺董卓，因功升任大司農。後被亂兵所殺。詳見裴松之注引《三輔決錄注》。㉗奈如父子何　怎奈我們就像父子一樣啊。㉘憂死不暇　擔心被殺死還來不及。㉙允以布為奮武將軍三句　奮武將軍，高級軍事將領，領兵征伐。假節，授以符節。中央或地方長官，往往授以使持節、持節、假節等名號，假節最低，只有殺犯軍令者之權。儀比三司，即儀同三司。三司即三公，意為儀制與三公同。武，原作「威」，《通鑑》、《宋書・百官志》皆作「武」，據改。㉚李傕　字稚然，北地（今寧夏青銅峽市東南）人，董卓部將，董卓死後縱兵劫掠長安，殺死王允，又與郭汜互相攻伐，劫掠獻帝，自為大司馬。建安初年被關中諸將殺死。其事散見於本卷及《後漢書・董卓列傳》李賢注引《英雄記》。㉛長安城　城名。在今陝西西安附近。㉜武關　關隘名。故址在今陝西丹鳳東南。㉝袁術　字公路，汝南汝陽（今河南商水縣西南）人，袁紹從弟。少以俠氣聞名，歷任郎中、河南尹、虎賁中郎將。董卓之亂起，出奔南陽，後割據揚州。東漢建安二年（西元一九七年）稱帝，後因眾人反對，糧盡眾散，欲往青州依袁譚，於途中病死。詳見《後漢書・袁術列傳》、本書卷六〈袁術傳〉。㉞布自以殺卓句　董卓曾殺袁氏家族二十多人，故言。㉟欲以德之　想因此得到袁術的感激。㊱袁紹　字本初，汝南汝陽（今河南商水縣西南）人，祖上四世三公。有清名，好交結，與曹操友善。東漢末與何進謀誅宦官，董卓之亂起，在冀州起兵討董卓，為關東聯軍盟主。後占據冀、青、幽、并四州，成為北方最強大的割據勢力。在官渡之戰中被

曹操打敗，後病死。詳見《後漢書・袁紹列傳》、本書卷六〈袁紹傳〉。㊲張燕　常山真定（今河北正定南）人，黑山軍的首領。本姓褚，剽悍善戰，捷敏過人，軍中號曰「飛燕」。後投降朝廷，任平難中郎將。董卓之亂起，又率其眾與豪傑相結，助公孫瓚與袁紹爭冀州，後投降曹操，任平北將軍。詳見本書卷八〈張燕傳〉。㊳常山　郡國名。治所在今河北元氏。㊴張楊　字稚叔，雲中（今內蒙古呼和浩特西南）人，東漢末將領。靈帝末任西園軍假司馬，西園軍散後，回本州募兵，得千餘人。董卓之亂時，割據上黨，任建義將軍、河內太守。與呂布關係友好，助呂布對抗曹操，後被部下所殺。詳見本書卷八〈張楊傳〉。㊵東平壽張　東平，郡國名。治所在今山東東平東。壽張，縣名。治所在今山東東平南。㊶傾家無愛　傾家蕩產無所吝惜。㊷太祖　即曹操，字孟德，小名阿瞞，沛國譙（今安徽亳州）人。東漢末起兵討黃巾，後參加袁紹討董聯盟。占據兗州後，收編黃巾軍三十餘萬，組成青州軍，先後擊敗袁術、陶謙、呂布、袁紹，統一了北方。任丞相，相繼封為魏公、魏王。曹丕建魏後，追封為魏武帝。詳見本書卷一〈武帝紀〉。㊸辟公府　辟為三公府的下屬。漢制，中央或地方高級官吏設置員屬，均可自行徵聘，稱之為「辟」。㊹高第　上等的考核成績。㊺陳留　郡名。治所在今河南開封東南。㊻汴水　河流名。即今河南滎陽西南索河。㊼正議　嚴正的詞語。㊽陶謙　字恭祖，丹陽（今安徽宣州）人。好學，舉茂才，歷任盧縣令、幽州刺史、徐州刺史等職。因部下殺害曹操的父親曹嵩，徐州受到曹操的兩次討伐。陶謙兵敗，東漢興平元年（西元一九四年）病卒。詳見《後漢書・陶謙列傳》、本書卷八〈陶謙傳〉。㊾過邈臨別　到張邈處與他告別。㊿終　終究會。(51)興平元年　西元一九四年。興平，東漢獻帝劉協年號，西元一九四—一九五年。(52)超　即張超，張邈弟，靈帝末為廣陵郡太守，獻帝初與劉岱等同舉兵反對董卓。後依呂布反對曹操，兵敗自殺。其事散見於本卷及《後漢書・袁紹列傳》等。(53)陳宮　字公臺，東郡（今河南濮陽）人，性剛直，少與海內知名人士交結。獻帝初平年間，迎舉曹操為兗州牧。後叛曹操附呂布，被曹操生擒殺死。其事散見於本卷及裴松之注引魚氏《典略》。(54)從事中郎　官名。三公及將軍府均設此職，位在長史、司馬下，掌參謀。(55)四戰之地　四面受敵的地方。(56)顧眄　環顧四周。(57)州軍　指曹操的軍隊，當時曹操任兗州牧，故言。(58)兗州　州名。治所在今山東鄄城東北。(59)俟時事之變通　等待局勢的變化發展。(60)東郡　郡名。治所在今河南濮陽西南。(61)濮陽　縣名。治所在今河南濮陽南。(62)鄄城東阿范　鄄城，縣名。治所在今山東鄄城北。東阿，縣名。治所在今山東東阿西南。范，縣名。治所在今山東梁山縣西北。(63)山陽　郡名。治所在今山東金鄉西北。(64)鉅野　縣名。治所在今山東巨野東北。(65)劉備　字玄德，涿郡涿縣（今河北涿州）人，東漢末起兵征伐黃巾軍，歷任縣令、州牧等職。在荊州結識諸葛亮，聯合孫吳在赤壁大敗曹操。後又西進益州，北取漢中，實現了跨有荊益的戰略目標。西元二二一年稱帝，同年伐吳，兵敗撤回。西元二二三年病逝，諡號昭烈皇帝。詳見本書卷三十二〈先主傳〉。(66)雍丘　縣名。治所在今河南杞縣。(67)下邳　縣名。治所在今江蘇睢寧西北。(68)小沛　縣名。一名沛縣。治所在今江蘇沛縣，兩漢時為沛郡的屬縣，沛郡治相縣，因稱沛縣為小沛。(69)徐州　州名。治所在今山東郯城，後移治江蘇徐州。(70)假手於術　借袁術之手。(71)太山諸將　指太山郡人臧霸、孫觀等人，他們當時屯駐在徐州開陽（今山東臨沂東北）一帶。(72)在術圍中　當時呂布在下邳，袁術的大本營壽春在其西南，小沛在下邳的西北，開陽在下邳的東北，下邳被三面包圍，所以呂布這樣說。(73)嚴　整裝。(74)鈴下　傳令兵。(75)合鬭　讓別人結伙互相攻鬥。(76)門候　負責軍營大門警衛的長官。(77)戟　古代兵器，兼具矛、戈的功能，可直刺，可橫擊。(78)小支　戟的鈍而短的部分。(79)陳珪　字漢瑜，下邳淮浦（今江蘇漣水縣西南）人，舉孝廉，任劇縣令、濟北相等。阻止袁術呂布聯合，深得曹操信任。事見《後漢書·陳球列傳》李賢注引謝承《後漢書》。(80)合從　聯合。(81)國難　國家的危害。(82)不已受　不接受自己。(83)登　即陳登，見後文。(84)使者　漢獻帝的使者。(85)左將軍　高級軍事將領，領兵征伐。(86)奉章　奉送表章。臣下給皇帝上奏叫奉章。(87)輕於去就　輕易的投靠和叛離。(88)究其情　探究他的內心。(89)增珪秩中二千石　增加陳珪的俸祿等級。陳珪是沛國相，俸祿是二千石，中二千石是增加了一等。(90)廣陵　郡名。治所在今江蘇揚州。(91)布因登求徐州牧　呂布讓陳登到許縣為自己謀求徐州牧的職務。因為呂布的徐州刺史是自封的，所以如此。但沒有被批准。(92)公路　袁術的字。(93)其說云何　說了些什麼。(94)動容　神色改變。(95)徐喻　從容的解釋。(96)韓暹　原為白波軍將領，後助楊奉與李傕、郭汜戰。脅迫獻帝都安邑，拜為征東大將軍。因糧盡兵亂還洛陽。後被張宣所殺。其事散見於《後漢書·孝獻帝紀》、〈董卓列傳〉等。(97)楊奉　本為白波軍將領，後為李傕部將，參與董卓死後的長安之亂。其事散見於《後漢書·孝獻帝紀》、〈董卓列傳〉等。(98)張勳　袁術部將，袁術死後，欲率其眾歸附孫策，被廬江太守劉勳截擊，被俘。事見本書卷六〈袁術傳〉。(99)連雞　並排站在一起的雞。(100)建安三年　西元一九八年。建安，東漢獻帝劉協年號，西元一九六—二二〇年。(101)夏侯惇　字元讓，沛國譙（今安徽亳州）人，少以烈氣聞名。隨曹操起兵，歷任折衝校尉、前將軍等職。從征呂布時被流矢傷左目。尊重學人，生性節儉，樂於施捨。詳見本書卷九〈夏侯惇傳〉。(102)為陳禍福　說明利害。(103)自　此字上原有「術」字。今據殿本《考證》刪。(104)但　只。(105)白門樓　下邳的西門城樓。(106)急　緊。(107)小緩　稍微鬆一點。(108)明公不見句　丁建陽即丁原，董太師即董卓。二人都被呂布所殺，劉備的意思是勸曹操不要留呂布活命。(109)是兒最叵信者　這個小子最不可信。(110)人之親　人的父母。(111)人之祀　指人的繼承人。(112)老母在公　老母親的死活決定權在您。(113)掎角　夾擊。(114)伏波將軍　武官名。雜號將軍之一。(115)劉表　字景升，山陽高平（今山東微山縣西北）人。東漢遠支皇族。曾任荊州刺史，據有今湖南、湖北地方。後為荊州牧。他在羣雄混戰中，採取觀望態度，轄區破壞較小，中原人來避難者甚眾。後病死，其子劉琮降於曹操。詳見本書卷六〈劉表傳〉。(116)豪氣　粗豪無禮。(117)是非　對還是不對。(118)寧有事邪　難道有什麼事可以證明嗎。(119)大牀　古代的一種可坐可臥的生活用具。(120)國士　國家的傑出人物。(121)帝主失所　指漢獻帝未能住在京城洛陽。(122)求田問舍　買田地，建房屋。(123)何緣　為什麼。(124)求之於古　在古代賢人的身上才能找到。(125)造次難得比　在倉促之中很難找到能與他相比的人。

【語　譯】呂布，字奉先，五原郡九原縣人。因為勇武而為并州府效力。并州刺史丁原任騎都尉時，駐紮在河內郡，任命呂布為主簿，對他特別親近和厚待。靈帝去世，丁原統率軍隊到達洛陽。與何進祕密謀劃誅殺宦官，被任命為執金吾。何進失敗後，董卓進入京都，將要作亂，打算殺掉丁原，兼併他的兵眾。董卓因為呂布被丁原信任，便引誘呂布殺死丁原。呂布斬下丁原的首級來見董卓，董卓任命呂布為騎都尉，特別寵愛信任他，立誓結為父子。

2 呂布擅長騎馬射箭，體力超過常人，號稱飛將。逐漸升遷到中郎將，封為都亭侯。董卓自覺待人無禮，害怕別人謀害自己，所以進出都讓呂布護衛。然而董卓性格倔強而心胸狹隘，發起怒來不考慮危險，曾經因為小小的不如意，拔出手戟投刺呂布。呂布強壯敏捷躲了過去，又向董卓道歉，董卓怒氣才消解。呂布由此心中暗恨董卓。董卓經常讓呂布守衛內室的小門，呂布與侍奉董卓的奴婢私通，懼怕事情被發覺，心中不安。

3 在此以前，司徒王允認為呂布是同鄉又強壯勇健，對待他特別優厚。後來呂布到王允那裏，向他說了自己差點被董卓殺掉的情況。當時王允和僕射士孫瑞正在密謀誅殺董卓，所以把計畫告訴了呂布，讓他作為內應。呂布說：「怎奈我們就像父子一樣啊！」王允說：「您本姓呂，本就沒有骨肉關係。現在您擔心被他殺死還來不及，還說什麼父子關係？」呂布便答應了王允，親手刺死了董卓。這件事記載在〈董卓傳〉。王允任呂布為奮武將軍，給予符節，儀同三司，進封溫侯，與他一起主持朝政。呂布自從殺死董卓後，害怕和厭惡涼州人，涼州人也全都怨恨他。因此李傕等人便互相聯合返回攻打長安城。呂布不能夠抵禦，李傕等人便進入了長安。董卓死後六十天，呂布也失敗了，帶領幾百名騎兵逃出武關，打算前往投靠袁術。

4 呂布自認為殺董卓為袁術報仇，想因此得到袁術的感激。袁術憎恨他反覆無常，加以拒絕而不接納他。

呂布於是向北前往投奔袁紹，袁紹與呂布一起在常山攻打張燕。張燕有精兵一萬多人，騎兵數千人。呂布有匹好馬名叫赤兔。呂布經常和他的親信將領成廉、魏越等人衝鋒陷陣，於是打敗了張燕軍。呂布請求袁紹給自己擴充兵力，他手下的將士搶奪抄掠，袁紹對此很擔心顧忌。呂布察覺到袁紹的想法，便向袁紹請求離開。袁紹怕他反過來成為自己的禍害，便派遣壯士深夜暗殺呂布，沒有成功。事情敗露後，呂布逃往河內郡，與張楊結合。袁紹命令兵眾追擊呂布，但他們全都害怕呂布，沒有人敢逼近。

5 張邈，字孟卓，東平國壽張縣人。年輕時以行俠聞名，救濟窮困，解救急難，傾家蕩產沒有吝惜，很多士人都依附他。太祖、袁紹都與張邈相友好。被徵召為三公府的下屬，以上等的考核成績任騎都尉，升遷為陳留郡太守。董卓作亂，太祖與張邈首先發動義兵討伐。汴水戰役，張邈派遣衛茲統率軍隊隨從太祖。袁紹為討董聯盟盟主後，臉上流露出高傲和自大的神色，張邈義正辭嚴的責備他。袁紹讓太祖殺死張邈，太祖不聽，責備袁紹說：「孟卓是我們的親友，有過失之處應當寬容他。如今天下尚未平定，不應當自相危害呀。」張邈知道以後，更加感激太祖。太祖東征陶謙，指示家人說：「我如果沒有回來，你們就前往依附孟卓。」後來太祖回來，見到張邈，二人相對而泣。他們親密到這種樣子。

6 呂布離開袁紹依附張楊，到張邈處與他告別，兩個人手拉手共同立誓。袁紹聽說後，非常憤恨。張邈擔心太祖終究會替袁紹進攻自己，內心不安。興平元年，太祖又征討陶謙，張邈的弟弟張超，與太祖將領陳宮、從事中郎許汜、王楷一起密謀反叛太祖。陳宮勸張邈說：「如今英雄豪傑們紛紛起兵，天下分崩離析，您擁有方圓千里土地的百姓，處在兵家四面征戰的地方，撫劍環顧四周，也足以成為人中豪傑，卻反而受制於人，不覺得太無能了！如今曹軍東征，後方空虛，呂布是位勇士，英勇善戰所向無前，如果暫時把他接過來，一同管理兗州，坐觀天下形勢，等待時局的變化發展，這樣也能稱雄一時呀。」張邈聽從了他的話。太祖最初讓陳宮領兵留下駐紮在東郡，陳宮便用他的部眾東去迎接呂布為兗州牧，占據了濮陽縣。兗州的各個郡縣全都響應呂布，只有鄄城、東阿、范三個縣為太祖據守。太祖率軍返回，與呂布在濮陽交戰，太祖軍隊失利，兩軍相持了一百多天。當時天旱，鬧蝗災，穀物歉收，百姓人吃人，呂布向東屯駐山陽郡。兩年之間，太祖就完全收復了兗州各城，在鉅野打敗了呂布。呂布東逃投奔劉備。張邈隨從呂布，留下張超率領家屬屯駐雍丘。太祖圍攻雍丘幾個月，破城後屠城，斬殺張超及其全家。張邈到袁術那裏請求救援，救兵還沒到，自己就被部下所殺了。

7 劉備東進攻擊袁術，呂布偷襲奪取了劉備的下邳，劉備回來，依附了呂布。呂布派遣劉備屯駐在小沛。呂布自稱徐州刺史。袁術派遣部將紀靈等率步騎兵三萬進攻劉備，劉備向呂布求援。呂布的部將們對呂布說：「將軍常想殺掉劉備，現在可以借袁術之手達到目的。」呂布說：「不是這樣。袁術如果打敗劉備，就會向北聯合太山郡諸將，我們就在袁術的包圍中了，不能不救劉備。」便裝備了一千步兵、二百騎兵，疾馳前往劉備那裏。紀靈等人聽說呂布到來，全都收兵不敢再進攻劉備。呂布在小沛西南一里的地方安營紮寨，派傳令兵邀請紀靈等人，紀靈等人也邀請呂布一起宴飲。呂布對紀靈等人說：「玄德，是我的弟弟。弟弟被諸位所圍困，所以前來營救他。我生性不喜歡撮合別人互相爭鬥，只喜歡消解爭鬥。」呂布命令門候官在大營門邊舉起一枝戟，呂布說：「諸位看我射戟旁邊的小支，如果一箭射中，諸位就應當撤軍離去，不中，你們就留下決戰。」呂布彎弓射戟，正中小支。將領們全都大驚，說：「將軍真是具有天威呀！」第二天大家又在一起歡聚飲宴，然後各自撤兵。

8 袁術想結好呂布作為外援，便為兒子求娶呂布的女兒，呂布答應了。袁術派遣使者韓胤把僭號稱帝的意思告訴呂布，並請求迎娶呂布的女兒。沛國相陳珪害怕袁術、呂布結成姻親，那麼徐、揚二州聯合起來，將成為國家的危害，於是前往勸呂布說：「曹公奉迎天子，輔佐朝政，神威聞名於世，即將征服天下，將軍應該與他共同謀劃，謀求如泰山般的安穩。如今您與袁術結成婚姻，就會承受天下不義的名聲，一定會有累卵之危。」呂布也怨恨當初袁術不接納自己，這時呂布的女兒已經在半路上，呂布把女兒追回來，與袁術斷絕這門親事，將韓胤套上刑具押送，在許縣街市斬首。陳珪想讓兒子陳登去見太祖，呂布不肯派遣。正好朝廷的使者到來，拜授呂布為左將軍。呂布非常高興，立即聽任陳登前往許縣，並讓他奉獻奏章謝恩。陳登見到太祖，述說呂布有勇無謀，去就輕率，應該趁早除掉他。太祖說：「呂布，狼子野心，確實很難長久的養著他，除了你沒有人能探知他的內心。」立即增加了陳珪的官秩為中二千石，任陳登為廣陵郡太守。臨分別時，太祖握著陳登的手說：「東方的事情，就託付給你了。」讓陳登暗地裏糾合部眾作為內應。

9 起初，呂布借助陳登謀求徐州牧的職務，陳登回來後，呂布非常生氣，拔出手戟砍著桌子說：「你的父親勸我協助曹公，與袁術斷絕婚姻；如今我所求的一無所獲，而你們父子卻一起顯貴，我被你們出賣了！你為我說說，曹公都說了些什麼？」陳登面不改色，慢慢的解釋說：「我見到了曹公時說：『對待呂將軍就像養虎，應當用肉把他餵飽，如果不飽他就會吃人。』曹公說：『事情不像你所說的。對待他就像養鷹，飢餓時才能為人所用，吃飽了就會揚長而去。』他說的就是這樣。」呂布聽了怒氣便消除了。

10 袁術大怒，與韓暹、楊奉等人把軍隊聯合起來，派遣大將張勳進攻呂布。呂布對陳珪說：「如今招惹來袁術的大軍，都是因為您，該怎麼辦？」陳珪說：「韓暹、楊奉與袁術，是倉促聯合在一起的軍隊，策略也不是早就制定好的，不能互相支持。我的兒子陳登預料他們，把他們比作並列站在一起的雞，勢必不會在一起棲息，可以使他們分離。」呂布採用陳珪的計策，派人勸說韓暹、楊奉，讓他們與自己合力攻擊袁術軍，所有的軍用物資，全都答應歸韓、楊二人所有。於是韓暹、楊奉依從了呂布，張勳軍大敗。

11 建安三年，呂布又背叛韓暹支持袁術，派遣高順在小沛進攻劉備，打敗了他。太祖派遣夏侯惇救援劉備，又被高順打敗。太祖親自征討呂布，到達下邳城下，送給呂布一封信，向他說明利害。呂布想投降，陳宮等人自以為身負重罪，阻止呂布的計畫。呂布派人向袁術求救，自己率領一千多騎兵出戰，戰敗逃走，返回守護城池，不敢出戰。袁術也不能援救。呂布雖然驍勇，但沒有謀略而且多猜忌，不能駕馭部下，只信任他的將領。將領們各有想法，各自懷疑，所以每次打仗大多失敗。太祖挖塹壕圍困了下邳三個月，呂布軍上下離心離德，他的將領侯成、宋憲、魏續綁縛陳宮，率眾投降。呂布和他的部下登上白門樓，曹軍圍攻緊急，便下城投降。曹軍活捉了呂布捆綁起來，呂布說：「捆得太緊了，稍微鬆一點。」太祖說：「捆綁老虎不能不緊。」呂布請求說：「明公所擔心的不過是呂布，如今我已經降服了，天下沒有什麼可憂慮的了。明公率領步兵，讓我率領騎兵，那麼天下就不難平定。」太祖神色猶豫。劉備進言說：「明公沒看見呂布是怎樣對待丁建陽和董太師的嗎！」太祖點了點頭。呂布便指著劉備說：「這個小子最不可信。」於是絞殺呂布。呂布與陳宮、高順等人的頭顱都被砍下來送到許縣，然後埋葬了屍身。

12 太祖活捉陳宮時，問他是否想讓老母親及子女活命？陳宮回答說：「我聽說以孝治理天下的人不會殺死別人的父母，把仁愛施加天下的人不會滅絕別人的後代，老母親的生死在於您，不在於我。」太祖把陳宮的母親接來供養終身，又替陳宮將女兒嫁出去。

13 陳登，字元龍，在廣陵郡有威望。又夾擊呂布有功，加號伏波將軍，三十九歲時去世。後來許汜與劉備一起在荊州牧劉表的坐席上，劉表與劉備一起評論天下人物，許汜說：「陳元龍是江湖上粗豪之士，粗豪無禮的作風沒有改掉。」劉備對劉表說：「許君的評論對還是不對？」劉表說：「要說不對，許君是個好人，評論不應是謊言；要說對，陳元龍又是名重天下的人。」劉備問許汜：「您說他粗豪無禮，難道有事實可以證明嗎？」許汜說：「過去我碰上戰亂，路過下邳，見到元龍。元龍沒有主人款待客人的情意，久久不和我說話，自己逕自上大床躺下，讓客人躺在下面的小床上。」劉備說：「您有國家傑出人物的名聲，如今天下大亂，君主流離失所，指望您憂國忘家，有拯救世人的志向，而您卻志在買田地蓋房屋，言論沒有什麼可採納的，這些都是元龍所忌諱的，他為什麼要和您說話呢？要是我，就想睡在百尺高樓上，讓您睡在地下，豈止上下床之間呢？」劉表聽了大笑。劉備又趁機說：「像元龍這樣的文武兼備，有膽略，有志向，要在古代賢人的身上才能找到，在倉促之中很難找到能與他相比的人。」

1 臧洪字子源，廣陵射陽❶人也。父旻，歷匈奴中郎將❷、中山❸、太原❹太守，所在有名。洪體貌魁梧，有異於人，舉孝廉為郎❺。時選三署❻郎以補縣長，瑯邪趙昱為莒長❼，東萊劉繇下邑長❽，東海王朗菑丘長❾，洪即丘❿長。靈帝末，棄官還家，太守張超請洪為功曹⑪。

2 董卓殺帝⑫，圖危社稷，洪說超曰：「明府⑬歷世受恩，兄弟並據大郡⑭，今王室將危，賊臣未梟，此誠天下義烈報恩效命之秋也。今郡境尚全，吏民殷富，若動枹鼓⑮，可得二萬人，以此誅除國賊，為天下倡先，義之大者也。」超然其言，與洪西至陳留，見兄邈計事。邈亦素有心，會于酸棗⑯，邈謂超曰：「聞弟為郡守，政教威恩，不由己出，動⑰任臧洪，洪者何人？」超曰：「洪才略智數優超⑱，超甚愛之，海內奇士也。」邈即引見洪，與語大異之。致之於劉兗州公山⑲、孔豫州公緒⑳，皆與洪親善。乃設壇場，方共盟誓，諸州郡更相讓，莫敢當，咸共推洪。洪乃升壇操槃歃血㉑而盟曰：「漢室不幸，皇綱失統，賊臣董卓乘釁縱害，禍加至尊㉒，虐流百姓，大懼淪喪社稷，翦覆㉓四海。兗州刺史岱、豫州刺史伷、陳留太守邈、東郡太守瑁㉔、廣陵太守超等，糾合義兵，並赴國難。凡我同盟，齊心戮力，以致臣節，殞首喪元㉕，必無二志。有渝此盟，俾墜其命㉖，無克遺育㉗。皇天后土，祖宗明靈，實皆鑒㉘之！」洪辭氣慷慨，涕泣橫下，聞其言者，雖卒伍廝養㉙，莫不激揚，人思致節㉚。頃之，諸軍莫適先進㉛，而食盡眾散。

3 超遣洪詣大司馬劉虞㉜謀，值公孫瓚㉝之難，至河間，遇幽、冀㉞二州交兵，使命不達。而袁紹見洪，又奇重之，與結分㉟合好。會青州㊱刺史焦和卒，紹使洪領青州以撫其眾。洪在州二年，羣盜奔走。紹歎其能，徙為東郡太守，治東武陽㊲。

4 太祖圍張超於雍丘，超言：「唯恃臧洪，當來救吾。」眾人以為袁、曹方睦，而洪為紹所表用，必不敗好招禍，遠來赴此。超曰：「子源，天下義士，終不背本者，但恐見禁制㊳，不相及逮㊴耳。」洪聞之，果徒跣㊵號泣，並勒㊶所領兵，又從紹請兵馬，求欲救超，而紹終不聽許。超遂族滅。洪由是怨紹，絕不與通㊷。紹興兵圍之，歷年不下。紹令洪邑人陳琳㊸書與洪，喻以禍福，責以恩義㊹。洪答曰：

5 「隔闊㊺相思，發於寤寐㊻。幸相去步武之間㊼耳，而以趣舍異規㊽，不得相見，其為愴悢㊾，可為心哉㊿！前日不遺(51)，比辱雅貺(52)，述敘禍福，公私切至(53)。所以不即奉答者，既學薄才鈍，不足塞詰(54)；亦以吾子(55)攜負側室，息肩主人(56)，家在東州(57)，僕(58)為仇敵。以是事人(59)，雖披中情(60)，墮肝膽(61)，猶身疏有罪(62)，言甘見怪(63)，方首尾不救(64)，何能恤人(65)？且以子之才，窮該(66)典籍，豈將(67)闇於大道，不達余趣[68]哉！然猶復云云[69]者，僕以是知足下之言，信不由衷[70]，將以救禍[71]也。必欲算計長短，辯詻是非，是非之論，言滿天下，陳之更不明[72]，不言無所損。又言傷告絕[73]之義，非吾所忍行也，是以捐棄[74]紙筆，一無所答。亦冀遙忖其[75]心，知其計定，不復渝變[76]也。重獲來命[77]，援引古今，紛紜六紙[78]，雖欲不言，焉得已哉！

6 「僕小人[79]也，本因行役[80]，寇竊大州[81]，恩深分厚，寧樂今日自還接刃[82]！每登城勒兵，望主人之旗鼓[83]，感故友之周旋[84]，撫弦搦矢[85]，不覺流涕之覆面也。何者？自以輔佐主人，無以為悔[86]。主人相接，過絕等倫[87]。當受任之初，自謂究竟[88]大事，共尊王室。豈悟天子不悅，本州見侵[89]，郡將遘牖里之厄[90]，陳留克創兵之謀[91]，謀計棲遲[92]，喪忠孝之名，杖策攜背[93]，虧交友之分。揆[94]此二者，與其不得已，喪忠孝之名與虧交友之道，輕重殊塗[95]，親疏異畫[96]，故便收淚告絕[97]。若使主人少垂故人[98]，任者側席[99]，去者克己[100]，不汲汲於離友[101]，信刑戮以自輔[102]，則僕抗季札[103]之志，不為今日之戰矣。何以效之[104]？昔張景明[105]親登壇喢血，奉辭[106]奔走，卒使韓牧[107]讓印，主人得地[108]；然後但以拜章朝主[109]，賜爵獲傳[110]之故，旋時之間，不蒙觀過之貸[111]，而受夷滅之禍。呂奉先討卓來奔，請兵不獲，告去何罪？復見斫刺[112]，濱于[113]死亡。劉子璜奉使踰時[114]，辭不獲命[115]，畏威懷親，以詐求歸[116]，可謂有志忠孝，無損霸道[117]者也；然輒僵斃[118]麾下，不蒙虧除[119]。僕雖不敏[120]，又素不能原始見終[121]，覩微知著[122]，竊度[123]主人之心，豈謂三子宜死[124]，罰當刑中[125]哉？實且欲一統山東，增兵討讎，懼戰士狐疑，無以沮勸[126]，故抑廢王命以崇承制[127]，慕義者蒙榮[128]，待放者被戮[129]，此乃主人之利，非游士[130]之願也。故僕鑒戒前人，困窮死戰。僕雖下愚，亦嘗聞君子之言矣。此實非吾心也，乃主人招焉。凡吾所以背棄國民，用命[131]此城者，正以君子之違，不適敵國故也[132]。是以獲罪主人，見攻踰時，而足下更引此義以為吾規[133]，無乃辭同趨異[134]，非君子所為休戚者哉[135]！

7 「吾聞之也，義不背親，忠不違君，故東宗本州以為親援[136]，中扶郡將以安社稷[137]，一舉二得以徼[138]忠孝，何以為非？而足下欲使吾輕本破家[139]，均君主人[140]。主人之於我也，年為吾兄，分為篤友，道乖[141]告去，以安君親，可謂順矣。若子之言，則包胥宜致命於伍員[142]，不當號哭於秦庭[143]矣。苟區區於攘患[144]，不知言乖乎道理矣。足下或者見城圍不解，救兵未至，感婚姻[145]之義，惟[146]平生之好，以屈節而苟生，勝守義[147]而傾覆也。昔晏嬰不降志於白刃[148]，南史不曲筆以求生[149]，故身著圖象[150]，名垂後世，況僕據金城[151]之固，驅士民之力，散三年之畜[152]，以為一年之資[153]，匡困補乏[154]，以悅天下，何圖築室反耕[155]哉！但懼秋風揚塵，伯珪[156]馬首南向，張楊、飛燕，膂力作難，北鄙將告倒縣之急[157]，股肱奏乞歸之誠耳[158]。主人當鑒[159]我曹輩，反旌[160]退師，治兵鄴垣，何宜久辱[161]盛怒，暴威[162]於吾城下哉？足下譏吾恃黑山以為救，獨不念黃巾之合從邪[163]！加飛燕之屬悉以受王命[164]矣。昔高祖取彭越於鉅野[165]，光武創基兆於綠林[166]，卒能龍飛中興，以成帝業，苟可輔主興化，夫何嫌[167]哉！況僕親奉璽書[168]，與之從事[169]。

8 「行矣孔璋[170]！足下徼利於境外[171]，臧洪授命[172]於君親；吾子託身於盟主[173]，臧洪策名於長安[174]。子謂余身死而名滅，僕亦笑子生死而無聞焉，悲哉！本同而末離，努力努力，夫復何言[175]！」

9 紹見洪書，知無降意，增兵急攻。城中糧穀以盡，外無彊救，洪自度必不免，呼吏士謂曰：「袁氏無道，所圖不軌，且不救洪郡將。洪於大義，不得不死，念諸君無事空與此禍[176]！可先城未敗，將妻子出。」將吏士民皆垂泣曰：「明府與袁氏本無怨隙，今為本朝郡將之故，自致殘困，吏民何忍當舍明府去也！」初尚掘鼠煮筋角[177]，後無可復食者。主簿[178]啟內廚米三斗，請中分稍以為饘粥，洪歎曰：「獨食此何為！」使作薄粥，眾分歠[179]之，殺其愛妾以食將士。將士咸流涕，無能仰視者。男女七八千人相枕而死，莫有離叛。

城陷，紹生執洪。紹素親洪，盛施帷幔，大會諸將見洪，謂曰：「臧洪，何相負若此！今日服未？」洪據地瞋[180]目曰：「諸袁事漢，四世五公，可謂受恩。今王室衰弱，無扶翼之意，欲因際會，希冀非望[181]，多殺忠良以立姦威。洪親見呼張陳留[182]為兄，則洪府君[183]亦宜為弟，同共戮力，為國除害，何為擁眾觀人屠滅！惜洪力劣，不能推刃為天下報仇，何謂服乎！」紹本愛洪，意欲令屈服，原之；見洪辭切，知終不為己用，乃殺之。洪邑人陳容少為書生，親慕洪，隨洪為東郡丞[184]；城未敗，洪遣出。紹令在坐，見洪當死，起謂紹曰：「將軍舉大事，欲為天下除暴，而專先誅忠義，豈合天意！臧洪發舉[185]為郡將，奈何殺之！」紹慚，左右使人牽出，謂曰：「汝非臧洪儔[186]，空復爾為[187]！」容顧曰：「夫仁義豈有常，蹈之則君子，背之則小人。今日寧與臧洪同日而死，不與將軍同日而生！」復見殺。在紹坐者無不歎息，竊相謂曰：「如何一日殺二烈士[188]！」先是，洪遣司馬二人出，求救於呂布；比還，城已陷，皆赴敵死。

【章　旨】以上為〈臧洪傳〉，記述了臧洪與張超的關係，和他在促成討董聯盟中的表現和作用，以及他最後英勇不屈壯烈殉節的結局。傳中載錄他被困孤城中給陳琳的回信，以示其誓死不屈的決心。傳末附述陳容的事跡。

【注　釋】❶射陽　縣名。治所在今江蘇寶應東北。❷匈奴中郎將　即護匈奴中郎將。❸中山　郡國名。治所在今河北定州。❹太原　郡名。治所在今陝西太原西南。❺舉孝廉為郎　舉孝廉，當時用人制度之一。由各郡在所屬吏民中舉薦孝悌清廉者，被察舉為孝廉者往往被任為郎官。❻三署　五官中郎將署、左中郎將署、右中郎將署合稱三署，分別統領郎官，充任宮廷侍衛。❼瑯邪趙昱為莒長　瑯邪，郡國名。治所在今山東臨沂北。趙昱，東漢末官吏，早年以孝著稱，任莒縣長，被陶謙辟為別駕從事，後任廣陵太守，與黃巾軍戰，兵敗被殺。詳見《三國志・陶謙傳》裴松之注引《後漢書》。莒，縣名。治所在今山東莒縣。❽東萊劉繇下邑長　東萊，郡名。治所在今山東萊州。劉繇，字正禮，東萊牟平（今山東龍口東南）人，東漢末任揚州刺史，後被孫策打敗，南退豫章，病卒。詳見本書卷四十九〈劉繇傳〉。下邑，縣名。治所在今安徽碭山縣。❾東海王朗菑丘長　東海，郡名。治所在今山東郯城西北。王朗，字景興，東海郯（今山東郯城）人，因通經被拜為郎中，又任會稽太守，後被曹操表為諫議大夫，歷任曹魏魏郡太守、司徒等職。博學多才，為《周易》、《春秋》、《孝經》、《周禮》等儒家經典作傳。詳見本書卷十三〈王朗傳〉。菑丘，縣名。治所在今安徽淮北東南。❿即丘　縣名。治所在今山東臨沂東南。⓫功曹　即郡功曹史。掌管一郡人事，參與一郡政務。⓬帝　即少帝劉辯。⓭明府　對郡太守的尊稱。⓮大郡　漢代稱戶數達到十二萬的郡為大郡。⓯動枹鼓　敲起軍鼓。枹，鼓槌。⓰酸棗　縣名。治所在今河南延津西南。⓱動　動輒；往往。⓲智數優超　智謀心計優於我。⓳劉兗州公山　即劉岱，字公山，東萊牟平（今山東牟平）人，東漢末官吏，歷任侍中、兗州刺史，故人稱劉兗州。從袁紹討董卓，殺東郡太守橋瑁，後與黃巾軍戰兵敗被殺。其事散見於《後漢書・劉寵列傳》、本書卷四十九〈劉繇傳〉。⓴孔豫州公緒　即孔伷，字公緒，陳留（今河南開封）人，任豫州刺史。能清談高論，當時人評價他說：「孔公緒能清談高論，噓枯吹生。」其事跡散見於裴松之注引《英雄記》、《漢紀》等。㉑歃血　古代盟誓時飲血或把血塗在口旁，以示誠信。㉒至尊　指少帝劉辯。㉓翦覆　侵奪顛覆。㉔瑁　即橋瑁，字元偉，睢陽（今河南商丘）人，曾任兗州刺史，後任東郡太守。東漢初平元年（西元一九〇年）同袁術起兵討董卓，後因與劉岱不和，被劉岱所殺。其事散見於本書卷一〈武帝紀〉及裴松之注引《英雄記》等。㉕殞首喪元　掉腦袋。殞首、喪元為同義詞。㉖俾墜其命　讓他喪命。㉗無克遺育　沒有後代斷子絕孫。㉘鑒　審查。㉙卒伍厮養　普通士兵和從事雜役的下等人。㉚人思致節　人人都想為國盡節。㉛莫適先進　沒有人願意衝在前面。㉜大司馬劉虞　大司馬，官名。協助皇帝總領全國軍事。劉虞，字伯安，東海郯（今山東郯城）人，東漢末大臣。任幽州刺史，因攻打黃巾軍有功，拜太尉。董卓秉政，授大司馬。後被公孫瓚所殺。詳見《後漢書・劉虞列傳》。㉝公孫瓚　字伯珪，遼西令支（今河北遷安）人，從盧植讀經，歷任遼東屬國長史、涿令、騎都尉等職。董卓之亂後割據幽州，後被袁紹打敗。詳見《後漢書・公孫瓚列傳》、本書卷八〈公孫瓚傳〉等。㉞幽冀　幽，幽州。治所在今北京市。冀，冀州。治所在今河北冀州。㉟結分　建立友誼。㊱青州　州名。治所在今山東臨淄北。㊲東武陽　縣名。治所在今山東陽谷西南。㊳見禁制　被禁止限制。㊴不相及逮　不能到達這裏。㊵徒跣　赤腳步行。㊶勒　召集。㊷絕不與通　斷絕關係不與他交往。㊸陳琳　字孔璋，廣陵（今江蘇揚州）人，「建安七子」之一。初為大將軍何進主簿，後避難冀州，在袁紹手下主管文章之事。袁紹敗後投降曹操，任司空軍謀祭酒、門下督等職。有文集十卷，已佚，明朝人輯有《陳記室集》。詳見本書卷二十一〈王粲附傳〉。㊹責以恩義　用忘恩負義的話責備臧洪。㊺隔闊　分離。㊻發於寤寐　醒時睡時都產生。㊼相去步武之間　相隔一步半步的距離。武，半步。㊽趣舍異規　志向不同；去就原則不同。㊾愴恨　悲傷。恨，原誤作「根」，今據宋本改。㊿可為心哉　難道心中可以忍受嗎。(51)不遺　沒有遺棄我。(52)比辱雅貺　一再雅致的贈與。比，一再。貺，賜予。(53)公私切至　公私兩方面的道理講得十分深切。(54)不足塞詰　不能夠圓滿的回答您的責問。(55)吾子　指陳琳。(56)攜負側室二句　帶著小妾，來到冀州。側室，小妾。息肩，卸下肩上的擔子休息。主人，東道主。指袁紹。陳琳最初為大將軍何進的幕僚，何進被殺董卓執政後，陳琳逃出洛陽到冀州投奔袁紹。(57)東州　指陳琳家鄉所在的徐州。因徐州在洛陽的東面，故言。(58)僕　謙虛的自稱。(59)以是事人　因為有這些不利因素事奉袁紹。人，指袁紹。(60)披中情　表露內心的真實感情。(61)墮肝膽　披肝瀝膽。(62)身疏有罪　自己被疏遠而獲罪。(63)言甘見怪　對袁紹說好話又可能被責怪。(64)首尾不救　很難做到兩全。(65)恤人　照顧他人。(66)窮該　讀遍了。(67)豈將　怎麼會。(68)不達余趣　不知道我的志趣。(69)猶復云云　還是說了這些話。(70)信不由衷　確實是言不由衷，不是由內心發出的。(71)將以救禍　解救自己使自己免於災禍。(72)陳之更不明　說也不可能說得更明白。臧洪認為自己與袁紹之間的是非清清楚楚，無需再加申說世人也很明白。(73)告絕　告知斷絕友情。(74)捐棄　丟棄。(75)其　指臧洪自己。(76)渝變　改變。(77)來命　來信。(78)紛紜六紙　洋洋灑灑寫了六張紙。(79)小人　卑微的人。(80)行役　出公差。指被張超派到幽州見劉虞之事。(81)寇竊大州　偷搶大州刺史的位置。這是臧洪自謙之辭。(82)寧樂今日句　怎麼會樂意看到今天與他自相攻殺呢。寧樂，怎麼會樂意。(83)望主人之旗鼓　看到主人的旗鼓。指望著袁紹圍城的軍隊。(84)感故友之周旋　感念過去老朋友間的親密來往。85撫弦搦矢　摸著弓弦拿著羽箭。86無以為悔　沒有因對不住老朋友而感到後悔的事。87過絕等倫　超出了和我同等的人。88究竟　徹底完成。89本州見侵　自己家鄉所在的州受到攻打。指曹操攻打徐州的事。90郡將遘牖里之厄　郡將，指廣陵郡太守張超。遘，遭到。牖里，又作「羑里」，地名。在今河南湯陰北，是商紂王囚禁周文王的地方。厄，災難。91陳留克創兵之謀　張邈首舉義兵擁護曹操袁紹，自己卻反受其害。陳留，指陳留太守張邈。92謀計棲遲　謀劃廢棄。指自己營救張超的計劃落空。93杖策攜背　上了年紀與朋友翻臉。杖策，拄拐杖，意為上了年紀。94揆　估量。95輕重殊塗　輕重不一樣。96親疏異畫　親疏不相同。97收淚告絕　擦乾眼淚宣告絕交。98少垂故人　略微向過去的老朋友施加一點寬容。99住者側席　對願意留在自己身邊效力的朋友要尊重。住者，願意留在冀州為袁紹效力的人。側席，不正坐，表示對人才的企盼和尊重。100去者克己　對想離開冀州的人要克制住自己的怨恨情緒，不要傷害他們。101不汲汲於離友　對離開的朋友沒有急於想報復洩憤的表現。汲汲，心中急於想報復洩憤的樣子。102信刑戮以自輔　用刑法殺戮來幫助自己樹立威風。103季札　春秋時吳國國君諸樊的弟弟，亦稱公子札。多次推讓君主位置不受。事見《史記・吳太伯世家》。104何以效之　用什麼來證明。105張景明　名導，字景明，河內郡修武（今河南獲嘉）人，曾任鉅鹿郡太守。事見《水經注・濁漳水》。106奉辭　奉命。107韓牧　即韓馥，字文節，潁川（今河南禹州）人。任冀州牧，與袁紹不和，依附張邈，因畏懼張邈與袁紹合謀，自殺。其事跡散見於《後漢書・董卓列傳》、本書卷六〈袁紹傳〉等。108主人得地　袁紹得到了冀州。109拜章朝主　呈送表章朝見皇帝。110賜爵獲傳　被賜爵位獲得官職。傳，任官的證件。111不蒙觀過之貸　沒有得到孔子「觀過」式的寬容。孔子說：「觀過，斯知仁矣。」即通過觀察人的過錯而知仁。語見《論語・里仁》。112斫刺　刺殺。113濱于　幾乎。114劉子璜奉使踰時　劉子璜，裴松之疑是劉勳。奉使，奉命出使。踰時，超過時限。115辭不獲命　告辭沒有得到批准。116以詐求歸　用欺詐手段以求回來。詐，原作「計」。《三國志集解》云：「各本『計』作『詐』。」117霸道　此指袁紹的盟主地位。118僵斃　被處死。119虧除　寬恕過失，赦免罪過。120不敏　不聰明。121原始見終　從事物的起源就看出結果。122覩微知著　從隱微的跡象看到明顯的發展。123度　推測；估計。124豈謂三子宜死　難道認為這三個人該死。125罰當刑中　懲罰得當量刑適宜。126沮勸　阻止和勉勵。127抑廢王命句　壓制廢止皇帝任命來加重自己對屬下任命的權力。承制，秉承皇帝旨意自行任命官員。此指袁術對下屬任命的權力。128慕義者蒙榮　願意為袁紹效力的人得到榮升。129待放者被戮　準備離開的人被殺戮。130游士　周遊天下擇良主而仕的人。131用命　竭盡全力。132正以君子之違二句　正是因為君子即使逃離本國，也不應逃到敵國去的緣故。這裏臧洪認為袁紹所在的冀州是自己的敵國。133而足下更引此義句　而您反而用這樣的道理對我進行規勸。134無乃辭同趨異　恐怕是言詞相同而旨趣相反。無乃，恐怕是。(135)非君子所為句　不是君子所認為的禍與福吧。(136)東宗本州句　東面以故鄉所在的徐州為本，作為我的親近外援。(137)中扶郡句　中間援助張超使國家安定。(138)徼　求得。(139)輕本破家　輕視根本毀壞國家。(140)均君主人　都去尊奉主人。(141)道乖　道路不同。(142)則包胥句　那麼申包胥就應該為伍員賣命。包胥，即申包胥，春秋時楚國國君的後代。西元前五〇六年，伍員率吳國軍隊攻破楚國，申包胥到秦國求救，在秦宮廷痛哭七天七夜，最後取得秦國的援助。事見《左傳》定公四年。伍員，字子胥，本為楚國人，其父伍奢被楚王所殺，伍員逃到吳國，幫助吳王闔閭取得王位，又率兵攻入楚國，為父報仇。詳見《史記・伍子胥列傳》。(143)秦庭　秦朝宮廷。(144)苟區區於攘患　如果只知道消災免禍。(145)婚姻　指臧洪與陳琳兩家的婚姻關係。(146)惟　考慮。(147)守義　堅持道義。(148)晏嬰不降志句　春秋時，齊國大臣崔杼殺死國君齊莊公，另立景公，並強迫齊國官員服從。當時晏嬰面對指著胸口的刀劍，仍然堅持自己的立場，不服從崔杼的威脅。事見《晏子春秋》。晏嬰，字平仲，夷維（今山東高密）人，春秋時齊國大夫，為人機智，善於用充滿智慧的語言對君主進行勸諫。詳見《史記・管晏列傳》。降志，屈服。(149)南史不曲筆句　南史，即南史氏，春秋時齊國史官。崔杼殺死齊莊公，太史記載為「崔杼弒其君」，崔杼將其殺死。太史的弟弟接著這樣記載，也被殺。南史氏聽說太史們全被殺死，便拿著竹簡前往，準備冒死直書。後來聽說史官已經記下了此事，才回去。事見《左傳》襄公二十五年。曲筆，不實事求是的記載。(150)著圖象　被繪成圖像。(151)金城　比喻城池堅固。(152)畜　積蓄。(153)資　供應。(154)匡困補乏　救助貧窮補助困乏。(155)何圖築室反耕　何圖，何必打算。築室反耕，就地建房種田。表示長期不撤軍。(156)伯珪　公孫瓚的字。(157)北鄙將告句　冀州的北部邊境將會告急。鄙，邊境，此指冀州北部邊境。倒縣，把人頭腳倒置掛著。比喻十分危險。(158)股肱奏乞句　袁紹的輔佐近臣們就會上奏乞求回軍的真實想法了。(159)鑒　了解。(160)反旌　掉轉旗幟。(161)辱　謙詞。(162)暴威　顯示威風。(163)獨不念黃巾句　難道沒想過袁紹也與黃巾軍聯合過嗎。(164)受王命　接受朝廷的任命。(165)高祖取彭越句　高祖，即劉邦，字季，泗水沛縣（今江蘇沛縣）人。曾任亭長，秦末起兵響應陳勝，稱沛公。率先入關，攻占咸陽，接受秦王子嬰投降，實行約法三章。後經過四年楚漢戰爭打敗項羽，建立漢朝。詳見《史記・高祖本紀》、《漢書・高帝紀》。彭越，字仲，昌邑（今山東金鄉西北）人，楚漢戰爭中歸順劉邦，會合劉邦在垓下打敗項羽，西漢建立後被封梁王。後被呂后所殺。詳見《史記・魏豹彭越列傳》、《漢書・彭越傳》。鉅野，縣名。治所在今山東巨野南。(166)光武創基兆句　光武，即東漢光武帝劉秀，字文叔，南陽蔡陽（今湖北棗陽西南）人。劉邦九世孫，新莽末起兵，加入綠林軍。大破王莽軍於昆陽。西元二五年稱帝，定都洛陽，年號建武。後征討赤眉軍，削平各地割據勢力，統一全國。在位期間多次發布釋放奴婢和禁止殘害奴婢的命令，興修水利，整頓吏治。死後諡號為光武。詳見《後漢書・光武帝紀》。創基兆，開創事業的基礎。(167)何嫌　有什麼妨礙。(168)親奉璽書　親自接到皇帝的詔旨。「奉」下原有「承」字，今從宋本。(169)從事　合作。(170)孔璋　陳琳的字。(171)境外　指兩個人的家鄉之外。(172)授命　獻出生命。原作「受命」，今從宋本。(173)盟主　指袁紹。(174)長安　指漢朝，因當時獻帝在長安，故言。(175)夫復何言　還有什麼話可說。(176)空與此禍　白白的遭遇禍患。(177)筋角　弓弦和獸角。(178)主簿　州郡屬官，主管州郡文書簿籍，經辦事務。(179)歃　喝。(180)瞋　原作「瞑」，今從宋本。(181)希冀非望　企求非分的希望，指當皇帝。(182)張陳留　即張邈。(183)洪府君　臧洪的府君，指張超。(184)郡丞　郡太守的副手，太守不在可代理郡中事務。(185)發舉　發起反抗。(186)儔　同謀；同黨。(187)空復爾為　白白送死幹什麼。(188)烈士　為信念而死的人。

【語譯】臧洪，字子源，廣陵郡射陽縣人。父親臧旻，歷任護匈奴中郎將、中山郡太守、太原郡太守，在任職的地方都有名聲。臧洪身材相貌魁梧，不同於平常人，被舉薦為孝廉後擔任郎官。當時從三署郎官中選補縣長，瑯邪郡人趙昱為莒縣長，東萊郡人劉繇為下邑縣長，東海郡人王朗為菑丘縣長，臧洪為即丘縣長。靈帝末年，臧洪棄官回家，太守張超請臧洪任郡功曹。

2　董卓殺害少帝，圖謀危害國家，臧洪勸張超說：「您歷代受國家恩典，兄弟都控制著大郡，如今皇室將發生危難，亂臣賊子沒有翦滅，這實在是天下的義烈之士報恩國家效命朝廷的時候。如今您治理下的郡境完好，吏民百姓富足，如果一敲軍鼓，就可以得到二萬人，用這支軍隊誅除國賊，為天下先導，這是最大的道義。」張超認為他說得很對，便與臧洪西行到達陳留郡，去見哥哥張邈商議舉義大事。張邈也一向有這個心意，二人在酸棗縣相會，張邈對張超說：「我聽說弟弟任郡守，行政教化處罰恩惠，都不是由自己發出，往往委任臧洪，臧洪是什麼人啊？」張超說：「臧洪謀略心計都比我強，我特別寵愛他，他是個天下奇人。」張邈立即引見臧洪，和他談話以後也認為他非常不一樣。便把他引見給兗州刺史劉公山、豫州刺史孔公緒，他們都與臧洪關係親近友好。於是設置壇場，一起盟誓，各州郡長官互相推讓，沒有人敢當盟主，大家共同推舉臧洪。臧洪便登上誓壇端起血盤把血抹在嘴上盟誓說：「漢王室不幸，皇權失去控制，賊臣董卓乘機為害，害死皇帝，危害百姓，我們非常擔心國家因此滅亡，天下因此大亂。兗州刺史劉岱、豫州刺史孔伷、陳留太守張邈、東郡太守橋瑁、廣陵太守張超等，聚集義兵，共赴國難。凡是我們共同盟誓的人，齊心協力，竭盡臣子的節操，即使犧牲性命也一定沒有二心。有違背這個盟誓的，就讓他立即喪命，沒有子孫後代。皇天后土，祖宗神靈，都加以明察！」臧洪詞語慷慨激昂，涕淚橫流，聽到這番話的，即使是普通士兵和下等雜役，沒有人不激奮昂揚，人人都想為國盡節。不久，各路軍馬沒有人願衝在前面，糧食吃光以後大家都散去了。

3 張超派遣臧洪到大司馬劉虞那裏商議，適逢公孫瓚向劉虞發難，到達河間郡，遇上了幽、冀二州交戰，所以使命沒有達成。而袁紹見到臧洪，又特別器重他，與他建立友誼成為好友。恰好這時青州刺史焦和去世，袁紹派臧洪兼任青州刺史來安撫青州的民眾。臧洪在青州二年，成羣的盜賊全都逃走了。袁紹讚嘆他的才能，改任他為東郡太守，治所設在東武陽縣。

4 太祖在雍丘包圍張超，張超說：「我只依靠臧洪，他應該會來救我。」大家認為袁紹、曹操正關係和睦，而臧洪是被袁紹上表任用的，一定不會破壞友好關係自招禍患，從遠處到這裏來救援。張超說：「子源，是天下的義士，終究不會背叛自己的根本，只怕他被袁紹制止，不能夠到達這裏。」臧洪聽說張超遇險，果然連鞋都來不及穿就哭泣起來，並部署他所統率的軍隊，又向袁紹請求兵馬，想救張超，而袁紹始終不答應。張超於是遭到滅族之災。臧洪由此怨恨袁紹，與他斷絕關係不相來往。袁紹起兵圍攻臧洪，歷時經年都沒有攻下來。袁紹命令臧洪的同鄉陳琳給臧洪寫信，講明利害禍福，責備他忘恩負義。臧洪回答說：

5 「離別相思，不論是醒著還是睡著都會產生。幸好我們之間相距不遠，只是因為去就有不同的原則，不能相見，這種悲傷，難道心中可以忍受嗎！前些日子承蒙您不遺棄我，一再的雅贈書信，講述利害，公私兩方面的道理都講得很深切。我之所以沒有立即回覆，既因為我自己學識淺薄才能駑鈍，不能夠回答您的責問；也因為您攜帶家眷小妾，留在袁紹那裏，家在東邊的徐州，我又是袁紹的仇敵。以我這些情況事奉袁紹，雖然獻出內心的真實感情，披肝瀝膽，還是會被疏遠而獲罪，說好話又可能被責怪，現在正顧首不顧尾，不能自救，怎麼能照顧他人？況且以您的才能，讀遍了典籍，怎麼會不明白大道理，不知道我的志向呢！然而您還是說了信中的這些話，我因此知道您所說的話，確實是言不由衷，只是準備以此來解救自己使自己免於災禍。如果一定要計較長短，明辨是非，那麼是非之論，天下人都已作出回答，說也不可能說得更明白，不說也沒有什麼損失。再加上讓我說出傷害斷絕友情的話，不是我能夠忍心去做的，所以扔掉紙筆，一句也沒有回覆。也希望您能遠遠的猜測我的心，知道我的想法已經決定，不再改變。再一次得到您的來信，信中援引古今的道理，洋洋灑灑寫了六張紙，雖然不想回答，但是怎麼能夠控制得了呢！

6 「我是個卑微之人，本來因為奔赴公務，竊據了大州刺史的職位，袁紹待我恩深義厚，怎麼會樂意今天與他自相攻殺！每次我登上城樓指揮軍隊，看到主人的旗鼓，感念過去老朋友間的親密來往，撫摸著弓弦拿著羽箭，不知不覺就淚流滿面。為什麼呢？我自認為過去輔佐主人，沒有值得後悔的事。主人對待我，超出了和我同等的人。當初我接受他的任命，自認為是要徹底完成大業，共同尊崇朝廷。哪裏知道天子不高興，我的家鄉徐州受到進攻，郡守張超遭到了像周文王被囚禁在牖里那樣的厄運，陳留太守張邈也受到了一起起兵的同盟者的控制，自己營救張超的計畫落空，喪失了忠孝的名聲，上了年紀又與朋友翻臉，損傷了朋友間的情分。估量這兩點，如果萬不得已，選擇失去忠孝之名還是損害交友之道，因為二者輕重不一樣，親疏界限不相同，所以就擦乾眼淚宣告與朋友絕交。如果主人略微垂念老朋友，對留在自己身邊效力的朋友表示尊重，對離去的人克制自己的情緒，不要急於報復離去的朋友，不要用刑法殺戮來幫助自己樹立威風，那麼我也會表現出季札一樣的謙讓，不會發動今天的征戰了。何以證明是這種情況呢？當初張景明親自登壇歃血盟誓，奉命奔走活動，終於讓冀州牧韓馥交出官印，主人得到冀州土地；然而僅僅因為他呈送表章朝見皇帝，被賜爵位獲得官職的緣故，轉眼間，沒有得到孔子「觀過」式的寬容，反而遭到了被誅滅的災禍。呂布討伐董卓失利前來歸附，向袁紹請兵沒有得到答應，因而告辭離去，這有什麼罪過？然而竟遭襲擊刺殺，幾乎喪命。劉子璜奉命出使超過時間，告辭沒有得到批准，害怕主人的威勢，又懷念父母，所以用欺詐手段要求回來，可以說是懷有忠孝之志，也沒有損害主人的盟主地位；然而竟被處死在主人麾下，得不到寬恕和赦免。我雖然不聰明，又一向不能從開頭就看出結果，觀察隱微的跡象就知道明顯的發展，然而私下猜測主人之心，難道他認為這三個人該死，對他們的懲罰得當量刑適中嗎？其實他是要統一崤山以東地區，擴充兵力討伐仇敵，害怕戰士們狐疑，又沒有辦法阻止和勉勵他們，所以就要壓制或廢止皇帝的任命，提高自己對屬下任命的權力，願意為主人效力的人得到榮升，準備離開的人則被殺戮，這是主人的利益所在，不是遊士的願望。所以我以前人作為借鑑，困守死戰。我雖然是愚蠢的下等人，也曾經聽說過君子的言論。這樣做實在不是我的心意，而是主人自己招致的。我之所以背棄本郡百姓，拼死守衛這座城，正是因為古人有君子即使逃離本國，也不應逃到敵國去的訓誡的緣故。所以得罪了主人，長時間遭到圍攻，而您反而用信中的道理對我進行規勸，恐怕是言詞相同而旨趣相異，不是君子所認為的福與禍吧！

7 「我聽說，守義的人不背棄父母，講忠的人不違逆君主，所以我東面以故土為本，作為親近的外援，中間扶持張超使國家安定，一舉二得獲取忠孝之名，有什麼不對呢？而您卻想讓我輕視根本，毀壞國家，都去尊奉主人。主人對於我，論年齡是我的兄長，論交情是我的好友，因為所走道路不同所以告辭而去，以此使上司和親人都得到安寧，可以說是順理成章的。如果依您所說的那樣，那麼申包胥就應該為伍員賣命，不應當在秦朝廷痛哭求援了。如果只知道消災免禍，不知道所說的已經違背了大道理。您可能看見這座城池不能解圍，救兵又沒有來到，想到我們兩家有婚姻關係，顧念我們的平生友誼，所以認為我放棄節操而苟且偷生，要強過堅守道義而死亡。過去晏嬰面對刀鋒也不屈服，南史氏不歪曲歷史記載以求得生存，所以他們被繪成圖像，名垂後世，更何況我據有堅固的城池，又調動了官吏和百姓的力量，發放了積蓄三年的物資，作為一年的物資供應，救助貧窮，補助困乏，使天下人高興，你們又何必打算就地築屋耕種，長期圍困呢！只怕不久秋風吹起塵土，公孫瓚率騎兵南下，張楊、張飛燕奮力發難，你們冀州的北部邊境就會十分危急，主人的輔佐近臣就會上奏請求回軍的真實想法了。主人應當了解我這種人，掉轉旗幟撤走兵馬，回到鄴城休整軍隊，怎麼能長期盛怒，在我的城下顯示威風呢？您信中譏笑我依仗黑山軍的救援，難道沒想過主人也與黃巾軍聯合過嗎！再說張飛燕等人全都接受了朝廷的任命啊。過去漢高祖在鉅野得到彭越，光武帝創立基業發端於綠林，最終能夠開國稱帝，成就帝業，如果可以輔佐君主振興教化，聯合黑山軍又有什麼妨礙呢！何況我是親自接到皇帝的詔旨，與他們合作。

8 「去吧孔璋！您在異鄉謀取利益，我在這裏為君主奉獻生命；您把自己交付給盟主袁紹，我卻為長安朝廷效力。您說我身死而名滅，我也笑您或生或死都無人知道，可悲呀！我們本來志同道合，最後卻分離了，各自努力吧，努力吧，還有什麼話可說呢！」

9 袁紹見到臧洪的信，知道他沒有投降的意思，便增加兵力，加緊攻城。城中沒有糧食，外面又沒有強兵救援，臧洪自己估計肯定災禍難免，召呼將士，對他們說：「袁紹沒有道義，圖謀不軌，而且對我的上司見死不救。臧洪對大義而言，不得不死，只是顧念你們本來無事，卻白白的遭遇禍患！可以在城池未被攻破之前，帶領妻子兒女出城。」將領官吏和士兵百姓都流著淚說：「您本來與袁紹並沒有仇怨，如今為朝廷太守的緣故，自己招致殘害和圍困，吏民百姓怎忍心離開您而走掉啊！」開始城裏人還能挖老鼠煮弓弦和獸角吃，到後來就沒有可吃的了。主簿說櫥內還有三斗米，請求平均分成幾份稍微熬點稠粥，臧洪嘆口氣說：「我怎麼能獨自喝！」便讓人熬成稀粥，大家分著喝，又殺掉自己的愛妾讓將士們吃。將士們全都淚流滿面，沒有人能抬起頭來。城中男女七八千人相枕而死，沒有人逃離背叛。

10 城被攻破後，袁紹活捉了臧洪。袁紹一向親善臧洪，用帷幔隆重布置廳堂，召集將領們一起見臧洪，對他說：「臧洪，為什麼這樣對不起我！今天服不服？」臧洪坐在地上瞪大眼睛說：「袁家事奉漢朝，四代人有五個任三公之官，可以說世代受朝廷之恩。如今皇室衰弱，不但沒有輔佐之意，反而想乘著這個機會，求取非分的希望，殺害許多忠良之士來樹立自己的淫威。臧洪親眼看見你稱張邈為兄，那麼張超應該就是弟弟，應當共同努力，為國除害，為什麼擁有強兵卻眼看著別人被消滅！可惜我臧洪力量弱小，不能揮刀為天下人報仇，說什麼服從你！」袁紹本來喜愛臧洪，意思是想讓他屈服，原諒他；看到臧洪言辭激烈，知道他終究不會被自己所用，便把他殺了。臧洪的同鄉陳容年輕時是個書生，愛慕臧洪，隨從臧洪任東郡丞；城池尚未被攻破時，臧洪把他派出城。袁紹讓他當時也在座，看見臧洪將被處死，陳容起身對袁紹說：「將軍做大事，要為天下掃除暴虐，卻擅自先殺忠義之士，難道合乎天意！臧洪為郡守而發起反抗，為什麼要殺他！」袁紹面有愧色，左右的人把他拉出去，說：「你不是臧洪的同黨，白白送死幹什麼！」陳容回過頭說：「實現仁義哪有什麼固定常規，實踐它就是君子，違背它就是小人。今天寧可與臧洪同日死，也不與將軍同日生。」於是也被殺了。在袁紹座席上的人沒有不嘆息的，私下互相說：「怎能一天殺死二位烈士！」在此以前，臧洪派司馬兩個人出城，向呂布求救；等到他們回來，城已被攻破，二人全都衝入敵陣戰死。

評曰：呂布有虓虎之勇❶，而無英奇之略，輕狡反覆，唯利是視❷。自古及今，未有若此不夷滅也。昔漢光武謬於龐萌❸，近魏太祖亦蔽❹於張邈。知人則哲，唯帝難之，信矣！陳登、臧洪並有雄氣壯節，登降年夙隕❺，功業未遂，洪以兵弱敵彊，烈志不立，惜哉！

【章旨】以上是史學家陳壽對呂布和臧洪的評論。

【注釋】❶虓虎之勇　像咆哮的老虎一樣勇猛。虓，猛虎咆哮。❷唯利是視　唯利是圖。❸龐萌　山陽郡（今山東金鄉）人，西漢末參加綠林軍，任更始政權冀州牧。東漢初任侍中，深受光武帝信任，拜為平狄將軍。後率兵反，被光武帝率兵剿滅。詳見《後漢書》卷十二劉永附傳。❹蔽　受蒙蔽。❺降年夙隕　短命早死。

【語譯】評論說：呂布像咆哮的老虎一樣勇猛，卻沒有傑出奇妙的謀略，輕率狡猾，反覆無常，眼裏只看到小利。從古到今，像這種人沒有不被消滅的。過去漢光武帝錯看了龐萌，近代魏太祖也受張邈的蒙蔽。善於認識人才就是明智，這連帝堯都感到困難，的確是這樣啊！陳登、臧洪都有英雄的氣概和壯烈的節操，陳登短命早死，沒有建成功業，臧洪因為敵強己弱，壯志未酬，可惜呀！

【研析】陳壽在評論中對呂布的評價是反覆無常。從表面看，呂布先殺丁原，後誅董卓，確實給人以反覆無常的印象。但這種反覆無常，絕非呂布的天性，它既反映了呂布個人的政治追求和對自己社會位置的曲折選擇，也有著複雜的社會和政治鬥爭的背景。

呂布所生活的年代，天下分崩，羣雄四起，戰事不斷，社會動盪。原有的秩序被打亂了，新的秩序正在重組，在這種重組中，人們都在尋求自己的位置。由於人們的社會理想、政治眼光、個人修養不同，尋求自己位置的方法和道路也各異。像諸葛亮那樣懷寧靜之心以求致遠，蓄志待時以求明主的人畢竟是少數，大多數人都急於找到施展自己才幹的舞臺。在這種情況下，頻頻改換投靠對象的人絕非呂布一個。例如曹操的名將張遼，先為丁原部將，後又進京依何進，何進被殺後又以兵屬董卓。董卓死後又歸呂布。呂布為李傕所敗，又從呂布東奔徐州。曹操破呂布，張遼將其眾降。又如曹操的謀士賈詡，先在董卓部下任討虜校尉，又在董卓女婿牛輔軍中任職，董卓敗後，又為李傕、郭汜謀士。不久又離開李傕投段煨。由於不為段煨所重用，又離段煨投靠南陽張繡。他先勸張繡與劉表連和，不久又勸張繡投靠曹操。另一方面，有實力的集團領袖又如飢似渴的招納人才。這也為人才選擇投靠對象提供了外部誘因。

應當承認，呂布是個人才，按當時的標準，也可以稱得上是個英雄。史載他「便弓馬，膂力過人，號為飛將。」當時人有這樣的說法：「人中有呂布，馬中有赤兔。」呂布自己也自恃其才而心懷平定天下之志。他給韓暹、楊奉的信中說：「布有殺董卓之功，與二將軍俱為功臣，可因今共擊破術，建功於天下，此時不可失也。」當他被曹操逮捕後又說：「明公所患不過於布，今已服矣，天下不足憂。明公將步，令布將騎，則天下不足定也。」呂布在當時無論是武藝還是知名度，都非張遼、賈詡之輩可比。因此呂布在當時成為一些人爭取的對象。陳宮對張邈說：「呂布壯士，善戰無前，若權迎之，共牧兗州，觀天下形勢，俟時事之變通，此亦縱橫之一時也。」這番話正反映出呂布之才及為當時所爭用的現實。

呂布擇主與張遼、賈詡等人本無本質區別，而且前者對投靠對象的離棄要少於後者。然而卻偏偏是呂布落下了反覆無常的名聲。這可能是由於張遼等人對前主只是簡單的離棄，而呂布對前主則是棄而殺之。呂布並非天性好殺，造成這種區別的原因，是他只是一個有虓虎之勇的武將，並非有遠見卓識的政治家，而社會的政治需要及其本身的才能，又偏偏不斷的把他推向政治鬥爭漩渦的中心，在你死我活的政治鬥爭中，棄舊圖新的選擇只能通過棄而殺之來實現。這才是問題的實質。（梁滿倉注譯）

卷八　魏書八

二公孫陶四張傳第八

【題解】本列傳和附傳記載了八個主要人物：公孫瓚、公孫康、公孫淵、陶謙、張楊、張燕、張繡、張魯。他們都是東漢末期的歷史人物，都曾占據州郡，擁兵自重，並以不同的方式和曹魏發生聯繫，所以被陳壽同時列在〈魏書〉之中。

1 公孫瓚，字伯珪，遼西令支❶人也。為郡門下書佐❷。有姿儀，大音聲❸，侯太守❹器之，以女妻焉，遣詣涿郡盧植❺讀經。後復為郡吏。劉太守坐事徵詣廷尉❻，瓚為御車，身執徒養❼。及劉徙日南❽，瓚具米肉，於北芒❾上祭先人，舉觴祝曰：「昔為人子，今為人臣，當詣日南。日南瘴氣❿，或恐不還，與先人辭於此。」再拜慷慨而起，時見者莫不歔欷。劉道⓫得赦還。瓚以孝廉⓬為郎，除遼東屬國長史⓭。嘗從數十騎出行塞⓮，見鮮卑⓯數百騎，瓚乃退入空亭中，約其從騎曰：「今不衝之，則死盡矣。」瓚乃自持矛，兩頭施刃，馳出刺胡[16]，殺傷數十人，亦亡其從騎半，遂得免。鮮卑懲艾[17]，後不敢復入塞。遷為涿令。光和[18]中，涼州[19]賊起，發幽州突騎[20]三千人，假[21]瓚都督行事傳[22]，使將之。軍到薊中[23]，漁陽[24]張純[25]誘遼西烏丸丘力居[26]等叛，劫略薊中，自號將軍，略吏民攻右北平[27]、遼西屬國諸城，所至殘破。瓚將所領，追討純等有功，遷騎都尉[28]。屬國烏丸貪至王[29]率種人詣瓚降。遷中郎將[30]，封都亭侯，進屯屬國，與胡相攻擊五六年。丘力居等鈔略青、徐、幽、冀[31]，四州被[32]其害，瓚不能禦。

2 朝議以宗正東海劉伯安[33]既有德義，昔為幽州刺史，恩信流著[34]，戎狄附之，若使鎮撫，可不勞眾而定，乃以劉虞為幽州牧。虞到，遣使至胡中，告以利害，責使送純首。丘力居等聞虞至，喜，各遣譯自歸[35]。瓚害[36]虞有功，乃陰使人徼殺[37]胡使。胡知其情，間行[38]詣虞。虞上罷諸屯兵[39]，但[40]留瓚將[41]步騎萬人屯右北平。純乃棄妻子，逃入鮮卑，為其客王政所殺，送首詣虞。封政為列侯。虞以功即拜太尉[42]，封襄賁侯。會董卓[43]至洛陽[44]，遷虞大司馬[45]，瓚奮武將軍[46]，封薊侯。

3 關東[47]義兵起，卓遂劫帝[48]西遷，徵虞為太傅[49]，道路隔塞，言命[50]不得至。

袁紹[51]、韓馥[52]議，以為少帝制於姦臣，天下無所歸心。虞，宗室知名，民之望也，遂推虞為帝。遣使詣虞，虞終不肯受。紹等復勸虞領尚書事[53]，承制封拜[54]，虞又不聽，然猶與紹等連和。虞子和為侍中[55]，在長安[56]。天子思東歸，使和偽[57]逃卓，潛出武關[58]詣虞，令將兵來迎。和道經袁術[59]，為說天子意。術利虞為援，留和不遣，許兵至[60]俱西，令和為書與虞。虞得和書，乃遣數千騎詣和。瓚知術有異志，不欲遣兵，止虞，虞不可。瓚懼術聞而怨之，亦遣其從弟越將千騎詣術以自結[61]，而陰教[62]術執和，奪其兵。由是虞、瓚益有隙。和逃術來北，復為紹所留。

4 是時，術遣孫堅[63]屯陽城[64]拒卓，紹使周昂奪其處。術遣越與堅攻昂，不勝，越為流矢所中死。瓚怒曰：「余弟死，禍起於紹。」遂出軍屯磐河[65]，將以報[66]紹。紹懼，以所佩勃海[67]太守印綬授瓚從弟範，遣之郡，欲以結援。範遂以勃海兵助瓚，破青、徐黃巾，兵益盛，進軍界橋[68]。以嚴綱為冀州[69]，田楷[70]為青州，單經為兗州[71]，置諸郡縣。紹軍廣川[72]，令將麴義先登與瓚戰，生禽綱。瓚軍敗走勃海，與範俱還薊，於大城東南築小城，與虞相近，稍相恨望[73]。

5 虞懼瓚為變，遂舉兵襲瓚。虞為瓚所敗，出奔居庸[74]。瓚攻拔居庸，生獲虞，執虞還薊。會卓死，天子遣使者段訓增虞邑，督六州[75]；瓚遷前將軍[76]，封易侯。瓚誣虞欲稱尊號，脅訓斬虞。瓚上訓為幽州刺史。瓚遂驕矜，記過忘善，多所賊害[77]。虞從事[78]漁陽鮮于輔、齊周、騎都尉鮮于銀等，率州兵欲報瓚，以燕國閻柔[79]素有恩信，共推柔為烏丸司馬[80]。柔招誘烏丸、鮮卑，得胡、漢數萬人，與瓚所置漁陽太守鄒丹戰于潞北[81]，大破之，斬丹。袁紹又遣麴義及虞子和，將兵與輔合擊瓚。瓚軍數敗，乃走還易京[82]固守。為圍塹十重，於塹裏築京[83]，皆高五六丈，為樓其上；中塹為京，特高十丈，自居焉，積穀三百萬斛。瓚曰：「昔謂天下事可指麾[84]而定，今日視之，非我所決，不如休兵，力田畜穀。兵法，百樓不攻。今吾樓櫓千重，食盡此穀，足知天下之事矣。」欲以此弊[85]紹。紹遣將攻之，連年不能拔。建安四年[86]，紹悉軍[87]圍之。瓚遣子求救於黑山[88]賊，復欲自將突騎直出，傍西南山，擁黑山之眾，陸梁[89]冀州，橫斷紹後。長史關靖說瓚曰：「今將軍將士，皆已土崩瓦解，其所以能相守持者，顧戀其居處[90]老小，以將軍為主耳。將軍堅守曠日，袁紹要當[91]自退；自退之後，四方之眾必復可合也。若將軍今舍之而去，軍無鎮重[92]，易京之危，可立待也。將軍失本，孤在草野，何所成邪！」瓚遂止不出。救至，欲內外擊紹。遣人與子書，刻期[93]兵至，舉火為應。紹候者[94]得其書，如期舉火。瓚以為救兵至，遂出欲戰。紹設伏擊，大破之，復還守。紹為地道，突壞其樓，稍[95]至中京。瓚自知必敗，盡殺其妻子，乃自殺。

6 鮮于輔將其眾奉王命[96]。以輔為建忠將軍[97]，督幽州六郡[98]。太祖與袁紹相拒於官渡[99]，閻柔遣使詣太祖受事[100]，遷護烏丸校尉[101]。而輔身詣太祖，拜左度遼將軍[102]，封亭侯，遣還鎮撫本州。太祖破南皮[103]，柔將部曲及鮮卑獻名馬以奉軍，從征三郡烏丸，以功封關內侯。輔亦率其眾從。文帝[104]踐阼，拜輔虎牙將軍[105]，柔度遼將軍[106]，皆進封縣侯，位特進[107]。

【章　旨】以上為〈公孫瓚傳〉，從各個角度記載了公孫瓚複雜的人物性格，也記載了他起家、割據遼東、與劉虞的明爭暗鬥、最後被袁紹打敗的一生。

【注　釋】❶遼西令支　遼西，郡名。治所在今遼寧義縣西。令支，縣名。治所在今河北遷安西。❷門下書佐　官名。郡守的屬僚，為郡守抄寫文書。❸大音聲　聲音宏亮。❹侯太守　姓侯的太守。侯，原作「故」，今從宋本、元本。❺涿郡盧植　涿郡，郡名。治所在今河北涿州。盧植，字子幹，涿郡涿縣（今河北涿州）人，東漢著名儒者，少時與鄭玄共同師事馬融，通古今之學。詳見《後漢書・盧植列傳》。❻坐事徵詣廷尉　因為犯事被招到廷尉官署受審。❼身執徒養　親自從事伺候太守生活的雜役。❽徙日南　流放到日南。日南，郡名。治所在今越南境內。❾北芒　北芒山，一作北邙山，又名郟山，在今河南洛陽北。❿瘴氣　一種使人感染疾病的毒氣，據說生於南方溼熱地區。瘴，原作「鄣」，今從宋本、武英殿刻本。⓫道　途中。⓬孝廉　漢代察舉官吏的科目名。孝指孝子，廉指廉吏。西漢武帝元光元年（西元前一三四年）初，令郡國各舉孝廉一人，後合稱孝廉。⓭除遼東屬國長史　除，任命；授職。遼東屬國，郡國名。治所在今遼寧義縣。⓮行塞　巡視邊塞。⓯鮮卑　古代東部少數民族。⓰胡　古代對北方少數民族的泛稱。⓱懲艾　受到懲戒。⓲光和　東漢靈帝劉宏年號，西元一七八一一八三年。⑲涼州　州名。治所在今甘肅武威。⑳幽州突騎　幽州，州名。治所在今北京市。突騎，衝鋒陷陣的騎兵。㉑假授給。㉒都督行事傳　行使都督權力的憑證。傳，官員的身分憑證。㉓薊中　縣名。治所在今北京市。㉔漁陽　縣名。治所在今北京市密雲西南。㉕張純　東漢末人，曾任中山太守，中平四年（西元一八七年），與張舉聯合烏丸起兵，張舉稱天子，張純稱「彌天將軍安定王」，後兵敗出逃，被手下人所殺。㉖丘力居　東漢末遼西烏丸首領。㉗右北平　郡名。治所在今河北豐潤東南。㉘騎都尉　官名。屬光祿勳，掌監羽林騎兵。㉙屬國烏丸貪至王　屬國，即遼西屬國。貪至王，烏丸族首領。㉚中郎將　漢代的五官中郎將、左中郎將、右中郎將均為天子的侍衛近臣，東漢時已非如此，中郎將領兵征討四方，類似將軍。㉛青徐幽冀　青，青州，治所在今山東臨淄北。徐，徐州，治所在今山東郯城，後移治江蘇徐州。幽，幽州，治所在今北京市。冀，冀州，治所在今河北柏鄉北，後移治河北臨漳西南。㉜被　蒙受。㉝宗正東海劉伯安　宗正，官名。九卿之一，負責處理皇族內部事務。東海，郡名。治所在今山東郯城西北。劉伯安，即劉虞，字伯安，東海郯（今山東郯城）人，東漢末大臣。任幽州刺史，征討黃巾有功，拜太尉。董卓秉政，授大司馬。後被公孫瓚所殺。詳見《後漢書・劉虞列傳》。㉞流著　傳播顯著。㉟遣譯自歸　派遣譯使歸附朝廷。㊱害　嫉妒。㊲徼殺　截殺。㊳閒行　悄悄的走小路。㊴屯兵　即在幽州邊界各處屯駐的軍隊。㊵但　僅僅；只。㊶將　原脫，據宋本補。㊷太尉　官名。與丞相、御史大夫合稱三公，掌軍事。㊸董卓　字仲穎，隴西臨洮（今甘肅岷縣）人，剛猛有謀，廣交豪帥。東漢桓帝末從中郎將張奐為軍司馬，以後歷任并州刺史、河東太守、并州牧。昭寧元年（西元一八九年），率兵進入洛陽，廢少帝，立獻帝，專擅朝政，遭到關東諸侯反對。後遷獻帝至長安，不久被呂布所殺。詳見《後漢書・董卓列傳》、本書卷六〈董卓傳〉。㊹洛陽　都名。今河南洛陽東。㊺大司馬　官名。最高軍事長官。㊻奮武將軍　武官名。雜號將軍之一。㊼關東　地區名。指潼關以東。㊽帝　即漢獻帝，名劉協，字伯和，靈帝子，為董卓所立。董卓死後，又被李傕所掠。建安元年（西元一九六年）被曹操迎至許昌。西元二二〇年曹魏建立，被廢為山陽公。詳見《後漢書・孝獻帝紀》。㊾太傅　古三公之一。三國時魏蜀吳均曾設置，但存在時間及執掌各異。㊿信命　使者和詔命。(51)袁紹　字本初，汝南汝陽（今河南商水縣西南）人，祖上四世三公。有清名，好交結，與曹操友善。東漢末與何進謀誅宦官，董卓之亂起，在冀州起兵討董卓，為關東聯軍盟主。後占據冀、青、幽、并四州，成為北方最強大的割據勢力。在官渡之戰中被曹操打敗，後病死。詳見《後漢書・袁紹列傳》、本書卷六〈袁紹傳〉。(52)韓馥　字文節，潁川（今河南禹州）人。與袁紹不和，依附張邈，因畏懼張邈與袁紹合謀，自殺。其事跡散見於《後漢書・董卓列傳》、〈荀彧列傳〉、本書卷六〈袁紹傳〉等。(53)領尚書事　官名。與錄尚書事略同。總領尚書臺事務。(54)承制封拜　秉承皇帝旨意任命官員。制，皇帝的命令。[55]侍中　官名。往來殿中，入侍天子，故名。三國時侍中分兩類，一類為實官，一類為加官。[56]長安　城名。在今陝西西安附近。[57]偽　偽裝。[58]武關　關隘名。故址在今陝西丹鳳東南。[59]袁術　字公路，汝南汝陽（今河南商水縣西南）人，袁紹從弟。少以俠氣聞名，歷任郎中、河南尹、虎賁中郎將。董卓之亂起，出奔南陽，後割據揚州。東漢建安二年（西元一九七年）稱帝，後因眾人反對，糧盡眾散，欲往青州依袁譚，於途中病死。詳見《後漢書・袁術列傳》、本書卷六〈袁術傳〉。[60]兵至　劉虞的兵馬來到時。[61]自結　主動結好。[62]陰教　暗中教唆。[63]孫堅　字文臺，吳郡富春（今浙江富陽）人，因其被袁術任為破虜將軍，故名。為人勇猛剛毅，東漢末參加征討黃巾。董卓之亂中參加反董聯盟，董卓遷都長安後率兵進入洛陽，後還軍魯陽。受袁術之命征荊州劉表，被劉表將黃祖射殺。詳見本書卷四十六〈孫堅傳〉。[64]陽城　縣名。治所在今河南登封東南。[65]磐河　河流名。源於今山東平原，東北流至無棣縣入海。[66]報　報復。[67]勃海　郡名。治所在今河北南皮東北。[68]界橋　地名。在今河北威縣東北。[69]為冀州　為冀州刺史。[70]田楷　公孫瓚所任青州刺史，後被袁紹所殺。其事散見於《後漢書・公孫瓚列傳》、本書卷八〈公孫瓚傳〉等。[71]兗州　州名。治所在今山東鄄城東北。[72]廣川　縣名。治所在今河北景縣西南。[73]稍相恨望　逐漸產生怨恨。[74]居庸　縣名。治所在今北京市延慶。[75]六州　北方的幽、冀、青、并、兗、豫六州。[76]前將軍　武官名。高級軍事將領，領兵征伐。[77]賊害　殘害。[78]從事　州刺史的屬官，也稱從事史。由於執掌不同，分為別駕從事、治中從事、功曹從事、部郡國從事等。[79]閻柔　廣陽（今北京市西南）人，年少時流落於烏丸、鮮卑族中，藉鮮卑之力殺烏丸校尉邢舉而代之。曹操與袁紹官渡之戰，閻柔幫助曹操，被封為烏丸校尉。文帝時被任為度遼將軍。事見本書卷三十〈烏丸傳〉。[80]烏丸司馬　官名。即護烏丸校尉的司馬，為護烏丸校尉的軍事助手。[81]潞北　即潞水之北，潞水即今通州以下的白河。[82]易京　公孫瓚割據幽州時所建城堡，在今河北雄縣西北。[83]京　高臺。[84]指麾　揮揮手指。[85]弊使……疲弊。[86]建安四年　西元一九九年。建安，東漢獻帝劉協年號，西元一九六—二二〇年。[87]悉軍　出動全部軍隊。[88]黑山　山名。在今河南輝縣西北。此指在黑山地區的起事民眾，全盛時有十多萬人。[89]陸梁　猖獗；橫行。[90]居處　住宅。[91]要當　一定。[92]鎮重　鎮得住的重心。[93]刻期　約定時間。[94]候者　巡邏兵。[95]稍　漸漸。[96]奉王命　接受漢朝的命令。[97]建忠將軍　武官名。雜號將軍之一。[98]六郡　指幽州州治薊縣附近的廣陽郡（治所在今北京市西南）、漁陽郡（治所在今北京市）、右北平郡（治所在今河北豐潤東南）、涿郡（治所在今河北涿州）、代郡（治所在今河北蔚縣東北）、上谷郡（治所在今北京市延慶）。[99]官渡　地名。故址在今河南中牟東北，臨古官渡水。[100]受事　接受指揮。[101]護烏丸校尉　官名。負責監視管理烏丸族人。[102]左度遼將軍　武官名。負責鎮守北方邊境。[103]南皮　縣名。治所在今河北南皮北。[104]文帝　即曹丕，字子桓，沛國譙（今安徽亳州）人，曹操次子。先任五官中郎將、副丞相，後被立為魏太子。西元二二〇年代漢稱帝。愛好文學，與當時著名文人往來甚密，在中國文學史上也有重要地位。詳見本書卷二〈文帝紀〉。105虎牙將軍　武官名。為雜號將軍之一。106度遼將軍　武官名。負責鎮守北方邊境。107特進　一種加官名稱，通常給那些功德優勝、被朝廷所敬異的官僚。

【語　譯】公孫瓚，字伯珪，遼西郡令支縣人。擔任遼西郡門下書佐。姿態儀容豐美，聲音宏亮，侯太守很器重他，把女兒嫁給了他，派他到涿郡盧植那裏學習儒家經典。後來又擔任郡吏。劉太守因為犯事被召到廷尉受審，公孫瓚為他駕車，親自從事伺候太守生活的雜役。等到劉太守流徙日南郡，公孫瓚準備了米肉等祭品，在北芒山上祭祀祖先，舉起酒杯禱告說：「過去我是家裏的兒子，如今又是上司的屬臣，應當前往日南郡。日南郡多瘴癘之氣，可能回不來了，在此向祖先告辭。」再次行拜禮之後慷慨激昂的站了起來，當時看見這個情景的人沒有不抽泣嗚咽的。劉太守中途遇赦返回。公孫瓚以孝廉出任郎官，又被任為遼東屬國長史。曾經帶著幾十個騎兵出外巡視邊塞，遇見了鮮卑幾百名騎兵，公孫瓚便退到空亭中，和他的騎兵約定說：「現在不突擊他們，我們就會死光了。」公孫瓚便手持長矛，兩頭全都裝上利刃，飛馬衝出刺殺鮮卑騎兵，殺傷幾十人，自己人也有半數陣亡，終於免除了危險。鮮卑人受到懲戒，後來不敢再進入邊塞。公孫瓚升任為涿縣令。光和年間，涼州賊人起兵，朝廷徵發幽州騎兵衝鋒隊三千人，授給公孫瓚行使都督權力的憑證，讓他率領這些騎兵。軍隊行進到薊中，漁陽人張純引誘遼西郡烏丸丘力居等人反叛，侵掠薊中，自稱將軍，又強迫吏民百姓進攻右北平、遼西屬國的各個城池，所到之處都被摧殘破壞。公孫瓚率領部下，追擊討伐張純等人有功，升遷為騎都尉。遼西屬國烏丸貪至王率領族人到公孫瓚那裏投降。公孫瓚升為中郎將，封為都亭侯，進軍屯駐在遼東屬國，與那裏的胡人互相攻擊了五六年。丘力居等在青、徐、幽、冀侵擾搶掠，四州蒙受其害，公孫瓚也不能抵禦。

2　朝廷評論認為宗正東海郡人劉虞具有德行仁義，過去擔任幽州刺史，恩德信義廣為傳布，當地少數民族都依附他，如果讓他鎮撫幽州，可以使幽州不勞師動眾而得到平定，便任劉虞為幽州牧。劉虞到任以後，派遣使者到少數民族居住的地方，向他們講明利害，責令他們送交張純的首級。丘力居等人聽說劉虞到來，很高興，各自派遣譯使自行歸順。公孫瓚嫉妒劉虞有功，便暗中派人半路上截殺胡人的使者。胡人得知情況，抄小路到劉虞那裏。劉虞上奏撤除邊界各處屯駐的軍隊，僅留下公孫瓚統率步兵騎兵一萬人駐紮在右北平。張純便丟妻棄子，逃入鮮卑，被他的門客王政殺害，把首級送到劉虞處。朝廷封王政為列侯。劉虞因為有功擔任太尉，封為襄賁侯。適逢董卓到達洛陽，升遷劉虞為大司馬，公孫瓚為奮武將軍，封薊侯。

3 關東義軍興起，董卓便劫持皇帝西遷，徵召劉虞為太傅，路途阻塞，使者及徵召的詔令不能到達，袁紹、韓馥商議，認為少帝受制於奸臣，天下人心不願歸依。劉虞，是宗室裏有名聲的人，是百姓的希望，於是推舉劉虞為皇帝。派遣使者到劉虞那裏，劉虞始終不肯接受。袁紹等人又勸說劉虞任領尚書事，秉承皇帝的詔令封爵拜官，劉虞又不聽從，然而還是與袁紹等人聯合。劉虞的兒子劉和任侍中，人在長安。天子想東去洛陽，讓劉和偽裝逃離董卓，暗中從武關出去前往劉虞那裏，叫劉虞率領軍隊前來迎接。劉和路過袁術那裏，向他說明了天子的想法。袁術想利用劉虞作為援助，扣留劉和不送他走，答應他劉虞軍抵達後一起西行，讓劉和寫信給劉虞。劉虞得到劉和的信，便派遣幾千騎兵前往劉和那裏。公孫瓚知道袁術有二心，不打算派兵，阻止劉虞，劉虞不答應。公孫瓚害怕袁術聽到了而怨恨他，也派他的堂弟公孫越率領一千騎兵前往袁術那裏以便主動結好袁術，而暗地裏教唆袁術扣押劉和，奪走他的部隊。從此劉虞、公孫瓚更加有了嫌隙。劉和逃離袁術來到北方，又被袁紹所羈留。

4 這個時候，袁術派遣孫堅屯駐在陽城抵禦董卓，袁紹派周昂奪取孫堅屯駐的地方。袁術派遣公孫越與孫堅攻打周昂，沒有取勝，公孫越被流箭射中而死。公孫瓚大怒說：「我弟弟的死，災禍起自袁紹。」於是出兵屯駐在磐河，準備報復袁紹。袁紹恐懼，把所佩帶的勃海郡太守的印綬授給了公孫瓚的堂弟公孫範，派他到勃海郡，想藉此與公孫瓚結交作為外援。公孫範便以勃海郡的軍隊援助公孫瓚，打敗了青州、徐州的黃巾軍，公孫瓚的兵力更加強盛，向界橋進軍。公孫瓚任命嚴綱為冀州刺史，田楷為青州刺史，單經為兗州刺史，在各州設置郡縣。袁紹屯軍廣川縣，命令部將麴義首先進軍與公孫瓚交戰，活捉了嚴綱。公孫瓚兵敗後逃到勃海郡，與公孫範一起回到薊縣，在薊縣大城東南修築小城，與劉虞靠近，兩個人逐漸產生了怨恨。

劉虞害怕公孫瓚發動變亂，便興兵襲擊公孫瓚。劉虞被公孫瓚打敗，出逃奔往居庸縣。公孫瓚進攻奪取了居庸縣，活捉了劉虞，押解他回到薊縣。適逢董卓死亡，天子派遣使者段訓增加劉虞的封邑，督統六州的各路軍隊；公孫瓚升遷為前將軍，封易侯。公孫瓚誣衊劉虞想僭號稱帝，脅迫段訓斬殺劉虞。公孫瓚上奏段訓為幽州刺史。公孫瓚便驕傲自大起來，只記別人的過錯，忘記別人的好處，殘害了很多人。劉虞的從事漁陽人鮮于輔、齊周、騎都尉鮮于銀等人，率領州兵想報復公孫瓚，因為燕國人閻柔素來有恩德威信，就一致推舉閻柔為護烏丸校尉司馬。閻柔招誘烏丸、鮮卑人，得到胡人、漢人士兵數萬人，與公孫瓚所置漁陽太守鄒丹在潞北地區交戰，大敗鄒丹，斬殺了他。袁紹又派遣麴義和劉虞的兒子劉和，率兵與鮮于輔合擊公孫瓚。公孫瓚軍多次失敗，便逃回易京固守。在易京周圍挖了十道壕溝，在壕溝裏築起高臺，全都有五六丈高，在高臺上建起高樓；在中間壕溝裏修築更高的土臺，高達十丈，公孫瓚自己住在上面，囤積糧穀三百萬斛。公孫瓚說：「過去認為天下之事可以在揮指之間即可解決，今天看來，不是我所能決定的，不如休兵，種田囤糧。按照兵法，有百座高樓的敵人不能進攻，如今我有高樓千座，把這些存糧吃完，足可以知道天下事的結局了。」想以此拖垮袁紹。袁紹派遣將領進攻公孫瓚，連續幾年都不能攻下。建安四年，袁紹出動全軍圍攻易京。公孫瓚派遣兒子向黑山軍求救，又想親自率領騎兵突擊隊直接衝出去，依靠西南山險，擁有黑山兵眾，橫行冀州，截斷袁紹的後路。長史關靖勸公孫瓚說：「現在將軍麾下的將士，全都土崩瓦解，之所以還能固守相持，是因為他們顧念自己的居所和妻兒家室，把將軍看作主人罷了。將軍曠日持久的堅守下去，袁紹一定要自己退走，袁紹自己退走之後，我們四面的兵眾定能重新聚合起來。如果將軍現在捨棄易京而走，軍隊失去鎮得住的重心，易京的危險馬上就會到來。將軍失去根本，孤立的處在野外，還能成什麼事啊！」公孫瓚便留在易京不出去了。救兵到來以後，公孫瓚想內外夾擊袁紹。派人給兒子送去書信，約定好救兵到來的時間，點火為信號。袁紹的巡邏兵得到了這封信，按照信中約定的日期點火。公孫瓚以為救兵到了，便出城準備交戰。袁紹設置伏兵出擊，把公孫瓚打得大敗，公孫瓚又退回固守。袁紹軍挖地道，衝出來破壞了土臺高樓，漸漸的到達了中央的大土臺。公孫瓚自知必敗，把妻兒都殺死後，自己也自殺了。

6 鮮于輔率領他的部眾接受朝廷命令。朝廷以鮮于輔為建忠將軍，督統幽州六郡。太祖與袁紹在官渡相對峙，閻柔派遣使者到太祖那裏接受指揮，升遷為護烏丸校尉。而鮮于輔親自拜見太祖，被任為左度遼將軍，封亭侯，派遣他回去鎮撫幽州。太祖攻克南皮縣，閻柔率領部下及鮮卑人貢獻名馬以供軍用，隨從太祖征伐三郡烏丸，因功被封為關內侯。鮮于輔也率領他的部眾相從。文帝即帝位，任命鮮于輔為虎牙將軍，閻柔為度遼將軍，都進封為縣侯，位特進。

1 陶謙，字恭祖，丹楊❶人。少好學，為諸生❷，仕州郡，舉茂才❸，除盧❹令，遷幽州刺史，徵拜議郎❺，參車騎將軍張溫軍事❻，西討韓遂❼。會徐州黃巾起，以謙為徐州刺史，擊黃巾，破走之。董卓之亂，州郡起兵，天子都長安，四方斷絕，謙遣使間行致貢獻，遷安東將軍❽、徐州牧，封溧陽侯。是時，徐州百姓殷盛，穀米豐贍❾，流民多歸之。而謙背道任情❿：廣陵太守琅邪趙昱⓫，徐方⓬名士也，以忠直見疏；曹宏等，讒慝⓭小人也，謙親任之。刑政失和，良善多被其害，由是漸亂。下邳⓮闕宣自稱天子，謙初與合從⓯寇鈔，後遂殺宣，并其眾。

2 初平四年⓰，太祖征謙，攻拔十餘城，至彭城⓱大戰。謙兵敗走，死者萬數，泗水⓲為之不流。謙退守郯⓳。太祖以糧少引軍還。興平元年，復東征，略定琅邪、東海⓴諸縣。謙恐，欲走歸丹楊。會張邈㉑叛迎呂布㉒，太祖還擊布。是歲，謙病死。

【章旨】以上為〈陶謙傳〉，記述了陶謙治理徐州時期的昏庸，也記述了曹操征伐徐州時的殘暴。

【注釋】❶丹楊　郡名。治所在今安徽宣州。❷諸生　即太學生，類似西漢博士弟子。❸茂才　漢朝選舉科目，原稱秀才，東漢為避劉秀之諱稱茂才，被舉為茂才者多任縣令。❹盧　縣名。治所在今山東長清東南。❺議郎　高級郎官，執掌顧問應對，參與議政，指陳朝政得失。❻參車騎將軍句　參與謀劃車騎將軍張溫的軍事事務。車騎將軍，武官名。位次於大將軍、驃騎將軍，掌京師兵衛。張溫，字伯慎，南陽穰縣（今河南鄧州）人，東漢末大臣，後被董卓所殺。事見《後漢書》董卓附傳。❼韓遂　字文約，金城（今甘肅永靖）人，與同郡人邊章俱著名西州。曾勸何進誅除宦官，後投北宮伯玉、李文侯。不久又殺掉二人盡領其眾，擁兵十餘萬，與馬騰一起割據涼州。最後被部將所殺。事見《三國志・武帝紀》裴松之注引《典略》。❽安東將軍　武官名。與安西將軍、安南將軍、安北將軍合稱四安。❾豐贍　豐足。❿背道任情　背離正道放縱私情。⓫廣陵太守句　廣陵，郡名。治所在今江蘇揚州。琅邪，郡名。治所在今山東臨沂北。⓬徐方　即徐州。⓭讒慝　邪惡。⓮下邳　縣名。治所在今江蘇睢寧西北。⓯合從　聯合。⓰初平四年　西元一九三年。初平，東漢獻帝劉協年號，西元一九〇—一九三年。⓱彭城　王國名。治所在今江蘇徐州。⓲泗水　河流名。源出山東泗水縣東蒙山南麓，經曲阜、兗州、沛縣注入淮河，是淮河下游的第一大支流。⓳郯　縣名。治所在今山東郯城西南。⓴東海　郡名。治所在今山東郯城西北。㉑張邈　字孟卓，東平壽張（今山東東平南）人，東漢末官吏，任騎都尉、陳留太守。反對董卓專權，後被部下所殺。其事見本書卷七〈呂布傳〉。㉒呂布　字奉先，五原九原（今內蒙古包頭西南）人，善弓馬，武勇過人，先為并州刺史丁原部將，後殺丁原投董卓，任騎都尉、中郎將等職。又與王允合謀誅殺董卓，被董卓餘黨打敗，東依袁術，又割據徐州，終被曹操打敗絞殺。詳見《後漢書・呂布列傳》、本書卷七〈呂布傳〉。

【語譯】陶謙，字恭祖，丹楊郡人。從小好學，是個太學生，在州郡做官，被薦舉為茂才，任盧縣令，升遷為幽州刺史，徵召入朝任議郎，參與謀劃車騎將軍張溫的軍事，西征韓遂。碰上徐州的黃巾軍起兵，朝廷任陶謙為徐州刺史，攻打黃巾軍，使他們大敗而逃。董卓作亂，各州郡起兵，天子以長安為都城，與四方隔絕，陶謙派遣使節從小道走到長安向朝廷貢獻，朝廷升遷陶謙為安東將軍、徐州牧，封為溧陽侯。這時，徐州百姓殷富，糧穀儲備充足，很多流民前來歸附。而陶謙卻背離正道放縱私情：廣陵太守琅邪人趙昱，是徐州的名士，因為忠誠正直而被疏遠；曹宏等人，是奸邪淫惡的小人，陶謙卻親近信任他們。刑法政令失當，善良的人很多都遭受殘害，因此逐漸產生動亂。下邳人闕宣自稱天子，陶謙開始時與他聯合起來為寇搶掠，後來便殺掉闕宣，吞併了他的部眾。

2 初平四年，太祖征討陶謙，攻克十多座城池，到達彭城與陶謙大戰。陶謙兵敗逃走，死者數以萬計，屍體堵塞泗水不能流動。陶謙退守郯城。太祖因為軍糧缺少率軍退回。興平元年，太祖再次東征徐州，平定了琅邪郡、東海郡各縣。陶謙恐懼，想逃到丹楊。正值張邈叛離太祖迎接呂布，太祖回軍攻擊呂布。這一年，陶謙病死。

張楊，字稚叔，雲中❶人也。以武勇給并州❷，為武猛從事❸。靈帝❹末，天下亂，帝以所寵小黃門蹇碩❺為西園上軍校尉❻，軍京都，欲以御四方，徵天下豪傑以為偏裨❼。太祖及袁紹等皆為校尉，屬之。并州刺史丁原❽遣楊將兵詣碩，為假司馬❾。靈帝崩，碩為何進❿所殺。楊復為進所遣，歸本州募兵，得千餘人，因留上黨⓫，擊山賊。進敗，董卓作亂。楊遂以所將攻上黨太守於壺關⓬，不下，略諸縣，眾至數千人。山東兵起，欲誅卓。袁紹至河內⓭，楊與紹合，復與匈奴單于於夫羅屯漳水⓮。單于欲叛，紹、楊不從。單于執楊與俱去，紹使將麴義追擊於鄴南，破之。單于執楊至黎陽⑮，攻破度遼將軍耿祉軍，眾復振。卓以楊為建義將軍⑯、河內太守。天子之在河東⑰，楊將兵至安邑⑱，拜安國將軍⑲，封晉陽侯。楊欲迎天子還洛，諸將不聽；楊還野王⑳。建安元年㉑，楊奉㉒、董承㉓、韓暹㉔挾天子還舊京，糧乏。楊以糧迎道路，遂至洛陽。謂諸將曰：「天子當與天下共之，幸有公卿大臣，楊當捍外難㉕，何事京都㉖？」遂還野王。即拜為大司馬㉗。楊素與呂布善。太祖之圍布，楊欲救之，不能。乃出兵東市㉘，遙為之勢㉙。其將楊醜，殺楊以應太祖。楊將眭固㉚殺醜，將其眾，欲北合袁紹。太祖遣史渙㉛邀擊，破之於犬城㉜，斬固，盡收其眾也。

【章　旨】以上為〈張楊傳〉，記述了張楊在東漢末各種政治勢力之間的周旋活動，以及他最後被部下所殺的下場。

【注　釋】❶雲中　郡名。治所在今內蒙古托克托東北。❷給并州　為并州府效力。❸武猛從事　官名。負責地方治安。❹靈帝　即劉宏。桓帝死後無子，被竇太后與文武大臣迎立為帝。在位期間任用宦官，大興黨錮，賣官鬻爵，橫徵暴斂，終於激發黃巾起事。死後謚曰靈。詳見《後漢書・孝靈帝紀》。❺小黃門蹇碩　小黃門，年輕的宦官。蹇碩，東漢末宦官，壯健而有武略，深受靈帝寵愛，任上軍校尉，掌禁軍。靈帝死後，欲立劉協，謀誅何進，後被何進所殺。事見《後漢書・何進列傳》。❻西園上軍校尉　官名。東漢中平五年（西元一八八年），靈帝置西園八校尉，統領京城中央軍隊，西園上軍校尉為其中之一，地位最高，統領指揮其餘七校尉。❼偏裨　偏將軍和裨將軍。❽丁原　字建陽，出身寒門，有武勇，善騎射，先為南縣吏，後官至并州刺史。事見裴松之注引《英雄記》。❾假司馬　官名。代理司馬。❿何進　字遂高，南陽宛（今河南南陽）人，東漢靈帝何皇后的異母哥哥，歷任虎賁中郎將、大將軍等職。靈帝死後，專斷朝政，謀與袁紹等人誅除宦官，事洩被殺。詳見《後漢書・何進列傳》。⓫上黨　郡名。治所在今山西長治北。⓬壺關　關隘名。又名壺口關、壺關口，因山形險狹如壺口，故名。在今山西黎城東北太行山口。⓭河內　郡名。治所在今河南武陟西南。⓮漳水　河流名。即今漳河，在河南、河北兩省邊界。⓯黎陽　縣名。治所在今河南浚縣東。⓰建義將軍　武官名。雜號將軍之一。⓱河東　郡名。治所在今山西夏縣西北。⓲安邑　縣名。當時河東郡郡治。⓳安國將軍　武官名。雜號將軍之一。⓴野王　縣名。治所在今河南沁陽。㉑建安元年　西元一九六年。建安，東漢獻帝劉協年號，西元一九六—二二〇年。㉒楊奉　本為白波軍將領，後為李傕部將，參與董卓死後的長安之亂。其事散見於《後漢書・孝獻帝紀》、〈董卓列傳〉等。㉓董承　漢獻帝母董太后之姪，獻帝的岳父。與劉備謀誅曹操，事洩被殺。其事散見於《後漢書・孝獻帝紀》、〈獻帝伏皇后紀〉等。㉔韓暹　原為白波軍將領，後助楊奉與李傕、郭汜戰。脅迫獻帝都安邑，拜為征東大將軍。因糧盡兵亂還洛陽。後被張宣所殺。其事散見於《後漢書・孝獻帝紀》、〈董卓列傳〉等。㉕捍外難　抵禦外來侵犯。㉖何事京都　何必留在京城裏面。㉗大司馬　官名。協助皇帝總領全國軍事。㉘東市　野王縣東邊的集市。㉙遙為之勢　從遠處做呂布的聲援。㉚眭固　字白兔，初為黑山軍首領，後歸附張楊。事見裴松之注引《典略》。㉛史渙　字公劉，沛國（今安徽濉溪縣）人，少任俠，從曹操征伐，後任中領軍，掌禁兵。事見《三國志・夏侯惇傳》裴松之注引《魏書》。㉜犬城　古城邑名。故址在今河南武陟境內。

【語　譯】張楊，字稚叔，雲中郡人。因為勇武為并州府效力，任武猛從事。靈帝末年，天下大亂，靈帝任受寵信的小黃門蹇碩為西園上軍校尉，駐軍京都，想以此控制四方，徵召天下的豪傑作為偏將和裨將。太祖及袁紹等人全都任校尉，隸屬蹇碩。并州刺史丁原派遣張楊率領兵馬到蹇碩處，代理軍司馬。靈帝去世後，蹇碩被何進所殺。張楊又被何進派遣，回并州招募軍隊，募得一千多人，便留在上黨郡，攻打山中的反賊。何進失敗後，董卓作亂。張楊便率領所統轄的軍隊在壺關攻打上黨太守，沒有攻下，便搶掠各縣，部眾達到數千人。山東義兵興起，準備誅討董卓。袁紹到達河內郡，張楊與袁紹聯合，又與匈奴單于於夫羅駐紮在漳水一帶。匈奴單于想叛變，袁紹、張楊不答應。單于劫持張楊與他一起離去，袁紹派部將麴義追擊單于到鄴城南面，打敗了單于。單于劫持張楊到黎陽縣，擊潰度遼將軍耿祉的軍隊，隊伍又振作起來。董卓任張楊為建義將軍、河內太守。天子在河東郡的時候，張楊率兵到達安邑，被任為安國將軍，封晉陽侯。張楊想迎接天子返回洛陽，將領們不答應，張楊回到野王縣。建安元年，楊奉、董承、韓暹挾持天子返回舊都，糧食匱乏。張楊帶著糧食在路上迎接，於是回到了洛陽。張楊對各位將領說：「天子當是天下人共有的天子，朝內幸好有公卿大臣輔助，我應當抵禦外敵入侵，何必要留在京城裏面呢？」於是回到了野王縣。隨即被拜為大司馬。張楊一向與呂布關係良好。太祖圍攻呂布時，張楊想去救援，沒有去成。便出兵駐在東市，在遠處為呂布壯大聲勢。張楊部將楊醜，殺死張楊響應太祖。張楊部將眭固又殺死楊醜，率領他的部眾，想北上聯合袁紹。太祖派遣史渙截擊，在犬城打敗了他，斬殺眭固，收編了他的所有部眾。

1 公孫度，字升濟，本遼東襄平❶人也。度父延，避吏居玄菟❷，任度為郡吏。時玄菟太守公孫琙，子豹，年十八歲，早死。度少時名豹，又與琙子同年，琙見而親愛之，遣就師學，為取妻。後舉有道❸，除尚書郎❹，稍遷冀州刺史，以謠言❺免。同郡徐榮為董卓中郎將，薦度為遼東太守。度起玄菟小吏，為遼東郡所輕。先時，屬國❻公孫昭守❼襄平令，召度子康為伍長❽。度到官，收昭，笞殺於襄平市❾。郡中名豪大姓田韶等宿遇無恩❿，皆以法誅，所夷滅百餘家，郡中震慄。東伐高句驪⓫，西擊烏丸，威行海外。初平元年，度知中國擾攘⓬，語所親吏柳毅、陽儀等曰：「漢祚將絕，當與諸卿圖王⓭耳。」時襄平延里社生大石，長丈餘，下有三小石為之足。或謂度曰：「此漢宣帝冠石之祥⓮，而里名與先君⓯

同。社主土地，明當有土地，而三公為輔也。」度益喜。故河內太守李敏，郡中知名，惡度所為，恐為所害，乃將家屬入于海。度大怒，掘其父冢，剖棺焚屍，誅其宗族。分遼東郡為遼西中遼郡，置太守。越海收東萊⑯諸縣，置營州刺史。自立為遼東侯、平州牧，追封父延為建義侯。立漢二祖⑰廟，承制設壇墠⑱於襄平城南，郊祀天地⑲，藉田⑳，治兵，乘鸞輅㉑，九旒㉒，旄頭羽騎㉓。太祖表度為武威將軍㉔，封永寧鄉侯，度曰：「我王遼東，何永寧也！」藏印綬武庫。度死，子康嗣位，以永寧鄉侯封弟恭。是歲建安九年也。

2 十二年，太祖征三郡烏丸，屠柳城㉕。袁尚㉖等奔遼東，康斬送尚首。語在武紀。封康襄平侯，拜左將軍㉗。康死，子晃、淵等皆小，眾立恭為遼東太守。文帝踐阼，遣使即拜恭為車騎將軍、假節，封平郭侯；追贈康大司馬。

【章旨】以上為〈公孫度傳〉，記述了公孫度割據遼東時期的殘忍、狡隘、昏庸、狂妄。

【注釋】❶遼東襄平　遼東，郡名。治所在今遼寧遼陽。襄平，縣名。治所在今遼寧遼陽。❷避吏居玄菟　因事躲避官吏。玄菟，郡名。治所在今遼寧瀋陽東。❸有道　漢代選拔人才的科目之一。❹尚書郎　官名。東漢尚書臺各曹有郎官六人，負責起草本曹文書，初稱守尚書郎，一年後稱尚書郎，三年後稱尚書侍郎。❺謠言　民間流行的歌謠或諺語。❻屬國　指遼東屬國。❼守　品級較低的官員代理較高的職位。❽伍長　東漢的基層居民組織，五家為一伍，十家為一什，百家為一里。伍長即一伍之長。❾市　集市。❿宿遇無恩　以往對公孫度沒有恩情。⓫高句驪　又作「高麗」、「高驪」。國名。首都丸都，故址在今吉林集安。詳見本書卷三十〈高句麗傳〉。⑫擾攘　動盪不安。⑬圖王　謀求稱王。⑭漢宣帝冠石之祥　漢宣帝，名劉詢，漢武帝的曾孫。其祖父劉據本為漢武帝太子，因受巫蠱之禍牽連自殺，所以劉詢自幼長在祖母家，居民間。後被霍光迎立為帝，即位後勵精圖治，任賢用能，輕徭薄賦，廣開言路，使國家大盛，號稱中興之主。詳見《漢書・宣帝紀》。冠石之祥，西漢昭帝元鳳三年（西元前七八年），冠石山有大石自然立起，高一丈五尺，入地深八尺，下邊有三小石為足。同時發出聲音如同有人吶喊。占卜者說這是平民天子將要出現的徵兆。三年後，長期在民間的劉詢即位。人們認為這是大石自立的徵兆應驗了。見《漢書・五行志》。⑮先君　指公孫度的父親公孫延。⑯東萊　郡名。治所在今山東龍口東。⑰二祖　指西漢高祖劉邦和東漢世祖劉秀。⑱墠　祭祀用的廣場。⑲郊祀天地　在南北郊祭祀天地。⑳藉田　天子親自耕種的田。此指行藉田禮。㉑鸞輅　皇帝乘坐的禮儀專車。輅，宋本作「路」，二字通。㉒旒　帝王冠冕前後懸垂的玉串。㉓羽騎　羽林騎兵，是皇帝的儀仗隊。㉔武威將軍　武官名。雜號將軍之一。㉕柳城　縣名。治所在今遼寧朝陽南。㉖袁尚　字顯甫，汝南汝陽（今河南商水縣西南）人，袁紹之子。袁紹死後繼立，與兄袁譚互相攻伐，被曹操所敗，投奔遼東公孫康，後為公孫康所殺。詳見本書卷六袁紹附傳。㉗左將軍　武官名。高級軍事將領。

【語譯】公孫度，字升濟，本是遼東郡襄平縣人。公孫度的父親公孫延，因躲避官吏而居住在玄菟郡，玄菟郡太守任命公孫度為玄菟郡吏。當時玄菟郡太守是公孫琙，他的兒子公孫豹，十八歲時，就早早死去了。公孫度小時候名叫豹，又與公孫琙的兒子同歲，公孫琙一見到他就親近喜愛他，派他隨老師學習，給他娶了妻子。後來公孫度被舉為有道，任命為尚書郎，漸漸升遷到冀州刺史，因為謠言被免官。公孫度的同郡人徐榮任董卓的中郎將，舉薦公孫度為遼東太守。公孫度起家於玄菟郡小吏，被遼東郡人所輕視。先前，遼東屬國人公孫昭代理襄平縣縣令，徵召公孫度的兒子公孫康為伍長。公孫度到任後，逮捕了公孫昭，在襄平的街市上用棍棒把他打死。遼東郡中有名的豪強大姓田韶等人素來對待公孫度沒有恩情，全都被以犯法的名義誅殺，所誅滅的有一百多家，郡中震恐。公孫度東伐高句驪，西擊烏丸，聲威傳播海外。初平元年，公孫度知道中原地區騷擾動盪，告訴他所親信的屬吏柳毅、陽儀等人說：「漢朝的命運即將斷絕，我應當與你們共同謀劃稱王。」當時襄平延里的社壇旁生出大石頭，長一丈多，下面有三塊小石頭作它的腳。有人對公孫度說：「這與漢宣帝冠石山大石頭的祥瑞之兆是一樣的，而大石頭所在的里名與先君的名字相同。社是主管土地的，說明您應當有土地，而三公做您的輔佐。」公孫度聽了更加高興。過去的河內郡太守李敏，是郡中的知名人物，厭惡公孫度的所作所為，擔心被他所害，便帶領家屬渡海遷居。公孫度非常生氣，挖掘了李敏父親的墳墓，剖開棺材焚燒屍體，誅滅了他的宗族。分割遼東郡的一部分為遼西中遼郡，設置太守。渡海攻占東萊郡的各縣，設置營州刺史。公孫度自立為遼東侯、平州牧，追封父親公孫延為建義侯。建立漢高祖和東漢世祖的神廟，自稱受天子之命在襄平城南設立祭壇和祭場，祭祀天地。他還親耕藉田，訓練軍隊，乘坐天子專用的禮儀車，戴九旒的皇冠，配備皇帝專用的儀仗隊。太祖上表任公孫度為武威將軍，封為永寧鄉侯，公孫度說：「我稱王遼東，為什麼是永寧侯！」把朝廷給的印綬藏進武庫。公孫度死，他的兒子公孫康繼位，把永寧鄉侯的爵位封給弟弟公孫恭。這一年是建安九年。

2 建安十二年，太祖征伐三郡烏丸，屠戮柳城。袁尚等人逃往遼東，公孫康斬殺袁尚，把首級送給太祖。這件事記載在〈武帝紀〉。朝廷封公孫康為襄平侯，任左將軍。公孫康死，他的兒子公孫晃、公孫淵等年齡都小，大家擁立公孫恭為遼東太守。文帝即帝位，派遣使臣到遼東拜公孫恭為車騎將軍、假節，封為平郭侯；追贈公孫康為大司馬。

1 初，恭病陰消❶為閹人，劣弱不能治國。太和二年❷，淵脅奪恭位。明帝❸即❹拜淵揚烈將軍❺、遼東太守。淵遣使南通孫權❻，往來賂遺❼。權遣使張彌、許晏等，齎金玉珍寶，立淵為燕王。淵亦恐權遠不可恃，且貪貨物，誘致其使，悉斬送彌、晏等首，明帝於是拜淵大司馬，封樂浪公，持節、領郡❽如故。使者至，淵設甲兵為軍陣，出見使者，又數對國中賓客出惡言。景初元年❾，乃遣幽州刺史毌丘儉❿等齎璽書徵淵⓫。淵遂發兵，逆於遼隧⓬，與儉等戰。儉等不利而還。淵遂自立為燕王，置百官有司。遣使者持節，假鮮卑單于璽，封拜邊民，誘呼鮮卑，侵擾北方。二年春，遣太尉司馬宣王⓭征淵。六月，軍至遼東。淵遣將軍卑衍、楊祚等步騎數萬屯遼隧，圍塹二十餘里。宣王軍至，令衍逆戰。宣王遣將軍胡遵⓮等擊破之。宣王令軍穿圍⓯，引兵東南向，而急東北⓰，即趨襄平。衍等恐襄平無守，夜走。諸軍進至首山⓱，淵復遣衍等迎軍殊死戰。復擊，大破之，遂進軍造⓲城下，為圍塹。會霖雨三十餘日，遼水⓳暴長，運船自遼口⓴徑至城下。雨霽㉑，起土山、修櫓㉒，為發石連弩㉓射城中。淵窘急。糧盡，人相食，死者甚多。將軍楊祚等降。八月丙寅㉔夜，大流星長數十丈，從首山東北墜襄平城東南。壬午㉕，淵眾潰，與其子修將數百騎突圍東南走，大兵急擊之，當流星所墜處，斬淵父子。城破，斬相國以下首級以千數，傳淵首洛陽，遼東、帶方㉖、樂浪㉗、玄菟悉平。

2 初，淵家數有怪㉘，犬冠幘絳衣㉙上屋，炊有小兒蒸死甑㉚中。襄平北市生肉，長圍各數尺，有頭目口喙，無手足而動搖。占㉛曰：「有形不成，有體無聲，其國滅亡。」始度以中平六年㉜據遼東，至淵三世，凡㉝五十年而滅。

【章旨】以上為〈公孫淵傳〉，記述了公孫淵於割據遼東時在曹魏、孫吳之間遊移不定的表現，也記述了司馬懿征討公孫淵戰爭的過程。

【注釋】❶陰消　生殖器萎縮。❷太和二年　西元二二八年。太和，魏明帝曹叡年號，西元二二七—二三三年。❸明帝　即曹叡，字元仲，文帝之子。文帝病重時才立其為太子。文帝死後即位，是為明帝。即位後大興土木，耽意遊玩，也關心文化，鼓勵學術。詳見本書卷三〈明帝紀〉。❹即　下原有「位」字。《三國志集解》引錢大昕、沈家本說，皆云「位」字衍，據刪。❺揚烈將軍　武官名。雜號將軍之一。❻孫權　字仲謀，吳郡富春（今浙江富陽）人，孫策弟。孫策死後即位，被封討虜將軍，領會稽太守。吳黃武八年（西元二二九年）即帝位於武昌。死後諡大皇帝，廟號太祖。詳見本書卷四十七〈吳主傳〉。❼賂遺　贈送禮物。❽領郡　兼任郡太守。❾景初元年　西元二三七年。景初，魏明帝曹叡年號，西元二三七—二三九年。❿毌丘儉　字仲恭，河東聞喜（今山西聞喜）人，曹魏將領。後起兵反對司馬師，兵敗被殺。詳見本書卷二十八〈毌丘儉傳〉。⓫徵淵　徵召公孫淵到洛陽。目的是使他脫離遼東根據地。⓬遼隧　縣名。治所在今遼寧海城西北。⓭司馬宣王　即司馬懿，字仲達，河內溫縣（今河南溫縣西）人。多謀略，善權變。率軍與諸葛亮對峙關中，領兵征討遼東公孫淵，歷任侍中、太傅、都督中外諸軍事等軍政要職。後發動高平陵之變，掌握曹魏大權。詳見《晉書・宣帝紀》。⓮胡遵　安定臨涇（今甘肅鎮原南）人，曹魏將領，才兼文武，累居藩鎮，官至車騎將軍。詳見《三國志・鍾會傳》裴松之注引《晉諸公贊》。⓯穿圍　突破敵方包圍的壕溝。⓰急東北　急轉然後指向東北。當時公孫淵的大本營襄平，西面以遼水為屏障，所以他沿遼水的南北流向布防。司馬懿先向東南再急轉向東北，是要從公孫淵防線的南端繞過去，直撲襄平。⓱首山　山名。在今遼寧遼陽西北。⓲造　到達。⓳遼水　河流名。即今遼河，源分東西，在遼寧昌圖古榆樹附近匯合，南流至盤山灣入海。⓴遼口　遼河入海口。在今遼寧營口東北。㉑雨霽　雨停。㉒櫓　高樓。㉓發石連弩　發石，即發石車。連弩，能同時發射多支箭的強弩。㉔丙寅　舊曆初七日。㉕壬午　舊曆二十三日。㉖帶方　地名。在今朝鮮沙里院東南。㉗樂浪　郡名。治所在今朝鮮平壤南。㉘怪　怪異的事。㉙冠幘絳衣　包上頭巾戴上官帽穿上有大紅色領邊和袖口的衣服。㉚甑　古代炊具，用於蒸煮食物。㉛占　占卜的人。㉜中平六年　西元一八九年。中平，東漢靈帝劉宏年號，西元一八四—一八九年。㉝凡　一共。

【語 譯】當初，公孫恭患病，生殖器萎縮成為閹人，衰弱得不能治理國政。太和二年，公孫淵強行奪取了公孫恭的位置。明帝就任命公孫淵為揚烈將軍、遼東太守。公孫淵派遣使節南去聯絡孫權，彼此往來互贈禮物。孫權派遣使臣張彌、許晏等人，帶著金玉珍寶前往遼東，立公孫淵為燕王。公孫淵又恐怕孫權離自己太遠不能依靠，但又貪戀他的禮物，便引誘孫吳的使者前來，將張彌、許晏等人全都斬首並將首級送給朝廷，明帝於是任命公孫淵為大司馬，封樂浪公，持節，仍舊兼任遼東太守。朝廷使者到來，公孫淵讓士兵們披甲列陣，然後出來見使者，又多次對國中的賓客惡語相向。景初元年，朝廷派遣幽州刺史毌丘儉等人帶著皇帝的璽書徵召公孫淵。公孫淵便出動軍隊，在遼隧迎戰，與毌丘儉等人開戰。毌丘儉等人失利撤回。公孫淵便自立為燕王，設置百官及有關部門。派遣使者手持符節，授予鮮卑單于印璽，對邊境官民封官賜爵，引誘招呼鮮卑族人，侵擾北方邊境。景初二年春天，明帝派遣太尉司馬懿征討公孫淵。六月，大軍到達遼東。公孫淵派遣將軍卑衍、楊祚等人率領步兵、騎兵數萬屯駐遼隧，在軍營外圍挖出二十多里長的壕溝。司馬懿大軍到達，公孫淵令卑衍迎戰。司馬懿派遣將軍胡遵等擊敗卑衍。司馬懿命令軍士突破敵人包圍的壕溝，領兵向東南方向進發，而急轉指向東北，立刻趕赴襄平。卑衍等人害怕襄平沒有守備，連夜撤走。曹魏各路大軍推進到首山，公孫淵又派遣卑衍等人拼死迎戰。魏軍再次出擊，大敗卑衍，便進軍抵達襄平城下，挖掘塹壕包圍起來。碰巧下了三十多天的大雨，遼水暴漲，魏軍運輸船自遼口直達城下。大雨停後，魏軍堆起土山、高樓，用發石車、連弩射擊城中。公孫淵窘迫無路。糧食耗盡了，就吃人，死的人非常多。將軍楊祚等人投降。八月初七日夜晚，有一顆光芒長達數十丈的大流星，從首山東北墜落在襄平城東南。二十三日，公孫淵部眾潰散，自己與兒子公孫修率數百騎兵突圍向東南逃走。曹魏大軍急速追擊，在流星墜落的地方，斬殺了公孫淵父子。襄平城被攻破，斬殺公孫淵所任相國以下官員首級數以千計，公孫淵的首級被用驛車送往洛陽，遼東、帶方、樂浪、玄菟郡全部平定。

2 當初，公孫淵家中多次出現怪事，狗包上頭巾戴上官帽穿上有大紅色領邊和袖口的衣服出現在屋頂，做飯時發現有小孩被蒸死在甑中。襄平北市生出一塊肉，周長數尺，有頭有眼有嘴，沒有手腳卻能自己擺動。

占卜的人說：「有形狀卻不完全，有形體卻不能發出聲音，這個國家會滅亡。」最初公孫度在中平六年占據遼東，到公孫淵歷經三代，一共五十年而滅亡。

張燕，常山真定❶人也，本姓褚。黃巾起，燕合聚少年為羣盜，在山澤閒轉攻，還真定，眾萬餘人。博陵❷張牛角亦起眾，自號將兵從事，與燕合。燕推牛角為帥，俱攻癭陶❸。牛角為飛矢所中，被創❹且死，令眾奉燕，告曰：「必以燕為帥。」牛角死，眾奉燕，故改姓張。燕剽捍捷速過人，故軍中號曰飛燕。其後人眾寖廣，常山、趙郡❺、中山❻、上黨❼、河內諸山谷皆相通，其小帥❽孫輕、王當等，各以部眾從燕，眾至百萬，號曰黑山。靈帝不能征，河北諸郡被其害。燕遣人至京都乞降，拜燕平難中郎將❾。是後，董卓遷天子於長安，天下兵數起，燕遂以其眾與豪傑相結。袁紹與公孫瓚爭冀州，燕遣將杜長等助瓚，與紹戰，為紹所敗，人眾稍散。太祖將定冀州，燕遣使求佐王師，拜平北將軍❿；率眾詣鄴，封安國亭侯，邑五百戶。燕薨，子方嗣。方薨，子融嗣。

【章旨】以上為〈張燕傳〉，記述了張燕從黑山軍首領到接受朝廷封爵拜官的過程。

【注釋】❶常山真定　常山，郡國名。治所在今河北元氏。真定，縣名。治所在今河北正定南。❷博陵　郡名。治所在今河北蠡縣東南。❸癭陶　縣名。治所在今河北寧晉西南。❹被創　受傷。❺趙郡　治所在今河北邯鄲。❻中山　王國名。治所在今河北定州。❼上黨　郡名。治所在今山西長治北。❽小帥　本為東北地區烏桓部落官名。部落由小帥統領。這裏是借用烏桓官稱。❾平難中郎將　臨時設置的武官名。❿平北將軍　武官名。與平東將軍、平南將軍、平西將軍合稱四平。

【語譯】張燕，常山郡真定縣人，本姓褚。黃巾軍起事，張燕聚合一羣少年為強盜，在山林湖間輾轉攻擊，返回真定縣時，有部眾一萬多人。博陵郡人張牛角也聚眾起兵，自稱將兵從事，與張燕聯合在一起。張燕推舉張牛角為主帥，一起進攻癭陶縣。張牛角被飛箭射中，受重傷將要死去，命令他的部眾擁戴張燕，告訴他們說：「你們一定要以張燕為主帥。」張牛角死，眾人擁戴張燕，所以張燕改姓張。張燕勇猛強悍敏捷超過一般人，所以軍中稱他為飛燕。後來張燕軍兵眾逐漸多了起來，常山、趙郡、中山、上黨、河內郡的山谷都互相連通，那裏的小帥孫輕、王當等人，各自率領部眾隨從張燕，張燕的部眾達到上百萬，號稱黑山軍。靈帝無力征伐，河北各郡遭受侵害。張燕派人到京都請求投降，朝廷任命張燕為平難中郎將。在這以後，董卓把天子遷到長安，天下州郡紛紛起兵，張燕便率領部眾與豪傑相交結。袁紹與公孫瓚爭奪冀州，張燕派遣部將杜長等人援助公孫瓚，與袁紹交戰，被袁紹打敗，部眾漸漸散去，太祖將要平定冀州，張燕派遣使臣請求輔助朝廷軍隊，被任命為平北將軍；張燕率領部眾到達鄴城，封為安國亭侯，封邑五百戶。張燕死後，兒子張方承襲爵位。張方死，他的兒子張融承襲爵位。

張繡，武威祖厲❶人，驃騎將軍❷濟族子也。邊章❸、韓遂為亂涼州，金城❹麴勝襲殺祖厲長劉雋。繡為縣吏，間伺❺殺勝，郡內義之。遂招合少年，為邑中豪傑。董卓敗，濟與李傕❻等擊呂布，為卓報仇。語在卓傳。繡隨濟，以軍功稍遷至建忠將軍❼，封宣威侯。濟屯弘農❽，士卒飢餓，南攻穰❾，為流矢所中死。

繡領其衆，屯宛⑩，與劉表⑪合。太祖南征，軍淯水⑫，繡等舉衆降。太祖納濟妻，繡恨之。太祖聞其不悅，密有殺繡之計。計漏，繡掩襲太祖。太祖軍敗，二子沒。繡還保穰，太祖比年攻之，不克。太祖拒袁紹於官渡，繡從賈詡⑬計，復以衆降。語在詡傳。繡至，太祖執其手，與歡宴，為子均取繡女，拜揚武將軍⑭。官渡之役，繡力戰有功，遷破羌將軍⑮。從破袁譚⑯於南皮，復增邑凡二千戶。是時天下戶口減耗，十裁一在⑰，諸將封未有滿千戶者，而繡特多。從征烏丸於柳城，未至，薨，謚曰定侯。子泉嗣，坐與魏諷⑱謀反誅，國除。

【章　旨】以上為〈張繡傳〉，記述了董卓部將到曹操手下的過程，也記述了曹操對張繡的寬容和優待。

【注　釋】❶武威祖厲　武威，郡名。治所在今甘肅武威。祖厲，縣名。治所在今甘肅會寧西北。❷驃騎將軍　武官名。高級軍事將領，領兵征伐。❸邊章　東漢末官吏，金城（今甘肅永靖）人，一名允。靈帝時參加北宮伯玉、李文侯起義軍，殺刺史郡守，眾十餘萬。事見《三國志・武帝紀》裴松之注引《典略》。❹金城　郡名。治所在今甘肅永靖。❺閒伺　暗中尋找機會。❻李傕　字稚然，北地（今寧夏青銅峽市）人，董卓部將，董卓死後縱兵劫掠長安，殺死王允，又與郭汜互相攻伐，劫掠獻帝，自為大司馬。建安初年被關中諸將殺死。其事散見於《後漢書・董卓列傳》李賢注引《英雄記》及本卷。❼建忠將軍　武官名。雜號將軍之一。❽弘農　郡名。治所在今河南靈寶北。弘，原誤作「宏」，據宋本改。❾穰　縣名。治所在今河南鄧州。❿宛　縣名。治所在今河南南陽。⓫劉表　字景升，山陽高平（今山東微山縣西北）人。東漢遠支皇族。曾任荊州刺史，據有今湖南、湖北地方。後為荊州牧。他在羣雄混戰中，採取觀望態度，轄區破壞較小，中原人來避難者甚眾。後病死，其子劉琮降於曹操。詳見本書卷六〈劉表傳〉。⓬淯水　河流名。源於今河南伏牛山東南麓，經湖北襄樊入漢水。⓭賈

詡　字文和，武威姑臧（今甘肅武威）人，善計謀，有張良、陳平之才。董卓時任討虜校尉，董卓死後勸說董卓部下李傕、郭汜攻取長安。後投奔張繡，又勸張繡降曹。多次為曹操獻計獻策。詳見本書卷十〈賈詡傳〉。⑭揚武將軍　武官名。雜號將軍之一。⑮破羌將軍　武官名。雜號將軍之一。⑯袁譚　字顯思，汝南汝陽（今河南商水縣西南）人，袁紹長子。不受袁紹寵愛，出為青州刺史。袁紹死，遺命袁譚異母弟袁尚繼位，袁譚與袁尚相攻，依靠曹操之力打敗袁尚。後叛曹操被殺。詳見《後漢書》袁紹附傳、本書卷六〈袁紹傳〉。⑰十裁一在　只剩十分之一。⑱魏諷　字子京，沛人。東漢末任西曹掾，有才幹，自卿相以下官員皆傾心與之交。後欲趁曹操率軍離開鄴城之際謀反，謀洩被殺。事見《三國志・武帝紀》裴松之注引《世語》。

【語譯】張繡，武威郡祖厲縣人，驃騎將軍張濟的族子。邊章、韓遂在涼州作亂，金城人麴勝襲擊殺死了祖厲縣長劉雋。張繡時任縣吏，暗中尋找機會殺死麴勝，郡中的人都稱讚他的義行。於是他召集年輕人，成為祖厲縣中的豪傑。董卓失敗後，張濟與李傕等人攻打呂布，替董卓報仇。這件事記載在〈董卓傳〉中。張繡跟從張濟，因軍功漸漸升遷到建忠將軍，封為宣威侯。張濟屯駐在弘農郡，士兵飢餓，南去攻打穰縣，被流箭射中而死。張繡統領張濟的部眾，屯駐在宛縣，與劉表聯合。太祖南征，駐紮在淯水，張繡等人率眾投降。太祖占有了張濟的妻子，張繡痛恨太祖。太祖聽說張繡不高興，祕密定下殺害張繡的計謀。由於計謀洩漏，張繡突然襲擊太祖。太祖軍敗，兩個兒子被殺。張繡退到穰縣據守，太祖連年進攻，無法攻克。太祖與袁紹在官渡對峙，張繡聽從了賈詡的計策，又率眾投降太祖。這件事記載在〈賈詡傳〉中。張繡到達以後，太祖拉住他的手，與他高興宴飲，為兒子曹均迎娶張繡的女兒，任命張繡為揚武將軍。官渡戰役，張繡奮力作戰有功，升遷為破羌將軍。隨從曹操在南皮打敗袁譚，又增加封邑共二千戶。當時天下戶口減少，只有原來的十分之一，各位將領的封邑沒有滿一千戶的，而張繡的封邑數量特別多。張繡隨從太祖到柳城征討烏丸，尚未到達，便去世了，諡號為定侯。兒子張泉承襲爵位，因為犯了與魏諷謀反之罪被殺，封地取消。

1 張魯，字公祺，沛國豐❶人也。祖父陵❷，客蜀，學道鵠鳴山❸中，造作❹道書以惑百姓，從受道者出五斗米，故世號米賊。陵死，子衡❺行其道。衡死，魯復行之。益州牧劉焉❻以魯為督義司馬❼，與別部司馬❽張修將兵擊漢中❾太守蘇固，魯遂襲修殺之，奪其眾。焉死，子璋❿代立，以魯不順，盡殺魯母家室。魯遂據漢中，以鬼道教民，自號「師君」。其來學道者，初皆名「鬼卒」。受本道已信，號「祭酒」。各領部眾，多者為治頭大祭酒⓫。皆教以誠信不欺詐，有病自首其過，大都與黃巾相似。諸祭酒皆作義舍，如今之亭傳。又置義米肉，懸於義舍，行路者量腹取足；若過多，鬼道⓬輒病之⓭。犯法者⓮，三原⓯，然後乃行刑。不置長吏，皆以祭酒為治，民夷便樂之。雄據巴、漢垂三十年。漢末，力不能征，遂就寵魯為鎮民中郎將⓰，領漢寧⓱太守，通貢獻而已。民有地中得玉印者，羣下欲尊魯為漢寧王。魯功曹巴西⓲閻圃諫魯曰：「漢川之民，戶出十萬，財富土沃，四面險固；上匡天子，則為桓、文⓳，次及竇融⓴，不失富貴。今承制署置㉑，勢足斬斷㉒，不煩於王。願且不稱㉓，勿為禍先。」魯從之。韓遂、馬超㉔之亂，關西㉕民從子午谷㉖奔之者數萬家。

2 建安二十年㉗，太祖乃自散關㉘出武都㉙征之，至陽平關㉚。魯欲舉漢中降，其弟衛不肯，率眾數萬人拒關堅守。太祖攻破之，遂入蜀。魯聞陽平已陷，將稽顙歸降㉛，圃又曰：「今以迫往㉜，功必輕；不如依杜濩㉝赴朴胡相拒，然後委質㉞，功必多。」於是乃奔南山入巴中。左右欲悉燒寶貨倉庫，魯曰：「本欲歸命國家㉟，而意未達。今之走，避銳鋒，非有惡意。寶貨倉庫，國家之有。」遂封藏而去。太祖入南鄭㊱，甚嘉之。又以魯本有善意，遣人慰喻。魯盡將家出，太祖逆㊲拜魯鎮南將軍㊳，待以客禮，封閬中侯，邑萬戶。封魯五子及閻圃等皆為列侯。為子彭祖㊴取魯女。魯薨，諡之曰原侯。子富嗣。

【章　旨】以上為〈張魯傳〉，記述了張魯起家、傳道、割據、降曹、封侯的一生。

【注　釋】❶豐　縣名。治所在今江蘇豐縣。❷陵　即張陵，又稱張道陵，字輔漢，曾任江州（今重慶市）縣令，後入鵠鳴山修道，造作道書，創立教派，被教徒尊為「天師」，所以他傳播的五斗米道又稱天師道。其事見《太平御覽》卷六六二〈道部〉。❸鵠鳴山　山名。亦稱鶴鳴山，在今四川大邑西北鶴鳴鎮。❹造作　自己編寫。❺衡　即張衡，五斗米道著名的首領之一。❻劉焉　字君郎，江夏竟陵（今湖北潛江市）人，少以宗室拜中郎，後因事去官。後舉賢良方正，歷任洛陽令、太常。靈帝末年，見天下大亂，求為外任，領益州牧。詳見本書卷三十一〈劉焉傳〉。❼督義司馬　官名。臨時所設之官。❽別部司馬　官名。領兵將軍的直屬各營設司馬，單獨率領一營軍隊，不與直屬各營一起行動的，稱別部司馬。❾漢中　郡名。治所在今陝西漢中東。❿璋　即劉璋，字季玉，江夏竟陵（今湖北潛江市）人，劉焉之子。繼劉焉後任益州刺史，懦弱少斷，因懼怕曹操藉征張魯之機進入益州，故請劉備入蜀。劉備占領益州，遷之於南郡公安（今湖北公安西北）。孫吳取荊州，以為益州牧。詳見本書卷三十一〈劉璋傳〉。⓫治頭大祭酒　張魯政教合一政權所置的地方長官。這個政權把整個控制區域分為二十四個治，每個治設治頭祭酒一人，大治的治頭祭酒稱治頭大祭酒。⓬道　原誤作「神」，據宋本改。⓭病之　使他生病。⓮者　原脫，宋本有，據補。⓯三原　原諒三次。⓰鎮民中郎將　臨時設置的官職。⓱漢寧　郡名。即漢中郡。⓲巴西　郡名。治所在今四川青川。⑲桓文　桓即齊桓公：齊襄公時，國內政局混亂，為了避亂，公子小白出奔莒國，後來又回到齊國，取得王位，建立霸業，成為春秋五霸之一。詳見《史記・齊太公世家》。文即晉文公，名重耳，晉獻公的公子，晉獻公受驪姬的挑撥，不但逼死太子申生，還逼令公子重耳自殺。重耳翻牆逃跑，在外流浪十多年，後來回國取得王位，成為春秋五霸之一。詳見《史記・晉世家》。⑳竇融　字周公，扶風平陵（今陝西咸陽西北）人，世代在河西地區任官。新莽末年，任更始政權鉅鹿太守、張掖屬國都尉等職。更始敗亡後，割據河西五郡。西元三二年，幫助劉秀消滅隗囂，歸順東漢王朝。歷任涼州牧、冀州牧、大司空等職。詳見《後漢書・竇融列傳》。㉑承制署置　奉皇帝之命任命和設置官員。㉒斬斷　專權，握有生殺大權。㉓不稱　不稱王。㉔馬超　字孟起，扶風茂陵（今陝西興平）人，馬騰之子。東漢建安十六年（西元二一一年）與韓遂聯合進攻曹操，失敗後還據涼州。自稱征西將軍，領并州牧，督涼州軍事。被楊阜等人攻擊，先奔張魯，後投劉備，歷任左將軍、驃騎將軍等，為蜀漢名將。詳見本書卷三十六〈馬超傳〉。㉕關西　地區名。漢唐時泛指函谷關或潼關以西的地區。㉖子午谷　山谷名。指今陝西長安以南至四川漢陰以北之間穿過秦嶺的山谷。㉗建安二十年　西元二一五年。建安，東漢獻帝劉協年號，西元一九六—二二〇年。㉘散關　關隘名。在今陝西寶雞西南大散嶺上，宋代以後稱大散關。㉙武都　郡名。治所在今甘肅成縣西北。㉚陽平關　關隘名。故址在今陝西勉縣西白馬河入漢水處。㉛歸降　原無此二字，語意未完。范曄《後漢書》有「歸降」二字，今據補。㉜以迫往　因為被迫無奈前去投降。㉝杜濩　東漢末西南賨人首領，稱賨邑侯。後歸降曹操，被封列侯，授巴西太守。濩，原誤作「灌」。本書〈武帝紀〉建安二十年九月有「賨邑侯杜濩」，字不誤，今據改。㉞委質　委身投降。㉟國家　東漢時習稱天子為國家。㊱南鄭　縣名。治所在今陝西漢中。㊲逆　迎接。㊳鎮南將軍　武官名。與鎮東將軍、鎮西將軍、鎮北將軍合稱四鎮。㊴彭祖　即燕王曹宇，字彭祖，曹操的兒子。建安年間，被封為都鄉侯、魯陽侯。文帝時進封爵位為公。明帝太和六年（西元二三二年），改封為燕王。詳見本書卷二十〈燕王傳〉。

【語　譯】張魯，字公祺，沛國豐縣人。祖父張陵，客居蜀中，在鵠鳴山中學道，編造道書來蠱惑百姓，跟隨他學道的人要交五斗米，所以世人稱之為米賊。張陵死後，他的兒子張衡推行他的道法。張衡死後，張魯又繼續推行。益州牧劉焉任張魯為督義司馬，與別部司馬張修率領軍隊攻打漢中太守蘇固，張魯便襲擊張修殺死了他，奪取了他的部眾。劉焉去世，他的兒子劉璋接替他的位置，認為張魯不順從，於是把張魯的母親及其家室全部殺掉。張魯便占據漢中，用鬼道教化民眾，自己號稱「師君」。那些來學道的人，開始全都稱作「鬼卒」。接受鬼道已經堅信不疑的，號稱「祭酒」。祭酒各自率領部眾，部眾多的稱為治頭大祭酒。對入道的人全都教導他們誠信不欺詐，如果有病先要懺悔自己的過錯，大多數情況與黃巾軍相似。各個祭酒全都在自己的教區內興建義舍，如同今天的驛站和旅館。又準備義米義肉，懸掛在義舍中，過路人根據自己的飯量大小吃飽為止；如果拿得過多，鬼道就會讓他生病。犯了法，原諒三次，之後再犯就要用刑法懲治。不設置縣令縣長，都由祭酒來治理，漢人和夷人都認為很方便樂於接受。張魯雄踞巴蜀漢中將近三十年。漢朝末年，沒有能力征伐他，便派使者到漢中寵任張魯為鎮民中郎將，兼任漢寧郡太守，張魯對朝廷不過是進貢而已。民間有人從地下得到一方玉印，部下想尊奉張魯為漢寧王。張魯的功曹巴西人閻圃勸告張魯說：「漢水流域的百姓，戶數超過十萬，物產豐富土地肥沃，四面險要堅固；向上匡扶天子，就能成為齊桓公、晉文公，其次像竇融那樣，也不失富貴。如今您奉皇帝詔命任命和設置官員，其勢完全可以專斷一切，不用稱王。希望您暫時不稱王，不要成為禍首。」張魯聽從了他的話。韓遂、馬超作亂，關西百姓有數萬家從子午谷投奔張魯。

2 建安二十年，太祖從散關出武都郡征伐張魯，到達陽平關。張魯想獻出漢中投降，他的弟弟張衛不答應，率領數萬人在陽平關堅守抵抗。太祖攻破陽平關，張衛便逃入蜀地。張魯聽說陽平關已經陷落，準備叩頭投降，閻圃又說：「如今因為迫不得已前去投降，功勞肯定很小；不如依從杜濩前往朴胡進行抵禦，然後委身投降，這樣功勞肯定很多。」於是張魯便奔赴南山進入巴中。身邊的人想把寶貨倉庫全部燒掉，張魯說：「我本來想歸順朝廷，而想法還沒有實現。現在逃跑，是躲避朝廷銳利的兵鋒，並沒有不良的想法。寶貨倉庫，應該歸國家所有。」於是封好了倉庫才離去。太祖進入南鄭，特別讚許張魯的行為。又因為張魯本來就有歸降的善意，便派人對他進行慰問勸說。張魯便帶領全家出來投降，太祖親自迎接並任他為鎮南將軍，用客禮對待他，封為閬中侯，封邑一萬戶。封張魯的五個兒子以及閻圃等人都為列侯。為兒子曹宇娶張魯的女兒為妻。張魯去世，謚號為原侯。他的兒子張富承襲爵位。

評曰：公孫瓚保京❶，坐待夷滅。度殘暴而不節❷，淵仍業以載凶❸，祇足覆其族也。陶謙昏亂而憂死，張楊授首於臣下，皆擁據州郡，曾匹夫之不若，固無可論者也。燕、繡、魯舍羣盜，列功臣，去危亡，保宗祀，則於彼為愈❹焉。

【章旨】以上是史學家陳壽對各個傳主的評論。

【注釋】❶京 即易京。❷不節 不節制。❸仍業以載凶 繼承舊業實現他的兇惡。❹於彼為愈 比他們要好。

【語譯】評論說：公孫瓚據守易京，坐在那裏等待被消滅。公孫度殘暴而沒有節制，公孫淵繼承舊業來實現他的兇惡，都只能使他們的宗族覆滅。陶謙昏庸荒謬而憂鬱致死，張楊被部下割下首級，他們都曾占據州郡，卻連一般百姓都不如，本來就沒什麼值得評論的。張燕、張繡、張魯放棄了盜賊生涯，位列功臣，離開了危險和滅亡，保全了祖宗的祭祀，就比他們要好多了。

【研析】公孫瓚不是曹操手下的將領，並且於建安四年（西元一九九年）就死去，與曹魏並沒有太多的關係。史學家陳壽為什麼要為他立傳並收入《三國志・魏書》中呢？幽州地區土地肥沃，民殷財富，境內烏丸、鮮卑等少數民族勇猛善戰，成為後來曹操統一戰爭中重要的經濟與兵源基地。公孫瓚是幽州地區的主要割據者，為他立傳，便可記載這個地區的概況，這大概是〈魏書〉中收入〈公孫瓚傳〉的原因。

傳中的公孫瓚，是一個有複雜品格的人，他相貌堂堂，卻心地狹窄；講忠義，卻又嫉賢妒能；雄心勃勃，卻又目光短淺，這些品格決定了他雖然能在小事上有所成就，但在大事上必然徹底失敗的結局。文中對劉虞的描寫較多，但這決非多餘之筆，而是通過他與公孫瓚的關係，揭示了公孫瓚品格的一些側面。張魯是一位傳奇人物，在當世，他不同於其他起事者，屬於異類。他據有漢中，倡導「五斗米道」，推行政教合一。陳壽所撰〈張魯傳〉全篇僅五百餘字，以簡潔明快的筆調全面記述了張魯起家、傳道、割據、降曹、封侯的一生。

用墨雖少，但描繪人物仍不乏傳神之筆。如張魯逃入巴中前，拒絕部下燒毀寶貨倉庫的建議，說：「本欲歸命國家，而意未達。今之走，避銳鋒，非有惡意。寶貨倉庫，國家之有。」寥寥數語，便勾勒出張魯決意降曹，向曹操邀功請賞的內心世界，並為以後的降曹作了重要鋪墊。

建安二十年（西元二一五年），曹操進攻張魯，時值劉備占有益州的第二年。曹操選在此時攻魯，是有戰略考慮的。張魯本為益州牧劉焉的督義司馬，受命擊漢中。張魯進入漢中，遵照劉焉指令，破壞了從關中穿越秦嶺進入漢中的褒斜谷棧道，增加了自北面入漢中的難度，漢中穩定，便可成為益州的屏障。劉焉死後，其子劉璋代立。由於張魯已擁有漢中，不把劉璋放在眼裏，劉璋便「盡殺魯母家室，魯遂據漢中」。雙方儘管已生仇隙，但劉璋闇弱無能，無力滅魯，張魯北臨強敵，不敢兵鋒南下。對峙中的平衡，維持了相當長的時間。建安十六年（西元二一一年）三月，曹操派鍾繇討伐漢中，劉璋擔心曹操取漢中後禍及益州，便決定把劉備從荊州請進益州，幫助他征討張魯，重建北疆門戶。劉備入益州，沒有討伐張魯，而是取劉璋而代之，時值建安十九年（西元二一四年）。這一來，形勢突變，劉備橫跨荊、益，兵多將廣，況且從蜀中北進漢中的道路通暢，劉備北取張魯，東取漢中，是指日可待之事。曹操面對這種形勢，幾乎沒有迴旋的餘地，他不允許劉備北擴，威脅關中。劉璋投降劉備，《通鑑》繫於建安十九年夏，次年三月，曹操便親自統率大軍出擊張魯，中間相隔不到一年。伐取張魯，對曹、劉來說，都是一盤事關戰略勝負的關鍵棋局。

張魯面對北方的曹操，南方的劉備，陷入虎狼之圍，自己居中如羔羊。不降則亡，已成定局。張魯生性無骨鯁，他當然選擇投降。而他做出向曹操投降這一抉擇，原因有二。一是他對劉備恨之入骨，絕不會歸服劉備。《華陽國志》卷二〈漢中志〉記載張魯在回答功曹閻圃時曾說：「寧為曹公作奴，不為劉備上客！」可見他對劉備銜恨之深。二是他審時度勢，知道曹操勢力遠大於劉備，投靠劉備，可以邀一時之賞；歸順曹操，說不定終生無虞，甚至祿及子孫。歷史上常有一種怪現象，一些平庸之輩，對邦國大事，昏闇無知，而對個人一己之利，算計得相當精準。張魯便是一例。他投降曹操，封侯食邑，五個兒子皆為列侯，死後子富嗣爵。

（梁滿倉注譯）

卷九　魏書九

諸夏侯曹傳第九

【題　解】本卷傳主為夏侯氏、曹氏集團的各色人物，而這兩大集團的主要人物構成曹魏政權的基本依靠力量。這兩大集團互為同鄉、姻親，以這種關係維持著他們在政局上的主導地位，利益休戚相關。曹操以他的雄才大略駕御著兩大集團，牢牢控制著領導權。而這種以宗族、同鄉、姻親關係維繫的政局，又是靠不住的。在政治利益面前，他們之間，互相衝突，爭權奪利，甚而釀成血腥殘殺。曹操身後，其子孫缺少他那樣的才略，甚至荒淫無能，軍政大權逐漸被司馬氏所篡奪。本卷史文通過各個人物的經歷、所作所為，生動具體的表現出這一歷史過程。

1 夏侯惇，字元讓，沛國譙❶人，夏侯嬰❷之後也。年十四，就❸師學，人有辱其師者，惇殺之，由是以烈氣聞。太祖❹初起，惇常為裨將❺，從征伐。太祖行奮武將軍❻，以惇為司馬❼，別屯白馬❽，遷折衝校尉❾，領東郡太守❿。太祖征陶謙⓫，留惇守濮陽⓬。張邈⓭叛迎呂布⓮，太祖家在鄄城⓯，惇輕軍⓰往赴，適與布會，交戰。布退還，遂入濮陽，襲得惇軍輜重⑰。遣將偽降，共執持惇，責以寶貨⑱，惇軍中震恐。惇將韓浩乃勒兵⑲屯惇營門，召軍吏諸將，皆案甲當部⑳不得動，諸營乃定。遂詣㉑惇所，叱持質者㉒曰：「汝等凶逆，乃敢執劫大將軍㉓，復欲望生邪！且吾受命討賊，寧能㉔以一將軍之故，而縱汝乎？」因涕泣謂惇曰：「當奈國法何㉕！」促召兵擊持質者。持質者惶遽㉖叩頭，言：「我但欲乞資用去耳！」浩數㉗責，皆斬之。惇既免，太祖聞之，謂浩曰：「卿此可為萬世法。」乃著令，自今已後有持質者，皆當並擊，勿顧質。由是劫質者遂絕。

2 太祖自徐州㉘還，惇從征呂布，為流矢㉙所中，傷左目㉚。復領陳留、濟陰㉛太守，加㉜建武將軍，封高安鄉侯。時大旱，蝗蟲起，惇乃斷太壽水作陂㉝，身自負土，率將士勸㉞種稻，民賴其利。轉領河南尹㉟。太祖平河北㊱，為大將軍後拒㊲。鄴㊳破，遷伏波將軍㊴，領尹如故，使得以便宜從事㊵，不拘科制㊶。建安㊷十二年，錄惇前後功㊸，增封邑㊹千八百戶，並前二千五百戶。二十一年，從征孫權㊺還，使惇都督㊻二十六軍，留居巢㊼。賜伎樂名倡㊽，令㊾曰：「魏絳以和戎之功㊿，猶受金石之樂(51)，況將軍乎！」二十四年，太祖軍於摩陂(52)，召惇常與同載，特見(53)親重，出入臥內，諸將莫得比也。拜前將軍(54)，督諸軍還壽春(55)，徙屯召陵(56)。文帝(57)即王位，拜惇大將軍(58)，數月薨(59)。

3 惇雖在軍旅，親迎師受業。性清儉(60)，有餘財輒以分施(61)，不足資之(62)於官，不治產業。謚(63)曰忠侯。子充嗣(64)。帝追思惇功，欲使子孫畢侯(65)，分惇邑千戶，賜惇七子二孫爵皆關內侯(66)。惇弟廉及子楙素自封列侯(67)。初，太祖以女妻楙，即清河公主(68)也。楙歷位侍中尚書(69)、安西鎮東將軍，假節(70)。充薨，子廙嗣。廙薨，子劭嗣。

4 韓浩者，河內(71)人。沛國(72)史渙與浩俱以忠勇顯。浩至中護軍(73)，渙至中領軍(74)，皆掌禁兵(75)，封列侯(76)。

【章　旨】以上為〈夏侯惇傳〉。夏侯惇最初追隨曹操，深得曹操信任。呂布劫持夏侯惇，惇部下韓浩，不顧人質而惇得救。曹操對韓浩大為賞識，並著令，遇劫持，可不顧人質。夏侯惇助曹操平河北，征孫權，因功封前將軍。文帝時為大將軍。

【注　釋】❶沛國譙　沛國，王國名。治所在今安徽亳州。譙，縣名。治所在今安徽濉溪縣西北。❷夏侯嬰　西漢沛縣（今江蘇沛縣）人。從劉邦起兵，轉戰各地，任太僕，後封汝陰侯。惠帝、文帝時，繼為太僕。以其曾任滕令，當時稱為滕公。其事跡詳見《漢書・樊酈滕灌傅靳周傳》。❸就　接近；向。❹太祖　曹操的廟號。曹操之子曹丕代漢稱帝後，追尊曹操為魏武帝，廟號太祖。事跡詳見本書卷一〈武帝紀〉。❺裨將　副將。❻行奮武將軍　代理奮武將軍。行，署理；代理。奮武，將軍的名號。此類名號，並非軍中常設之職官，只是據當時的軍事任務，命以美名，故名目繁多。❼司馬　將軍的軍府屬官，在將軍之下，綜理軍府之事，參預軍事籌劃。❽屯白馬　駐守白馬縣。屯，軍隊駐守謂之屯。白馬，縣名。治所在今河南滑縣。❾折衝校尉　武官名。其時折衝校尉為平定鎮守一方的軍事長官，夏侯惇以折衝校尉領東郡太守可知。❿領東郡太守　兼任東郡太守。領，兼任。東郡，郡名。治所在今河南濮陽西南。太守，官名。郡的最高行政長官。⓫陶謙　字恭祖，東漢末丹陽（今安徽宣州）人。初為徐州刺史，後任徐州牧，據有今山東南部和江蘇北部。東漢初平四年（西元一九三年）為曹操所敗，不久病死。詳見本書卷八〈陶謙傳〉。⓬濮陽　縣名。治所在今河南濮陽。⓭張邈　字孟卓，東平壽張（今山東東平南）人。少年時行俠仗義，傾家蕩產以救濟危困。東漢末官陳留太守，與曹操起兵反董卓。後與呂布共據兗州，為其部下所害。詳見本書卷七〈張邈傳〉。⓮呂布　字奉先，五原九原（今內蒙古包頭西南）人。善弓馬，當時稱為「飛將」。初從并州刺史丁原，後殺丁原歸董卓，又與王允合謀殺董卓。後任奮威將軍，封溫侯，割據徐州。東漢建安三年（西元一九八年）在下邳為曹操所敗，被擒殺。詳見本書卷七〈呂布傳〉。⓯鄄城　縣名。治所在今山東鄄城北。⓰軍　原誤作「車」。《三國志集解》引趙一清說改。⓱輜重　軍用器械、糧草、衣物等物品。⓲責以寶貨　勒索金銀財寶。⓳勒兵　統領兵眾。⓴案甲當部　在駐守營地按兵不動。㉑詣　往。㉒持質者　劫持人質的人。㉓大將軍　當時夏侯惇的職銜是折衝校尉，不是大將軍，舊注以為此處衍「大」字，不必如此拘泥。韓浩斥責劫持者，劫持重要將領罪名之大。㉔寧能　怎麼能。㉕當奈國法何　意謂國法如此，無可奈何。所謂國法，本出裴松之注引孫盛：「案〈光武紀〉，建武九年，盜劫陰貴人母弟，吏以不得拘質迫盜，盜遂殺之也。然則合擊者，乃古制也。自安、順已降，政教陵遲，劫質不避王公，而有司莫能遵奉國憲者，浩始復斬之，故魏武嘉焉。」即按當時國法規定，被劫持方，可以不顧人質，擊斬劫持者。故韓浩對夏侯惇泣涕請諒。㉖惶遽　恐懼慌忙。㉗數　多次；反覆。㉘徐州　州名。治所在今山東郯城。㉙流矢　飛箭，猶今之流彈。㉚傷左目　據裴松之注引《魏略》：「時夏侯淵與惇俱為將軍，軍中號惇為盲夏侯。惇惡之，每照鏡恚怒，輒撲鏡於地。」㉛陳留濟陰　陳留，郡名。治所在今河南開封東南。濟陰，郡名。治所在今山東定陶西北。㉜加　加銜。㉝太壽水作陂　太壽水，地名。其地當在今河南寧陵、睢縣之間。陂，池塘的堤岸。此陂在睢縣東。㉞勸　鼓勵。㉟河南尹　漢代以都城地區的行政長官稱尹，如西漢的京兆尹。東漢以洛陽為都城，將都城及其周圍地區稱為河南尹，其長官也稱河南尹。㊱河北　此泛指黃河以北地區。㊲後拒　本作「後距」。雞的足部前趾為爪，後部凸出尖滑稱為距，故有「前爪後距」之說。此喻大軍的殿後部隊，以拒敵人從後面偷襲。㊳鄴　縣名。治所在今河北臨漳西南。㊴伏波將軍　將軍的名號，漢武帝時置。西漢路博德、東漢馬援都曾任伏波將軍。㊵便宜從事　相機行事，不必請准。㊶科制　律令條文。㊷建安　東漢獻帝劉協年號，西元一九六－二二〇年。㊸錄惇前後功　論列夏侯惇的功勞行賞。㊹封邑　即封地。古代士大夫受封，收其封地戶口賦稅，以供其享用，故又稱「食邑」。㊺孫權　字仲謀，吳郡富春（今浙江富陽）人。三國時吳國的建立者，西元二二九—二五二年在位。詳見本書卷四十七〈吳主傳〉。(46)都督　統率。(47)居巢　縣名。治所在今安徽巢湖市東北。(48)伎樂名倡　舞女歌伎。古代將精於歌舞技藝的藝人稱為倡伎，多為女性。(49)令　古代公文之一種，用於上對下的指令。今《曹操集》中所收曹操下發的公文，多稱「某某令」。(50)魏絳以和戎之功　魏絳為春秋時晉國的大臣，又稱魏莊子。他建議晉悼公和北部游牧民族修好，以爭霸中原。為此，晉悼公以御用樂隊之半賜給魏絳。詳見《左傳》襄公四年、十一年。(51)金石之樂　以金（銅）玉石製作的樂器。(52)太祖軍於摩陂　太祖軍下原有「擊破呂布軍」五字，據《三國志集解》說刪。摩陂，地名。在今河南郟縣東南。(53)見　受；被。(54)前將軍　官名。與後、左、右將軍皆主征伐，事訖則罷。(55)壽春　縣名。治所在今安徽壽縣。(56)召陵　縣名。治所在今河南郾城東。(57)文帝　即曹操次子曹丕，三國時魏國的建立者。西元二二〇—二二六年在位。魏黃初元年（西元二二〇年），操死，繼魏王位，繼而代漢稱帝。(58)大將軍　始置於戰國，漢代沿置。為將軍的最高稱號，掌統兵征戰。大將軍與政，則成為事實上的最高行政長官，位在三公之上。(59)薨　古代諸侯王死稱之為薨。(60)性清儉　生性清廉儉約。(61)輒以分施　往往分給他人。(62)資之　取資。(63)謚　古代帝王諸侯大臣死後，按其生平行事，給予或醜或美的稱號，稱之為謚號。(64)嗣　繼承。(65)畢侯　全部封侯。(66)關內侯　爵位名。秦漢時置，為二十等爵位中的第十九級，位在列侯之次。一般封有食邑若干戶，有按戶數徵收租稅之權。(67)素自封列侯　以自己的功勞已為列侯。列侯，爵位名。秦漢時置，漢初稱徹侯，因避漢武帝諱，改為通侯，又改列侯。秦漢二十等爵位中最高一級。列侯都有食邑，大者戶以萬計，小者戶以百計。(68)清河公主　曹操與劉夫人所生。清河公主之夫夏侯楙，在外多畜養妓妾，與公主失和。公主唆使其夫弟誣告夏侯楙誹謗朝廷，文帝不予治罪。(69)侍中尚書　侍中為侍從皇帝左右、出入宮廷的官員。尚書為協助皇帝處理政務的官員。尚書加銜侍中，可方便出入宮禁。(70)假節　即授予符節。皇帝派遣使者出行，授予符節，得以便宜行事。因而它也是權力的象徵。只有重臣才給予假節的待遇。(71)河內　郡名。治所在今河南武陟西南。(72)沛國　此二字上原有「及」字，從文義看，當是衍文。可參閱《三國志集解》。(73)中護軍　官名。漢末始設。與中領軍同掌京師禁衛軍，為重要軍事長官，多由親信擔任。(74)中領軍　魏置，與中護軍俱掌禁兵，掌中壘諸營。其資深者為領軍將軍，資淺者為中領軍。(75)禁兵　禁衛軍。(76)韓浩者七句　本書關於韓浩和史渙的事跡簡略，據裴松之注引魚豢《魏書》，韓浩字元嗣，漢末起兵，太守王匡以為從事。夏侯惇聞其名，使領兵從征伐。曹操讓眾人討論政事，浩以為應該重視農耕。曹操善之，遷護軍。後從破柳城，改官中護軍，置長史、司馬。從討張魯。魯降，議者以浩智略足以綏邊，欲留使都督諸軍，鎮漢中。曹操說：「吾安可以無護軍？」浩與曹操一起返回，甚見親任。史渙字公劉，少任俠，有雄氣。曹操初起，以客從，行中軍校尉，從征伐，常監諸將，被曹操所親信，轉拜中領軍。

【語　譯】夏侯惇，字元讓，沛國譙縣人，是夏侯嬰的後代。十四歲時，從師問學，有人侮辱他的老師，夏侯惇殺了他，因此以剛烈勇武而聞名。太祖剛起兵時，夏侯惇經常擔任副將，隨從征伐。太祖兼任奮武將軍，任夏侯惇為司馬，單獨率軍駐紮在白馬，升任折衝校尉，兼領東郡太守。太祖征討陶謙，夏侯惇留守濮陽。張邈反叛並迎接呂布，當時太祖家眷在鄄城，夏侯惇率輕裝部隊趕往鄄城，正好和呂布遭遇，與他交戰。呂布撤退回軍，順勢入侵了濮陽，偷襲奪取了夏侯惇軍隊的軍需物資。又派遣將領偽裝投降，共同劫持了夏侯惇，勒索他交出財寶貨物，夏侯惇的兵眾十分驚恐。夏侯惇的部將韓浩於是率兵駐紮在夏侯惇的軍營門口，召集軍吏，命他們都堅守崗位不許輕舉妄動，各兵營這才安定下來。韓浩於是前往夏侯惇住所前，叱責劫持人質的人說：「你們這些兇惡叛逆的人，竟敢劫持扣押大將軍，還想活命！況且我受命討賊，怎能因為一位將軍的緣故而縱容你們呢？」又哭著對夏侯惇說：「這是國法，我無可奈何！」緊急召集士兵進擊劫持者。劫持者恐懼慌亂叩頭說：「我們只不過想討點物資用品而去罷了！」韓浩多次訓斥後，把他們全都殺掉了。夏侯惇脫險後，太祖聽說這事，對韓浩說：「您這種做法可為千秋萬世所效法。」於是著為條令，規定從今以後有劫持人質的，都應當一齊打擊，不必顧慮人質。因此劫持人質的事便沒有了。

2　太祖從徐州回來，夏侯惇跟隨他征討呂布，被流箭射中，傷了左眼。後來又兼任陳留、濟陰太守，加授建武將軍，封為高安鄉侯。當時大旱，蝗蟲四起，夏侯惇便截斷太壽水，修建蓄水堤，親自背土，率領將士鼓勵種植水稻，老百姓也賴此而獲利。後來轉任河南尹。太祖平定河北時，夏侯惇擔任大將軍的殿後部隊。攻破鄴城後，升任伏波將軍，仍然兼任河南尹，授權可以根據實際情況方便行事，不受法令的限制。建安十二年，論列夏侯惇前後的功勞，增加食邑一千八百戶，加上以前的共有二千五百戶。建安二十一年，跟隨太祖征討孫權回師，太祖令夏侯惇統領二十六軍，留守居巢。賜他舞女歌伎，令文說：「魏絳因為有同戎人和好的功勞，還受鐘鼓音樂的賞賜，何況你夏侯將軍呢！」建安二十四年，太祖的軍隊駐紮在摩陂，經常召見夏侯惇一同乘車，特別受到親近敬重，可以自由出入太祖的臥室，其他將領不能和他相比。後來又任命為前將軍，督領各軍返回壽春，移駐召陵。文帝即魏王位後，封夏侯惇為大將軍，幾個月後死去。

3　夏侯惇雖然身在軍旅，還親自聘請老師受教。他生性清靜儉樸，有多餘的財物就常常用來分給別人，不夠時便從官府取用，不購置私人產業。諡號為忠侯。兒子夏侯充繼嗣爵位。文帝追念夏侯惇的功勳，想使他子孫都能封侯，所以分出夏侯惇的食邑一千戶，賜給他七個兒子兩個孫子爵位都為關內侯。夏侯惇的弟弟夏侯廉和兒子夏侯楙本來都各被封為列侯。當初，太祖把女兒嫁給夏侯楙，這就是清河公主。夏侯楙歷任侍中尚書、安西鎮東將軍等職務，並賜予符節。夏侯充去世，兒子夏侯廙繼嗣爵位。夏侯廙死後，兒子夏侯劭繼嗣爵位。

4　韓浩，河內郡人。沛國人史渙和韓浩都以忠誠、勇敢而顯揚。韓浩官至中護軍，史渙官至中領軍，他們都掌管禁軍，封為列侯。

1　夏侯淵，字妙才，惇族弟❶也。太祖居家，曾有縣官事❷，淵代引重罪❸，太祖營救之，得免。太祖起兵，以別部司馬、騎都尉❹從，遷陳留、潁川❺太守。及與袁紹❻戰於官渡❼，行督軍校尉❽。紹破，使督兗、豫❾、徐州軍糧；時軍食少，淵傳饋❿相繼，軍以復振。昌豨⓫反，遣于禁⓬擊之，未拔，復遣淵與禁并力，遂擊豨，降其十餘屯⓭，豨詣禁降。淵還，拜典軍校尉⓮。濟南、樂安⓯黃巾⓰徐和、司馬俱等攻城，殺長吏⓱，淵將泰山、齊、平原⓲郡兵擊，大破之，斬和，平諸縣，收其糧穀以給軍士。十四年，以淵為行領軍⓳。太祖征孫權還，使淵督諸將擊盧江[20]叛者雷緒，緒破，又行征西護軍[21]，督徐晃擊太原[22]賊，攻下二十餘屯，斬賊帥商曜，屠其城。從征韓遂[23]等，戰於渭南[24]。又督朱靈平隃麋、汧氏[25]。與太祖會安定[26]，降楊秋[27]。

2 十七年，太祖乃還鄴，以淵行護軍將軍[28]，督朱靈、路招等屯長安[29]，擊破南山[30]賊劉雄，降其眾。圍遂、超餘黨梁興於鄠[31]，拔之，斬興，封博昌亭侯。馬超圍涼州刺史韋康於冀[32]，淵救康，未到，康敗。去冀二百餘里，超來逆戰[33]，軍不利。汧氏反，淵引軍還。十九年，趙衢、尹奉等謀討超，姜敘起兵鹵城[34]以應之。衢等譎[35]說超，使出擊敘，於後盡殺超妻子。超奔漢中[36]，還圍祁山[37]。敘等急求救，諸將議者欲須太祖節度[38]。淵曰：「公在鄴，反覆四千里，比[39]報，敘等必敗，非救急也。」遂行，使張郃督步騎五千在前，從陳倉[40]狹道入，淵自督糧在後。郃至渭水[41]上，超將氐羌[42]數千逆郃。未戰，超走，郃進軍收超軍器械。淵到，諸縣皆已降。韓遂在顯親[43]，淵欲襲取之，遂走。淵收遂軍糧，追至略陽[44]城，去遂二十餘里，諸將欲攻之，或言當攻興國[45]氐。淵以為遂兵精，興國城固，攻不可卒[46]拔，不如擊長離[47]諸羌。長離諸羌多在遂軍，必歸救其家。若捨[48]羌獨守則孤，救長離則官兵得與野戰，可必虜也。淵乃留督將守輜重，輕兵步騎到長離，攻燒羌屯，斬獲甚眾。諸羌在遂軍者，各還種落[49]。遂果救長離，與淵軍對陣。諸將見遂眾，惡之，欲結營作塹[50]乃與戰。淵曰：「我轉鬭千里，今復作營塹，則士眾罷[51]弊，不可久。賊雖眾，易與耳[52]。」乃鼓之，大破遂軍，得其旌麾[53]，還略陽，進軍圍興國。氐王千萬逃奔馬超，餘眾降。轉擊高平屠各[54]，皆散走，收其糧穀牛馬。乃假淵節。

3 初，枹罕[55]宋建因涼州亂，自號河首[56]平漢王。太祖使淵帥諸將討建。淵至，圍枹罕，月餘拔之，斬建及所置丞相[57]已下。淵別遣張郃等平河關[58]，渡河入小湟中[59]，河西諸羌盡降，隴右[60]平。太祖下令曰：「宋建造為亂逆三十餘年，淵一舉滅之，虎步關右[61]，所向無前。仲尼有言：『吾與爾不如也。』[62]」二十一年[63]，增封三百戶，并前八百戶。還擊武都[64]氐羌下辯，收氐穀十餘萬斛[65]。太祖西征張魯[66]，淵等將涼州諸將侯王[67]已下，與太祖會休亭[68]。太祖每引見羌、胡[69]，以淵畏之。會魯降，漢中平，以淵行都護將軍[70]，督張郃、徐晃等平巴郡[71]。太祖還鄴，留淵守漢中，即拜淵征西將軍[72]。二十三年，劉備軍陽平關[73]，淵率諸將拒之，相守[74]連年。二十四年正月，備夜燒圍鹿角[75]。淵使張郃護東圍，自將輕兵護南圍。備挑郃戰，郃軍不利。淵分所將兵半助郃，為備所襲，淵遂戰死。

諡曰愍侯。

4 初，淵雖數戰勝，太祖常戒曰：「為將當有怯弱時，不可但(76)恃勇也。將當以勇為本，行之以智計；但知任勇(77)，一匹夫(78)敵耳。」

5 淵妻，太祖內妹(79)。長子衡，尚(80)太祖弟海陽哀侯女，恩寵特隆。衡襲爵，轉封安寧亭侯。黃初(81)中，賜中子霸，太和(82)中，賜霸四弟，爵皆關內侯。霸，正始(83)中為討蜀護軍右將軍(84)，進封博昌亭侯，素為曹爽(85)所厚。聞爽誅，自疑，亡入蜀。以淵舊勳赦霸子，徙樂浪郡(86)。霸弟威，官至兗州刺史。威弟惠，樂安太守。惠弟和，河南尹。衡薨，子績嗣，為虎賁中郎將(87)。績薨，子褒嗣。

【章　旨】以上為〈夏侯淵傳〉。夏侯淵曾甘心替曹操頂罪入獄，對曹操有特殊的恩情。隨曹操戰袁紹，降昌豨，斬黃巾軍徐和等，立下顯赫戰功。平宋建，立特功，威名鎮懾光胡，曹操亦自愧弗如。後與劉備作戰而死。淵與曹操為連襟，淵死後，其子孫皆為高官。

【注　釋】❶族弟　本族兄弟。❷有縣官事　犯了朝廷王法。縣官，本指天子、朝廷，這裏指朝廷頒布的法令。❸代引重罪　替人服重罪。❹別部司馬騎都尉　東漢時，大將軍領營五部，部有校尉一人，軍司馬一人，其別營領屬為別部司馬。騎都尉，武官名。職責是統率皇帝的羽林騎兵。按：這裏的別部司馬和騎都尉，都是曹操設置的職官，非漢官。❺潁川　郡名。治所在今河南禹州。❻袁紹　字本初。出身於四世三公的大官僚家庭。初為司隸校尉。董卓專政，他逃往冀州，起兵攻卓。據有冀、青、幽、并四州，成為當時地廣兵眾的割據勢力。官渡之戰，被曹操打敗，不久病死。詳見本書卷六〈袁紹傳〉。❼官渡　地名。其地在今河南中牟東。❽督軍校尉　武官名。曹操臨時設置以督軍。❾兗豫　兗，州名。治所在今山東金鄉西北。豫，州名。治所在今安徽亳州。❿傳饋　轉運供給物資。⓫昌豨　原為泰山地區的屯軍首領，對曹操時降時叛。⓬于禁　字文剛，泰山鉅平（今山東泰安南）人。初從濟北相鮑信征討黃巾軍。後歸曹操，從擊黃巾、呂布等。東漢建安二十四年（西元二一九年），魏、蜀樊城之戰，于禁所率七軍被漢水淹沒，降蜀。後孫權奪取荊州，于禁被遣還魏，慚恨而死。詳見本書卷十七〈于禁傳〉。⓭屯　駐軍營寨。⓮典軍校尉　東漢靈帝中平五年（西元一八八年），置西園八校尉，典軍校尉是其中之一。曹操曾任此官，現封拜夏侯淵，以示親近。⓯濟南樂安　濟南，王國名。治所在今山東歷城東。樂安，王國名。治所在今山東高青高苑鎮西北。⓰黃巾　東漢末年以張角兄弟為首的民眾武裝，以黃巾包頭，故稱黃巾軍。⓱長吏　漢制縣令、長，皆有丞、尉，秩四百石至二百石，令、長秩千石至三百石。這裏的長吏即指縣令、縣長。⓲泰山齊平原　泰山，郡名。治所在今山東泰安東。齊，王國名。治所在今山東淄博東北。平原，郡名。治所在今山東平原西南。⓳行領軍　官名。曹操為丞相時，自置領軍，後稱中領軍。資重者為領軍將軍，資輕者為中領軍，出征則置行領軍。⓴廬江　郡名。治所在今安徽廬江縣。㉑征西護軍　曹操自置之官，因夏侯淵資歷尚淺，不得為征西將軍，故任為護軍，以充前驅之任。㉒徐晃擊太原　徐晃，字公明，河東人。少為郡吏，從楊奉討賊有功。後歸曹操。累官右將軍，封陽平侯。詳見本書卷十七〈徐晃傳〉。太原，郡名。治所在今山西太原西南。㉓韓遂　字文約，金城（今甘肅永靖西北）人。與馬騰長期割據涼州。獻帝時，聯合馬超等反對曹操，被擊敗，不久被部下所殺。㉔渭南　渭水之南。㉕朱靈平隃麋汧氐　朱靈，字文博，清河（今河北清河縣）人。初為袁紹將，後歸曹操。從征伐有功，官至後將軍，封高唐侯。詳見本書卷十七〈朱靈傳〉。隃麋，侯國名。其地在今陝西千陽東。汧，縣名。治所在今陝西隴縣。氐，當時北部的少數部族，古亦稱西戎。㉖安定　郡名。治所在今甘肅鎮原東南。㉗降楊秋　本書卷一〈武帝紀〉載：「建安十六年十月，軍自長安北征楊秋，圍安定，秋降。留夏侯淵鎮長安。」封楊秋為臨涇侯。㉘護軍將軍　官名。主武官選拔，隸屬領軍。㉙長安　縣名。治所在今陝西西安西北。㉚南山　即秦嶺終南山。㉛圍遂超餘黨句　超，馬超，字孟起，茂陵（今陝西興平東北）人。出身於涼州豪強世家。東漢末隨父馬騰起兵，攻曹操，後據涼州。曾依張魯，後歸劉備，任驃騎將軍。詳見本書卷三十六〈馬超傳〉。鄠，據盧弼《三國志集解》，本書卷十六〈鄭渾傳〉、卷十七〈徐晃傳〉及《資治通鑑》均作「鄜」。鄜縣在今陝西洛川東南。㉜涼州刺史句　涼州，州名。治所在今甘肅張家川回族自治縣。刺史，漢武帝時分全國為「十三刺史部」，州部置刺史一員，為監察官員，官階低於郡守。東漢末之刺史（又改為州牧），居郡守之上，掌握一州的軍政大權。韋康，字元將，京兆（今陝西西安）人。父韋端為涼州刺史，朝廷徵其為太僕，韋康代其父為涼州刺史。冀，縣名。治所在今甘肅甘谷東。㉝逆戰　迎戰。㉞鹵城　縣名。治所在今甘肅天水市西南。㉟譎　欺詐。

㊱漢中　郡名。治所在今陝西漢中東。㊲祁山　在今甘肅禮縣東。㊳節度　節制調度。㊴比　等到。㊵陳倉　縣名。治所在今陝西寶雞東。㊶渭水　即渭河，黃河最大的支流，流經陝西省中部。㊷羌　古代西部的少數民族。㊸顯親　縣名。治所在今甘肅秦安西北。㊹略陽　縣名。治所在今甘肅秦安東北。㊺興國　邑聚名。其地在今甘肅秦安東北。㊻卒　驟然。㊼長離　水名。流經今甘肅秦安北。㊽捨　原無此字，據《資治通鑑》卷六七補。從上下文義看，亦當有「捨」字。㊾種落　種族部落。㊿塹　壕溝。(51)罷　同「疲」。(52)易與耳　容易對付。(53)旌麾　軍中用作指揮的旗幟。(54)高平屠各　高平，縣名。其地在今寧夏回族自治區固原。屠各，匈奴族之一種。(55)枹罕　縣名。治所在今甘肅臨夏。(56)河首　黃河上游。宋建因居黃河上游，故稱之。(57)丞相　輔佐皇帝，綜理全國政務之最高行政長官，漢時與御史大夫、太尉並稱三公。諸侯王國亦置丞相，稱之為相，由中央派遣。宋建稱王，因自置丞相，略仿朝廷之制。(58)河關　縣名。治所在今青海同仁西北。(59)渡河入小湟中　河，黃河。古籍中稱「河」者，即指黃河。小湟中，地區名，即今青海大通地。(60)隴右　隴山以西之地。(61)虎步關右　猶言威鎮函谷關以西之地。(62)仲尼有言二句　語見《論語・公冶長》。(63)二十一年　舊注以為「一」字衍。因下文所載擊武都氐、征張魯事均在建安二十年。(64)武都　郡名。治所在今甘肅成縣西北。(65)斛　量器名。也為容量單位，十斗為一斛。一斛約合今二十點四五公升。(66)張魯　字公祺，沛國豐縣（今江蘇豐縣）人。東漢末年天師道首領，張道陵之孫。初平二年（西元一九一年），率徒眾攻取漢中，稱師君。所建政權繼續約三十年。建安二年（西元二一五年），曹操攻漢中，張魯退避巴中。不久降操，任鎮南將軍，封閬中侯。詳見本書卷八〈張魯傳〉。(67)將涼州諸將侯王　帶領西北少數部族的酋長、首領。(68)休亭　今地不詳。(69)胡　泛指北部的少數部族。(70)都護將軍　武官名。東漢初年置。以其職為督護諸將，故名。(71)巴郡　郡名。治所在今重慶市。(72)征西將軍　武官名。將軍稱號之一。漢代之征東、征西、征南、征北諸將軍與雜號將軍位同，曹魏以後，四征將軍則位在雜號將軍之上。(73)劉備軍陽平關　劉備，字玄德，涿郡涿縣（今河北涿州）人。三國時蜀漢政權的建立者。西元二二一—二二三年在位。詳見本書卷三十二〈先主傳〉。陽平關，在今陝西勉縣西北白馬城。(74)相守　對峙。(75)圍鹿角　圍，軍營外圍用來禦敵的溝塹。鹿角，在營地四周埋插削尖的帶枝樹木，以阻止敵人進攻。(76)但　只。(77)任勇　逞勇。(78)匹夫　平常之人。(79)內妹　妻之妹。(80)尚　配也，尊詞。娶帝王諸侯之女稱之為尚。(81)黃初　魏文帝曹丕年號，西元二二〇—二二六年。(82)太和　魏明帝曹叡年號，西元二二七—二三三年。(83)正始　魏齊王曹芳年號，西元二四〇—二四九年。(84)討蜀護軍右將軍　魏置護軍將軍，主管武官選拔。此加「討蜀」之名，為臨時設置。(85)曹爽　字昭伯，沛國譙（今安徽亳州）人。曹操姪孫。魏明帝時為武衛將軍。曹芳即位，他同司馬懿受遺詔輔政。用何晏等為心腹，與司馬懿爭奪政權，被懿所殺。詳

見本卷下文。86樂浪郡 郡名。治所在今朝鮮平壤。87虎賁中郎將 武官，為皇宮中警衛部隊的將領之一，掌皇宮宿衛。

【語譯】夏侯淵，字妙才，是夏侯惇同族的弟弟。太祖之前還居家鄉時，曾經犯法，夏侯淵替他承受重罪，太祖營救他，才得免罪。太祖舉兵，夏侯淵以別部司馬、騎都尉隨從，升任陳留、潁川太守。等到與袁紹在官渡作戰，夏侯淵代理督軍校尉。擊敗袁紹後，派他督管兗、豫、徐州的軍糧；當時軍糧匱乏，夏侯淵轉運供給物資源源不絕，士氣又振作起來。昌豨反叛時，太祖派遣于禁討伐他，沒有取勝，又派夏侯淵和于禁合力，便進擊昌豨，迫使十多營軍隊投降，昌豨來到于禁處投降。夏侯淵回師，任典軍校尉。濟南、樂安的黃巾軍徐和、司馬俱等人攻城掠地，誅殺縣令等官長，夏侯淵率領泰山、齊、平原幾郡的軍隊出擊，大敗黃巾，殺了徐和，平定各縣，收繳他們的糧食用來供給士兵。建安十四年，任夏侯淵為代理領軍。太祖征伐孫權回來，派夏侯淵督領各將征討廬江的叛將雷緒，攻破雷緒後，又代理征西護軍，督領徐晃進擊太原郡賊寇，攻下二十多個駐軍營寨，斬了賊軍首領商曜，屠殺太原城。後來又隨從太祖征伐韓遂等人，在渭南作戰。又督領朱靈平定隃麋、汧氏。和太祖在安定會師，降服了楊秋。

2 建安十七年，太祖才回鄴城，派夏侯淵代理護軍將軍職務，督領朱靈、路招等人駐兵長安，打敗終南山的賊寇劉雄，收降了他的兵眾，在鄠縣圍攻韓遂、馬超的餘黨梁興。攻下了鄠縣，殺了梁興，夏侯淵被封為博昌亭侯。馬超在冀縣包圍了涼州刺史韋康，夏侯淵援救韋康，尚未到達，韋康兵敗。在距離冀縣二百多里的地方，馬超來迎戰，夏侯淵軍失利。汧氏反叛，夏侯淵率部隊撤回。建安十九年，趙衢、尹奉等策劃征討馬超，姜敘在鹵城起兵響應他們。趙衢等人欺騙說服了馬超，讓他出城迎擊姜敘，趙衢等在後方殺盡馬超的妻兒。馬超逃奔漢中，回軍包圍祁山。姜敘等向夏侯淵緊急求救，各將商議認為，要等待太祖來調度。夏侯淵說：「曹公在鄴，來回四千里，等到回報，姜敘等必已失敗，這不是救急的辦法。」於是出兵，派張郃帶步兵騎兵五千在前面，從陳倉狹道進軍，夏侯淵親自在後面押運軍糧。張郃進軍到渭水邊，馬超帶領氐羌部隊幾千人迎戰張郃。尚未開戰，馬超就撤走了，張郃進軍收繳馬超軍隊的器械。夏侯淵來到時，各縣都已投降。韓遂駐軍顯親縣，夏侯淵想要襲擊他，韓遂逃走。夏侯淵收繳了韓遂的軍糧，追趕至略陽城，距韓遂二十多里，將領們想進攻韓遂，有的卻說應當先進攻興國氐人。夏侯淵認為韓遂的兵眾精銳，興國的城垣堅固，進攻這兩處，都不可能馬上攻下，不如進擊長離的各部羌人。長離的各部羌人子弟大多在韓遂的軍隊裏，必然回去救援他們的老家。如果韓遂捨棄羌人獨自防守，就會勢單力孤，如果援救長離，我們就能夠和他在野外決戰，肯定可以俘虜他。夏侯淵於是留督將看守輜重，步兵、騎兵輕裝到長離，進攻焚毀羌人的村落，斬殺、俘虜的敵人很多。那些在韓遂軍隊中的羌人，各自回到自己的部落中去。韓遂果然前去援救長離，與夏侯淵的軍隊對陣。將領們發現韓遂的兵多，感到害怕，打算修築營壘、挖掘壕溝再與他作戰。夏侯淵說：「我軍已轉戰千里，現在再築營壘挖壕溝，那麼士兵們更加疲勞，就不能堅持多久了。敵人雖然眾多，其實是很容易對付的。」於是擂起戰鼓，大敗韓遂軍，奪得他的戰旗，回軍略陽，進軍包圍興國。氐王千萬投奔馬超，剩下的部眾全部投降。又轉攻高平、屠各，敵軍都潰散逃走，收繳了他們的糧草牛馬。朝廷於是賜給夏侯淵符節。

3 當初，枹罕縣人宋建趁著涼州大亂，自稱河首平漢王。太祖派夏侯淵統帥將領討伐宋建。夏侯淵到達後，包圍枹罕，一個多月攻破了枹罕，殺了宋建和他設置的丞相以下官吏。夏侯淵另派張郃等人平定河關，渡過黃河進入小湟中，河西的羌人盡皆投降，平定了隴山以西地區。太祖下令說：「宋建造反作亂三十多年，夏侯淵一舉消滅了他，威震關西地區，所向無敵。孔子說過：『我和你都不如他。』」建安二十一年，增加食邑三百戶，加上以前的共八百戶。回軍在下辯縣攻擊了武都郡氐人、羌人，收繳氐人的糧食十多萬斛。太祖西征張魯，夏侯淵帶領涼州將領及侯王以下官吏，和太祖會師休亭。太祖每次同羌人、胡人相見，都請出夏侯淵來鎮懾他們。適逢張魯投降，漢中平定，夏侯淵任代理都護將軍，督率張郃、徐晃等平定巴郡。太祖回鄴後，留夏侯淵守衛漢中，即任命他為征西將軍。建安二十三年，劉備軍隊駐紮在陽平關，夏侯淵率將領抵禦劉備，對峙了一年多。建安二十四年正月，劉備乘夜燒掉了夏侯淵營房四周的鹿角。夏侯淵令張郃保護營房的東圍，自己帶領輕騎守護南圍。劉備向張郃挑戰，張郃軍作戰不利。夏侯淵分撥自己兵力的一半幫助張郃，被劉備襲擊，夏侯淵戰死，諡號為愍侯。

4 當初，夏侯淵雖然屢次打了勝仗，太祖經常告誡他說：「做將領的應當有怯弱的時候，不可以只依仗勇猛。將領應當以勇猛為根本，而用智謀計略來發揮它；只知道逞勇，不過是一個普通人的對手罷了。」

5 夏侯淵的妻子，是太祖的妻妹。大兒子夏侯衡，娶了太祖弟弟海陽哀侯的女兒，恩惠寵信特別隆厚。夏侯衡繼承爵位，改封安寧亭侯。黃初年間，賜夏侯淵次子夏侯霸爵位，太和年間，又賜予夏侯霸四個弟弟爵位，都是關內侯。夏侯霸，在正始年間擔任討蜀護軍右將軍，進封為博昌亭侯，素來被曹爽所器重。聽說曹爽被誅殺，自感疑懼，逃往蜀國。因為夏侯淵原來的功勳而赦免了夏侯霸的兒子，把他流放到樂浪郡。夏侯霸的弟弟夏侯威，官至兗州刺史。夏侯威的弟弟夏侯惠，任樂安太守。夏侯惠的弟弟夏侯和，任河南尹。夏侯衡去世，兒子夏侯績繼嗣爵位，任虎賁中郎將。夏侯績逝世。兒子夏侯褒繼嗣爵位。

1 曹仁，字子孝，太祖從弟❶也。少好弓馬弋獵❷。後豪傑並起，仁亦陰結❸少年，得千餘人，周旋❹淮、泗之間，遂從太祖為別部司馬，行厲鋒校尉❺。太祖之破袁術❻，仁所斬獲頗多。從征徐州，仁常督騎，為軍前鋒。別攻陶謙將呂由，破之，還與大軍合彭城❼，大破謙軍。從攻費、華、即墨、開陽❽，謙遣別將救諸縣，仁以騎擊破之。太祖征呂布，仁別攻句陽❾，拔之，生獲布將劉何。太祖平黃巾，迎天子都許❿，仁數有功，拜廣陽⓫太守。太祖器其勇略⓬，不使之郡⓭，以議郎⓮督騎。太祖征張繡⓯，仁別徇⓰旁縣，虜其男女三千餘人。太祖軍還，為繡所追，軍不利，士卒喪氣，仁率厲將士⑰甚奮，太祖壯之⑱，遂破繡。

2 太祖與袁紹久相持於官渡，紹遣劉備徇濦彊⑲諸縣，多舉眾應之。自許以南，吏民不安，太祖以為憂。仁曰：「南方以大軍方有目前急⑳，其勢不能相救，劉備以彊兵臨之，其背叛固㉑宜也。備新將㉒紹兵，未能得其用，擊之可破也。」太祖善其言，遂使將騎擊備，破走之，仁盡復收諸叛縣而還。紹遣別將韓荀鈔斷㉓西道，仁擊荀於雞洛山㉔，大破之。由是紹不敢復分兵出。復與史渙等鈔紹運車㉕，燒其糧穀。

3 河北既定，從圍壺關㉖。太祖令曰：「城拔，皆坑㉗之。」連月不下。仁言於太祖曰：「圍城必示之活門㉘，所以開其生路也。今公告之必死，將人自為守。且城固而糧多，攻之則士卒傷，守之則引㉙日久；今頓兵㉚堅城之下，以攻必死之虜㉛，非良計也。」太祖從之，城降。於是錄仁前後功，封都亭侯㉜。

4 從平荊州㉝，以仁行征南將軍，留屯江陵㉞，拒吳將周瑜㉟。瑜將數萬眾來攻，前鋒數千人始至，仁登城望之，乃募得三百人，遣部曲㊱將牛金逆與挑戰。賊多，金眾少，遂為所圍。長史㊲陳矯俱在城上，望見金等垂沒㊳，左右皆失色。仁意氣㊴奮怒甚，謂左右取馬來，矯等共援持㊵之，謂仁曰：「賊眾盛，不可當也。

假使棄數百人何苦，而將軍以身赴之！」仁不應，遂被甲[41]上馬，將其麾下壯士數十騎出城。去賊百餘步，迫溝，矯等以為仁當住溝上，為金形勢也[42]，仁徑渡溝直前，衝入賊圍，金等乃得解。餘眾未盡出，仁復直還突之，拔出金兵，亡其數人，賊眾乃退。矯等初見仁出，皆懼，及見仁還，乃歎曰：「將軍真天人也！」三軍[43]服其勇。太祖益壯之，轉封安平亭侯。

5 太祖討馬超，以仁行安西將軍[44]，督諸將拒潼關[45]，破超渭南。蘇伯、田銀[46]反，以仁行驍騎將軍[47]，都督七軍討銀等，破之。復以仁行征南將軍，假節，屯樊[48]，鎮荊州。侯音以宛叛[49]，略[50]傍縣眾數千人，仁率諸軍攻破音，斬其首，還屯樊，即拜征南將軍。關羽[51]攻樊，時漢水[52]暴溢，于禁等七軍皆沒，禁降羽。仁人馬數千人守城，城不沒者數板[53]。羽乘船臨城，圍數重，外內斷絕，糧食欲盡，救兵不至。仁激厲將士，示以必死，將士感之皆無二。徐晃救至，水亦稍減，晃從外擊羽，仁得潰圍出，羽退走。

6 仁少時不修行檢[54]，及長為將，嚴整[55]奉法令，常置科[56]於左右，案以從事。鄢陵侯彰北征烏丸[57]，文帝在東宮[58]，為書戒彰曰：「為將奉法，不當如征南[59]邪！」及即王位，拜仁車騎將軍[60]，都督荊、揚、益州諸軍事[61]，進封陳侯，增邑二千，并前三千五百戶。追賜仁父熾[62]諡曰陳穆侯，置守冢[63]十家。後召還屯宛。孫權遣將陳邵據襄陽[64]，詔[65]仁討之。仁與徐晃攻破邵，遂入襄陽，使將軍高遷等徙漢南附化[66]民於漢北，文帝遣使即拜仁大將軍。又詔仁移屯臨潁[67]，遷大司馬[68]，復督諸軍據烏江[69]，還屯合肥[70]。黃初四年薨，諡曰忠侯。子泰嗣，官至鎮東將軍[71]，假節，轉封甯陵侯。泰薨，子初嗣。又分封泰弟楷、範，皆為列侯，而牛金官至後將軍[72]。

【章　旨】以上為〈曹仁傳〉。曹仁是一員戰將，破陶謙，平袁術，戰呂布，破黃巾，曹仁都戰功卓著。擊破張繡，建立奇功。曹仁有勇有謀，官渡之戰，他分析敵方的弱點，以為可以擊破，事果如此。壺關之戰，曹仁獻「圍兵必缺」之計，攻破壺關。江陵之戰，曹仁以三百人敵周瑜數萬之眾，陷入重圍，以數十騎二進二出，救出被圍之兵將。樊城之戰，曹軍七軍被水淹沒，曹仁誓死守城，終得救援。曹仁少時雖不修行檢，但當將軍後，卻成為奉行法令的典範，終拜大將軍。

【注　釋】❶從弟　堂弟。❷弋獵　捕禽逐獸。以繩繫箭射禽為弋。❸陰結　祕密結交。❹周旋　輾轉。❺厲鋒校尉　校尉之一種，厲鋒為其稱號。❻袁術　字公路，東漢汝南汝陽（今河南商水縣西南）人。出身於四世三公的大官僚家庭，袁紹之弟。初為虎賁中郎將。董卓專權，他逃往南陽，據有其地。後遭曹操和袁紹攻擊，率眾割據揚州。建安二年（西元一九七年）稱帝於壽春（今安徽壽縣）。窮奢極欲。後為曹操所破，病死。詳見本書卷六〈袁術傳〉。❼彭城　王國名。治所在今江蘇徐州。❽費華即墨開陽　費，縣名。治所在今山東費縣西北。華，縣名。治所在今山東費縣東北。即墨，縣名。治所在今山東青島東北。開陽，縣名。治所在今山東臨沂北。❾句陽　縣名。治所在今山東菏澤北。❿都許　以許縣為國都。許縣在今河南許昌西南。魏文帝時改為許昌。曹操迎漢獻帝都許在東漢建安元年（西元一九六年）。⓫廣陽　郡名。治所在今北京市西南。

⑫器其勇略　器重他的英勇韜略。⑬不使之郡　不讓他到廣陽郡赴任。⑭議郎　郎為帝王侍從官的通稱。郎官的職責為護衛陪從，隨時建議。戰國始置，秦漢沿置。議郎為郎官之一種，地位比其他郎官（如中郎、侍郎、郎中）高，得參與朝政，不入直宿衛。⑮張繡　武威祖厲（今甘肅靖遠）人。董卓部將張濟姪，濟死，代領其眾。後降曹操，又投降袁紹，再歸曹操，在官渡之戰中有功。東漢建安十二年（西元二〇七年）從攻烏桓，死於途中。詳見本書卷八〈張繡傳〉。⑯徇　攻取；安撫。⑰率厲將士　身先士卒而激勵將士。⑱壯之　認為他壯勇。⑲濦彊　縣名。治所在今河南臨潁東。⑳目前急　目前官渡之戰正吃緊。㉑固　原作「故」，今從元本。㉒將　率領；指揮。㉓鈔斷　截斷。鈔，同「抄」。㉔雞洛山　其地當在今河南密縣一帶。㉕運車　運輸軍事物資的車隊。㉖壺關　縣名。治所在今山西長治北。㉗坑　活埋。㉘示之活門　給敵人留條活路。㉙引　拖延。㉚頓兵　屯兵駐守。㉛虜　對敵人的蔑稱。㉜都亭侯　亭侯。都亭指在郡縣治所所置之亭。㉝荊州　州名。治所在今湖北襄樊。㉞江陵　縣名。治所在今湖北江陵。㉟周瑜　字公瑾，廬江舒縣（今安徽廬江縣西南）人。少與孫策為友，後歸策，為建威中郎將，助孫策在江東創立孫氏政權。孫策死，輔佐孫權，任大都督。率吳軍大破曹操於赤壁。詳見本書卷五十四〈周瑜傳〉。㊱部曲　古時軍隊的編制單位。將軍領軍，皆有部曲，大將軍營五部，部校尉一人。部下有曲，曲有軍侯一人。這裏指屬下。㊲長史　漢代的三公和將軍均設長史，輔佐長官處理軍政事務。㊳垂沒　即將全軍覆沒。㊴意氣　精神。㊵援持　阻攔。㊶被甲　披上戰甲。被，同「披」。甲，革製防護衣。㊷為金形勢也　為部將牛金創造解圍的形勢。㊸三軍　全軍的通稱。㊹安西將軍　武官名。與安南、安北、安東合稱四安將軍。始置於漢末。掌四方征伐。㊺潼關　在今陝西潼關北。古為桃林塞，東漢時設潼關。為陝西、山西、河南三省間要衝。㊻蘇伯田銀　為東漢建安十六年（西元二一一年）在河間起事的首領，被魏將賈信等擊滅。㊼驍騎將軍　武官名。掌征伐反叛。㊽樊　城邑名。在今湖北襄樊。㊾侯音以宛叛　侯音，原為魏南陽守將，東漢建安二十三年（西元二一八年）反叛，執南陽太守，劫略吏民，保守宛城。被曹仁所滅。宛，縣名。治所在今河南南陽。㊿略　奪取。(51)關羽　字雲長，河東解縣（今山西臨猗西南）人。東漢末年從劉備起兵。劉備被曹操擊敗，被俘，封漢壽亭侯。後仍歸劉備。曾鎮守荊州，圍樊城，破于禁七軍。後被孫權襲敗，被殺。詳見本書卷三十六〈關羽傳〉。(52)漢水　又稱漢江，長江最大的支流。源出陝西寧強北嶓冢山，至湖北漢陽入長江。(53)板　築牆的夾板。古代築牆，以板為範，實土夯實。一板不過一、二尺。歸注以為「八尺為板（版）」，蓋不可信。此處所言「城不沒者數板」，亟言其危。若八尺為板，數板則為數丈，何險之有。(54)不修行檢　行為不檢點。(55)嚴整　嚴謹整肅。(56)科　律令條文。(57)鄢陵侯彰北征烏丸　彰指曹彰，曹操第四子，封鄢陵侯。烏丸，也作「烏桓」。古部族名，東胡族的分支，以游牧為生。因其活動於烏桓山

而得名。烏桓山在大興安嶺山脈南端。㊽東宮　古代君主的太子住所稱東宮，因而也以東宮指代太子。㊾征南　即征南將軍。時曹仁任征南將軍，故文帝諭曹彰當效法曹仁。㊿車騎將軍　武官名。位僅次大將軍，主征伐。(61)都督荊揚句　都督……諸軍事，大區的軍事長官。此職往往兼任本區州刺史，兼行政長官。揚，州名。治所在今安徽壽縣。益，州名。治所在今四川成都。(62)熾　曹熾，曾任侍中、長水校尉。(63)守冢　守墳戶。古時將相公卿死後，朝廷為其設置守墳戶若干家，以示優崇。(64)襄陽　郡名。治所在今湖北襄樊。(65)詔　皇帝的命令。(66)附化　歸附教化。(67)臨潁　縣名。治所在今河南臨潁。(68)大司馬　即太尉，全國最高軍事長官。(69)烏江　秦置烏江亭，因附近有烏江而得名。其地在今安徽和縣東北蘇皖界上之烏江鎮。(70)合肥　縣名。治所在今安徽合肥。(71)鎮東將軍　將軍的名號，東漢末有鎮東、鎮西、鎮南、鎮北將軍各一人，主四方征伐。(72)後將軍　武官名。主帥下置前、後、左、右將軍。

【語譯】曹仁，字子孝，是太祖的堂弟。年少時喜愛騎射遊獵。後來豪傑紛紛起兵，曹仁也暗地結交年輕人，得到了一千多人，輾轉於淮水、泗水之間，便跟隨太祖做了別部司馬，代理厲鋒校尉。太祖打敗袁術，曹仁殺死和俘獲的敵兵很多。隨從太祖征討徐州時，曹仁常常督領騎兵，任部隊的先鋒。又單獨被派去進攻陶謙部將呂由，打敗呂由後，回軍和主力部隊在彭城會合，大敗陶謙的軍隊。跟從進攻費縣、華縣、即墨、開陽等縣，陶謙派其他的將領前來援救，曹仁用騎兵打敗了陶謙援軍。太祖征伐呂布，曹仁單獨進攻句陽，攻克了句陽，生擒呂布的部將劉何。太祖平定黃巾，迎接天子在許縣建都時，曹仁屢次建功，官拜廣陽太守。太祖器重他的勇敢和謀略，不讓他到郡府上任，用議郎身分統御騎兵。太祖征伐張繡，曹仁單獨攻取附近縣城，俘虜男女三千多人。太祖回軍時，被張繡追擊，戰事失利，將士沮喪，曹仁身先士卒激勵將士，讓他們非常振奮，太祖讚賞他的勇壯，於是打敗了張繡。

2　太祖與袁紹在官渡長期對峙，袁紹派遣劉備攻掠濦彊各縣，很多縣都起兵響應劉備。從許昌以南，官吏百姓都惶惶不安，太祖因此而憂慮。曹仁說：「南方諸郡縣認為大軍當前處境吃緊，勢必不能援救他們，而劉備以強兵壓境，他們背叛是在情理之中的。劉備最近才統領袁紹的兵眾，兵眾還不能被劉備所用，進擊可以打敗他。」太祖認為他說得對，便派他率領騎兵攻擊劉備，打敗趕走了劉備，曹仁盡皆收復背叛的各縣勝利回師。袁紹另派部將韓荀截斷曹軍的西路通道，曹仁在雞洛山大敗韓荀。於是袁紹不敢再分兵出擊。曹仁又和史渙等襲擊袁紹的運輸車隊，焚毀了他的糧草。

3 河北平定之後，曹仁跟隨太祖包圍壺關。太祖下令說：「城破以後，把敵人全部活埋。」一連幾個月都無法攻克。曹仁告訴太祖說：「圍城一定要給敵人活路的希望，就是給敵人敞開一條生路。如今你告訴他們只有死路一條，敵軍會人人自我堅守。況且城池堅固而存糧又多，進攻它則會有士兵傷亡，圍困它便會曠日持久；現在陳兵在堅固城池之下，去攻擊抱必死之心的敵人，不是好辦法啊。」太祖採納了他的意見，城中守軍才投降。於是論列曹仁前後的功勞，封為都亭侯。

4 曹仁隨從太祖平定荊州，太祖任命曹仁代理征南將軍，屯兵留守江陵，抵禦吳將周瑜。周瑜率領幾萬兵眾前來進攻，前鋒幾千人剛到，曹仁登城瞭望敵軍，便召募了三百人，派部將牛金迎敵挑戰。敵軍眾多，而牛金人少，便被敵軍所包圍。長史陳矯一同在城上，看到牛金等人將要全軍覆沒，身邊的人都驚慌失色。曹仁卻精神奮發，憤怒至極，叫身旁的人備馬來，陳矯等人一齊攔住他，對曹仁說：「敵軍多而氣盛，勢不可擋。即使捨棄了幾百人也沒什麼痛心的，將軍何必親身赴難呢！」曹仁不答，便披甲上馬，帶領身邊的幾十名騎兵壯士出城。在距離敵人百餘步的地方，接近一條壕溝，陳矯等以為曹仁會停在壕溝邊，為牛金創造突圍的形勢，曹仁竟逕直渡過壕溝一直向前，衝進敵人的包圍圈，牛金等人這才得以脫圍。其餘的人沒有完全突圍，曹仁又回頭直衝進去，救出牛金的士兵，殺死幾個敵軍，敵軍這才退走。陳矯等初見曹仁出擊，都很恐懼，等看到曹仁回來，才驚嘆說：「將軍真是天上的神人啊！」三軍佩服他的勇敢。太祖更加認為他勇壯無比，改封安平亭侯。

5 太祖征討馬超，任曹仁代理安西將軍，統領各將據守潼關，在渭南打敗馬超。蘇伯、田銀反叛，由曹仁代理驍騎將軍，統率七支軍隊討伐田銀等人，討平了叛軍。又任曹仁代理征南將軍，授予符節，駐紮在樊城，鎮守荊州。侯音在宛城背叛，擄掠鄰近縣城幾千人，曹仁率領各軍打敗侯音，斬下他的首級，回軍駐守樊城，隨即被任命為征南將軍。關羽進攻樊城，當時漢水暴漲，于禁等七軍全被淹沒，于禁投降了關羽。曹仁幾千人馬守城，城牆只差幾板沒被淹沒。關羽乘坐戰船迫近城下，重重包圍，內外隔絕，城中糧食將要耗盡，救兵沒有到來。曹仁激勵將士，向他們表示必死的決心，將士大受感動，都沒有二心。不久徐晃的救兵趕到，水勢也稍稍減退，徐晃從外圍襲擊關羽，曹仁得以衝出重圍，關羽退走。

6 曹仁年少時行為頗為不檢，等到年長當了將軍後，卻能嚴格奉行法令，常常把法規律令放在身邊，照章行事。鄢陵侯曹彰北征烏丸，當時文帝為太子，寫信告誡曹彰說：「做將軍的奉守法令，不該像征南將軍曹仁那樣嗎！」文帝繼魏王位，任命曹仁為車騎將軍，統領荊、揚、益各州的軍務，進封陳侯，增加食邑二千戶，連同以前的共三千五百戶。追賜曹仁父親曹熾諡號為陳穆侯，設十戶人家守墓。後來召回曹仁駐兵宛城。孫權派部將陳邵占領了襄陽，詔命曹仁征討他。曹仁和徐晃打敗陳邵，便進入襄陽，派將軍高遷等把漢水以南歸附的百姓遷往漢水以北，文帝派遣使者立即任命曹仁為大將軍。又詔令曹仁移駐臨潁，升任大司馬，再督領各軍據守烏江，回軍駐紮合肥。黃初四年曹仁去世，諡號忠侯。兒子曹泰繼嗣爵位，官至鎮東將軍，授予符節，改封甯陵侯。曹泰去世，兒子曹初繼嗣爵位。又分封曹泰的弟弟曹楷和曹範，都為列侯，而牛金官至後將軍。

1 仁弟純，初以議郎參司空軍事❶，督虎豹騎❷從圍南皮❸。袁譚❹出戰，士卒多死。太祖欲緩之，純曰：「今千里蹈敵❺，進不能克，退必喪威；且懸師❻深入，難以持久。彼勝而驕，我敗而懼，以懼敵驕，必可克也。」太祖善其言，遂急攻之，譚敗。純麾下騎斬譚首。及北征三郡❼，純部騎獲單于❽蹹頓❾。以前後功封高陵亭侯，邑三百戶。從征荊州，追劉備於長阪❿，獲其二女輜重，收其散卒。進降江陵，從還譙。建安十五年薨。文帝即位，追謚曰威侯。子演嗣，官至領軍將軍⓫，正元⓬中進封平樂鄉侯。演薨，子亮嗣。

【章　旨】以上為〈曹純傳〉。主要敘述了三件事：一是曹純隨曹操在南皮圍攻袁譚，曹操採納曹純建議，急攻袁譚，速戰速決，曹純所部騎兵斬殺袁譚。二是北征三郡，部屬擄獲烏丸單于蹋頓。三是隨從曹操征討荊州劉備，多所擄獲，降服江陵。

【注　釋】❶參司空軍事　即司空的僚屬。漢末曹操總攬軍政時，其僚屬往往用參丞相軍事的名義。此後，凡諸王及將軍開府者，皆置參軍，為重要幕僚。司空，官名。東漢時為三公之一，參議國事。❷虎豹騎　精銳兇猛的騎兵。❸南皮　縣名。治所在今河北南皮東北。❹袁譚　袁紹長子。曾為青州刺史。袁紹死後，與弟袁尚兄弟相攻，譚求曹操相救，後背操，為操所滅。❺蹈敵　赴敵。❻懸師　深入敵軍腹地的孤軍，無後續部隊。❼三郡　指遼西（治所在今遼寧義縣西）、右北平（治所在今河北豐潤東南）、上谷（治所在今河北懷來東南）三郡。❽單于　漢代匈奴的君長稱為單于。❾蹋頓　烏桓部人，世居遼西，總攝三郡。建安初曾助袁紹攻公孫瓚，賜單于稱號。袁紹子袁尚敗後投奔蹋頓，幽、冀等州民眾多投奔烏桓。蹋頓欲藉以攻占中原。後被曹操敗於柳城，被殺。❿長阪　地名。在今湖北當陽東北。⓫領軍將軍　曹操為丞相時所置之官。資重者為領軍將軍，資輕者為中領軍。⓬正元　魏高貴鄉公曹髦年號，西元二五四—二五六年。

【語　譯】曹仁的弟弟曹純，最初以議郎的身分參謀司空軍事，統領虎豹騎兵，跟隨太祖包圍南皮。袁譚出戰，魏兵多有傷亡。太祖想暫緩進攻南皮，曹純說：「今日奔走千里赴敵，如果前進不能攻克城池，撤退必然喪失軍威；而且我們孤軍深入，難以持久。敵人因勝利而驕傲，我軍因失敗而恐懼，以恐懼之旅對抗驕傲之師，一定可以攻克。」太祖認為他說得對，便急攻袁譚，袁譚戰敗。曹純部下的騎兵斬殺了袁譚。到北征三郡的時候，曹純部下的騎兵擄獲烏丸單于蹋頓。按他前後的功勞封為高陵亭侯，食邑三百戶。跟隨太祖征討荊州，在長阪追擊劉備，擄獲了劉備的兩個女兒和軍需物資，收編了劉備逃散的士卒。繼續進兵，降服了江陵，跟隨太祖回到譙縣。建安十五年曹純去世。文帝即位後，追加謚號為威侯。兒子曹演繼嗣爵位，官至領軍將軍，正元年間進封為平樂鄉侯。曹演去世，兒子曹亮繼嗣爵位。

1 曹洪，字子廉，太祖從弟也。太祖起義兵討董卓❶，至滎陽❷，為卓將徐榮❸所敗。太祖失馬，賊追甚急，洪下，以馬授太祖，太祖辭讓，洪曰：「天下可無洪，不可無君。」遂步從到汴水❹，水深不得渡，洪循水得船，與太祖俱濟❺，還奔譙。揚州刺史陳溫❻素與洪善，洪將家兵❼千餘人，就溫募兵，得廬江❽上甲二千人，東到丹陽❾復得數千人，與太祖會龍亢❿。太祖征徐州，張邈舉兗州叛迎呂布。時大饑荒，洪將兵在前，先據東平、范⓫，聚糧穀以繼軍。太祖討邈、布於濮陽，布破走，遂據東阿⓬，轉擊濟陰、山陽、中牟、陽武、京、密⓭十餘縣，皆拔之。以前後功拜鷹揚校尉，遷揚武中郎將。天子都許，拜洪諫議大夫⓮。別征劉表⓯，破表別將於舞陽、陰、葉、堵陽、博望⓰，有功，遷厲鋒將軍，封國明亭侯。累從征伐，拜都護將軍。文帝即位，為衛將軍⓱，遷驃騎將軍⓲，進封野王侯，益邑千戶，并前二千一百戶，位特進⓳；後徙封都陽侯。

2 始，洪家富而性吝嗇，文帝少時假求不稱⓴，常恨之，遂以舍客㉑犯法，下獄當死㉒。羣臣並救莫能得。卞太后㉓謂郭后曰：「今㉔曹洪今日死，吾明日敕㉕帝廢后矣。」於是泣涕屢請，乃得免官削爵土。洪先帝㉖功臣，時人多為觖望㉗。明帝㉘即位，拜後將軍，更封樂城侯，邑千戶，位特進，復拜驃騎將軍。太和六年薨，諡曰恭侯。子馥，嗣侯。初，太祖分洪戶封子震列侯。洪族父㉙瑜，修慎篤敬㉚，官至衛將軍，封列侯。

【章旨】以上為〈曹洪傳〉。曹洪隨曹操起兵，被董卓部將所敗，曹操坐騎走失，曹洪以己騎讓於曹操，步行而從，得以逃脫。曹洪家富有，但為人吝嗇，早時文帝曹丕曾向曹洪借貸，洪不肯。文帝即位後，欲殺曹洪，郭皇后求情得免一死。

【注釋】❶董卓　字仲穎，隴西臨洮（今甘肅岷縣）人。本為涼州豪強，曾任并州牧。東漢昭寧元年（西元一八九年）率兵入洛陽，廢少帝，立獻帝，專斷朝政。受到曹操、袁紹反對，他挾獻帝西遷長安。後被王允、呂布所殺。詳見本書卷六〈董卓傳〉。❷熒陽　即滎陽，縣名。治所在今河南滎陽。❸徐榮　董卓部將，任中郎將，玄菟（今遼河流域一帶）人。❹汴水　河名。指今河南滎陽西南之索河。❺濟　渡河。❻陳溫　字元悌，汝南（今河南上蔡西南）人。任揚州刺史，被袁術所殺。按：裴注引《英雄記》，以為「自病死」。❼家兵　當時豪族大姓的私人部隊之稱。❽廬江　郡名。治所在今安徽廬江縣。❾丹陽　郡名。治所在今安徽宣州。❿龍亢　縣名。治所在今安徽懷遠西。⓫東平范　東平，王國名。治所在今山東東平東。范，縣名。治所在今山東范縣東南。⓬東阿　縣名。治所在今山東陽谷東北。⓭山陽中牟句　山陽，郡名。治所在今山東金鄉西北。中牟，縣名。治所在今河南中牟東。陽武，縣名。治所在今河南原陽東南。京，縣名。治所在今河南滎陽東南。密，縣名。治所在今河南密縣。⓮諫議大夫　官名。光祿勳屬官，掌議論。⓯劉表　字景升，山陽高平（今山東微山縣西北）人。東漢遠支皇族。曾任荊州刺史，據有今湖南、湖北地方。後為荊州牧。他在羣雄混戰中，採取觀望態度，轄區破壞較小，中原人來避難者甚眾。後病死，其子劉琮降於曹操。詳見本書卷六〈劉表傳〉。⑯舞陽陰葉句　舞陽，縣名。治所在今河南舞陽。陰，當作「舞陰」。舞陰故城在今河南泌陽西北。葉，葉縣故城在今河南葉縣南。堵陽，縣名。治所在今河南方城東。博望，縣名。治所在今河南方城西南。⑰衛將軍　武官名。掌京師兵衛和邊防屯警。⑱驃騎將軍　武官名。位在大將軍之下，掌征伐背叛。⑲特進　榮譽職銜。漢代對有特殊地位的列侯，賜位特進，可以自辟僚屬。位在三公之下。⑳假求不稱　請求借貸未能如願。㉑舍客　門客。當時豪勢之家多蓄養門客，充當幕僚。㉒當死　以罪判死刑。㉓卞太后　曹操之妻，魏文帝之母。操原有妻丁夫人，卞氏為妾。丁夫人廢，以卞氏為繼室。曹操稱王，卞氏為王后。曹丕稱帝，尊其為皇太后。㉔令　假令；假若。㉕敕　責令。㉖先帝　已去世的皇帝，此指曹操。㉗觖望　失望不滿。㉘明帝　魏明帝曹叡，文帝曹丕之子。詳見本書卷三〈明帝紀〉。㉙族父　本族的父輩。㉚修慎篤敬　言行謹慎，忠實恭敬。

【語譯】曹洪，字子廉，是太祖的堂弟。太祖發動義兵討伐董卓，兵至滎陽，被董卓部將徐榮打敗。太祖失去坐騎，敵人追趕很急。曹洪下馬，把馬給太祖，太祖推辭，曹洪說：「天下可以沒有曹洪，但是不能沒有您。」便步行跟隨到汴水邊，汴水水深不能渡過，曹洪沿著汴水找到了船隻，和太祖一起渡河，逃回譙縣。揚州刺史陳溫一向和曹洪友好，曹洪率領家兵一千多人，在陳溫那裏招募士兵，得到廬江精銳壯士二千人，東到丹陽又得到幾千人，和太祖在龍亢會合。太祖征討徐州，張邈舉兵在兗州背叛，迎接呂布。當時發生大饑荒，曹洪率領兵眾在前，先占領東平、范縣，聚集糧草接濟太祖的部隊。太祖在濮陽討伐張邈、呂布，呂布敗逃，曹洪便占領東阿，轉戰攻擊濟陰、山陽、中牟、陽武、京、密十多個縣城，全都攻占了下來。憑藉前後功勞官拜鷹揚校尉，升任揚武中郎將。天子定都許昌，任曹洪為諫議大夫。單獨率兵征伐劉表，在舞陽、舞陰、葉、堵陽、博望等縣打敗劉表的其他將領，立有戰功，升任厲鋒將軍，封國明亭侯。屢次隨從太祖征伐，任都護將軍。文帝即位後，曹洪擔任衛將軍，升驃騎將軍，進封野王侯，增加食邑一千戶，連同以前的食邑共二千一百戶，位列特進；後來又改封為都陽侯。

2　當初，曹洪家中富裕而生性吝嗇，文帝年輕時曾向他借貸沒有如願，一直怨恨他。便以他家的門客犯法為由，把他關在牢裡判處死刑。羣臣一齊援救卻沒有能夠成功。卞太后對郭皇后說：「若是曹洪今日死去，我明白就令皇帝廢了你這個皇后。」於是郭后多次哭著向文帝求情，曹洪才僅止於免去官職，削去爵位食邑。曹洪是太祖的功臣，當時有很多人對此感到失望不滿。明帝即位後，任命他為後將軍，改封為樂城侯，食邑一千戶，位列特進，又任命他為驃騎將軍。太和六年去世，謚號恭侯。兒子曹馥，繼承侯爵。當初，太祖將曹洪的食邑分出一部分封他的兒子曹震為列侯。曹洪同族的父輩曹瑜，修身謹慎，誠厚恭敬，官至衛將軍，封列侯。

1 曹休，字文烈，太祖族子❶也。天下亂，宗族❷各散去鄉里。休年十餘歲，喪父，獨與一客擔喪假葬❸，攜將老母，渡江至吳。以太祖舉義兵，易姓名轉至荊州，閒行北歸，見太祖。太祖謂左右曰：「此吾家千里駒也。」使與文帝同止❹，見待如子。常從征伐，使領虎豹騎宿衛❺。劉備遣將吳蘭❻屯下辯，太祖遣曹洪征之，以休為騎都尉，參洪軍事。太祖謂休曰：「汝雖參軍，其實帥也。」洪聞此令，亦委事於休。備遣張飛屯固山❼，欲斷軍後。眾議狐疑，休曰：「賊實斷道者，當伏兵潛行。今乃先張聲勢，此其不能也。宜及其未集，促擊蘭，蘭破則飛自走矣。」洪從之，進兵擊蘭，大破之，飛果走。太祖拔漢中，諸軍還長安❽，拜休中領軍。文帝即王位，為領軍將軍，錄前後功，封東陽亭侯。夏侯惇薨，以休為鎮南將軍，假節都督諸軍事❾，車駕臨送，上乃下輿執手而別。孫權遣將屯歷陽⑩，休到，擊破之，又別遣兵渡江，燒賊蕪湖營⑪數千家。遷征東將軍，領揚州刺史，進封安陽鄉侯。帝征孫權，以休為征東大將軍⑫，假黃鉞⑬，督張遼⑭等及諸州郡二十餘軍，擊權大將呂範等於洞浦⑮，破之。拜揚州牧⑯。明帝即位，進封長平侯。吳將審悳屯皖⑰，休擊破之，斬悳首，吳將韓綜、翟丹等前後率眾詣休降。增邑四百，并前二千五百戶，遷大司馬，都督揚州如故。太和二年，帝為二道征吳，遣司馬宣王⑱從漢水下，休督⑲諸軍向尋陽⑳。賊將偽降，休深入，戰不利，退還宿石亭㉑。軍夜驚，士卒亂，棄甲兵輜重甚多。休上書謝罪，帝遣屯騎校尉㉒楊暨慰喻，禮賜益隆。休因此癰㉓發背薨，謚曰壯侯。子肇嗣。

2 肇有當世㉔才度，為散騎常侍㉕、屯騎校尉。明帝寢疾㉖，方與燕王宇㉗等屬以後事。帝意尋㉘變，詔肇以侯歸第。正始中薨，追贈衛將軍。子興嗣。初，文帝分休戶三百封肇弟纂為列侯，後為殄吳將軍，薨，追贈前將軍。

【章旨】以上為〈曹休傳〉附其子〈曹肇傳〉。曹休深得曹操寵愛，視如己子。張飛屯固山，聲稱欲斷曹軍後路，曹休識破劉備之計，趁張飛立足未穩，擊走張飛。後東征西戰，立下赫赫戰功。其子曹肇亦有當世之才，為明帝所信任。

【注釋】❶族子　同族之子輩。❷宗族　同宗族之人。❸假葬　臨時安葬，即瘞厝。❹同止　同居止；生活在一起。❺宿

衛　值宿警衛，貼身保衛。❻吳蘭　劉備部將，後被陰平氐人強端所殺。❼張飛屯固山　張飛，字益德，涿郡（今河北涿州）人。從劉備起兵，後為蜀漢大將。蜀漢章武元年（西元二二一年）從劉備攻吳，行前被部將刺死。詳見本書卷三十六〈張飛傳〉。固山，在今甘肅成縣境內。❽長安　縣名。西漢都城，在今陝西西安西北。❾假節都督諸軍事　軍事長官或領兵將帥，漢末始有此職。魏晉南北朝稱都督中外諸軍事或大都督，為全國最高軍事長官。❿歷陽　縣名。治所在今安徽和縣。⓫蕪湖營　在蕪湖的駐軍。蕪湖，縣名。治所在今安徽蕪湖。⓬征東大將軍　東征之軍事統帥。⓭假黃鉞　假，即「授予」。黃鉞，以黃金為飾之斧，天子的儀仗。大臣出征，亦授以黃鉞，以示威重。⓮張遼　字文遠，雁門馬邑（今山西朔州）人。初屬呂布，後歸曹操。孫權攻合肥，他率敢死之士大破權軍，被任為征東將軍。後病死軍中。詳見本書卷十七〈張遼傳〉。⓯洞浦　地名。在今安徽和縣南。⓰牧　州部的最高軍政長官，與刺史同職，或稱牧，或稱刺史。⓱晥　縣名。治所在今安徽潛山縣。⓲司馬宣王　即司馬懿。其子司馬昭為晉王，尊其為宣王。⓳休督　二字原誤倒。據《三國志集解》引趙一清說改。⓴尋陽　縣名。治所在今湖北黃梅西南。㉑石亭　地名。在今安徽潛山縣東北。㉒屯騎校尉　武官名。掌京師宿衛兵。㉓癰　毒瘡。㉔當世　用世；治理國家政務。㉕散騎常侍　三國魏置，即漢代的散騎（皇帝的騎從）和中常侍的合稱。在皇帝左右規諫過失，以備顧問。㉖寢疾　臥病不起。㉗燕王宇　即曹宇，曹操之子，劉夫人所生。詳見本書卷二十〈燕王傳〉。㉘尋　不久。

【語　譯】曹休，字文烈，太祖同族姪子。天下動亂，族人各自逃離鄉里。曹休年紀才十幾歲，父親死去，便獨自和一個門客承擔了喪事，臨時埋葬了父親，帶著老母親，渡江到吳郡一帶避難。因為太祖舉兵起義，於是改名換姓輾轉到達荊州，又祕密潛回北方，見到太祖。太祖對身邊的人說：「這是我們曹家的千里馬啊。」讓他和文帝住在一起，對待他如同自己的兒子一樣。經常跟隨太祖出征，率領虎豹騎兵在身邊值宿守衛。劉備派部將吳蘭駐軍下辯縣，太祖派曹洪去討伐吳蘭，任曹休為騎都尉，參預曹洪的軍事。太祖對曹休說：「你雖然是參軍，其實是統帥。」曹洪聽到這些話後，也就委託曹休處理軍務。劉備派張飛屯兵固山，想要截斷曹軍的後路。眾將議論紛紛狐疑不定，曹休說：「敵人若當真要切斷我軍後路，應當埋伏軍隊暗中進行。如今卻事先大肆張揚，這是他們做不到的表現。應該趁他們還沒有集結，趕快攻擊吳蘭，吳蘭一敗，那麼張飛自然就撤走了。」曹洪聽從了他的意見，進兵襲擊，大敗吳蘭，張飛果然撤走。太祖攻克漢中，各軍回到長安，任命曹休為中領軍。文帝繼魏王位，曹休被任命為領軍將軍，論列他前後的功勞，封為東陽亭侯。夏侯惇去世後，任曹休為鎮南將軍，授予符節統領各路軍事，文帝親自送行，下車與他握手告別。孫權派部將駐兵歷陽，曹休到後，擊敗了吳將，又另外派兵渡過長江，燒掉蕪湖敵營數千家。升任征東將軍，兼任揚州刺史，進封為安陽鄉侯。文帝征伐孫權，任曹休為征東大將軍，授予象徵皇帝權威的斧鉞，督領張遼和各州郡的二十多支軍隊。在洞浦襲擊孫權的大將呂範等，大敗吳軍。官拜揚州牧。明帝即位後，進封為長平侯。吳將審悳屯兵皖縣，曹休將他打敗，斬了審悳，吳將韓綜、翟丹等先後率領部隊來向曹休投降。明帝增加他食邑四百戶，連同以前的共二千五百戶，升任大司馬，仍和過去一樣統管揚州的軍政。太和二年，明帝兵分兩路征伐東吳，派司馬宣王順漢水南下，曹休率領各軍向尋陽進發。敵人的將領偽降，曹休深入敵軍，作戰失利，退回石亭宿營。夜裏部隊驚慌，士兵慌亂，丟棄很多兵器和軍用物資。曹休上書向明帝請罪，明帝派遣屯騎校尉楊暨撫慰，禮遇和賞賜更加厚重。曹休因此導致背上毒瘡突發而逝，謚號壯侯。兒子曹肇繼嗣爵位。

2 曹肇有從政治世的才能和器度，任散騎常侍、屯騎校尉。明帝臥病不起，剛向燕王曹宇等人囑託後事，但明帝的想法又突然改變，詔令曹肇以侯爵身分回府閒居。正始年間曹肇去世，追贈為衛將軍。兒子曹興繼嗣爵位。當初，文帝分出曹休的食邑三百戶封給曹肇的弟弟曹纂為列侯，後來曹纂擔任殄吳將軍，去世後，追贈前將軍。

1 曹真，字子丹，太祖族子也。太祖起兵，真父邵募徒眾，為州郡所殺。太祖哀真少孤，收養與諸子同，使與文帝共止。常❶獵，為虎所逐，顧射虎，應聲而倒。太祖壯其鷙❷勇，使將虎豹騎。討靈丘❸賊，拔❹之，封靈壽亭侯。以偏將軍❺將兵擊劉備別將於下辯，破之，拜中堅將軍❻。從至長安，領中領軍。是時，夏侯淵沒於陽平[7]，太祖憂之。以真為征蜀護軍[8]，督徐晃等破劉備別將高詳於陽平。太祖自至漢中，拔出諸軍，使真至武都[9]迎曹洪等還屯陳倉。文帝即王位，以真為鎮西將軍，假節都督雍[10]、涼州諸軍事。錄前後功，進封東鄉侯。張進等反於酒泉[11]，真遣費耀[12]討破之，斬進等。黃初三年還京都[13]，以真為上軍大將軍[14]，都督中外諸軍事，假節鉞。與夏侯尚等征孫權，擊牛渚[15]屯，破之。轉拜中軍大將軍，加給事中[16]。七年，文帝寢疾，真與陳羣[17]、司馬宣王等受遺詔輔政。明帝即位，進封邵陵侯，遷大將軍。

2 諸葛亮[18]圍祁山，南安、天水、安定[19]三郡反應亮。帝遣真督諸軍軍郿[20]，遣張郃擊亮將馬謖[21]，大破之。安定民楊條等略吏民保月支城[22]，真進軍圍之。條謂其眾曰：「大將軍自來，吾願早降耳。」遂自縛出。三郡皆平。真以亮懲於祁山[23]，後出必從陳倉，乃使將軍郝昭[24]、王生守陳倉，治其城。明年春，亮果圍陳倉，已有備而不能克。增邑，并前二千九百戶。四年，朝洛陽[25]，遷大司馬，賜劍履上殿[26]，入朝不趨[27]。真以「蜀連出侵邊境，宜遂伐之，數道並入，可大克也」。帝從其計。真當發西討，帝親臨送。真以八月發長安，從子午道[28]南入。司馬宣王泝[29]漢水，當會南鄭[30]。諸軍或從斜谷道[31]，或從武威[32]入。會大霖雨[33]

三十餘日，或棧道㉞斷絕，詔真還軍。

3 真少與宗人㉟曹遵、鄉人朱讚並事太祖。遵、讚早亡，真愍㊱之，乞分所食邑封遵、讚子。詔曰：「大司馬有叔向撫孤之仁㊲，篤晏平久要之分㊳。君子成人之美，聽分真邑賜遵、讚子爵關內侯，各百戶。」真每征行，與將士同勞苦，軍賞不足，輒㊴以家財班賜，士卒皆願為用。真病還洛陽，帝自幸其第省疾㊵。真薨，謚曰元侯。子爽嗣。帝追思真功，詔曰：「大司馬蹈履忠節㊶，佐命二祖㊷，內不恃親戚之寵，外不驕白屋㊸之士，可謂能持盈守位㊹，勞謙其德㊺者也。其悉封真五子羲、訓、則、彥、皚皆為列侯。」初，文帝分真邑二百戶，封真弟彬為列侯。

【章　旨】以上為〈曹真傳〉。曹真英勇善戰，代夏侯淵為重要軍事將領。陳倉固守，使諸葛亮不能得志。朝廷給予特殊禮遇。曹真能與將士同甘共苦，常以己財賞賜部下，故士樂為之用。

【注　釋】❶常　通「嘗」。❷鷙　一種兇猛的飛鳥。❸靈丘　縣名。治所在今山西靈丘。❹拔　攻克。❺偏將軍　主帥下面的副將。❻中堅將軍　雜號將軍，在軍職中為第四品。❼陽平　指陽平關。故址在今陝西勉縣西白馬河入漢水處。❽征蜀護軍　此類護軍的名號是根據當時的軍事任務暫時設置。❾武都　郡名。治所在今甘肅成縣西北。❿雍　州名。治所在今陝西西安西北。⓫酒泉　郡名。治所在今甘肅酒泉。⓬耀　有的版本作「曜」。在史書中，大多作「曜」。二字通。⓭京都　國都。⓮上軍大將軍　武官名。魏文帝黃初三年（西元二二二年）置，後不常設。其位在武職中為第二品。⓯牛渚　在安徽當塗西北長江邊，北部突入江中，名采石磯。古時為大江南北重要津渡，為軍事上的必爭之地。⓰給事中　官名。給事於殿中之意。備顧問應對，議論政事。為將軍、列侯、九卿的加銜。⓱陳羣　字長文，潁川許昌（今河南許昌）人。初從劉備，後歸曹操。文帝時倡九品中正制。明帝時任司空、錄尚書事。詳見本書卷二十二〈陳羣傳〉。⓲諸葛亮　字孔明，琅邪陽都（今山東沂南南）人。東漢末，隱居鄧縣隆中（今湖北襄陽），劉備三顧草廬，求其出山，成為劉備的主要謀士。蜀漢建立，任丞相。劉備死後，他輔佐劉禪，為蜀漢政權鞠躬盡瘁。後病死軍中。著作有《諸葛亮集》。詳見本書卷三十五〈諸葛亮傳〉。⓳南安天水安定　南安，郡名。治所在今甘肅隴西東北渭水東岸。天水，郡名。治所在今甘肅甘谷東南。安定，郡名。治所在今甘肅鎮遠西南。⓴郿　縣名。治所在今陝西眉縣。㉑馬謖　字幼常，襄陽宜城（今湖北宜城南）人。初從劉備克蜀，任越巂太守。好論軍事，為諸葛亮所重。因不聽節制，大敗於街亭，下獄死。詳見本書卷三十九馬良附傳。㉒月支城　月支，又作「月氏」，部族名。秦漢時，游牧於敦煌、祁連間，後被匈奴所攻，西遷至今伊犁河上游，稱大月支；沒有西遷的進入祁連山區。此月支城蓋其所聚居之地。㉓懲於祁山　接受在祁山失敗的教訓。㉔郝昭　字伯道，太原人。郝昭守陳倉事，《三國志・明帝紀》裴注較詳，可參閱。㉕洛陽　東漢都城，在今河南洛陽。㉖劍履上殿　可以帶劍穿鞋上殿。㉗入朝不趨　上殿時可以不小步疾走。劍履上殿和入朝不趨，是皇帝對於有特殊地位大臣的一種禮遇。㉘子午道　即子午谷。從杜陵（今陝西西安）直通南山（今秦嶺），至漢中。南口在今安康縣境。三國時，為魏、蜀交爭的要道。㉙泝　逆流而上。㉚南鄭　縣名。治所在今陝西漢中。㉛斜谷道　谷口在今陝西眉縣南。入谷口二百二十里抵鳳縣界，出連雲棧二百五十里至褒城，長四百七十里。㉜武威　縣名。治所在今甘肅民勤東北。㉝霖雨　連日大雨。㉞棧道　又稱「棧閣」或「閣道」。中國古代在今川、陝、甘、滇諸省境內峭岩陡壁上鑿孔架橋連閣而成的一種道路，是當時西南地區的交通要道。㉟宗人　同宗族之人。㊱愍　憐憫。㊲叔向撫孤之仁　叔向，名肸，羊舌氏。春秋時晉國大夫。叔向因司馬侯之薦入仕，司馬侯死後，「叔向見司馬侯之子，撫而泣之」，動情的回憶與司馬侯之間的關係。見《國語》卷十三、十四《晉語》七、八。㊳晏平久要之分　晏平，名嬰，字平仲，春秋時齊國大夫。《論語・憲問》讚揚其「久要不忘平生之言」；《論語・公冶長》：「晏平仲善與人交，久而敬之。」㊴輒　往往。㊵幸其第省疾　幸，皇帝的行止稱為幸。第，大的府宅。省疾，探望病情。㊶蹈履忠節　躬行忠誠的節操。㊷佐命二祖　輔佐太祖曹操和高祖曹丕。㊸白屋　房屋不施彩繪的平民之家。㊹持盈守位　保守成業，不越本分。㊺勞謙其德　任勞謙遜的美德。

【語 譯】曹真，字子丹，是太祖同族姪子。太祖起兵的時候，曹真的父親曹邵招募兵眾，被州郡官員殺害。太祖哀憐曹真少年喪父，收養他如同自己的兒子一樣，讓他和文帝生活在一起。曹真曾外出打獵，被老虎追趕，他回身射虎，老虎應聲倒地。太祖認為他兇猛勇敢，讓他統領虎豹騎。曹真討伐靈丘的賊寇，攻克了賊營，封為靈壽亭侯。又以偏將軍的身分率兵在下辯襲擊劉備部將，打敗了他，被任命為中堅將軍。跟隨太祖到達長安，兼任中領軍。這時，夏侯淵戰死陽平，太祖對此感到憂慮。任曹真為征蜀護軍，督領徐晃等在陽平打敗劉備的將領高詳。太祖親赴漢中，把曹真從諸軍中選拔出來，派曹真到武都迎接曹洪等回軍駐紮陳倉。文帝繼魏王位後，任曹真為鎮西將軍，授予符節統領雍州、涼州諸州的軍務。論列他前後的功勞，進封為東鄉侯。張進等人在酒泉反叛，曹真派費耀討伐擊敗了他，殺了張進等人。黃初三年返回京都，任曹真為上軍大將軍，統管內外一切軍事，授予他符節和黃鉞。和夏侯尚等人討伐孫權，攻擊牛渚軍營，打敗了敵人。改任中軍大將軍，加給事中銜。黃初七年，文帝病重，曹真和陳羣、司馬宣王等接受遺詔輔佐朝政。明帝繼位後，進封曹真為邵陵侯，升任大將軍。

2 諸葛亮包圍祁山，南安、天水、安定三郡都反叛響應諸葛亮。明帝派曹真統領各軍駐紮在郿縣，派張郃攻擊諸葛亮的部將馬謖，大敗敵軍。安定郡民楊條等挾持官吏百姓據守月支城，曹真進軍包圍了他。楊條對他的部眾說：「大將軍親自率軍前來，我願意及早投降。」便自行捆綁出降。三郡因而全部平定。曹真認為諸葛亮鑑於祁山的失敗，日後必定經陳倉出兵，便派將軍郝昭、王生據守陳倉，修築城垣。第二年春天，諸葛亮果然包圍陳倉，因陳倉已有了防備而無法攻克。明帝增加了曹真的食邑，連同以前封的共二千九百戶。黃初四年，曹真到洛陽朝見明帝，升任大司馬，明帝賜他帶劍穿鞋上殿、朝覲皇帝不用小步快走的待遇。曹真認為：「蜀國接連不斷的出兵侵犯邊境，應當立即討伐它，兵分數路同時進擊，可以大勝。」明帝採納了他的計策。當曹真出發西征的時候，明帝親自送行。曹真於八月從長安發兵，從子午道向南進擊。司馬宣王逆漢水而上，預計在南鄭會師。其他各軍有的從斜谷，有的從武威同時並進。適逢連日大雨下了三十多天，有的地方棧道斷絕，明帝下詔要曹真率軍返回。

3 曹真年輕時和族人曹遵、鄉人朱讚一同在太祖手下任事。曹遵、朱讚早死，曹真哀憐他們，請求把分封給自己的部分食邑給曹遵、朱讚的兒子。皇帝下詔說：「大司馬有叔向撫恤孤兒的仁德，篤守晏平仲信守舊約的情分。君子成人之美，同意分封曹真的食邑，賜曹遵、朱讚的兒子關內侯的爵位，每人食邑百戶。」曹真每次行軍作戰，和將士們同甘共苦，軍費賞賜不夠，常常用自己的財產頒發獎賞，士兵都願意替他出力。曹真有病回到洛陽，明帝親自到他家裏看望。曹真去世，諡號元侯。兒子曹爽繼嗣爵位。明帝追念曹真的功勳，下詔說：「大司馬盡忠盡節，輔佐太祖、文帝二位先帝，於內不仗恃皇親的寵信，在外不傲視普通的士人，可說是能夠保持榮譽尊寵、謹守其位、具有勤勞謙虛美德的人啊。現封曹真的五個兒子曹羲、曹訓、曹則、曹彥、曹皚都為列侯。」當初，文帝分出曹真的封邑二百戶，封曹真的弟弟曹彬為列侯。

1 爽字昭伯，少以宗室❶謹重，明帝在東宮，甚親愛之。及即位，為散騎侍郎❷，累遷城門校尉❸，加散騎常侍，轉武衛將軍❹，寵待有殊。帝寢疾，乃引爽入臥內，拜大將軍，假節鉞，都督中外諸軍事，錄尚書事❺，與太尉❻司馬宣王並受遺詔輔少主。明帝崩，齊王❼即位，加爽侍中❽，改封武安侯，邑萬二千戶，賜劍履上殿，入朝不趨，贊拜不名❾。丁謐❿畫策，使爽白天子，發詔轉宣王為太傅⓫，外以名號尊之，內欲令尚書奏事，先來由己，得制其輕重也。爽弟羲為中領軍，訓武衛將軍，彥散騎常侍侍講⓬，其餘諸弟，皆以列侯侍從，出入禁闥⓭，貴寵莫盛焉。南陽⓮何晏、鄧颺、李勝、沛國丁謐、東平畢軌咸有聲名，進趣於時⑮，明帝以其浮華⑯，皆抑黜⑰之；及爽秉政，乃復進敘⑱，任為腹心。颺等欲令爽立威名於天下，勸使伐蜀，爽從其言，宣王止之不能禁。正始五年，爽乃西至長安，大發卒六七萬人，從駱谷⑲入。是時，關中⑳及氐、羌轉輸不能供，牛馬騾驢多死，民夷號泣道路。入谷行數百里，賊因山為固，兵不得進。爽參軍㉑楊偉㉒為爽陳形勢，宜急還，不然將敗。颺與偉爭於爽前，偉曰：「颺、勝將敗國家事，可斬也。」爽不悅，乃引軍還。

2 初，爽以宣王年德並高，恆父事之㉓，不敢專行。及晏等進用，咸㉔共推戴，說爽以權重不宜委之於人。乃以晏、颺、謐為尚書，晏典選舉㉕，軌司隸校尉㉖，勝河南尹，諸事希復由㉗宣王。宣王遂稱疾避爽。晏等專政，共分割洛陽、野王典農部㉘桑田數百頃，及壞湯沐地㉙以為產業，承勢竊取官物，因緣㉚求欲州郡。有司望風㉛，莫敢忤旨㉜。晏等與廷尉㉝盧毓素有不平，因毓吏微過，深文㉞致毓法，使主者先收毓印綬㉟，然後奏聞。其作威如此。爽飲食車服，擬於乘輿㊱；尚方㊲珍玩，充牣㊳其家；妻妾盈後庭，又私取先帝才人㊴七八人，及將吏、師工、鼓吹、良家子女㊵三十三人，皆以為伎㊶樂。詐作詔書，發才人五十七人送鄴臺㊷，使先帝倢伃㊸教習為伎。擅取太樂㊹樂器，武庫禁兵。作窟室㊺，綺疏㊻四周，數與晏等會其中，飲酒作樂。義深以為大憂，數諫止之。又著書三篇，陳驕淫[47]盈溢之致禍敗，辭旨甚切，不敢斥爽，託戒諸弟以示爽。爽知其為己發也，甚不悅。義或時以諫喻不納，涕泣而起。宣王密為之備。九年冬，李勝出為荊州刺史，往詣宣王。宣王稱疾困篤[48]，示以羸[49]形。勝不能覺，謂之信然。

3 十年正月，車駕朝高平陵[50]，爽兄弟皆從。宣王部勒[51]兵馬，先據武庫，遂出屯洛水浮橋[52]。奏爽曰：「臣昔從遼東[53]還，先帝詔陛下、秦王[54]及臣升御牀，把臣臂，深以後事為念。臣言『二祖亦屬臣以後事為念[55]，此自陛下所見，無所憂苦；萬一有不如意，臣當以死奉明詔』。黃門令[56]董箕等，才人侍疾者，皆所聞知。今大將軍爽背棄顧命[57]，敗亂國典[58]，內則僭擬[59]，外專威權；破壞諸營，盡據禁兵，羣官要職，皆置所親；殿中宿衛，歷世舊人皆復斥出，欲置新人以樹私計；根據盤互[60]，縱恣日甚。外既如此，又以黃門張當為都監[61]，專共交關[62]，看察至尊[63]，候伺神器[64]，離間二宮[65]，傷害骨肉[66]。天下洶洶[67]，人懷危懼，陛下但為寄坐[68]，豈得久安！此非先帝詔陛下及臣升御牀之本意也。臣雖朽邁[69]，敢忘往言？昔趙高極意，秦氏以滅[70]；呂、霍早斷，漢祚永世[71]。此乃陛下之大鑒[72]，臣受命之時也。太尉臣濟[73]、尚書令[74]臣孚[75]等，皆以爽為有無君之心，兄弟不宜典兵宿衛，奏永寧宮⑯。皇太后令敕臣如奏施行。臣輒敕主者及黃門令罷爽、羲、訓吏兵，以侯就第，不得逗留以稽⑰車駕；敢有稽留，便以軍法從事⑱。臣輒力疾⑲將兵屯洛水浮橋，伺察非常⑳。」

4 爽得宣王奏事，不通，迫窘(81)不知所為。大司農(82)沛國桓範聞兵起，不應太后召，矯詔(83)開平昌門(84)，拔取劍戟，略將門候(85)，南奔爽。宣王知，曰：「範畫策(86)，爽必不能用範計。」範說爽使車駕幸許昌(87)，招外兵。爽兄弟猶豫未決，範重謂羲曰：「當今日，卿門戶求貧賤復可得乎？且匹夫持質一人，尚欲望活，今卿與天子相隨，令於天下，誰敢不應者？」羲猶不能納。侍中許允、尚書陳泰說爽，使早自歸罪。爽於是遣允、泰詣宣王，歸罪請死，乃通宣王奏事。遂免爽兄弟，以侯還第。

5 初，張當私以所擇才人張、何等與爽。疑其有姦，收當治罪。當陳爽與晏等陰謀反逆，並先習兵，須(88)三月中欲發，於是收晏等下獄。會公卿朝臣廷議(89)，以為「春秋(90)之義，『君親無將，將而必誅(91)』。爽以支屬(92)，世蒙殊寵，親受先帝握手遺詔，託以天下，而包藏禍心(93)，蔑棄顧命，乃與晏、颺及當等圖謀(94)神器，範黨同罪人，皆為大逆不道(95)」。於是收爽、羲、訓、晏、颺、謐、軌、勝、範、當等，皆伏誅，夷三族[96]。嘉平[97]中，紹功臣世[98]，封真族孫熙為新昌亭侯，邑三百戶，以奉真後。

6 晏，何進[99]孫也。母尹氏，為太祖夫人。晏長於宮省[100]，又尚公主，少以才秀知名，好老莊言[101]，作道德論及諸文賦著述凡數十篇。

【章旨】以上為〈曹爽傳〉並簡附〈何晏傳〉。曹爽為曹真之子，受明帝寵愛，官高位尊。何晏、鄧颺等為之謀劃，攬權貪位，遂致忘形。貿然伐蜀，勞民傷財，無功而還。何晏等人，依曹爽之勢，迫害異己。權臣司馬懿避其鋒芒，稱病示弱，而暗中準備除掉爽等。時機成熟，司馬懿劾奏曹爽，請明帝罷斥曹爽。曹爽的心腹勸他劫持天子以令諸侯，曹爽猶豫。陳泰勸曹爽自首謝罪，爽被罷斥。其同黨張當揭發爽、晏等罪行，爽、晏等被殺，滅三族。

【注釋】❶宗室　皇族。❷散騎侍郎　曹魏初與散騎常侍同時設置。散騎常侍為第三品，侍郎為第五品。❸城門校尉　官名。掌洛陽十二城門守衛。❹武衛將軍　魏制，領軍將軍主中壘、五校、武衛三營，武衛將軍領武衛營。❺錄尚書事　魏晉南北朝時的最高文職，總攬朝政大權，凡重權大臣每帶此號。「錄」為總領之意，東漢以來，政歸尚書。❻太尉　官名。全國最高軍事長官。❼齊王　名曹芳，魏明帝養子，即皇帝位十五年，被權臣司馬師廢為齊王。詳見本書卷四〈齊王紀〉。❽侍中　官名。職在侍從天子，備顧問，無定員。❾贊拜不名　贊拜，古時臣下朝拜天子，司儀在旁唱禮，直呼朝拜者姓名。不名，不直稱姓名，只稱官職，是對權臣的特殊禮遇。❿丁謐　人名。其事跡見本卷下文。⓫太傅　官名。漢魏曾設置，位在三公之上，輔佐君主，無實職，不常設。⓬侍講　官名。職掌在皇帝左右講說經史政務。後世侍講官即起於此。⓭禁闥　即皇宮。⓮南陽　郡名。治所在今河南南陽。⓯進趣於時　趨炎附勢，競逐名利。趣，同「趨」。⓰浮華　華而不實。⓱抑黜　貶抑、廢斥。⓲進敘　進官敘職。敘，按等級授官。⓳駱谷　秦嶺中一條通道，全長四百餘里。北口在陝西周至西南，南口在洋縣北。⓴關中　地區名。泛指函谷關以西之地或秦嶺以北地區。㉑參軍　即參議軍事，將軍手下的幕僚。㉒楊偉　裴注引《世語》曰：「偉字世英，馮翊人。明帝治宮室，偉諫曰：『今作宮室，斬伐生民墓上松柏，毀壞碑獸石柱，辜及亡人，傷孝子心，不可以為後世之法則。』」㉓恆父事之　始終當成父輩一樣侍奉。㉔咸　都。㉕典選舉　主管選拔官員。㉖司隸校尉　官名。掌糾察京師百官違法，治所轄各郡，相當於州刺史。㉗復由　回報請示。㉘洛陽野王典農部　曹魏在洛陽西南陽市邑（今河南洛寧東北）、河內郡野王縣（今河南沁陽）設置典農中郎將，管理該地區屯田。㉙湯沐地　古時天子賜給諸侯的封地，該地的收入供諸侯沐浴齋戒之用，是他們生活來源。㉚因緣　找機會。㉛有司望風　官員看臉色行事。有司，古代設官各有所司，故稱官員為有司。㉜忤旨　違背旨意。㉝廷尉　官名。九卿之一，掌全國司法刑獄。㉞深文　利用法律條文，苛細周納，陷人以罪。㉟印綬　官印。綬為繫印的絲帶。㊱乘輿　皇帝所乘的車，因而以之指代皇帝。㊲尚方　漢魏時設中、左、右三尚方，主造皇帝所用器物。㊳牣　滿。㊴才人　皇帝嬪妃的稱號。㊵將吏師工句　這裏指樂隊的主管官吏。師工，樂工。入樂籍的人家，世為樂工。鼓吹，樂曲名，為軍中之樂，此指從事鼓吹的樂師。良家子女，清白人家的子女。㊶伎　通「技」。㊷鄴臺　東漢建安十五年（西元二一〇年），曹操在鄴城建銅雀、金虎、冰井三臺。臺內蓄伎樂，以供享樂。故址在今河北臨漳西南。㊸倢伃　嬪妃的稱號之一。㊹太樂　官名。曹魏時太常卿下設太樂令，掌國家典禮之樂。㊺窟室　地下室。㊻綺疏　雕刻花紋。㊼驕淫　驕奢淫侈。㊽困篤　病勢沉重。㊾羸　瘦弱。㊿高平陵　魏明帝的陵墓，在今河南洛陽南。(51)部勒　部署調動。(52)洛水浮橋　浮橋在故洛陽城南，在今河南洛陽城南五里處。(53)遼東　郡名。治所在今遼寧遼陽。(54)秦王　曹詢，魏明帝養子，封秦王。(55)為念　清何焯認為此二字係衍文。(56)黃門令　官名。皇帝的侍從官，多由宦者充任。(57)顧命　皇帝臨死時的詔命。(58)國典　國家的法令制度。(59)僭擬　越分行事，自擬於皇帝。(60)根據槃互　形容私人勢力盤根錯節，互相交結。槃，通「盤」。(61)都監　官名。即黃門總管。(62)交關　互相勾結。(63)至尊　至高無尚，指皇帝而言。(64)神器　國家最高權力，指皇位。(65)二宮　指皇后與太后。(66)骨肉　至親之人。(67)洶洶　喧擾動盪。(68)寄坐　託寄於客位，喻無實權且地位不穩固。(69)朽邁　年老衰朽。(70)趙高極意二句　秦二世胡亥寵幸宦官趙高，任其為丞相。趙高誣殺秦諸公子及大臣，後又逼殺二世，致秦滅亡。(71)呂霍早斷二句　漢惠帝死後，呂后臨朝專制，違背劉邦非劉氏不王之約，封兄子呂台、呂產、呂祿，呂台子呂通為王，後又以呂產為相國，呂祿為上將軍，控制軍政大權。呂后死，諸呂恐為諸侯王所誅，因謀作亂，旋為周勃、陳平等所誅除。霍光輔佐漢昭帝、宣帝，前後秉政近二十年，霍氏一門貴盛。霍光死，其子禹、兄孫雲、山等驕奢放縱，宣帝欲抑之，霍禹等謀廢宣帝而立禹，事洩，霍氏被誅。(72)大鑒　重要的借鑑。(73)濟　蔣濟，字子通。時任太尉。詳見本書卷十四〈蔣濟傳〉。(74)尚書令　官名。皇帝之下總攬朝政的長官。(75)孚　司馬孚，字叔達，司馬懿之弟。(76)永寧宮　齊王曹芳尊明帝郭皇后為皇太后，居永寧宮，故以此指代郭太后。(77)稽　遲留。(78)軍法從事　按軍法懲處。(79)力疾　極力支撐病體。(80)伺察非常　準備對付非常事件的發生。(81)迫窘　處境困迫。(82)大司農　官名。九卿之一，掌租稅錢穀鹽鐵和國家的財政收支。(83)矯詔　假傳聖旨。(84)平昌門　魏晉時洛陽城南面四門之一。(85)門候　洛陽城每門設門候一人，屬城門校尉。(86)畫策　謀劃計策。(87)許昌　縣名。治所在今河南許昌東。(88)須　等待。(89)公卿朝臣廷議　指朝廷的高級官員議論對何晏的處置。公卿，三公九卿，這裏指朝廷的高級官員。廷議，在朝廷議論決定有關事宜。這裏指廷議對何晏等的處置。(90)春秋　中國第一部編年體的史書，相傳為孔子所作。孔子作《春秋》，貶惡揚善，明君臣之義。後世以孔子的是非為是非，以《春秋》為判斷善惡的標準。(91)君親無將二句　語見《春秋公羊傳》莊公三十二年及昭公元年。意謂：君主的親屬，不得叛亂，叛亂必遭誅滅。無將，不得叛亂。將，即「反」。(92)支屬　亦作「枝屬」。皇族曹氏的旁系親屬。曹爽父曹真，曹真為曹邵養子，曹邵隨曹操起兵。故稱曹爽為支屬。(93)包藏禍心　內懷奸惡。(94)圖謀　宋本作「謀圖」。(95)大逆不道　在封建社會，謀反作亂一律屬於大逆；殘殺一家人命，或毒死人，或藉鬼神殺人，屬於不道。(96)夷三族　即滅三族。三族一般指父族、母族、妻族。(97)嘉平　魏齊王曹芳年號，西元二四九—二五四年。(98)世　繼嗣。這裏指爵位的承嗣。(99)何進　字遂高，南陽宛縣（今河南南陽）人。妹為靈帝皇后，進任大將軍。靈帝死，他擁立少帝，專斷朝政。後與袁紹等謀誅宦官，事洩，為宦官所殺。詳見《後漢書・何進列傳》。(100)宮省　即宮禁、皇宮。(101)老莊言　指老子、莊子的學說。

【語譯】曹爽，字昭伯，年輕時因為是宗室子弟而又謹慎持重，明帝為太子時，非常親愛他。等到即位為帝，任曹爽為散騎侍郎，不斷升遷至城門校尉，加散騎常侍的官銜，改任武衛將軍，受到特殊的寵信和優遇。明帝重病在床，召曹爽到臥室，任命他為大將軍，授予符節、黃鉞，都督內外各種軍務，總管尚書事宜，和太尉司馬宣王一同接受遺命輔佐幼主。明帝去世，齊王曹芳即帝位，加曹爽侍中的官銜，改封為武安侯，食邑一萬二千戶，賜予帶劍穿鞋上殿，入朝不必小步快走，向皇帝朝拜不必稱名的優遇。丁謐替曹爽出謀劃策，要他請求皇帝，發布詔書轉任司馬宣王為太傅，表面上用名號尊重他，實際上想使尚書向皇帝奏事時，先來請示自己，這樣就能專斷政事的輕重緩急了。曹爽弟弟曹羲任中領軍，曹訓任武衛將軍，曹彥任散騎常侍侍講，其餘各弟，都以列侯身分擔任皇帝的侍從，出入於皇宮，富貴寵幸沒有超過他們的了。南陽人何晏、鄧颺、李勝，沛國人丁謐，東平人畢軌，都頗有聲望，但都趨炎附勢，追逐名利，明帝認為他們虛浮不實，都貶斥不用；到了曹爽執政，竟又一齊進用，以他們為心腹。鄧颺等想讓曹爽在全國建立威名，鼓動他征伐蜀國，曹爽聽從了他們的建言，司馬宣王不能阻止。正始五年，曹爽便西到長安，大規模徵調兵卒六七萬人，從駱谷進軍。這時，關中和氐人、羌人的運輸供應不上，牛馬騾驢大多死亡，漢人、胡人在路上號哭流涕。進入山谷走了幾百里，敵人依靠山險防守堅固，部隊不能前進。曹爽的參軍楊偉對曹爽說明形勢，認為應當急速撤退，不然將會失敗。鄧颺和楊偉在曹爽面前爭辯，楊偉說：「鄧颺、李勝將要敗壞國家大事，應斬首。」曹爽很不高興，便帶兵撤回。

2 當初，曹爽因為司馬宣王年高德劭，始終像對待父輩一樣侍奉他，凡事不敢專斷獨行。等到何晏等人被任用，都一齊擁戴曹爽，勸說他大權不應該授予他人。於是用何晏、鄧颺、丁謐等擔任尚書，何晏主持選拔官員，畢軌任司隸校尉，李勝任河南尹，各項政事很少回報稟告司馬宣王。司馬宣王便藉口有病迴避曹爽。何晏等人把持朝政，共同瓜分洛陽、野王兩地典農所屬的桑田幾百頃，並且侵占皇帝給予王公的湯沐地作為自己的產業，仗勢竊取公家財物，藉機向各州郡索要財物。官員們都順風轉舵，不敢違抗他們的意旨。何晏等人和廷尉盧毓素來不和，因為盧毓的部下有小的過失，便曲解法令條文羅織罪名，陷盧毓於法，要主管部門先收繳盧毓的官印，然後才上奏給皇帝知道。他們作威作福就是如此。曹爽的飲食車馬服飾，比擬皇帝；皇帝庫房的珍玩寶物，充滿了他的家中；內宅妻妾無數，又私取明帝的才人七八個，和將吏、工匠、樂師、百姓人家的子女共三十三人，都充作藝伎。假造詔書，將五十七名才人發送到鄴都銅雀等臺，派明帝的倢伃訓練伎藝。擅取皇室樂器、武庫的兵器。建造地下密室，四周飾以鏤空花紋，經常和何晏等在裏面聚會，飲酒作樂。曹羲大為憂慮，幾次勸止他。又寫成三篇文章，說明驕奢淫侈會導致災禍失敗，文義非常懇切，不敢直接批評曹爽，假託告誡各個弟弟來讓曹爽過目。曹爽知道他是針對自己而作，非常不高興。曹羲有時因為勸告不被採納，便痛哭而起身離開。司馬宣王祕密的為對付他們做著準備。正始九年冬天，李勝出任荊州刺史，前去謁見司馬宣王。司馬宣王訴說病情嚴重，裝出弱不禁風的樣子，李勝沒有察覺，以為是真的。

3 正始十年正月，皇帝祭祀高平陵，曹爽兄弟一齊隨從。司馬宣王部署調動了兵馬，先占領武庫，接著出兵屯守洛水浮橋。向皇帝上奏曹爽的罪行說：「臣過去從遼東回軍，先帝詔令陛下、秦王和臣同登御床，握著臣的手臂，對身後的事深以為慮。臣說『太祖、文帝也把後事囑託給我，這是陛下親眼看見的，請不必憂慮；萬一出現不如意的事情，臣當不顧性命來奉行您的英明詔旨』。這事黃門令董箕等人，侍候先帝的才人，都是親見親聞的。今日大將軍曹爽背棄明帝的臨終詔命，敗壞國家的法度，對內則自比於皇帝，對外則專權獨斷；破壞軍事建制，控制所有禁軍，文武百官中的要職，都安排他的親信；皇宮裏的侍衛，歷代久任的人都摒斥趕走，企圖安插新人以樹立私黨；親信的勢力盤根錯節，肆意妄為日甚一日。外朝已是這樣，他們又用黃門張當任都監，專門互相勾結，監視皇帝，伺機竊取帝位。離間陛下的母子關係，傷害骨肉親情。天下動盪不安，人人心懷危懼。陛下之位，僅為虛設，這樣怎麼能久安其位呢！這不是先帝召見陛下和臣到御床邊的本意啊。臣雖然腐朽年邁，豈敢忘記往日的誓言？昔日趙高恣意妄為，秦朝因此滅亡；呂、霍二家的禍根早斷，漢朝江山因此世代相傳。這些都是陛下的重要借鑑，也是臣下受命而行的時候了。太尉蔣濟、尚書令司馬孚等，都認為曹爽已目無君主，他們兄弟不應該再統領警衛部隊。臣已經上奏太后。皇太后命令臣按上奏的意見執行。臣便責令主管官員和黃門令罷免曹爽、曹羲、曹訓的官職和兵權，以侯爵的身分回府，不准繼續逗留，阻撓皇帝御駕回宮；膽敢阻撓，便按軍法行事。臣不顧身體有病帶兵屯駐洛水浮橋，準備應付非常情況。」

4 曹爽得到司馬宣王的奏書，沒有給皇帝看，處境困迫不知所措。大司農沛國人桓範聽說發生兵變，不肯回應太后的召見，假傳聖旨打開平昌門，拿出武器，劫持了守門的門候，往南投奔曹爽。司馬宣王知道後，說：「桓範出謀劃策，曹爽肯定不能採用桓範的計謀。」桓範建議曹爽挾持皇帝前往許昌，徵調外地兵馬。曹爽兄弟猶豫不決，桓範反覆對曹羲說：「在今天，以你的地位想做個平民百姓還可能嗎？況且普通人劫持一個人質，尚且想要活命，現在您與天子相隨，號令天下，有敢不響應的人嗎？」曹羲還是沒有採納。侍中許允、尚書陳泰勸說曹爽，要他自己早日認罪。曹爽於是派許允、陳泰造訪司馬宣王，認罪請求處死，這才向皇帝呈上司馬宣王的奏書。於是曹爽兄弟被免職，以侯爵的身分回府。

5 當初，張當私自把他選擇的才人張、何等獻給曹爽。因此被懷疑與曹爽有奸謀，逮捕了張當治罪。張當揭發曹爽和何晏等陰謀造反，並且先訓練士卒，打算等到三月中旬發兵，於是逮捕了何晏等關進牢獄。召集公卿大臣在朝廷會議，認為「《春秋》之義說，『君主的親屬也不得謀叛，謀叛一定誅殺』。曹爽以皇室旁系親屬的資格，世代蒙受特殊恩寵，親身受到先帝握手囑託後事的遺詔，把天下大事託付給他，而他包藏禍心，蔑視和拋棄遺命，竟和何晏、鄧颺以及張當等人陰謀篡奪皇位，桓範和罪犯同黨，都是大逆不道」。於是逮捕曹爽、曹羲、曹訓、何晏、鄧颺、丁謐、畢軌、李勝、桓範、張當等，都被處死，誅滅三族。嘉平年間，為了延續功臣的後嗣，封曹真姪孫曹熙為新昌亭侯，食邑三百戶，以延續曹真後嗣。

6 何晏是何進的孫子。母親尹氏，是太祖的夫人。何晏在宮廷裏長大，又娶皇帝女兒做妻子，年輕時因為才能優秀而聞名，喜好老莊之學，撰有《道德論》及各種文章辭賦共幾十篇。

1 夏侯尚，字伯仁，淵從子❶也。文帝與之親友。太祖定冀州，尚為軍司馬❷，將騎從征伐，後為五官將文學❸。魏國初建❹，遷黃門侍郎❺。代郡❻胡叛，遣鄢陵侯彰征討之，以尚參彰軍事，定代地，還。太祖崩❼於洛陽，尚持節❽，奉梓宮❾還鄴。并錄前功，封平陵亭侯，拜散騎常侍，遷中領軍。文帝踐阼❿，更封平陵鄉侯，遷征南將軍，領荊州刺史，假節都督南方諸軍事。尚奏：「劉備別軍在上庸⓫，山道險難，彼不我虞⓬，若以奇兵潛行，出其不意，則獨克之勢也。」遂勒諸軍擊破上庸，平三郡九縣，遷征南大將軍。孫權雖稱藩⓭，尚益修攻討之備，權後果有貳心。黃初三年，車駕幸宛，使尚率諸軍與曹真共圍江陵。權將諸葛瑾⑭與尚軍對江，瑾渡入江中渚⑮，而分水軍於江中。尚夜多持油船，將步騎萬餘人，於下流潛渡，攻瑾諸軍，夾江燒其舟船，水陸並攻，破之。城未拔，會大疫，詔敕尚引諸軍還。益封六百戶，并前千九百戶，假鉞，進為牧。荊州殘荒，外接蠻夷⑯，而與吳阻漢水為境，舊民多居江南。尚自上庸通道，西行七百餘里，山民蠻夷多服從者，五六年間，降附數千家。五年，徙封昌陵鄉侯。尚有愛妾嬖幸，寵奪適室⑰；適室，曹氏女也，故文帝遣人絞殺之。尚悲感，發病恍惚⑱，既葬埋妾，不勝思見，復出視之。文帝聞而恚⑲之曰：「杜襲之輕薄尚⑳，良有以也㉑。」然以舊臣，恩寵不衰。六年，尚疾篤，還京都，帝數臨幸，執手涕泣。尚薨，諡曰悼侯。子玄嗣。又分尚戶三百，賜尚弟子奉爵關內侯。

2 玄字太初。少知名，弱冠㉒為散騎黃門侍郎。嘗進見，與皇后弟毛曾並坐，玄恥之，不悅形之於色。明帝恨之，左遷㉓為羽林監。正始初，曹爽輔政。玄，爽之姑子也。累遷散騎常侍、中護軍。

3 太傅司馬宣王問以時事㉔，玄議以為：「夫官才㉕用人，國之柄也，故銓衡專於臺閣㉖，上之分也；孝行存乎閭巷㉗，優劣任之鄉人，下之敘㉘也。夫欲清教審選㉙，在明其分敘，不使相涉而已。何者？上過其分，則恐所由之不本，而干勢馳騖㉚之路開；下踰其敘，則恐天爵㉛之外通，而機權㉜之門多矣。夫天爵下通，是庶人議柄也；機權多門，是紛亂之原也。自州郡中正㉝品度官才之來，有年載㉞矣，緬緬紛紛㉟，未聞整齊，豈非分敘參錯㊱，各失其要之所由哉！若令中正但考行倫輩㊲，倫輩當行均㊳，斯可官㊴矣。何者？夫孝行著於家門，豈不忠恪於在官乎？仁恕稱於九族㊵，豈不達於為政㊶乎？義斷㊷行於鄉黨，豈不堪於事任乎？三者之類，取於中正，雖不處其官名，斯任官可知矣。行有大小，比有高下，則所任之流，亦煥然㊸明別矣。奚必使中正干銓衡之機於下，而執機柄者有所委仗㊹於上，上下交侵，以生紛錯哉？且臺閣臨下，考功校否㊺，眾職之屬，各有官長，旦夕相考，莫究於此；閭閻㊻之議，以意裁處，而使匠宰㊼失位，眾人驅駭㊽，欲風俗清靜，其可得乎？天臺縣遠㊾，眾所絕意。所得至者，更在側近，孰不修飾以要所求？所求有路，則修己家門者，已不如自達於鄉黨矣。自達鄉黨者，已不如自求之於州邦㊿矣。苟開之有路，而患其飾真離本(51)，雖復嚴責中正，督以刑罰，猶無益也。豈若使各帥其分，官長則各以其屬能否(52)獻之臺閣，臺閣則據官長能否之第，參以鄉閭(53)德行之次，擬其倫比，勿使偏頗(54)。中正則唯考其行迹，別其高下，審定輩類，勿使升降。臺閣總之，如其所簡[55]，或有參錯，則其責負自在有司。官長所第，中正輩擬，比隨次率[56]而用之，如其不稱，責負在外。然則內外相參，得失有所，互相形檢，孰能相飾？斯則人心定而事理得，庶可以靜風俗而審官才矣。」又以為：「古之建官，所以濟育羣生，統理民物也，故為之君長以司牧[57]之。司牧之主，欲一而專，一則官任定而上下安，專則職業修而事不煩。夫事簡業修，上下相安而不治者，未之有也。先王建萬國[58]，雖其詳未可得而究，然分疆畫界，各守土境，則非重累羈絆[59]之體也。下考殷、周五等之敘[60]，徒有小大貴賤之差，亦無君官臣民而有二統互相牽制者也。夫官統不一，則職業不修；職業不修，則事何得而簡？事之不簡，則民何得而靜？民之不靜，則邪惡並興，而姦偽滋長矣。先王達其如此，故專其職司而一其統業。始自秦世，不師聖道，私以御職，姦以待下；懼宰官之不修，立監牧以董[61]之，畏督監之容曲[62]，設司察以糾之；宰牧相累，監察相司，人懷異心，上下殊務。漢承其緒，莫能匡改。魏室之隆，日不暇及，五等之典[63]，雖難卒復，可麤立儀準以一治制。今之長吏[64]，皆君吏民，橫重以郡守，累以刺史[65]。若郡所攝，唯在大較[66]，則與州同，無為再重。宜省郡守，但任刺史；刺史職存則監察不廢，郡吏萬數，還親農業，以省煩費，豐財殖穀，一也。大縣之才，皆堪郡守，是非之訟，每生意異，順從則安，直己則爭。夫和羹之美，在於合異，上下之益，在能相濟，順從乃安，此琴瑟一聲也。蕩而除之，則官省事簡，二也。又幹郡之吏，職監諸縣，營護黨親，鄉邑舊故，如有不副[67]，而因公掣頓[68]，民之困弊，咎生於此，若皆并合，則亂原自塞，三也。今承衰弊，民人彫落[69]，賢才鮮少[70]，任事者寡，郡縣良吏，往往非一，郡受縣成，其劇[71]在下，而吏之上選，郡當先足，此為親民之吏，專得底下，吏者民命，而常頑鄙，今如并之，吏多選清良者造職，大化宣流[72]，民物獲寧，四也。制使萬戶之縣，名之郡守，五千以上，名之都尉，千戶以下，令長如故，自長以上，考課遷用，轉以能升，所牧亦增，此進才效功之敘也，若經制一定，則官才有次，治功齊明，五也。若省郡守，縣皆徑達，事不擁隔，官無留滯，三代之風，雖未可必，簡一之化，庶幾[73]可致，便民省費，在於此矣。」又以為：「文質[74]之更用，猶四時之迭興[75]也，王者體天理物，必因弊而濟通之，時彌[76]質則文之以禮，時泰侈[77]則救之以質。今承百王之末[78]，秦漢餘流，世俗彌文，宜大改之以易民望。今科制自公、列侯以下，位從大將軍以上，皆得服綾錦、羅綺、紈素、金銀飾鏤之物[79]，自是以下，雜綵[80]之服，通于賤人，雖上下等級，各示有差，然朝臣之制，已得侔[81]至尊矣，玄黃[82]之采，已得通於下矣。欲使市不鬻[83]華麗之色，商不通難得之貨，工不作雕刻之物，不可得也。是故宜大理其本，準度古法，文質之宜，取其中則，以為禮度。車輿服章[84]，皆從質樸，禁除末俗華麗之事，使幹朝之家[85]，有位之室，不復有錦綺之飾，無兼采之服，纖巧[86]之物，自上以下，至于樸素之差，示有等級而已，勿使過一二之覺[87]。若夫功德之賜，上恩所特加，皆表之有司，然後服用之。夫上之化下，猶風之靡草。樸素之教興於本朝，則彌侈之心自消於下矣。」

4 宣王報書[88]曰：「審官擇人，除重官[89]，改服制，皆大善。禮鄉閭本行，朝廷考事，大指如所示。而中間一相承習[90]，卒[91]不能改。秦時無刺史，但有郡守長吏。漢家雖有刺史，奉六條[92]而已，故刺史稱傳車[93]，其吏言從事[94]，居無常治[95]，吏不成臣，其後轉更為官司[96]耳。昔賈誼亦患服制[97]，漢文雖身服弋綈[98]，猶不能使上下如意。恐此三事，當待賢能然後了耳。」玄又書曰：「漢文雖身衣弋綈，而不革正法度，內外有僭擬之服，寵臣受無限之賜，由是觀之，似指立在身之名，非篤齊治制[99]之意也。今公侯命世[100]作宰，追蹤上古，將隆至治[101]，抑末正本[102]，若制定於上，則化行於眾矣。夫當宜改之時，留殷勤之心，令發之日，下之應也猶響尋聲耳，猶垂謙謙[103]，曰『待賢能』，此伊周不正殷姬之典[104]也。竊[105]未喻[106]焉。」

頃之[107]，為征西將軍，假節都督雍、涼州諸軍事。與曹爽共興駱谷之役，時人譏之。爽誅，徵玄為大鴻臚[108]，數年徙太常[109]。玄以爽抑絀，內不得意。中書令李豐雖宿為大將軍司馬景王[110]所親待，然私心在玄，遂結皇后父光祿大夫張緝[111]，謀欲以玄輔政。豐既內握權柄，子尚公主，又與緝俱馮翊[112]人，故緝信之。豐陰令弟兗州刺史翼求入朝，欲使將兵入，并力起。會翼求朝[113]，不聽[114]。嘉平六年二月，當拜貴人[115]，豐等欲因御臨軒[116]，諸門有陛兵[117]，誅大將軍，以玄代之，以緝為驃騎將軍。豐密語黃門監蘇鑠、永寧署令樂敦、冗從僕射[118]劉賢等曰：「卿諸人居內，多有不法，大將軍嚴毅[119]，累以為言，張當可以為誡[120]。」鑠等皆許以從命。大將軍微聞其謀，請豐相見，豐不知而往，即殺之。事下有司，收玄、緝、鑠、敦、賢等送廷尉。廷尉鍾毓[121]奏：「豐等謀迫脅至尊，擅誅冢宰[122]，大逆無道，請論如法。」於是會公卿朝臣廷尉議，咸以為「豐等各受殊寵，典綜機密[123]，緝承外戚椒房[124]之尊，玄備世臣[125]，並居列位[126]，而包藏禍心，構圖凶逆，交關閹豎[127]，授以姦計，畏憚天威，不敢顯謀，乃欲要君脅上，肆其詐虐，謀誅良輔，擅相建立，將以傾覆京室[128]，顛危社稷[129]。毓所正皆如科律[130]，報毓施行」。詔書：「齊長公主[131]，先帝遺愛，原[132]其三子死命。」於是豐、玄、緝、敦、賢等皆夷三族，其餘親屬徙樂浪郡。玄格量弘濟[133]，臨斬東市[134]，顏色不變，舉動自若，時年四十六。正元[135]中，紹功臣世，封尚從孫本為昌陵亭侯，邑三百戶，以奉尚後。

6 初，中領軍高陽[136]許允與豐、玄親善。先是有詐作尺一詔書[137]，以玄為大將軍，允為太尉，共錄尚書事。有何人[138]天未明乘馬以詔版付允門吏，曰「有詔」，因便馳走。允即投書燒之，不以開呈司馬景王。後豐等事覺，徙允為鎮北將軍，假節督河北諸軍事。未發，以放散官物，收付廷尉，徙樂浪，道死。

7 清河王經亦與允俱稱冀州名士。甘露[139]中為尚書，坐高貴鄉公事誅[140]。始經為郡守，經母謂經曰：「汝田家子，今仕至二千石[141]，物太過不祥[142]，可以止矣。」經不能從，歷二州刺史，司隸校尉，終以致敗。允友人同郡崔贊，亦嘗以處世太盛戒允云。

【章　旨】以上為〈夏侯尚傳〉及其子〈夏侯玄傳〉。夏侯尚是一員戰將，與文帝關係密切。夏侯尚在征劉備、孫權的戰爭中屢建戰功。夏侯玄則以文士著名，他提出鑑別人才、選拔官員、任用考核官員等一套標準和辦法。又提出建立與等級相應的服飾制度。又勸司馬懿改革吏制。曹爽被殺，夏侯玄不自安，乃欲除掉司馬懿，被識破，夏侯玄被滅三族。本節另附載高陽許允、清河王經因維護曹氏，被司馬懿誅死。

【注釋】❶從子　姪子。❷軍司馬　司馬為軍府之官，在將軍之下，綜理軍府之事，參預軍事計畫。❸五官將文學　五官將即五官中郎將，五官中郎將為丞相之副。文學為中郎將下之屬官，掌校典籍，侍奉文章。❹魏國初建　曹操於東漢建安十八年（西元二一三年）被漢獻帝封為魏公，建安二十一年進爵為魏王，建魏國。❺黃門侍郎　官名。侍從皇帝，傳達詔命。❻代郡　郡名。治所在今河北蔚縣東北。❼崩　古代皇帝（后）死稱之為崩。❽節　皇帝派遣使臣所持的一種信物，持節者享有某些特權，可殺二千石以下的官員。❾梓宮　盛皇帝屍體的棺木。❿踐阼　登上帝位。⓫上庸　縣名。治所在今湖北竹山縣西南。⓬虞　戒備。⓭稱藩　自稱為屬國。⓮諸葛瑾　字子瑜，琅邪陽都（今山東沂南南）人。諸葛亮之兄。東漢末移居江南，受到孫權優禮，任長史。孫權稱帝後，官至大將軍。詳見本書卷五十二〈諸葛瑾傳〉。⓯渚　水中的小洲。⓰蠻夷　舊時對東南少數民族的貶稱。⓱適室　正妻。⓲恍惚　心神不定。⓳恚　怒。⓴杜襲之輕薄尚　杜襲為曹操手下的大將，甚為曹操器重。杜襲對夏侯尚之為人，頗有微詞。本書卷二十三〈杜襲傳〉稱：「時夏侯尚昵於天子，情好至密。襲謂尚非益友，不足殊待，以聞太祖。文帝初甚不悅，後乃追思。」杜襲輕薄夏侯尚，指此。㉑良有以也　確實是有根據的。㉒弱冠　古時男子二十歲行冠禮，即成人禮，後世即稱二十歲左右為弱冠。㉓左遷　降職。羽林監，宿衛宮禁的騎兵武官。㉔時事　時務，當時的政務。㉕官才　給有才能的人授官。㉖銓衡專於臺閣　銓衡，量才授官。臺閣，東漢以尚書輔佐皇帝，直接處理政務。因尚書臺在宮廷之內，故有此稱。㉗閭巷　民居的街巷，因以指平民。㉘敘　次序。㉙清教審選　清靜教化，慎重選官。㉚干勢馳騖　干求權勢，奔走鑽營。㉛天爵　指朝廷的爵位。㉜機權　投機權變。㉝中正　官名。曹魏實行九品中正制度，推選各郡有聲望的人，出任「中正」，將當地人才按才能分為九等，政府按等選用。至曹芳時，州郡設大中正，以豪門充任，選官重在家世、門族，已違背唯才是舉的原意。㉞年載　即年歲。「載」亦年之意。㉟緬緬紛紛　雜亂無序。㊱參錯　參差錯落。㊲倫輩　輩分。這裏指同類之人。㊳行均　品行處於同一標準。㊴官　原作「觀」。《三國志集解》云：「各本均作『官』。」今從眾本。㊵九族　舊說以為，本身及上四代和下四代為九族。這裏泛指宗族眾人。㊶為政　從政。㊷義斷　按理判斷處置。㊸煥然　區分鮮明。㊹委仗　推委仰賴。㊺考功校否　即考校功否。考校，考察。功，治績優秀。否，不稱其職。(46)閭閻　指民居的里巷，泛指平民、民間。(47)匠宰　主持考察銓敘職官的高級官員。(48)驅駭　驚駭。(49)天臺縣遠　天臺，臺閣在天子身旁，高高在上，故稱天臺。縣，通「懸」。縣遠即高遠。(50)州邦　即州郡。(51)飾真離本　偽裝以掩飾其真面目。(52)能否　能幹和庸劣。(53)鄉閭　即鄉里。(54)偏頗　偏向不公。(55)簡　選拔。(56)比隨次率　比隨為比較參照。次率，按照一定的標準，分出次序等第。(57)司牧　主持掌管。(58)萬國　眾多的諸侯國。(59)羈絆　管束、牽制。(60)殷周五等之敘　商、周時期，把諸侯分為公、侯、伯、子、男五個等第。(61)董　督察。(62)容曲　縱容庇護。(63)五等之典　五等爵位制度。(64)長吏　此指縣級的令、長。(65)橫重以郡守二句　言縣裏的令、長之官，責任重於郡守。「衡重」即責任比較重大。「橫」通「衡」。(66)大較　大略。(67)副　符合。(68)掣頓　牽制、強奪。(69)彫落　凋零敗落。(70)鮮少　稀少。(71)劇　繁劇。(72)大化宣流　先王的教化暢通傳播。(73)庶幾　差不多。(74)文質　文彩和質實。文彩為外在的文飾，質實則為內在的樸實之質。(75)迭興　遞相興盛。(76)彌極盡。(77)泰侈　過分奢侈。(78)百王之末　指諸侯割據之後。(79)綾錦羅綺句　綾錦，帶花紋的絲織品。羅綺，極薄的絲織物，類今之透明紗。金銀飾鏤之物，金銀質的雕飾物品。錦，原作「綿」，今據中華書局本改。(80)雜綵　雜色絲織品。(81)侔　比肩。(82)玄黃　絲帛。(83)鬻　出賣。(84)服章　以不同的花紋表示不同品級的服飾。(85)幹朝之家　在朝任重臣之家。(86)纖巧　精緻機巧。(87)覺　通「較」。差別。(88)報書　回信。(89)重官　重複的職官。(90)一相承習　一脈相承的積習。(91)卒　同「猝」。驟然。(92)六條　漢制，刺史須行六條詔書，以考察官吏。一條：強宗豪右田宅逾制，以強淩弱，以眾暴寡。二條：二千石不奉詔書遵承典制，背公向私，旁詔牟利，侵漁百姓，聚斂為奸。三條：二千石不恤疑獄，風厲殺人，怒則加罰，喜則淫賞，煩擾刻暴，剝戮黎元，為百姓所疾，山崩石裂，妖祥訛言。四條：二千石選署不平，苟阿所愛，蔽賢寵頑。五條：二千石子弟恃怙榮勢，請託所監。六條：二千石違公下比，阿附豪強，通行貨賂，割損政令也。(93)傳車　古代驛站裏的專用車輛。這裏比喻刺史一職非固定的職守，猶如傳車因事而發。(94)從事　漢制，州刺史之佐官如別駕、治中、主簿、功曹等，均稱為從事史。取協從辦事之意。(95)居無常治　平時沒有固定的治所。(96)官司　古代設官，各有所司，故稱官職曰官司。這裏指常設的官職。(97)賈誼亦患服制　賈誼認為漢興二十餘年，天下和洽，應當改正朔，易服色制度，定官名，興禮樂。詳見《漢書·賈誼傳》。賈誼，西漢洛陽人，漢文帝時為博士，後為長沙王、梁王太傅。(98)漢文雖身服弋綈　漢文即漢文帝，名劉恆。西元前一七九—前一五七年在位。弋綈，黑色絲織品。(99)篤齊治制　切實整頓政治制度。(100)公侯命世　公侯，指宣王司馬懿。司馬懿曾三封公侯，故稱。命世，治世之才。(101)隆至治　治理社會達到最高境界。(102)抑末正本　貶抑不良社會風氣，扶持禮義道德。(103)謙謙　謙遜。(104)伊周不正殷姬之典　「伊」為伊尹，商湯的賢臣，幫助湯攻滅夏桀。湯去世後，歷佐卜丙、仲壬二王。太甲即位，破壞商湯法制，不理國政，被伊尹放逐。三年後太甲悔過，伊尹又將其接回復位。周，即周公，助武王滅商。武王死後，成王年幼，由他攝政。武王兄弟管叔、蔡叔不服，聯合蠻夷進行反叛。周公東征，平滅叛亂。相傳他制禮作樂，建立各種典章制度。殷姬，即商朝和周朝。周滅商後，稱商為殷，周朝君主姬姓，故稱。這裏夏侯玄將司馬懿與伊尹、周公相比，勸其改革制度。(105)竊　自稱之詞。古人在發表自己的看法時，往往用「竊以為」如何如何。(106)未喻　不明白。(107)頃之　沒多久。(108)大鴻臚　官名。九卿之一。掌接待國內少數民族，及外交禮儀。(109)太常　官名。九卿之一，掌宗廟禮儀。(110)中書令句　中書令，漢末，曹操為魏王，置祕書令主管尚書奏事。曹丕稱帝後，改祕書令為中書令。司馬景王，即司馬師。其弟司馬昭封晉王，追尊他為景王。(111)光祿大夫張緝　光祿大夫，官名。掌顧問應對，屬光祿勳。張緝，邵陵厲公曹芳的皇后張氏之父。(112)馮翊　郡名。治所在今陝西大荔。(113)求朝　請求朝見。(114)不聽　不允許。(115)貴人　嬪妃的稱號。(116)因御臨軒　乘皇帝臨朝之際。(117)陛兵　皇宮宿衛的兵士。陛，為宮殿的臺階，衛兵守於陛下，因稱陛兵。(118)黃門監句　宮廷官名。宦官的首領。永寧署令，官名。太后宮的官員，宦官充任。冗從僕射，官名。平時宿衛宮殿門戶，皇帝外出隨從，宦官充任。(119)嚴毅　嚴厲果斷。(120)張當可以為誡　指張當附曹爽謀逆被滅三族事。已見上文〈曹爽傳〉。(121)鍾毓　鍾繇之子，字稚叔。潁川長社（今河南長葛東）人。仕至御史中丞、廷尉，並遷督徐、荊二州諸軍事。詳見本書卷十三〈鍾毓傳〉。(122)冢宰　宰相的古稱。(123)典綜機密　主管朝廷機密政事。(124)椒房　漢代皇后所居的宮室，以椒和泥塗壁，取溫香多子之意。後因以為后妃的代稱。(125)世臣　世代官宦。(126)列位　指列卿（九卿）之官位。(127)閹豎　宦官。豎，對宦官的蔑稱。(128)京室　大室。指朝廷。(129)社稷　古代國家必祀社（土神）、稷（穀神），後世因以社稷指代國家。(130)科律　法律條文。(131)齊長公主　魏明帝之女，下嫁李豐之子李韜。(132)原　赦免。(133)格量弘濟　器量寬大、通達。(134)東市　漢代在長安東市處決犯人，後因以東市為刑場。(135)正元　魏高貴鄉公曹髦年號，西元二五四—二五六年。(136)高陽　縣名。治所在今河北高陽東。(137)尺一詔書　漢制，以長度為尺一的木版寫詔書，故稱詔書為尺一。(138)何人　凡不知姓名者，稱之為「何人」，猶今稱之為某人。(139)甘露　魏高貴鄉公曹髦年號，西元二五六—二六〇年。(140)坐高貴鄉公事誅　坐，坐罪。高貴鄉公，魏帝，西元二五四—二六〇年在位。曹丕之孫。初封高貴鄉公。嘉平六年（西元二五四年）司馬師廢曹芳，立其為帝。曹髦不甘心做司馬氏的傀儡，率宿衛攻司馬昭，為昭所殺。因王經支持曹髦，也坐罪被殺。(141)二千石　當時官位的品級之一。二千石又分三等：中二千石，月俸一百八十斛；真二千石，月俸一百二十斛；比二千石，月俸一百斛。地方郡守即為二千石之秩。(142)物太過不祥　事物太過分則不吉利。物，在古代漢語中，既可指事物，也可指人，猶今之人物。

【語　譯】夏侯尚，字伯仁，是夏侯淵的姪子。文帝和他親愛友好。太祖平定冀州，夏侯尚擔任軍司馬，率領騎兵跟隨太祖征伐，後來擔任五官將文學。魏國初建立，升任黃門侍郎。代郡胡人反叛，太祖派鄢陵侯曹彰前去討伐他們，讓夏侯尚參謀曹彰軍事，平定了代地，回到京城。太祖在洛陽去世，夏侯尚持節護送太祖的靈柩回鄴城。論列護喪之功及以前的功勞，被封為平陵亭侯，任命為散騎常侍，升任中領軍。文帝即帝位，進封夏侯尚為平陵鄉侯，升任征南將軍，兼任荊州刺史，授予符節統領南方各路軍事。夏侯尚上奏說：「劉備另一支軍隊在上庸，山路艱難險阻，他不會防備我們，如果出奇兵暗中前進，出其不意，那麼就是克敵制勝的有利形勢。」於是部署各軍攻破上庸，平定三郡九縣，升任征南大將軍。孫權雖然自稱為藩屬，夏侯尚卻更加強了攻擊討伐的準備，孫權後來果然真有二心。黃初三年，皇帝親臨宛城，命夏侯尚帶領各軍和曹真共同包圍江陵。孫權部將諸葛瑾和夏侯尚隔江對壘，諸葛瑾渡江進入江中的小沙洲，把水軍分別部署在江中。夏侯尚趁黑夜帶著許多油船，率領步兵、騎兵萬餘人，在下游祕密渡江，攻擊諸葛瑾各個部隊，在長江的兩岸夾擊燒毀他的船隻，水陸同時進攻，大敗諸葛瑾軍。江陵城尚未攻克，適逢瘟疫大流行，皇帝詔令夏侯尚率領各軍撤回。增加封地六百戶，連同先前的封地共一千九百戶，授予他黃鉞，晉升為州牧。荊州殘破荒廢，南面和蠻夷接壤，與吳國隔著漢水為界，原來的居民大多住在江南。夏侯尚從上庸開通道路，向西前行了七百多里，山民蠻夷多有歸服的人，五六年的時間，投降歸附的便有幾千家。黃初五年，改封昌陵鄉侯。夏侯尚有個愛妾深受寵幸，寵愛勝過了正妻；夏侯尚的正妻，是曹氏的女兒，所以文帝派人絞殺了那個寵妾。夏侯尚悲哀傷感，生起病來，精神恍惚，已經埋葬了愛妾，還是不勝思念，想見到愛妾，又打開棺材去看她。文帝聽說此事發怒說：「杜襲看不起夏侯尚，確實是有根據的。」然而因為是舊臣，對他的恩寵沒有衰減。黃初六年，夏侯尚病重，回到京都，文帝幾次親臨探視，握著夏侯尚的手流淚痛哭。夏侯尚死後，諡號悼侯。兒子夏侯玄繼嗣爵位。又分出夏侯尚的封地三百戶，封夏侯尚弟弟的兒子夏侯奉關內侯的爵位。

2 夏侯玄，字太初。年輕時就有名聲，二十歲左右任散騎黃門侍郎。曾經在進見皇帝時，和皇后的弟弟毛曾並坐在一起，夏侯玄感到羞恥，不高興的心情顯現在臉上。明帝因此而恨他，降職為羽林監。正始初年，曹爽輔佐朝政。夏侯玄，是曹爽姑母的兒子。累次升遷官至散騎常侍、中護軍。

3 太傅司馬宣王詢問夏侯玄政務，夏侯玄認為：「任用有才能的人做官，是國家的權柄，所以官吏的量才錄用由尚書臺專門負責，這是上面的職分；孝行存在於街巷平民，品行優劣聽任鄉里的公論，這是下邊的評敘。要使社會風尚清廉、人才評選審慎，在於明確上面的職分和下邊的評敘，不使它們互相干涉罷了。為什麼呢？因為上面超過了他們的職分，那麼恐怕人才提拔的途徑不遵循原則，而為請託鑽營等大開方便之路；下面逾越了他們評敘的範圍，那麼恐怕朝廷授官之權與外面相交通，這樣投機取巧玩弄權術的門徑就多了啊。朝廷授官之權與外面相交通，就是百姓議論國家大政的根源；投機取巧玩弄權術的門路多了，正是產生混亂的根源。自從州郡設立九品中正的官職來品評、衡量官吏的才能以來，已行之有年了，但這種制度雜亂無序，沒有整齊統一，這難道不是上下兩級權限參雜錯亂，各自失去了工作的要領所造成的嗎！如果讓中正官只考察品行的高低等第，等第恰當品行均正，這就可以任官了。為什麼呢？因為在家以孝順著稱，難道有不忠貞於職守的嗎？在九族中以仁愛寬容著稱，難道有不懂得怎麼從政的嗎？在鄉里處事公正的人，難道有不能勝任於職事的嗎？這三類人，被中正官錄取，雖然沒有官職，但這些人可以擔任官職是可以知道的。品行有高有低，評比有上有下，這樣對他們任官的品級，就能清清楚楚有明顯區分了。何必讓中正官在下面侵犯屬於臺閣的銓衡之權，而在上執掌銓衡之權的臺閣卻推諉自己的職責，以致上下互相侵犯，產生紛亂差錯呢？況且臺閣大臣對於下屬，只是考核他們的功過，各種職司系統，各有自己的長官，時時對他們進行考核，沒有比這更詳細的了；民間巷尾街頭的議論，是以主觀意志來裁判決斷，這樣將造成主持選官的官員失職，眾人驚慌失措，想要社會風氣清明安寧，又怎能辦得到呢？臺閣如在天上遙不可及，大家斷絕了對它的希望。要能達到目的，決定於就在自己身邊的中正官，誰不是偽裝巧飾以達到自己的追求呢？有了這條門路，那麼在家自修其身的，已經比不上在鄉里自求顯達的人了。在鄉里自求顯達的人，又比不上在州郡求門路的人了。假使打開了這種門路，卻又憂慮求職之人偽飾真相背離根本，即使再嚴厲的責備中正官，用刑罰督責他們，還是於事無補啊。還不如讓他們各司其職，官長各自把他們下屬有能力和沒有才能的人都上報臺閣，臺閣便根據郡縣長官評定的才能等第，參酌在鄉里的德行等第，擬出他們的類別，不使發生偏頗不公。中正官只是察考受評選人的品行事跡，分別出他們的高下，審定類別，不使過高或偏低。臺閣彙整這些資料，如果這樣簡選出來的人才，有參差失誤，那麼責任自然應由相關官員承擔。郡縣官長評定的次第，中正官擬出的推薦名次，臺閣可以參照一定的標準來使用。如果他們不稱職，責任就在在外的官員了。如此內外相互參照，任人得當或失當也有人來承擔責任，互相比較、檢核，誰能夠粉飾偽裝呢？這樣人心也就自然安定而事情也辦得合乎情理，大概可以使風俗清平，審慎的任用人才了。」夏侯玄又認為：「古代設立職官，是用來養育萬民、總管民事，所以為他們設置官長來治理他們。治理民眾的人，要統一事權而且有專職，統一事權則官吏的責任明確而上下相安，有專職則政事精治而不煩瑣。政事簡省精治、上下相安而天下不治的，是從來沒有的事。古代君王建立了許多方國，雖然當時的詳細情況已經無從考究，然而分疆土劃邊界，各守疆域，並不是層層制約互相束縛的體制。後來考察商周兩朝五等爵位的等級，只有大小貴賤的差別，也沒有君官臣民有不同的統屬來互相掣肘的事。官吏的統屬不一，那麼專責的業務就不精；業務不精，那麼政務怎麼可能簡省？政事不能簡省，那麼老百姓怎麼可能安寧？老百姓無法安寧，奸邪之事就會紛紛發生，奸惡虛偽的事就越來越多了。古代君王明白這種弊端，所以專一他們的職責範圍並劃一他們的職務系統。自秦代開始，不師法古代聖王之道，用私心去奉行官職，用奸詐去對待下屬；又害怕主管官員政事不修，就設立監督官員來監察他們；又害怕監督官員曲意包庇，於是設立司察來糾劾他們；行政、監察官員相互重疊，監察與司察彼此監視，人人懷有異心，上下做事不一致。漢朝承襲秦代的制度，沒有能夠匡救改正。到了魏朝興起，沒有時間顧及到這個方面，五等諸侯的制度，雖難倉猝恢復，但可大致訂立章程準則用來齊一官吏體制。現在的縣級令長，都可以管理下吏和百姓，卻在中間重疊郡守一職，再加上州刺史。如果郡中所管理的，只是一些大要，那麼和州刺史的職守相同，就沒有必要重疊了。應該精省郡守，僅任用州刺史；刺史職掌存在，則監察的任務都不會廢棄，郡一級數以萬計的吏員，回家親自務農，以節省繁多的費用，豐富資財增加穀物，這是第一點好處。能夠治理一個大縣的人才，都能勝任郡守之職，遇到是非訴訟，郡縣兩級常常意見不同，縣令服從郡守就相安無事，堅持己見就有爭論了。調和的羹湯之所以美味，在於調和了不同佐料，上下級之間的好處，在於能夠互相幫助，順暢才能相安，這如同琴瑟和諧發出一致的聲音一樣。撤除郡守這一級職官，則可以精簡官員、政務簡省，這是第二點好處。另外那些郡府辦事吏員，他們職掌監督各縣，他們營私庇護朋黨、親友、同鄉、故舊，如果有不合意的官吏，便假借公事牽制打擊，百性的困難疾苦，其咎都是由此發生，倘若都把郡縣合併，那麼致亂的根源自然會堵塞，這是第三點好處。現在承襲著衰敗弊端，百姓凋敝，賢才稀少，能任事的人不多，但郡縣優秀的官吏，往往不止一個，郡的吏員，坐享縣裏官吏的成績，真正繁重的事務都是下面處理，但吏員的晉升，郡府卻捷足先登，這就使親理民事的吏員只能專處底層，吏員是老百姓的命運所繫，卻常常由貪頑卑鄙的人充當，現在如果合併郡縣，多挑選一批清廉優良的吏員任職，先王的教化才能宣揚流播，百姓萬物都可獲得安寧，這是第四點好處。設定制度使萬戶人口的縣，長官稱為郡守，五千戶以上的縣，長官稱為都尉，千戶以下的縣，則和過去一樣或稱令或稱長，從縣長以上，要經過考核才得以升遷任用，調職要憑才能升遷，管轄的戶數也隨著增加，這是進用人才、量功行賞的程序，如果這種常規制度一定下來，那麼官吏的才能也就能夠分出等次，治理的功效就會全部顯著，這是第五點好處。如果精省郡守一級，縣裏可以直接向上彙報，事情不會在中間受到隔阻，有才幹的官吏不會長期滯留在下層，三代優良的風尚，雖然未必能完全恢復，精簡純一的教化，大致可以達到，方便百姓，節省費用，就在這裏啊。」夏侯玄又認為：「文采和質樸的交互作用，猶如四季的交替興起，人君體察天心，治理萬物，必定會針對弊端補救而使政事暢通，如果時俗過於簡樸就要用禮儀進行文飾，過於奢侈就要用質樸來補救。現在繼承百代先王之後，沿襲秦漢的餘緒，世俗更加浮華，應該大力改正，改變百姓的願望。現在的法條制度規定從公、侯以下，官階在大將軍以上的，都可以穿華麗的綾羅綢緞，佩戴金銀雕飾的物品，自公侯大將軍以下，各種顏色鮮豔的服裝都可穿戴，一直到普通的百姓都是如此，雖然上下尊卑等級，各顯示出差別，然而朝廷大臣的服制，已經得以比美天子了，彩色的絲帛，已經通用於下層了。想使市面上不出售顏色華麗的絲帛，商人不販運奇缺難得的貨物，工匠不製作精雕細刻的裝飾品，是不可能的。因此應該大力治本，以古法為標準，文、質兩個方面要能適度，採取適中的標準，作為禮儀制度。車輛、服飾等，都要樸素，禁絕天世世俗追求奢華富麗的情事，使大臣貴室之家，不再有華美綺麗的佩飾，也沒有五顏六色的服裝，以及奇技淫巧的物品，從上到下，達到只有樸素程度的差別，顯示出不同的等級就行了，不要有過大的反差。至於對功大德高大臣的賞賜，就是天子施恩所特別加給的，都要通報有關部門，然後才能穿戴使用。君上感化下民，就如同風吹草伏一樣。樸素的教化在朝廷興起，那麼下面的奢侈之心自然就消除了。」

4 司馬宣王回信說：「審度官職選拔人才，廢除重複的官職，改定服飾車馬制度，都很好。禮儀本行於鄉里，朝廷考核政事，大體如你所指出的。可是這一貫相承的習俗，驟然間很難改變。秦朝時沒有設刺史，只有郡守縣令。漢代雖設了刺史，也只是根據六條問事而已，所以刺史稱做傳車，他的屬吏叫從事，刺史沒有固定的辦事衙門，官屬也不成其為正式官員，後來刺史才轉變為固定的長官與專設的機構。以前賈誼也擔心過服飾制度的問題，漢文帝雖然親自穿黑色的粗絹，還是不能使上上下下按他的意願行事。恐怕這三件事，要等待賢能的人才能完成吧。」夏侯玄又寫信說：「漢文帝雖然親自穿黑色粗絹，但沒有改正服飾制度，內外百官有越級穿所不應該穿的衣服，受寵的大臣得到皇帝對他的沒有限制的賞賜，由此可以看出，漢文帝只是樹立了本身的名聲，並沒有從制度層面齊一風俗的用意。現在您作為治世的宰輔，遠承上古的優良傳統，將把本朝治理得更好，抑制末俗扶正根本，如果在上面制定出好的制度，那麼教化就可以推行至眾人。目前正是改變舊章制度的時候，只要有勤懇不懈之心，政令發布的日子，下面的響應就會如回響隨聲般的迅速，如果還以謙謙君子的作風，說什麼『等待賢能』，這等於是伊尹、周公不肯糾正殷周的典章制度一樣。我私下覺得不明白啊。」

5 不久，任命夏侯玄為征西將軍，授予符節統領雍州、涼州的軍事。夏侯玄和曹爽共同發起了攻蜀的駱谷口戰役，為當時人所譏笑。曹爽被誅殺後，徵召夏侯玄任大鴻臚，幾年後調任太常。夏侯玄因為曹爽而受到壓抑、貶黜，內心很不得意。中書令李豐雖然一向被大將軍司馬景王親近厚待，但他心向夏侯玄，於是結交皇后的父親光祿大夫張緝，企圖讓夏侯玄輔政。李豐已經在內掌握國家權柄，兒子娶公主為妻，又與張緝都是左馮翊人，所以張緝很信任李豐。李豐暗中要他弟弟兗州刺史李翼請求入朝，想要他帶兵進入京城，合力起事。適逢李翼請求朝見，沒被准許。嘉平六年二月，將冊封貴人，李豐等想乘皇帝親登前殿，各宮門都有禁兵把守時，誅殺大將軍，以夏侯玄取代他，以張緝為驃騎將軍。李豐祕密告知威脅黃門監蘇鑠、永寧宮守宮官樂敦、冗從僕射劉賢等說：「各位都是內廷官，做了許多不法之事，大將軍嚴厲果決，多次說起這些。張當的下場可引以為戒。」蘇鑠等都答應遵從命令。大將軍也稍稍得知他們的計謀，於是請李豐來會面，李豐不知事已漏洩前去會見，大將軍立即誅殺李豐。然後把這件案子交到有關部門，收押了夏侯玄、張緝、蘇鑠、樂敦、劉賢等人，送交廷尉審理。廷尉鍾毓上奏說：「李豐等陰謀要挾天子，殺害輔政大臣，大逆不道，請按照法律論罪。」於是召集公卿、朝臣和廷尉一起討論，眾人一致認為「李豐等都受到了朝廷特殊的榮寵，擔任總管機密的重要職務，張緝還蒙受外戚的尊寵，夏侯玄家族累世為朝廷大臣，他們位居列卿，然而竟包藏禍心，圖謀叛逆，交結宦官，授給他們奸計。由於害怕天子天威，不敢明目張膽的謀反，便想脅迫皇上，以恣意實行他們欺詐暴虐的行為，圖謀殺害賢良的輔臣，擅自授官封爵，將要危害國家，顛覆社稷。鍾毓所擬的罪名都符合法條，請批覆鍾毓依法執行」。皇帝詔書說：「齊長公主，是先帝的愛女，赦免她的三個兒子死罪。」於是李豐、夏侯玄、張緝、樂敦、劉賢等都被誅滅了三族，其餘親屬被流放到樂浪郡。夏侯玄度量寬弘通達，在刑場臨刑時，臉色自若，動作如常，死時四十六歲。正元年間，續封功臣的後裔，封夏侯尚姪孫夏侯本為昌陵亭侯，食邑三百戶，以作為夏侯尚的後嗣。

6 當初，中領軍高陽縣人許允和李豐、夏侯玄親密友好。之前有人偽造一尺長的詔書，任夏侯玄為大將軍，許允為太尉，共同總攬朝政。有某人在天未亮時騎馬把詔版交給許允的門官，說「有詔書」，便驅馬而去。許允就把「詔書」丟入火中燒了，沒有把它上呈司馬景王。後來李豐等人事發，調許允任鎮北將軍，授予符節統理河北諸路軍事。還沒出發，因為任意散發官府財物，被逮捕送交廷尉，流放到樂浪郡，在半路上死去。

7 清河人王經也和許允一樣都是以冀州名士著稱。甘露年間擔任尚書。因受高貴鄉公一案的牽連而被殺。起初王經擔任郡守，王經的母親對他說：「你是農家的子弟，今日官做到二千石了，事物太過分了不吉利，可以到此為止了。」王經沒有聽從。歷任二州刺史、司隸校尉，終於導致敗亡。許允的同郡友人崔贊，也曾以處世不要太過勸告過許允。

1 評曰：夏侯、曹氏，世為婚姻，故惇、淵、仁、洪、休、尚、真等並以親舊肺腑❶，貴重於時，左右勳業，咸有効勞。爽德薄位尊，沉溺❷盈溢，此固大易❸所著，道家❹所忌也。玄以規格局度❺，世稱其名，然與曹爽中外❻繾綣❼；榮位如斯，曾未聞匡弼❽其非，援致❾良才。舉茲以論，焉能免之乎！

【章旨】以上為史家對曹氏和夏侯氏諸人作了簡要的評價。

【注釋】❶肺腑　心腹。❷沉溺　指曹爽沉溺於酒色權勢。❸大易　即《周易》，儒家經典之一。所著，指《周易》所明指。《周易》戒盈的思想，是其主要內容之一。如〈乾卦〉之「盈不可久也」；〈謙卦〉之「人道惡盈而好謙」；〈剝卦〉之「君子尚消息盈虛」等。❹道家　有道之家，有德之士。❺規格局度　風範氣度。❻中外　猶言中表，夏侯玄係曹爽姑母之子，於爽為中表兄弟。❼繾綣　固結不解。此喻相互勾結。❽匡弼　輔佐。❾援致　招引。

【語譯】評論說：夏侯氏和曹氏，世代通婚，所以夏侯惇、夏侯淵、曹仁、曹洪、曹休、夏侯尚、曹真等人都以親戚故舊為心腹之人，位尊權重於當時，輔佐朝廷的功業，都建有勳勞。曹爽德行淺薄、地位尊貴，沉湎於權勢聲色而驕矜自大，這本是《周易》所明戒、有道之人所深忌的事。夏侯玄因為氣度不凡，世人稱道他的美名，然而和曹爽竟以中表親戚裏外勾結；尊貴地位如此，卻不曾聽說他匡正曹爽的錯誤，招納賢才。就這件事而言，他又怎能避免敗亡的下場呢！

【研析】本卷所記述的十數個人物，夏侯氏、曹氏諸人在曹操的權力構架中，大都是中堅力量，為曹氏所依賴。他們大都位高權重，掌握軍事重權，在曹氏代漢的歷史進程中，起了至關重要的作用。他們大都榮祿終身，並無特殊可敘之處。

但其中有兩個人物的事跡，值得注意，一個是曹爽，一個是夏侯玄。

曹爽是個典型的宗室貴胄、紈袴子弟，胸中無文武韜略，卻位至大將軍、假節鉞，都督中外諸軍事，錄尚書事，與太尉司馬懿共輔少主。權力已至人臣的極致。他和司馬懿在爭奪最高權力的過程中，怯懦無能，在在處於下風，最終被司馬懿所殺，落得滅三族的悲慘下場。

曹爽為了建立大功，在何晏、鄧颺等人的鼓動下，興兵伐蜀。司馬懿極力勸阻而未果。曹爽進入蜀中，敵方固守，而曹軍兵糧不繼，勞力傷財，不得不灰頭土臉的撤軍。在這一回合中，首先輸給司馬懿一著。從這次伐蜀中可以看出，曹爽等人並無軍事才能，沒有戰略識見，純粹是書生將兵，而建功心切，致有此敗。

何晏、鄧颺等人為曹爽劃策，謀圖架空司馬懿。老謀深算的司馬懿就坡下驢，裝病不起，而暗中積蓄力量，準備給對手致命一擊。司馬懿準備就緒，藉皇帝朝拜陵墓之機，部署好兵馬，劾奏曹爽的「無君之心」，要求皇帝罷斥曹爽兄弟。曹爽看到司馬懿的奏章，內心恐懼，束手無策。他的心腹勸他行「挾天子以令諸侯」的故技，曹爽又無此膽量。最終向司馬懿謝罪，而遭司馬懿荼毒。

夏侯玄也是個書生之輩，與曹爽同流，少年得志，官拜征西將軍，都督雍涼諸軍事。因他與曹爽共同伐蜀，爽誅之後，鬱鬱不得志。他的心腹李豐鼓動他除掉司馬師，取而代之。此事被司馬師所察覺，果斷的殺掉李豐，將夏侯玄等人皆滅三族。

在此之前，有人假造一道詔書，內容為以夏侯玄代司馬師為大將、許允為太尉，共錄尚書事。有人乘天未亮將假詔書投到許允門前。這一舉動，大概也是司馬師的手筆，以此加罪於夏侯玄。

平心而論，從軍事才略或智力權謀方面講，曹爽、夏侯玄等，都不是司馬父子的對手，他們的失敗是必然的。從政治局面上講，當時司馬氏已控制了朝政大權，一二書生想推翻他，談何容易！局勢至此，司馬氏代魏已是不可避免的了。(魏連科注譯)

卷十 魏書十

荀彧荀攸賈詡傳第十

【題解】本卷所記述的三人，荀彧、荀攸和賈詡，都是曹操的高級謀士。曹操之有荀彧等人，猶劉備有諸葛亮、龐統，孫權有周瑜、魯肅。三國爭戰，是軍事實力的較量，也是智慧計謀的較量。曹操能統一中原，此三人起了至關重要的作用。

本卷還把荀彧的兒子荀惲，荀攸的兒子荀緝，賈詡的兒子賈訪、賈穆作為附傳加以記述。

1 荀彧，字文若，潁川潁陰❶人也。祖父淑，字季和，朗陵令❷。當漢順、桓❸之間，知名當世。有子八人，號曰八龍。彧父緄，濟南相❹。叔父爽，司空❺。

2 彧年少時，南陽何顒❻異之，曰：「王佐才也。」永漢❼元年，舉孝廉❽，拜守宮令❾。董卓之亂，求出補❿吏。除亢父⓫令，遂棄官歸，謂父老曰：「潁川，四戰之地也，天下有變，常為兵衝⓬，宜亟⓭去之，無久留。」鄉人多懷土猶豫，會冀州牧⑭同郡韓馥遣騎迎之，莫有隨者，彧獨將⑮宗族至冀州。而袁紹⑯已奪馥位，待彧以上賓之禮。彧弟諶及同郡辛評、郭圖⑰，皆為紹所任。彧度⑱紹終不能成大事，時太祖⑲為奮武將軍，在東郡⑳，初平㉑二年，彧去紹從太祖。太祖大悅曰：「吾之子房㉒也。」以為司馬㉓，時年二十九。是時，董卓威陵天下㉔，太祖以問彧，彧曰：「卓暴虐已甚，必以亂終，無能為也。」卓遣李傕㉕等出關東，所過虜略，至潁川、陳留㉖而還。鄉人留者多見殺略㉗。明年，太祖領兗州㉘牧，後為鎮東將軍㉙，彧常以司馬從。興平㉚元年，太祖征陶謙㉛，任彧留事㉜。會張邈、陳宮㉝以兗州反，潛迎呂布㉞。布既至，邈乃使劉翊告彧曰：「呂將軍來助曹使君㉟擊陶謙，宜亟供其軍食。」眾疑惑。彧知邈為亂，即勒兵設備㊱，馳召東郡太守夏侯惇㊲，而兗州諸城皆應布矣。時太祖悉軍攻謙，留守兵少，而督將大吏多與邈、宮通謀。惇至，其夜誅謀叛者數十人，眾乃定。豫州㊳刺史郭貢帥眾數萬來至城下，或言與呂布同謀，眾甚懼。貢求見彧，彧將往。惇等曰：「君，一州鎮㊴也，往必危，不可。」彧曰：「貢與邈等，分非素結㊵也，今來速，計必未定；及其未定說之，縱不為用，可使中立，若先疑之，彼將怒而成計。」貢見彧無懼意，謂鄄城㊶未易攻，遂引兵去。又與程昱㊷計，使說范㊸、東阿，卒全㊹

三城，以待太祖。太祖自徐州還擊布濮陽㊺，布東走。二年夏，太祖軍乘氏㊻，大饑，人相食。

3 陶謙死，太祖欲遂㊼取徐州，還乃定布。彧曰：「昔高祖保關中㊽，光武據河內㊾，皆深根固本以制天下，進足以勝敵，退足以堅守，故雖有困敗而終濟㊿大業。將軍本以兗州首事(51)，平山東(52)之難，百姓無不歸心悅服。且河、濟(53)，天下之要地也，今雖殘壞，猶易以自保，是亦將軍之關中、河內也，不可以不先定。今以破李封、薛蘭(54)，若分兵東擊陳宮，宮必不敢西顧，以其閒勒兵收熟麥，約食(55)畜穀，一舉而布可破也。破布，然後南結揚州(56)，共討袁術，以臨淮、泗(57)。若舍布而東，多留兵則不足用，少留兵則民皆保城，不得樵採(58)。布乘虛寇暴，民心益危，唯鄄城、范、衛(59)可全，其餘非己之有，是無兗州也。若徐州不定，將軍當安所歸乎？且陶謙雖死，徐州未易亡(60)也。彼懲(61)往年之敗，將懼而結親(62)，相為表裏。今東方皆以收麥，必堅壁清野(63)以待將軍，將軍攻之不拔，略之無獲，不出十日，則十萬之眾未戰而自困耳。前討徐州，威罰實行(64)，其子弟念父兄之恥，必人自為守，無降心，就(65)能破之，尚不可有(66)也。夫事固有棄此取彼者，以大易小可也，以安易危可也，權(67)一時之勢，不患本之不固可也。今三者莫利(68)，願將軍孰慮[69]之。」太祖乃止。大收麥，復與布戰，分兵平諸縣。布敗走，兗州遂平。

4 建安[70]元年，太祖擊破黃巾[71]。漢獻帝自河東還洛陽[72]。太祖議奉迎都許[73]，或以山東未平，韓暹[74]、楊奉新將天子到洛陽，北連張楊[75]，未可卒[76]制。彧勸太祖曰：「昔晉文納周襄王而諸侯景從[77]，高祖東伐為義帝縞素而天下歸心[78]。自天子播越[79]，將軍首唱[80]義兵，徒以[81]山東擾亂，未能遠赴關右[82]，然猶分遣將帥，蒙險[83]通使，雖禦難於外，乃心無不在王室[84]，是將軍匡天下之素志[85]也。今車駕旋軫[86]，東京榛蕪[87]，義士有存本之思，百姓感舊而增哀。誠[88]因此時，奉主上以從民望[89]，大順也；秉至公[90]以服雄傑，大略也；扶弘義[91]以致英俊，大德也。天下雖有逆節[92]，必不能為累[93]，明矣。韓暹、楊奉其[94]敢為害！若不時定，四方生心，後雖慮之，無及。」太祖遂至洛陽，奉迎天子都許。天子拜太祖大將軍，進彧為漢侍中[95]，守尚書令[96]。常居中持重[97]，太祖雖征伐在外，軍國事皆與彧籌[98]焉。太祖問彧：「誰能代卿為我謀者？」彧言「荀攸、鍾繇[99]」。先是，彧言策謀士，進戲志才[100]。志才卒，又進郭嘉[101]。太祖以彧為知人，諸所進達[102]皆稱職，惟嚴象[103]為揚州，韋康[104]為涼州，後敗亡。

5 自太祖之迎天子也，袁紹內懷不服。紹既并河朔[105]，天下畏其彊。太祖方東憂呂布，南拒張繡[106]，而繡敗太祖軍於宛[107]。紹益驕，與太祖書，其辭悖慢[108]。太祖大怒，出入動靜變於常，眾皆謂以[109]失利於張繡故也。鍾繇以問彧，彧曰：「公之聰明，必不追咎往事[110]，殆有他慮[111]。」則見太祖問之，太祖乃以紹書示彧，曰：「今將討不義，而力不敵，何如？」彧曰：「古之成敗者，誠[112]有其才，雖弱必彊，苟非其人，雖彊易弱，劉、項[113]之存亡，足以觀矣。今與公爭天下者，唯袁紹爾。紹貌外寬而內忌，任人而疑其心，公明達不拘，唯才所宜，此度[114]勝也。紹遲重[115]少決，失在後機[116]，公能斷大事，應變無方[117]，此謀勝也。紹御[118]軍寬緩，法令不立，士卒雖眾，其實難用，公法令既明，賞罰必行，士卒雖寡，皆爭致死[119]，此武勝也。紹憑世資[120]，從容飾智[121]，以收名譽，故士之寡能好問[122]者多歸之，公以至仁待人，推誠心不為虛美，行己謹儉，而與有功者無所悋惜[123]，故天下忠正效實[124]之士咸願為用，此德勝也。夫以四勝輔天子，扶義征伐，誰敢不從？紹之彊其何能為！」太祖悅。彧曰：「不先取呂布，河北亦未易圖也。」太祖曰：「然。吾所惑者，又恐紹侵擾關中，亂羌、胡[125]，南誘蜀漢[126]，是我獨以兗、豫抗天下六分之五也。為將奈何？」彧曰：「關中將帥以十數，莫能相一，唯韓遂、馬超[127]最彊。彼見山東方爭，必各擁眾自保。今若撫以恩德，遣使連和，相持雖不能久安，比[128]公安定山東，足以不動。鍾繇可屬以西事[129]。則公無憂矣。」

6 三年[130]，太祖既破張繡，東禽[131]呂布，定徐州，遂與袁紹相拒。孔融[132]謂彧曰：「紹地廣兵彊；田豐、許攸[133]，智計之士也，為之謀；審配、逢紀[134]，盡忠之臣也，任其事；顏良、文醜[135]，勇冠三軍[136]，統其兵：殆難克乎！」彧曰：「紹兵雖多而法不整。田豐剛而犯上，許攸貪而不治。審配專而無謀，逢紀果而自用[137]，此二人留知後事[138]，若攸家犯其法，必不能縱也，不縱，攸必為變。顏良、文醜，一夫之勇[139]耳，可一戰而禽也。」五年，與紹連戰。太祖保官渡[140]，紹圍之。太祖軍糧方盡，書與彧，議欲還許以引紹[141]。彧曰：「今軍食雖少，未若楚、漢在滎陽[142]、成皋閒也。是時劉、項莫肯先退，先退者勢屈也[143]。公以十分居一之眾，畫地而守之，扼其喉而不得進，已半年矣。情見勢竭[144]，必將有變，此用奇之時，不可失也。」太祖乃住。遂以奇兵襲紹別屯[145]，斬其將淳于瓊[146]等，紹退走。審配以許攸家不法，收其妻子，攸怒叛紹；顏良、文醜臨陣授首[147]；田豐以諫見誅：皆如彧所策[148]。

7 六年，太祖就穀東平之安民[149]，糧少，不足與河北相支，欲因紹新破，以其閒擊討劉表。彧曰：「今紹敗，其眾離心，宜乘其困，遂定之；而背兗、豫，遠師江、漢[150]，若紹收其餘燼[151]，乘虛以出人後[152]，則公事去矣。」太祖復次[153]于河上。紹病死。太祖渡河，擊紹子譚、尚[154]，而高幹、郭援侵略河東[155]，關右震動，鍾繇帥馬騰等擊破之。語在繇傳。八年，太祖錄彧前後功[156]，表封彧為萬歲亭侯。九年，太祖拔鄴[157]，領冀州牧。或說太祖「宜復古置九州，則冀州所制[158]者廣大，天下服矣」。太祖將從之，彧言曰：「若是，則冀州當得河東、馮翊、扶風、西河[159]、幽、并之地，所奪者眾。前日公破袁尚，禽審配，海內震駭，必人人自恐不得保其土地，守其兵眾也；今使分屬冀州，將皆動心。且人多說[160]關右諸將以閉關之計；今聞此，以為必以次見奪[161]。一旦生變，雖有善守者，轉相脅為非，則袁尚得寬其死，而袁譚懷貳[162]，劉表遂保江、漢之間，天下未易圖也。願公急引兵先定河北，然後修復舊京，南臨荊州，責貢之不入[163]，則天下咸知公意。人人自安。天下大定，乃議古制，此社稷[164]長久之利也。」太祖遂寢[165]九州議。

8 是時荀攸常為謀主[166]。彧兄衍以監軍校尉[167]守鄴，都督河北事。太祖之征袁尚也，高幹密遣兵謀襲鄴，衍逆覺[168]，盡誅之，以功封列侯。太祖以女妻[169]彧長子惲，後稱安陽公主。彧及攸並貴重，皆謙沖[170]節儉，祿賜散之宗族知舊[171]，家無餘財。十二年，復增彧邑千戶，合二千戶。

9 太祖將伐劉表[172]，問彧策安出，彧曰：「今華夏[173]已平，南土[174]知困矣。可顯出[175]宛、葉[176]而間行[177]輕進，以掩其不意。」太祖遂行。會表病死，太祖直趨宛、葉如彧計，表子琮以州逆降[178]。

10 十七年，董昭等謂太祖宜進爵國公[179]，九錫[180]備物，以彰殊勳，密以諮[181]彧。彧以為太祖本興義兵以匡朝寧國，秉忠貞之誠，守退讓之實；君子愛人以德，不宜如此。太祖由是心不能平[182]。會征孫權，表請彧勞軍於譙[183]，因輒[184]留彧，以侍中光祿大夫持節[185]，參丞相軍事[186]。太祖軍至濡須[187]，彧疾留壽春[188]，以憂薨[189]，時年五十。諡曰敬侯。明年，太祖遂為魏公矣。

11 子惲，嗣侯[190]，官至虎賁中郎將[191]。初，文帝與平原侯植並有擬論[192]，文帝曲禮事彧[193]。及彧卒，惲又與植善，而與夏侯尚[194]不穆，文帝深恨惲。惲早卒，子甝、霬，以外甥故猶寵待。惲弟俁，御史中丞，俁弟詵，大將軍從事中郎，皆知名，早卒[195]。詵弟顗，咸熙[196]中為司空。惲子甝嗣，為散騎常侍[197]，進爵廣陽鄉侯，年三十薨。子頵嗣。霬官至中領軍[198]，薨，諡曰貞侯，追贈驃騎將軍[199]。子愷嗣。霬妻，司馬景王、文王[200]之妹也，二王皆與親善。咸熙中，開建五等[201]，霬以著勳前朝，改封愷南頓子。

【章　旨】以上為〈荀彧傳〉。荀彧為曹操的主要謀士，他具有高明的戰略眼光，在重要決策時刻，荀彧的意見大都被採納。勸曹操以兗州周圍為基地；建議曹操遷獻帝於許昌，挾天子以令諸侯；在曹操四面受敵，灰心喪氣之時，荀彧分析袁紹必敗的種種因素，堅定了曹操的信心；官渡之戰，他勸曹操堅守勿退，結果戰勝袁紹；袁紹敗後，他提出應一鼓作氣，徹底消滅袁紹，再南征劉表等等，都表明荀彧是一位天才的戰略家。但在曹操欲當魏公之時，荀彧卻以為「不宜如此」，因而被疏遠，鬱鬱而死。

【注　釋】❶潁川潁陰　潁川，郡名。治所在今河南禹州。潁陰，縣名。治所在今河南許昌。❷朗陵令　朗陵，侯國名。故址在今河南確山縣西南。令，按漢代制度，縣為侯國者，設置侯相一人，掌該侯國政事，其職權與縣令、縣長相同，故亦可稱為令。裴松之注引《續漢書》、張璠《漢紀》，均謂荀淑為「朗陵侯相」。❸順桓　順，即東漢順帝劉保，西元一二六－一四四年在位。桓，即東漢桓帝劉志，西元一四七－一六七年在位。❹濟南相　濟南，王國名。治所在今山東章丘西。相，官名。王國的相是由中央直接委派，主管王國政事，並對國王進行監督，職位相當於郡守，秩二千石。❺司空　官名。西周始置，春秋、戰國沿置。掌管工程。西漢時曾將御史大夫改為大司空，東漢沿用，為三公之一。❻南陽何顒　南陽，郡名。治所在今河南南陽。何顒，字伯求，東漢襄陽人。與陳蕃、李膺友善，官至司空。與荀爽、王允共同謀除董卓，被董卓所拘，憂憤而死。詳見《後漢書．黨錮列傳》。❼永漢　東漢獻帝劉協年號，西元一八九年。❽孝廉　漢代選拔人才的科目之一。各郡國按一定的名額定期向朝廷推薦孝順父母、清廉自守的人選，中選後，一般任命為郎官（皇帝的侍從）。❾守宮令　官名。屬少府，掌皇帝所用的筆、墨及尚書所用諸物。漢桓帝時以宦官充任，此時仍用士人。❿補　委任官職。⓫亢父　縣名。治所在今山東濟寧南。⓬兵衝　軍事上的要衝之地。⓭亟　趕快。⓮冀州牧　冀州刺史。冀州，州名。三國魏時治所在今河北冀州。牧，州牧，一州之長，即州刺史。⓯將　率領。⓰袁紹　字本初，汝南汝陽（今河南商水縣西南）人。初為司隸校尉，曾與何進誅殺宦官。董卓專政，袁紹逃奔冀州，起兵攻卓。據有冀、青、幽、并四州，成為當時兵多將廣的割據勢力。官渡之戰，被曹操大敗，不久病死。詳見本書卷六〈袁紹傳〉。⓱辛評郭圖　袁紹的部將。⓲度　推測；揣度。⓳太祖　指曹操。魏明帝曹叡為曹操上廟號為「太祖」。⑳東郡　郡名。治所在今河南濮陽西南。㉑初平　東漢獻帝劉協年號，西元一九〇－一九三年。㉒子房　漢初的謀臣張良，字子房。輔佐劉邦平定天下，建立漢朝。因其長於謀略，故後世以「子房」或「張良」來稱頌善於謀略之人。㉓司馬　將軍軍府之官，綜理府事，並參預軍事謀劃。㉔威陵天下　以權勢淩駕於天下。㉕李傕　董卓部將。後漢北地人。董卓死後，他縱兵焚掠長安，劫持漢獻帝。後被曹操所族滅。詳見本書卷六〈李傕傳〉。㉖陳留　郡名。治所在今河南開封東南。㉗略　掠奪。㉘領兗州　領，以本職兼任較低級的職務。兗州，州名。東漢時治所在今山東金鄉東北。曹魏時治所在今山東鄆城西。㉙鎮東將軍　將軍的名號。曹魏時有四鎮將軍（東、西、南、北），均為第二品。㉚興平　東漢獻帝劉協年號，西元一九四－一九五年。㉛陶謙　字恭祖，後漢末丹陽（今安徽宣州）人。初為徐州刺史，曾攻打徐州黃巾軍。後任徐州牧，據有今山東南部和江蘇北部。後被曹操所敗，不久病死。詳見本書卷八〈陶謙傳〉。㉜留事　留守事務。當時荀彧與程昱同守鄄城，曹操令荀彧主持留守事務。㉝張邈陳宮　張邈，字孟卓，東漢壽張人。任陳留太守。董卓之亂，與曹操共舉義兵。後與呂布共據兗州，為其部下所害。詳見本書卷七〈張邈傳〉。陳宮，字公臺，東漢東郡（今河南濮陽西南）人。初從曹操，後歸呂布。呂布敗，為曹操所俘，被殺。㉞呂布　字奉先，五原九原（今內蒙古包頭西南）人。初從并州刺史丁原，後殺原歸董卓，又與王允合謀殺卓。後任奮威將軍，封溫侯，割據徐州。後被曹操所殺。詳見本書卷七〈呂布傳〉。㉟曹使君　即曹操。當時對州牧郡守尊稱使君，時曹操領兗州牧，故稱。㊱勒兵設備　部署兵力，設置守備。㊲馳召東郡太守句　馳召，快馬傳召。夏侯惇，字元讓，沛國譙（今安徽亳州）人。隨曹操起兵，領東郡太守。後從征呂布、袁紹。曹丕為魏王，任大將軍，數月病死。詳見本書卷九〈夏侯惇傳〉。㊳豫州　州名。三國魏時治所在今河南正陽東北。㊴鎮　鎮守一州的重要人物。㊵分非素結　指素常並無勾結。㊶鄄城　縣名。治所在今山東鄄城北。㊷程昱　曹操的謀士，字仲德，東阿（今山東東阿西南）人。曾勸曹操因兗州三城以圖霸業，預料袁紹必擒公孫瓚，孫權必不殺劉備，都為事後所證明。曹丕登帝位，為衛尉，封安鄉侯。詳見本書卷十四〈程昱傳〉。㊸范　縣名。治所在今山東范縣西南。㊹卒全　終於保全。㊺濮陽　縣名。治所在今河南濮陽西南。㊻乘氏　侯國名。治所在今山東鉅野西南。㊼遂　乘勢。㊽高祖保關中　高祖，指西漢高祖劉邦。關中，地區名。泛指函谷關以西地區或秦嶺以北之地。㊾光武據河內　光武，指東漢光武帝劉秀。河內，地區名。古代以黃河以北為河內，黃河以南為河外。㊿濟　成就。(51)首事　首先起兵。(52)山東　指華山和殽山以東的中原地區。(53)河濟　黃河與濟水流域，即指兗州。(54)李封薛蘭　呂布部將。時二將屯守鉅野，被曹操所擊斬。(55)約食　節約食物。(56)南結揚州　與南面的揚州聯合。此時雖然袁術占領揚州，漢朝仍任命劉繇為揚州刺史。(57)淮泗　淮河和泗水。(58)樵採　打柴。(59)衛　指濮陽，濮陽古為衛國之地。(60)亡　滅亡，此處指被攻克。(61)懲　鑑於。(62)結親　猶言親結。指徐州各郡縣緊密結合。(63)堅壁清野　加固城防工事，清理野外的糧食及其他物資。(64)威罰實行　指興平元年（西元一九四年）曹操攻打徐州，進行大肆屠殺。(65)就　即使。(66)有　占有。(67)權　權衡。(68)莫利　不利。(69)熟慮　深思熟慮。(70)建安　東漢獻帝劉協年號，西元一九六—二二〇年。(71)黃巾　東漢中平元年（西元一八四年），張角領導農民起事，因以黃巾裹頭，故稱「黃巾」。(72)河東還洛陽　黃河以東，指今山西省西南部。洛陽，東漢都城，故址在今河南洛陽東白馬寺東洛水北岸。(73)都許　建都許縣。許縣即今河南許昌。(74)韓暹　原為黃巾白波首領，與李傕叛將楊奉劫持漢獻帝都安邑，後挾獻帝回洛陽。(75)張楊　字稚叔，雲中（今內蒙古呼和浩特西南）人。原為并州刺史丁原部將，後歸董卓，任河內太守。建安元年，楊奉、韓暹等挾獻帝還洛陽，乏糧，張楊帶糧食迎之路上。後為其部將所殺。詳見本書卷八〈張楊傳〉。(76)卒　通「猝」。突然。(77)晉文納周襄王句　春秋時晉文公重耳接納周襄王。周襄王之弟王子帶勾結戎人攻襄王，襄王奔鄭，王子帶自立為王。晉文公迎襄王，送襄王入周復位，殺王子帶。事見《史記・晉世家》。景從，同「影從」。如影之隨形。底本原無「晉文納周襄王而景侯景從」十一字，《三國志集解》據范曄《後漢書》、司馬光《資治通鑑》，認為當有此十一字。(78)高祖東伐句　入關之初，懷王與各路諸侯約定，先入關滅秦者，可稱王。劉邦率先入關滅秦，當王關中。項羽不滿懷王，將其遷入郴州，路上派人將其殺死。劉邦出關東征，為義帝發喪，贏得民心。項梁所立戰國時楚懷王之孫心，亦稱楚懷王，項羽改稱之為義帝。縞素，白色喪服。(79)播越　流離失所。(80)首唱　同「首倡」。首先發起。(81)徒以　只因為。(82)關右　即關中。(83)蒙險　冒險。(84)王室　朝廷。(85)素志　本心。(86)車駕旋軫　車駕，本為皇帝所乘之車，因以指代皇帝。旋軫，即回車。軫，為車廂底部後面的橫木，以此指代車輛。(87)東京榛蕪　底本原無「東京榛蕪」四字。《三國志集解》云范書、《通鑑》「有『東京榛蕪』四字，為許都之由」。今據補。東京，即洛陽。西漢建都長安，東漢建都洛陽，時人稱之為東京，而稱西漢故都長安為西京。(88)誠　如果。(89)民望　民心。(90)秉至公　主持天下之大公。(91)弘義　大義。(92)逆節　即叛節，指反抗朝廷的人。(93)累　禍患。(94)其　豈。(95)侍中　官名。秦始置，兩漢沿置。為列侯以至郎中的加官，無定員。侍從皇帝左右，出入宮廷，應對顧問。(96)守尚書令　代理尚書令。尚書令在西漢，本為少府屬官，掌文書章奏；東漢時，政歸尚書，尚書令成為總攬朝政的首腦。(97)持重　掌握重權。(98)籌　謀劃。(99)荀攸鍾繇　荀攸，字公達。荀彧之姪。曹操的主要謀士之一。詳見本卷下文。鍾繇，字元常，潁川長社（今河南長葛東）人。東漢末為黃門侍郎。曹操執政時，命他為侍中代理司隸校尉。曹丕代漢，任廷尉。明帝時為太傅。工書法。詳見本書卷十三〈鍾繇傳〉。(100)進戲志才　推薦戲志才。戲志才，潁川（今河南禹州）人。有謀略之才。曹操給荀彧的信中曾說：「自志才亡後，莫可與計事者。」(101)郭嘉　字奉孝，潁川陽翟（今河南禹州）人。初投袁紹，後由荀彧推薦，歸曹操。多謀善斷，得到重視。運籌策劃，對統一北方有貢獻。詳見本書卷十四〈郭嘉傳〉。(102)進達　推舉薦達。(103)嚴象　字文則，京兆（今陝西西安）人。少聰博，有膽智。以督軍御史中丞至揚州討袁術，適袁術病卒，因以為揚州刺史。東漢建安五年（西元二〇〇年），被孫權的廬江太守李術殺害。(104)韋康　字元將，京兆（今陝西西安）人。韋康代父為涼州刺史，被馬超所殺。(105)河朔　地區名。泛指黃河以北地區。(106)張繡　武威祖厲（今甘肅靖遠西南）人。董卓部將張濟之姪。濟死，張繡繼領其眾。後降曹操，又叛之。曹操征袁紹，他再度投降，官渡之戰力戰有功。詳見本書卷八〈張繡傳〉。(107)宛　縣名。治所在今河南南陽。(108)悖慢　傲慢無禮。(109)以　因。(110)追咎往事　追悔往事。(111)殆有他慮　大概有其他的憂慮。(112)誠　確實。(113)劉項　劉邦和項羽。(114)度　器量。(115)遲重　遲疑猶豫。(116)後機　錯過時機。猶言放馬後炮。(117)無方　沒有一定之規。(118)御　治理。(119)致死　效死。(120)世資　家世地位。(121)飾智　故作聰明。(122)好問　追求虛名。問，通「聞」。(123)悋惜　吝嗇。(124)效實　腳踏實地。(125)羌胡　均為中國古代西部邊地的少數民族。(126)蜀漢　指蜀郡和漢中郡，當時割據此二郡的是劉璋。(127)韓遂馬超　韓遂，字文約，金城（今甘肅永靖）人。曾勸何進誅宦官，何進不從。後擁眾割據甘肅三十二年，為曹操所滅。馬超，字孟起，扶風茂陵（今陝西興平東北）人。出身涼州豪強，東漢末隨父馬騰起兵。為曹操所敗，割據涼州。後歸張魯，繼歸劉備。詳見本書卷三十六〈馬超傳〉。(128)比及；至。(129)屬以西事　託付西部的軍政事務。屬，同「囑」。(130)三年　建安三年（西元一九八年）。(131)禽　通「擒」。(132)孔融　字文舉，魯國（今山東曲阜）人。少有才，曾任北海相。值漢末之亂，志在靖難，但才疏意廣，迄無成功。因為曹操所忌，被殺。詳見本書卷十二〈孔融傳〉。(133)田豐許攸　田豐，字元皓，鉅鹿（今河北巨鹿）人。為人多奇計，為袁紹部下。袁紹官渡之敗後，聽信讒言，殺田豐。許攸，字子遠，南陽（今河南南陽）人。初從袁紹，後歸曹操。因與曹操相戲，被殺。(134)審配逢紀　審配，字正南，魏郡（今河北臨漳西南）人。少慷慨。曾任袁紹的治中，成為心腹。袁紹死後，審配輔保其子袁尚。曹操攻鄴，審堅守，城破被殺。逢紀，字元圖。為袁紹的門客，因逢紀有奇計，袁紹甚親信之。後被袁紹之子袁譚所殺。(135)顏良文醜　顏良，袁紹部下名將。袁紹派顏良等攻東郡，曹操救東郡守劉延，雙方大戰於白馬，顏良被關羽所殺。文醜，亦袁紹名將。亦在白馬之戰中被曹軍所殺。(136)三軍　古時大國之軍分為上、中、下三軍。故後世以三軍統稱全軍。(137)果而自用　剛愎自用。(138)知後事　主持後方事務。(139)一夫之勇　即匹夫之勇。(140)官渡　地名。其地在今河南中牟東北，臨古官渡水。(141)欲還許以引紹　打算以軍隊回許昌，引開袁紹圍官渡之軍。(142)熒陽　即滎陽，縣名。治所在今河南滎陽。(143)是時劉項二句　劉邦、項羽相爭時，曾在滎陽、成皋之間對峙很久。後劉、項相約，中分天下，鴻溝以西歸漢，以東歸楚。項羽因而退兵，劉邦乘機而進，遂敗項羽。(144)情見勢竭　實情顯現，勢盡途窮。(145)別屯　其他屯守部隊。(146)淳于瓊　字仲簡，袁紹之名將。(147)授首　被殺。(148)策　預料。(149)就穀東平之安民　就穀，移兵至糧多之地，以保障供給。東平，王國名。治所在今山東東平東。安民，亭名。其地在今山東東平西南。(150)江漢　長江和漢水。(151)餘燼　燒後的灰燼。此指袁紹的殘餘部隊。(152)乘虛以出人後　乘虛出兵曹操的後方。(153)次　駐紮。(154)譚尚　袁紹之子。袁紹死後，逢紀、審配以袁紹遺命，擁少子袁尚為主。譚攻尚，尚敗還南皮；尚攻譚，譚請救於曹操。後譚被曹操所殺。袁尚逃奔遼東，被公孫康所殺。(155)高幹郭援侵略河東　高幹，字元才，袁紹之外甥，有文武才。郭援，袁紹任其為河東太守。在率兵渡汾水時，被馬超所殺。河東，郡名。治所在今山西夏縣西北。(156)錄彧前後功　論列荀彧的功勞行賞。(157)鄴　地名。其地在今河北臨漳西南鄴鎮東。(158)制　控制。(159)馮翊扶風西河　馮翊，郡名。治所在今陝西大荔。扶風，郡名。治所在今陝西興平。西河，郡名。治所在今山西離石。(160)說　勸說。(161)以次見奪　依次被奪。(162)懷貳　懷有二心。(163)責貢之不入　指責荊州劉表不朝貢天子。此用春秋時齊伐楚之事。《左傳》僖公四年，齊侯伐楚，指責楚國「爾貢苞茅不入」（不向周天子進貢供祭祀的苞茅）。(164)社稷　國家。古之天子立國，必設社壇（祭祀土地之神）與稷壇（祭祀五穀之神），土地和五穀乃民生之本，故以社稷指代國家。(165)寢　罷止。(166)謀主　主謀之人。(167)監軍校尉　武官名。鎮守一地的軍事長官。(168)逆覺　預先察覺。(169)妻　此處用作動詞，把女兒嫁給他人。(170)謙沖　謙虛。(171)知舊　猶言舊知，舊時的朋友。(172)劉表　字景升，山陽高平（今山東微山縣西北）人。東漢遠支皇族。任荊州刺史，據有今湖南、湖北地方。他對當時的羣雄混戰，持觀望態度，因而所據之地破壞較小，中原人前來避難者甚眾。(173)華夏　指中原地區。(174)南土　指江南各地。(175)顯出　大張聲勢的出擊。(176)葉　縣名。治所在今河南葉縣南。(177)間行　祕密進軍。(178)逆降　迎降。(179)董昭等謂太祖句　董昭，字公仁，定陶人。袁紹任其為魏郡太守。後歸曹操，屢出奇計，多中。明帝時任司徒，封樂平侯。詳見本書卷十四〈董昭傳〉。謂，認為。國公，有封國之公爵。(180)九錫　古代帝王尊禮權臣所賜給的九種貴重器物。九錫名目，各書記載大同小異。獻帝賜曹操九錫，採用《禮緯》之說，賜車馬、衣服、樂則、朱戶、納陛、虎賁、弓矢、斧鉞、秬鬯。在魏晉南北朝時期，專權大臣在奪取政權、建立新王朝之前，大都先加九錫。(181)諮　徵求意見。(182)心不能平　對荀彧的說法心懷不滿。(183)譙　縣名。治所在今安徽亳州。(184)輒　就；即。這裡有專擅的含義。(185)光祿大夫持節　光祿大夫，官名。掌顧問應對，屬光祿勳。持節，皇帝派遣使者所持的信物，以資憑證。後即成為大臣的加銜，以示優崇。(186)參丞相軍事　參與丞相的軍事決策。(187)濡須　地名。其地在今安徽無為東北。(188)壽春　縣名。治所在今安徽壽縣。(189)以憂薨　因憂懼而死。古時稱王公大臣之死為「薨」。(190)嗣侯　繼承侯爵。(191)虎賁中郎將　漢平帝時置，主管皇帝的侍衛。(192)平原侯植並有擬論　平原侯植，即平原侯曹植。曹操當政時，封其三子曹植為平原侯。平原為郡國名，治所在今山東平原西南。並有擬論，指曹丕和曹植都有做曹操繼承人的可能。(193)曲禮事彧　曲意禮遇荀彧。(194)夏侯尚　夏侯淵之姪，字伯仁。與曹丕友善。曹丕即位後，官至征南將軍、荊州刺史，封平陵鄉侯。(195)惲弟俁六句　裴注引《荀氏家傳》曰：惲字長倩，俁字叔倩，詵字曼倩，俁子寓，字景伯。《世語》曰：寓少與裴楷、王戎、杜默俱有名京邑，仕晉，位至尚書，名見顯著。子羽嗣，位至尚書。御史中丞，官名。主管糾察彈劾諸不法。大將軍從事中郎，大將軍屬官，職責是參謀議論。(196)咸熙　魏元帝曹奐年號，西元二六四—二六五年。(197)散騎常侍　三國魏置，即漢代的散騎（皇帝的騎隊）和中常侍的合稱。職在皇帝左右，規諫過失，以備顧問。(198)中領軍　曹操任丞相時，相府自置領軍，旋改為中領軍，與護軍皆領禁兵。(199)驃騎將軍　將軍的名號，位在三公以下。(200)司馬景王文王　指司馬師與司馬昭。(201)五等　指公、侯、伯、子、男五等爵位。

【語　譯】荀彧，字文若，潁川郡潁陰縣人。祖父荀淑，字季和，曾任朗陵縣令。在漢順帝、桓帝在位時期，知名於當世。荀淑有八個兒子，號稱「八龍」。荀彧的父親荀緄，擔任過濟南國相。叔父荀爽，擔任過司空。

2 荀彧年輕時，南陽人何顒驚異他的才華，說：「這是輔佐帝王的人才啊。」永漢元年，他被推舉為孝廉，擔任守宮令。董卓作亂時，他請求出任地方官，被任命為亢父縣令，於是棄官回家，告訴家鄉的父老說：「潁川，是四面受敵的兵家必爭之地，天下一旦有變亂，常常成為軍事要衝，應該趕快離開這個地方，不可久留。」鄉人大多懷戀故土，猶豫不決，恰遇任冀州牧的同郡人韓馥派遣騎兵來迎接荀彧，但沒有人跟隨他走，荀彧僅帶領本族人遷徙到冀州。而這時袁紹已經奪了韓馥的官位，袁紹用上賓的禮儀接待荀彧。荀彧的弟弟荀諶及同郡人辛評、郭圖，都被袁紹委任。荀彧料定袁紹終究不能成就大事，當時太祖擔任奮武將軍，駐兵東郡，初平二年，荀彧離開袁紹追隨太祖。太祖非常高興的說：「你就是我的張子房啊。」任命荀彧為司馬，當時他二十九歲。這時，董卓權傾天下，太祖為此詢問荀彧，荀彧說：「董卓殘暴至極，最後必定因亂而亡，沒有什麼作為的。」董卓派遣李傕等人出關東下，所到之處大肆虜掠，到達潁川、陳留後才返回。留在潁川的鄉人很多被屠殺、擄掠。第二年，太祖兼任兗州牧，後來擔任鎮東將軍，荀彧常常以司馬的身分隨從。興平元年，太祖征討陶謙，任命荀彧主管留守事務。恰逢張邈、陳宮在兗州叛亂，暗中迎接呂布。呂布到達後，張邈就派劉翊告訴荀彧說：「呂將軍趕來幫助曹使君攻打陶謙，應該趕快供應他軍糧。」大家都疑惑莫解。荀彧得知張邈已作亂，就部署軍隊嚴加防備，派人飛馬緊急召回東郡太守夏侯惇，可是兗州各城都已響應呂布了。當時太祖全軍進攻陶謙，留守兵力很少，而督將和主要官員多數與張邈、陳宮勾結謀反。夏侯惇到達後，當夜就誅殺圖謀叛亂的將領和官員幾十人，眾人這才安定下來。豫州刺史郭貢帶領部眾幾萬人來到鄄城外，有人說郭貢與呂布同謀，荀彧的部眾都很害怕。郭貢要求會見荀彧，荀彧準備前往。夏侯惇等人說：「您是鎮守一州的重要人物，前往定有危險，不能去。」荀彧說：「郭貢與張邈等人，並非向來就有勾結，現在郭貢匆匆而來，主意並未拿定；乘他主意沒有拿定時勸他，即使不能為我所用，也可使他保持中立，假如事先就懷疑他，他將會在一怒之下打定主意。」郭貢看到荀彧毫不懼怕，認為鄄城不易攻打，於是帶兵撤離了。荀彧又與程昱商議，派程昱去勸說范縣、東阿守將，終於保全了鄄城、范縣、東阿三個縣城，以等待太祖回軍。太祖從徐州返回，在濮陽進擊呂布，呂布往東逃跑。興平二年夏季，太祖駐軍乘氏縣，當地發生大饑荒，出現人吃人的狀況。

3 陶謙死後，太祖想乘勢奪取徐州，回來再平定呂布。荀彧說：「從前漢高祖保衛關中，漢光武帝據守河內，都是為了建立牢固的根基控制天下，進足以戰勝敵人，退足以堅持防守，所以雖有困難失敗，但最終成就大業。將軍您本來憑藉兗州首先起兵，平定了山東的戰亂，老百姓沒有不心悅誠服的。況且黃河、濟水流域是天下的戰略要地，現在雖然殘破，但還是容易據以自保的，此地也就是將軍的關中、河內啊，不可不首先平定。現在已經打敗了李封、薛蘭，如果分兵向東攻打陳宮，陳宮一定不敢顧及西面，我們在這段空檔率兵收割成熟的麥子，節約糧食，積蓄穀物，可以一舉擊破呂布。打敗了呂布，然後南面聯結揚州的劉繇，共同討伐袁術，兵臨淮水、泗水一帶。假如放棄呂布向東奪取徐州，多留兵力守城，進攻的兵力就不足，少留兵力，那麼老百姓就都得去守城，不能外出打柴。呂布若乘虛侵掠，民心更加恐懼，只有鄄城、范縣、衛縣可以保全，其餘地方就非我們所有了，這等於失去了兗州。假如徐州無法平定，將軍您將歸身何處呢？再說陶謙雖死，徐州仍然不易攻克。他們鑑於往年戰敗的教訓，將會懼怕滅亡而親密團結，相互支援。如今，東部都已進入收麥的季節，一定會堅壁清野來對付將軍，將軍如果攻取徐州不下，掠取又一無所得，不超過十天，那麼十萬人的部隊就會不戰而自困了。前次討伐徐州，實行了嚴酷的懲罰，那裏的子弟想到父兄受到的恥辱，一定會人人堅守，不會有投降的想法，即使能攻克徐州，還是不能占有它。事情本來就有棄此取彼的情況，可以用大換小，可以用安全換危險，權衡一時的形勢，不擔憂根基不穩固，這樣也是可以的。現在，這三個方面都不利，希望將軍深思熟慮。」太祖於是停止攻打徐州。大量收割麥子以後，再與呂布作戰，又派部分兵力平定各縣。呂布戰敗逃跑，兗州於是平定。

4 建安元年，太祖擊敗黃巾軍。漢獻帝從河東回到洛陽。太祖計議迎接漢獻帝遷都許縣，有人認為山東尚未平定，韓暹、楊奉最近挾持天子到洛陽，北面聯合張楊，不可能馬上制服。荀彧勸太祖說：「從前晉文公接納周襄王，諸侯像影子一樣跟隨他，漢高祖東征項羽，為義帝發喪而使天下人心歸服。自從天子流亡在外，將軍首先倡導義軍，只因山東戰亂，不能遠至關中地區，但還是派遣了將帥，冒險與朝廷聯絡，您雖在外抵禦暴亂，但無時不心繫王室，這是將軍匡扶天下的夙願。現在皇上大駕回到京都，東京草木叢生，義士有保存朝廷根本的心願，百姓感念舊主而倍增哀痛。如果趁此時機，擁戴皇上來順從百姓的願望，這就是順天應人的大勢；主持公正使英雄豪傑歸服，這就是最好的策略；匡扶大義來招致優秀人才，這就是最高的德行。天下即使有叛亂的人，一定不會造成禍患，這是顯而易見的。韓暹、楊奉怎敢為害！如果不及時定策，各地都會產生迎天子的想法，事後即使想做此事，也來不及了。」太祖於是到達洛陽，迎接天子遷都許縣。漢獻帝任命太祖為大將軍，晉升荀彧為漢朝侍中，代理尚書令。荀彧常在朝中掌管重要事務，太祖雖然征伐在外，軍國大事都與荀彧謀劃。太祖問荀彧：「什麼人能代替您為我謀劃呢？」荀彧說「荀攸、鍾繇」。在這以前，荀彧談及出謀劃策的人，推薦過戲志才。戲志才死後，又推薦過郭嘉。太祖認為荀彧有知人之明，他推舉的人都很稱職，只有嚴象擔任揚州刺史，韋康擔任涼州刺史，後來戰敗陣亡。

5 自從太祖迎接漢獻帝後，袁紹便心懷不服。袁紹兼併了黃河以北地區後，天下人都畏懼他的強大。太祖正擔憂東邊的呂布，又在南邊抵禦張繡，而張繡在宛縣打敗了太祖的軍隊。袁紹更加驕傲，給太祖寫信，文辭傲慢無禮。太祖大怒，連舉止行動都失常，大家都認為是被張繡打敗的緣故。鍾繇為這事問荀彧，荀彧說：「以曹公的聰明，一定不會追悔往事，或許有其他的憂慮。」荀彧就進見太祖詢問原因，太祖就將袁紹的信給荀彧看，說道：「我現在想討伐這個不義之人，可是力量不敵他，怎麼辦？」荀彧說：「考察古人成敗的原因，若確有才能，即使弱小，最終一定會強大，如果不是那樣的人，即使強大，最終也會變得弱小，劉邦、項羽的存亡，足以看出這點。當今與明公爭奪天下的人，只有袁紹罷了。袁紹外表寬容，內心猜忌，用人卻又懷疑他有二心，您明智通達，用人不拘小節，只要是有才的人就任用，這是在器度上超過了袁紹。袁紹處事猶豫不決，失誤在錯過時機，您能決斷大事，隨機應變，變化無窮，這是在謀略上勝過了袁紹。袁紹治軍鬆弛，不立法令，士兵雖多，實際上難以為用，您法令嚴明，獎罰必行，士兵雖少，都爭先恐後的獻身效死，這是在用兵上超過了袁紹。袁紹憑藉他三公世家的特殊身分，舉止裝得富有智慧，用來沽名釣譽，所以士人中缺少才能而喜好浮名的人大多歸附他，您用最大的仁愛待人，推心置腹，不圖虛名，要求自己謹慎儉約，而賞賜有功的人從不吝嗇，所以天下忠誠正直注重實效的人都願意為您效力，這是在德行上超過了袁紹。用這四方面的長處輔佐天子，匡扶正義，討伐叛逆，哪個敢不服從？袁紹的強大又能有什麼用呢！」太祖聽了很高興。荀彧說：「不首先攻下呂布，黃河以北地區也就不容易謀取。」太祖說：「是的。我所迷惑不解的，還恐怕袁紹侵擾關中，勾結羌、胡作亂，南面引誘割據蜀漢二郡的劉璋，這樣我只能憑兗、豫二州對抗天下六分之五的地方。這該怎麼辦？」荀彧說：「關中的將帥數以十計，沒有誰能夠統一起來，其中只有韓遂、馬超最強。他們看到殽山以東正在爭戰，一定會各自擁兵自保。現在如果能以恩德安撫他們，派遣使者去與他們聯合，即使不能維持長久的安定，到了您平定殽山以東地區時，也足以使他們不致妄動。西邊的事務可以託付給鍾繇。那麼您就無西顧之憂了。」

6　建安三年，太祖已經打敗張繡，東進擒獲了呂布，平定了徐州，就與袁紹相對抗。孔融對荀彧說：「袁紹地廣兵強；田豐、許攸，是有智謀的人，為他出謀劃策；審配、逢紀，是盡忠的臣子，為他辦事；顏良、文醜，勇冠三軍，為他統帥軍隊：恐怕難以戰勝他啊！」荀彧說：「袁紹兵士雖多，但法令不嚴。田豐性格剛烈而好犯上，許攸貪婪而不自我約束。審配專擅而無謀略，逢紀果敢而剛愎自用，審配、逢紀這兩人留下主持後方的事務，假如許攸家觸犯他的法規，一定不會放過，不肯放過，許攸一定會叛變。至於顏良、文醜，不過是匹夫之勇而已，一戰就可以把他們俘獲。」建安五年，太祖與袁紹連續作戰。太祖據守官渡，袁紹進兵圍攻。太祖的軍糧快要耗盡，寫信給荀彧，打算返回許都來引開袁紹。荀彧說：「現在軍糧雖然缺少，但不像楚、漢在滎陽、成皋相持時期那樣嚴重。那時劉邦、項羽都不肯首先撤退，首先撤退的就會轉為劣勢。您以敵人十分之一的兵力，劃地而守，掐住敵人進軍的咽喉使他不能前進，已半年了。現在敵方情勢出現衰竭的跡象，局面一定會有變化，這是運用奇兵的好時機，不可失去這個機會啊。」太祖於是原地堅守。用出敵不意的部隊襲擊袁紹其他營地的駐軍，斬了袁紹的部將淳于瓊等人，袁紹撤走。審配以許攸家不法為由，逮捕了他的妻兒，許攸憤怒的背叛了袁紹；顏良、文醜臨陣被斬；田豐因為勸諫袁紹被殺：結果都像荀彧所預料的那樣。

7 建安六年，太祖為取得軍糧而移兵到東平的安民，由於缺少糧食，不足以與黃河以北的敵人相對峙，太祖想利用袁紹剛被打敗的有利形勢，乘機討伐劉表。荀彧說：「現在袁紹剛敗，他的部眾離心離德，應當乘他處於困境，順勢平定他；而若離開兗州、豫州，遠征長江、漢水一帶，如果袁紹收羅他的殘兵舊部，乘虛出兵我們的後方，那麼您的大業就毀於一旦了。」太祖再次駐紮在黃河岸邊。袁紹病死。太祖渡過黃河，攻打袁紹的兒子袁譚、袁尚，而這時高幹、郭援侵犯河東，關西震動，鍾繇率領馬騰等人打敗了高幹、郭援。這事記載在〈鍾繇傳〉裡。建安八年，太祖論列荀彧前後的功勞，上表請封荀彧為萬歲亭侯。建安九年，太祖攻克鄴城，兼任冀州牧。有人勸太祖說「應當恢復古代九州的建置，那麼冀州所控制的地方就能擴大，天下就易歸服了」。太祖打算採納這一意見，荀彧說：「要是這樣，那麼冀州應當得到河東、馮翊、扶風、西河、幽州、并州等地的一部分，奪占其他州郡的土地太多。前些日子您大敗袁尚，擒獲審配，天下震驚，一定會人人擔心不能保全自己的土地，擁有自己的軍隊；現在使它們分別歸屬冀州，人心都會動搖。況且很多人都在勸說關西的將領們採取閉關自守的策略；現在聽到這消息，關西將領們認為一定會被依次奪去權力。一旦形勢發生變化，即使是善於堅守的人，也會轉而被迫為非作歹，那麼就會延緩袁尚的滅亡，袁譚就會懷有二心，劉表就可固守長江、漢水之間的地盤，天下就不易謀取了。希望您趕快率軍首先平定黃河以北地區，然後修復原來的京都洛陽，向南逼臨荊州，譴責劉表不向天子朝貢，那麼全國的人都會知道您的意圖，各地的人也都能放心了。在全國平定後，這才考慮恢復古制，這是國家長遠的利益。」太祖於是擱置了設置九州的想法。

8 這時荀攸常為太祖的主要謀士。荀彧的哥哥荀衍以監軍校尉的身分駐守鄴城，統領黃河以北地區的軍務。太祖討伐袁尚時，高幹祕密派兵企圖襲擊鄴城，荀衍事先覺察，全部斬殺了他們，因為有功被封為列侯。太祖把女兒嫁給荀彧的長子荀惲，即後來的安陽公主。荀彧、荀攸都官高位重，但都謙遜節儉，把所得的俸祿和賞賜分給同族和相好的舊友，家中沒有多餘的財產。建安十二年，太祖又給荀彧增加食邑一千戶，總計二千戶。

9 太祖準備討伐劉表，詢問荀彧應採用什麼策略，荀彧說：「現在中原已經平定，南方的割據者知道自己的處境困難了。可以大張旗鼓的出兵宛縣、葉縣，另祕密派兵抄小路輕裝前進，出其不意襲擊敵人。」太祖於是開始進軍。恰逢劉表病死，太祖按照荀彧的計策直奔宛縣、葉縣，劉表的兒子劉琮以荊州迎降。

10 建安十七年，董昭等人認為太祖應當晉升公爵，備置九錫之物，用來表彰太祖的特殊功勳，並祕密的徵求荀彧的意見。荀彧認為，太祖發動義軍本就是為了扶助朝廷安定國家，胸懷忠貞的誠意，保持退讓的品行；君子應用高尚的品德去愛人，不應該這樣做。太祖從此對荀彧心懷不滿。適逢征討孫權，太祖上表請求派荀彧到譙縣去慰勞軍隊，乘機留下荀彧，並令荀彧以侍中光祿大夫持節的身分，參與丞相府軍事。太祖的軍隊到達濡須，荀彧因病留在壽春，憂鬱而死，終年五十歲。諡號敬侯。第二年，太祖就晉爵為魏公了。

11 荀彧的兒子荀惲，繼承父親的侯爵，官至虎賁中郎將。當初魏文帝與平原侯曹植都有被確定為太子的可能，文帝對荀彧曲盡禮儀。等到荀彧死後，荀惲卻和曹植友好，而與夏侯尚不和，文帝非常怨恨荀惲。荀惲早死，他的兩個兒子荀甝、荀霬，因是文帝的外甥的緣故仍受到寵厚的待遇。荀惲的弟弟荀俁，曾任御史中丞，荀俁的弟弟荀詵，曾任大將軍從事中郎，都很知名，又都早死。荀詵的弟弟荀顗，咸熙年間擔任司空。荀惲的兒子荀甝繼承爵位，擔任散騎常侍，後來晉爵為廣陽鄉侯，三十歲去世。他的兒子荀頵繼承爵位。荀霬官至中領軍，死後，謚號貞侯，追贈驃騎將軍。他的兒子荀愷繼承爵位。荀霬的妻子，是司馬景王、文王的妹妹，司馬景王和文王都與荀霬關係親密友好。咸熙年間，開始設置五等爵位，荀霬因對前朝建有卓越的功勳，改封他的兒子荀愷為南頓縣子。

1 荀攸，字公達，或從子❶也。祖父曇❷，廣陵❸太守。攸少孤。及曇卒，故吏張權求守曇墓。攸年十三，疑之，謂叔父衢曰：「此吏有非常之色，殆將有姦❹！」衢寤❺，乃推問❻，果殺人亡命❼。由是異之。何進秉政，徵海內名士攸等二十餘人。攸到，拜黃門侍郎❽。董卓之亂，關東兵起，卓徙都長安。攸與議郎❾鄭泰、何顒、侍中种輯、越騎校尉❿伍瓊等謀曰：「董卓無道，甚於桀紂⓫，天下皆怨之，雖資⓬彊兵，實一匹夫⓭耳。今直刺殺之以謝⓮百姓，然後據殽、函⓯，輔王命⓰，以號令天下⓱，此桓文⓲之舉也。」事垂就⓳而覺，收顒、攸繫獄⓴，顒憂懼自殺，攸言語飲食自若，會卓死得免㉑。棄官歸，復辟公府㉒，舉高第㉓，遷任城㉔相，不行㉕。攸以蜀漢險固，人民殷盛㉖，乃求為蜀郡㉗太守，道絕不得至，駐荊州㉘。

2 太祖迎天子都許，遺㉙攸書曰：「方今天下大亂，智士勞心之時也，而顧觀變蜀漢，不已久乎！」於是徵攸為汝南㉚太守，入為尚書㉛。太祖素聞攸名，與語大悅，謂荀彧、鍾繇曰：「公達，非常人也，吾得與之計事㉜，天下當何憂哉！」以為軍師㉝。建安三年，從征張繡。攸言於太祖曰：「繡與劉表相恃為彊㉞，然繡以遊軍㉟仰食㊱於表，表不能供也，勢必離。不如緩軍以待之，可誘而致也；若急之，其勢必相救。」太祖不從，遂進軍之穰㊲，與戰。繡急，表果救之。軍不利。太祖謂攸曰：「不用君言至是。」乃設奇兵復戰，大破之。

3 是歲，太祖自宛征呂布，至下邳㊳，布敗退固守，攻之不拔，連戰，士卒疲，太祖欲還。攸與郭嘉說曰：「呂布勇而無謀，今三戰皆北㊴，其銳氣衰矣。三軍以將為主，主衰則軍無奮意。夫陳宮有智而遲㊵，今及布氣之未復，宮謀之未定，進急攻之，布可拔也。」乃引沂、泗㊶灌城，城潰，生禽布。

4 後從救劉延於白馬㊷，攸畫策斬顏良。語在武紀。太祖拔白馬還，遣輜重循㊸河而西。袁紹渡河追，卒㊹與太祖遇。諸將皆恐，說太祖還保營，攸曰：「此所以禽敵，奈何去之！」太祖目㊺攸而笑。遂以輜重餌㊻賊，賊競奔之，陣亂。乃縱步騎擊，大破之，斬其騎將文醜，太祖遂與紹相拒於官渡。軍食方盡㊼，攸言於太祖曰：「紹運車旦暮至，其將韓莫銳[48]而輕敵，擊可破也。」太祖曰：「誰可使？」攸曰：「徐晃[49]可。」乃遣晃及史渙[50]邀擊破走之，燒其輜重。會許攸來降，言紹遣淳于瓊等將萬餘兵迎運糧，將驕卒惰，可要擊[51]也。眾皆疑，唯攸與賈詡[52]勸太祖。太祖乃留攸及曹洪[53]守。太祖自將攻破之，盡斬瓊等。紹將張郃、高覽燒攻櫓[54]降，紹遂棄軍走。郃之來，洪疑不敢受，攸謂洪曰：「郃計不用，怒而來，君何疑？」乃受之。

七年，從討袁譚、尚於黎陽[55]。明年，太祖方征劉表，譚、尚爭冀州。譚遣辛毗[56]乞降請救，太祖將許之，以問羣下。羣下多以為表彊，宜先平之，譚、尚不足憂也。攸曰：「天下方有事，而劉表坐保江、漢之間，其無四方志[57]可知矣。袁氏據四州之地[58]，帶甲[59]十萬，紹以寬厚得眾，借使[60]二子和睦以守其成業，則天下之難[61]未息也。今兄弟遘惡[62]，其[63]勢不兩全。若有所并則力專，力專則難圖也。及其亂而取之，天下定矣，此時不可失也。」太祖曰：「善。」乃許譚和親[64]，遂還擊破尚。其後譚叛，從斬譚於南皮[65]。冀州平，太祖表封攸曰：「軍師荀攸，自初佐臣，無征不從，前後克敵，皆攸之謀也。」於是封陵樹亭侯。十二年，下令大論功行封，太祖曰：「忠正密謀，撫寧內外，文若是也。公達其次也。」增邑四百，并前七百戶，轉為中軍師[66]。魏國初建，為尚書令。

6 攸深密有智防[67]，自從太祖征伐，常謀謨帷幄[68]，時人及子弟莫知其所言。太祖每稱曰：「公達外愚內智，外怯內勇，外弱內彊，不伐善[69]，無施勞[70]，智可及，愚不可及，雖顏子、甯武[71]不能過也。」文帝在東宮，太祖謂曰：「荀公達，人之師表也，汝當盡禮[72]敬之。」攸曾病，世子[73]問病，獨拜牀下，其見尊異如此。攸與鍾繇善，繇言：「我每有所行，反覆思惟，自謂無以易[74]；以咨公達，輒復[75]過人意。」公達前後凡畫奇策十二，唯繇知之。繇撰集[76]未就，會薨，故世不得盡聞也。攸從征孫權，道薨。太祖言則流涕。

7 長子緝，有攸風，早沒。次子適嗣，無子，絕。黃初[77]中，紹封[78]攸孫彪為陵樹亭侯，邑三百戶，後轉封丘陽亭侯。正始[79]中，追諡攸曰敬侯。

【章旨】以上為〈荀攸傳〉。荀攸亦是一位戰略戰術家，甚得曹操賞識。曹操征張繡，荀攸以為不必征討，可緩軍誘敵，曹不聽，敗績。生擒呂布，是曹操採納了荀攸等人的建議。斬顏良，誅文醜，降張郃，敗袁紹，平袁尚、袁譚，克敵制勝，大都是荀攸所策劃。論戰略眼光，荀攸似稍遜其叔荀彧一籌，而戰術策劃更其所長。

【注釋】❶從子　姪子。❷曇　裴注引《荀氏家傳》曰：曇字元智。兄昱，字伯修。張璠《漢紀》稱昱、曇并傑俊有殊才。昱與李膺、王暢、杜密等號為八俊，位至沛相。攸父彝，州從事。彝與彧為從祖兄弟。❸廣陵　郡名。治所在今江蘇揚州。

❹姦　邪惡；詐偽。❺寤　省悟。❻推問　審問。❼亡命　犯罪後逃往他鄉的人。❽黃門侍郎　官名。職守侍從皇帝，傳達詔命。❾議郎　官名。西漢置，掌顧問應對，屬光祿勳。為郎官的一種，但不入值宿衛。東漢時地位更高，得參與朝政。❿越騎校尉　漢武帝時置屯騎、越騎、長水、射聲等校尉，秩二千石。越騎掌越人來降之騎卒，一說取材力超越為名。⓫桀紂　指夏桀和商紂，二人都是著名的暴君。⓬資　憑藉。⓭匹夫　平常的百姓。⓮謝　謝罪。⓯殽函　殽山、函谷關。殽、函地當今陝西潼關以東至河南新安地，高峰絕谷，形勢險要。⓰輔王命　猶言輔佐天子。⓱號令天下　命令天下諸侯。⓲桓文　指齊桓公和晉文公。二人在春秋時先後稱霸，以輔佐周天子之名，號令天下諸侯。⓳垂就　將要成功。⓴繫獄　關進監獄。㉑會卓死得免　裴注引《魏書》云，攸使人說卓得免，與此不同。㉒公府　即公車府，衛尉的下屬機構。掌宮殿司馬門的警衛，以及臣民上書和被徵召之人，都由公車府接待。㉓舉高第　考覈獲得優等。㉔任城　王國名。其地在今山東濟寧。㉕不行　未赴任。㉖殷盛　繁盛富足。㉗蜀郡　東漢延光元年（西元一二二年），改西漢時蜀郡西部都尉置蜀郡屬國都尉，治所在今四川名山縣。三國蜀漢章武元年（西元二二一年）改為漢嘉郡。㉘荊州　州名。治所在今湖南常德。㉙遺　贈送。㉚汝南　郡名。治所在今河南平輿北。㉛尚書　官名。秦代置，西漢沿置，少府屬官，掌文書章奏。漢武帝提高皇權，因尚書在皇帝身邊任事，地位逐漸重要。東漢政歸尚書，尚書令成為總攬朝政的首腦。㉜計事　商議軍國大事。㉝軍師　高級武官名。掌監察全國軍務。如三國時吳國以朱然為右軍師，蜀國以諸葛亮為軍師將軍。㉞繡與劉表相恃為彊　當時張繡屯兵宛城（今河南南陽），劉表占據荊州（今湖南、湖北等地），地理接近，可以互相救援。㉟遊軍　無根據地的遊動部隊。㊱仰食　依靠他人供給軍食。㊲穰　縣名。治所在今河南鄧州。㊳下邳　縣名。治所在今江蘇睢寧西北。㊴北　敗。㊵陳宮有智而遲　陳宮雖有智謀，但出計遲緩。㊶沂泗　沂河及泗水。沂河源於今山東沂源魯山，南流經今江蘇境。泗，即泗水。㊷救劉延於白馬　劉延，曹操部將，時任東郡太守。白馬，縣名。治所在今河南滑縣舊縣城東。在縣之東北有白馬津，秦漢時在古黃河南岸，與北岸之黎陽津相對，為歷來軍事要地。㊸循　沿。㊹卒　通「猝」。突然。㊺目　視。㊻餌　釣餌。這裏用為動詞，意為引誘。㊼方盡　將盡。㊽銳　勇猛。㊾徐晃　字公明，河東楊（今山西洪洞東南）人。少為郡吏，後歸曹操，官至右將軍，封陽平侯。為將有周亞夫之風。㊿史渙　字公劉，沛縣（今江蘇沛縣）人。曹操初起，以賓客從，被親信。官至中領軍。(51)要擊　截擊。(52)賈詡　字文和，姑臧（今甘肅武威）人。初從張繡，勸繡歸曹操。曹任之為執金吾，封都亭侯。有謀略。魏文帝時官至太尉。(53)曹洪　字子廉，曹操堂弟。隨操起兵，後任征南將軍。魏文帝時，任大將軍。(54)張郃高覽燒攻櫓　張郃，字儁乂，河間鄚縣（今河北任丘北）人。初從韓馥，後附袁紹，官渡之戰後歸曹操，任右將軍。魏明帝時，率軍西拒諸葛亮，

在街亭大破馬謖軍。後作戰而死。高覽，袁紹部將。攻櫓，用以攻敵的望樓。〈袁紹傳〉稱：「紹為高櫓，起土山，射營中，營中皆蒙楯。」(55)黎陽　津渡名。其地在今河南浚縣東南，古黃河北岸，與南岸之白馬津相對。(56)辛毗　字佐治，陽翟（今河南禹州）人。初從袁紹，後歸曹操。魏明帝時封潁鄉侯，官至衛尉。(57)四方志　指統一天下之志。(58)四州之地　指袁紹所割據之青州、冀州、幽州、并州。(59)帶甲　指身披戰衣的兵士，故亦指代兵眾。(60)借使　假使。(61)難　禍患。(62)遘惡　結為仇敵。(63)其　《三國志集解》云：「元本、馮本、監本『其』作『此』。」(64)許譚和親　指曹操之子曹整與袁譚之女結親。(65)南皮　縣名。治所在今河北南皮東北。(66)中軍師　官名。荀攸已任軍師，中軍師比軍師地位更高。(67)智防　精於料事且善於自保。(68)謀謨帷幄　謀謨，出謀劃策。謨，亦「謀」義。帷幄，軍中的帷幕。此指軍中主帥所居之軍帳。(69)不伐善　不誇耀自己的長處。(70)無施勞　不炫耀自己的功勞。(71)顏子甯武　顏子，即顏回，孔子最得意的弟子。以德行著稱，孔子稱讚他貧而不改其志，「不遷怒，不貳過」。後世尊之為「復聖」。甯武，即甯武子，春秋時衛國大夫。仕於衛文公，時衛國政治清明，甯武子無所表現。至成公無道，以失其國，甯武子不避艱險，保全了衛君。故孔子說他：「邦有道則智，邦無道則愚。其智可及也，其愚不可及也。」（《論語・公治長》）(72)盡禮　禮數周到。(73)世子　國王的嫡長子稱為世子，也稱太子。此指曹丕。(74)無以易　不可改變。(75)輒復　往往又。(76)撰集　編集。(77)黃初　魏文帝曹丕年號，西元二二〇—二二六年。(78)紹封　本支絕嗣，以旁支後人承續封爵。(79)正始　魏齊王曹芳年號，西元二四〇—二四九年。

【語　譯】荀攸字公達，是荀彧的姪子。他的祖父荀曇，曾任廣陵太守。荀攸從小父親早死。荀曇死後，他過去的屬吏張權請求看守荀曇的墳墓。當時荀攸十三歲，懷疑張權，對叔父荀衢說：「這個人神色不正常，恐怕懷有奸詐！」荀衢省悟，就進行審問，果然是個殺人亡命之徒。由此人們驚異於荀攸的不同凡人。何進掌政時，徵召荀攸等全國名士二十多人。荀攸到京後，被任命為黃門侍郎。董卓作亂，關東地區起兵反對，董卓遷都長安。荀攸與議郎鄭泰、何顒、侍中种輯、越騎校尉伍瓊等人謀議說：「董卓的殘暴無道，超過夏桀、商紂，天下百姓都痛恨他，雖然他憑藉強大的兵力，實際上只是一介匹夫罷了。現在我們乾脆把他刺死來向老百姓謝罪，然後據守殽山、函谷關，輔佐天子，號令天下，這是齊桓公、晉文公的做法。」事情將成時被發覺，董卓逮捕了何顒、荀攸下獄，何顒憂恐自殺，只有荀攸談吐飲食仍像往常一樣。適逢董卓死去，荀攸得以免罪。他棄官回家，後來再次被徵召入公府，考覈列入高等，升遷任城國相，沒有到任。荀攸認為蜀漢之地險要穩固，人口眾多且富足，於是請求擔任蜀郡太守，由於道路阻隔不能到達，留駐在荊州。

2 太祖迎奉天子遷都許縣，給荀攸寫信說：「當今天下大亂，是才智之士費心的時候，可是你卻坐等蜀漢局勢發生變化，這樣等待不也太久了嗎！」於是徵召荀攸擔任汝南太守，入朝擔任尚書。太祖素來耳聞荀攸的名聲，與荀攸交談後非常高興，對荀彧、鍾繇說：「公達是個不平凡的人，我能與他商議大事，天下之事還有什麼可擔心的呢！」任用他為軍師。建安三年，荀攸隨從太祖出征張繡。荀攸對太祖說：「張繡與劉表相互依恃因而變得強大，但張繡的遊動部隊須依賴劉表供應糧草，劉表若不能供應，兩人勢必分離。不如暫緩進軍稍事等待，可以誘使他來歸附；如果逼得太緊，劉表勢必相救。」太祖沒有接受荀攸的意見，進軍到穰縣，與張繡交戰。張繡處境危急，劉表果然來援救他。曹軍失利。太祖對荀攸說：「沒有採納您的意見才落到這個地步。」於是布置奇兵再戰，大敗張繡。

3 這年，太祖從宛縣進軍征討呂布，到達下邳，呂布敗退進城固守，太祖攻城不下，連續作戰，士兵疲憊不已，太祖打算撤軍。荀攸與郭嘉勸太祖說：「呂布勇猛沒有謀略，如今三次交戰他都敗北，銳氣已經衰竭了。軍隊以將帥為主，主將氣衰，軍隊就沒有鬥志了。陳宮雖有智謀，但出計遲緩，現在趁呂布的銳氣尚未恢復，陳宮的謀略沒有拿定，加緊進攻呂布，呂布就可以打敗了。」於是導引沂、泗二水淹灌下邳，下邳城被水沖毀，活捉了呂布。

4 荀攸後來跟隨太祖在白馬縣援救劉延，荀攸設計斬殺了顏良。這事記載在〈武帝紀〉中。太祖攻下白馬縣回軍，派遣供應物資的部隊沿著黃河西進。袁紹渡河追擊，突然與太祖遭遇。曹軍將領們都很惶恐，勸太祖返回保衛大營，荀攸說：「這些正是用來擒獲敵軍的，怎麼能撤離呢！」太祖看著荀攸會心的笑了笑。於是用軍械等物資來引誘敵人，敵人爭相奔搶，軍陣大亂。太祖下令步兵騎兵一齊進攻，大敗敵人，斬殺了他們的騎兵將領文醜，太祖於是與袁紹在官渡相對峙。軍糧將要耗盡時，荀攸對太祖說：「袁紹運糧的車隊很快就會到來，押糧將領韓莫勇猛但是輕敵，一擊就可打敗。」太祖說：「可派誰去呢？」荀攸說：「徐晃可以。」於是派遣徐晃及史渙中途截擊敵人的運糧車隊，敵人潰敗而逃，燒毀了他們的軍用物資。正逢許攸前來投降，許攸說袁紹派遣淳于瓊等人率領一萬多士兵迎接運糧車隊，袁軍將領驕傲，士兵懶散，可以中途攔截。眾將對許攸的話都表示懷疑，只有荀攸與賈詡鼓勵太祖出兵。太祖就留下荀攸和曹洪守營，親自帶軍進攻打敗了敵人，全部斬殺了淳于瓊等人。袁紹的部將張郃、高覽燒毀望樓之後前來投降，袁紹便丟下軍隊逃走。張郃前來歸附，曹洪懷疑張郃的動機，不敢受降，荀攸對曹洪說：「張郃的計策沒有被袁紹採納，憤怒之下前來歸降，您有什麼好懷疑的呢？」曹洪這才受降。

5　建安七年，荀攸隨從太祖到黎陽討伐袁譚、袁尚。第二年，太祖正征伐劉表時，袁譚、袁尚爭奪冀州。袁譚派遣辛毗向太祖乞降並請求救援，太祖打算答應他，就此事詢問部下。大多數人認為劉表強大，應首先平定他，袁譚、袁尚不值得擔心。荀攸說：「天下正在大亂，而劉表卻坐守長江、漢水之間，胸無大志是可想而知的。袁氏占據青、冀、幽、并四州的地域，擁兵十萬，袁紹因為寬厚得到部下的擁戴，假使兩個兒子和睦相處，保住他們現有的基業，那麼天下的災難仍不能消除。現在兄弟交惡，勢不兩立。如果一方吞併另一方，那麼袁氏的力量就會集中，力量集中就難對付了。趁他們內亂之時去攻取他們，天下就可平定了，這個時機不可錯過。」太祖說：「很好。」便同意與袁譚結親，回頭擊敗袁尚。後來袁譚背叛，荀攸跟隨太祖在南皮縣斬殺了袁譚。冀州平定後，太祖上表請封荀攸，說：「軍師荀攸，從開創時起就輔佐臣下，沒有哪次征戰不跟隨，先後打敗敵人，都賴荀攸的計謀。」於是封荀攸為陵樹亭侯。建安十二年，朝廷下令大肆論功封賞，太祖說：「忠誠正直，謀劃周密，安撫內外的是荀彧，其次是荀攸。」給荀攸增加食邑四百戶，連同以前的共七百戶，轉升為中軍師。魏國初建時，荀攸擔任尚書令。

6　荀攸思慮深邃周密，精於料事，且善於自保，自隨從太祖征伐以來，經常在軍帳中出謀劃策，一般的人和他的子弟都無法知道他所謀議的內容。太祖每每稱讚他說：「公達外表愚鈍內心聰明，外表怯懦內心勇敢，外表軟弱內心剛強，不誇耀自己的長處，不炫耀自己的功勞，他的聰明人們或許比得上，他的外表愚鈍人們可比不上，即使是顏子、甯武子也不能超過他。」魏文帝身為世子時，太祖對他說：「荀公達，是人的師表，你應當禮數周到的敬待他。」荀攸有次生病，世子去看望他，甚至跪拜在床前，他竟被尊敬到這種程度。荀攸與鍾繇友好，鍾繇說：「我每在行事之前，反覆思考，認為自己的計劃是無可改易的了；但以此諮詢荀攸，他的意見總是出人意外。」公達先後共謀劃妙計十二條，其內容只有鍾繇知道。鍾繇把公達的奇謀編撰成集，還沒完成就死去了，所以世人不能窺其全豹。荀攸隨從太祖征伐孫權，在途中死去。太祖一談到他就傷心流淚。

7 荀攸的長子荀緝，有荀攸的風範，早死。次子荀適繼承爵位，他沒有兒子，爵位斷絕。黃初年間，續封荀攸的孫子荀彪為陵樹亭侯，食邑三百戶，後來轉封為丘陽亭侯。正始年間，追賜荀攸的謚號為敬侯。

1 賈詡，字文和，武威❶姑臧人也。少時人莫知，唯漢陽❷閻忠異之，謂詡有良、平❸之奇。察孝廉為郎❹，疾病去官，西還至汧❺，道遇叛氐❻，同行數十人皆為所執。詡曰：「我段公外孫也，汝別埋❼我，我家必厚贖之。」時太尉❽段熲❾，昔久為邊將，威震西土，故詡假以懼氐。氐果不敢害，與盟而送之，其餘悉死。詡實非段甥，權以濟事❿，咸此類也⓫。

2 董卓之入洛陽⓬，詡以太尉掾為平津⓭都尉⓮，遷討虜校尉⓯。卓壻中郎將⓰牛輔屯陝，詡在輔軍。卓敗，輔又死，眾恐懼，校尉李傕、郭汜、張濟等欲解散，間行歸鄉里。詡曰：「聞長安中議欲盡誅涼州⓱人，而諸君棄眾單行，即一亭長⓲能束君矣。不如率眾而西，所在收兵，以攻長安，為董公報仇，幸而事濟，奉國家以征天下⑲，若不濟，走未後也。」眾以為然。傕乃西攻長安。語在卓傳。後詡為左馮翊，傕等欲以功侯之⑳，詡曰：「此救命之計，何功之有！」固辭不受。又以為尚書僕射㉑，詡曰：「尚書僕射，官之師長，天下所望，詡名不素重，非所以服人也。縱詡昧㉒於榮利，奈國朝何㉓！」乃更拜詡尚書，典選舉，多所匡濟，傕等親而憚之㉔。會母喪去官，拜光祿大夫。傕、汜等鬭長安中，傕復請詡為宣義將軍。傕等和，出天子㉕，祐護大臣，詡有力焉。天子既出，詡上還印綬㉖。是時將軍段煨屯華陰㉗，與詡同郡，遂去傕託煨㉘。詡素知名，為煨軍所望。煨內恐其見奪，而外奉詡禮甚備，詡愈不自安。

3 張繡在南陽，詡陰㉙結繡，繡遣人迎詡。詡將行，或謂詡曰：「煨待君厚矣，君安去之？」詡曰：「煨性多疑，有忌詡意，禮雖厚，不可恃，久將為所圖。我去必喜，又望吾結大援於外，必厚吾妻子。繡無謀主，亦願得詡，則家與身必俱全矣。」詡遂往，繡執子孫禮㉚，煨果善視㉛其家。詡說繡與劉表連和。太祖比㉜征之，一朝引軍退，繡自追之。詡謂繡曰：「不可追也，追必敗。」繡不從，進兵交戰，大敗而還。詡謂繡曰：「促㉝更追之，更㉞戰必勝。」繡謝曰：「不用公言，以至於此。今已敗，奈何復追？」詡曰：「兵勢有變，亟㉟往必利。」繡信之，遂收散卒赴追，大戰，果以勝還。問詡曰：「繡以精兵追退軍，而公曰必敗；退以敗卒擊勝兵，而公曰必剋。悉如公言，何其反而皆驗也？」詡曰：「此易知耳。將軍雖善用兵，非曹公敵[36]也。軍雖新退，曹公必自斷後；追兵雖精，將既不敵，彼士亦銳，故知必敗。曹公攻將軍無失策，力未盡而退，必國內有故；已破將軍，必輕軍速進，縱留諸將斷後，諸將雖勇，亦非將軍敵，故雖用敗兵而戰必勝也。」繡乃服。是後，太祖拒袁紹於官渡，紹遣人招繡，并與詡書結援。繡欲許之，詡顯於繡坐上謂紹使曰：「歸謝袁本初[37]，兄弟不能相容，而能容天下國士[38]乎？」繡驚懼曰：「何至於此！」竊謂詡曰：「若此，當何歸？」詡曰：「不如從曹公。」繡曰：「袁彊曹弱，又與曹為讎，從之如何？」詡曰：「此乃所以宜從也。夫曹公奉天子以令天下，其宜從一也。紹彊盛，我以少眾從之，必不以我為重。曹公眾弱，其得我必喜，其宜從二也。夫有霸王之志者，固將釋私怨，以明德於四海[39]，其宜從三也。願將軍無疑！」繡從之，率眾歸太祖。太祖見之，喜，執詡手曰：「使我信重於天下[40]者，子也。」表詡為執金吾[41]，封都亭侯，遷冀州牧。冀州未平，留參司空軍事[42]。袁紹圍太祖於官渡，太祖糧方盡，問詡計焉出，詡曰：「公明勝紹，勇勝紹，用人勝紹，決機勝紹，有此四勝而半年不定者，但顧萬全[43]故也。必決其機，須臾[44]可定也。」太祖曰：「善。」乃并兵出，圍擊紹三十餘里營，破之。紹軍大潰，河北平。太祖領冀州牧，徙詡為太中大夫[45]。建安十三年，太祖破荊州，欲順江東下。詡諫曰：「明公昔破袁氏，今收漢南，威名遠著，軍勢既大；若乘舊楚[46]之饒，以饗[47]吏士，撫安[48]百姓，使安土樂業，則可不勞眾而江東[49]稽服[50]矣。」太祖不從，軍遂無利[51]。太祖後與韓遂、馬超戰於渭南[52]，超等索割地以和，并求任子[53]。詡以為可偽許之。又問詡計策，詡曰：「離之而已。」太祖曰：「解[54]。」一承[55]用詡謀。語在武紀。卒破遂、超，詡本謀也。

4 是時，文帝為五官將[56]，而臨菑侯植[57]才名方盛，各有黨與[58]，有奪宗[59]之議。文帝使人問詡自固之術[60]，詡曰：「願將軍恢崇德度[61]，躬素士之業[62]，朝夕孜孜[63]，不違子道[64]。如此而已。」文帝從之，深自砥礪[65]。太祖又嘗屏除左右[66]問詡，詡嘿[67]然不對。太祖曰：「與卿言而不答，何也？」詡曰：「屬適[68]有所思，故不即對耳。」太祖曰：「何思？」詡曰：「思袁本初、劉景升父子[69]也。」太祖大笑，於是太子遂定。詡自以非太祖舊臣，而策謀深長，懼見猜嫌[70]，闔門[71]自守，退無私交，男女嫁娶，不結高門，天下之論智計者歸之[72]。

5 文帝即位，以詡為太尉，進爵魏壽鄉侯，增邑三百，并前八百戶。又分邑二百，封小子訪為列侯。以長子穆為駙馬都尉[73]。帝問詡曰：「吾欲伐不從命以一天下[74]，吳、蜀何先？」對曰：「攻取者先兵權，建本者尚德化。陛下應期受禪[75]，撫臨率土[76]，若綏[77]之以文德而俟其變，則平之不難矣。吳、蜀雖蕞爾[78]小國，依阻山水，劉備有雄才，諸葛亮善治國，孫權識虛實[79]，陸遜[80]見兵勢[81]，據險守要，汎舟江湖，皆難卒謀也。用兵之道，先勝後戰[82]，量敵論[83]將，故舉無遺策[84]。臣竊料羣臣，無備、權對，雖以天威[85]臨之，未見萬全之勢也。昔舜舞干戚而有苗服[86]，臣以為當今宜先文後武。」文帝不納。後興江陵[87]之役，士卒多死。詡年七十七，薨，諡曰肅侯。子穆嗣，歷位[88]郡守。穆薨，子模嗣。

【章　旨】以上為〈賈詡傳〉。賈詡先事董卓，卓敗後又從李傕，又託身段煨，後從張繡。曹操征張繡，用退軍之計，張繡欲追，賈詡認為追必敗，後果然。詡勸張繡歸服曹操，詡得重用。勝袁紹，破韓遂、馬超，賈詡之策劃為多。詡又勸曹丕崇德度，盡子道，以得太子之位。曹丕即位後，欲伐吳、蜀，賈詡以為應先文後武，丕不聽，果不利。

【注　釋】❶武威　郡名。治所在今甘肅武威。❷漢陽　郡名。治所在今甘肅甘谷東南。❸良平　即張良和陳平，二人均為西漢開國謀臣。❹察孝廉為郎　察孝廉，即舉孝廉。孝廉為漢代選拔人才的科目之一。由郡國舉薦。舉孝廉者往往被任為郎官。郎，皇帝身邊的侍從官。❺汧　縣名。治所在今陝西隴西南。❻氐　為分布於中國西北部的古代少數民族。❼埋　活埋。

❽太尉　主管全國軍事的最高長官。東漢時，與司徒、司空並稱三公。❾段熲　字紀明，武威人。東漢桓帝時任護羌校尉，以破羌有功，封列侯。後任侍中、太尉。❿濟事　成事。⓫咸此類也　都像此事一樣。⓬董卓之入洛陽　董卓於東漢昭寧元年（西元一八九年）率兵入洛陽，廢少帝，立獻帝，專斷朝政。⓭平津　又名小平津，其地在今河南孟津西北黃河邊。⓮都尉　比將軍略低的武官。掌握一地的軍事，其職守略同於郡尉。⓯校尉　漢武帝時設置八校尉（中壘、屯騎、步兵、越騎、長水、胡騎、射聲、虎賁），為專掌特種部隊的將領，職位略次於將軍。⓰中郎將　統領皇帝的侍衛，屬光祿勳。⓱涼州　州名。治所在今甘肅武威。⓲亭長　漢制，縣下有鄉，鄉下有亭。大致十里設一亭，亭設亭長。為最下層的地方官吏。⓳奉國家以征天下　即挾天子以令諸侯之意。此時李傕等人已挾持漢獻帝，故賈詡有此說。⓴侯之　封他為侯。這裏「侯」用為動詞。㉑尚書僕射　尚書令的副手。東漢政歸尚書，尚書僕射因而職權漸重，後來分為左右僕射。尚書僕射相當後世的副宰相。㉒昧　貪冒。㉓奈國朝何　把朝廷的聲譽置於何地呢。㉔典選舉三句　裴注引《獻帝紀》曰：郭汜、樊稠與傕互相違戾，欲鬥者數矣。詡輒以道理責之，頗受詡言。《魏書》曰：詡典選舉，多選舊名以為令僕，論者以此多詡。典選舉，掌管選拔官員。匡濟，匡救成全。㉕出天子　是時獻帝為李傕、郭汜等劫持，李、郭又發生內訌，大戰長安。張濟和解雙方，獻帝乃得出長安，東還洛陽。出，救出。㉖印綬　官印和繫印的絲帶。㉗華陰　縣名。治所在今陝西華陰東南。裴注引《典略》稱煨在華陰時，修農事，不虜略。天子東還，煨迎道貢遺周急。《獻帝紀》曰：後以煨為大鴻臚光祿大夫，建安十四年，以壽終。㉘託煨　託身於段煨。㉙陰　暗中。㉚執子孫禮　行晚輩之禮。㉛善視　善待。㉜比　連續。㉝促　趕緊。㉞更　再。㉟亟　急速。㊱敵　對手。㊲袁本初　袁紹字本初。㊳國士　一國之中才能出眾的人。㊴明德於四海　彰明德政於天下。㊵信重於天下　信義為天下人所重。㊶執金吾　主管京師地區治安的長官。㊷參司空軍事　司空的軍事參謀。㊸萬全　萬無一失。㊹須臾　頃刻。㊺太中大夫　備皇帝顧問、掌議論之官。㊻舊楚　舊楚國之地。㊼饗　犒賞。㊽撫安　即安撫。㊾江東　指安徽蕪湖以下長江下游南岸地區。三國時吳國的全部屬地稱江東。㊿稽服　叩頭臣服。(51)無利　不利。(52)渭南　渭水南岸。(53)任子　古代統治者為了取得別國的信任或有所求，派出自己的兒子或重臣到對方，作為人質，稱為任子。(54)解　了解；懂得。(55)一承　全部接受。(56)五官將　即五官中郎將，為丞相的副手。(57)臨菑侯植　東漢建安十九年（西元二一四年），已為魏公之曹操封曹植為臨菑侯。(58)黨與　同黨。(59)奪宗　指廢嫡立庶。(60)自固之術　鞏固自身地位的策略。(61)恢崇德度　發揚光大其品德器度。(62)素士之業　寒門士子的追求。(63)孜孜　努力不懈。(64)子道　做人子的道德規範。(65)砥礪　磨練。(66)屏除左右　斥退身邊的人。(67)嘿　同「默」。(68)屬適　恰逢。(69)袁本初劉景升父子　袁紹之子袁譚、袁尚，劉表之子劉琦、劉琮

為爭奪繼承權發生內訌，先後為曹操所敗。⑩嫌　中華書局印本作「疑」。⑪闔門　閉門。⑫歸之　歸美於他。⑬駙馬都尉　官名。漢武帝時置駙（副）馬都尉，調掌副車之馬。原為近侍官之一種。魏晉以後，皇帝的女婿照例加此稱號，簡稱駙馬。⑭一天下　統一天下。⑮受禪　接受舊王朝禪讓的帝位。⑯撫臨率土　占有控制全部國土。⑰綏　安撫。⑱蕞爾　渺小。⑲虛實　假象與實情。⑳陸遜　中華書局印本作「陸議」。陸遜字伯言，原名議。㉑兵勢　軍事形勢。㉒先勝後戰　先造成勝利的形勢，再進行征戰。㉓論　通「掄」。選擇。㉔遺策　失策。㉕天威　天子的權威。㉖舜舞干戚而有苗服　舜時，舜率軍征苗，苗人不服，舜班師，提倡文治教化，苗人則來歸服。有苗，即三苗，古民族名，活動在長江中游以南地帶。「干」為防身之盾，「戚」為斧狀兵器。這裏都用為舞具。㉗江陵　縣名。治所在今湖北江陵。㉘歷位　歷官。

【語　譯】賈詡字文和，武威郡姑臧縣人。年輕時，人們不了解他的才能，只有漢陽的閻忠認為他與眾不同，認為賈詡有張良、陳平那樣的奇才。他被薦舉為孝廉，被任為郎官，因病辭去官職，西回至汧縣，途中遇到叛亂的氐人，與他同行的幾十人都被劫持。賈詡說：「我是段公的外孫，你們別活埋我，我家一定會用重金來贖我的。」當時的太尉段熲，曾長期擔任邊疆的將領，威震西方，所以賈詡藉他的名頭來恐嚇氐人。氐人果然不敢傷害他，並與他訂盟且送他回家，其餘被劫持者全被殺死。賈詡其實並不是段熲的外孫，他能隨機應變以成事，都像這類情況。

2　董卓進入洛陽時，賈詡以太尉屬官的身分擔任平津都尉，進升討虜校尉。董卓的女婿中郎將牛輔駐軍陝縣，賈詡當時在牛輔的軍隊裏供職。董卓失敗，牛輔又死去，部眾恐懼，校尉李傕、郭汜、張濟等人想解散部眾，祕密潛回家鄉。賈詡說：「聽說長安城中的人想殺盡涼州人，而各位丟棄部眾單獨行動，這樣，即使一個亭長也能把你們抓起來了。不如率領部眾西去，所到之處招收士兵，以兵攻打長安，為董公報仇，幸而事情成功，我們可以尊奉朝廷來征討天下，如果不成功，逃跑也猶時未晚。」大家認為他說得有理。李傕就向西攻打長安。這事記載在〈董卓傳〉中。後來賈詡擔任左馮翊，李傕等人想根據他的功勞封他為侯，賈詡說：「這不過是救命之計，有什麼功勞可言！」堅辭不肯接受。後又任他為尚書僕射，賈詡說：「尚書僕射，是官員的表率，為天下之人所仰望，我賈詡一向聲望不重，不能令人信服。即使我貪圖榮利忝就此職，但把朝廷的聲譽置於何地呢！」於是改任賈詡為尚書，掌管選舉用人之事，對人和事多有匡正保全。李傕等人親近他但又害怕他。適逢母親去世，賈詡辭去官職，後又任為光祿大夫。李傕、郭汜等人在長安城爭鬥時，李傕又請賈詡擔任宣義將軍。李傕等人講和，救出天子，保護大臣，賈詡在這些事上都出了大力。天子既已救出，賈詡就上交了官印。這時段煨將軍駐守在華陰縣。段煨與賈詡是同郡人，賈詡離開了李傕，託身段煨。賈詡向來有名氣，被段煨的部下所敬重。段煨擔心自己的權力被賈詡所奪，但在表面上對賈詡禮數非常周到，賈詡更感不安。

3 張繡在南陽時，賈詡暗中與張繡聯絡，張繡派人迎接賈詡。賈詡將要起程時，有人對他說：「段煨待您非常優厚，您為什麼要離開他？」賈詡說：「段煨生性多疑，有忌恨我的意思，禮遇我雖然優厚，但不能依靠，時間一久將被他謀算。我離開，他一定高興，他還希望我在外面結好強大的外援，一定會厚待我的妻兒。張繡沒有得力謀士，也希望得到我賈詡，那麼我的身家性命一定都能保全。」於是賈詡就去了，張繡以晚輩侍奉長輩的禮節待他，段煨果然善待他的家屬。賈詡勸張繡與劉表聯合。太祖連續征伐張繡，一天早晨突然率軍撤退，張繡要親自帶兵追擊太祖。賈詡對張繡說：「不可追擊，追擊肯定會吃敗仗。」張繡不聽從，進兵與太祖交戰，結果大敗而回。賈詡對張繡說：「趕快再去追擊，再戰定能取勝。」張繡謝絕說：「沒有採納您的意見，才弄到這般地步。現已失敗，怎麼能再追擊呢？」賈詡說：「軍情發生了變化，趕緊前往追擊，一定勝利。」張繡相信了他的話，於是召集敗散的士兵前去追擊，雙方大戰，張繡果然得勝而回。張繡問賈詡說：「我用精兵去追擊撤退的敵軍，而您說一定失敗；我失敗撤退時，用吃了敗仗的士兵去攻打得勝的軍隊，而您說一定能取勝。結果全都如您所料，為何違反常理的事反而全部應驗了呢？」賈詡說：「這是容易理解的事。將軍您雖然善於用兵，不是曹公的對手。曹軍雖然剛剛撤退，我料定曹公一定會親自殿後；追擊的軍隊雖然精銳，但將領既不是敵手，敵方的士兵又勇猛，所以我料定必然失敗。曹公攻將軍時沒有什麼失策，在戰鬥力沒有耗盡時撤退，一定是國內發生了變故；曹公既已打敗將軍，一定會輕裝快速回軍，就算留下將領們斷後，這些將領雖勇敢，但不是將軍您的對手，所以即使用戰敗的士兵去追擊，也一定能取勝。」

張繡這才信服。此後，太祖在官渡抵抗袁紹，袁紹派人招引張繡，並寫信給賈詡要求相互支援。張繡想答應袁紹，賈詡在張繡的座席上毫不隱瞞的對袁紹的使者說：「請回去替我們回絕袁本初，說兄弟尚且不能相容，還能容納天下的傑出人物嗎？」張繡驚恐的說：「怎麼能說出這樣的話！」悄悄對賈詡說：「如果這樣，該歸附誰呢？」賈詡說：「不如歸順曹公。」張繡說：「袁紹強大，曹公弱小，我又與曹公結了怨仇；歸順他怎麼行呢？」賈詡說：「這就是應該歸順他的理由。曹公是奉天子之命來號令天下的，這是應該歸順他的第一個理由。袁紹強盛，我們以很少兵眾歸順他，他一定不會重視我們。曹公的人馬弱少，他得到我們一定高興，這是應該歸順他的第二個理由。有霸王志向的人，本應捐棄私怨，來向天下人表明自己的寬容之德，這是應該歸順他的第三個理由。希望將軍不要遲疑！」張繡聽從了他的意見，率領部眾歸附太祖。太祖看到賈詡，非常高興，握著賈詡的手說：「使我的信譽重於天下的人，就是您啊。」上表奏請賈詡任執金吾，封為都亭侯，升任冀州牧。當時冀州還沒平定，他就留下任司空軍事參謀。袁紹在官渡包圍了太祖，太祖的軍糧正要耗盡，問賈詡能有什麼計謀，賈詡說：「您精明超過袁紹，勇敢超過袁紹，任用人才超過袁紹，果決機智超過袁紹，您有這四個超過袁紹的長處，卻半年無法平定袁紹，是您只考慮萬無一失的緣故啊。只要果斷的把握時機，不久就可平定。」太祖說：「很好。」於是集中兵力出擊，圍攻袁紹三十多里長的營壘，攻破敵人營壘。袁紹部隊大敗，黃河以北的地區得以平定。太祖兼任冀州牧，升賈詡為太中大夫。建安十三年，太祖攻下荊州，打算沿長江東下。賈詡勸諫說：「明公此前打敗了袁紹，如今收取了漢南地區，威名遠揚，軍隊實力擴大；如果利用舊楚之地的富饒物資，來賞賜官兵，撫慰安定百姓，使他們安居樂業，那麼不必勞師動眾便可使江東臣服了。」太祖沒有聽從他的意見，所以出師不利。後來太祖在渭南與韓遂、馬超作戰，馬超等人請求割出自己的地盤以講和，並請求送自己的兒子作為人質。賈詡認為可以假裝同意。太祖又向賈詡詢問破敵計策，賈詡說：「離間他們的關係罷了。」太祖說：「明白了。」全部採用賈詡的計謀。這事記載在〈武帝紀〉中。最後打敗韓遂、馬超，是賈詡的主謀。

4 這時，文帝擔任五官中郎將，而臨菑侯曹植才名正盛，兄弟倆各有黨羽，太祖也有以植代丕之意。文帝派人向賈詡詢問鞏固自己地位的辦法，賈詡說：「希望將軍修養品德，恢宏氣度，躬修寒素士人的學業，日夜孜孜不倦，不違背做兒子的道德規範，能夠這樣做就可以了。」文帝聽取了他的意見，刻苦的磨練自己。太祖還曾屏退身旁的人就立繼承人的問題詢問賈詡，賈詡默然不答。太祖說：「我與你說話，你不作回答，為什麼呢？」賈詡說：「我恰巧在思考問題，所以沒有馬上回答。」太祖說：「在想什麼？」賈詡說：「在想袁紹、劉表父子。」太祖大笑，於是太子的人選就定下來了。賈詡認為自己不是太祖的舊部，卻謀劃最機密的事務，擔心被猜疑，所以閉門自守，回家不與他人交往，兒女婚嫁，不上攀高門，天下人談起有智謀的人都歸美賈詡。

5 文帝曹丕即帝位後，任用賈詡為太尉，晉爵為魏壽鄉侯，增加食邑三百戶，連同以前的共八百戶。還分出食邑二百戶，封他的小兒子賈訪為列侯。任用他的長子賈穆為駙馬都尉。文帝詢問賈詡說：「我想征伐不聽從命令的人來統一天下，吳國、蜀國哪一國先呢？」賈詡回答說：「奪取領土首先要靠武力和權謀，建立根本大業要崇尚德政教化。陛下上應天命接受禪讓，安撫天下，假如用文德教化來安撫民眾以等待它發生變化，那麼平定它們就不困難了。吳、蜀雖都是區區小國，但它們依靠山水險阻，且劉備有雄才大略，諸葛亮善於治理國家，孫權懂得敵我的虛實，陸遜善於觀察軍事形勢，他們據守險要的地勢，水軍游弋於江湖，這些都是難以短時間謀取的。用兵的原則是，先創造取勝的形勢，然後交戰，估計敵人的力量，再選擇將領，所以打起仗來就不會失策。我個人料定，我們羣臣中，沒有劉備、孫權的對手，即使陛下御駕親征，也不見得是萬無一失的。從前舜帝以干戚之舞而使有苗降服，臣認為當今應該首先採用文治教化，然後使用武力征伐。」文帝沒有採納他的意見。後來發動江陵之戰，士兵多所傷亡。賈詡七十七歲去世，諡號為肅侯。他的兒子賈穆繼承他的爵位，歷任郡守。賈穆死後，他的兒子賈模繼承爵位。

評曰：荀彧清秀通雅❶，有王佐❷之風，然機鑒先識❸，未能充❹其志也。荀攸、賈詡，庶乎❺算無遺策，經達權變❻，其良、平之亞❼歟！

【章　旨】以上為史家對荀彧、荀攸、賈詡的歷史評價。

【注　釋】❶通雅　通達雅正。❷王佐　輔佐王業。❸機鑒先識　機智明察，有先見之明。❹充　實現。❺庶乎　差不多。❻經達權變　通達時務而能隨機應變。❼亞　次。

【語　譯】評論說：荀彧人品清廉傑出，通達雅正，有輔佐帝王的才具，雖然他機智明鑑並具遠見卓識，但未能實現他振興漢室的志向。荀攸、賈詡，謀算幾乎沒有失誤，經緯權謀，隨機應變，大概是僅次於張良、陳平一類的人物吧！

【研　析】在曹操的謀士之中，荀彧、荀攸、賈詡是其中的佼佼者。然此三人各有特點。

荀彧眼光遠大，長於戰略戰術的謀劃。從以下幾件事情上足可以體現這一特點。

一是棄袁紹而從曹操。荀彧起初隨韓馥來冀州，袁紹奪馥位，荀彧被動從袁紹。他觀察袁紹的所作所為，認為他「不能成大事」；而曹操在度量、謀略、英武、德行等方面都勝過袁紹，其隨曹操是他經過認真觀察思考後決定的。

二是勸曹操建立根本之地，即今天所說的根據地。荀彧認為當時應以兗州、徐州周圍之地為根本。沒有牢固的根據地，是流寇主義，難以成就大事。

三是根據當時的天下形勢以及民心所向，勸曹操「奉主上以從民望」，即挾天子以令諸侯，是當時圖大事者的最佳選擇。

曹操與袁紹在官渡相持，曹軍軍糧將盡，欲退還許昌，荀彧以劉邦、項羽在成皋相持為例，認為「先退者事屈也」，勸曹操堅持，並出以奇兵，擊敗袁紹。這表明荀彧是一位既具有戰略眼光、又對具體戰術運用得當的高級謀士，陳壽將他置於曹操的謀士之首，是獨具眼光的。

在曹操全面掌握了軍政大權之後，再也不甘心只做丞相，欲進爵為國公，當攝政皇帝了，荀彧卻以為「不宜如此」，大大觸怒曹操，令其去譙縣慰問軍隊，並留在譙地，鬱鬱而卒。看來荀彧內心還保留正統觀念，欲讓曹操「秉忠貞之誠，守退讓之實」，又顯得書生氣十足了。這一點釀成他人生最後的悲劇。

荀攸雖為荀彧之堂姪，又係荀彧所推薦，但他與荀彧相比，又有自己明顯的特點。在具體戰術策劃中，荀攸似乎比荀彧更為精明，無怪乎曹操稱讚他是「非常人也，吾得與之計事，天下當何憂哉！」他似乎更符合曹操的胃口。曹操先後克敵制勝，也以荀攸的計謀為多。但戰略眼光比荀彧稍遜一籌。

在曹操建魏國稱公這一大事上，荀攸無異議，而且很可能是祕密贊同的，因為「魏國初建」，即升任其「為尚書令」。

荀攸是一位唯主之意是從的精明策謀之士。

賈詡是一位典型的戰國式策士，他朝三暮四，初從董卓，董卓敗後又從李傕，後又從段煨，又從張繡，後隨張繡歸曹操。難怪裴松之認為陳壽將賈詡「與二荀並列，失其類矣」。所以賈詡歸從曹操之後，常「自以非太祖舊臣」，「懼見猜疑」。這是朝秦暮楚策士們的普遍心理。

賈詡的智計，與二荀可並論。他分析袁紹必敗與荀攸一致，官渡之戰，賈詡認為曹操有明、勇、用人、決機四勝可以敗紹，這與荀彧的度量、謀略、英武、德行的分析如出一轍。在立太子問題上，曹操問計於賈詡，賈詡起初默然不對，後以「思袁本初、劉景升父子也」一語，堅定了曹操立曹丕的決心。

賈詡可說是一位「識時務」的策士。（魏連科注譯）

古籍今注新譯叢書

書種最齊全
注譯最精當

【哲學類】

- 新譯四書讀本　謝冰瑩等編譯
- 新譯學庸讀本　王澤應注譯
- 新譯孝經讀本　賴炎元等注譯
- 新譯論語新編解義　胡楚生編著
- 新譯易經讀本　郭建勳注譯
- 新譯周易六十四卦經傳通釋　黃慶萱注譯
- 新譯乾坤經傳通釋　黃慶萱注譯
- 新譯易經繫辭傳解義　吳　怡著
- 新譯禮記讀本　姜義華注譯
- 新譯儀禮讀本　顧寶田等注譯
- 新譯孔子家語　羊春秋注譯
- 新譯老子讀本　余培林注譯
- 新譯帛書老子　趙　鋒注譯
- 新譯老子解義　吳　怡著
- 新譯莊子讀本　黃錦鋐注譯
- 新譯莊子讀本　張松輝注譯
- 新譯莊子本義　水渭松注譯
- 新譯莊子內篇解義　吳　怡著
- 新譯列子讀本　莊萬壽注譯
- 新譯管子讀本　湯孝純注譯
- 新譯墨子讀本　李生龍注譯
- 新譯公孫龍子　丁成泉注譯
- 新譯晏子春秋　陶梅生注譯
- 新譯鄧析子　徐忠良注譯
- 新譯荀子讀本　王忠林注譯
- 新譯尹文子　徐忠良注譯
- 新譯尸子讀本　水渭松注譯
- 新譯鶡冠子　趙鵬團注譯
- 新譯鬼谷子　王德華等注譯
- 新譯韓非子　傅武光等注譯
- 新譯呂氏春秋　朱永嘉等注譯
- 新譯韓詩外傳　孫立堯注譯
- 新譯淮南子　熊禮匯注譯
- 新譯春秋繁露　朱永嘉等注譯
- 新譯新書讀本　饒東原注譯
- 新譯新語讀本　王　毅注譯
- 新譯潛夫論　彭丙成注譯
- 新譯論衡讀本　蔡鎮楚注譯
- 新譯申鑒讀本　林家驪等注譯
- 新譯人物志　吳家駒注譯
- 新譯張載文選　張金泉注譯
- 新譯近思錄　張京華注譯

新譯傳習錄	李生龍注譯
新譯呻吟語摘	鄧子勉注譯
新譯明夷待訪錄	李廣柏注譯

【文學類】

新譯詩經讀本	滕志賢注譯
新譯楚辭讀本	林家驪注譯
新譯楚辭讀本	傅錫壬注譯
新譯文心雕龍	羅立乾注譯
新譯六朝文絜	蔣遠橋注譯
新譯世說新語	劉正浩等注譯
新譯昭明文選	周啟成等注譯
新譯古文觀止	謝冰瑩等注譯
新譯古文辭類纂	黃　鈞等注譯
新譯樂府詩選	溫洪隆注譯
新譯古詩源	馮保善注譯
新譯千家詩	邱燮友等注譯
新譯詩品讀本	成　林等注譯
新譯花間集	朱恒夫注譯
新譯南唐詞	劉慶雲注譯
新譯絕妙好詞	聶安福注譯
新譯唐詩三百首	邱燮友注譯
新譯宋詩三百首	陶文鵬注譯
新譯宋詞三百首	汪　中注譯
新譯宋詞三百首	劉慶雲注譯
新譯元曲三百首	賴橋本等注譯
新譯明詩三百首	趙伯陶注譯
新譯清詩三百首	王英志注譯
新譯清詞三百首	陳水雲等注譯
新譯唐人絕句選	卞孝萱等注譯
新譯唐才子傳	戴揚本注譯
新譯拾遺記	石　磊注譯
新譯搜神記	黃　鈞注譯
新譯唐傳奇選	東　忱等注譯
新譯宋傳奇小說選	東　忱注譯
新譯明傳奇小說選	陳美林等注譯
新譯容齋隨筆選	朱永嘉等注譯
新譯明散文選	周明初注譯
新譯明清小品文選	鄭　婷注譯
新譯人間詞話	馬自毅注譯
新譯白香詞譜	劉慶雲注譯
新譯幽夢影	馮保善注譯
新譯菜根譚	吳家駒注譯
新譯小窗幽記	馬美信注譯
新譯圍爐夜話	馬美信注譯
新譯郁離子	吳家駒注譯
新譯歷代寓言選	黃瑞雲注譯
新譯賈長沙集	林家驪注譯
新譯揚子雲集	葉幼明注譯
新譯曹子建集	曹海東注譯
新譯建安七子詩文集	韓格平注譯
新譯阮籍詩文集	林家驪注譯
新譯嵇中散集	崔富章注譯
新譯陸機詩文集	王德華注譯
新譯陶淵明集	溫洪隆注譯
新譯江淹集	羅立乾等注譯
新譯庾信詩文選	歸　青注譯
新譯初唐四傑詩集	李福標注譯
新譯駱賓王文集	黃清泉注譯
新譯王維詩文集	陳鐵民注譯
新譯孟浩然詩集	楊　軍注譯
新譯李白詩全集	郁賢皓注譯
新譯李白文集	郁賢皓注譯
新譯杜甫詩選	張忠綱等注譯
新譯杜詩菁華	林繼中注譯
新譯高適岑參詩選	孫欽善等注譯
新譯昌黎先生文集	周啟成等注譯
新譯劉禹錫詩文選	閻　琦注譯
新譯柳宗元文選	卞孝萱等注譯
新譯白居易詩文選	陶　敏等注譯
新譯元稹詩文選	郭自虎注譯
新譯李賀詩集	彭國忠注譯

新譯杜牧詩文集　張松輝注譯
新譯李商隱詩選　朱恒夫等注譯
新譯范文正公選集　王興華等注譯
新譯蘇洵文選　羅立剛注譯
新譯蘇軾文選　滕志賢注譯
新譯蘇軾詞選　鄧子勉注譯
新譯蘇軾詩選　鄧子勉注譯
新譯蘇轍文選　朱　剛注譯
新譯曾鞏文選　高克勤注譯
新譯王安石文選　沈松勤注譯
新譯唐宋八大家文選　鄧子勉注譯
新譯柳永詞集　侯孝瓊注譯
新譯李清照集　姜漢椿等注譯
新譯陸游詩文集　韓立平注譯
新譯辛棄疾詞選　聶安福注譯
新譯歸有光文選　鄔國平注譯
新譯唐順之詩文選　馬美信注譯
新譯徐渭詩文選　周　群等注譯
新譯袁宏道詩文選　孫立堯注譯
新譯薑齋文集　平慧善注譯
新譯顧亭林文集　劉九洲注譯
新譯納蘭性德詞　馮　乾注譯
新譯方苞文選　鄔國平等注譯
新譯閒情偶寄　馬美信注譯

新譯鄭板橋集　朱崇才注譯
新譯袁枚詩文選　王英志注譯
新譯李慈銘詩文選　潘靜如注譯
新譯聊齋誌異選　任篤行等注譯
新譯閱微草堂筆記　嚴文儒注譯
新譯浮生六記　馬美信注譯
新譯弘一大師詩詞全編　徐正綸編著

【歷史類】

新譯史記　韓兆琦注譯
新譯漢書　吳榮曾等注譯
新譯後漢書　魏連科等注譯
新譯三國志　吳樹平等注譯
新譯資治通鑑　張大可等注譯
新譯史記—名篇精選　韓兆琦注譯
新譯尚書讀本　吳　璵注譯
新譯尚書讀本　郭建勳注譯
新譯周禮讀本　賀友齡注譯
新譯逸周書　牛鴻恩注譯
新譯左傳讀本　郁賢皓等注譯
新譯公羊傳　雪　克注譯
新譯穀梁傳　顧寶田注譯
新譯春秋穀梁傳　周　何注譯
新譯戰國策　溫洪隆注譯

新譯國語讀本　易中天注譯
新譯說苑讀本　左松超注譯
新譯說苑讀本　羅少卿注譯
新譯新序讀本　葉幼明注譯
新譯吳越春秋　黃仁生注譯
新譯西京雜記　曹海東注譯
新譯列女傳　黃清泉注譯
新譯越絕書　劉建國注譯
新譯燕丹子　曹海東注譯
新譯東萊博議　李振興等注譯
新譯唐六典　朱永嘉等注譯
新譯唐摭言　姜漢椿注譯

【宗教類】

新譯金剛經　徐興無注譯
新譯高僧傳　朱恒夫等注譯
新譯碧巖集　吳　平注譯
新譯百喻經　顧寶田注譯
新譯楞嚴經　賴永海等注譯
新譯梵網經　王建光注譯
新譯圓覺經　商海鋒注譯
新譯法句經　劉學軍注譯
新譯六祖壇經　李中華注譯
新譯禪林寶訓　李中華注譯

新譯維摩詰經　陳引馳等注譯
新譯經律異相　顏洽茂注譯
新譯阿彌陀經　蘇樹華注譯
新譯無量壽經　邱高興注譯
新譯無量壽經　蘇樹華注譯
新譯妙法蓮華經　張松輝注譯
新譯景德傳燈錄　顧宏義注譯
新譯大乘起信論　韓廷傑注譯
新譯釋禪波羅蜜　蘇樹華注譯
新譯八識規矩頌　倪梁康注譯
新譯永嘉大師證道歌　蔣九愚注譯
新譯華嚴經入法界品　楊維中注譯
新譯地藏菩薩本願經　李承貴注譯
新譯悟真篇　劉國樑等注譯
新譯无能子　張松輝注譯
新譯坐忘論　張松輝注譯
新譯列仙傳　張金嶺注譯
新譯抱朴子　李中華注譯
新譯神仙傳　周啟成注譯
新譯性命圭旨　傅鳳英注譯
新譯老子想爾注　顧寶田等注譯
新譯周易參同契　劉國樑注譯
新譯道門觀心經　王　卡注譯
新譯養性延命錄　曾召南注譯

新譯樂育堂語錄　戈國龍注譯
新譯沖虛至德真經　張松輝注譯
新譯長春真人西遊記　顧寶田等注譯
新譯黃庭經・陰符經　劉連朋等注譯

軍事類

新譯司馬法　王雲路注譯
新譯尉繚子　張金泉注譯
新譯三略讀本　傅　傑注譯
新譯六韜讀本　鄔錫非注譯
新譯吳子讀本　王雲路注譯
新譯孫子讀本　吳仁傑注譯
新譯李衛公問對　鄔錫非注譯

教育類

新譯爾雅讀本　陳建初等注譯
新譯顏氏家訓　李振興等注譯
新譯聰訓齋語　馮保善注譯
新譯曾文正公家書　湯孝純注譯
新譯三字經　黃沛榮注譯
新譯百家姓　馬自毅等注譯
新譯幼學瓊林　馬自毅注譯
新譯增廣賢文・千字文　馬自毅注譯
新譯格言聯璧　馬自毅注譯

政事類

新譯商君書　貝遠辰注譯
新譯鹽鐵論　盧烈紅注譯
新譯貞觀政要　許道勳注譯

地志類

新譯山海經　楊錫彭注譯
新譯水經注　陳橋驛等注譯
新譯佛國記　楊維中注譯
新譯大唐西域記　陳　飛等注譯
新譯洛陽伽藍記　劉九洲注譯
新譯徐霞客遊記　黃　珅注譯
新譯東京夢華錄　嚴文儒注譯

◎新譯史記——名篇精選

韓兆琦／注譯
王子今／原文總校勘

司馬遷所撰的《史記》記事上起軒轅黃帝，下至漢武帝太初年間，是一部紀傳體的通史。《史記》不僅是一部體大思精、前無古人的歷史鉅著，也是一部偉大的文學著作，在中國史學與文學上的影響巨大而深遠，研究文史者幾乎無人不讀《史記》。本局邀請《史記》研究專家韓兆琦所注譯出版的《新譯史記》，全套共八大冊，為最新的全注全譯本。本書特精選其中的十四篇名篇結集成冊，除了可讓一般讀者一窺《史記》之精彩內容，也可作為《史記》課程之教材。

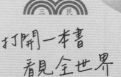